Hansekaufleute in Brügge
Teil 6: Hansische Kaufleute, Hosteliers und Herbergen

Kieler Werkstücke

Reihe D:
Beiträge zur europäischen Geschichte des späten Mittelalters

Herausgegeben von Werner Paravicini

Band 16

PETER LANG
Frankfurt am Main · Berlin · Bern · Bruxelles · New York · Oxford · Wien

Werner Paravicini (Hg.)

Hansekaufleute in Brügge

Teil 6:

Anke Greve

Hansische Kaufleute, Hosteliers und Herbergen im Brügge des 14. und 15. Jahrhunderts

PETER LANG
Internationaler Verlag der Wissenschaften

Bibliografische Information der Deutschen Nationalbibliothek
Die Deutsche Nationalbibliothek verzeichnet diese Publikation in der Deutschen Nationalbibliografie; detaillierte bibliografische Daten sind im Internet über http://dnb.d-nb.de abrufbar.

Gedruckt mit Unterstützung der Fondation du patrimoine historique, culturel et artistique, Lausanne und der Christian-Albrechts-Universität zu Kiel.

Umschlagabbildung:
Siegel der Christian-Albrechts-Universität zu Kiel.

Die Universität trägt ihren Namen nach ihrem Gründer, dem Herzog Christian Albrecht von Schleswig-Holstein-Gottorf, der sie im Jahre 1665 – nur siebzehn Jahre nach dem Ende des Dreißigjährigen Krieges – für sein Herzogtum ins Leben rief. An diese Zeit erinnert auch ihr Siegel: Es zeigt eine Frauengestalt mit einem Palmzweig und einem Füllhorn voller Ähren in den Händen, die den Frieden versinnbildlicht. Das Siegel trägt die Unterschrift: Pax optima rerum (Frieden ist das höchste der Güter).

Abdruck mit freundlicher Genehmigung der Christian-Albrechts-Universität zu Kiel.

ISSN 0936-4161
ISBN 978-3-631-60951-4

www.peterlang.de

Vorbemerkung

Die jetzt vorliegende Arbeit ist im wesentlichen die leicht bearbeitete Fassung meiner Dissertation, die ich 1998 an der Universität Gent einreichte und im November desselben Jahres dort verteidigen durfte. Natürlich stellt sich die Frage, warum eine Veröffentlichung erst jetzt gelingt, so spät nach Abgabe und Verteidigung. Die Erklärung führt zurück zu den Anfängen meiner wissenschaftlichen Arbeit. Als Studentin der Christian-Albrecht-Universität zu Kiel konnte ich zunächst als freiwillige Mitarbeiterin an dem durch Prof. Dr. Werner Paravicini initiierten Projekt 'Hanse in Flandern' meine wissenschaftliche Tätigkeit erstmals aufnehmen. Grundlage dieses Projekts war die Idee einer hansischen Prosopographie mittels moderner Datenverarbeitung. Unveröffentlichte Stadtrechnungen führten Mitarbeiter des Projekts nach Brügge. Durch diese Quellen wurde ich zum ersten Mal auf die Brügger Hosteliers aufmerksam, was schließlich in eine Staatsexamensarbeit mit dem Titel *Gast und Gastgeber: Brügger Wirte im 14. Jahrhundert* mündete. Während meiner Zeit in Kiel, inzwischen als Mitarbeiterin des Instituts für Landesforschung der CAU Kiel, ergaben sich berufliche Kontakte zu Prof. Dr. Wim Blockmans, damals Universität Leiden. Diese Kontakte wiederum führten nach Gent, zu Prof. Dr. Walter Prevenier, der 1990/91 ein neues Projekt mit dem Titel *Stedelijke samenleving in de Nederlanden* ins Leben rief. So gelangte ich 1991 nach dem 1. Staatsexamen an der CAU Kiel zur damaligen Rijksuniversiteit Gent und begann eine Dissertation über Brügger Hosteliers und Hansekaufleute im Brügge des 14. und 15. Jahrhunderts.

Über das Deutsche Historische Institut Paris und später die Deutsche Botschaft in Brüssel bin ich nun an das Institut zur Qualitätsentwicklung im Bildungswesen der Humboldt-Unversität zu Berlin gelangt. Es war ein weiter Weg, der mich durch drei Länder, vier Sprachen, fünf Städte und sechs verschiedene berufliche Engagements führte. Der Abschied von meinem Beruf als Historikerin war mir der schwerste, wohl wissend, daß es ein Abschied für immer sein würde. So blieb die Dissertation – nach wie vor unveröffentlicht – eine schmerzliche Erinnerung. Der Hartnäckigkeit meines Kieler Mentors ist es zu verdanken, daß diese Arbeit nun doch als Buch vorliegt. Sie überhaupt schreiben zu können, verdanke ich drei Personen, die hier an erster Stelle und gemeinsam genannt werden müssen.

Walter Prevenier (Gent), Werner Paravicini (Kiel/Paris) und Wim Blockmans (Leiden) gebührt mein aufrichtiger und persönlicher Dank. Walter Prevenier wies mich während des Schreibens meiner Dissertation auf interessante Forschungsaspekte hin und ermöglichte es mir, diese Arbeit an der Universität Gent einzureichen und zu verteidigen. Ohne seine essentielle Unterstützung wäre es nicht dazu gekommen. Werner Paravicini machte mich während meiner Zeit in Kiel auf die besondere Thematik *Hansen und Hosteliers in Brügge* aufmerksam und gab mir durch die Tätigkeit im Projekt *Hanse in Flandern* die Gelegenheit, mein Studium abzuschließen und meine ersten Schritte in der Geschichtswissenschaft zu tätigen. Wim Blockmans sorgte als 'Makler' zwischen beiden Welten, Kiel und Gent, dafür, daß ich mich im Februar 1991 auf eine Stelle im neuen Projekt im Fachbereich Mittelalterliche Geschichte der Universität Gent bewerben konnte. Während meiner Jahre in Gent begleiteten alle drei meine Arbeit mit stetem Interesse; ihr kritischer Zuspruch war für mich von unschätzbarem Wert.

In Gent schließlich lernte ich James Murray (Western Michigan University) kennen, der mir in großzügiger Weise seine eigenen unveröffentlichten Arbeiten zum Brügger Finanzmarkt zur Verfügung stellte. Durch dieses Material erhielt ich entscheidende Einblicke in diese Thematik, die einen nicht unwesentlichen Teil meiner Dissertation ausmacht. Auch allen Mitarbeiterinnen und Mitarbeitern der Archive in Brügge, Gent, Köln, Lübeck, Stralsund und Tallin sei für ihre Unterstütz-ung an dieser Stelle herzlich gedankt.

Die freundliche Aufnahme durch die Kolleginnen und Kollegen des Fachbereichs Mittelalterliche Geschichte der Universität Gent bleibt mir unvergessen. Mit wunderbarer Offenheit und großem Engagement lehrten sie mich ihre Sprache. Ich durfte in ihre Kultur eintauchen, sie luden mich zu sich ein, nahmen mich in ihre Familien auf und waren stets zur Stelle, wenn ich Hilfe benötigte. Sie zeigten mir, was wahre Gastfreundschaft bedeutet. Ich kenne keine Worte, die auch nur annähernd beschreiben könnten, was diese Zeit in Gent für mich bedeutete und auch heute noch bedeutet. Ich verneige mich in tief empfundener Dankbarkeit vor ihnen allen: Myriam Carlier und Bruno Van Winckel, Claudine Colyn, Godfried Croenen und An Brutsaert, An Delva (†), Frieda De Koninck, Lieve De Mey und Alfons Van Damme, Thérèse de Hemptinne und Marc Boone, Martine De Reu, Hilde De Ridder-Symoens, Jan Dumolyn, Guy Dupont, Ann Kelders, Véronique Lambert, Mieke Leroy und Vincent Hertens, Ludo Milis und Greta Proost, Marc Ryckaert, Peter Stabel und Inge Roosens, Erik Thoen, Monique Van Melkebeek, Adriaan Verhulst (†), René Vermeir. Zu diesem Kreis treten weitere Personen hinzu, die mich in dieser Zeit und darüber hinaus beruflich oder privat begleiteten und mir seit vielen Jahren ihre Freundschaft gewähren. Ihnen allen sei von Herzen gedankt: Peter Arnade, Georg Asmussen, Ingo Dierck, Laura Galoppini, Jan Hirschbiegel, Michaela und Olaf Köller, Kerstin und Axel Krämer, Simone und Marcel Pott, Andreas Ranft, Regina Rößner, Harm von Seggern, Stefan Selzer, Graeme Small, Jochen Storjohann (†), Peter Stützel, Christine Van Tyghem, Maike Witt und Hark Herfurth, Volker und Uschi Clausen und „die Mettenhofer" sowie meine Familie Inge und Herbert Greve, Sönke Greve, Maren und Dirk Nissen.

Darüber hinaus gebührt mein Dank der Fondation pour la protection du patrimoine culturel, historique et artisanal in Lausanne und der Christian-Albrechts-Universität zu Kiel namentlich ihres Präsidenten Gerhard Fouquet, die den Druck durch einen großzügigen finanziellen Zuschuss ermöglichten.

Widmen möchte ich diese Arbeit meinen Großeltern Ursula und Albert Schröder im Gedenken an ihre immerwährende Zuneigung und Unterstützung.

Berlin, im Dezember 2010 Anke Greve

Vorwort und Nachtrag

Den Anfang machte im Jahre 1990 eine Kieler Staatsexamensarbeit über "Die Brügger Wirte im 14. Jahrhundert" Dann kam der Wechsel nach Gent und dort wurde an anspruchsvollem Ort im Jahre 1998 mit dem erweiterten Thema die Promotion errungen. Weiter ging es für fünf Jahre nach Paris ans Deutsche Historische Institut, wo anderes zu tun war, mit großem Einsatz getan wurde, aber auch getan werden wollte, trotz den wiederholten Mahnungen des damaligen Direktors, die Veröffent-lichung der Dissertation nicht zu vergessen. Dann folgte die Neuorientierung heraus aus der Wissenschaft in die Diplomatie und die Wissenschaftsverwaltung. Zwölf Jahre gingen ins Land. Kann man eine Arbeit mit einem derart veralteten Literaturstand noch drucken?

In diesem Fall kann man nicht nur, man muß. Schon einmal ist eine Dissertion über die so wichtigen Brügger Wirte oder Hosteliers in der Schublade verschwunden. Das durfte nicht wieder passieren. Jene Arbeit von Jan A. van Houtte (1913-2002) wurde nie gedruckt,[1] aber auch nicht zur Einsicht freigegeben, so daß Anke Greve den langen Weg zu diesem Buch ohne jene nur in zwei Aufsätzen van Houttes mitgeteilten Materialien gehen mußte. Die Forschung braucht ihr Werk, denn, und das wird sich zeigen, ohne diese Hosteliers, die bei weitem mehr waren als Wirte lediglich im heutigen Sinne, nämlich wahre Wirtschaftsagenten mit weitgehenden Befugnissen, schwerer Haftung und großem Einfluß in der Stadt, ist nicht zu verstehen, wie Brügge zur nordeuropäischen Handelsmetropole werden konnte und vor allem, weshalb sie es, zumal für die Hansen, so lange blieb.

Wäre diese Arbeit aus älteren Darstellungen zusammengeschrieben, müßte sie nun sicherlich für veraltet gelten. Sie ist aber vorwiegend nicht aus der gelehrten Literatur geschöpft, sondern aus den Quellen. Das befähigt sie, mit vielen schnellen Vorurteilen und manch deutschnationaler Attitüde, die sich bis in unsere Gegenwart fortgesetzt hat, Schluß zu machen. Und sie bietet etwas, was zwar nie abgeschlossen, und dennoch in jedem Zustand unersetzlich ist: eine alphabetisch angeordnete Personenkunde oder Prosopographie jener 209 Personen, die als Hosteliers identifiziert werden konnten. Diese biographischen Notizen sind ein wahrer Schatz, ein Wert an sich, ein Hilfsmittel für alle, die künftig sich mit der Brügger und damit mit der europäischen Wirtschaftsgeschichte beschäftigen werden.

Dennoch: Zwölf Jahre sich belebender Forschung sind unberücksichtigt geblieben, mit ganz wenigen Ausnahmen, z.B. den Flandernfahrern Georg Asmussens und dem Prosopographischen Katalog zu den Brügger Steuerlisten, dazu manchen Titeln von Wim Blockmans, Marc Boone, Miriam Carlier, Jan Dumolyn, Laura Galoppini, M. T.

1 Sie ist ohne Aufbewahrungsnachweis erwähnt bei L. van Buyten, Licentiaatsverhandelingen en doctoraatsproefschriften aangeboden aan de Groep Moderne Geschiedenis (1934-1970) en het Departement Geschiedenis (1971-1979/80), Löwen 1980 (Historica Lovanensia, 100), S. 143.

Galvin, Nils Jörn und Detlef Kattinger unter den Genter und Greifswalder Freunden, und natürlich eigenen Arbeiten, die zwischen 1999 und 2002 erschienen sind. Um diese Lücke ein wenig auszufüllen, seien im Folgenden Veröffentlichungen genannt, die seither im engeren und im weiteren Sinne zum Gegenstand erschienen oder (selten) nachzutragen sind. Weiteres läßt sich jetzt und künftig mit Hilfe der "Hansischen Geschichtsblätter" und der "Handelingen van het Genootschap gesticht oder de benaming Société d'Émulation te Brugge" unschwer ermitteln. Marc Boone in Gent, der in Nachfolge des Doktorvaters Walter Prevenier auf das Veröffentlichungsrecht an dieser Arbeit großzügig verzichtete, Noël Geirnaert, der Brügger Stadtarchivar, und Volker Henn in Trier haben dankenswerterweise diese Zusammenstellung gegengelesen und dafür gesorgt, daß vermutlich kein wesentlicher Titel darin fehlt. Ein einziger sei hervorgehoben: James M. Murray, Bruges, Cradle of Capitalism, 1280-1390, Cambridge 2005.

Zweierlei sei noch vorausgeschickt: Alsbald erscheint in derselben Reihe derjenige Band, der sich wie ein Finanzkommentar zur vorliegenden Darstellung lesen wird: James Murrays Veröffentlichung der Hansenkonten in den Rechnungsbüchern der Brügger Wechsler Collart de Marke und Willem Ruweel aus den Jahren 1366-1370. Anke Greve hat diese Texte aufgrund der Generosität des Editors bereits benutzen können, so wie James Murray Zugang Anke Greves Arbeit erhielt, um sein Material besser einzuordnen, die darin auftretenden Leute zu identifizieren und seine Einleitung zu schreiben. Mit diesem Zwillings-Band wird die 1992 begonnene Reihe "Hansekaufleute in Brügge" enden, über deren Entstehung Anke Greves Einleitung berichtet.

Es bleibt mir noch die schöne Pflicht, der Christian-Albrechts-Universität zu Kiel in der Person ihres Präsidenten Gerhard Fouquet für die finanzielle Förderung dieses Unternehmens zu danken, und der Fondation pour la protection du patrimoine culturel, historique et artisanal in Lausanne dafür, daß sie mit einem erheblichen Zuschuß den Druck dieses Bandes (und auch des nächsten noch) ermöglicht hat, in einer erhebenden Einsatzfreude für die Geisteswissenschaften, von der es in Wirtschaft und Gesellschaft mehr gibt, als manche kleinmütigen Kollegen vermuten.

Kronshagen, am 1. Dezember 2010 — Werner Paravicini

Ergänzende Bibliographie

Abkürzungen: HGbll. = Hansische Geschichtsblätter, HGSEB = Handelingen van het Genootschap gesticht onder de benaming Société d'Émulation te Brugge, HGV = Hansischer Geschichtsverein, MA = Le Moyen Âge, ND = Nachdruck/Neudruck, NF = Neue Folge, nouvelle série, PCEEB = Publications du Centre européen d'études bourguignonnes, QDHG = Quellen und Darstellungen zur hansichen Geschichte, RBPH = Revue belge de philologie et d'histoire, SEUH = Studies in European Urban History, V&F = Vorträge und Forschungen, VHGL = Veröffentlichungen zur Geschichte der Hansestadt Lübeck, ZVLGA = Zeitschrift des Vereins für Lübeckische Geschichte und Altertumskunde.

Flandrische Stadtgeschichte und Allgemeines

AERT, Laura van, und Peter Stabel, Medieval market and tradeswomen, in: Women and gender in medieval Europe. An Encyclopedia. London 2006.

BAVEL, Bas van, Manors and Markets. Economy and society in the Low Countries 500-1600. Oxford 2010.

BLOCKMANS, Wim, und E. Donckers, Self-Representation of court and city in Flanders and Brabant in the fifteenth and early sixteenth centuries, in: Showing Status. Representations of social positions in the Late Middle Ages, hg. v. Wim Blockmans, Turnhout 1999, S. 81-111.

BLOCKMANS, Wim, Citizens and their Rulers, in: Empowering Interactions. Political Cultures and the Emergence of the State in Europe 1300-1900, hg. v. Wim Blockmans u.a., Farnham 2009, S. 281-291.

BLOCKMANS, Wim, Metropolen aan de Noordzee. De geschiedenis van Nederland, 1100-1560. Amsterdam 2010.

BLONDÉ, Bruno, Peter STABEL, Jon STOBART und Ilja VAN DAMME, Retail circuits and practices in medieval and early modern Europe: an introduction, in: Buyers and sellers (s. dort) 2006, S. 7-22.

BOIRE ET MANGER EN PAYS BOURGUIGNONS (XIVe- XVIe siècles) = PCEEB 47 (2007).

BOONE, Marc, »Cette frivole, dampnable et desraisonnable bourgeoisie« : de vele gezichten van het laatmiddeleeuwse burgerbegrip in de Zuidelijke Nederlanden, in: Burger. Een geschiedenis van het begrip 'burger' in de Nederlanden van de Middeleeuwen tot de 21ste eeuw, hg. v. Joost J. Kloek und K. Tilmans, Amsterdam 2002, S. 33-53.

BOONE, Marc, und Peter Stabel, New burghers in the late medieval towns of Flanders and Brabant: conditions of entry, rules, reality, in: Neubürger im späten Mittelalter: Migration und Austausch in der Städtelandschaft des alten Reiches (1250-1550), Berlin 2002, S. 317-332.

BOONE, Marc, In but not of the market. Exchanging movables in late medieval society, in: In but not of the market. Movable goods in the late medieval and early modern economy, hg. v. Martha Howell und Marc Boone, Brüssel 2007, S. 9-16.

BOONE, Marc, Les pouvoirs et leurs représentations dans les villes des anciens Pays-Bas (XIVe - XVe siècle), in: Villes de Flandre et d'Italie (XIIIe - XVIe siècle). Les enseignements d'une comparaison, hg. v. Élisabeth Crouzet-Pavan und Élodie Lecuppre-Desjardin, Turnhout 2008, S. 175-206.

BOONE, Marc, Langue, pouvoir et dialogue. Aspects linguistiques de la communication entre les ducs de Bourgogne et leurs sujets flamands (1385-1505), in: Revue du Nord 91 (2009), S. 9-33.

BOONE, Marc, Charles le Téméraire face au monde urbain : ennemis jurés et fatals? in: Karl der Kühne von Burgund. Fürst zwischen europäischem Adel und der Eidgenossenschaft, hg. v. Klaus Oschema und Rainer C. Schwinges, Zürich 2010, S. 185-201.

BUYERS AND SELLERS: retail circuits and practices in medieval and early modern Europe, hg. v. Bruno Blondé u. a. (SEUH, 9). Turnhout 2006.

CARLIER, Myriam, und Peter STABEL, Questions de moralité dans les villes de la Flandre au bas moyen âge: sexualité et activité urbaine (bans échevinaux et statuts de métiers), in: "Faire Banz, edictz et statuts". Légiférer dans la ville médiévale, hg. v. Jean-Marie Cauchies, Brüssel 2002, S. 241-262.

COMUNITÀ FORESTIERE e "nationes" nell'Europa dei secoli XIII-XVI, hg. v. Giovanna Petti Balbi (Europa mediterranea, Quaderni, 16). Neapel 2001.

COURT AND CIVIC SOCIETY IN THE BURGUNDIAN LOW COUNTRIES c. 1420-1530. Selected sources translated and annotated with an introduction by Andrew Brown and Graeme Small. Manchester/New York 2007.

DE BONO COMMUNI. The Discourse and Practice of the Common Good in the European City (13th-16th c.). Discours et pratique du Bien Commun dans les villes d'Europe (XIIIe-XVIe siècle), hg. v. Élodie Lecuppre-Desjardin und Anne-Laure van Bruaene (SEUH 22). Turnhout 2010.

DUMOLYN, Jan, und F. VAN TRICHT, Adel en nobilitiseringsprocessen in het laatmiddeleeuwse Vlaanderen: een status quaestionis, in: The Low Countries Historical Review 65 (2000), S. 197-222.

DUMOLYN, Jan, The legal repression of Revolts in Late Medieval Flanders, in: The Legal History Review 68 (2000), S. 479-521.

DUMOLYN, Jan, De Raad van Vlaanderen en de Rekenkamer van Rijsel. Gewestelijk overheidsinstellingen als instrumenten van de centralisatie (1419-1477). Brüssel 2002.

DUMOLYN, Jan, Investeren in sociaal kapitaal. Netwerken en sociale transacties van Bourgondisch ambtenaren, in: Tijdschrift voor Sociale Geschiedenis 5 (2002), S. 69-107.

DUMOLYN, Jan, Staaatsvorming en vorstelijke ambtenaren in het graafschap Vlaanderen (1419-1477). Antwerpen-Apeldoorn 2003, 1 CD-ROM.

DUMOLYN, Jan, und K. Moermans, Distinctie en memorie. Symbolische investeringen in de eeuwigheid door laatmiddeleeuwse hoge ambtenaren in het graafschap Vlaanderen, in: Tijdschrift voor Geschiedenis 116 (2003), S. 332-349.

DUMOLYN, Jan, Patriarchaal patrimonialisme. De vrouw als object in sociale transacties in het laatmiddeleeuwse Vlaanderen: familiale strategieën en genderposities, in: Verslagen van het Centrum voor Genderstudies Universiteit Gent 12 (2003), S. 1-28.

DUMOLYN, Jan, und Jelle Haemers, Patterns of Urban Rebellion in Medieval Flanders, in: Journal of Medieval History 31 (2005), S. 369-393.

DUMOLYN, Jan, Privileges and novelties: the political discourse of the Flemish cities and rural districts in their negotiations with the dukes of Burgundy (1384-1506), in: Urban History 35,1 (2008), S. 5-23.

DUMOLYN, Jan, Justice, equity and the common good. The State ideology of the councillors of the Burgundian dukes, in: The Ideology of Burgundy. The Promotion of National Consciousness, 1364-1565, hg. v. D'Arcy Jonathan Dacre Boulton und Jan Veenstra, Leiden/Boston 2006, S. 1-20.

DUMOLYN, Jan, Pouvoir d'État et enrichissement personnel: inventissements et stratégies d'accumulation mis en œuvre par les officiers de ducs de Bourgogne en Flandre, in: MA 119 (2008), S. 67-92.

THE DYNAMICS OF ECONOMIC CULTURE IN THE NORTH SEA- and Baltic Region in the Late Middle Ages and Early Modern Period (Groninger Hanze Studies, 2), hg. v. Hanno Brand und Leo Müller. Hilversum 2007.

GELDLERBLOM, Oscar, The Decline of Fairs and Merchant Guilds in the Low Countries 1250-1640, in: Jaarboek voor Middeleeuwse Geschiedenis 7 (2004), S. 99-238.

HAEMERS, Jelle, De dominante staat. De Gentse opstand 1449-1453 in de negentiende en twintigste-eeuwse historiographie, in: Bijdragen en Mededelingen betreffende de Geschiedenis der Nederlanden 119 (2004), S. 39-61.

HAEMERS, Jelle, De Gentse Opstand 1449-1453. De strijd tussen rivaliserende netwerken om het stedelijke kapitaal (Standen en Landen, 105). Kortrijk-Heule 2004.

HAEMERS, Jelle, 'Ende hevet tvolc goede cause jeghens hemlieden te rysene'. Stedelijke opstanden en staatsvorming in het graafschap Vlaanderen (1477-1492). Unveröff. Phil. Diss. Gent 2006.

HAEMERS, Jelle, For the Common Good. State Power and Urban Revolts in the Reign of Mary of Burgundy, 1477-1482 (SEUH, 17). Turnhout 2009.

IRSIGLER, Franz, und Winfried Reichert, Les foires de Champagne, in: Messen, Jahrmärkte und Stadtentwicklung in Europa. Foires, marchés annuels et développement urbain en Europe (Beiträge zur Landes- und Kulturgeschichte, 5), hg. v. Franz Irsigler und Michel Pauly, Trier 2007, S. 89-105.

KRUSE, Holger, Pariser Messen des Mittelalters, in: Netzwerke im europäischen Handel (s. dort) 2010, S. 101-134.

LECUPPRE-DESJARDIN, Élodie, La ville des cérémonies. Essai sur la communication politique dans les anciens Pays-Bas bourguignons (SEUH, 4). Turnhout 2004.

Netzwerke im europäischen Handel des Mittelalters, hg. v. Gerhard Fouquet und Hans-Jörg Gilomen (V&F, 72), Ostfildern 2010.

PAULY, Michel, Vom regionalen Messesystem zum internationalen Netz von Messestädten, in: Netzwerke im europäischen Handel (s. dort) 2010, S. 49-100.

PAULY, Michel, Les foires de Champagne – et après? in: Relations, échanges, transferts (s. dort) 2010 (im Druck).

PAVIOT, Jacques, La politique navale des ducs de Bourgogne, 1384-1482. Lille 1995.

PAVIOT, Jacques, Les ducs de Bourgogne, la croisade et l'Orient (fin XIVe siècle - XVe siècle). Paris 2003.

RAYNAUD, Christiane, Les villes flamandes et la guerre (1379-1385) dans la Chronique dite des Cordeliers, in: Villes en guerre XIVe-XVe siècles. Actes du colloque tenu à l'Université de Provence (Aix-en-Provence, 8-9 juin 2006), hg. v. ders., Aix-en-Provence 2008, S. 137-159.

Relations, échanges, transferts dans l'Occident médieval au cours des derniers siècles du Moyen âge. Actes du colloque de Paris (4-6 décembre 2008) en hommage à Werner Paravicini, hg. v. Jean-Marie Moeglin, Paris 2010 (im Druck).

SCHNERB, Bertrand, Jean sans Peur, le prince meurtrier. Paris 2005.

SEGGERN, Harm von, Geschichte der Burgundischen Niederlande. Stuttgart (Kohlhammer: Urban-Taschenbücher) 2010 (im Druck).

SHAPING URBAN IDENTITY IN LATE MEDIEVAL EUROPE = L'apparition d'une identité urbaine dans l'Europe du bas moyen âge, hg. v. Marc Boone und Peter Stabel. Löwen 2000 (Studies in urban social, economic and political history of the medieval and modern Low Countries, 11).

SPUFFORD, Peter, Handel, Macht und Reichtum: Kaufleute im Mittelalter, übers. v. Erwin Fink und Horst M. Langer. Darmstadt 2004.

STABEL, Peter, Schippers, wagenvoerders en kruiers: de organisatie van de stedelijke vervoersector in het laat-middeleeuwse Vlaanderen, in: Bijdragen tot de geschiedenis 82 (1999), S. 159-185.

STABEL, Peter, Stedelijke instellingen en stedelijke economie: ambachten en marktregulering in de laatmiddeleeuwse en vroegmoderne steden van het graafschap Vlaanderen, in: De Vlaamse instellingen tijdens het ancien régime: recent onderzoek in nieuw perspectief. Symposium georganiseerd te Brugge op 18 mei 1998, hg. v. Walter Prevenier, Brüssel 1999, S. 11-25.

STABEL, Peter, Te vuur en te zwaard: typologie, oorzaken en consequenties van verwoestingen in de kleinere Vlaamse steden tijdens de late middeleeuwen, in: Destruction et reconstruction de villes, du moyen âge à nos jours = Verwoesting en wederopbouw van steden van de middeleeuwen tot heden, Brüssel 1999, S. 97-126.

STABEL, Peter, Women at the market: gender and retail in the towns of medieval Flanders, in: Secretum scriptorum. Liber alumnorum Walter Prevenier, hg. v. Wim Blockmans, Löwen 1999, S. 259-276.

STABEL Peter, Markets in the cities of the late medieval Low Countries: retail, commercial exchange and socio-cultural display, in: Fiere e mercati nella integrazione delle economie europee, secoli 13-18, Istituto di storia economica F. Datini, hg. v. Simonetta Cavaciocchi, Florenz 2001, S. 797-817

STABEL, Peter, Urban markets, rural industries and the organization of labour in late medieval Flanders: the constraints of guild regulations and the requirements of export oriented production, in: Labour and labour markets between town and countryside (Middle Ages-19th century), Turnhout 2001, S. 140-157.

STABEL, Peter, Marketing cloth in the Low Countries: foreign merchants, local businessmen and urban entrepreneurs: markets, transport and transaction costs (14th-16th century), in: International trade in the Low Countries (14th-16th centuries): merchants, organisation, infrastructure. Proceedings of the international conference, Ghent-Antwerp, 12th-13th December 1997, hg. v. Peter Stabel, Löwen 2000, S. 15-36.

STABEL, Peter, The market-place and civic identity in late medieval Flanders, in: Shaping urban identity (s. dort) 2000, S. 43-64.

STABEL, Peter, Urbanisation and its consequences: the urban region in late medieval Flanders, in: Regions and landscapes: reality and imagination in late medieval and early modern Europe, Bern 2000, S. 177-204.

STABEL, Peter, Urbanisation and its consequences: spatial developments in late medieval Flanders, in: Raumerfassung und Raumbewußtsein im späteren Mittelalter, hg. v. Peter Moraw, Stuttgart 2002, S. 179-202.

STABEL, Peter, For mutual benefit? Court and city in the Burgundian Low Countries, in: The court as a stage: England and the Low Countries in the later Middle Ages, London 2006, S. 101-117.

STABEL, Peter, Brokering commerce, brokering culture in medieval Europe: the Low Countries and the German Hanse, in: The Low Countries: arts and society in Flanders and the Netherlands, Rekkem 2007, S. 36-43.

STABEL, Peter, Composition et recompositions des réseaux urbains des Pays-Bas au bas moyen âge, in: Villes de Flandre et d'Italie (s. dort) 2007, S. 29-64.

STABEL, Peter, Negotiating value: the ethics of market behaviour and price formation in the late medieval Low Countries, in: In but not of the market: movable goods in the late medieval and early modern economy, hg. v. Marc Boone u. a., Brüssel 2007, S. 53-69.

STABEL, Peter, Social mobility and apprenticeship in late medieval Flanders, in: Learning on the shop floor: historical perspectives on apprenticeship, New York 2007, S. 158-178.

VAUGHAN, Richard, Philip the Bold. The Formation of the Burgundian State, London 1962; ND mit Nachtrag von Malcolm Vale, Woodbridge 2002.
VAUGHAN, Richard, John the Fearless. The Growth of Burgundian Power, London 1966; ND mit Nachtrag von Bertrand Schnerb, Woodbridge 2002.
VAUGHAN, Richard, Philip the Good. The Apogee of Burgundy, London 1970; ND mit Nachtrag von Graeme Small, Woodbridge 2002.
VAUGHAN, Richard, Charles the Bold. The last Valois Duke of Burgundy. London 1973; ND mit Nachtrag von Werner Paravicini, Woodbridge 2002.
VOISINAGES, COEXISTENCES, APPROPRIATIONS. Groupes sociaux et territoires urbains (Moyen Âge – XVI e siècle). Turnhout 2007 (SEUH, 10).
VRIES, Kelly de, The Forgotten Battle of Beverhoutsveld, 3 May 1382: Technological Innovation and Military Significance, in: Armies, chivalry and warfare in medieval Britain and France. Proceedings of the 1995 Harlaxton Symposium, hg. v. Matthew Strickland (Harlaxton Medieval Studies, 7), Stamford 1998, S. 289-303.
WIJSMAN, Hanno, Images de la ville et urbanité des images. Quelques réflexions sur la représentation de l'espace urbain et la fonction de œuvres d'art aux Pays-Bas bourguignons, in: Villes de Flandre et d'Italie (s. dort) 2007, S. 247-258.
WESTSTRATE, Job, De marktpositie van Deventer van de veertiende eeuw tot het begin van de Opstand, in: Bourgondië voorbij. De Nederlanden 1250-1650. Liber Alumnorum Wim Blockmans, hg. v. Mario Damen und L.H.J. Sicking, Hilversum 2010, S. 263-277.

Hansegeschichte

ABRAHAM-THISSE, Simone, Kostel Ypersch, gemeyn Ypersch. Les draps d'Ypres en Europe du Nord et de l'Est (XIIIe et XIVe siècles), in: Ypres and the medieval cloth industry in Flanders = Ieper en de middeleeuwse lakennijverheid in Vlaanderen, 1998, S. 125-145.
ABRAHAM-THISSE, Simone, Les Hanséates et la monnaie, in: XXVI Semana de Estudios Medievales Estalla, 19 a 23 de julio de 1999, Pamplona 2000, S. 309-368.
ABRAHAM-THISSE, Simone, Le commerce des draps d'H. Veckinchusen, in: Third European social science history conference, Amsterdam, 12-15 avril 2000, 54 S.
ABRAHAM-THISSE, Simone, Der Tuchhandel der Hanse am Ende des Mittelalters (14. - 15. Jahrhundert), in: Vergleichende Ansätze (s. dort) 2002, S. 183- 207.
ABRAHAM-THISSE, Simone, Les relations commerciales entre la France et les villes hanséatiques de Hambourg, Lübeck et Brême au moyen âge, in: Les relations entre la France et les villes hanséatiques (s. dort) 2006, S. 29-74.
ARS MERCATORIA. Eine analytische Bibliographie, hg. v. Jochen Hoock u. a., Bd. 3: Analysen (1470-1700). Paderborn 2001.
ASMUSSEN, Georg, Ulrich Simon und Otto Wiehmann (Bearb.), Archiv der Bergenfahrerkompaniezu Lübeck und des Hansischen Kontors zu Bergen in Norwegen von (1278) bzw. 1314 bis 1853 (Archiv der Hansestadt Lübeck. Findbücher, 9). Lübeck 2002.
AUGE, Oliver, Hansesprache versus Hochdeutsch - Zu Verständigungsproblemen und Identitätsbildung durch Sprache anhand des Sprachwechsels norddeutscher Fürsten und ihrer Kanzleien ab 1500. Die Beispiele Mecklenburg und Pommern, in: Zwischen Babel und Pfingsten. Sprachdifferenzen und Gesprächsverständigung in der Vormoderne (8.-16. Jahrhundert). Akten der 3. deutsch-französischen Tagung des Arbeitskreises »Gesellschaft und individuelle Kommunikation in der Vormoderne« (GIK) in Verbindung mit dem Historischen Seminar der Universität Luzern, hg. v. Peter von Moos, Münster 2008, S. 447-476.

BEHRMANN, Thomas, Der lange Weg zum Rezeß. Das erste Jahrhundert hansischer Versammlungsschriftlichkeit, in: Frühmittelalterliche Studien 36 (2002), S. 433-467.
BEHRMANN, Thomas, Über die Willensbildung in der "Megalopolis". Die Hanse in der Deutung von Ernst Pitz, in: HGBll 120 (2002), S. 205-212.
BEHRMANN, Thomas, Herrscher und Hansestädte. Studien zum diplomatischen Verkehr im Spätmittelalter. Hamburg 2004.
BEHRMANN, Thomas, Y avait-il une diplomatie hanséate au moyen âge? in: Les relations entre la France et les villes hanséatiques (s. dort) 2006, S. 135-148.
BLANCKENBURG, Christine von, Die Hanse und ihr Bier. Brauwesen und Bierhandel im hansischen Verkehrsgebiet (QDHG, NF 51). Köln 2001.
BURKHARDT, Mike, Die Ordnungen der vier Hansekontore Bergen, Brügge, London und Novgorod, in: Das Hansische Kontor zu Bergen (s. dort) 2005, S. 58-77.
BURKHARDT, Mike, Das Hansekontor in Bergen im Spätmittelalter – Organisation und Struktur, in: HGbll. 124 (2006), S. 21-70.
BURKHARDT, Mike: Der hansische Bergenhandel im Spätmittelalter. Handel – Kaufleute – Netzwerke (QDHG, 60). Köln 2009, mit CD-Rom.
CORDES, Albrecht, Die Rechtsnatur der Hanse. Politische, juristische und historische Diskurse, in: HGbll. 119 (2001), S. 49-62.
DEETERS, Joachim, Hansische Rezesse. Eine quellenkundliche Untersuchung anhand der Überlieferung im Historischen Archiv der Stadt Köln, in: Das Gedächtnis der Hansestadt Lübeck (s. dort) 2005, S. 427-446.
DORTMUNDER MITTELALTER FORSCHUNGEN, bislang Bd. 1-10, Gütersloh 2004-2007.
THE ENROLLED CUSTOMS ACCOUNTS, hg. und bearbeitet v. Stuart Jenks (List & Index Society, 303 ... 324). 7 Bde., Kew 2004-2008.
EHM-SCHNOCKS, Petra, Handelspartner, Reichsfeind, Städtefeind: Karl der Kühne und die Hanse 1465-1477, in: Les relations entre la France et les villes hanséatiques (s. dort) 2006, S. 149-176.
ELLMERS, Detlev, Die Seehäfen der Hanse als Dienstleistungszentren eines weitgespannten Transportnetzes, in: HGbll. 123 (2005), S. 109-128.
ERSLAND, Gier Atle, Die Hanse-Archive aus Bergen, in: ZVLGA 78 (1998), S. 381-390.
EWERT, Ulf Christian, und Stephan Selzer, Netzwerkorganisation im Fernhandel des Mittelalters: Wettbewerbsvorteil oder Wachstumshemmnis? in: Unternehmerische Netzwerke. Eine historische Organisationsform mit Zukunft? hg. v. Harmut Berghoff und Jörg Sydow, Stuttgart 2007, S. 45-70.
EWERT, Ulf Christian, und Stephan Selzer, Wirtschaftliche Stärke durch Vernetzung. Zu den Erfolgsfaktoren des hansischen Handels, in: Praktiken des Handelns. Geschäfte und soziale Beziehungen europäischer Kaufleute in Mittelalter und früher Neuzeit, hg. v. Mark Häberlein und Christoph Jeggle (Irseer Schriften, NF 6), Konstanz 2010, S. 39-69.
FAHLBUSCH, Friedrich Bernward, Zwischen öffentlichem Mandat und informeller Macht: Die hansische Führungsgruppe, in: HGBll. 123 (2005), S. 42-60.
FEHSE, Monika, Dortmund um 1400. Hausbesitz, Wohnverhältnisse und Arbeitsstätten in der spätmittelalterlichen Stadt (Dortmunder Mittelalter Forschungen, 4). Gütersloh 2005.
Fernhandel und Handelspolitik der baltischen Städte in der Hansezeit, hg. v. Norbert Angermann und Paul Kaegbein (Schriften der baltischen Historischen Kommission, 11). Lüneburg 2001.
FOUQUET, Gerhard ,'Kaufleute auf Reisen'. Sprachliche Verständigung im Europa des 14. und 15. Jahrhunderts, in: Europa im späten Mittelalter. Politik – Gesellschaft – Kultur,

hg. v. Rainer C. Schwinges u.a. (Historische Zeitschrift, Beiheft 40), München 2006, S. 465-487.

FREMDE IN DER STADT. Ordnungen, Repräsentationen und soziale Praktiken (13.-15. Jahrhundert), hg. v. Peter Bell, Dirk Suckow und Gerhard Wolf. Frankfurt a. M. 2010.

DAS GEDÄCHTNIS DER HANSESTADT LÜBECK. Festschrift für Antjekathrin Graßmann zum 65. Geburtstag, hg. v. Rolf Hammel-Kiesow. Lübeck 2005.

GELEBTE NORMEN IM URBANEN RAUM? Zur sozial- und kulturgeschichtlichen Analyse rechtlicher Quellen in Städten des Hanseraums (13. bis 16. Jahrhundert), hg. v. Hanno Brand u. a. (Groninger Hanze studies). Hilversum 2010 (im Druck).

GEMEINSCHAFT UND GESCHICHTSBILDER IM HANSERAUM, hg. v. Thomas Hill und Dietrich W. Poeck (Kieler Werkstücke, E 1). Frankfurt a. M. 2000.

GESCHICHTSBEWUßTSEIN IN DER GESELLSCHAFT. Konstrukte der Hanse in den Medien und in der Öffentlichkeit, hg. v. Rolf Hammel-Kiesow und Rudolf Holbach (Hansische Studien, 19). Trier 2010.

HAMMEL-KIESOW, Rolf, Die Hanse. München 2000.

HAMMEL-KIESOW, Rolf, Matthias Puhle und Siegfried Wittenburg. Die Hanse. Darmstadt 2009.

HANSEN, Mikael Kristian, Die Rolle des Deutschen Ordens im Ostseeraum 1360-1370: Versuch einer Neuinterpretation, in: HGBll. 126 (2008), S. 187-220.

Das Hansische Kontor zu Bergen und die Lübecker Bergenfahrer - Internationaler Workshop Lübeck 2003, hg. v Antjekatrin Graßmann (VGHL, B 41), Lübeck 2005.

Die hansischen Tagfahrten zwischen Anspruch und Wirklichkeit, hg. v. Volker Henn (Hansische Studien, 11). Trier 2001.

Hansisches und hansestädtisches Recht, hg. v. Albrecht Cordes (Hansische Studien, 17). Trier 2008.

HEMMIE, Dagmar M. H., Ungeordnete Unzucht. Prostitution im Hanseraum (12.-16. Jh.). Lübeck, Bergen, Helsingör (QDHG, NF 57). Köln 2007.

HENN, Volker, Kommunikative Beziehungen und binnenhansisches Raumgefüge, in: Städtelandschaft – Städtenetz – zentralörtliches Gefüge, hg. v. Monika Escher, Trier 2000, S. 118 - 129.

HENN, Volker, Hansische Tagfahrten in der zweiten Hälfte des 14. Jahrhunderts, in: Die hansischen Tagfahrten (s. dort) 2001, S. 1 - 21.

HENN, Volker, "... de alle tyd wedderwartigen Suederseeschen stedere ...". Zur Integration des niederrheinisch-ostniederländischen Raumes in die Hanse, in: Kunst - Kultur - Geschichte am Niederrhein, hg. v. Tobias Arand u.a., Bielefeld 2005, S. 21-43.

HENN, Volker, Aus rheinischer, westfälischer und hansischer Geschichte [Aufsatzsammlung], hg. v. Franz Irsigler u. a., Trier 2008.

HENN, Volker, Eine unbeachtete Brügger Kontorordnung aus dem 15. Jahrhundert, in: Von Nowgorod bis London (s. dort) 2008, S. 31-50.

HILL, Thomas, Die Stadt und ihr Markt. Bremens Umlands- und Außenbeziehungen im Mittelalter (12. - 15. Jahrhundert). Stuttgart 2004 (VSWG Beihefte, 172).

HILL, Thomas, Bremen, die Hanse und Frankreich im Mittelalter, in: Les relations entre la France et les villes hanséatiques (s. dort) 2006, S. 75-95.

HOLBACH, Rudolf, Hansische Versandlogistik: Das Böttcherhandwerk, in: HGbll. 123 (2005), S. 129-152.

HOLBACH, Rudolf , Hanse und Seeraub, wirtschaftliche Aspekte, in: Störtebeker – 600 Jahre nach seinem Tod, hg. v. Wilfried Ehbrecht (Hansische Studien, 15), Trier 2005, S. 131-151.

HOLBACH, Rudolf, Hansische Kaufleute und Handelspraktiken, in: Bremisches Jb. 88, 2009, S. 82-104.
HOWELL, Martha, From Land to Love. Commerce and Marriage in Northern Europe during the Late Middle Ages, in: Jaarboek voor Middeleeuwse Geschiedenis 10 (2007), S. 216-246.
JAHNKE, Carsten, Das Silber des Meeres. Fang und Vertrieb von Ostseehering zwischen Norwegen und Italien (12. - 16. Jahrhundert). Köln 2000 (QDHG, NF 49).
JAHNKE, Carsten, Geld, Geschäfte, Informationen. Der Aufbau hansischer Handelsgesellschaften und ihre Verdienstmöglichkeiten (Handel, Geld und Politik, 10). Lübeck 2007, 31 S.
JAHNKE, Carsten, Handelsnetze im Ostseeraum, in: Netzwerke im europäischen Handel des Mittelalters (s. dort) 2010, S. 101-134.
JEANNIN, Pierre, Marchands du Nord. Espaces et trafics à l'époque moderne, hg. v. Philippe Braunstein und Jochen Hoock. Paris 1996
JEANNIN, Pierre, Marchands d'Europe. Pratiques et savoirs à l'époque moderne, hg. v. Jacques Bottin und Marie-Louise Pelus-Kaplan. Paris 2002.
JENKS, Stuart, Transaktionskostentheorie und die mittelalterliche Hanse, in: HGbll. 123 (2005), S. 31-42.
JENKS, Stuart, Das Danziger Pfundzollbuch von 1409 & 1411. Anleitung zur digitalen Edition in einer neuen Reihe [und] Einleitung (mit 1 CD-ROM), in: HGbll. 124 (2006), S. 115-116, 117-158.
JESKE, Hans, Der Fachwortschatz des Hansekaufmanns Hildebrand Veckinchusen (Westfälische Beiträge zur niederdeutschen Philologie, 11). Bielfeld 2005.
JÖRN, Nils, Zwischen Eigenständigkeit und Unterordnung. Die Auseinandersetzungen zwischen Stalhof und Hansetagen um die Kontorordnungen, in: Genossenschaftliche Strukturen in der Hanse, hg. v. Nils Jörn u.a. (QDHG, NF 48), Köln 1999, S. 101-122.
JÖRN, Nils, Die Herausbildung der Kontorordnungen in Novgorod, Bergen, London und Brügge im Vergleich – 12. - 17. Jahrhundert, in: Prozesse der Normbildung und Normveränderung im mittelalterlichen Europa, hg. v. Doris Ruhe und Karl-Heinz Spieß, Stuttgart 2000, S. 217-235.
DER KAUFMANN UND DER LIEBE GOTT. Zu Kommerz und Kirche in Mittelalter und Früher Neuzeit, hg. v. Antjekathrin Graßmann (Hansische Studien, 18). Trier 2008.
KOGGEN, KOOPLIEDEN EN KANTOREN. De Hanze, een praktisch netwerk, hg. v. Hanno Brand und Egge Knol (Groninger Hanze Studies, 4). Hilversum 2009.
"KOPET UNS WERK BY TYDEN". Beiträge zur hansischen und preußischen Geschichte. Walter Stark zum 75. Geburtstag, hg. v. Nils Jörn u. a., Schwerin 1999, S. 223-231.
KOPPE, Wilhelm und Gert, Die Lübecker Frankfurt-Händler des 14. Jahrhunderts (VGHL, B 42). Lübeck 2006.
KRÜGER, Klaus, Corpus der mittelalterlichen Grabdenkmäler in Lübeck, Schleswig, Holstein und Lauenburg (1100-1600). Stuttgart 1999 (Kieler Historische Studien, 40).
KRÜGER, Klaus, Zwischen Herren und Hanse. Studien zur Bündnispolitik der Städte in der Mark Brandenburg im 14. und 15. Jahrhundert. Habil.-Schrift (Ms.), Jena 2000.
KRÜGER, Klaus, Die Ehre der Stadt - die Ehre der Hanse, in: Außenpolitisches Handeln im ausgehenden Mittelalter. Akteure und Ziele, hg. v. Sonja Dünnebeil und Christine Ottner unter Mitarbeit von Anne-Katrin Kunde (Forschungen zur Kaiser- und Papstgeschichte des Mittelalters. Beihefte zu J. F. Böhmer, Regesta Imperii, 27), Wien 2007, S. 277-289.
DAS LÜBECKER NIEDERSTADTBUCH (1363-1399), bearb. v. Ulrich Simon (QDHG, NF 56), Köln 2006. Bd. 1: Einleitung und Edition, 977 S.; Bd. 2: Indices, 277 S., 1 CD.

LUTTERBECK, Michael, Der Rat der Stadt Lübeck im 13. und 14. Jahrhundert. Politische, personale und wirtschaftliche Zusammenhänge in einer städtischen Führungsgruppe (VGHL, B 35). Lübeck 2002.

MEYER, Gunnar: "Besitzende Bürger" und "elende Sieche". Lübecks Gesellschaft im Spiegel ihrer Testamente 1400-1449 (VGHL, B 48). Lübeck 2010.

MUNRO, John H., Hanseatic commerce in textiles from the Low Countries and England during the Later Middle Ages. Changing trends in textiles, markets, prices, and values, 1290 - 1570, in: Von Nowgorod bis London (s. dort) 2008, S. 97-182.

NEUE STUDIEN ZUM ARCHIV UND ZUR SPRACHE DER HANSEATEN, hg. v. Geir Atle Ersland und Marco Trebbi (Det Hanseatiske Museums skrifter, 28). Bergen 2008.

NOODT, Birgit, Religion und Familie in der Hansestadt Lübeck anhand der Bürgertestamente des 14. Jahrhunderts (VGHL, B 33). Lübeck 2000.

NOODT, Birgit, Fritz Rörig (1882-1952): Lübeck, Hanse und Volksgeschichte, in: ZVLGA 87 (2007), S. 155-180.

NOVGOROD, MARKT UND KONTOR DER HANSE, hg. v. Norbert Angermann und Klaus Friedland (QDHG, NF 53). Köln 2002.

PITZ, Ernst, Bürgereinung und Städteeinung. Studien zur Verfassungsgeschichte der Hansestädte und der deutschen Hanse (QDHG, NF 52). Köln 2001.

POECK, Dietrich, Totengedenken in Hansestädten, in: Vinculum Societatis. Joachim Wollasch zum 65. Geburtstag, hg. v. Franz Neiske u. a., Sigmaringendorf 1991, S. 175-232.

POECK, Dietrich W., Hansische Ratssendboten, in: Vergleichende Ansätze (s. dort) 2002, S. 97-142.

POECK, Dietrich W., Die Herren der Hanse. Delegierte und Netzwerke (Kieler Werkstücke, E 8). Frankfurt a. M. 2010. [Im Mittelpunkt die Hansetage von 1379 und 1418, chronologisches Verzeichnis sämtlicher Delegierter 1356/58-1516 auf S. 593-711].

REITEMEIER, Arnd, Außenpolitik im Spätmittelalter: Die diplomatischen Beziehungen zwischen dem Reich und England 1377 - 1422 (Schriften des Deutschen Historischen Instituts London, 47). Paderborn 1999.

REITEMEIER, Arnd, Sprache, Dolmetscher und Sprachpolitik im Rußlandhandel während des Mittelalters, in: Novgorod. Markt und Kontor der Hanse, hg. v. Norbert Angermann und Klaus Friedland (QDHG, 43), Köln 2002, S. 157-176.

REITEMEIER, Arnd, Diplomatischer Alltag im Spätmittelalter: Gesandte in den englischen Beziehungen zu Frankreich und zur Hanse, in: Gesandtschaftswesen im mittelalterlichen Europa des 13. bis Anfang des 16. Jahrhunderts, hg. v. Rainer Schwinges und Klaus Wriedt (V&F, 60), Ostfildern 2004, S. 135-167.

LES RELATIONS ENTRE LA FRANCE ET LES VILLES HANSEATIQUES DE HAMBOURG, BREME ET LÜBECK, hg. v. Isabelle Richefort und Burghart Schmidt. Paris 2006.

RÜTHER, Stefanie, Prestige und Herrschaft. Zur Repräsentation der Lübecker Ratsherren in Mittelalter und Früher Neuzeit (Norm und Struktur, 16). Köln 2003.

SARNOWSKY, Jürgen, Das Thorner Patriziat und der Fernhandel, in: “kopet uns werk by tyden” (s. dort) 1999, S. 223-231.

SARNOWSKY, Jürgen, Hansischer Gesellschaftshandel in Preußen, in: Die Rolle der Stadtgemeinden und bürgerlichen Genossenschaften im Hanseraum in der Entwicklung und Vermittlung des gesellschaftlichen und kulturellen Gedankengutes im Spätmittelalter, hg. J. Tandecki, Thorn 2000, S. 49-72.

SARNOWSKY, Jürgen, Frauen in den Rechnungen der Königsberger Großschäfferei um 1400, in: Kollektivität und Individualität. Der Mensch in der Geschichte des östlichen Mitteleuropa. Festschrift für Norbert Angermann zum 65. Geburtstag, hg. v. K. Brüggemann u. a., Hamburg 2001, S. 36-46.

SARNOWSKY, Jürgen, Die Elbinger Kaufleute und der Deutschordenshandel um 1400, in: Preußische Landesgeschichte, Festschrift für Bernhart Jähnig zum 60. Geburtstag, hg. v. Udo Arnold u. a. (Einzelschriften der Historischen Kommission für ost- und westpreußische Landesforschung, 22), Marburg 2001, S. 325-33.

SARNOWSKY, Jürgen, Märkte im mittelalterlichen Preußen, in: HGbll. 120 (2002), S. 51-72.

SARNOWSKY, Jürgen, Die Edition der Schuldbücher und Rechnungen der Großschäffer und Lieger des Deutschen Ordens in Preußen, in: Quellenvielfalt und editorische Methoden, hg. v. J. Tandecki und M. Thumser (Publikationen des deutsch-polnischen Gesprächskreises für Quellenedition, 2), Thorn 2003, S. 233-247.

SARNOWSKY, Jürgen, Die politischen Beziehungen der Hansestädte zu Frankreich im späteren Mittelalter, in: Les relations entre la France et les villes hanséatiques (s. dort) 2006, S. 113-133.

Die Schuldbücher und Rechnungen der Großschäffer des Deutschen Ordens in Preußen, hg. v. Jürgen Sarnowsky u. a., Bd. 1: Großschäfferei Königsberg I (Ordensfoliant 141) (QDHG, NF 69,1 = Veröffentlichungen aus den Archiven Preußischer Kulturbesitz 62, 1), Köln 2008. - Bd. 3: Großschäfferei Marienburg (QDHG, NF 69, 3 = Veröffentlichungen aus den Archiven Preußischer Kulturbesitz 62, 3), Köln 2008.

SEGGERN, Harm von, Zur Kommunikation zwischen den wendischen Hansestädten und der Grafschaft Holland im 15. Jahrhundert, in: Festschrift Franz Irsigler, Trier 2001, S. 325-346.

SEGGERN, Harm von, Herrschermedien im Spätmittelalter. Studien zur Informationsübermittlung im burgundischen Staat unter Karl dem Kühnen (Kieler Historische Studien, 41). Ostfildern 2003.

SEGGERN, Harm von, Handelsgesellschaften in Lübeck gegen Ende des 15. Jahrhunderts, in: Famiglia nell'economia europea secc. XIII-XVIII, hg. v. Simonetta Caraciocchi, Florenz 2009, S. 457-469.

SEGGERN, Harm von, Drei neue Quellen zur Geschichte der Beziehungen zwischen Lübeck und Venedig, in: Relations, échanges, transferts (s. dort) 2010 (im Druck).

SELZER, Stephan, Die mittelalterliche Hanse (Geschichte kompakt). Darmstadt 2010.

SELZER, Stephan, und Ulf Christian Ewert, Verhandeln und Verkaufen, Vernetzen und Vertrauen. Über die Netzwerkstruktur des hansischen Handels, in: HGbll. 119 (2001), S. 135-161.

SELZER, Stephan, und Ulf Christian Ewert, Die Neue Instituionenökonomik als Herausforderung an die Hanseforschung, in: HGbll. 123 (2005), S. 7-29.

SELZER, Stephan, und Ulf Christian Ewert, Netzwerke im europäischen Handel des Mittelalters. Konzepte – Anwendungen – Fragestellungen, in: Netzwerke im europäischen Handel (s. dort) Ostfildern 2010, S. 21-47.

Societates. Das Verzeichnis der Handelsgesellschaften im Lübecker Niederstadtbuch 1311-1361, hg. v. Albrecht Cordes u.a. (QDHG, NF 54). Köln 2003.

STEFKE, Gerald, Der Lübecker Bürgermeister Johan Wittenborch, hingerichtet 1363. Über Leben und Tod, Geschäftsmoral und Amtsethos eines hansischen Kaufmanns und Ratsherrn im Zeitalter von Schwarzem Tod und städtischen Kriegen gegen Waldemar Atterdag. Auch ein Beitrag zur Geschichte der Politik und des Kredits im 'Haupt der Hanse', in: HGbll. 126 (2008), S. 1-144.

STÖRTEBEKER - 600 Jahre nach seinem Tod, hg. v. Wilfried Ehbrecht (Hansische Studien, 15). Trier 2005.

STREB, Jochen, Die politische Glaubwürdigkeit von Regierungen im institutionellen Wandel. Warum ausländische Fürsten das Eigentum der Fernhandelskaufleute der Hanse schützten, in: Jahrbuch für Wirtschaftsgeschichte 1 (2004), S. 141-156.

TRADE, DIPLOMACY AND CULTURAL EXCHANGE: continuity and change in the North Sea area and the Baltic, c. 1350-1750, hg. v. Hanno Brand (Groninger Hanze Studies, 1). Hilversum 2005.

VERGLEICHENDE ANSÄTZE IN DER HANSISCHEN GESCHICHTSFORSCHUNG, hg. v. R. Hammel-Kiesow (Hansische Studien, 13). Trier 2002.

VERWALTUNG UND SCHRIFTLICHKEIT IN DEN HANSESTÄDTEN, hg. v. Jürgen Sarnowsky (Hansische Studien, 16). Trier 2006.

VIRTUELLES HAMBURGISCHES URKUNDENBUCH: http://www1.uni-hamburg.de/hamburgisches_ub/HambUB.html

VIRTUELLES PREUßISCHES URKUNDENBUCH: http://www1.uni-hamburg.de/Landesforschung/orden.html

VON NOWGOROD BIS LONDON. Studien zu Handel, Wirtschaft und Gesellschaft im mittelalterlichen Europa. Festschrift für Stuart Jenks zum 60. Geburtstag, hg. v. Marie-Luise Heckmann und Jens Röhrkasten (Nova Mediaevalia. Quellen und Studien zum europäischen Mittelalter, 4). Göttingen 2008.

WUBS-MROZEWICZ, Justyna, Traders, Ties and Tensions. The Interaction of Lübeckers, Overijsslers and Hollanders in Late Medieval Bergen (Groninger Hanze Studies, 3). Hilversum 2008.

ZÜHLKE, Raoul, Der Verkehr und seine Wege im nordwestlichen Ostseeraum, 10. bis 14. Jahrhundert - Alles über See? in: HGbll. 125 (2007), S. 169-185.

Brügger Stadtgeschichte

ABEELE, Andries van den, Het Ridderlijk Gezelschap van de Witte Beer. Steekspelen in Brugge tijdens de lat Middeleeuwen. Brügge 2000.

BROWN, Andrew, Bruges and the Burgundian Theater State: Charles the Bold and Our Lady of the Snow, in: History. The Journal of the Historical Association 84 (1999), S. 573-589.

BROWN, Andrew, Urban Jousts in the Later Middle Ages: the White Bear of Bruges, in: RBPH 78 (2000), S. 315-330.

Bruges. A Medieval Metropolis (c. 850 – c. 1550), hg. v. Jan Dumolyn und Andrew Brown. Cambridge University Press (in Vorbereitung). [Hierin auch ein Beitrag von James Murray zur Wirtschaftsgeschichte].

BUYLAERT, Frederik, Eeuwen van ambitie. Edelen, steden en sociale mobiliteit in laatmiddeleeuws Vlaanderen. Diss. phil. Gent 2008, mit CD-ROM. [Zahlreiche biogr. Notizen zu den Familien des Brügger Patriziats: Aertrijke, v. d. Beurse, Metteneye, Schotelare u.a.].

DUMOLYN, Jan, The "Terrible Wednesday" of Pentecost : Confronting urban and princely discourses in the Bruges rebellion of 1436-1438, in: History. The Journal of the Historical Association 92 (2007), S. 3-20.

DUMOLYN, Jan, und N. Hatta, De schepenlijsten van het Brugse Vrije vóór 1500 (in Vorbereitung).

LEEUWEN, Jacoba van, De Vlaamse wetsvernieuwing. Een onderzoek naar de jaarlijkse keuze en aanstelling van het stadsbestuur in Gent, Brugge en Ieper in de Middeleeuwen (Verhandelingen van de Koninklijke Vlaamse Academie van België, NF 15). Brüssel 2004.

PAVIOT, Jacques, Bruges 1300-1500. Paris 2002.

SOMME, Monique, Isabelle de Portugal et Bruges, des relations privilégiés, in: HGSEB 132 (1995), S. 261-280.

VANDEWALLE, André, »N'estant ni principauté ni duché«. The City Arms of Bruges and the Crowned B, in: in: Genealogica & Heraldica, Bd. 26, Brüssel 2006, S. 437-448.
VANDEWALLE, André, Das Archiv der Hansestadt Lübeck und das Brügger Hansekontor, in: ZVLGA 78 (1998), S. 271-279.

Brügger Wirtschaftsgeschichte

AERTS, Erik. The stock exchange in medieval and early modern Europe. The origins of a concept in the Southern Low Countries, in: Miscellanea in memoriam Pierre Cockshaw, Brüssel 2009, Bd. 1, S. 23-46.
DUMOLYN, Jan, 'Our land is only founded on trade and industry.' Economic discourses in fifteenth-century Bruges, in: Journal of Medieval History 36 (2010), p. 374-389.
HAEMERS, Jelle, und Peter Stabel, From Bruges to Antwerp: international commercial firms and governments credit in the late 15th and early 16th century, in: Banca, crédito y capital: la monarquía hispánica y los antiguos Países Bajos (1505-1700), Madrid 2006, S. 20-38.
MURRAY, James M., Merchant Account Books in Fourtheenth-Century Bruges, in: "kopet uns werk by tyden" (s. dort) 1999, S. 27-31.
MURRAY, James M., Bruges, Cradle of Capitalism, 1280-1390, Cambridge 2005 (ND 2006).
STABEL, Peter, From the market to the shop: retail and urban space in late medieval Bruges, in: Buyers and sellers: retail circuits and practices in medieval and early modern Europe, hg. v. Bruno Blondé, Turnhout 2006, S. 79-108.
STABEL, Peter, Selling paintings in late medieval Bruges: marketing customs and guild regulation compared, in: Mapping markets for paintings in Europe, 1450-1750, Turnhout, Brepols, 2006, S. 89-103.
STABEL, Peter, Organisation corporative et production d'œuvres d'art à Bruges à la fin du Moyen Age et au début des Temps Modernes, in: MA 113(2007), S. 91-134.
STABEL, Peter, Brugge: de beurs, centrum van de financiële handel in Noord-Europa, in: Plaatsen van herinnering: Nederland van prehistorie tot Beeldenstorm, hg. v. Wim Blockmans u.a., Amsterdam 2007, S. 266-277.
STARK, Walter, Über Handelstechniken auf dem Brügger Markt um die Wende vom 14. zum 15. Jahrhundert, in: Hansekaufleute in Brügge (s. dort), Tl. 4, 2000, S. 97-107.
VANDEWALLE, André, Accijnswezen en vervoergezhelschappen met betrekking tot de dranken te Brugge in de 14de en 15de eeuw, in: Hansekaufleute in Brügge (s. dort), Tl. 4, 2000, S. 163-172.

Hansen und fremde Kaufleute in Brügge

Zu Hildebrand Veckinchusen s. eine Auswahl von Stücken, denen Handschriftenreproduktionen beigefügt sind, unter http://de.wikisource.org/wiki/Briefwechsel_Hildebrand_Veckinchusen
AERTS, Erik, Italianen in Brugge tijdens de late middeleeuwen, Vortrag auf dem Koll. Stadsbeelden en stadscultuur in Italië en de Nederlanden, Löwen, 28. Nov. 2008 (im Druck).
ASMUSSEN, Georg, Die Lübecker Flandernfahrer in der zweiten Hälfte des 14. Jahrhunderts (1358-1458)(Kieler Werkstücke, D 9 = Hansekaufleute in Brügge, 2). Frankfurt a. M. 1999.
ASMUSSEN, Georg, Analogien zu der Familie Veckinchusen und zu ihrem Handel im 14. Jahrhundert, in: Hansekaufleute in Brügge (s. dort), Tl. 4, 2000, S. 299-307.

BOER, Dick E.H. de, Brügge – London – Ostseeraum, in: Hansekaufleute in Brügge (s. dort), Tl. 4, 2000, S. 55-69.

BOER, Dick E.H. de, Joan Fogassot and 'los fets de Flandes'. A forgotten episode of the Catalan mercantile connections with Flanders in 1460-1461, in: Power and Persuasion. Essays in the art of state building in honour of W.P. Blockmans, hg. v. Peter Hoppenbrouwers, Antheun Janse und Robert Stein, Turnhout 2010, S. 243-272.

BÖCKER, Heidelore und Dagmar, Gruppenbindung und -brüche. Symbolwerte in der privaten "Gegenrechung" des Fernhandels-Kaufmanns Hildebrand Veckinchusen um die Wende von 14. zum 15. Jahrhundert, in: "kopet uns werk by tyden" (s. dort) 1999, S. 143-152.

Bourguignons en Italie, Italiens dans les pays bourguignons XIVe- XVIe s.) = PCEEB 49 (2009).

BRAEKEVELT, Jonas, Entre profit et dommage: présence et privilèges de la nation génoise à Bruges sous les ducs de Bourgonge, in: PCEEB 49 (2009), S. 117-129.

DEVLIEGHER, Lux, Het Oosterlingenhuis te Brugge, in: Hansekaufleute in Brügge (s. dort), Tl. 4, 2000, S. 13-32.

DIERCK, Ingo, Hansische Älterleute und die Brügger Führungsschicht, in: Hansekaufleute in Brügge (s. dort), Tl. 4, 2000, S. 71-84.

ESCH, Arnold, Bruges come piazza di cambio nei pagamenti dal Nordeuropa alla Curia romana nel Quattrocento e l'importazione di merci a Roma dal Nord, in: Id., Economia, cultura materiale ed arte nella Roma del Rinascimento. Studi sui registri doganali romani 1445-1485, Rom 2007, S. 369-411 = revidierte und erweiterte Fassung (aber ohne den Textanhang mit der Supplik des Gobelinus Marten vom 16. Sept. 1432) von: Brügge als Umschlagplatz im Zahlungsverkehr Nordeuropas mit der römischen Kurie im 15. Jahrhundert: die vatikanischen Quellen, in: Hansekaufleute in Brügge (s. dort), Tl. 4, 2000, S. 109-137.

ESCH, Arnold, Italienische Kaufleute in Brügge, flandrisch-niederländische Kaufleute in Rom, in: Netzwerke im europäischen Handel (s. dort) 2010, S. 245-261.

ESCH, Arnold, Fremde in der Stadt. Ordnungen, Repräsentationen und soziale Praktiken (13-14. Jahrhundert, hg v. Peter Bell, Dirk Suckow und Gerhard Wolf, Frankfurt a. M. 2010, S. 35-60.

ESCH, Arnold, Italiener im Hanseraum, Vortrag vor der Pfingstagung des HGV, Halle 25.-27. Mai 2010 (künftig in den Hansischen Studien).

FOUQUET, Gerhard, Ein Italiener in Lübeck: der Florentiner Gherardo Bueri (gest. 1449), in: ZVLGA (1998) = Schlüssel zur Geschichte. 700 Jahre Lübecker Archiv, S. 187-220.

GALOPPINI, Laura, Mercanti toscani e Bruges nel Tardo Medioevo. Pisa 2009.

GRAßMANN, Antjekathrin, Kirchliches Leben in den hansischen Niederlassungen des Auslandes, in: Der Kaufmann und der liebe Gott (s. dort) 2009, S. 113-130.

GREVE, Anke, Gastgeber der Hanse: Die Brügger Wirte im 14. Jahrhundert. Unveröffentlichte Staatsexamensarbeit Kiel 1990.

GREVE, Anke, Hanse, Hosteliers und Herbergen. Studien zum Aufenthalt hansischer Kaufleute in Brügge im 14. und 15. Jahrhundert. Unveröffentlichte Diss. Univ. Gent 1998.

GREVE, Anke, Brügger Hosteliers und hansische Kaufleute: Ein Netzwerk vorteilhafter Handelsbeziehungen oder programmierte Interessenkonflikte? in: Hansekaufleute in Brügge (s. dort), Tl. 4, 2000, S. 151-161.

GREVE, Anke, Herberge, Wirte und Handel im Spätmittelalter, in: Vergleichende Ansätze (s. dort) 2002, S. 223-235.

Hanse@Medici. Ausstellungskatalog. Brügge 2002.

Hansekaufleute in Brügge, hg. v. Werner Paravicini und (Tl. 3-4) Horst Wernicke, Frankfurt a. M.:
Teil 1: Die Brügger Steuerlisten 1360-1390, hg. v. Klaus Krüger (Kieler Werkstücke, D 2), 1992.
Teil 2: Georg Asmussen, Die Lübecker Flandernfahrer in der zweiten Hälfte des 14. Jahrhunderts (1358-1458)(Kieler Werkstücke, D 9). 1999.
Teil 3: Prosopographischer Katalog zu den Brügger Steuerlisten (1360-1390), bearb. v. Ingo Dierck u. a. (Kieler Werkstücke, D 11). 1999.
Teil 4: Beiträge der Internationalen Tagung in Brügge April 1996, hg. v. Nils Jörn u. a. (Kieler Werkstücke, D 13). 2000.
Teil 5: Renée Rößner, Hansische Memoria in Flandern (Kieler Werkstücke, D 15). 2001.
Teil 6: der vorliegende Band.
Teil 7: James M. Murray, Hanseatic Accounts in the Books of the Bruges Moneychangers Collart de Marke and Willem Ruweel, 1366-1370 (in Vorbereitung).

HANZEKOOPLIEDEN EN MEDICIBANKIERS: Brugge, wisselmarkt van culturen, hg. v. André Vandewalle. Brügge 2002.

HENN, Volker, Der dudesche kopman zu Brügge und seine Beziehungen zu den nationes der übrigen Fremden im späten Mittelalter, in: "kopet uns werk by tyden" (s. dort) 1999, S. 131-142.

HENN, Volker, Die Hansekontore und ihre Ordnungen, in: Hansisches und hansestädtisches Recht, hg. v. Albrecht Cordes, Trier 2008, S. 15-39.

HENN, Volker, Lübisches Recht in den Auslandsniederlassungen der Hanse, in: Grundlagen für ein neues Europa. Das Magdeburger und Lübecker Recht in Spätmittelalter und Früher Neuzeit, hg. v. Heiner Lück u. a. (Quellen und Forschungen zur Geschichte Sachsen-Anhalts, 6), Köln 2009, S. 49-65.

HOLBACH, Rudolf, Brügge, die Hanse und der Handel mit Tuch, in: Hansekaufleute in Brügge (s. dort), Tl. 4, 2000, S. 183-203.

JAHNKE, Carsten, »Homines imperii« und »osterlinge« . Selbst- und Fremdbezeichnungen hansischer Kaufleute im Ausland. Vortrag auf der Pfingstagung des HGV, Dortmund 1.-4. Juni 2009 (künftig in den Hansischen Studien).

JÖRN, Nils, Die Emanzipationsbestrebungen der livländischen Städte in der Hanse in der zweiten Hälfte des 14. Jahrhunderts, in: Hansekaufleute in Brügge (s. dort), Tl. 4, 2000, S. 249-282.

JÖRN, Nils, "With money and bloode". Der Londoner Stalhof im Spannungsfeld der englisch-hansischen Beziehungen im 15. und 16. Jahrhundert (QDHG, NF 50). Köln 2000.

KATTINGER, Detlef, “Et si forsan monetam notabiliter meliorari vel detoriari contigerit, tres vlne de vero et legali panno gandeuensi ...”. Tuch und Geld im flandrisch-skandinavischen Wirtschaftsleben des 13. und 14. Jahrhunderts, in: “kopet uns werk by tyden” (s. dort) 1999, S. 21-26.

KATTINGER, Detlef, Skandinavisch-flandrische Handelsbeziehungen im hohen und späten Mittelalter, in: Hansekaufleute in Brügge (s. dort), Tl. 4, 2000, S. 237-247.

KIESEWETTER, Nicole, Stralsunder Hansekaufleute in Brügge. Die Personengruppe um den Kaufmann Hermann Hosang, in: Hansekaufleute in Brügge (s. dort), Tl. 4, 2000, S. 327-335.

KRÜGER, Klaus, Zur Symbolik des Reichs in Hansestädten und hansischen Niederlassungen. Vortrag auf der Pfingsttagung des HGV, Dortmund 1.-4. Juni 2009 (künftig in den Hansischen Studien).

KUSMAN, David, Usuriers publics and banquiers du Prince. Le rôle économique des financiers piémontais dans les villes du duché de Brabant (XIIIe - XIVe siècle). Turnhout 2011 (SEUH).

LACAZE, Yvon, Contribution à l'histoire économique et politique des pays de "par-deçà" : trois années de la négociation hanséato-bourguignonne ouverte en 1453, in: MA 75 (1969), S. 95-119, 291-320.

MURRAY, James M., Hanse merchants and the Bruges Money Market (1366-1370), in: Hansekaufleute in Flandern (s. dort), Tl. 4, 2000, S. 139-149.

MILITZER, Klaus, und Renée Rößner, Rheinischer Wein in Brügge, in: Hansekaufleute in Brügge (s. dort), Tl. 4, 2000, S. 227-236.

NIEMECK, Andreas, Woher stammt das Bier der Brügger Osterlinge, in: Hansekaufleute in Brügge (s. dort), Tl. 4, 2000, S. 215-226.

NORTH, Michael, Kreditinstrumente in Westeuropa und im Hanseraum, in: "kopet uns werk by tyden" (s. dort) 1999, S. 43-46.

PARAVICINI, Werner, Hansische Personenforschung. Ziele, Wege, Beispiele, in: Vergleichende Ansätze (s. dort) 2002), S. 247-272; erneut in: Paravicini, Edelleute (s. dort) 2007, S. 489-515.

PARAVICINI, Werner, Jenseits von Brügge. Norddeutsche Schiffer und Kaufleute an der Atlantikküste und im Mittelmeer in Mittelalter und Früher Neuzeit, in: Konzeptionelle Ansätze der Hanse-Historiographie, hg. v. Eckhard Müller-Mertens u. Heidelore Böcker (Hansische Studien, 14), Trier 2003, S. 69-114; erneut in: Paravicini, Edelleute (s. dort) 2007, S. 561-606.

PARAVICINI, Werner, Schuld und Sühne. Der Hansenmord zu Sluis in Flandern anno 1436, in: Wirtschaft, Gesellschaft, Mentalitäten im Mittelalter. Festschrift zum 75. Geburtstag von Rolf Sprandel, hg. v. Hans-Peter Baum u. a. (Beiträge zur Wirtschafts- und Sozialgeschichte, 107), Stuttgart 2006, S. 401-451; erneut in Paravicini, Edelleute (s. dort) 2007, S. 517-559.

PARAVICINI, Werner, Edelleute und Kaufleute im Norden Europas [Gesammelte Aufsätze], hg. v. Jan Hirschbiegel u. a., Ostfildern 2007.

PETTI BALBI, Giovanna, I piacentini tra Genova e i Paesi Bassi, in: Precursori di Cristoforo Colombo. Mercanti e banchieri piacentini nel mondo durante il medioevo (Atti del convegno internazionale di studi), Piacenza 1994, S. 69-88.

PETTI BALBI, Giovanna, Spazio urbano e presenza genovese a Bruges, in: Spazio urbano e organizzazione economica nell'Europa medievale (Atti della Session C 23 dell'Eleventh International Economic History Congress), hg. v. A. Grohaman, Neapel 1994, S. 143-162.

PETTI BALBI, Giovanna, Mercanti e nationes nelle Fiandre. I genovesi in età bassomedievale (Piccola Biblioteca GISEM, 7). Pisa 1996.

PETTI BALBI, Giovanna, Le strategie mercantili di una grande casata genovese: Francesco Spinola tra Bruges e Malaga (1420-1456), in: Serta antiqua et mediaevalia, Bd. 1, Rom 1997, S. 379-394.

PETTI BALBI, Giovanna, Negoziare fuori patria. Nazioni e genovesi in età medievale. Bologna 2005.

PIFARRÉ TORRES, Dolors, El Comerç international de Barcelona i el mar del nord (Bruges) a finals del segle XIV. Montserrat 2002.

POECK, Dietrich W., Kontorverlegung als Mittel hansischer Diplomatie, in: Hansekaufleute in Brügge (s. dort), Tl. 4, 2000, S. 33-53.

RATZMANN, Erik, Die Akzisezahlung in Brügge: ein charakteristisches oder ein zufälliges Ereignis in der kaufmännischen Laufbahn der Oosterlinghe? in: Hansekaufleute in Brügge (s. dort), Tl. 4, 2000, S. 173-181.

REICHERT, Winfried, Lombarden in der Germania-Romania. Atlas und Dokumentation (Beiträge zur Landes- und Kulturgeschichte, 2, 1-3). Trier 2003.

RÖSSNER, Renée, Hansische Memoria in Brügge, in: Hansekaufleute in Brügge (s. dort), Tl. 4, 2000, S. 85-96.

RÖSSNER, Renée, Zur Frage der Zugehörigkeit Duisburgs zur Hanse, in: Hansekaufleute in Brügge (s. dort), Tl. 4, 2000, S. 337-339.

RÖSSNER, Renée, Hansische Memoria in Flandern (Kieler Werkstücke, D 15 = Hansekaufleute in Flandern, 5). Frankfurt a. M. 2001.

RÖSSNER, Regina [= Renée], Dortmunder Hansekaufleute in Flandern und England, in: Dortmund und Conrad von Soest im spätmittelalterlichen Europa (Dortmunder Mittelalter-Forschungen, 3), Bielefeld 2004, S. 163-178.

SAMSONOWICZ, Henryk, Die wirtschaftlichen und politischen Beziehungen zwischen Flandern, Polen und Preußen, in: Hansekaufleute in Brügge (s. dort), Tl. 4, 2000, S. 309-318.

SCHUBERT, Birte, Revaler Zollbücher und Brügger Steuerlisten. Flandernhändler im Spiegel zweier Quellen, in: Hansekaufleute in Brügge (s. dort), Tl. 4, 2000, S. 283-297.

SCHUBERT, /dr,cma,005,2002,a,01.pdf, Ernst, Novgorod, Brügge, Bergen und London: Die Kontore der Hanse, in: Cocilium medii aevi 5 (2002). S. 1-50 = http://cma.gbv.de/dr,cma,005,2002,a,01.pdf

SEERECHT IM HANSERAUM DES 15. JAHRHUNDERTS. Edition und Kommentar zum Flandrischen Copiar Nr. 9, hg. v. Carsten Jahnke und Antjekathrin Graßmann (VGHL, B 36). Lübeck 2003.

SELZER, Stephan, Prosopographie eines Schiffsunglücks - Schadenslisten preußischer Flandernhändler als Parallelüberlieferung zur Brügger Steuerliste, in: Hansekaufleute in Brügge (s. dort), Tl. 4, 2000, S. 319-326.

STABEL, Peter, Commercial exchange and cultural contacts between Venice and the Low Countries (fifteenth-sixteenth centuries), in: Renaissance Venice and the North, hg. v. B. Aikema, Mailand 1999, S. 31-42.

STABEL, Peter, Venezia e i Paesi Bassi: contatti commerciali e stimoli intellettuali, in: Il Rinascimento a Venezia e la pittura del Nord ai tempi di Bellini, Dürer, Tiziano, hg. v. B. Aikema, Mailand 1999, S. 31-43.

STABEL, Peter, Bruges and the German Hanse: brokering European commerce, in: The sea in European History, Pisa 2001, S. 35-56.

STABEL, Peter, De gewenste vreemdeling: Indiaanse kooplieden en stedelijke maatschappij in het laat-middeleeuws Brugge, in: Jaarboek voor middeleeuwse geschiedenis 4 (2001), S. 189-221.

STABEL, Peter, Italian merchants and the fairs in the Low Countries (12th-16th centuries), in: Le fiere in Italia e in Europa in età moderna: reti economiche, spazi geografici, spazi urbani, hg. v. Paola Lanaro, Venedig 2006, S. 131-159.

STABEL, Peter, Bruges, plaque tournante du commerce hanséatique avec la France (14e -15e siècles), in: Les relations entre la France et les villes hanséatiques (s. dort) 2006, S. 97-111.

STABEL, Peter, Foreign merchant communities in Bruges, Antwerp and Amsterdam, in: Cultural exchange in early modern Europe, hg. v. Bruno Blondé u. a., Bd. 2: Cities and cultural exchange in Europe, 1400-1700, hg. v. D. Calabi, Cambridge 2007, S. 154-174.

STABEL, Erik, Venetië in de ogen van Nederlanders tijdens de late middeleeuwen,Vortrag auf dem Koll. Stadsbeelden en stadscultuur in Italië en de Nederlanden, Löwen 28. Nov. 2008 (im Druck).

STEFKE, Gerald, Sundisches, lübisches und flandrisches Geld und der kaufmännische Wechselverkehr zwischen Brügge und Stralsund im ersten Jahrzehnt des 15. Jahrhunderts - nach Hildebrand Veckinchusens Buchführung und anderen gleichzeitigen Quellen, in: "kopet uns werk by tyden" (s. dort) 1999, S. 33-42.

STÜTZEL, Peter, Die Privilegien des deutschen Kaufmanns in Brügge im 13. und 14. Jahrhundert, in: HGbll. 116 (1998), S. 23-63.

THIELEMANS, Marie-Rose, Bourgogne et Angleterre. Relations politiques et économiques entre les Pays-Bas Bourguignons et l'Angleterre 1435-1467. Bruxelles 1966.

VANDEWALLE, André, Armoiries et sceaux des nations étrangères à Bruges, du 13e au 16e siècle. Vortrag auf dem XXVIIIe Congrès international des sciences généalogique et héraldique, Québec, 23.-26. Juni 2008.

UNGER, Richard W., Beer Imports into the Low Countries, in: Hansekaufleute in Brügge (s. dort), Tl. 4, 2000, S. 205-214.

VILLES DE FLANDRE ET D'ITALIE. Relectures d'une comparaison traditionnelle, hg. v. Elisabeth Crouzet-Pavan et Elodie Lecuppre-Desjardin (Studies in European Urban History, 11). Turnhout 2007.

Inhaltsverzeichnis

1. Einleitung

1.1. Fragestellung, Quellen, Forschungsstand

Dat allet so depe in de ghewonte gekomen is, dattet elken vremde gift, van sulker ordinancie te horen, unde daerumme groet van noden is, de audiencie to holdene, of anderssins der stede recesse unde des coopmans costume allerdinghe to nichte te laten gaen, so men daeroff dagelicx genoech exemple soet, ter vernichtinge unde verderfnisse des contoers te Brugghe, dat doch by guder vorsenicheit wal gebetert mach werden in regule te stellene, soet plach te sijne ter ere des coopmans unde ten profijte unde wolvaert des ghemenen besten.[1]

Als Gerard Bruyns, Sekretär des Hansekontors zu Brügge, im Jahr 1500 diese Sätze in seinem später unter dem Titel *Leitfaden für die Älterleute des Kontors zu Brügge* bekanntgewordenen Text schrieb, um Ordnung, Gebräuche und Gewohnheiten des Kontors für die hansischen Kaufleute in Brügge festzuhalten, befand sich das Kontor der Deutschen Hanse in Brügge schon im Niedergang, wie Bruyns selbst feststellt. Der Aufstieg des Brügger Kontors hatte gut zweihundertfünfzig Jahre zuvor begonnen, als den Kaufleuten des Römischen Reichs durch die Gräfin Margarethe von Flandern 1252 Freiheiten für ihren Stapel zu Brügge erteilt worden waren.[2] Nutznießer dieser ersten Privilegien waren Kaufleute aus Hamburg, Lübeck, Köln, Dortmund, Soest, Münster sowie die Gotlandfahrer.[3] Aus diesem lockeren Zusammenschluß entwickelte sich die spätere Formation der Deutschen Hanse.

Einzigartig in ihrer Konstellation in Europa, sei es als „Kaufmannshanse" oder „Städtehanse", verband sie ab Mitte des 12. Jahrhunderts bis hinein ins 17. Jahrhundert zeitweilig um die 200 Städte und deren Kaufleute zu einer Organisation, die die Entwicklung, Festigung und Ausweitung der Handelstätigkeit als gemeinsame Interessengrundlage hatte.[4] Zur Unterstützung des Handels wurden zahlreiche Stützpunkte im Norden, Osten und Westen Europas eingerichtet.

Die wichtigsten dieser Stützpunkte bestanden in den offiziellen Niederlassungen im russischen Novgorod, im norwegischen Bergen, im englischen London und im flandrischen Brügge.[5] Diese, später auch als die vier Hansekontore bezeichneten Niederlassungen, bildeten ihrerseits ein besonderes Kapitel hansischer Organisation. Mit Henn darf festgestellt werden, daß *von allen Kontoren das Brügger wohl die*

---

1 HUB 11, S. 764, Nr. 1234 §10, vgl. auch LELOUX, Die Genossenschaft, S. 35-42 und DERS., Zum Leitfaden; zum Sekretär siehe auch RÖSSNER, Hansische Memoria, S. 133-134.

2 HUB 1, S. 137-139, Nr. 421, 422; LUYKX, De grafelijke financiële bestuursinstellingen, S. 192-193.

3 Zu diesen s. KATTINGER, Die Gotländische Genossenschaft (1999).

4 Dollinger, Die Hanse, S. 9-11; zur Diskussion um Kaufmannshanse - Städtehanse vgl. HENN, Über die Anfänge des Brügger Kontors, DERS., Der niederrheinisch-ostniederländische Raum, S. 12-13; WERNICKE, Die Städtehanse; BOCKHORST, Aus den Anfängen, S. 827-828 und Kap. 4.1.2. Die Stapelverlegungen von 1280-82 und 1307-09.

5 KOPPMANN, Vom Kontor zu Brügge.

bewegenste Geschichte [hatte].[1] Bestimmt wurde diese Vergangenheit durch eine große wirtschaftliche Blüte mit immensem Warenaustausch, aber auch durch sechs Kontorsverlegungen im 13., 14. und 15. Jahrhundert, hansische Flandernblockaden, soziale Unruhen in Flandern und immer wieder Auseinandersetzungen um die Einhaltung hansischer Privilegien in Flandern und Brügge.[2]

Nach jedem Disput kehrte die Hanse wieder nach Brügge zurück. 1478 ließ sie sogar ein repräsentatives Haus in Brügge errichten, so daß das Kontor endlich seinen eigenen Sitz in Brügge bekam. Aber nur wenige Kaufleute der Hanse fanden zu diesem Zeitpunkt noch ihren Weg in die flandrische Stadt,[3] so daß sich der Sekretär des Kontors um 1500 gezwungen sah, einen *Leitfaden für die Älterleute des Kontors* abzufassen, der die Gebräuche und Regeln des Hansekontors schriftlich erklärte. Wie der Verfasser selbst beklagt, hätte es schon des längeren keine Versammlungen mehr gegeben, auf denen den Kaufleuten die Kontorsgewohnheiten erklärt worden wären. Gebräuche schienen in Vergessenheit zu geraten. Aufgaben und Funktionen des Kontors und der Kaufleute erklärten sich nicht mehr aus dem täglichen Umgang miteinander. Darüber hinaus stellt der Verfasser fest, daß viele Kaufleute nach Antwerpen, Holland und Seeland abgewandert seien und es niemanden mehr gäbe, der *regule noch horsam en helt na des coopmans ordinancie*. Aber selbst als das Kontor als Einrichtung schließlich doch nach Antwerpen übergesiedelte, mochten die Hansen sich offenbar nicht von ihrem Kontor zu Brügge verabschieden, denn bis ins 16. Jahrhundert hinein sprach das Kontor in seinen eigenen Dokumenten vom Brügger Hansekontor, residierend in Antwerpen.[4] Fünfhundert Jahre später drängt sich dem Hanseforscher die Frage geradezu auf, warum die Hanse am Kontor zu Brügge derart festhielt.

Gründe für diese Kontinuität müssen trotz allen Schwierigkeiten in den allgemeinen flämischen (Handels-)Bedingungen gelegen haben und führen heute zu Fragen wie: Erschien die Verbindung zwischen der Hanse und Brügge als eine 'gelungene Ehe', der man nicht gern 'Lebewohl' sagte? Anknüpfungspunkte für eine solche 'geglückte Verbindung' muß es auf verschiedenen Gebieten gegeben haben. Glichen die sozial-politischen Gegebenheiten, die die hansischen Kaufleute in Brügge vorfanden, jenen ihrer Herkunftsstädte? Hatte sich in Brügge im Lauf des 14. Jahrhunderts eine ökonomische Infrastruktur herausgebildet, die dem Handel hansischer Kaufleute entsprach? Zeigt sich im demonstrativen Festhalten am Brügger Hansekontor gerade jener typische hansische Konservatismus, der letztlich den Niedergang dieser bürgerlich-städtisch geprägten Vereinigung verursachte?

Es mag die Frage gestellt werden, ob nicht schon genug Forschungsarbeiten zum Thema 'Hanse in Flandern' vorliegen. Tatsächlich gibt es zahlreiche Untersuchungen

---

1 HENN, Das Brügger Kontor, S. 160.

2 Zur Geschichte des Brügger Kontors: HÄPKE, Brügges Entwicklung.

3 BEUKEN, De Hanze in Vlaanderen, S. 144-177; FRIEDLAND, Die "Verlegung" des Brügger Kontors, S. 6-9; BRULEZ, Brugge en Antwerpen, S. 17-27; MARECHAL, Le départ, S. 29 und 32-40; PARAVICINI, Lübeck und Brügge, S. 123-124; ENNEN, Zur Geschichte der Hansischen Häuser; DE SMIDT, Het Oosterlingenhuis te Brugge; FAHLBUSCH, Führungsgruppen, S. 71-72.

4 HENN, Das Brügger Kontor, S. 163.

zum Gegenstand, aber die meisten dieser Untersuchungen wurden um die Jahrhundertwende bis in die dreißiger Jahre des 20. Jahrhunderts verfaßt.[1] Nicht das Alter dieser Untersuchungen allein rechtfertigt eine neue Untersuchung, sondern die Perspektive dieser älteren Forschung. Denn fast alle Studien zum Thema 'Hanse in Flandern' sind aus einem hansischen Blickwinkel geschrieben worden. Kaum einer dieser Forscher machte sich die Mühe, einen flämischen Standpunkt zu sehen, zu verstehen oder gar zu formulieren. Der beinahe exklusive Gebrauch hansischer Quellen erklärt diese Perspektive zum Teil. Es bleibt aber erstaunlich, daß flämische Quellen nur selten benutzt wurden. Bei diesem eindeutigen Übergewicht der hansischen Seite verwundert es nicht, daß die Interpretation hansischer Geschichte eine quasi mythische Dimension erhielt. Der Erfolg 'hansischer Tugenden' wurde, trotz aller Kritik wie jener Kuskes, der bereits 1922 vor unrichtigen Superlativen warnte,[2] zum zentralen Thema; flandrische Aspekte dienten meist nur der Illustration des schweren, letztlich aber erfolgreichen Standes des hansischen Kaufmanns in fremder flämischer Umgebung.

Trotz dieser Woge von Literatur in einem Zeitraum von knapp vierzig Jahren beherrscht das Thema „die Hanse“ das Denken immer noch als „Die Hanse im Ostseeraum“. Brügge, Flandern oder London wurden kaum wahrgenommen.[3] Aber auch die flämische Forschung sah in der Hanse kein Thema, dem es sich dauerhaft zu widmen lohnte. Bis auf Beuken, der sich 1950 mit seiner Monographie über die Hanse in Flandern dieses Themas explizit angenommen hatte, findet sich nur hier und da am Rande etwas zur Hansethematik.[4]

Hier ist nun seit einigen Jahren in der Hanseforschung Veränderung eingetreten. Eine große Ausstellung in Hamburg 1989, ein Forschungsprojekt „Hanse in Flandern“ zunächst an der Universität Kiel, später gemeinsam mit der Universität Greifswald, zwei Brügge-Kolloquien und eine erneute Hanseausstellung, dieses Mal in Brügge selbst, haben das Interesse an dem Thema „Hanse in Flandern“ stark zunehmen lassen.[5] Das Kieler Forschungsprojekt, dem auch die vorliegende Arbeit entsprungen ist, beschritt den Weg der Prosopographie. Diese untersucht im Gegensatz zur Biographie Gruppen, die sich durch einen oder mehrere Parameter als Gruppe

---

1 HÄPKE, Brügges Entwicklung; DAENELL, Die Blütezeit der Hanse; BAHR, Hanse in Flandern; STEIN, Die Genossenschaft des Deutschen Kaufmanns in Flandern.

2 KUSKE, Die Handelsgeschäfte, S. 192: *Die kulturellen Leistungen unseres Volkes sind groß und einleuchtend genug; wir sollten sie aber nicht durch unrichtige Superlative anzupreisen suchen.*

3 PARAVICINI, Solingen, Hamburg, Brügge und Paris, S. 578.

4 BEUKEN, De Hanze in Vlaanderen; VAN WERVEKE, Die Stellung des hansischen Kaufmanns dem flandrischen Tuchproduzenten gegenüber.

5 Ausstellungskatalog Die Hanse. Lebenswirklichkeit und Mythos, 2 Bde, Hamburg 1989 und 2. verb. Auflage der Textbeiträge, hrsg. v. J. BRACKER, Lübeck 1998;Veröffentlichungen zum Projekt Hanse in Flandern: KRÜGER, Die Brügger Steuerlisten; DIERCK, DÜNNEBEIL, RÖSSNER, Prosopographischer Katalog; ASMUSSEN, Die Lübecker Flandernfahrer, RÖSSNER, Hansische Memoria; zu den Kolloquien: FRIEDLAND, Brügge-Colloquium und JÖRN, PARAVICINI, WERNICKE, Beiträge der Internationalen Tagung; Ausstellungskatalog Hanzekooplieden en Medicibankiers. Brugge, Wisselmarkt van Europese culturen, Brügge 2002; hinzuzufügen sind zwei Dokumentationen, die für das Fernsehen aufbereitet wurden: NDR, Die Hanse, 2002; ARTE, Die Hanse, 2003.

definieren lassen. Dabei muß diese Gruppe in ihrer eigenen Zeit nicht unbedingt als Gruppe bereits definiert gewesen sein.

Neu ist die Prosopographie nicht. 1947 betonte Peremans die Wichtigkeit prosopographischer Untersuchungen als Hilfsmittel historischer Forschung.[1] Peremans richtete sich mit seinem Aufruf, wie im übrigen auch sein Schüler Van 'T Dack, an die Altertumskunde.[2] Inzwischen hat diese Forschungsmethode auch zahlreiche Anhänger im Bereich der mittelalterlichen Geschichte gefunden.[3] Durch den Einsatz des Computers und mit dem Einrichten umfangreicher Datenbanken ist die Prosopographie eine beinahe nicht mehr wegzudenkende Methode historischer Forschung geworden. Dabei sucht jeder nach seiner eigenen Antwort auf die Frage, was denn die bestimmenden Wesensmerkmale der Prosopographie seien. Auch die vorliegende Untersuchung hat sich mit dieser Frage beschäftigt und in Anlehnung an das Kieler Hanseprojekt für die Erstellung eines sogenannten prosopographischen Katalogs biographischer Notizen entschieden. Die Erstellung einer kollektiven Biographie schien der geeignete Weg, dem Gegenstand der vorliegenden Untersuchung näher zu kommen, d.h. zu untersuchen, wie die Beteiligten miteinander oder auch gegeneinander agierten, kurzum, zu ermitteln, wo Hansen und Flamen zusammentrafen.

Dieses Zusammentreffen ergab sich im spätmittelalterlichen Brügge durch die dort allgemein übliche Unterbringung hansischer Kaufleute bei Brügger Herbergswirten - den Hosteliers. Über sie war bisher in der Hanseforschung nur wenig bekannt; und auch nur jenes, was hansische Quellen preisgaben. Das Bild des Brügger Hosteliers in der Hansehistoriographie war daher einseitig und meist negativ geprägt. Diese Beurteilung entsprang wohl den Vorgängen um den hansischen Kaufmann Hildebrand Veckinchusen, der 1421-1424 wegen seiner finanziellen Außenstände in Brügge im dortigen Schuldgefängnis einsaß - maßgeblich mitverschuldet durch das angebliche Zutun seines Brügger Hosteliers Jacob Scuetelare.[4] Dieser eine Fall genügte der Forschung offenbar, um den Berufsstand des Hosteliers im allgemeinen zu diskreditieren. Diese a priori getroffene Feststellung steht im Gegensatz zu dem, was die Brügger Hosteliers über sich selbst sagten, nämlich daß sie die *uppersten ende erbarsten van der stede sin.*[5] Hier zeigte sich ein interessanter Widerspruch, den es zu erläutern galt.

Größere Untersuchungen zu den Hosteliers in Brügge liegen in Form von zwei Artikeln vor. 1885 veröffentlichte der deutsche Rechtshistoriker Ehrenberg eine erste Untersuchung über die Brügger Hosteliers. Diese verdienstvolle Arbeit diente dem belgischen Historiker Van Houtte als Ausgangspunkt für seine unveröffentlichten

1 PEREMANS, Over het belang van prosopographische opzoekingen, S. 57.

2 VAN 'T DACK, Wat is prosopographie?, S. 23ff.

3 Die hier zitierten Werke stellen keinesfalls eine vollständige Reihe dar: vgl. PARAVICINI, Hansische Personenforschung; PETERSOHN, Personenforschung im Spätmittelalter; MILLET, Les chanonoines du chapitre cathédral de Laon; DIES., Notice biographique et enquête prosopographique; BULST, Die Generalstände sowie der Sammelband Prosopographie als Sozialgeschichte?; DE RIDDER-SYMOENS, Prosopografie en middeleeuwse geschiedenis; GOUDRIAAN, STABEL, Prosopography and Computer; SELZER, EWERT, Menschenbilder.

4 Vgl. dazu Kap. 4.3.2. Die Aufsichtspflicht des Hosteliers für seinen Gast.

5 HR I,7, S. 203, Nr. 355 § 1.

Dissertation des Jahres 1936, deren Zusammenfassung er 1950 veröffentlichte.[1] In beiden Veröffentlichungen werden allgemeine Erkenntnisse zu den Aufgaben und Funktionen der Hosteliers und Makler in Brügge in ihrem rechtlichen Kontext dargestellt. Die besondere Bedeutung der Hosteliers für die hansischen Kaufleute wird nur anhand einiger Einzelbeispiele belegt. Die widersprüchlichen Aussagen über die Hosteliers und die wenigen Studien über sie gaben Anlaß, das Verhältnis zwischen Hansen und Hosteliers zum Mittelpunkt der vorliegenden Untersuchung zu machen.

Damit geht es zugleich um die hansische Präsenz in Brügge und vor allem eine ihrer Facetten, nämlich diejenige der Konflikte zwischen Hansen und Flamen. Es ist keine neue Erkenntnis, daß, wenn zwei Gruppen mit verschiedenen Interessen aufeinander treffen, es auch zu Konflikten kommen kann. Diese Konflikte fanden ihren vielfältigen Niederschlag in den Hanserezessen, den Akten und Beschlüssen der Hansetage. Mit den fünfzehn Bänden der 1. und 2. Abteilung, sowie den elf Bänden des Hansischen Urkundenbuchs ist jedem Hanseforscher eine Dokumentation gegeben, die zunächst einmal gründlich ausgewertet werden muß. Allerdings ist vor der Vorstellung zu warnen, in ihnen spiegele sich die vollständige historische Realität. Wäre dem so, müßte es noch verwunderlicher erscheinen, daß die hansischen Kaufleute nicht schon nach den ersten Dezennien ihres Aufenthalts in Flandern mutlos wieder abgezogen sind. Diese Quellenpublikationen zeigen immer nur einen Teil der Wirklichkeit, meist nur den, der durch eine Krise ausgelöst wurde. Deshalb muß es auch eine Aufgabe dieser Studie sein, die alltägliche Situation darzustellen bzw. sich ihr, soweit wie möglich anzunähern. Dabei konnte zunächst auf die unvergleichliche Reihe der durch Gilliodts-van Severen veröffentlichten Quellen zurückgegriffen werden, bald aber auch auf unveröffentlichte Quellen der Archive in Brügge und Brüssel. Besonders ergiebig waren die Kartularien im Brügger Stadtarchiv, in denen Schöffenurteile in Abschriften des 15. und 16. Jahrhunderts enthalten sind. Auch die Reihe der 'Civiele Sententiën', die eine Vielzahl von Gerichtsurteilen in zivilrechtlichen Angelegenheiten erfassen, bildeten eine wertvolle Informationsquelle. Daneben verschafften die Brügger Stadtrechnungen, sowie die Rechnungen des Brügger Schultheißen und des Amtmanns zahlreiche Detailkenntnisse zum Verhältnis zwischen Brügger Hosteliers und hansischen Kaufleuten.[2] Um einen Einblick in die Tätigkeit der Hosteliers zu gewinnen, waren die Wechslerbücher von Collard de Marke und Willem Ruweel von großem Nutzen. Sie dienten zu deren Identifizierung und bieten darüber hinaus wichtige Informationen zu ihren Aufgaben im mittelalterlichen Brügge. Neben flämischen Quellenbestände konnte vieles aus den Archiven in Köln, Lübeck und Stralsund genutzt werden. Besonders die Privilegienbücher der Hanse, Briefe des Brügger Hansekontors, sowie Testamente hansischer Kaufleute waren von großem Nutzen für die vorliegende Untersuchung.

Als veröffentlichte Quellen stehen neben den Hanserezessen und dem Hansischen Urkundenbuch hauptsächlich die Urkundenbücher der Städte Lübeck, Hamburg und

---

1 EHRENBERG, Makler, Hosteliers und Börse in Brügge; VAN HOUTTE, Makelaars en waarden.

2 Unbedingt erforderlich ist die Kenntnis der Institutionen in Flandern und Brügge, für die nichts Vergleichbares im deutschen Reich im Mittelalter bestand, s. PREVENIER, AUGUSTYN, De gewestelijke en lokale instellingen.

Dortmund sowie das Mecklenburgische und Preußische Urkundenbuch zur Verfügung. Hinzu kommen Handlungsbücher hansischer Kaufleute, Chroniken, Reiseberichte und Inventare. Unumgänglich waren die zahlreichen Editionen des Brügger Archivars Gilliodts-van Severen. Allerdings mußte bei der Sichtung dieser Quellenpublikationen festgestellt werden, daß Sachverhalte nicht immer präzise dargestellt wurden. Eine Kontrolle der durch Gilliodts publizierten Dokumente war in vielerlei Hinsicht unerläßlich. Trotzdem boten diese Werke eine gute Ausgangsbasis für die ersten Schritte.

Ein wesentliches Problem bei der Beurteilung aller Quellen liegt schon in der Weise, wie sie entstanden sind. Vieles ist aufgrund eines Konflikts aufgezeichnet worden. Die Berücksichtigung beider Konfliktparteien bietet die Möglichkeit, eine einseitige Perspektive zu vermeiden bzw. einzugrenzen, so diese Dokumente denn von beiden Seiten vorliegen. Erst mit durch Gegenüberstellung von Informationen verschiedenen Ursprungs zum gleichen Sachverhalt ist Erkenntnisgewinn hinsichtlich kollektiver oder individueller Interaktion zu erzielen.

Hilfreich war drittens die Sekundärliteratur. Die bereits erwähnten Artikel von Ehrenberg und Van Houtte waren hinsichtlich der Quellenhinweise und ihrer inhaltlichen Aussagen von großem Wert, auch wenn zahlreiche Auffassungen der beiden Autoren nicht mit heutigen Untersuchungsresultaten in Übereinstimmung zu bringen sind. Dies gilt im übrigen in gleicher Weise für die Werke von Häpke, Stein, Daenell und Bahr. Da die Forschung immer noch durch die Werke der genannten Autoren in großen Teilen geprägt ist, war eine intensive Auseinandersetzung mit diesen Veröffentlichungen unumgänglich.

Erst die genaue Erforschung der Gruppe der Brügger Hosteliers anhand flandrischer Quellen hat dieser Arbeit ihre eigentliche Richtung gegeben. Im Lauf der Untersuchung veränderte sich die zunächst durch die Hanseforschung geprägte Sichtweise zu einer Brügger-flandrischen Perspektive. Dadurch ergaben sich neue Einsichten sowohl für die hansische als auch für die flandrische Historiographie. Diese Erkenntnisse werden teilweise mit Hilfe einiger Theorien der modernen Geschichtsforschung untermauert. Themen wie Eliten, Klientelismus, aber auch Machtstrukturen und Netzwerke drängten sich bei der Bearbeitung des Untersuchungsgegenstandes geradezu auf. Soweit kollektive oder individuelle Interaktionen gesellschaftlicher oder politischer Art zur Diskussion standen, wurden einige theoretische Ansätze der Soziologie entlehnt.

1.2. Methode: Computer und Prosopographie

Ausgangspunkt waren zunächst Akziselisten hansischer Kaufleute in Brügger Stadtrechnungen im Zeitraum 1360-1390.[1] In ihnen sind sowohl Hansekaufleute als auch Brügger Hosteliers im Zusammenhang mit einer Steuer für Wein- und Bierimporte verzeichnet. Im Zuge der Verhandlungen zur Beilegung eines schweren Konflikts der Hanse mit Flandern, der in einer totalen Blockade Flanderns in den Jahren 1358-1360 seitens der Hanse gipfelte, erreichten die hansischen Unterhändler eine ermäßigte Akzise für Wein und Bier. Diese Bestimmung ermöglichte es, Personen namentlich zu erfassen, da sie einzeln in den Steuerlisten genannt wurden. Das bereits erwähnte Kieler Forschungsprojekt 'Hanse in Flandern' hatte es sich zur Aufgabe gemacht, diese Listen zu veröffentlichen und darüber hinaus die Herkunft der hansischen Kaufleute zu bestimmen.[2] Die Listen enthalten 1820 Namenseinträge, was etwa 1020 Personen entspricht. In denselben Listen fanden sich ca. 50 Brügger Hosteliers. Sie bildeten die Grundlage für die vorliegende Untersuchung, deren Ziel es auch war, die Gruppe der bekannten Hosteliers zu erweitern. Am Ende des Quellenstudiums lag die Zahl der identifizierten Hosteliers bei 209 Namen. Einige der 1020 Personen wurden auch in dieser Arbeit genauer betrachtet, da sie enger mit dem Hostliersgewerbe in Verbindung zu stehen schienen.[3]

Eine weitreichende statistische Analyse der Resultate bleibt problematisch, da die Gesamtpopulation von 209 Hosteliersnamen selbst nicht als vollständig eingeschätzt wird. Trotzdem wurden statistische Berechnungen dort ausgeführt, wo sie im Hinblick auf Aussagekraft sinnvoll, notwendig oder überhaupt möglich waren. Diese Zahlen werden im Kapitel 'Internationale und lokale Netzwerke' näher erläutert.[4]

Weit wichtiger erschien die Erstellung eines Katalogs biographischer Notizen dieser gut 200 Personen, der im Idealfall alle denkbaren Informationen zu jeder Person enthalten sollte. Aufgrund der Verschiedenartigkeit der Quellen, in Form und Inhalt, war mit einfachen Datenbankstrukturen zur Datenerfassung nicht oder nur bedingt zu arbeiten. Wie eingangs erwähnt, war der Beginn dieser Forschungsarbeit mit dem Kieler Forschungsprojekt 'Hanse in Flandern' auf das Engste verbunden. Aufgrund dieser thematischen Bindung war es sinnvoll, gerade bei der elektronischen Datenverarbeitung kompatibel zu bleiben. Das Kieler Forschungsprojekt arbeitete mit einem von Jochen Storjohann mit dBase IV entwickelten Programm.[5] Nach einer Reihe von Zwischenschritten, neuen Anwendungsanforderungen und einer Veränderung des methodischen Ansatzes entstand ein neues Programm mit dem Namen HISTODAT. Im Wesentlichen wurde mit diesem Programm gearbeitet, so daß ein Datenaustausch mit dem Kieler Projekt möglich blieb, letztlich aber nur in geringem Umfang realisiert wurde.

---

1 Vgl. KRÜGER, Die Brügger Steuerlisten.

2 DIERCK, DÜNNEBEIL, RÖSSNER, Prosopographischer Katalog.

3 Siehe dazu Kap. 3.3.1. Hansische Präsenz in Brügge.

4 Siehe Kap. 3.2.3. Hosteliers und Makler in Brügge.

5 Die Entscheidung für dBASE fiel aus rein praktischen Erwägungen, da zwei Mitarbeiter des Projekts (Hanne Tohsche-Salzmann, die später ausschied und Jochen Storjohann) schon Erfahrungen mit diesem System hatten und über ausgezeichnete Programmierkenntnisse verfügten.

1.2.1. Grundlagen des Programms Histodat[1]

Die Aufgabe des Programms bestand darin, Informationen zu Personen aus Quellen aufzunehmen und nach diversen Erfordernissen gefiltert und sortiert wieder auszugeben. Dazu wurde das relationale Datenbank-Management-System dBASE IV, erst in der Version 1.1, später in der Version 1.5 genutzt. Es wurden 116 Prozeduren mit insgesamt über 11.000 Programmzeilen programmiert. Die Informationen wurden in einzelnen Dateien abgelegt, die über Schlüsselfelder verknüpft wurden. Das Programm umfaßte 79 einzelne Dateien, in denen die individuellen Informationen abgelegt wurden. Schlüsselfelder waren die Quellennummer und die Personennummer. Außerdem erhielten einzelne Informationen, zu denen bei Bedarf noch besondere Notizen eingegeben werden konnten, Schlüsselfelder wie 'Beruf', 'Amt' oder 'Wohnort'. Dadurch und mit Hilfe einer vom Benutzer zu bestimmenden Auswahl war es möglich, über Verknüpfungen und Filter die Informationsausgabe beliebig zu gestalten. Dieser Aspekt war besonderer wichtig, da die wissenschaftliche Fragestellung zu Beginn der Forschungen noch nicht in allen Teilen definitiv bestimmt werden konnte. Ein zweiter Grund für die offene Gestaltung des Programms lag in der Idee, das gewonnene Material außerhalb des hier thematisierten Forschungsprojektes zur Verfügung zu stellen. Bei Bedarf ist es daher möglich, die vorhandene Datenbank zu konvertieren, so daß mit der standardisierten Abfragesprache SQL darauf zugegriffen werden kann.

1.2.2. Perspektiven

Die im Programm HISTODAT aufgenommenen Daten sollten grundsätzlich dazu dienen, durch Zusatzmodule einmal aufgenommene Texte und Informationen auch anderen Fragestellungen zugänglich zu machen.[2] Im Prinzip sind die Daten nach wie vor zugänglich und könnten auch anderen Projekten zur Verfügung gestellt werden. Allerdings hat sich gezeigt, daß Konvertierung und ganz besonders online-Veröffentlichung nicht nur zeitraubend sind, sondern erheblichen Sachverstand erfordern, an dem es dann aber oft mangelt. Insofern ist die Grundidee, gesammelte Bestände allgemein zugänglich machen zu wollen, zwar nicht falsch, ihre Verwirklichung aber vor immense Probleme gestellt.[3] Ganz besonders erschwert wird ein solches Vorhaben aber dadurch, daß die meisten Projekte dieser Art eher kurzlebig sind und kaum

---

1 Eine ausführlichere Darstellung des Programms: GREVE, STORJOHANN, Innkeepers, Brokers and Moneychangers, S.169-183; allerdings wurde diese Darstellung zu einem Zeitpunkt geschrieben, als sich sowohl in Kiel als auch in Gent die Forschungsarbeiten erst in einem Anfangsstadium befanden.

2 Das Forschungsprojekt *Hanse in Flandern* an der Universität Kiel ist im März 1998 ausgelaufen. Die gesammelten Informationen zu hansischen Kaufleuten wurden in einem prosopographischen Katalog veröffentlicht, vgl. DIERCK, DÜNNEBEIL, RÖSSNER, Prosopographischer Katalog. Das Programm HISTODAT gehört urheberrechtlich Jochen Storjohann, dessen Tätigkeit im Hanse-Projekt an der Universität Kiel ebenfalls beendet ist.

3 Zu den Problemen hinsichtlich Software, Konvertierung und Internetveröffentlichung vgl. GREVE, HAMEL, Prosopographia Burgundica.

jemand die nötige personelle und materielle Infrastruktur über einen langen Zeitraum zur Verfügung stellen kann.

1.2.3. Prosopographie

Die Prosopographie erstellt eine kollektive Biographie einer Gruppe, die mindestens durch eine Gemeinsamkeit charakterisiert wird, formuliert Hilde De Ridder-Symoens ihre Auffassung von der Prosopographie.[1] Die vorliegende Arbeit schließt sich dieser Auffassung insoweit an, als der gemeinsame Parameter der zu untersuchenden Gruppe im Beruf der Mitglieder dieser Gruppe besteht. Da die Hosteliers als Gruppe nur in den Akziselisten auftauchen, sich in den Werken von Ehrenberg und Van Houtte nur spärlich Hosteliersnamen finden, war der Ausgangspunkt dieser Arbeit die Suche nach den individuellen Personen, die als Hosteliers in Brügge tätig waren, um diese Gruppe überhaupt zusammenzustellen. Bis auf die oben erwähnten Akziselisten konnten keine seriellen Quellen entdeckt werden, die einen ähnlichen Bestand an Namen von Hosteliers aufwiesen. Die Identifikation Brügger Hosteliers war im Wesentlichen auf Einzelfunde in den Quellen angewiesen.

Erst nachdem ein Korpus von Namen bestand, konnten z.B. Indices der verschiedensten Quelleneditionen nach diesen Namen durchsucht werden. Die auf diese Weise gesammelten Informationen wurden mittels des oben erwähnten Programms HISTODAT verarbeitet. Die verwendeten Filterkategorien wurden so eng wie möglich, aber auch so weit wie nötig ausgelegt, da die Fragestellung eben nicht von vornherein deutlich war, auch wenn dies von Historikern, die sich mit prosopographischen Untersuchungen beschäftigen, immer wieder gefordert wird.[2] Die Brauchbarkeit eines Programms zeigt sich auch in seiner Flexibilität und in den Möglichkeiten Anpassungen vorzunehmen. Das Programm HISTODAT erfüllte diese Forderungen außerordentlich gut.

Für die Studie kamen Personen in Frage, die mit dem kommerziellen Herbergswesen in Brügge im 14. und 15. Jahrhundert eindeutig im Zusammenhang standen. Bei der Durchsicht edierter Quellen ergab sich rasch eine besondere Problematik, denn nicht alle Personen, die als Hosteliers bezeichnet wurden, waren dies auch. So publizierte Gilliodts-van Severen eine Liste von *hoteliers* aus dem Jahr 1302.[3] Bei näherem Studium ergab sich, daß es sich bei diesen Listen um die Aufzählung von Einquartierungen handelte. Die hiermit verbundenen Personen wurden nicht in die Gruppe der Brügger Hosteliers aufgenommen, auch wenn sich unter ihnen wahrscheinlich auch Hosteliers befanden. Andere Hinweise auf Herbergswirte in der Sekundärliteratur, wie z.B. Niermeyer, der von *herbergiers* spricht,[4] stellten sich aber als *taverniers* (Schankwirte) heraus. Diese Personen wurden ebenfalls nicht in den Personenkatalog aufgenommen.

---

1 DE RIDDER-SYMOENS, Prosopographie en middeleeuwse geschiedenis, S. 96.

2 DE RIDDER-SYMOENS, Prosopografie en middeleeuwse geschiedenis, S. 102-104; BLOCKMANS, De volksvertegenwordiging, S. 581-583.

3 GILLIODTS-VAN SEVEREN, Inventaire 1, S. 81-102.

4 NIERMEYER, Dordrecht als handelstad, S. 25, Anm. 4.

Trotz dieser Festlegungen gibt es im Personenkatalog eine gewisse Inkonsequenz, da auch einige hansische Kaufleute darin Eingang gefunden haben. Sie wurden in den Katalog aufgenommen, weil sie in den Brügger Akziselisten von 1360-90 zunächst als Wirte erscheinen. Im Lauf der Untersuchung stellte sich heraus, daß es sich bei diesen Personen um hansische Kaufleute handelte, die in Brügge eine Schenke oder Taverne betrieben.[1] Aus diesen Informationen ergaben sich Erkenntnisse zur hansischen Präsenz in Brügge, die bisher von der Forschung nur wenig oder gar nicht beachtet worden sind. Außerdem wurden zwei Hosteliers, die nicht in Brügge ihr Gewerbe betrieben, in den Katalog aufgenommen, da diese Fälle für die vorliegende Arbeit ebenfalls argumentativ nützlich waren.[2]

Den Grundbestand bildeten alle in den Brügger Akziselisten von 1360-90 als Hosteliers bezeichneten Personen. Unter ihnen gab es manchen Zweifelsfall, was in der Rubrik 'Identität' deutlich vermerkt wurde. Daneben wurden 56 Hosteliers aus den Büchern der beiden Brügger Wechsler Collard de Marke und Willem Ruweel aufgenommen. In den Büchern, die aus mehreren tausend Folioseiten bestehen, finden sich allerdings mehr als diese. Die Auswahl der 56 wurde in Absprache mit James Murray, der seine Arbeiten zur Verfügung stellte, getroffen.[3] Bei den ausgewählten Personen war entweder der Grad der Sicherheit, daß es sich hier um einen Hostelier handelte, relativ hoch oder die ausgewählten Personen konnten mit einer hansischen Klientel in Verbindung gebracht werden. Da die beiden erwähnten Quellen, Akziselisten und Wechslerbücher, etwa aus dem gleichen Zeitraum stammen, ergaben sich zwischen den bereits identifizierten Hosteliers und denen aus den Wechslerbücher häufiger Übereinstimmungen, so daß bei einigen potentiellen Her-bergswirten letzte Zweifel über ihren beruflichen Status ausgeräumt werden konnten. Allerdings führten diese Quellen auch zu einem leichten Übergewicht der Hosteliers aus dieser Periode in der allgemeinen Betrachtung und im Personenkatalog. Für die zweite Hälfte des 14. Jahrhunderts sind sie aufgrund dieser ungewöhnlich guten Quellenlage repräsentativ. Für das 15. Jahrhundert fehlen vergleichbare Quellen, aber die für diese Zeit identifizierten Hosteliers konnten dennoch im Vergleich zu denen des 14. Jahrhunderts bewertet werden.

Die Gestaltung des Katalogs wurde zunächst in Zusammenarbeit mit dem Kieler Forschungsprojekt erarbeitet, später aber auf die Bedürfnisse der eigenen Forschungsarbeit hin verändert. Die Entscheidung, einen Katalog biographischer Notizen in Rubrikform anzulegen, ergab sich einerseits aus den gesammelten Informationen, andererseits aus dem Wunsch, diese Notizen möglichst übersichtlich und benutzbar zu gestalten. Der Vergleich mit anderen prosopographischen Studien ließ den Schluß zu, daß ein Fließtext mit allen Informationen den Zugang zu einer bestimmten Person

1 Siehe hierzu Kap. 3.3.1.2. Hansische Tavernen und Häuser.

2 Bei einer zukünftigen Publikation des Repertoriums müßte überlegt werden, ob diese Fälle ignoriert werden sollten.

3 Prof. Dr. James Murray, Western Michigan University, (früher Universität Cincinnati, Ohio), sei an dieser Stelle nochmals herzlich für das freimütige Überlassen seiner Manuskripte gedankt.

nicht erleichtert.[1] Alle Daten und Fakten wurden, soweit sie sich nicht aus der Notiz ergaben, mit Fußnoten versehen. Auf diese Weise kann der Benutzer jederzeit zur ursprünglichen Quelle zurückkehren, die Daten kontrollieren oder sich einen Überblick über die benutzen Quellen verschaffen. Eine Rubrik, in der die Quellen- und Literaturangaben gesammelt notiert wurden, war zunächst ein Teil der Notiz, wurde aber später aufgrund des geringen Informationswertes und der Doppelung mit den Fußnoten weggelassen. Die biographische Notiz eines identifizierten Hosteliers enthält im Idealfall 14 Kategorien. Es wurden aber nur die Rubriken, für die Informationen vorlagen, in den Katalog aufgenommen.

Zum Schluß sei etwas Grundsätzliches angemerkt: Der Katalog umfaßt weder alle Brügger Hosteliers des 14. und 15. Jahrhunderts, noch alle Informationen zu den identifizierten Personen. Es handelt sich bei diesem Katalog lediglich um die Zusammenstellung einer Gruppe von Personen, die als Hosteliers identifiziert werden konnten, mit nachgewiesenen Informationen zu diesen Personen. Der Katalog erhebt keinen Anspruch auf Vollständigkeit. Die tatsächliche Zahl der Hosteliers in Brügge bleibt auch nach dieser Untersuchung unbekannt, lag aber wahrscheinlich wesentlich höher. Die Zusammenstellung des Personenkatalogs war von den herangezogenen Quellen abhängig, und es ist anzunehmen, daß sich an anderer Stelle wahrscheinlich noch weitere Hosteliers finden ließen. Aber jede Arbeit muß einmal ein Ende finden und es fraglich, ob eine noch länger andauernde Suche nach weiteren Hosteliers oder weiteren Informationen wesentlich neuen Erkenntnisse erbracht hätte, die die Ergebnisse der vorliegenden Arbeit in Frage stellen würden.

---

[1] Vgl. dazu BULST, *Die französischen Generalstände*, in denen die Informationen in Fließtext verarbeitet wurden und dem Benutzer praktisch ausschließlich über den Index zugänglich sind. Benutzerfreundlicher dagegen MILLET, *Les chanoines du chapitre cathédral de Laon.*

2. Eliten in Brügge

Flandern bildete im Spätmittelalter neben Norditalien das am stärksten urbanisierte Gebiet in Europa. Etwa 36 % der flämischen Bevölkerung lebte in Städten und dabei nicht nur in den drei großen Städten Gent, Brügge und Ypern, sondern auch in kleineren Zentren wie Eeklo, Oudenaarde, Kortrijk.[1] Diese städtischen Gesellschaften organisierten sich heterogen, unter anderem in Berufsverbänden (Zünften), Kaufmannsgilden, Kirchsprengel, Orden oder auch Stadtteilvereinigungen.[2] In diesen verbindenden Vereinigungen zeigte sich eine gruppenüberschreitende Interaktion, die der Stadt ihre spezifische soziale Realität gab.[3]

Das städtische Bürgertum bildete in Teilen aufgrund seiner sozialen und ökonomischen Möglichkeiten innerhalb einer Gesellschaft, die durchdrungen war von ihrer eigenen ständischen Struktur,[4] eine soziale Gruppe mit besonderem Status, der sich auch in politischer Vorherrschaft ausdrückte. Von der Forschung wird diese besondere Gruppe als *Patriziat* definiert. F. Blockmans sieht im Patriziat eine Gruppe von Städtern, die eine Reihe von Eigenschaften sozialer und ökonomischer Art besitzen, mit einigen Vorrechten und Verpflichtungen politischer und rechtlicher Natur, die sie von der Masse trennt.[5] Gleichwohl benennt der Begriff *Patriziat* auf globale Weise unterschiedlich determinierte Gruppen. Der einzige gemeinsame Aspekt dieses Oberbegriffs besteht in der Vorstellung, durch ihn drücke sich die politisch-soziale Vorherrschaft (Überlegenheit) der Mitglieder dieser Gruppe aus.[6] Die Angehörigen des städtischen Patriziats wurden als solche in ihrer Zeit erkannt und in ihrem Status als elitär von ihren Zeitgenossen wahrgenommen und entsprechend benannt. Einen allgemein gebräuchlichen zeitgenössischen flämischen Oberbegriff hat es nicht gegeben, so daß die Bezeichnungen jener führenden städtischen Gruppen stark variieren, wie auch die Elemente, durch die sich die Mitglieder dieser Elite schließlich definierten. Wenn sich die Hosteliers selbst als *de uppersten ende erbarsten van de stede* bezeichneten, d.h. einer hohen, wenn nicht der höchsten Führungsschicht der städtischen Brügger Gesellschaft zugehörig fühlten, mußte das anhand der identifizierten Personen nachzuweisen sein. Dabei war es für die vorliegende Studie maßgeblich, der Frage nachzugehen, wie sich die Führungsschichten in einigen flandrischen Städten bildeten und welche Position die Hosteliers im innerstädtischen Gefüge einnahmen.

---

1 PREVENIER, La démographie, S. 271-273 und ausführlich zu den kleinen Städten auch für das 15. Jahrhundert, ebenda, S. 260-270; BLOCKMANS, Der holländische Durchbruch, S. 50; STABEL, Economic development, S. 184 und besonders DERS., Dwarfs among Giants, S. 45-80.

2 LAMBRECHTS, Sosson, Les métiers au Moyen Age, CARLIER e.a., Hart en marge.

3 BRAUNSTEIN, Pour une histoire, S. 29.

4 Vgl. dazu GURJEWITSCH, De koopman, S. 242-244; HUIZINGA, Herbst des Mittelalters, S. 71-84.

5 BLOCKMANS, Fr., Het Gentse stadspatriziaat, S. 53.

6 Siehe hierzu LMA 6, Stichwort 'Patriziat' II. Niederlande, Sp. 1799-1801.

2.1. Inländische Elite

Die Städte Gent, Brügge und Ypern werden in zeitgenössischen Quellen des 14. Jahrhunderts als *goede steden* oder auch *Drie Leden* von Flandern bezeichnet. Zu Beginn des 14. Jahrhunderts kam es durch die Hinzunahme des Brügger Freiamts (*Brugse Vrije*) zur Bildung der *Vier Leden van Vlaanderen.*[1] Sie formten die flandrische Ständevertretung,[2] eines der wichtigsten politischen Organe in Flandern. Die Repräsentanten rekrutierten sich aus den Führungsschichten der Vier Leden. Die zeitgenössischen Bezeichnungen dieser Eliten variierten zwischen *erfachtige lieden* (*viri hereditarii*) in Gent, *probi viri* in Ypern und *poorter* in Brügge.[3]

In Gent war der Besitz eines wesentlichen Teils städtischen Grunds ein grundlegendes Kriterium für den Status einer Person als Mitglied des Patriziats.[4] In Brügge definierten sich die Mitglieder des Patriziats im 13. Jahrhundert aufgrund ihrer Zugehörigkeit zur *poorterie.* Diese Klasse unterschied sich aufgrund ihres Vermögens von der Klasse der Zünfte und anderen Bevölkerungsgruppen.[5] Die *poorterie* entsprach etwa 10-11 % der städtischen Bevölkerung in Brügge. Dies im Gegensatz zu Gent, wo das Patriziat nur etwa 2% der Gesamtbevölkerung ausmachte.[6] Auch in Ypern war der Anteil des Patriziats an der Gesamtbevölkerung der Stadt sehr klein. In der zweiten Hälfte des 13. Jahrhunderts bildeten etwa dreißig Familien einen Kreis, aus dem sich die Mitglieder des Magistrats rekrutierten. Die Mehrheit dieser Gruppe bestand aus reichen Großhändlern und Kaufleuten der Londoner Hanse. Die Londoner Hanse war eine interstädtische Kaufleutevereinigung, die den Handel mit England kontrollierte.[7] Ein klassenzuweisendes Kriterium wie in Gent gab es laut Fecheyr aber nicht, so daß auch nicht von einem geschlossenen Patriziat gesprochen werden kann.[8]

Die Brügger Poorterie setzte sich aus sehr reichen Familien und einem wohlhabenden Mittelstand zusammen. Ratsfähigkeit besaßen nur die Mitglieder der Poorterie, die gleichzeitig Mitglied der Londoner Hanse waren. Wyffels schätzt die Zahl der Brügger Abteilung dieser Organisation auf etwa 500, die ca. 2.500 Einwoh-

---

1 PREVENIER, Het Brugse Vrije.

2 PREVENIER, De Leden, S. 18-20; BLOCKMANS, De volksvertegenwoordiging, S. 128-167.

3 PREVENIER, La Bourgeoisie, S. 407-410; BLOCKMANS, Fr., Het Gentse stadspatriziaat, S. 69 zu der Bezeichnung 'probi viri', die zunächst eine Amtsbezeichnung war, Mitte des 13. Jahrhunderts aber die führende Gruppe innerhalb des Patriziats meint, vgl. dazu auch FECHEYR, Het stadspatriciaat, S. 297.

4 DES MAREZ, Étude sur la propriété, S. 152-156 u. S. 168-182; über das Genter Patriziat vgl. auch BLOCKMANS, F., Het Gentsche stadspatriciaat.

5 HÄPKE, Brügges Entwicklung, S. 187-197.

6 WYFFELS, Nieuwe gegevens, S. 46; PREVENIER, La Bourgeoisie, S. 411; weitere Informationen zur Zusammensetzung der Brügger Poorterie bei DE SMET, De Inrichting van de Poorterlijke Ruiterij, S. 487; DE MEYER, Sociale structuren.

7 HÄPKE, Brügges Entwicklung, S. 187-188; vgl. zur Londoner Hanse: WYFFELS, De Vlaamse Hanze; DERS., Peiling naar de sociale stand, DERS., De Vlaamse Hanzen opnieuw belicht.

8 FECHEYR, Het stadspatriziaat, S. 301-302; im Gegensatz dazu Verhulst, der im Patriziat der Stadt Ypern einen quasi oligarchischen Kreis sieht, der sich stets verkleinerte und in dem Mißwirtschaft und Korruption um sich griffen, s. LMA, 9, Sp. 424-427; ebenso TRIO, Bestuursinstellingen, S. 342 u. Anm 16.

ner repräsentierten.[1] Ausschließlich aus dieser Gruppe entstammte die politische Führungselite der Stadt im 13. Jahrhundert. Vermögende Kaufleute, Tuchmacher oder Brauer, die kein Mitglied der Londoner Hanse waren, blieben trotz ihrer wirtschaftlichen Kraft von der Ausübung politischer Macht mittels der höchsten städtischen Ämter wie zum Beispiel dem Schöffenamt ausgeschlossen. Obwohl das Ernennungsrecht für die Schöffen beim Grafen von Flandern lag, war sein Einfluß auf die Zusammensetzung der städtischen Magistrate relativ gering. Theoretisch wurden die Schöffen durch den Grafen seit 1177 auf Lebenszeit ernannt. Beim Tod eines Schöffen wurde der Nachfolger durch den Grafen eingesetzt. Aber die Kandidaten für diese Ämter wurden meist durch die anderen sitzenden Mitglieder vorgeschlagen.[2] Das Schöffenamt entwickelte sich damit zwar nicht de jure, aber doch de facto zu einem quasi erblichen Amt.[3]

Auch mit der Einführung des jährlich alternierenden Mandats 1241 änderte sich die Zusammensetzung der Personalstruktur der städtischen Organe kaum.[4] Diese wurden bis zum Ende des 13. Jahrhunderts durch eine exklusive Kaste beherrscht.[5] Verwaltung, Gesetzgebung, Justiz, Polizei und Finanzen der Stadt lagen vollständig in den Händen dieser Führungsschicht.[6]

Die Zugehörigkeit zu dieser Kaste wurde in Brügge durch die Mitgliedschaft in der Kaufleutevereinigung der Londoner Hanse bestimmt. Frühzeitig sicherte sich Brügge eine führende Position in dieser interstädtischen Kaufmannsvereinigung gegenüber den anderen städtischen Mitgliedern. So konnten Versammlungen nur in Gegenwart des Hansegrafen stattfinden, der stets Brügger Herkunft sein musste.[7] Magistrate der städtischen Mitglieder versuchten, ihren Einfluß auf diese Formation auszuüben, indem sie mittels restriktiver Statuten den Zugang für neue Kandidaten beschränkten bzw. erschwerten. Mitglied der Londoner Hanse konnten nur Personen aus bestimmten Berufsgruppen werden. Einige Berufszweige waren von der Mitgliedschaft vollkommen ausgeschlossen, andere mußten ein sehr hohes Eintrittsgeld aufbringen.[8] Dieser an sich bereits elitäre Status drückte sich auch in den Bestimmungen aus, die zum Verlust der Mitgliedschaft führen konnten. Mitglieder, die mit den 'Händen arbeiteten', waren von vornherein nicht zugelassen oder wurden bei Bekanntwerden einer solchen Tätigkeit ausgeschlossen. Diese Vorschriften trafen auch auf die Makler

---

1 WYFFELS, Nieuwe gegevens, S. 46.

2 Siehe das Beispiel Gent bei BOONE, Gent en de Bourgondische hertogen, S. 34-37.

3 FUNCK-BRENTANO, Philippe le Bel en Flandre, S. 69.

4 HÄPKE, Brügges Entwicklung, S. 187-189; PREVENIER, La Bourgeoisie, S. 416; VAN UYTVEN, Scènes de la vie sociale, S. 14; über die älteste Keure für Brügge s. VAN CAENEGEM/MILIS, Kritische uitgave van de "Grote Keure" van Filips van de Elzas.

5 MERTENS, Verdeling, S. 453; zum Aufgabenbereich der Schöffen vgl. WARNKÖNIG, Flandrische Staats- und Rechtsgeschichte 2, S. 146.

6 FUNCK-BRENTANO, Philippe le Bel en Flandre, S. 69-70.

7 VAN WERVEKE, Hansa in Vlaanderen, S. 13-14.

8 WYFFELS, De Vlaamse Hanzen opnieuw belicht, S. 6-11.

zu.[1] Diese Vorschrift ist besonders interessant, da, wie noch zu zeigen sein wird, Makler und Hosteliers auf engste Weise miteinander beruflich verbunden waren. Mitglieder der Londoner Hanse waren vor allem reiche Patriziergeschlechter, die im Woll-, Wein- und Getreidegroßhandel mit England aktiv waren. Dem gegenüber standen die Zünfte, die insgesamt etwa 66% der Brügger Gesamtbevölkerung repräsentierten.[2] Sie waren im 13. Jahrhundert ganz von der Teilhabe an der politischen Macht ausgeschlossen.

2.2. Politische Reibungsflächen

Brügge besaß eine vergleichsweise breite Schicht von Poortern, die aus sehr reichen alteingesessenen Familien und einem begüterten Mittelstand bestand. Dieser bildete sich aus mittleren Großhändlern, Tuchhändlern, Brauern, Pelzmachern, Krämern und reichen Handwerkern.[3] Obwohl alle Poorter die gleichen Privilegien aufgrund des Bürgerrechts der Stadt besaßen, hatte nur die oberste Schicht der Poorterie Zugang zum Magistrat und beherrschte diesen, wesentlich unterstützt durch das oben geschilderte Berufungssystem der Schöffen. Diese entsprechend kleine Gruppe innerhalb der Poorterie wird gemeinhin mit dem Begriff des *alten Patriziats* bezeichnet. Es war nach unten hin abgeschlossen und für Neulinge kaum zugänglich. Besonders deutlich wurde diese Machtkonzentration durch die Besetzung der Schöffenämter, die für die Verwaltung der Stadt besonders wichtig waren.[4]

Die städtische Gerichtsbarkeit oblag den Schöffen, die durch ihre Mandatstätigkeit die Interessen der dominierenden Elite schützen oder in ihrem Sinne beeinflussen konnten. Auch die Stadtfinanzen gehörten zum Aufgabenbereich der Schöffen. Da es im 13. Jahrhundert kaum öffentliche Kontrollen der Rechnungslegung gab, waren nicht nur Unterschlagung und Bereicherung im Amt Tür und Tor geöffnet, sondern auch der willkürlichen Festlegung von direkten und indirekten Steuern sowie der Einflußnahme auf die Lohnpolitik zugunsten des Patriziats.[5] Klagen des *gemeen* über den vielfältigen Mißbrauch städtischer Finanzen durch die herrschende Elite und die soziale Ungerechtigkeit des durch die lokalen Autoritäten auferlegten Akzisesystems kulminierten zum Ende des 13. Jahrhunderts in Brügge, Damme und Gent.[6]

---

1 VAN WERVEKE, Les "Statuts", S. 318, § 7: *S'aucuns a perdu sa droiture de la hanse, il ne le puet gaaignier fors en Engletiere; ce sunt si faites gens ki leur hanse ont et deviennent tailleur et ki poisent del person fil et m lainne et ki oeverent pennes n d'aigneaus de leurs mains meismes et vaire oevre de leur mains meismes, couretiers, et tous ceaus ki poisent par livres, et ceaus redoivent regaaignier leur hanse de XII estrelins.*

2 PREVENIER, La Bourgeoisie, S. 411.

3 WYFFELS, Nieuwe gegevens, S. 46.

4 MERTENS, Bestuursinstellingen, S. 323.

5 PREVENIER, La Bourgeoisie, S. 416-418; HÄPKE, Brügges Entwicklung, S. 178-181.

6 PREVENIER, Inzicht; HÄPKE, Brügges Entwicklung, S. 179; VERBRUGGEN, Beschouwingen, S. 41-43.

2.3. Wirtschaft im Spannungsfeld flandrischer Politik

Diese Unruhen, die kennzeichnend für das ausgehende 13. und beginnende 14. Jahrhundert in Flandern sind, zeigten sich nicht nur als innerstädtische Konflikte, sondern wirkten sich auch auf die wirtschaftlichen Rahmenbedingungen aus. Sowohl der Grafschaft Flandern, als auch den Städten mußte daran gelegen sein, die eigene ökonomische Anziehungskraft nicht durch dauerhaften Unfrieden innerhalb der eigenen Bevölkerung zu beeinträchtigen. Trotzdem oder vielleicht gerade deshalb entbrannten heftige Machtkämpfe zwischen alter politischer Führungsschicht und einem neuen, wirtschaftlich potenten Unternehmertypus, der sich durch die alten Machtverhältnisse gegängelt fühlte. Der Landesherr konnte diesen Dissens für seine eigenen politischen Vorhaben ausnutzen.[1]

Bevor es aber in Brügge zu diesen Auseinandersetzungen kam, konnte die Stadt auf eine Periode wirtschaftlicher Expansion zurückblicken. Sukzessive war es Brügge gelungen, sich auf eine sich verändernde wirtschaftliche Situation ein- bzw. umzustellen. Hauptelement dieser Entwicklung war die Herstellung und der Vertrieb des flandrischen Tuchs, dessen industrielle Fertigung bereits Ende des 11. Jahrhunderts Gestalt annahm. Die hauptsächlich für den Fernhandel arbeitende Tuchindustrie hing vollständig von einer ausreichenden Wollproduktion ab. Die Herstellung von Wolle im flandrischen Küstengebiet nahm aber aufgrund einer zu geringen Schafhaltung wegen der schlechter werdenden Vegetation stetig ab. Durch den Import englischer Wolle konnte die latente Bedrohung durch Rohstoffmangel für die flämische Tuchindustrie abgewendet werden. Die Verarbeitung englischer Wolle sicherte nicht nur die Produktion, sondern führte darüber hinaus auch zu einer Spezialisierung innerhalb der Tuchproduktion in den flandrischen Städten.[2] Statt billiger Massenware wurde qualitativ hochwertiges Tuch hergestellt. Die Produktion verlagerte sich zum Teil vom Land in die Stadt.[3] Um 1200 gab es bereits etwa 24 Städte, die ihre Tuchprodukte nach Genua exportierten. Dieser Handel wurde zum großen Teil durch Kaufleute-Kompanien organisiert[4]. Zur gleichen Zeit erhielt Brügge das Recht, einen vierwöchigen Markt abzuhalten. Dieser fand jeweils vom 23. April bis zum 22. Mai statt. Damit reihte er sich in den Ablauf der flandrischen Messen von Ypern, Torhout, Lille und Mesen (Messines) ein. Dieser Zyklus vierwöchiger Messen begann am 28. Februar in Ypern und wurde über Torhout (24. Juni) und Lille (15. August) fortgesetzt. Seinen Abschluß fand er mit dem am 1. Oktober beginnenden Markt in Mesen (Messines).[5] Zügig entwickelte sich Brügge zu dem alles dominierenden Handelsplatz in Flandern, dessen Attraktivität für Kaufleute und Unternehmer so sehr zunahm, daß

---

1 BLOCKMANS, Verwirklichungen und neue Orientierungen, S. 45-49; BOONE, Städtische Selbstverwaltungsorgane, S. 21-23.

2 VERHULST, The Origins, S. 33.

3 Diese Verlagerung fand aber keineswegs vollständig statt. Unlängst wies P. STABEL mit Nachdruck auf die Interaktion bei der Herstellung der Tuche zwischen Stadt und Land im Bereich der Textilindustrie in Flandern im Spätmittelalter hin, vgl. STABEL, De kleine stad.

4 VERHULST, The Origins, S. 33ff; AMMAN, Anfänge, S. 300.

5 VAN HOUTTE, Les foires, S. 183, vgl. auch COPPEJANS-DESMEDT, Handel en Handelaars.

Brügge die Funktion der sich im Niedergang befindenden Champagner Messen schließlich übernehmen konnte[1].

Zu diesem Zeitpunkt war bereits Damme als Brügges Vorhafen entstanden. Denn obgleich Brügge durch die Folgen einer Flutwelle im Jahr 1134 für größere Schiffe erreichbar geworden war, versandete dieses Deltagebiet, auch Zwin genannt, relativ schnell wieder, so daß die Anlage eines neuen Hafens für größere Schiffe unabdingbar geworden war.[2] Die Versandung des Zwin wurde in der Forschung, vor allem von Gottschalk in den fünfziger Jahren, als Hauptgrund für den wirtschaftlichen Niedergang Brügges im 15. Jahrhundert angesehen. Neuere Forschungen haben gezeigt, daß die Versandung kein unüberwindliches Hindernis für die Schiffahrt bildete und damit auch nicht allein der Grund für den wirtschaftlichen Niedergang Brügges sein konnte.[3]

Neben Damme, das 1180 entstand, kam es im Zwingebiet zu weiteren Ansiedlungen und Gründungen kleinerer Städte, die im Verlauf des 13., vor allem aber des 14. Jahrhunderts ein wichtiges Absatzgebiet für Waren aller Art bildeten. Ende des 13. Jahrhunderts wurde eine neue Hafenanlage näher zur Mündung angelegt.[4] Diese Hafenanlage, Sluis, erfüllte schon bald die Funktion eines Stapelmarktes; Aardenburg, eine Stadt, die zu Beginn des 14. Jahrhunderts eine wichtige Rolle für die hansischen Kaufleute spielen wird, lag auf demselben Ufer wie Sluis.[5]

Der Konzentration des Handels in Brügge ging eine Phase der Veränderung innerhalb des flämischen Wirtschaftssystems voraus. Hatten flämische Händler bis etwa zur Mitte des 12. Jahrhunderts kaum unter ökonomisch-politischen Beschränkungen in ihrem Handel von und nach England zu leiden, veränderte sich diese Situation ab 1150 nachhaltig. Van Werveke weist daraufhin, daß zum einen die Konkurrenz zwischen den verschiedenen Kaufleutenationen entschieden zunahm und zum anderen die Wirtschaftspolitik der Landesherren protektionistischer wurde.[6] Konnten flämische Kaufleute zuvor über den Im- und Export von Tuch, Wein, Leder oder Wolle von und nach England ohne Einmischung Dritter an Ort und Stelle mit dem Endverbraucher oder dem Produzenten verhandeln, mußten nun englische Großhändler als Lieferanten und Abnehmer eingeschaltet werden. Die flämischen Händler verloren ihre Monopolstellung im Handel mit England. Kaufleute anderer Nationen konnten in diesen Bereich vordringen.[7]

---

1 STEIN, Privilegien, S. 110-112; über die Champagner Messen: BAUTIER, Les foires de Champagne.

2 Zur Entstehung des Zwin: RYCKAERT, Brügge, S. 131; VAN HOUTTE, The rise, S. 30-31 und HENN, Über die Anfänge des Brügger Kontors, S. 4; GOTTSCHALK, Stormvloeden I, S. 59ff u. DIES., Vier Ambachten, S. 27-46.

3 GOTTSCHALK, Het verval van Brugge; dagegen DEGRYSE, Brugge en de pilotage, S. 109; VAN UYTVEN, Stages of economic decline, S. 262.

4 HÄPKE, Die Entstehung von Sluis, S. 65-80.

5 Vgl. Kap. 4.1.2. Die Stapelverlegungen 1280-82 und 1307-09.

6 VAN WERVEKE, Eigenhandel, S. 12.

7 HÄPKE, Brügges Entwicklung, S. 58-64.

Im Osten vollzog sich eine ähnliche Entwicklung, als Köln zum Stapelplatz flandrischer Waren wurde. Von Köln aus vertrieben sächsische Kaufleute die Produkte, die zuvor durch flämische Händler selbst weiter vertrieben worden waren.[1] Diese Entwicklung schuf die Grundlage für die Handelsroute zwischen Brügge und Köln. Auf ihr fanden mehr und mehr Kaufleute aus dem Osten ihren Weg nach Brügge. Sie entwickelten sich zu starken Konkurrenten flämischer und Brügger Kaufleute. In gewisser Weise war die Entwicklung Brügges zu dem zentralen Handelsort mitverantwortlich für den Verdrängungswettbewerb, der sich unter der internationalen Kaufleuteschaft abspielte. Opfer dieser Entwicklung war vor allem der flämische Englandhandel. Gegen Ende des 13. Jahrhunderts war die Zeit der großen flämischen Woll- und Tuchkaufleute so gut wie beendet. Englische Händler, unterstützt durch ihren König, aber auch deutsche und spanische Kaufleute nutzten die Situation zur Erweiterung ihrer eigenen Handelstätigkeit und übernahmen Kauf und Vertrieb von Wolle und Tuch. Die Verringerung des flämischen Anteils an diesem Handel führte unter anderem dazu, daß freigesetzte Kapazitäten in anderen Bereichen eingesetzt werden konnten.

So entstand in Brügge ein Dienstleistungsgewerbe, das seinesgleichen auf kaum einem anderen mittelalterlichen Markt fand. Mit dem Zustrom fremder Kaufleute etablierten sich Berufe wie Makler, Hosteliers und Wechsler. Im Verlauf des 14. Jahrhunderts gehörten sie zu den wesentlichen Dienstleistern des Brügger Weltmarkts. Neben diesen Berufen wurden andere Erwerbszweige ebenfalls stimuliert. Zu diesen gehörten die Träger, Stauer, Transporteure, Kranarbeiter und Böttcher. In der Verlagerung der Tätigkeit eines Teils der Brügger Wirtschaftselite vom aktiven Handel hin zu den zahlreichen Dienstleistungsgewerben zeigt sich die Dynamik der wirtschaftlichen Entwicklung in Flandern und die Anpassungsfähigkeit der Flamen an veränderte ökonomische Bedingungen. In dieser Anpassungsfähigkeit die dekadente Lebensweise einer überalterten Kaufleuteelite zu sehen, wie Häpke es zu Beginn des 20. Jahrhunderts tat, ist daher nicht nur unzutreffend, sondern verstellt auch den Blick auf die Möglichkeiten, die sich aus diesen Entwicklungen für die Stadt ergaben. So verwundert es nicht, dass Häpke die Entwicklung in Brügge nur in negativem Lichte sehen kann, in dem er formuliert:

Die flandrische Hanse hatte auf die Erneuerung ihrer Kräfte aus den unteren Volksschichten verzichtet. [...] Um 1300 sind die einst in der Englandfahrt tätigen Brügger Geschäfte satt; andere Erwerbszweige oder reiner Rentengenuß machen sich bei diesen Familien vor und neben dem Auslandhandel breit. An aufstrebendem Nachwuchs fehlt es. So vegetiert der Brügger Eigenverkehr in England fort, aber die Zeit der Blüte ist vorüber. Wie der flandrische Aktivhandel überhaupt, verkümmert er und stirbt ab. [2]

Mit dieser These reduziert Häpke die Anziehungskraft des Brügger Marktes für die internationale Kaufleuteschaft auf ein einziges Erklärungsmodell, nämlich den von der Forschung allgemein unterstellten Rückgang des flandrischen Eigenhandels.

---

1 VAN WERVEKE, Eigenhandel, S. 12.

2 HÄPKE, Brügges Entwicklung, S. 64.

Dieses Modell konnte aber nicht als alleinige Erklärung für die Brügger Entwicklung dienen, wie Van Werveke bereits 1936 in seinem Aufsatz über den flandrischen Eigenhandel betonte.[1] Eine spätere Studie des flämischen Aktivhandels durch De Laet kommt zu dem Urteil, daß der flämische Handelsverkehr mit der englischen Insel in den ersten 10-12 Jahren des 14. Jahrhunderts besonders intensiv gewesen ist. Zwar unterlag der flämische Handel mit England konjunkturellen Schwankungen, aber im Allgemeinen konnte De Laet einen kontinuierlichen Aktivhandel flämischer Kaufleute für die gesamte erste Hälfte des 14. Jahrhunderts nachweisen. Unter den Trägern dieses Handels befanden sich zahlreiche Brügger Kaufleute, was dem Bild des Brügger Passivhandels widerspricht.[2]

Dennoch kann von veränderten Handelsbedingungen gesprochen werden, da sich die flämischen Kaufleute größerer Konkurrenz ausgesetzt sahen. Brügger Kaufleute nutzten diese Entwicklung trotzdem zu ihrem Vorteil. Häufig war der Englandhandel den Schwankungen in der englisch-flämischen Außenpolitik ausgesetzt. Die Verweigerung der Exportlizenzen für flämische Händler durch den englischen König, die Arrestierung flämischer Waren oder die Gefangennahme flämischer Kaufleute in England waren Risiken, die den Handel im 13. Jahrhundert beinahe ständig bedrohten.[3] Ein teilweiser Rückzug aus diesem Aktivhandel reduzierte das direkte Geschäftsrisiko und konnte potentielle Verluste kalkulierbarer erscheinen lassen.

Mit der Errichtung des Stapels für englische Wolle in Brügge durch den englischen König im Jahr 1294[4] blieb Brügge zwar vom Wohlwollen der englischen Krone abhängig, doch förderte der Stapel die Attraktivität für die internationale Kaufleuteschaft, die nun ihrerseits das Risiko des Kaufs und Vertriebs des hoch-wertigen flandrischen Tuchs übernahm. Daneben brachten diese Kaufleute Waren und Nahrungsmittel aller Art nach Brügge, die im dichtbevölkerten Flandern leichten Absatz fanden. Auf diese Weise gelangten Rohstoffe wie Pech, Teer, Pottasche, Pelze, Bernstein, Wachs, Holz und Metalle aus dem gesamten hansischen Gebiet nach Brügge, wo diese Waren entweder weiter verhandelt oder zur Weiterverarbeitung für lokale Handwerksbetriebe aufgekauft werden konnten. Durch hansische Kaufleute importierte Nahrungsmittel wie Getreide, Butter, Hering, Bier und Wein ergänzten die häufig zu geringe Nahrungsmittelproduktion in Flandern.[5] Die Einrichtung eines Zwangsstapels brachte für die jeweilige Stadt große Vorteile, denn das mittelalterliche Stapelrecht gab einer Stadt das Recht, die *freie Durchfuhr von Handelswaren zu verbieten* und die durchfahrenden Kaufleute dazu zu zwingen, ihre Waren für eine bestimmte Zeit auf dem jeweiligen Markt anzubieten, d.h. sie *zur Niederlage* zu bringen.[6] Als einziger Stapelplatz für das flandrische Tuch wurde Brügge zwangsläufig

---

1 VAN WERVEKE, Eigenhandel, S. 19-23.

2 DE LAET untersuchte in seiner Examensarbeit 'De vlaamse aktieve handel op Engeland in de eerste helft der 14e eeuw', Universität Gent, 1970-71, die spezielle Bedeutung des flämischen Aktivhandels mit England. Nachzulesen sind diese Ergebnisse in einem Artikel desselben Autors, De vlaamse aktieve handel (1971), S. 231.

3 WYFFELS, Peiling, S. 368-371.

4 VAN HOUTTE, The Rise, S. 32; GÖNNENWEIN, Stapelrecht, S. 37-38 und S. 45-47.

5 DOLLINGER, Die Hanse, S. 278-299.

6 GÖNNENWEIN, Stapelrecht, S. 1.

zum Anziehungspunkt für fremde Kaufleute.[1] Die spätere Einrichtung des Zwangsstapels für hansische Waren in Brügge und Sluis garantierte einen permanenten Warenstrom. Dennoch wandelte dieses Vorgehen einen Zustand in Recht um, was gewohnheitsmäßig bereits der Fall gewesen war.

Im 13. Jahrhundert hatte das Patriziat in Brügge den Handel von und nach England ganz unter seine Kontrolle gebracht. Auf der einen Seite beherrschte es diesen Handel zwar, auf der anderen Seite war es aber gleichzeitig auch von ihm abhängig. Es lag in der Macht des englischen Königs, diesen Handel durch Privilegien aufrechtzuerhalten oder zu blockieren. Durch zahlreiche negative Vorkommnisse und Unstimmigkeiten kam es in den siebziger Jahren des 13. Jahrhunderts zu einer schweren Belastungsprobe im englisch-flämischen Handel. Bereits 1270/74 entstand eine anti-gräfliche Partei innerhalb des Brügger Patriziats, daß sich durch die Einmischung der Gräfin Margarethe von Flandern und ihres Sohnes, Guido von Dampierre, in seinen Handelsaktivitäten soweit eingeschränkt sah, daß der Englandhandel zum Erliegen gekommen war.[2] Diese Entwicklung trat aber keineswegs überraschend auf. Bereits zu Beginn des 13. Jahrhunderts war es unter dem flämischen Adel zu einer Spaltung in eine Anhängerschaft für den französischen König und den englischen König gekommen.[3] Später entwickelten sich aus diesen Gruppen die französisch gesinnten Leliaards und die gräflichen gesinnten Klauwaerds, eine zeitgenössische Terminologie, die von den Konfliktparteien selbst benutzt wurde.[4] Der Begriff *Leliaard* verweist auf die Lilien im französischen Banner. Der Begriff *Klauwaerd* erinnert an die Klauen des flämischen Löwen.[5] Durch das Tragen dieser Namen und die öffentliche Präsentation expliziter Banner unterschieden sich die Konfliktparteien voneinander.

Inzwischen war auch die Zahl der in Brügge anwesenden fremden Kaufleute erheblich gestiegen. Diese beklagten sich im Lauf der siebziger Jahre des 13. Jahrhunderts immer häufiger über die Behinderung ihrer Handelsgeschäfte durch die lokalen Autoritäten, insbesondere über Probleme mit der Waage für ein- und auszuführende Waren, aus deren Gewicht sich die Abgaben an die Stadt errechneten. Der Querelen überdrüssig, ersuchten die fremden Kaufleute den Grafen von Flandern um Privilegien für einen neuen Stapelplatz.[6] Der Graf favorisierte das vergleichsweise kleine Aardenburg nordwestlich von Brügge. Mit dieser Maßnahme machte sich der Graf, der nach der Abdankung seiner Mutter am 29. Dezember 1278 die alleinige gräfliche Herrschaft in Flandern ausübte, bei seinen Gegnern nicht beliebter, schon gar nicht, als er im August 1280 den deutschen, spanischen und anderen Kaufleuten tatsächlich ein Privileg für einen neuen Stapelplatz in der Stadt Aardenburg erteilte.[7]

---

1 GÖNNENWEIN, Stapelrecht, S. 46ff.

2 NAGN 2 , S. 401; WYFFELS, Nieuwe gegevens, S. 48-49; HAEGEMAN, De anglofilie, S. 53-54; NICHOLAS, Medieval Flanders, S. 182.

3 Über die Entwicklung des flämischen Adels unter Graf Baudouin IX. (1194-1205) und vor allem danach s. DEPT, Les influences, S. 155-173.

4 Zur Terminologie s. PREVENIER, Motieven voor leliaardsgezindheid, S. 273.

5 Übrigens noch heute das flandrische Banner.

6 WYFFELS, Nieuwe gegevens, S. 55-58.

7 HUB 1, S. 295, Nr. 862.

Dieses neue Privileg kam in weiten Teilen den Forderungen der fremden Kaufleute entgegen und ging damit in der Erteilung der Freiheiten über diejenigen der Stadt Brügge weit hinaus. Da die Zuerkennung des Privilegs aber kurz vor dem Beginn der Winterperiode erfolgte, waren Reaktionen der betroffenen Bevölkerung sowie ökonomische Konsequenzen für Brügge zunächst nicht zu spüren, da in dieser Jahreszeit das Handelsvolumen stark abnahm und die Zahl der fremden Kaufleute gering war.

2.4. Kollisionen in Brügge

Die Stellung des Grafen von Flandern war selbst nicht unproblematisch. Als Lehnsmann des französischen Königs mußte er sich theoretisch dessen Autorität unterwerfen. Aber die Handelsbeziehungen mit England waren zu wichtig, als das er sie einer gegen England gerichteten, französisch gesinnten Politik ohne weiteres opfern durfte.

Zum Eklat kam es in Brügge im Oktober 1280. Der Aufstand ist unter dem Begriff *Moerlemaaie* in die Geschichte eingegangen. Ursache ist nicht die Erteilung des Aardenburger Privilegs gewesen, sondern die Folge eines Feuers, das in der letzten Septemberwoche des Jahres 1280 den hölzernen Brügger Belfried mit den sich darin befindlichen Keuren, städtischen Urkunden und Privilegien zum Teil zerstörte. Als der Graf zögerte, die Stadtrechte ohne Änderungen erneut auszufertigen, sah sich die anti-gräfliche Partei in ihrem Mißtrauen gegenüber dem Grafen, seinen Absichten und seinen Anhängern bestätigt. Um Aufruhr zu verhindern, hatten die Schöffen den Handwerkern ein Versammlungsverbot auferlegt und verfügt, die von den Zünften selbst verwalteten Wohltätigkeitsfonds an die Stadtkasse zu übertragen. Mit dieser Maßnahme sollte verhindert werden, daß eventuelle Streiks finanziell unterstützt werden konnten. Der Gängelung durch die alten Schöffen müde kam es am 1. Oktober zu einem Coup, bei dem die Macht von Aufständischen übernommen wurde. Gegner flohen oder wurden verhaftet.

Eine Analyse der Aufständischen zeigt, daß es sich bei ihnen nicht um eine homogene Gruppe gehandelt hat. Vielmehr bestand die Opposition gegen das alte Patriziat sowohl aus Zünften, wie den Webern und Walkern, als auch aus ehrgeizigen Geschäftsleuten, die aufgrund ihrer Vermögenssituation der höchsten Klasse der Brügger Poorterie zuzurechnen waren,[1] formell aber an der Partizipation der städtischen politischen Macht gehindert wurden. Daneben finden sich auch Teile der gewöhnlichen städtischen Bevölkerung. Die Opposition war ein Sammelbecken jener, die mit der statischen Machtstruktur ihrer Zeit unzufrieden waren. Es handelte sich damit auch nicht um eine geschlossene, homogene Klasse, die ihren inhärenten Status als solche wahrnahm und politisch umzusetzen suchte.

Nach diesen Aktionen legten die Aufständischen ein Forderungspaket an Robert von Béthune vor. Er war als Regent von seinem Vater Guido von Dampierre eingesetzt worden, da dieser selbst als Lehnsmann des französischen Königs inzwischen mit diesem gemeinsam Krieg in Kastilien führte. Robert wereigerte sich und ging soweit,

---

1 WYFFELS, Nieuwe gegevens, S. 69-73.

die von den Aufständischen abgesetzten und als korrupt entlarvten Schöffen unter seinen Schutz zu stellen. Der Aufstand dauerte fast ein Jahr lang und erst im Mai 1281 kam es zu einer gewissen Befriedung. Der inzwischen zurückgekehrte Graf Guido ließ die Gründe für den Aufstand untersuchen, verhängte drakonische Bußgelder und ließ zur Umsetzung der durch ihn festlegten Wiedergutmachung hunderte Brügger Bürger als Geiseln festsetzen.[1] Das neu ausgefertigte Stadtrecht war deutlich darauf angelegt, die Autonomie der Stadt einzuschränken. Nur in einem Punkt kam es den Forderungen der Aufständischen entgegen, indem es die jährliche Rechnungslegung der städtischen Finanzen vorschrieb. Allerdings sollte diese Auditkommission allein durch den Grafen ernannt werden. Aber schon Ende Juli brach erneut Aufruhr aus, nachdem eine Klage gegen die neuen Stadtrechte vor dem Parlament in Paris, dem höchsten Gerichtshof für flandrische Angelegenheiten, vom französischen König abgewiesen worden war. Um den Aufstand so schnell wie möglich zu beenden, griff der Graf noch härter durch als zuvor. Er verhängte eine weitere Buße in Höhe von 20.000 lb par. und ließ einige der Geiseln hinrichten. Nur hinsichtlich der Rechnungslegung machte er ein Zugeständnis, indem er die Mitglieder der Auditkommission aus der Volksklasse wählen wollte. Für die Stadt Brügge und ihre Bevölkerung hatte der Aufstand vor allem finanzielle Folgen. Um die hohen Bußen zahlen zu können, wurden die Akzisen, d.h. die Verbrauchssteuern erhöht.

In der Forschung wurde in den Aufständen des 13. Jahrhunderts, besonders in jenen von 1280 und 1281 der Ausdruck des Kampfes zweier Klassen, dem Patriziat und der Volksklasse gesehen.[2] Dieser Konflikt, der gerade in zeitgenössischen Quellen, wie den Klageschriften des *gemeen* von Damme und Brügge aus dem Jahr 1280, auf einen Kampf zwischen „arm und reich“ zugespitzt wurde, hatte nach Pirenne zwar den Anschein eines solchen Kampfes, aber eben nur den Anschein.[3] Noch weiter geht Märtins, die einen Klassenstreit für diese Periode für ausgeschlossen hält.[4] Du Plessis wiederum nuanciert, wenn er zwar das Bestehen eines Klassenbewußtseins für die Periode 1400 - 1650 als existent annimmt, dessen sichtbare Äußerung aber durch klassenübergreifende Interaktionen überlagert bzw. in der Wirkung beeinträchtigt sieht.[5] Wyffels kritisiert, dass eine einseitige Zuspitzung auf einen Klassenkampf den tatsächlichen Ereignissen keine Rechnung trägt. In seiner Analyse der Hintergründe sowie der Beteiligten kommt er zu dem Schluß, daß es sich bei diesen Konflikten nicht um den typischen Klassenkampf, sondern um den Kampf innerhalb einer Klasse handelte, bei dem eine Gruppe die Sympathie der Volksklasse erwarb, um diese an-

1 LAMBERT, DUMOLYN, *De cruciale decennia*, S. 69; eine Buße sollte 100.000 lb par. betragen. Dazu kam eine jährliche ewige Leibrente in Höhe von 1.000 lb par. Außerdem sollten die durch Plünderungen geschädigten Patrizier entschädigt werden, was nochmals etwa 4.000 lb par. bedeutete.

2 VAN WERVEKE, Les villes belges, S. 551-576.

3 Über die Klageschriften von Damme und Brügge: DE SMET, De klacht van de 'Ghemeente' van Damme, S. 9; WYFFELS, Nieuwe gegevens, S. 104-107; PIRENNE, Histoire économique et sociale du moyen-âge, S. 177.

4 MÄRTINS, Wertorientierungen und wirtschaftliches Erfolgsstreben.

5 DU PLESSIS, Class and Class Consciousness, S. 74-91.

schließend vor den Karren der eigenen Interessenpolitik zu spannen. Die eher zufällige Konstruktion brach in dem Moment auseinander, als ein Teil dieser Opposition sein Ziel erreicht zu haben glaubte. Dies galt vor allem für jene aufstrebenden Geschäftsleute, die ihren Anteil an der Ausübung der Macht einforderten. Einmal selbst an der Macht, verstummten die wichtigsten Opponenten. Mit dieser Veränderung war der Einfluß des alten Patriziats aber nicht endgültig gebrochen und so finden sich in späteren Rats- und Schöffenlisten neben neuen Namen auch Mitglieder 'alter' Schöffenfamilien. Klagen über soziale Ungerechtigkeit, Betrug und Korruption wurden weniger lautstark geäußert als noch in der umstürzlerischen Atmosphäre der Jahre 1280 bis 1302. Das bedeutete aber nicht, daß der zuvor beklagte Machtmißbrauch nicht mehr vorkam.[1] In späteren Jahren wird so manchem städtischen Schatzmeister Unterschlagung vorgeworfen und nachgewiesen.[2]

Inzwischen war in Frankreich ein neuer König an der Macht, der seine Ambitionen auf das reiche Flandern ausrichtete. Philip der Schöne ließ ab 1285 nichts unversucht, den Grafen von Flandern mit allen Mitteln zu erniedrigen und ins Abseits zu drängen. Die Folgen dieser Strategie fanden 1297 einen Höhepunkt. Am 7. Januar 1297 schloß Guido von Dampierre ein gegen Frankreich gerichtetes Bündnis mit dem englischen König Eduard I. Am 20. Januar wurde die Aufkündigung der Gefolgschaft Dampierres gegenüber dem französischen König überreicht, was am 18. Februar zum vollständigen Bruch zwischen Graf und König führte.[3] Im Juni desselben Jahres fiel das französische Heer in die flandrische Grafschaft ein. Im September 1297 übergaben die Brügger kampflos ihre Stadt den aufrückenden Franzosen. Niemand schien gewillt, dem ungeliebten Grafen beizustehen. 1298 schlossen der englische und französische König einen Friedensvertrag, der nun wiederum den Grafen von Flandern isolierte, da er seinen mächtigen englischen Partner in einer ehedem antifranzösischen Koalition verlor. Diese Entwicklungen resultierten 1299 in der Abdankung Guido von Dampierres zugunsten seines Sohnes Robert von Béthune.[4] Nach erneutem Aufflackern der Kriegshandlungen wurde die Besetzung Kron-Flanderns durch Frankreich 1300 vollendet.[5] Guido von Dampierre und Robert von Béthune wurden gefangengenommen. Flandern kam nun unter die Herrschaft des französischen Statthalters Jacques de Châtillon. Brügge wurde gemeinsam durch die Franzosen und das alte Brügger Patriziat beherrscht. Im Mai des Jahres 1302 erhob sich die Bevölkerung unter der Führung des Brügger Webers Pieter de Coninc gegen die französische Besetzung.[6] Diese Erhebung führte zu der sogenannten *Guldensporenslag* im Juli 1302, in der das französische Ritterheer eine empfindliche Niederlage erlitt. Letztlich aber behielt der französische König in diesem Konflikt gegenüber dem Grafen von Flandern die Oberhand, was mit dem Friedensvertrag von Athis-sur-Orge

---

1 PREVENIER, Inzicht, S. 55-58; zur finanziellen Situation in Brügge gegen Ende des 13. Jahrhunderts auch SOSSON, Finances communales.

2 Ein bekanntes Beispiel: Niclaus Baerbezaen, siehe Katalog, W 20.

3 LUYKX, Het grafelijk geslacht Dampierre, S. 258; NAGN 2 , S. 404-407.

4 FUNCK-BRENTANO, Philippe le Bel en Flandre, S. 329;

5 VAN HOUTTE, Geschiedenis, S. 67.

6 Dieser Aufstand ging als "Brügger Mette" in die Geschichte ein; vgl. LMA 2, Sp. 744.

1305 besiegelt wurde. Dieser Vertrag forderte unter anderem von den Flamen Schadensersatz in der unglaublichen Höhe von 400.000 lb par. sowie eine jährliche Rente in Höhe von 20.000 lb par. Auch das Schleifen der Festungsmauern, womit in Brügge bereits unter dem französischen Statthalter Jacques de Châtillon vor der Schlacht begonnen worden war, sollte fortgesetzt werden. Schließlich sollten noch 3.000 Brügger Bürger eine Strafpilgerfahrt, vermutlich nach Zypern oder in das Heilige Land unternehmen.[1] Robert von Béthune schloß 1312 einen Vertrag mit dem französischen König, in dem französisch-Flandern und die Kastellaneien Lille, Douai und Béthune (später Orchies), die bereits bei Abschluß des Friedensvertrags von Athis-sur-Orge als Unterpfand zur Einhaltung des Vertrags an Frankreich abgegeben worden waren, definitiv an Frankreich abgetreten wurden. Als Gegenleistung wurde die jährliche Rente in Höhe von 20.000 lb par. an die französische Krone auf Robert von Béthune übertragen.[2] Für die flandrischen Städte, die diese Rente zu zahlen hatten, änderte sich zwar der Empfänger, nicht aber die schwere finanzielle Last, die sie zu tragen hatten.

Nach 1302 erhielten die Zünfte Brügges das Recht, jeweils neun Schöffen und Ratsleute aus ihrer Mitte zu wählen. Die Poorter, die begüterten Bürger, durften acht Personen vorschlagen, unter denen der Graf vier als Schöffen auswählte und einsetzte. Die Schöffen und Ratsleute wählten unter ihresgleichen die beiden Bürgermeister.[3] Trotz der theoretischen Möglichkeit ist es nicht zu einem von Zünften beherrschten Magistrat gekommen. Die Wende von 1302 konnte das Patriziat nicht völlig ausschalten.

Die Einteilung der Poorterie in französisch gesinnte Leliaerts und gräflich-flämisch gesinnte Klauwaerds erleichtert die Analyse des beteiligten Personenkreises. Prominente Leliaerts wie Pieter Eldebolle, Gillis Dop, Jan Dop, Robrecht van der Beurse sowie einige Mitglieder der Familie Curtrike, Alverdoe und Artrike[4] sind als Repräsentanten des alten Patriziats bekannt. Obgleich dessen Vorherrschaft gebrochen zu sein schien, finden sich dennoch zahlreiche Nachkommen der genannten Familien als Mitglieder des Brügger Magistrats im 14. Jahrhundert.[5] Unter den Klauwaerds befanden sich Mitglieder der Familien Rijnvisch, Dop, Curtrike, Bonin und Scuetelare.[6] Es fällt auf, daß manche Familiennamen sowohl bei den Leliaards als auch bei den Klauwaerds auftauchten. Wie bereits angedeutet wurde, kann man bei Namensgleichheit noch nicht von Identität sprechen. Als Hinweis und in Kenntnis der wenigen Quellen dürfen bei manchen gleichlautenden Namen trotzdem familiäre

[1] LMA 2, Sp. 744; VAN HOUTTE, Geschiedenis van Brugge, S. 69 u. 107-108; NICHOLAS, Medieval Flanders, S. 195.

[2] LMA 1, Sp. 1167-1168.

[3] DE POERCK, Note critique, S. 139-140, MERTENS, De verdeling, S. 453.

[4] DE SMET, De Inrichting van de Poorterlijke Ruiterij, S. 500-502.

[5] Vgl. Anhang, Katalog, Nr. W 98, W 80, W 10, W 15, W 48/49, W 68, aber auch VAN DEN AUWEELE, Schepenenlijsten, passim. Obgleich Namensgleichheit noch keine Identität beweist, kann sie dennoch als Indiz gewertet werden, mehr noch wenn es sich um seltenere Familiennamen handelt wie Heldebolle, Alverdoe oder Dop.

[6] DE SMET, Inrichting van de Poorterlijke Ruiterij, S. 499-505.

Bindungen unterstellt werden. Die Familien Rijnvisch, Bonin und Scuetelare haben später fast ständig ein Familienmitglied im Brügger Magistrat und es wird offensichtlich, daß diese Familien global gesehen von den Auseinandersetzungen profitierten.[1]

Außerdem waren zahlreiche Poorter auf Seiten der gräflichen Partei, d.h. gegen das alte Patriziat gerichtet. So kommt Mertens in seiner Untersuchung über die Brügger Schöffenbank zu dem Ergebnis, daß ab 1312 immer die Mehrheit der Schöffensitze durch Vertreter der Brügger Poorterie besetzt wurde. Dabei konnten diese natürlich auch eine Zunft repräsentieren, gehörten jedoch auf Grund ihres Vermögens zur begüterten Klasse der Poorter.[2] Insofern muß die These von Verbruggen, der mit der Schöffenbankbesetzung des Jahres 1302 im Sinne des „Siegs der Volksklasse" argumentiert,[3] nuanciert werden. Es zeigte sich, daß die Zünfte zwar Zugang zum Schöffenamt erhielten und den Magistrat auch für kurze Zeit beherrschten. Mit der fortschreitenden Normalisierung der Verhältnisse erholte sich ein Teil der alten Elite von dem ihr zugefügten Schlag und nahm ihren Platz innerhalb des Brügger Stadtregiments sukzessive wieder ein. Somit ist fraglich, ob im Zusammenhang mit den Ereignissen um 1300 von einer tatsächlichen „Demokratisierung" der Verhältnisse gesprochen werden darf. Auch jetzt erhielten wieder nur bestimmte Gruppen Zugang zu den Zirkeln der Macht. Wohl aber wurde der Zugang zu diesen Kreisen erleichtert. Zu Beginn des 14. Jahrhundert regierte in Brügge eine Mischung aus alter und neuer Elite. Diese Elite war aber nicht mehr exklusiv wie im 13. Jahrhundert, sondern teilweise zugänglich für *homines novi*, die aufgrund ihrer ökonomischen Stellung nun politische Macht ausübten.[4] Dies änderte sich nicht grundlegend im Verlauf des 14. Jahrhunderts.

2.5. Ausländische Elite in Brügge: Gleiche unter Gleichen?

Diese Führungsschicht der Brügger Poorterie traf mit den ausländischen Kaufleuten aus ganz Europa zusammen. Für das mittelalterliche Brügge wird der Begriff *ausländisch* in seiner mittelalterlichen Definition als *nicht-flämisch* benutzt. Diese Definition geht auf flämische Quellen des 14. Jahrhunderts zurück, die einen Fremden als eine Person definieren, die außerhalb Flanderns geboren worden ist.[5] Das Zusammentreffen von Nord und Süd, West und Ost in Brügge ließ den Handelsplatz zu einem mittelalterlichen Weltmarkt werden, ein Begriff, der durch Häpkes Studie über Brüg-

---

1 Vgl. Anhang, Katalog, Nr. W 159, W 31-33, W 168-171; aber auch VAN DEN AUWEELE, Schepenenlijsten, passim.

2 DERS., S. 455-458.

3 VERBRUGGEN, Beschouwingen, S. 43-44.

4 Diese seit Wyffels Untersuchungen bekannten Tatsachen sind immer noch nicht recht in die deutsch-hansischen Forschungen vorgedrungen. So erstaunt es einigermaßen, daß Asmussen in seiner Dissertation immer noch vom *Untergang des Patriziats* in Brügge spricht, ASMUSSEN, Die Lübecker Flandernfahrer, S. 40, Anm. 95.

5 GREVE, Vreemdelingen in de stad, S. 154-155.

ge aus dem Jahr 1908 geprägt worden ist.[1] Kaum jemand hat diese Internationalität Brügges treffender beschrieben als Antonius Sanderus in seinem Werk Flandria Illustrata:

Dieser Markt ist so groß, daß siebzehn Geschlechter zahlreicher Königreiche ebenso vieler vortrefflicher Völker hier ihre Wohn- und Lagerhäuser errichtet haben: Unter ihnen befanden sich Engländer, Franzosen, Kastilier, Portugiesen, Aragonesen, Navareser, Katalanen, Biskayer, und neben denjenigen aus den Hansestädten (Lübeck, Hamburg, Wismar, Rostock, Danzig, Riga, Reval und vielen anderen) gab es auch Venezianer, Florentiner, Genuesen und Leute aus Lucca und Mailand, die allesamt ein reiches Füllhorn ihrer Waren hierher brachten.[2]

Diese Kaufleute, ob individuell in Brügge lebend oder nach Nationen organisiert, prägten das Bild dieser Stadt im 13., 14. und 15. Jahrhundert.[3] Die Organisation der verschiedenen Kaufleutegruppen in *nationes*, d.h. nach Herkunftsländern bzw. Städten, war ein allgemeines Phänomen des Mittelalters. So fanden sich die Studenten der europäischen Universitäten im Mittelalter in *nationes* zusammen.[4] Die Kreuzfahrer im Heiligen Land taten Ähnliches.[5] Steingewordener Ausdruck der Anwesenheit der verschiedenen Kaufleutenationen in Brügge sind ihre gemeinschaftlichen Häuser, Logen, Konsulate, *natiehuis* oder Kontor genannt.[6]

Zweifellos standen die Bürger Brügges mit den internationalen Kaufleuten untereinander in mehr oder weniger direktem Kontakt. Aus der kommerziellen Notwendigkeit dieser Verbindungen entwickelten sich soziale bzw. kulturelle Beziehungen.[7] Einen Ausdruck fanden die sozio-kulturellen Bindungen in zahlreichen Gesellschaften und Bruderschaften. Als Beispiel einer über den eigenen Gruppenkontext hinausgehenden Verbindung mag die Marien-Bruderschaft vom *Droghen Boome* dienen, für

---

1 HÄPKE, Brügges Entwicklung.

2 SANDERUS, Flandria Illustrata; deutsche Übersetzung übernommen aus: VERMEERSCH, Brügge und Europa, S. 13.

3 Eine schöne Übersicht bietet das Buch VERMEERSCH, Brügge und Europa, das die einzelnen Kaufleutenationen ausführlich unter sozialen, kommerziellen und kulturellen Aspekten betrachtet.

4 DE RIDDER-SYMOENS, Mobilität, S. 256-259.

5 SCHWINGES, Wilhelm von Tyrus, S. 155-169; SCHMUGGE, Über nationale Vorurteile, S. 439-456; GREVE, Vreemdelingen in de stad; auch: V. Lambert, Universiteit Gent, die eine Dissertation zum Thema Nationale Identität im Mittelalter (Middeleeuwse historiografie en nationale identiteit. Een vergelijking van het graafschap Vlaanderen en het hertogdom Normandië) im Jahr 2001 verteidigt hat. Auch die Problematik der 'nationes' wird von ihr ausführlich analysiert.

6 Vgl. dazu: SANDERUS, Flandria Illustrata 1, Abbildungen, S. 272-275; RYCKAERT, Brugge, passim; zum Osterlingenhaus in Brügge, siehe Kap. 3.3.1.1. Topographie der Hanse-Herbergen.

7 Einige Aspekte, die hier nur eingeschränkt Erwähnung finden, siehe ausführlicher bei BONSDORFF, Kunstproduktion und Kunstverbreitung über den Zusammenhang von Handel und Kunst; KRÜGER, Flämische Grabplatten über den Kulturtransfer; RÖSSNER, Hansische Memoria in Flandern, die in ihrer Dissertation auf den gruppenstiftenden Charakter memorialen Handelns im allgemeinen und der Hansen im besondern eingeht.

die, neben den vornehmsten Brügger Bürgern und später den Repräsentanten des burgundischen Hofs, auch die Mitgliedschaft italienischer und hansischer Kaufleute belegt ist.[1] Wer in dieser oder auch anderen Bruderschaften Mitglied werden konnte, durfte sich wohl zur Elite der Stadt zählen, auch als Fremder. Aber nicht nur kultureller Status verlieh elitären Charakter, dieser stand vielmehr am Ende einer langen Entwicklung. Wirtschaftliche und politische Eliten, wie sie in dieser Untersuchung betrachtet werden, können übereinstimmen, müssen es aber nicht. Wirtschaftlicher Vorrang verleiht nicht automatisch politischen Vorrang und vice versa. Unumgänglich ist daher ein Blick auf die Führungsschichten hansischer Städte und auf jene Kaufleute, die aus dem Hanseraum nach Brügge kamen. Ihr sozialer, wirtschaftlicher und politischer Status in ihren Heimatstädten kann nicht ohne Folgen für ihre Anwesenheit in Brügge geblieben sein.

2.5.1. Hansestädtische Elite und ihre Verbindung nach Brügge

Das Kiel/Greifswalder Projekt *Hanse in Flandern* hatte es sich zur Aufgabe gemacht, eine Prosopographie hansischer Präsenz in Brügge zu erstellen. Bevor einige Ergebnisse dieser Untersuchungen näher vorgestellt werden, folgen einige demographische Eckdaten zu ausgewählten Mitgliedern der Hanse.

Die geographische Ausdehnung der Hanse übertraf jene von Flandern, aber es gab in diesem Gebiet keinen mit der Grafschaft vergleichbaren urbanisierten Raum.[2] Die großen Städte der Hanse lagen viel weiter voneinander entfernt als die großen Städte in Flandern und eine Reise von Stadt zu Stadt nahm meist mehr als einen Tag in Anspruch.[3]

Stadt	Zeitraum	Einwohnerzahl
Lübeck	fallende Tendenz 14. Jh	28.000
Rostock	gleichbleibend bis 1400	14.000
Stralsund	leichter Anstieg um 1400	12.000 (auf 15.000)
Greifswald	um 1300	8.000
Hamburg	um 1300, starker Anstieg bis 1400	8.000 (auf 22.000)
Köln	um 1300, dann starker Abfall bis 1400	54.000 (auf 40.000)
Dortmund	um 1300, dann Anstieg	7.000 (auf 9.000)
Danzig	um 1300, dann Anstieg bis 1400	9.000 (auf 20.000)
Thorn	um 1400, dann Anstieg bis 1500[4]	8-9.000 (auf 12.000)
Dorpat	um 1400	ca. 5.000
Reval	um 1400[5]	3.000

Bis auf die Städte Lübeck, Köln und später Hamburg sowie Danzig handelte es sich bei den anderen aufgeführten Orten um kleinere Städte, die ihr Pendant in Flandern

1 SAB, reeks 505, Gilde Droogenboom, Reg. IV 4; PARAVICINI, Lübeck und Brügge, S. 139-141 und in Zukunft ausführlich RÖSSNER, Hansische Memoria.

2 Vgl. BAIROCH, BATOU, CHEVRE, La population, Karten S. 235-236.

3 OHLER, Reisen, S. 97-101.

4 CZACHAROWSKI, Soziale Schichten, S. 123.

5 Vgl. BAIROCH/BATOU/CHÈVRE, La population, S. 4-9, 55-56 und 64, Bevölkerungszahlen für die genannten Städte. Allerdings gibt die absurde Bevölkerungszahl für Brügge um 1400 mit 125.000 (!) zu bedenken, ob die von den Autoren vorgegebenen Zahlen den tatsächlichen Gegebenheiten entsprachen, vgl. ebenda, S. 11; s. auch DUMOLYN, Population, S. 44 u. Anm. 2.

mit Städten wie Oudenaarde, Eeklo, Aalst hatten. In allen Städten bildeten sich privilegierte Gruppen heraus. Die städtischen Führungsschichten, oder auch Patriziat, meinen immer die bestimmende politische Führungsschicht der Städte. Die Zugehörigkeit zu diesem Patriziat definierte sich aber auf höchst unterschiedliche Weise. Die hansischen Ostseestädte unterschieden sich in der Struktur ihres Patriziats von den Städten im Westen bzw. Süden. Im allgemeinen eröffneten sich wirtschaftlich erfolgreichen Kaufleuten in den Ostseestädten, trotz allen Abschlußtendenzen, wie sie sich z.B. in Lübeck zeigten, größere Möglichkeiten hinsichtlich sozialer Mobilität als in anderen Städten des Reichs.[1] In Thorn, Danzig, Kulm, Königsberg herrschte eine relativ abgeschlossene Elite, die sich aus wenigen Familien zusammensetzte und die Geschicke der Stadt bestimmten. Untereinander waren diese Familien häufig verwandtschaftlich verbunden.[2] Diese Familien besetzten über Jahrzehnte die wichtigsten städtischen Ämter. So konnten ihre Mitglieder auch die Politik der Hanse nach ihren Interessen gestalten. Materielle Grundlage dieser Eliten war der Fernhandel.[3] Die Thorner Familien Rebber, Hengstenberg und von Allen waren während des 14. und 15. Jahrhunderts in allen Verwaltungsämtern der Stadt vertreten.

Die oben erwähnten Städte wurden nicht zufällig ausgewählt. Sie korrelieren mit den Ergebnissen des genannten Hanse-Projekts und liegen in gedruckter Form vor. Im Einzelnen konnte festgestellt werden, daß Mitglieder der oben genannten Thorner Familien nach und in Brügge handelten. Gleiches ließ sich für die Dortmunder Familien Sudermann, Smithuus, Berswort, Cleppinc/Klippinc nachweisen.[4]

Diese Familien hatten durch den Fernhandel große wirtschaftliche Unabhängigkeit erlangt, die es ihnen wiederum ermöglichte, politische Ambitionen zu entfalten. Einigen Kaufleuten, die Brügge zu ihrer wirtschaftlichen Basis machten, gelang es, nach ihrer Rückkehr in ihre Heimatstadt bzw. ihrer Ansiedelung in einer anderen (Hanse-)stadt, sich als Ratsmitglieder zu etablieren. Dabei spielten die bestehenden Familienverbindungen ebenfalls eine Rolle, wie durch die prosopographische Untersuchung der Älterleute des Hansekontors gezeigt werden konnte. Diejenigen, die innerhalb des Kontors administrative Funktionen übernahmen, verfügten häufig über einflußreiche Familienverbindungen im Hansegebiet oder traten nach ihrer Rückkehr selbst als Ratsleute einer Hansestadt in Erscheinung. Exemplarisch hat Ingo Dierck dies für Dortmund untersucht. Für die Dortmunder Älterleute des westfälisch-preußischen Drittels in Brügge konnte er eine hochgradige Übereinstimmung zwischen politischer und wirtschaftlicher Elite feststellen. Für Lübeck zeigt Dierck allerdings auf, daß die Lübecker Älterleute kaum je als Ratsmitglieder zu finden waren.[5]

---

1 LMA 6, Patriziat I. Deutschland, Sp. 1797-1799.

2 CZACHAROWSKI, Soziale Schichten, S. 121.

3 DÜNNEBEIL, Die Lübecker Zirkelgesellschaft; CZACHAROWSKI, Soziale Schichten, S. 120-123; THIER, Melius Hereditati, S. 217-240.

4 DIERCK, DÜNNEBEIL, RÖSSNER, Prosopographischer Katalog, Rebber, Hengstenberg, von Allen; Smithuus, Berswort, Clepping, dazu auch THIER, Melius Hereditati; MEYER, Die Sudermanns; zu Dortmund vgl. SCHMALE, Die soziale Führungsschicht.

5 DIERCK (1994), Die Brügger Älterleute, S. 50-53; Johannes van dem Schide, Cesarius de Hengesteberghe, Johannes Wistrate junior, Everd Wistrate, here Coonrat Bersword, Lambert Berswort, Vrowinus Sottrump, Tideman van Hovele, Alff vamme Schide, Tideman Zwarte, Everd vamme Schide, Detmaer Cleppincgh (und Johannes de Aldinchoven); zu Lübeck vgl.

In Köln wiederum herrschte im 14. Jahrhundert eine exklusive, gegen neue Mitglieder abgeschlossene Klasse, in der die Nachkommen so einflußreicher Familien wie der Jude und der Lyskirchen über einen langen Zeitraum die Geschicke der Stadt bestimmten.[1] Beide Familien standen auch mit Brügge in Verbindung.[2] Schwere Unruhen zum Ende des 14. Jahrhunderts brachen diese Geschlechterherrschaft zwar auf, aber den Einfluß der alten Familien konnten sie nicht entscheidend verhindern.[3] Durchlässiger dagegen war das Patriziat der Städte Stralsund und Hamburg,[4] wobei allerdings die Hamburger Präsenz in Brügge wesentlich hinter ihrer Präsenz in anderen Städte zurückblieb.[5]

Gut ein Drittel der in den Brügger Akziselisten notierten Namen konnte das Forschungsprojekt identifizieren. Zwei Drittel blieben also unbekannt und lassen keine Rückschlüsse auf etwaige politische Karrieren in Hansestädten zu. Auch ist die untersuchte Periode relativ begrenzt, denn nur gut fünfzig Jahre standen im Zentrum der Studie. Kann oder besser darf mit Hilfe dieser Ergebnisse überhaupt eine wie oben gestellte Frage nach dem Status beantwortet werden? Zumal die Dunkelziffer der nicht genannten hansischen Kaufleute in Flandern/Brügge weit höher liegen mag, als sie aus den Steuerlisten hervortritt. Bei einer Beschränkung auf die reinen Zahlen müßte diese Frage wohl unbeantwortet bleiben. Dennoch ist davon auszugehen, daß sich in Brügge Gleiche unter Gleichen trafen. Ihre Herkunft nach kamen sie im Allgemeinen aus dem städtischem Milieu. Ihr Wille zu ökonomischer Tätigkeit setzte eine gewisse Gleichgesinntheit voraus, nämlich das Streben nach Gewinn mittels des Handels. Aber auch sozial lassen sich Parallelen ziehen, in beiden Gruppen – Hansen und Hosteliers – begegnen sich Führungsschichten aber auch soziale Aufsteiger, die aus ihrem Aufstieg, der auch mit der Handelstätigkeit in Brügge verbunden sein konnte, ökonomisch wie politisch Kapital schlagen konnten.[6] Diese Feststellungen schließen allerdings nicht aus, daß sich in Brügge auch Hansen aufhielten, die nicht aus einer einflußreichen Familie stammten und die auch später keine politische Laufbahn in ihrer Heimatstadt einschlugen. Ähnliches läßt sich für Brügger Hosteliers schon an dieser Stelle sagen, nämlich für jene Personen, über die kaum Informationen gesammelt werden konnten, da sie völlig unauffällig ihrem Beruf nachgingen und nicht in den Dokumenten hervortreten. Ohne Zweifel darf festgestellt werden, daß sich Angehörige dieser beiden Gruppen von anderen städtischen Gruppen in Brügge aufgrund ihrer sozialen, politischen und ökonomischen Stellung deutlich abhoben.

ASMUSSEN, Die Lübecker Flandernfahrer, S. 130-138, der hier allerdings die These der Nicht-Beteiligung der Lübecker Ratsfamilien am Handel und an den Kontorsämtern in Brügge nuanciert und die Dortmunder Dominanz personenabhängig interpretiert und nicht städtisch.

1 HERBORN, Die politische Führungsschicht, S. 208-215; MILITZER, Führungsschicht, S. 2-4 u. 7; IRSIGLER, Die wirtschaftliche Stellung der Stadt Köln.

2 Zu Jude siehe Kap. 4.1.3. Die Flandernblockaden 1358-60 und 1388-92.

3 MILITZER, Führungsschicht, S. 7-9; DOLLINGER, Die Hanse, S. 180.

4 DOLLINGER, Die Hanse, S. 177, 180; SCHILDHAUER, Hansestädtischer Alltag, S. 43-45; STOOB, Rat und Bürgerschaft, S. 359-364.

5 DIERCK, Die Brügger Älterleute (1994), S. 43-44.

6 Einen ähnlichen Gedankengang verfolgt ASMUSSEN, Die Lübecker Flandernfahrer, S. 132, wenn er meint, daß sich Lübecker, die keine Mitglieder einer Ratsfamilie waren, mit der Übernahme von Kontorämtern in Brügge (wirtschaftliche) Vorteile erhofften.

3. Internationale und lokale Netzwerke

Seit geraumer Zeit hat sich der Begriff *Netzwerk* in der Forschung als Erklärungsmodell für die verschiedensten Bereiche durchgesetzt. Dabei dienten zunächst globale Modelle als Erklärung ökonomischer Entwicklungen im Spätmittelalter und der frühen Neuzeit. Die Verwendung der Netzwerk-Theorie inspirierte zahlreiche Historiker dazu, diese Makromodelle auch auf ein Mikroniveau anzuwenden.[1] Dies geschah beispielsweise für das stark urbanisierte Gebiet der Niederlande im Spätmittelalter.[2]

Inzwischen werden Netzwerk-Theorien von der Geschichtswissenschaft auch für die Analyse der politischen Strukturen des Spätmittelalters angewandt. Diese Erklärungsmodelle basieren auf Theorien der modernen Soziologie, die ihrerseits versucht, strukturelle Beziehungen im gesellschaftlichen Kontext mit Hilfe verschiedenster Netzwerk-Modelle zu analysieren.[3] Gesellschaftliche Netzwerke (*social networks*) bilden den Rahmen für Beziehungen zwischen Individuen. Diese Beziehungen bestehen in Familie, Nachbarschaft, Gemeinde, Bruderschaften, Stadtverwaltung oder Handelsorganisationen. In ihnen fühlt sich das Individuum geborgen und beschützt. Befehle und Dienste werden innerhalb des jeweiligen Netzwerks ausgetauscht. Aus dem Zusammenleben innerhalb eines Netzwerks entsteht eine kollektive Identität, die sich im Verleihen von Solidarität ausdrücken, aber auch zu Konflikten führen kann. Gesellschaftliche Netzwerke können auf Gleichheit oder Hierarchie basieren.[4]

Die Erklärung gesellschaftlicher Ereignisse oder Entwicklungen setzt nach David Knoke die Kenntnis der Beziehungen der Akteure des Systems voraus.[5] Dabei zielt der Begriff *Akteur* nicht ausschließlich auf das Individuum, sondern auf eine gesellschaftliche Entität, die ein Individuum oder auch ein Kollektiv sein kann. Das Modell der *political networks* von Knoke rückt die gesellschaftlichen Akteure in den Mittelpunkt. In der tatsächlichen oder möglichen Interaktion zwischen zwei oder mehr gesellschaftlichen Entitäten bildet Macht ein bestimmendes Strukturelement. Weil Macht situationsabhängig ist, ist sie dynamisch und potentiell instabil. Stärke, Zwang, Nötigung oder freiwillige Unterwerfung sind Elemente der Macht und können in relationalen Machtsystemen, die, wenn sie ein situationsspezifisches Kontinuum bilden, bei gleichen Akteuren auf dramatische Weise fluktuieren. Knokes Modell legt Machtverhältnisse als Kombination zweier Dimensionen aus: Einfluß und (Vor-)Herrschaft.

Einfluß besteht, wenn ein Akteur bewußt Informationen an einen anderen Akteur weitergibt, so daß sich dessen Verhalten aufgrund dieser Informationen verändert. Dieser Einfluß ist nur dann möglich, wenn Kommunikation stattfindet. Politi-

1 MURRAY, Of Nodes and Networks.

2 STABEL, De kleine stad in Vlaanderen; DERS., Dwarfs among Giants; siehe auch Kap 3.3.1.3. Im Netzwerk von Herbergen und Handel zum gateway-Modell.

3 KNOKE, Political networks, S. 1-13.

4 PREVENIER, Prinsen en poorters, S. 295.

5 KNOKE, Political networks, S. 9.

sche Kommunikation muß Informationskanäle aufbauen, die durch die sie nutzenden gesellschaftlichen Entitäten instand gehalten werden müssen. Herrschaft ist eine Beziehung, in der ein Akteur das Verhalten der anderen Akteure durch das Offerieren oder Zurückhalten von Vorteilen bzw. Nachteilen kontrolliert, d.h. Sanktionen androht oder sie auch tatsächlich ausführt. Dieses Beziehungssystem kann nur dann funktionieren, wenn der Beherrschte auf Sanktionen reagiert.

Machtverhältnisse entwickeln sich zu einem Netzwerk, wenn die Akteure Positionen innerhalb einer gesellschaftlichen Struktur einnehmen und miteinander als Sender und Empfänger in Verbindung stehen. Solche Netzwerke lassen sich unter zwei Aspekten betrachten: Zentralität und Prestige.

Das Zentralitätskonzept eines Netzwerks unterscheidet qualitativ nicht nach Sender- und Empfängerbeziehungen, sondern bewertet alle Verbindungen als gleichwertig. Der erfolgreiche Akteur eines Netzwerks gewinnt dadurch Macht, daß er in engem Kontakt zu anderen Akteuren im System steht, die ihn als zentrale Stelle nutzen müssen, um Informationen oder Güter auszutauschen. Das Prestige-Konzept für Netzwerke bewahrt die hierarchische Qualität der Verbindungen, so daß der Erfolg eines Netzwerkakteurs sich darin zeigt, daß möglichst viele Akteure Verbindungen zu ihm aufbauen, er diese aber selbst nicht erwidert.

Das political network-Modell läßt sich nicht allein auf politische Systeme, sondern auch auf die soziale und ökonomische Gesellschaftsstruktur im spätmittelalterlichen Brügge anwenden. Die Hanse selbst bildete ein internationales, kommerzielles Netzwerk. In dieser Konstruktion traf es mit anderen Netzwerken, wie den städtischen, aber auch berufsbedingten Netzwerken in Flandern zusammen. Als Kontor bildeten die Hansen in Brügge eine gesellschaftliche Entität, die auf andere gesellschaftliche Einheiten, wie z.B. die der Makler- und Hostelierszunft stieß. Beide Gruppen kommunizierten miteinander und versuchten, ihre Macht in Einfluß und Herrschaft umzusetzen.

3.1. Die Hanse im Ausland

Die Entfaltung des weitreichenden Fernhandelssystems, das Netzwerk der Hanse im 14. und 15. Jahrhundert, basierte auf älteren Handelsstrukturen des 11. und 12. Jahrhunderts, die durch andere Kauffahrernationen aufgebaut worden waren. Im Ostseeraum spielten vor allem die Skandinavier und Rußen hierbei eine entscheidende Rolle. Im Nordseegebiet wurde der Fernhandel von Flamen, Engländern und Friesen beherrscht. Nur in diesem Bereich gab es eine nennenswerte niederdeutsche Beteiligung, denn hier konnten auch Bremer und Kölner Kaufleute nachgewiesen werden. Erst im 13. Jahrhundert gelang es den deutschen Kaufleuten, sich definitiv in den Fernhandel einzuschalten. Städtegründungen wie z.B. die Lübecks unterstützten das schrittweise Vordringen deutscher Kaufleute in bisher von anderen Nationen beherrschte Handelsräume. Dieser Vorgang manifestierte sich am deutlichsten in den Gründungen von Handelsstützpunkten im Ausland. Damit griff die *Hanse* auf ein System zurück, das zuvor ebenfalls von anderen Kauffahrernationen benutzt worden war. Für den Ostseeraum gaben die Gotländer das Vorbild. Sie besaßen schon im 11. Jahrhundert eine Niederlassung in Novgorod. Hier trafen sich russische, skandinavische und gotländische Händler. Russische Produkte wie Pelze, Wachs und landwirtschaftliche Erzeugnisse fanden ihre Abnehmer bei den aus dem Westen kommenden Kaufleuten.[1] Diese wiederum konnten hier Waren wie verarbeitete Metalle, Fisch und Tuche absetzen. Die Stadt entwickelte sich zum führenden Handelszentrum im russischen Norden bzw. östlichen Ostseeraum.[2] Im späten Mittelalter erreichte Novgorod eine Bevölkerungszahl von etwa 30.000 Einwohnern,[3] eine Zahl, die nur von wenigen europäischen Städten in dieser Zeit übertroffen wurde.

Erste niederdeutsche Kaufleute sind im 12. Jahrhundert in Novgorod nachzuweisen. Schleswiger und später auch Lübecker Kaufleute faßten über den Handel mit Gotland im östlichen Ostseehandel Fuß. Aus diesen ersten Kaufleutegruppen entwickelte sich die Gotländische Genossenschaft, eine Gemeinschaft, die deutsche wie gotländische Kaufleute vereinte[4]. Über den Handel mit Gotland gelangten die Kaufleute nach Nowgorod, wo sie ihre Unterkunft zunächst in der alten gotländischen Niederlassung fanden, die nach und nach auch Kaufleute aus den später hansischen Gebieten aufnahm. Diese *Gotenhof* genannte Niederlassung regte die deutschen Kaufleute an, eine eigene Niederlassung, den Peterhof zu bauen.[5] Nachdem sie sich im Nowgorodhandel etabliert hatten, verdrängten sie nach und nach die Konkurrenten anderer Kaufleutenationen und dominierten schließlich diesen Handel bis zum Ende der Verbindung im Jahr 1478.[6] Der Aufenthalt der hansischen Kaufleute wurde durch die Nowgoroder Skra, die Kontorordnung der Hansen geregelt. Besonders streng wurde auf die Absonderung der Kaufleute von der einheimischen Bevölkerung geachtet. Wohnen außerhalb des durch einen Palisadenzaun umgebenen Areals war nur in dem sehr seltenen Fall der Überfüllung des Kontors erlaubt.[7]

Der Einrichtung der ausländischen Niederlassungen ging der Erwerb von Handelsfreiheiten voraus. Diese Privilegien, d.h. die Verleihung bestimmter Rechte an ein Individuum oder an eine Körperschaft, waren unentbehrlich, da es weder ein standardisiertes Privat- noch ein allgemeines Handelsrecht gab. Die Gewährung eines Privilegs konnte auf Wunsch, nach Verhandlungen oder durch Kauf erfolgen. Das Prinzip der Gegenleistung gehörte dabei meist zu den Vorbedingungen. Der fremde Kaufmann konnte durch das Versprechen, seine Waren an einem bestimmten Ort zur Niederlage, d.h. zum Verkauf zu bringen, eine verbesserte Rechtsposition im Hin-

---

1 Zu den frühesten vertraglichen Vereinbarungen zwischen russischen und Lübecker Kaufleuten s. CHOROŠKEVIC, Der Ostseehandel; zu den russischen Beziehungen zur Hanse s. SCHUBERT, Die russische Kaufmannschaft.

2 LMA 6, S. 1306-1311.

3 ANGERMANN, Die hansisch-russische kulturelle Begegnung, S. 191-192.

4 KATTINGER, Die "Gotländische Genossenschaft", S. 14-16, der besonders auf den "supranationalen" Charakter dieser Vereinigung hinweist; IDEM, Die Gotländische Genossenschaft (1999).

5 DOLLINGER, Die Hanse, S. 21.

6 SCHUBERT, Bedeutung, S. 177-178; ANGERMANN, Die hansisch-russische kulturelle Begegnung, S. 191.

7 ANGERMANN, Die hansisch-russische kulturelle Begegnung, S. 195; GREVE, Handel und Herberge.

blick auf seinen Status als Fremder erwerben. Durch ein Privileg geschützt, welches den Aufenthalt der Fremden und die Rechtsgrundlage des Handels regelte, konnte sich der Kaufmann in einiger Sicherheit im Ausland bewegen. Einen vollkommenen Schutz aber brachten die Privilegien zu keiner Zeit. So konnten sie von der jeweils herrschenden Autorität wieder aufgehoben werden, sobald sie dem Aussteller als nicht mehr nützlich erschienen. Zudem waren die Privilegien einer bestimmten Gruppe immer auch attraktiv für deren Konkurrenz. Für die hansischen Kaufleute war es daher wichtig, ihre Position im Wettbewerb mit allen anderen Handelsnationen im Ausland zu festigen und gegen Konkurrenten zu schützen.[1]

Die wichtigsten Niederlassungen neben dem oben erwähnten Nowgorod befanden sich im norwegischen Bergen, in London und im flandrischen Brügge. Schon vor dem Ende des 12. Jahrhunderts fuhren Kaufleute aus Köln und anderen westdeutschen Städten nach Bergen. Diese Kaufleute entwickelten Handelsbeziehungen zu den Fischern an der norwegischen Küste.[2] Der Export von norwegischem Stockfisch war Grundlage dieser Beziehungen. Der Import von Getreide nahm einen wichtigen, aber keineswegs überproportionalen Anteil am Handelsvolumen ein. Daneben wurden Wein, Mehl, Bier und Malz aus dem Hansegebiet importiert.[3] Die *Tyskebryggen* oder Deutsche Brücke, wie die Niederlassung der deutschen Kaufleute in Bergen genannt wurde, war ein ausschließlich deutschen Kaufleuten vorbehaltener, abgeschlossener Bereich.[4] Die Stadt Bergen selbst erreichte in ihrer Hochzeit eine Einwohnerzahl von etwa 6.000. Im dünnbesiedelten Norwegen stellte eine Stadt dieser Größe im Mittelalter ein für Kaufleute besonders attraktives Zentrum dar.

Auch in London konnten die frühhansischen Kaufleute vorhandene Strukturen zu ihrem Vorteil nutzen. Im 12. Jahrhundert trafen sich hier Kaufleute aus Lothringen, Dänemark, Norwegen, Flandern, aber auch aus Bremen und Köln. Ein 1175 erteiltes Handelsprivileg, das 1194 durch Richard Löwenherz bestätigt wurde, bildete die Basis des Kölner Handels in England.[5] Das Haus der Kölner Kaufleute, welches zunächst gemietet war, ging rasch in ihren Besitz über. Aus diesem *Guildhall* genannten Haus ging das Londoner Kontor hervor. Im 13. Jahrhundert besuchten schließlich auch Hamburger, Lübecker und andere skandinavische Kaufleute London. Zu diesem Zeitpunkt waren die *Osterlinge* - die Kaufleute aus dem Ostseeraum - noch Konkurrenten der rheinländischen Englandhändler. 1257 erwarben sowohl Lübecker als auch Hamburger Kaufleute separate Privilegien für ihren Handel mit England, die neun Jahre später erweitert wurden. 1266 wurde erst den Hamburgern und danach den Lübeckern gestattet, ihre jeweils eigene Hanse nach dem Vorbild Kölns zu bilden.[6] Erst zum Ende des 13. Jahrhunderts kam es schließlich zu einer Gleichstellung der Kauf-

1 SPRANDEL, Die Konkurrenzfähigkeit, S. 30; vgl. STROMER, Der innovatorische Rückstand, S. 211.

2 NEDKVITNE, Hansa Trade, S. 10-12; NIELSSEN, Importance, S. 23-28; allgemein zur Hanse in Bergen: GADE, The Hanseatic Control of Norwegian Commerce.

3 Auf diese neuen Erkenntnisse weisen vor allem NEDKVITNE und NIELSSEN hin; HELLE, Die Deutschen in Bergen, S. 141.

4 ANDERSSON, Bryggen, S. 28ff; auch ELLMERS, Schiffslandeplätze, Abb. S. 22 u. S. 31-33.

5 LLOYD, England and the German Hanse, S. 15.

6 ELLMERS, Die Entstehung, S. 7, LLOYD, England and the German Hanse, S. 18-19.

leute des Deutschen Reichs, so daß sich etwa ab 1281 von einer Gemeinschaft der Kaufleute des Römischen Reichs sprechen läßt. Über Sonderrechte einzelner Städte ist außer jenen für Köln, das seine Privilegien aus dem 12. Jahrhundert 1290 und 1321 separat bestätigen ließ, kaum etwas zu vernehmen.[1] Schon im Jahr 1300 erreichte London eine Bevölkerungszahl von 80.000, was von keiner anderen Stadt außer Paris in Nord-Westeuropa erreicht wurde.[2] Die *Carta mercatoria*, Grundlage hansischen Handels in England, erlaubte den Kaufleuten das Mieten von Wohnungen und Lagerräumen.[3] Später erweiterten die Kaufleute ihren Besitz in London und nannten diesen *Steelyard*. Er bestand aus der *Guildhall* und einem angrenzenden Gelände, das ebenfalls in den Besitz der Kaufleute übergegangen war.[4] Erst im 15. Jahrhundert vollzog sich die Absonderung der hansischen Kauf-leute von der Londoner Bevölkerung.[5]

Der Erwerb von Handelsfreiheiten in Brügge verlief für die Kaufleute des Römischen Reichs in ähnlicher Weise. Bei den als *älteste Privilegien der Hanse* bezeichneten Freibriefen handelt es sich um eine Reihe von Rechten, die von der Gräfin Margarethe von Flandern gemeinsam mit ihrem Sohn Guido von Dampierre im Jahr 1252 den Kaufleuten des Römischen Reichs verliehen wurde.[6] Die Entstehungs- und Überlieferungsgeschichte dieser Urkunden hat schon Walther Stein in seiner Untersuchung über die Privilegien ausführlich dargelegt.[7]

Zu den Nutznießern dieser Privilegien sollten Hamburg, Lübeck, die Gotlandfahrer sowie die rheinisch-westfälischen Städte Köln, Dortmund, Soest, Münster und deren Verbündete zählen. Für die Adressaten wurden jeweils Abschriften der Privilegien in einer Abtei nahe Brügge hinterlegt, um sie bei dem Eintreffen der städtischen Gegenurkunden auszutauschen.[8] Viele der Originalurkunden, die das Verkehrsrecht in ganz Flandern regeln sollten, wurden allerdings nicht ausgetauscht,[9] so daß von den Verhandlungen ab 1252 nur die Urkunden im Zusammenhang mit dem Zollrecht der beiden Städte Damme und Brügge tatsächlich in Kraft traten.[10] Im Keim deutete sich hier bereits ein Konflikt an, der in Entwicklung der beiderseitigen Beziehungen häufiger für Dissens sorgen sollte. War den deutschen Kaufleuten daran gelegen, allgemeine, für ganz Flandern gültige Privilegien zu erlangen, wollten sowohl die Grafschaft Flandern als auch deren Städte meist nur Einzelprivilegien verleihen. Steins

---

1 LLOYD, England and the German Hanse, S. 20-21; auch CARUS-WILSON, Die Hanse und England, S. 90; FRYDE, Arnold Fitz Thedmar, S. 27-30.

2 KEENE, Guildhall, S. 47-48.

3 JENKS, England, 2, S. 479-480.

4 DOLLINGER, Die Hanse, S. 137.

5 GREVE, Herberge und Handel, bes. Anm. 6; vgl. auch JÖRN, With Money, für die spätere Periode.

6 HUB 1, S. 137-139, Nr. 421; S. 139, Nr. 422; LUYKX, De grafelijke financiële bestuursinstellingen, S. 192-193.

7 STEIN, Über die ältesten Privilegien; vgl. SPRANDEL, Die strukturellen Merkmale.

8 STEIN, Über die ältesten Privilegien, S. 75.

9 STEIN, Über die ältesten Privilegien, S. 83-85.

10 Zoll Damme: HUB 1, S. 143-147, Nr. 432; Zoll Brügge: HUB 1, S. 148-149, Nr. 434 u. S. 149-157, Nr. 435. Zur Frage der Rechtskraft vgl.: SPRANDEL, Konkurrenzfähigkeit, S. 22, Anm. 12.

grundlegenden Forschungen ist die Interpretation eines weiteren Privilegs zu verdanken, das ebenfalls im Jahr 1252 den Kaufleuten und Städten des Römischen Reichs: Köln, Dortmund, Soest, Münster und *allen, die mit ihnen vereint sind*, durch die Gräfin von Flandern verliehen wurde.[1]

Gerade mit dieser Urkunde ist eine Besonderheit verbunden, die für den weiteren Verlauf der hansisch-Brügger Beziehungen entscheidende Bedeutung erhalten sollte. In der genannten Urkunde wurde die Idee einer eigenen Kaufmannssiedlung mit dem Namen Neu-Damme für die Kaufleute festgehalten.[2] Die Absonderung der Kaufleute von der einheimischen Bevölkerung entsprach den damaligen Gepflogenheiten. Die hansische Idee, eine unabhängige Siedlung bzw. Kolonie, wie Stein sie nannte,[3] in einem Neu-Damme einzurichten, wurde jedoch nicht verwirklicht. Die Gründe für diese Entwicklung sah Stein zum einen in dem bereits in verschiedenen kleinen Zwinhäfen bestehenden Handelsverkehr von Hamburger, Lübecker und Rostocker Kaufleuten,[4] zum anderen in der fehlenden *inneren und äußeren Geschlossenheit* der deutschen Kaufmannschaft in Flandern generell.[5]

Hier scheint sich die zuvor benannte hansezentrische Historiographie wieder Bahn zu brechen, denn flämische Argumente in dieser Sache scheinen nicht bedacht worden zu sein. Aber zu den Verhandlungen in Flandern gehörten selbstverständlich auch die Flamen, d.h. die Gräfin von Flandern, ihr Sohn sowie ihre Berater. Der Gegenstand der Verhandlungen war allen Beteiligten deutlich: Deutsche Kaufleute sollten sich verpflichten, mit ihrer Handelsware regelmäßig nach Flandern zu kommen; Brügge selbst war zu diesem Zeitpunkt bereits eine prosperierende Handelsstadt.[6] Seit der Flut von 1134 hatte sich im Zwin ein außergewöhnliches Hafengebiet entwickelt. Ein Kanal zwischen Damme und Brügge ließ letztere zu einem idealen Güterumschlagplatz werden.[7] Ab der zweiten Hälfte des 12. Jahrhunderts kamen internationale Kaufleute in dieses Gebiet. Brügges Bestreben war es dabei immer gewesen, dieses Gebiet als Oberhof unter seine Kontrolle zu bringen und diese auch zu bewahren. Das wird auch zu der Zeit, als die Vertreter der Städte von Hamburg und Lübeck mit der Gräfin von Flandern über die Privilegien ver-handelten, nicht anders gewesen sein. Es mag sein, daß die Gräfin zunächst eigene Vorteile in der Gewährung einer eigenen Siedlung Neu-Damme für die Osterlinge sah. Aber es ist anzunehmen, daß Brügge sich allein schon aus politischen Motiven nicht auf ein derartiges Unternehmen einlassen konnte. Die Gründung Dammes ging auf eine Initiative des Grafen von Flandern zurück. Brügge griff aber frühzeitig ein, um einen möglichen Konkurrenten Damme in Schach zu halten.[8] Ein Unterfangen, daß auch die zahlreichen militäri-

---

1 HUB 1, S. 140-141, Nr. 428.

2 STEIN, Über die ältesten Privilegien; DOLLINGER, Die Hanse; HENN, Über die Anfänge des Brügger Kontors; STOOB, Die Hanse.

3 STEIN, Über die ältesten Privilegien, S. 88-89.

4 DERS., S. 92-93.

5 DERS., S. 94.

6 Siehe zu den politischen Hintergründen Kap. 2. Eliten in Brügge; RENSON, Het Tolrecht te Brugge, S. 1045-1049.

7 RYCKAERT, Geographie eines Weltmarktes, S. 4-5; RYCKAERT, Brugge, S. 67.

8 VERHULST, Initiative comtale, S. 227ff; RYCKAERT, Brugge, S. 67; TERMOTE, Het ontstaan, S. 105.

schen Expeditionen Brügges nach Damme erklären würde. So ist es denkbar, daß die Gräfin schließlich von der Lübecker Idee einer eigenen Siedlung unter dem Druck des auch ökonomisch potenten Brügge absah.[1] Darüber hinaus ist es kaum vorstellbar, daß die bereits zu diesem Zeitpunkt hochentwickelte Grafschaft Flandern mit ihren Städten Brügge, Gent und Ypern weitere Konkurrenz im eigenen Land dulden würde. Hätte ganz und gar ausgeschlossen werden können, daß sich die geplante Ansiedlung nicht zu einem Staat im Staate entwickelte? Welche Obrigkeit war gewillt, dieses Risiko einzugehen?

Darüber hinaus hieß es in jener Urkunde, daß alle Fremden dort frei kommen und gehen dürften, was doch nichts anderes bedeutet, als daß die Osterlinge nicht unter sich geblieben wären.[2] Da sich auch alle anderen Fremden in jenem Neu-Damme hätten aufhalten dürfen, war die von den norddeutschen Unterhändlern vielleicht gewünschte Absonderung, sprich Exklusivität der neuen Niederlassung, von Beginn an nicht gewährleistet. Wurde deshalb dieser Siedlungsplan zum Vorteil Brügges, wo bereits eine umfassende Wirtschaftsinfrastruktur bestand, fallengelassen?

Alle Beispiele zeigen mehrere Gemeinsamkeiten. Es handelte sich bei den Städten um bereits bestehende Handelsplätze. Die für das Mittelalter und den jeweiligen Landesstandard hohe Einwohnerzahl dieser Zentren war für den Fernhändler in hohem Maß anziehend. Hier konnte er mit einer großen Abnehmerschaft für seine Waren rechnen. Die Einrichtung der Auslandsniederlassungen in diesen vier Städten ergab sich nicht zufällig, sondern folgerichtig aus den mit ihnen verbundenen ökonomischen Möglichkeiten. Eine zunehmend internationale Kaufleuteschaft, die diese Orte besuchte, erhöhte das Warenangebot und damit zugleich die Attraktivität dieser Märkte im Vergleich zu anderen. Die frühhansischen Kaufleute nutzten diese Entwicklung und etablierten sich an diesen Orten mit eigenen Niederlassungen. Dabei profitierten sie besonders in den vier offiziellen Niederlassungen von bereits bestehenden Handelsverbindungen, in die sie sich nun über die neue Verbindung zwischen den Trägern des Binnenland- und des Überseehandels drängten oder versuchten, diesen zu übernehmen. Dabei wurden ältere Handelsstrukturen, wie sie etwa im Gotlandhandel bestanden, von ihnen im 13. Jahrhundert fast vollständig übernommen und erhielten im weiteren Verlauf hansischen Monopolcharakter.[3] Auch die korporative Organisationsform in den einzelnen Niederlassungen verwies auf vorhansische Strukturen. Diese Strukturen, die sich vor allem in Gilden oder Schwurgemeinschaften von Kaufleuten innerstädtisch wie interstädtisch ausdrückten, sind keineswegs ausschließlich hansische, sondern europäische Entwicklungen des 11. und 12. Jahrhunderts.[4]

1 Allerdings liegt keinerlei aktenkundiges Material hierzu vor.

2 STEIN, Über die ältesten Privilegien, S. 88.

3 Vgl. ELLMERS, Die Entstehung, S. 26-27

4 VAN WERVEKE, "Hansa" in Vlaanderen; WYFFELS, De Vlaamse Hanze in Londen; SPRANDEL, Die hansische Handelsstellung, S. 76-77.

3.1.1. Das Brügger Modell

Mit einer Bevölkerungszahl von ungefähr 45.000 Einwohnern um 1340 übte Brügge eine hohe ökonomische Anziehungskraft auf fremde Kaufleute aus.[1] Als die Osterlinge nach Brügge gelangten, fanden sie eine vollständig ausgebaute Stadt vor.[2] Ein eigener Bereich hätte eventuell geschaffen werden können, aber das kommerzielle Herbergswesen bestand bereits in festen Formen, denn die Osterlinge waren nicht die ersten fremden Kaufleute, die Brügge besuchten und Unterkünfte benötigten. Die Osterlinge als potentielle Kunden dieser Brügger Infrastruktur dagegen in einer eigenen Stadt siedeln zu lassen, konnte nicht im Interesse der Brügger Bürger gelegen haben, die sich in diesen Geschäftszweigen bereits etabliert hatten.

So mag in Lübecks Plan der Versuch gesehen werden, *das Strukturmodell Stadt als festen Stützpunkt durchzusetzen,*[3] wie es die *deutschen* Kaufleute mit ihrer Kolonisierungsstrategie im östlichen Ostseeraum quasi gewohnt gewesen waren.[4] Im Westen jedoch mußten sich die niederdeutschen Kaufleute den Strukturen des hochentwickelten Flandern anpassen.

Da keine eigene Ansiedlung entstehen konnte, mußten die Osterlinge bezüglich ihrer Unterkunft und Warenlagerung lokale Herbergen nutzen. Versammlungen der Mitglieder des Kontors konnten im Refektorium des Brügger Karmeliterklosters abgehalten werden. Über zwei Jahrhunderte blieb eine enge soziale und religiöse Verbindung zwischen Hansen und Karmeliterkloster bestehen.[5] Trotzdem bewertete Stein diese Situation als Zeichen einer *fehlenden inneren und äußeren Geschlossenheit* der deutschen Kaufleuteschaft in Flandern. Aufgrund des *Mangels an Grund- und Hausbesitz, an gemeinschaftlichen Wohn- und Lagerräumen* sei laut Stein, *das Interesse an dem gewohnten Aufenthaltsort im Gegensatz zu den anderen hansischen Niederlassungen* geringer gewesen, so daß sich auch deshalb die Stapel- und Kontorverlegungen leichter haben vornehmen lassen.[6] Diese Aussage überrascht einigermaßen, da es Stein selbst war, der ausdrücklich auf individuellen, hansischen Hausbesitz in Brügge hinwies und es sich schon deshalb nicht vorstellen läßt, daß gerade diese hansischen Kaufleute *leichtfertig* ihren Besitz durch Kontorverlegungen aufgaben oder in Gefahr brachten. Trotzdem hielt sich das negative Bild der Brügger Niederlassung lange in der Hanseforschung, vor allem wegen des fehlenden, repräsentativen Gebäudes zur kollektiven Nutzung, vergleichbar dem Peterhof in Nowgorod oder der Guildhall in London. Aber daß ein eigenes offizielles Haus allein nicht zur Blüte eines Kontors

---

1 PREVENIER, Bevolkingscijfers, S. 284; zur Diskussion der Zahlen: DERS., Bevolkingscijfers, S. 279-290; vgl. DE SMET, L'effectif des milices; VERBRUGGEN, Het gemeenteleger; WYFFELS, Rezension, S. 231-233; DE MEYER, De sociale strukturen.

2 RYCKAERT, Brugge, S. 67-83.

3 HAMMEL-KIESOW, Die Hanse in der wechselnden Betrachtung, S. 212, in seiner Bewertung der Stoob'schen These aus: STOOB, Die Hanse, S. 105.

4 SPRANDEL, Flandrisch-Lübeckischer Fernhandel, S. 135-141; BARTLETT, The Making of Europe, S. 193-196 u. S. 233-238; DAENELL, Die Blütezeit 1, S. 3-4.

5 RÖSSNER, Hansische Memoria, S. 48.

6 STEIN, Die Genossenschaft der deutschen Kaufleute, S. 16.

beitrug, zeigte sich, als die Hanse in Brügge 1479 ein Mitte des 15. Jahrhunderts erworbenes Areal durch einen monumentalen Neubau ersetzten ließ. Zu diesem Zeitpunkt nämlich befand sich das Brügger Kontor im Niedergang. Der Zustrom hansischer Kaufleute hatte stark nachgelassen und es bleibt hier zu fragen, warum das vermeintliche Problem der Unterbringung in den zwei zuvor vergangenen Jahrhunderten die Blüte des Kontors in jener Zeit weder behindert noch beendet hatte. Es läßt sich daher vom Brügger Modell im Hinblick auf die fremden Kaufleute sprechen, d.h. kommerzielle Gastlichkeit, mit zentralen Netzwerkakteuren, die ihre Machtposition insofern benutzen, als sie Integration gegen Isolation setzen.

3.1.2. Formen der Gastlichkeit im Mittelalter

Bereits Ende des 13. Jahrhunderts versammelte sich in Brügge eine internationale Kaufleuteschaft aus Italien, England, Spanien, Portugal und dem späteren Hanseraum. Mit dieser großen Zahl von Neuankömmlingen wäre jede Stadt vor die Frage gestellt worden, wo und wie diese Fremden in der Stadt untergebracht werden sollten. Die Gastung von Fremden, ihre Aufnahme und Integration stellte auch im Mittelalter eine Herausforderung dar. Untersuchungen über Gastlichkeit und Beherbergung im Mittelalter sind meist mit einer ausgesprochen ungünstigen Quellenlage konfrontiert.[1] Das ist auch für Brügge und Flandern nicht anders.[2] Im Gegensatz zur Überlieferung des mediterranen Gebiets, wo sich schon für das 11. und 12. Jahrhundert detaillierte Dokumente hinsichtlich des Herbergswesens nachweisen lassen,[3] ist die Quellenlage für Flandern wesentlich schlechter. Dennoch können Zunftstatuten sowie Privilegien wenigstens einen Eindruck von den rechtlichen Rahmenbedingungen vermitteln.[4] Für das 13. Jahrhundert ist kaum dokumentarisches Material für die vorliegende Untersuchung vorhanden. Dagegen ist die Überlieferung für das 14. Jahrhundert weit günstiger. Dadurch, daß sowohl flämische als auch hansische Quellen für den gleichen Zeitraum, oft sogar für denselben Sachverhalt vorhanden sind, gestaltet sich die Interpretation der Quellen einigermaßen neutral.

Es lassen sich zwei Formen der Gastlichkeit unterscheiden: kommerzielle und karitative Gastlichkeit. Ob die eine Form aus der anderen hervorgegangen ist oder beide gleichzeitig entstanden sind, läßt sich nicht eindeutig feststellen. Für den hier behandelten Zeitraum ist diese Frage ohnehin von geringerer Bedeutung, da beide Formen der Gastlichkeit bereits nebeneinander bestanden.

Karitativ motivierte Gastlichkeit zeigte sich im Zusammenhang mit reisenden Pilgern oder der Aufnahme von Kranken und Hilfsbedürftigen. Herbergen entwickelten sich später häufig zu Hospizen, die dann von Gilden oder Bruderschaften verwal-

---

1 PEYER, Gastfreundschaft und kommerzielle Gastlichkeit u. DERS., Von der Gastfreundschaft zum Gasthaus; HERMESDORF, De herberg; GARRISSON, Les hôtes, VAN HOUTTE, Herbergswesen.

2 Allerdings lassen sich für die karitative Gastlichkeit frühere Quellen finden als für den kommerziellen Bereich, s. VAN HOUTTE, Brügger Herberge, S. 179.

3 GARRISSON, Les hôtes, S. 199-201 u. Anm. 10.

4 Siehe Kap. 3.3.1. Hansische Präsenz in Brügge und Kap. 4.1. Kollektive Konflikte.

tet wurden.[1] Als Untersuchungsgegenstand kommen sie für diese Studie nur insoweit in Frage, als sich ihre Verwaltung und Finanzierung mit den Brügger Hosteliers in Zusammenhang bringen lassen.[2]

Neben Pilgern reisten im Mittelalter auch Kreuzfahrer und Adlige, die die Höfe Europas besuchten. Hiervon zeugen die zahlreich erhaltenen Reiseberichte,[3] aber auch Reiserechnungen,[4] so daß mit Recht festgestellt werden kann, daß die Menschen im Mittelalter gern und viel reisten.[5] Nicht alle Reisenden waren gleichzeitig auch Kunden des kommerziellen Herbergswesens, schließlich konnte manche Gruppe, z.B. der Adel oder der Klerus auch mit Unterbringung bei ihresgleichen aufgrund althergebrachter Gastfreundschaft rechnen.[6] Die Zunahme der Pilgerfahrten, das Einsetzen der Kreuzzüge und die sich ausbreitenden Märkte überforderten aber dieses traditionsgebundene System der archaischen Gastfreundschaft,[7] so daß es zwangsläufig durch die kommerzielle Gastlichkeit abgelöst wurde. Für West- und Südeuropa setzt Peyer den Wendepunkt im 11. Jahrhundert an. Dieses Gewerbe benötigte mobile und finanziell unabhängige Kunden. Dies traf natürlich in erster Linie auf die reisenden Kaufleute zu, zum Teil aber auch auf andere Gruppen. Für den reisenden Adel des Spätmittelalters hat Werner Paravicini nachgewiesen, daß dieser sich ebenfalls in Herbergen einmietete und nur noch selten die archaische Form der Gastfreundschaft in Anspruch nahm.[8]

Neben den hansischen Kaufleuten zog es Händler aus England, Schottland, Skandinavien, Spanien, Italien, Frankreich und Oberdeutschland nach Brügge. Hinsichtlich ihrer Unterbringung handhabte Brügge eine für das Mittelalter sehr modern erscheinende Regelung, denn die Stadt ließ allen Kaufleuten die freie Wahl der Unterkunft, anstatt sie, wie in anderen Handelsstädten durchaus üblich, in einen speziell für sie vorgesehenen Teil der Stadt zu verweisen, wie z.B. in Venedig, Nowgorod, Bergen und in geringerem Maß auch in London.[9] Die Eigentümer dieser Herbergen,

---

1 VAN HOUTTE, Von der Herberge "Zur Börse", S. 178.

2 Vgl. Anhang, Katalog, Berghe: W 24; Vagheviere: W 185 u. a.; auch GALVIN, The poor tables, S. 238, der feststellt, daß die Verwaltung und Finanzierung der Armentische in Brügge nicht ausschließlich eine Aufgabe der Brügger Elite war, sondern viel eher mit dem Kirchsprengel der Armentische zusammenhing, die Verwaltung der Hospitäler in Brügge war dagegen hauptsächlich eine Sache der lokalen Elite, s. MARÉCHAL, (G.), De sociale en politieke gebondenheid van het Brugse hospitaalwezen, S. 63-75.

3 Siehe dazu: HALM, Deutsche Reiseberichte, für Brügge besonders die Nr. 15, 63, 106, 138; allerdings zeigen Reiseberichte des 15. Jahrhunderts einen Typus 'Tourist', der sehr wohl die Herbergen Europas in Anspruch nimmt, vgl. LETTS, Pero Tafur u. DERS., Leo of Rozmital.

4 PARAVICINI, Preußenreisen 1.

5 DE RIDDER-SYMOENS, Universities in the Middle Ages, Mobility, S. 280-281.

6 PEYER, Gastfreundschaft, Taverne, S. XI-XII.

7 PEYER, Gastfreundschaft und kommerzielle Gastlichkeit, S. 271-273.

8 PARAVICINI, Preußenreisen 1, S. 225-229 u. S. 281-285; DERS., Gruppe und Person, S. 329-332.

9 Über die Unterbringung flämischer Kaufleute in Italien: BRAUNSTEIN, Erscheinungsformen einer Kollektivität, S. 411-420; ANGERMANN, Deutsche Kaufleute im mittelalterlichen Nowgorod und Pleskau, S. 59-86; Bergen: ANDERSON, Bryggen.

die Wirte, werden in den mittelalterlichen flämischen Quellen als *Hosteliers* bezeichnet. Auf hansischer Seite wurde häufig die Bezeichnung *weerd* benutzt.[1]

3.2. Wer nichts wird, wird Wirt?

Das in der Überschrift benutzte deutsche Sprichwort drückt in aller Kürze die gängigen Vorurteile über den Beruf des Wirts aus, die bis in unsere Gegenwart hinein offenbar Gültigkeit besitzen. Die Vorstellung, der Beruf des Wirts sei kein "richtiger" Beruf, d.h. man bedürfe keiner Ausbildung oder besonderen Qualifikation, um ihn ausüben zu können, disqualifiziert diesen eindeutig. Dieses Klischee des minderwertigen Berufs geht auf Vorurteile zurück, die sich bis ins Mittelalter verfolgen lassen. Eine besonders negative Tradierung des Bilds vom Wirt läßt sich in literarischen Produkten feststellen. In vielen mittelalterlichen Erzählungen wird der Wirt als sündhaft, hinterlistig, betrügerisch und unehrenhaft dargestellt.[2] Entstanden ist dieses Bild vermutlich jedoch wesentlich früher und wurde wohl oral tradiert.

Für Flandern hat Geoffrey Chaucer mit seinen Canterbury-Tales, entstanden zwischen 1387 und 1400, die wohl bekannteste literarische Darstellung des bunten Treibens in einer Herberge verfaßt. In der Erzählung des Ablaßkrämers wird eine flämische Herberge als Sündenpfuhl[3] geschildert. Zugleich werden mit dieser Geschichte jene Vorurteile formuliert, die mit dem Beruf des Wirts und dem Bild einer Herberge stets verknüpft wurden bzw. immer noch werden. Diese Vorurteile sind noch stets so stark vorhanden, daß der Historiker H.C. Peyer in einem Artikel aus dem Jahr 1982 dieses Klischee benutzten konnte, ohne es näher erklären zu müssen. Gleichsam in Anlehnung an Chaucer stellte Peyer fest, daß *die geldwirtschaftlich-kommerzielle Gastlichkeit der Schenken und Gasthäuser in ihrer unpersönlichen Zweckmäßigkeit und mit den ihr zugeschriebenen alkoholischen und sexuellen Ausschweifungen jahrhundertelang eine verachtete Randerscheinung war.*[4] Es handelt sich wohl auch kaum um einen Zufall, daß ein Bordell im niederländisch-flämischen Sprachraum des Mittelalters als *quade herberghe* bezeichnet wurde.[5] Diese nicht allein literarische Marginalisierung teilte der Wirt mit einem Teil seiner Kunden, denn auch Kaufleute und ganz besonders jene, die mit dem Geldhandel in Verbindung

---

1 Vgl. Hanserezesse; GARRISSON, Les hôtes, S. 199, nennt folgende Bezeichnungen: *hospites, ostes, hostalers, herbergieres, alberguatores.* Obgleich es sich hier um Begriffe vornehmlich des mediteranen Gebiets handelt, kann man auch in Brügge die Bezeichnung *herbergiers* antreffen. Diese Bezeichnungen waren auch in französisch Flandern gängig, vgl. ESPINAS, La Draperie dans la Flandre française, S. 321-322.

2 PRETZEL, Deutsche Erzählungen des Mittelalters: *Die zwei Kaufleute*, S. 190-205 und *Der Dieb von Brügge*, S. 215-226.

3 CHAUCER, Canterbury Tales, The Pardoner's Introduction, Prologue and Tale, S. 418-423.

4 PEYER, Gastfreundschaft und kommerzielle Gastlichkeit, S. 265.

5 Für das unrechtmäßige Betreiben einer solchen Herberge konnte eine Buße auferlegt werden: SAB, SR 1398-1399, fol. 19v: *Ontfanghen van den ghene die quade herberghe ghehouden hebben daer of dat de boete es IIJ lb [par.] daer an dat de stad heift XX s.*; zum gesamten Bereich der Prostitution in Brügge s. DUPONT, Maagdenverleidsters, und speziell zum Thema 'legale Prostitution' ebenda, S. 52-65; HERMESDORF, De herberg, S. 251-252 und S. 256-265.

standen, wurden in gleicher Weise charakterisiert.[1] Vermutlich basieren diese Vorstellungen auf Textinterpretationen der Scholastiker des 12. Jahrhunderts, die unter päpstlichem Einfluß Eingang in das kanonische Recht fanden.[2] Diese juristischen Richtlinien bildeten im 13. Jahrhundert die Grundlage für unzählige Traktate, die durch Kirchentheoretiker formuliert wurden. Unter ihnen Thomas von Aquin, der dem Handel einen schändlichen Charakter beimaß.[3] Als besonders anstößig wurde die Erhebung von Zinsen angesehen. Schließlich wurde auf diese Weise Geld durch Geld vermehrt, was als unnatürlich galt. Damit konnte der Geldhandel selbst ebenfalls kein ehrenvoller Berufszweig sein; diese Gering-schätzung geht sehr wahrscheinlich auch auf die Bibel und dort auf die Vertreibung der Wechsler aus dem Tempel in Jerusalem durch Jesus Christus zurück.[4]

Diesem theoretischen Bild entsprach die Praxis aber keineswegs. Nicht zuletzt, vielleicht sogar an allererster Stelle, bediente sich die Papstkirche selbst der Wechsler, Bankiers und Kaufleute zur Erhebung und Transferierung kirchlicher Abgaben. Die Vermehrung des Geldes durch Geld wurde nur theoretisch bekämpft, denn wo Zinsen nicht offen gefordert werden konnten bzw. durften, versteckten sie sich beispielsweise in Wechselraten.

Die Geringschätzung erstaunt, da Kaufleute und Bankiers in den meisten europäischen Städten die patrizische Oberschicht stellten und die Magistrate beherrschten.[5] Darüber hinaus schmücken sich inzwischen viele deutsche Städte mit ihrer Vergangenheit und lassen sich wieder Hansestadt nennen. Die Bezeichnung *Hanseat* und nicht mehr *Hanse*, verbürgt geradezu, wie Thomas Mann es formulierte, *ehrwürdige Kaufmannskultur* und *geschäftliche Vertrauenswürdigkeit*.[6] Dieser Gegensatz führt zwangsläufig zu der Frage, ob das negative Klischee der Herberge, des Wirts und seiner Kunden zur mittelalterlichen Realität Brügges paßt.

3.2.1. Der Brügger Hostelier: eine veredelte Form des Wirts?

Auch wenn es zu den Anfängen des Brügger Herbergswesen kaum präzise Hinweise gibt, darf davon ausgegangen werden, daß der Aufschwung dieses Gewerbes in Brügge mit dem wachsenden Zustrom fremder Kaufleute eng zusammenhing. Mit der zunehmenden Mobilität der Kaufleute und der erheblichen Ausweitung der Handelsbeziehungen, die im Lauf des 12. Jahrhunderts stets weiter über die jeweiligen Stadtgrenzen hinausreichten, steigerte sich die Nachfrage und stimulierte dadurch eine zahlenmäßige Erhöhung der Unterbringungsmöglichkeiten. Für den fremden Kauf-

---

1 BRENNIG, Der Kaufmann im Mittelalter; GURJEWITSCH, De koopman, S. 246-251; RESOORT, De koopman en de verhalende literatuur, S. 281, 283 über altfranzösische Texte, in denen der Kaufmann verachtet wird.

2 NOONAN, The Scholastic Analysis, S. 11-14 und S. 18-20.

3 LE GOFF, Marchands et Banquiers, S. 71.

4 Markus-Evangelium, 11.15-18.

5 BLOCKMANS, (F.), Het Gentsche stadspatriciaat; WYFFELS, Nieuwe gegevens; DE MEYER, De sociale strukturen te Brugge, S. 60-69; BRAND, Macht; VERKERK, Coulissen; vgl. ISENMANN, Die deutsche Stadt, S. 274-283.

6 Thomas Mann, Tischrede in Amsterdam, 1924, zitiert nach Die Hanse, Lebenswirklichkeit, 2. Bd., S. 626; POSTEL, Treuhänder und Erben, S. 667.

mann war die Herberge vermutlich eines der ersten Ziele nach seiner Ankunft in Brügge. Hier war es allein Vollbürgern erlaubt, den Beruf des Hosteliers auszuüben und Gäste zu beherbergen.[1] Die Aufgaben der Herbergswirte bzw. die Funktionen der Herberge lassen sich in fünf Kategorien gliedern. Erste und wohl wichtigste Aufgabe der Herberge bestand in der Unterbringung der Kaufleute; damit verbunden natürlich ein zweiter Aspekt, nämlich die Warenlagerung. Ebenfalls in den kaufmännischen Bereich fällt die dritte Funktion der Herberge, in dem durch ihren Betreiber Handelsgeschäften vermittelt und die ortsübliche Handelstechnik mitgeteilt wurde. Über den rein ökonomischen Aspekt hinaus ist die Rolle der Herberge bzw. des Wirts beim Austausch von Informationen und für die Aufrechterhaltung der Kommunikation zwischen verschiedenen Gruppen, ökonomisch wie politisch zu betonen und schließlich diente die Herberge eben auch der Soziabilität, in dem sie für Entspannung und Unterhaltung sorgte.

Der Hostelier stellte seinen Gästen zunächst eine Unterkunft zur Verfügung. Häufig kam die Versorgung mit Getränken und einer gewissen Grundausstattung der Unterkunft hinzu. Eine Verpflichtung seitens des Wirts zur Verpflegung seiner Gäste bestand aber nicht.[2] Die fremden Kaufleute nahmen daher nach Möglichkeit ihren Proviant aus der Heimat mit, dessen zollfreie Einfuhr den hansischen Kaufleuten ausdrücklich durch ein Privileg des Jahres 1309 genehmigt worden war.[3] Außerdem war es den Kaufleuten erlaubt, selbst Lebensmitteln in der Stadt zu kaufen.[4]

Über den Komfort in den einzelnen Herbergen läßt sich nur wenig in Erfahrung bringen. Aber aufgrund einiger Quellen, die andeuten, daß mehrere Betten in einer Kammer standen, kann davon ausgegangen werden, daß die meisten Kaufleute mit mehreren Personen ein Zimmer teilten,[5] wo sie vielleicht auch ihre mitgebrachte Verpflegung verzehrten. Obwohl es keine Verpflichtung seitens des Wirts für die Verpflegung seiner Gäste gab, kam sie jedoch gelegentlich vor, wie sich mit einem Testament eines Stralsunder Kaufmanns belegen läßt, in dem dieser Kaufmann testamen-

1 Allgemein zu den Ursprüngen des privatrechtlichen Herbergswesens: ESPINAS, La Draperie dans la Flandre française, S. 320-322; GARRISSON, Les Hôtes, S. 199; zu Brügge: VAN HOUTTE, Makelaars, S. 177.

2 HERMESDORF, De herberg, S. 67; GARRISSON, Les hôtes, S. 200; ebenso PEYER, Von der Gastfreundschaft zum Gasthaus, S. 56-57; DERS., Gastfreundschaft und kommerzielle Gastlichkeit, S. 275.

3 HUB 2, S. 68, Nr. 154 § 21: *Vord dat die vorseide coepmanne moeghen hebben alrande vitaille ende alle maniere van dranke, die zi bringhen bi der zee, uteghesteken wiin onder hem ende harre maisniede te verteerne binnen haren heerbergen zinder assise derof te ghevene, up dat ziid niet vercopen.*

4 PEYER, Von der Gastfreundschaft zum Gasthaus, S. 77; ebenso VAN HOUTTE, Makelaars en waarden, S. 178.

5 DE SMET, De repressie te Brugge, S. 101-102: Inventar beschlagnahmten Hausrats zweier Hosteliers: Joris van Roengeville (W 160), in insgesamt 6 Kammern 26 Betten; Pieter Huerel (W 112), 3 breite Betten und 11 schmale Betten; vgl. auch ASAERT, Gasten uit Brugge mit vergleichbaren Zahlen für den Antwerpener Markt.

tarisch die noch ausstehende Bezahlung von acht Mahlzeiten an seinen Brügger Wirt verfügte.[1]

Wichtiger als die Ausstattung der Zimmer aber war die Warenlagerung. Handelsgüter konnten entweder in den Kellern der Herberge oder in nahegelegenen Lagerräumen bzw. Ställen gelagert werden. Die Kaufleute mieteten diesen Lagerplatz, was ihnen durch ihre Privilegen ausdrücklich gestattet wurde.[2] Es kam auch vor, daß ein Wirt spezielle Lagerräume für bestimmte Güter anbot, wie der Brügger Wirt Joris Pape, der ein Lagerhaus für Tuch besaß.[3]

Durch die Verbindung des Kaufmanns mit seiner Ware zu einer Herberge entstand der Brauch, Handelsgeschäfte innerhalb bzw. in der näheren Umgebung der Unterkünfte zu tätigen, da Käufer und Verkäufer am Ort der Lagerung die zu verhandelnden Waren in Augenschein nehmen konnten.[4] Diese Gewohnheit führte zu einer umfassenden Erweiterung der Kompetenzen des Wirts. Er machte die fremden Kaufleute mit den ortsüblichen Handelsgebräuchen vertraut; informierte seine Gäste über die zu zahlenden Gebühren, den gegenwärtigen Münzwert und konnte aufgrund seiner spezifischen Marktkenntnisse Kontakte zwischen Käufern und Verkäufern herstellen.[5] So konnte der Wirt eine zentrale Rolle bei der Verbreitung handelstechnischer Informationen spielen. Allerdings gab es auch andere Mittel, sich über die ortsüblichen Gepflogenheiten einen Überblick zu verschaffen. Analog zu dem, was der Wirt einer Herberge in bezug auf technische Auskünfte über Zoll, Geldwert oder Maßeinheiten interessierten Kaufleuten mündlich vermitteln konnte, hielt der Florentiner Kaufmann Pegolotti in seiner *Pratica della Mercatura,* die er zwischen 1310 und 1340 während seiner aktiven Karriere als Geschäftsmann schrieb, handelstechnische Daten aus verschiedenen geographischen Gebieten schriftlich fest. Damit stand er ganz in der Tradition zahlreicher italienischer Kaufleute, die Traktate, Berichte und Notizen hinterließen, die schließlich benutzt wurden, um junge Kaufleute auf ihren Beruf vorzubereiten.[6] Dies ist erwähnenswert, da es Vergleichbares für den Hanseraum für diese Zeit nicht gibt. Ein italienischer Kaufmann, der in Brügge Handel treiben wollte, konnte auf ein anderes Medium der Informationsvermittlung zurückgreifen als es der Wirt darstellte.[7]

Universitäten wurden im östlichen Hansegebiet erst im 15. Jahrhundert gegründet: Rostock 1419 und Greifswald 1456.[8] Trotz dieser beiden intellektuellen Zentren blieb die Ausbildung junger Kaufleute im hansischen Gebiet weitgehend eine

---

1 AStSt,Testamente Nr. 1-699, 1309-1476, Nr. 492, Testament des Heinrich van Massen, 6.08.1406: Massen verfügte die Zahlung von *24 vlaemsche groten* für 8 Mahlzeiten, die er seinem Brügger Wirt Frans Dom schuldig geblieben war; vgl. Katalog Frans Dom: W 77, Hornewedder: W 107.

2 Siehe Kap. 3.3.1. Hansische Präsenz in Brügge.

3 Siehe Katalog, W 149, Immobilien.

4 VAN HOUTTE, Makelaars en waarden, S. 1.

5 VAN HOUTTE, Makelaars en waarden, S. 1-2; GARRISSON, Les hôtes, S. 200.

6 SPUFFORD, Spätmittelalterliche Kaufmannsbücher, S. 103-113; wobei Spufford darauf hinweist, daß durch fortwährende Abschreiben und Hinzufügungen die Datierung der auf uns gekommenen Bücher sehr erschwert wird.

7 EVANS, Pegolotti, La pratica della mercatura; zum Datum: DERS, S.XIII-XV.

8 DE RIDDER-SYMOENS, Universities in the Middle Ages, S. 301.

Sache der Praxis. Jeannin meint, daß das Ausbildungsniveau der Kaufleute dem des Westens ähnelte, betont aber zugleich das Fehlen von Handbüchern zum Erlernen kommerzieller Techniken.[1] Um die Grundlagen des Handels kennenzulernen und die notwendigen Sprachkenntnisse zu erwerben, wurden junge Kaufleute häufig in die Länder geschickt, mit denen Handel getrieben werden sollte.[2] In diese Richtung weist ebenfalls das *Livre des Mestiers*, das wahrscheinlich auch im Hanseraum bekannt gewesen ist und etwa dreißig Jahre nach Pegolottis *Pratica della Mercatura* entstand.[3] Es handelt sich um ein Handbuch zum Erlernen zweier Sprachen - französisch und flämisch - und erwähnt handelstechnische Details nur am Rande unter dem Hinweis, wer etwas darüber wissen wolle, *pourra demander aux marchans qui bien le scavent.*[4] Auch hier also wurde die Erfahrung der Praxis der Theorie vorgezogen. Insofern fügte sich die Person des Wirts als Medium der Informationsübertragung adäquat in das hansische System ein, denn wo nicht Kaufleute befragt wurden, konnte auf den Wirt zurückgegriffen werden. Ein gut informierter Hostelier konnte seinem Gast immer die aktuellen Daten vermitteln und konnte insofern sogar nützlicher sein als ein Buch, das zu einem früheren Zeitpunkt angefertigt worden war.[5] Trotzdem konnten diese Bücher ihren Wert behalten, wenn sie als Handbuch, also als praktische Hilfsmittel zum Erlernen der Handelstechniken eingesetzt wurden.[6] Afflerbach äußert in seiner Studie über den Alltag des hansischen Kaufmanns den interessanten Gedanken, daß es möglicherweise doch Aufzeichnungen von Kaufleuten für Lehrlinge gab, diese aber aus Furcht vor der Konkurrenz nicht öffentlich gemacht wurden.[7] Es bleibt also fraglich, ob sich in dem Vorhandensein von Handbüchern ein intellektueller Vorsprung der Italiener vor allen anderen Kaufleutenationen, gerade aber auch den Hansen zeigt.

Neben der praktischen Seite diente der Hostelier dem Kaufmann auch in informeller Weise. In politisch unruhigen Zeiten konnte die Beziehung eines Gastes zu einem Wirt als nützlich erweisen: Im Nachklang der Schlacht von West-Rosebeke und dem Ende der Besetzung Brügges durch die Genter Miliz unter Führung Philipp van

---

1 JEANNIN, Handbuch, S. 110-111.

2 SEIFERT, Hildebrand Veckinchusen, S. 46; die Brüder Hildebrand und Sievert Veckinchusen wurden vermutlich nach Litauen in die Lehre geschickt; AFFLERBACH, Der berufliche Alltag, S. 71-73; RÖSSNER, Hansische Memoria, S. 123-124; vgl. auch die Diskussion des Kolloquiums Finances et comptabilité urbaines du XIIIe au XVIe siècle, S. 219-221, besonders den Beitrag von E. Maschke.

3 VAN UYTVEN, De datering, S. 670; in überzeugender Weise legt VAN UYTVEN im Gegensatz zu GESSLER und JEANNIN den Entstehungszeitpunkt ziemlich genau auf das Jahr 1369 fest.

4 GESSLER, Le Livre des Mestiers; JEANNIN, Der Livre des Métiers, S. 130; GEIRNAERT, Brugge en het Europese geestesleven, S. 232-233.

5 Dazu die Diskussion des Kolloquiums 'Finances et comptabilité urbaines du XIIIe au XVIe siècle', S. 215-219 mit Beiträgen von BLOCKMANS (F.), LOPEZ und GIEYSZTOR, im Anschluß an den Vortrag von SAMSONOWICZ, Remarques sur la comptabilité commerciale, S. 207-215; GREVE, Hanseatic merchants, S. 5-13; über die sogenannte Rückständigkeit der hansischen Kaufleute s. Kap. 3.3.2. Bankwesen in Brügge, wo ausführlich zu diesem Thema Stellung genommen wird.

6 HOOCK/JEANNIN, Ars mercatoria, S. VIII-X.

7 AFFLERBACH, Alltag, S. 72.

Arteveldes 1382 wurde Brügge aufgefordert, eine Kontribution in Höhe von 120.000 Francs zu bezahlen. Der in Brügge verbliebene Deutsche Kaufmann sollte 15.000 Francs dazu beitragen, deklariert als Darlehn. Da die wenigen noch in Brügge verbliebenen Repräsentanten des Deutschen Kaufmanns einer solchen Auslage nicht allein zustimmen wollten oder konnten, wurden sie kurzerhand durch die örtlichen Autoritäten inhaftiert. Der kurz darauf wieder freigekommene Sekretär des Deutschen Kaufmanns zu Brügge, Albert von Halle, hatte inzwischen Kontakt mit den *gude vrunde des kopmans, de nu mit dem greven inkomen sint* aufgenommen, u.a. auch mit dem Brügger Hostelier Thideman van den Berghe, der dem Sekretär *in secrete* mitteilte, die Lage würde sich alsbald beruhigen und überdies hätten vor allem die anderen Kaufleutenationen Strafmaßnahmen zu befürchten.[1] Inwieweit es sich bei dieser letzten Information mehr um ein Gerücht als um eine tatsächlich belastbare Auskunft gehandelt hat, geht aus der Quelle nicht hervor. Aber da diese geheime Mitteilung vor dem Hintergrund abnehmender Kriegshandlungen und vor der einsetzenden Repression gemacht wurde, muß der heutige Betrachter die Auskünfte des Wirts mit Vorsicht interpretieren.[2] Immerhin erschien Thideman van den Berghe dem Sekretär des Hansekontors derart glaubwürdig, daß er dessen Geheiminformation weitergab. Da der Wirt in der Umgebung des Grafen auftaucht, durfte der Sekretär wohl von der Richtigkeit der Nachricht ausgehen, obwohl auch nicht ausgeschlossen werden kann, daß es sich doch mehr um eine gezielte Indiskretion zur Beruhigung des Deutschen Kaufmanns handelte, als eine echte, belastbare Information.

Trotzdem zeigt die Erwähnung des Wirts durch den Sekretär deutlich, daß die Herberge ein Ort der Informationen sein konnte, an dem Wissenswertes politischer oder sozialer Natur in Erfahrung gebracht werden konnte. Der Wirt als Betreiber dieser Herberge stand im Zentrum der Kommunikation. In einer Gesellschaft, die kein unserer Zeit vergleichbares Kommunikationsnetz besaß,[3] hing der berufliche Erfolg eines Hosteliers wesentlich davon ab, inwieweit es ihm möglich war, die Schlüsselposition innerhalb dieses Kommunikationsnetzwerks zu besetzen und auszufüllen. Dabei muß die Glaubwürdigkeit von Person und Informationen von ausschlaggebender Bedeutung gewesen sein. Ein Hostelier wie Thideman van den Berghe, der dem Sekretär des Kontors als glaubhaft erschien, verkörperte in geradezu idealer Weise den erfolgreichen zentralen Netzwerkakteur.[4] Es ist fraglich, ob ein Wirt einen konkreten Gegenwert für seine Informationen erwartete. Vorstellbar ist, daß ein erfolgreicher Wirt die Bindung der Klientel an seine Herberge erreichte, was zu beständigen Geschäftsbeziehungen mit quasi garantierten Einkünften führen konnte. Außerdem mußte sich der Ruf eines auf wirtschaftlichem wie politischem Gebiet erfolgreichen Akteurs innerhalb der internationalen Kaufleuteschaft herumsprechen, so daß seine Herberge sicherlich an Attraktivität für Kaufleute unterschiedlichster geographischer Herkunft gewann.

---

1 HR I,2, S. 309, Nr. 256; vgl. Katalog, Thideman van den Berghe: W 24.

2 Über die Verbreitung von Gerüchten im Mittelalter: GAUVARD, Rumeur et stéreotypes, bes. S. 159-164; über die verschiedenen Arten geheimer Information: PISANI, De weg der geheimen, bes. S. 11-18.

3 Vgl. PEYER, Von der Gastfreundschaft zum Gasthaus, S. 241.

4 Vgl. Kap. 3. Internationale und lokale Netzwerke.

Neben dem ökonomischen Erfolg trug mit Sicherheit auch die Soziabilität zur Attraktivität einer Herberge bei. Unterhaltung im 14. und 15. Jahrhundert war in hohem Maß ein gemeinschaftliches Erlebnis. Spiel, Musik und Tanz gehörten ohne Zweifel zum (all-) abendlichen Freizeitvergnügen. Allerdings mußte der Wirt Sorge tragen, daß aus Geselligkeit keine Ruhestörung wurde. Durch zahlreiche Verordnungen ist bekannt, daß viele Menschen spielten, vor allem Würfelspiele und fast immer um Geld oder andere Werte. Diese Würfelspiele wurden von der Obrigkeit häufig eingeschränkt oder ganz verboten. Abgeschafft waren sie damit nicht. Nächtliche Verbotsübertretung wurde härter bestraft als jene tagsüber. Der Wirt entging einer Geldstrafe nur, wenn er seinen Gästen das Spielen vor Zeugen verboten hatte.[1] Aber nicht nur ausländische Gäste besuchten eine Herberge, sondern auch die einheimische Bevölkerung, deren Leben sich zum Teil in Herbergen abspielte. Zünfte und Gilden, *rederijkers* oder Bruderschaften hielten hier ebenso ihre Zusammenkünfte ab, wie Familien anläßlich einer Hochzeitsfeier.[2]

Für die Gäste, die wegen ihrer Handelstätigkeit nach Brügge kamen, zeigte sich im Lauf des 14. Jahrhunderts eine Tendenz bei der Frequentierung bestimmter Herbergen.[3] Diese Bewegung läßt sich zum einen mit dem Wunsch unter sich sein zu wollen erklären. Zum anderen könnte aber auch das unterschiedliche Sozialverhalten der Gäste aus den verschiedenen Herkunftsländern eine Rolle gespielt haben. Da die Herberge neben ihren ökonomischen Funktionen zugleich auch für die Unterhaltung der Gäste eine wichtige Rolle spielte, ist es vorstellbar, daß die Kaufleute ihre Freizeit gemäß ihren eigenen Traditionen verbringen wollten.

Wie oben bereits erwähnt wurde, gibt es in der niederländischen Sprache den subtilen Unterschied zwischen *goede herberge* und *kwade herberge* (Bordell). Es liegt nahe, eine Verbindung zwischen Wirt und Prostitution anzunehmen.[4] Dennoch gibt es in Brügge keine signifikante Übereinstimmung zwischen Hostelier und Bordelleigentümer. Guy Dupont legte eine Studie zur Prostitution in Brügge vor, in der er zwar feststellt, daß Bordelle auch von etwa einem Viertel der sozial-ökonomischen städtischen Elite betrieben wurden. Die Betreiber beschränkten sich aber nicht auf einen Berufszweig, sondern wiesen eine weitgefächerte Berufsstruktur auf.[5] Auffallend an der Studie ist der Nachweis, daß vor allem Frauen als Bordellbetreiberinnen tätig waren. Ein interessanter Fall ist der der Margriet, Ehefrau von Clais Everbout, die mehrfach von der Stadt eine Buße wegen ihres Bordells auferlegt bekam.[6] Ein Lievin Everbout ist für das 14. Jahrhundert im Hosteliersgewerbe nachzuweisen. Es ist nicht möglich,

---

1 HERMESDORF, De herberg, S. 235-241.

2 HERMESDORF, De herberg, S. 231-232.

3 Siehe Kap. 3.3.1.1. Topographie der Hansen-Herbergen.

4 Vgl. LÖMKER-SCHLÖGELL, Prostituierte, S. 64, die auf einige polizeiliche Verordnungen und Verbote für den Wirt hinsichtlich der Unterstützung von und die Zusammenarbeit mit Prostituierten hinweist.

5 DUPONT, Maagdenverleidsters, S. 116-117, dabei weist der Autor ausdrücklich darauf hin, daß sich die von ihm genannten Zahlen nur auf Bordelleigentümer beziehen, die er mittels der Quellen der städtischen Elite zuordnen konnte. Es bleibt immer eine Dunkelziffer unerkannter Fälle; ebenso LÖMKER-SCHLÖGELL, Prostituierte, S. 62.

6 DUPONT, Maagdenverleidsters, S. 119.

ein verwandtschaftliches Verhältnis definitiv zu bestätigen, aber es könnte sich hier um einen anderen Zweig der Familie handeln, der eventuell vom Herbergswesen zum Bordellbetrieb wechselte.

Zusammengenommen - Alkohol und Prostitution - dürften es aber genau diese Aspekte einer Herberge gewesen sein, die Chaucer zu seiner negativen Beschreibung einer flandrischen Herberge veranlaßten. Es ist jedoch kaum vorstellbar, daß es in englischen Herbergen anders zuging.[1] Der Verbrauch von Bier und Wein, mithin alkoholischer Getränke, deren verbilligte Einfuhr den Hansen überdies in ihren Privilegien zugestanden worden war, wird bei diesen Gelegenheiten erheblich gewesen sein.[2] Durch den Alkoholausschank geriet die Herberge aber auch ins Blickfeld der öffentlichen Behörden. Einerseits wurde der Verbrauch und Verkauf von alkoholischen Getränken durch die Obrigkeit stimuliert, da sie die regelmäßigen Einkünfte aus den Wein- und Bierakzisen zur Sicherung des städtischen Haushalts benötigte. Im 15. und 16. Jahrhundert kamen zwischen 40% und 60% des Haushalts von Städten wie Brügge oder Gent aus den Getränkesteuern.[3] Neben diesem fiskalischen Aspekt des Verbrauchs von Wein und Bier spielte bei den Überlegungen der Obrigkeit die mit der Einfuhr der Getränke verbundene Arbeit eine Rolle. Schließlich verschaffte das Entladen, Transportieren und der Verkauf von Wein und Bier ungezählten geschulten wie ungeschulten Arbeitskräften ein Einkommen und war damit ein wichtiger ökonomischer Faktor im Wirtschaftsgefüge der Stadt.[4]

Dieselbe Obrigkeit wurde aber auch mit Forderungen verschiedener Gruppen nach Reglementierung der Tavernen und Herbergen konfrontiert. Diese Forderungen konnten einen polizeilichen, moralischen, aber auch zünftischen Hintergrund haben.[5] Aus einem Eintrag in der Stadtrechnung 1482-83 ist zu ersehen, daß täglich eine Liste der Herbergen mit den einwohnenden Gästen angefertigt werden musste.[6] Diese Listen zeichnete ein Schreiber auf, der durch die Stadt bezahlt wurde.[7] Auch wenn keine dieser Listen mehr vorhanden ist, zeigt ihre Erwähnung, daß die Stadt über den Verbleib der fremden Kaufleute mittels der Hosteliers informiert sein wollte und auf diese Weise den Hostelier zu einem ordnungspolizeilichen Kontrollinstrument werden ließ. Besonders wichtig wurde die Kontrolle zu dieser Zeit, da ein Aufstand in Brügge herrschte.

Die Brügger Hosteliers selbst versuchten vehement, jede illegale Konkurrenz auszuschalten. Diese Konkurrenz ergab sich dadurch, daß einige der fremden Kauf-

---

1 CLARK, The English alehouse, S. 1-19.

2 Über die Einfuhr und den Verbrauch von Bier und Wein hansischer Herkunft siehe Kap. 3.3.1.2. Hansische Tavernen und Häuser.

3 MERLEVEDE, Stad, vorst en schatkist, S. 265; ELEWAUT, Herberg, S. 112.

4 SAB, reeks 240, Wijnaccijnsdossiers 1415-1419; VANDEWALLE, De Brugse biervoerders; ELEWAUT, Herberg, S. 112.

5 ELEWAUT, Herberg, S. 112-113.

6 SAB, SR 1482-83, fol. 174v; GILLIODTS- VAN SEVEREN erwähnt diese Listen in seiner Einleitung zum Inventaire des Archives de la ville de Bruges, S. 61. Seine Aussage, die Listen bestünden seit 1382, ist falsch. Der SR kann keine andere Jahreszahl als 1483 entnommen werden.

7 SAB, SR 1485-86, fol. 174v, 1. Juli - 1. September: Kosten für Papier und Lohn für Lodewijc, der aufschrieb, wer als Fremder in die Stadt kam und wo er logierte.

leute eigene Häuser in Brügge besaßen. Sobald es auch nur den Anschein hatte, daß ein Hauseigentümer ohne Brügger Bürgerrecht Unterkunft an seine Landsleute vermietete, schritten die Brügger Behörden auf Anfrage der Makler- und Hostelierszunft rechtlich dagegen ein.[1] So wurde der Katalane Niclaus Bertram von den *doyen et hoofmans des courtiers et hosteliers* von Brügge vor die Schöffenbank zitiert und von ihnen wegen des unrechtmäßigen Führens einer Herberge verklagt. Betram verteidigte sich, er habe niemals ein Entgelt (*hostelaige*) genommen und seine sogenannten Gäste seien befreundete Kaufleute gewesen. Die Schöffenbank erklärte daraufhin die Anschuldigungen gegen ihn für nichtig.

Die meisten Richtlinien hinsichtlich des Betreibens einer Herberge stammen aber aus späterer Zeit.[2] Bedeutet dies, daß man im 14. und 15. Jahrhundert noch auf der Suche nach rechtlichen Formen war oder entzieht es sich hier unserer Kenntnis, weil wir nicht mehr über die entsprechenden Quellen verfügen?

Der Kaufmann besaß in der Person des Hosteliers einen Verbündeten, der ihm im Konfliktfall zur Seite stehen konnte. Der Hostelier trat in Streitfällen zwischen der Stadt und dem fremden Kaufmann als Vermittler bzw. Anwalt des Kaufmanns auf. So erschien der Stralsunder Schiffer Niclaus Roden mit den Älterleuten des Kontors und seinem Brügger Wirt Clais Hauscilt vor dem Grafen von Flandern zur Klärung eines Rechtsstreits[3].

Diese Funktion des Wirts leitete sich einerseits aus seiner rechtlichen Haftung für seine Gäste ab.[4] Andererseits konnte der Hostelier in dieser Rolle wahrscheinlich nur dann erfolgreich sein, wenn er aufgrund seines individuellen sozialen Prestiges in Brügge Möglichkeiten zur Einflußnahme besaß. Diese besondere Eigenschaft eines Hosteliers gestaltete sich wesentlich durch seine Fähigkeit, Machtstrukturen in Brügge bewußt zu nutzen und zwischen ihnen zu vermitteln. In dieser intermediären Stellung füllten sie die Funktion eines *power-brokers* (Makler) aus, zu dessen Grundvoraussetzungen hohes Ansehen und gesellschaftliche Akzeptanz gehörten. In der Politik agiert ein *power-broker* als Vermittler zwischen staatlichen Autoritäten und regionalen bzw. lokalen Interessengruppen.[5] Auch die hansischen Kaufleute bildeten in Brügge eine lokale Interessengruppe, die über die vermittelnde Position des Hosteliers ihre Interessen vertreten lassen konnte. Aber auch die anderen fremden Kaufleute bedienten sich ihrer Wirte, wenn sie mit den übergeordneten Autoritäten in

---

1 SAB, SR 1408-09, fol. 20v; SAB, Nieuwe Groenenboek ongecotteerd, fol. 287v-289v, 15. November 1470.

2 Vgl. ELEWAUT, Herberg, passim.

3 HR I,3, S. 234, Nr. 240:5 §4, August 1358: *Des nam ich de oldermannes unde minen wert, Clais Howesscilt, ende ghinc vor den grave van Vlaendren met der uutscrifte onser prevelege.* Vgl. Katalog, Clais Hauscilt: W 92; ebenso Levyn van Artevelde: W 14.

4 Die juristischen Implikationen dieser Verantwortung sind Gegenstand des Kapitels 4. Kollektive und individuelle Interaktion.

5 BLOCKMANS, Patronage, Brokerage and Corruption, S. 119.

Verhandlungen traten oder treten wollten.[1] Diese Aufgaben des Hosteliers werden in einem gesonderten Kapitel zur Sprache kommen.[2]

Der Hostelier arbeitete aber nicht ausschließlich für seine ausländische Klientel. Erlaubte es seine Stellung, setzte er sich auch für seine Berufskollegen ein. So konnten gleich mehrere Interventionen eines Wirts zugunsten eines Berufskollegen nachgewiesen werden. Ende des 14. Jahrhunderts setzten sich verschiedene Wirte für Kollegen ein, die mit den flämischen Autoritäten in Konflikt geraten waren.[3] Diese Fürsprache konnte die Konfiszierung des Besitzes bzw. die Zahlung einer hohen Buße, die an die fürstliche Schatzkammer floß, verhindern. Einigten sich die Betroffenen, d.h. wurde eine Schlichtung (*compositio*) vereinbart, hatten beide Seiten Vorteile, denn der Schultheiß erhielt sofort Bargeld und die Gegenseite konnte einen höheren Verlust vermeiden.[4] Die juristischen Funktionen der Hosteliers beschränkten sich im Übrigen nicht auf Flandern oder Brügge. Gleiches fand sich für Wirte in Brüssel und Brabant.[5]

Der Hostelier wurde unweigerlich in die Handelsgeschäfte seiner Gäste einbezogen, sei es als Vermieter oder als Vermittler. Dadurch wurde dem Beruf des Hosteliers eine semi-offizielle Verantwortlichkeit beigemessen. Nicht nur sollte der Wirt für den guten Ablauf der Geschäfte sorgen, sondern letztlich auch die rechtmäßige Bezahlung bzw. Lieferung der Ware garantieren.[6] Diese Kontroll- und Meldepflichten des Wirts ließen ihn, so formulierte Peyer es, zu einer *ausgesprochenen öffentlichen Vertrauensperson* werden.[7] Diese Konstellation führte dazu, daß Herbergen zu einem quasi öffentlichen Ort wurden[8] und sich auch für Polizei und Justiz als Sitz eigneten.[9] In solcher Weise im öffentlichen Raum der Gesellschaft präsent, überrascht es nicht mehr, daß gerade Herbergen eng mit dem Transfer von Finanzmitteln verbunden waren. Für Brügge hat Paravicini in seiner Untersuchung über die Finanzierung der Kreuzzüge des europäischen Adels nach Preußen und Livland bereits belegt, daß zahlreiche Herbergen als Rückzahlungsort gewährter Darlehen dienten. Die Brügger Wirte Hildebrand van Andomen, Thideman van den Berghe, Clais und Matheus van der Buerze, Jakob Crakebeen, Jan van Cuertrike, Lievin Everbout, Anton Pape, Arnoldus Poltus, Jacob van den Vagheviere und Jan de Witte bildeten zentrale

---

1 Vgl. Katalog, Philipp de Artrike: W 14; Antheunis Pape: W 147, § 13; Clais Passelin: W 149, § 10; Jacop van den Walle: W 193, § 10; über den Begriff *compositio* vgl. VAN ROMPAEY, Het compositierecht, S. 43-44.

2 Siehe Kap. 4.2.2. Auf diplomatischer Mission II und Kap 4.3. Individuelle Konflikte zwischen Hansen und Hosteliers.

3 Vgl. Katalog, Jacob van Leke (W 122) und Fransoys van Zinghene (W 207) für die Witwe von Anthuenis Pape (W 147).

4 VAN ROMPAEY, Het compositierecht, S. 50-55, wobei er darauf hinweist, daß der Ausgang eines Prozesses weder vom Kläger noch vom Beklagten in den meisten Fällen mit Sicherheit vorhersehbar war und eine *compositio* deshalb häufig als der angeratene Weg erschien; siehe auch ALTHOFF, Compositio, passim und DERS., Spielregeln, S. 100.

5 GODDING, Les aubergistes, S. 134-135.

6 GARRISSON, Les hôtes, S. 200 u. 213-214.

7 PEYER, Von der Gastfreundschaft zum Gasthaus, S. 241.

8 PEYER, Von der Gastfreundschaft zum Gasthaus, S. 220-223; PARAVICINI, Preußenreisen 2, S. 286.

9 HERMESDORF, De herberg, S. 26-28.

Schaltstellen dieses besonderen Geldtransfers.[1] Bis auf Jakob Crake-been konnten alle genannten Personen überdies als Hosteliers hansischer Kaufleute identifiziert werden. Die Bedeutung der Herberge in Brügge als Ort mit bindendem Recht ging soweit, daß die Abschriften der Brügger Privilegien für die Nürnberger Kaufleute in der Herberge des Hosteliers Arnoldus Poltus an die Adressaten übergeben wurden.[2]

Der Hostelier in Brügge bzw. Flandern war also kein einfacher Schankwirt, sondern ein Geschäftsmann, der über fundierte Kenntnisse auf dem Gebiet der Wirtschaft und des Handels verfügen mußte, um einerseits seinen Kunden gerecht zu werden und andererseits in Konkurrenz zu anderen Hosteliers am Brügger Markt zu bestehen. Ob das in die Hosteliers gesetzte Vertrauen gerechtfertigt gewesen ist,[3] wird Gegenstand eines der folgenden Kapitel sein.

3.2.2. Der Makler in Brügge

Mit seinen weiträumigen Aktivitäten griff der Hostelier in den Aufgabenbereich des Maklers ein. Dies war umso mehr der Fall, als mit dem expandierenden Brügger Jahrmarkt, der 1200 autorisiert worden war, die Zahl der fremden Kaufleute in der Stadt kontinuierlich stieg. Es ist anzunehmen, daß der Makler als Institution in Flandern in diesem Zeitraum entstanden ist, auch wenn zu diesem Zeitpunkt noch keine zünftige Organisation bestand. Wyffels bezeichnet diese Periode als präkorporative Phase,[4] in der die bestehenden handwerklichen Berufsvereinigungen vom alten Patriziat beherrscht wurden. Zudem nimmt er an, daß sich die Zünfte erst mit der Wende von 1302 teilweise von der Vormundschaft des Patriziats befreiten.[5] Im Hinblick auf die interne Struktur der Brügger Maklerzunft wird auf diese Argumentation noch näher einzugehen sein. Doch zuvor sei anhand einiger Fakten die Entwicklung dieser Zunft skizziert.

Vergleichbar dem Herbergswesen liegt auch die Entstehungszeit des Maklerwesens in Brügge im Dunkeln. Das Feuer, das den Brügger Belfried 1280 zerstörte, vernichtete die wichtigsten Urkunden, Keuren und Zunftdokumente der Stadt, die hier aufbewahrt worden waren.[6] So sind nur wenige, vor diesem Datum verfaßte Quellen zum Brügger Maklerwesen erhalten. Allgemein wird angenommen, daß die Institution des Maklers in Flandern etabliert war, lange bevor diese in Städten wie Lübeck, Bremen oder Hamburg aufkam.[7] So kann nur vermutet werden, daß diese Zunft in Brügge bereits um 1200 rudimentär vorhanden gewesen ist. Einige Quellen späteren

---

1 PARAVICINI, Preußenreisen 2, S. 286-287; Katalog, Andomen: W 11.1, zur Identität dieses Brügger Hosteliers, der möglicherweise ein Hanse war, siehe auch W 11; Berghe: W 24; Clais van der Buerze: W 42; Matheus van der Buerze: W 46 und W 47; Crakebeen: W 67; Curtrike: W 68; Everbout: W 85; Pape: W 147; Poltus: W 154; Vagheviere: W 186; Witte: W 198-200.

2 Katalog, Poltus: W 154, Amtliche Daten.

3 Zu diesen Problemen siehe Kap. 4. Kollektive und individuelle Konflikte.

4 Wyffels, De oorsprong, S. 22-23.

5 Wyffels, Les corporations flamandes, S. 197-198; Ders., De oorsprong, S. 24-25.

6 DESPARS, Cronijcke 2, S. 2, auch WYFFELS, Nieuwe gegevens, S. 59 u. Anm.3, S. 60-61 u. Anm.1.

7 FRENSDORFF, Der Makler im Hansagebiete, S. 258; VAN HOUTTE, Makelaars, S. 3; JANSMA, Waarden en makelaars, S. 213-215.

Datums lassen dennoch Schlüsse hinsichtlich des Zunftstatus zu. Aus einer Urkunde des Jahres 1240, die die Reorganisation des Brügger Magistrats zum Inhalt hat, geht hervor, daß Makler nicht Mitglieder des Magistrats werden konnten. Das läßt vermuten, daß die Zunft zu diesem Zeitpunkt einen gewissen offiziellen Status genoß. Im Mai 1252, vermutlich im Anschluß an die Erteilung der Privilegien für die Kaufleute des Römischen Reichs durch Gräfin Margarete von Flandern und ihren Sohn Guido von Dampierre wurde eine sogenannte Maklerrolle ausgefertigt, in der die Maklergebühren einzelner Produkte festgehalten worden sind.[1]

1280 erließ die Stadt Brügge eine Verordnung, die den Monopolhandel von Lebensmitteln zwischen Maklern und Kaufleuten verbietet.[2] Einige Jahre später, 1284-85, mußte die Zunft der Makler eine lokale Akzise in Höhe von 500 lb par. zahlen. Nach den Tuchmachern mit 830 lb par und den Lebensmittelhändlern mit 580 lb par. zeichneten die Makler für die dritthöchste Summe.[3] Aufgrund der Zahlung dieser sogenannten *assize*[4] ist davon auszugehen, daß die Makler zu diesem Zeitpunkt mit den einer Zunft[5] entsprechenden Rechten und Pflichten ausgestattet gewesen sind. Die erste bekannte Maklerverordnung wurde 1293 durch den Grafen von Flandern, Guido von Dampierre, für die *compagnie des courtiers* ausgefertigt: Sie enthält die Verpflichtung für die fremden Kaufleute, sich bei ihren Geschäften eines einheimischen Maklers zu bedienen. Daneben wurde Einlager bei Schulden durch den Schuldner festgelegt.[6] Die Regel, daß ein flämischer Makler nicht gleichzeitig Kaufmann in Flandern sein durfte, hier ebenfalls aufgenommen, muß bereits vor 1293 Gültigkeit gehabt haben, denn die Brügger Stadtrechnung des Jahres 1284 verzeichnet einen gewissen Simon Bart, der eine Geldbuße für dieses Vergehen zu zahlen hatte.[7] Das gleiche Vergehen wird auch etwa achtzig Jahre später weiterhin geahndet.[8]

3.2.2.1. Die Statuten der Maklerzunft von 1303

Im Mai 1303 erließen Johann und Guido von Namur, beides Söhne des Grafen Guido von Dampierre, gemeinsam mit dem Rat der Stadt Brügge ein Maklerstatut.[9] In ihm

---

1 Zu den Privilegien s. Kap. 3.1. Die Hanse im Ausland und 3.1.1. Das Brügger Modell. Maklerrolle: HUB 1, S. 157-158, Nr. 436: *Dit es die ordinandche van den lone van den makelaers.*

2 GILLIODTS-VAN SEVEREN, Coutume I, S. 253-258, Nr. VIII § 1: [...] *Dat niet ne gheorlovet iemene eninghe te makene uppe vitallien of up dat ter vitaille toebehoort, iof coepmanne up makelare, iof makelare up coepmanne, iof coepman jeghen coepman, iof makelare jeghen makelare; die hier jeghen dade ende bedraghen worden bider wareide, hie ware in misdaden* [...].

3 BOGAERTS, Notice historique, S. 14.

4 Zum Begriff *assize* vgl. BOONE, Geld en macht, S. 13-14. Es handelt sich hier um eine indirekte Steuer. In deutschsprachigen Studien wird meist das Wort *Ungeld* benutzt.

5 GILLIODTS- VAN SEVEREN, Les anciens règlements, S. 124.

6 GILLIODTS-VAN SEVEREN, Les anciens règlements, S. 129.

7 SAB, SR 1284, fol. 3r.

8 SAB, SR 1368-1369, fol. 16r: *Item van Gillise van Berky van dat hie coopman ende makelare was, 10 lb par.*

9 GILLIODTS-VAN SEVEREN, Les anciens règlements, S. 129-133, in französischer Übersetzung. Der mittelniederländische Originaltext ist abgedruckt bei EHRENBERG, Makler, S. 456-462.

wurden Aufnahmebedingungen für neue Mitglieder, Gründe für den Verlust der Mitgliedschaft, handelsrechtliche Vorschriften sowie interne Zunftregeln für die Mitglieder festgehalten. Ausschließlich Mitglieder der Maklerzunft durften den Beruf des Maklers in Brügge ausüben. Dazu wurden sie in die Maklerrolle eingetragen.[1] Nur Personen, die das Brügger Bürgerrecht besaßen, konnten Mitglied der Zunft werden. Darüber hinaus mußten diese Personen vor der Aufnahme ein Jahr und einen Tag in der Stadt gewohnt haben. Die Verbindung von Bürgerrecht und Maklerberuf war keine Ausnahme in Brügge, sondern galt allgemein in den Handelsstädten Westeuropas.[2] Ein Verstoß konnte mit einer Buße in Höhe von 50 lb par. geahndet werden.[3] Weiter bestimmten die Statuten, daß allein autochtone Flamen Mitglied der Brügger Maklerzunft werden konnten.[4] Die Aufnahmegebühr für neue Mitglieder betrug 3 lb grote. Söhne von bereits eingeschriebenen Maklern wurden kostenlos in die Zunft aufgenommen. Aufgrund des großen Zustroms fremder Kaufleute nach Brügge und dem daraus resultierenden Bedarf an Maklern entwickelte sich die Maklerzunft hinsichtlich der Mitgliederzahl zur drittgrößten Zunft in der Stadt.

Zweifellos war der Beruf des Maklers nicht nur sehr attraktiv für Einheimische, sondern auch für Fremde, die sich in Brügge niederließen und sich dabei offensichtlich nicht durch die Androhung einer hohen Buße hindern ließen, diesen Beruf zu ergreifen. Die konsequente Durchsetzung dieser Vorschrift ist nämlich zu keinem Zeitpunkt gelungen, da auch die lokalen Autoritäten diese selbst von Fall zu Fall außer Kraft setzten, wie 1339, als die Stadt Brügge 29 Fremdgebürtigen mit Brügger Bürgerrecht ausdrücklich trotz ihres Status' als nicht in Flandern Geborene die weitere Mitgliedschaft in der Maklerzunft garantierte.[5] Die Legalisierung der Mitgliedschaft dieser 29 Personen wird in der Urkunde nicht weiter begründet, aber durch Verbruggen wissen wir, daß Brügge Kontingente für mindestens vier Kriegszüge stellen musste.[6] Möglicherweise waren die Verluste derart hoch, daß die Zunft an Mitgliedermangel zu leiden begann. Oder wurde durch diesen Vorgang die "erfüllte Bürgerpflicht" belohnt? Zahlreiche Personen, die später als Mitglieder der Maklerzunft bestätigt wurden, fanden sich auch in den militärischen Kontingenten der Maklerzunft. Aber auch ohne diesen Hintergrund war die Legalisierung sinnvoll, da die Obrigkeit auf diese Weise ungezügelten Wildwuchs einschränken und bessere Kontrolle über die ohnehin tätigen "illegalen" Makler ausüben konnte. Ob es viele illegale Makler gegeben hat, läßt sich heute nicht mehr feststellen; es ist aber sehr wahrscheinlich, da die Tätigkeit eines Maklers ein gutes Einkommen versprach und die in

1 Vgl. GILLIODTS-VAN SEVEREN, Cartulaire de l'ancienne Estaple 1, S. 102, Anm.1.

2 FRENSDORFF, Der Makler im Hansagebiete, S. 271-272, hier Beispiele aus Bremen und Köln.

3 EHRENBERG, Makler, S. 456-457, § 1 u. 2 und S. 415-416.

4 EHRENBERG, Makler, S. 461, § 34: *Item, dat voordan niemene van buten den lande van Vlaenderen ne zal bevryt zyn in den brief van den makelaren bi gheenen engiene, hoe dat hi poortre woorden mach.*

5 SCHOUTEET, Regesten 2, S. 785, Nr. 294; GREVE, Brokerage and trade in medieval Bruges: regulation and reality.

6 VERBRUGGEN, Het gemeenteleger, S. 9-18; es handelt sich hier um die Kriegszüge 1-4 (jeweils die Anfangsdaten): 17. Juli und 1. Oktober 1338, 12. und 23. Februar 1339.

immer größeren Zahlen nach Brügge kommenden Kaufleute mit ihren zu verhandelnden Waren ein umfangreiches Betätigungsfeld boten.

Doch nicht allein Illegalität beschäftigte die Obrigkeit. Schon die Zahlung der festgesetzten Maklergebühren sorgte immer wieder für heftige Streitereien und Diskussionen zwischen Kaufleuten, Maklern, Zunft und Stadt. Die *makelaerdie*,[1] *curtagio*, *curetage* oder *couletaige*,[2] wie diese Gebühr in mittelalterlichen Quellen bezeichnet wird, wurde durch die jeweilige Obrigkeit festgelegt; in Brügge war es die Gräfin von Flandern, die 1252 im Anschluß an die Privilegien für die Kaufleute des Römischen Reichs diese Gebühren festlegen ließ.[3] Das Maklerstatut von 1303 beruft sich auf diesen früher ausgefertigten Tarif, allerdings modifiziert es ihn hinsichtlich der Münzwertentwicklung.[4] Der Makler erwarb sein Recht auf die Courtage *sobald das durch ihn vermittelte Rechtsgeschäft seinen Abschluß durch das Geben des Gottespfennigs erhalten hat[te]*.[5] Der Kaufabschluß mußte vor Zeugen geschehen, die die Abgabe des Gottespfennigs bestätigten; auf diese Weise erlangte das Handelsgeschäft Rechtsgültigkeit. Nur der Verkäufer war courtagepflichtig, aber der Kaufwert der Ware war in der Regel so berechnet, daß die Höhe der Courtage im Verkaufspreis inbegriffen war. Als Käufer beklagten sich viele Hansekaufleute über diese Praxis.[6] Nicht nur die Höhe der Maklergebühr, sondern auch der Empfänger wurde mittels des Maklerstatuts festgelegt. Die einzelnen Regelungen waren höchst kompliziert und richteten sich häufig nach dem Ort der Unterkunft des Verkäufers, dem Ort der Warenlagerung und den dazugehörigen Eigentumsverhältnissen beider Immobilien. Hatte nämlich ein Makler für den Gast eines Hosteliers ein Handelsgeschäft abgeschlossen, besaß der Hostelier einen Anspruch auf die Hälfte der Courtage, auch wenn er am eigentlichen Zustandekommen des Geschäfts keinen wesentlichen Anteil hatte.[7] Der Makler wiederum besaß einen alleinigen Anspruch auf die Courtage, wenn er seinen Kunden in die Herberge eines Hosteliers begleitete, um die dort lagernden Waren eines dort wohnenden Gastes zu kaufen.[8] Hatte ein Kaufmann ein Haus gemietet und ließ die durch seinen Makler gekauften Waren in dieses Haus liefern, konnte der Hauseigentümer keinen Anspruch auf einen Teil der Maklergebühr

---

1 HUB 2, Nr. 154 §13, S. 67.

2 FRENSDORFF, Der Makler im Hansagebiete, S. 262-263; auch EHRENBERG, Makler, S. 408.

3 HUB 1, S. 157-158, Nr. 436.

4 EHRENBERG, Makler, S. 461-462: *Dit naervolghende es den tax van der makelaerdye [...], mids dat den ducaet ghereesen es ende gat vor XII s. vlaemsche die in den tyd van der graefnede Maergriete niet voor ogher prys en ghync danne X s. vlaemsche, ende daer up dat de makelaerdye van allen goede ghestelt ende ghetaxeirt was bi haer* [...].

5 FRENSDORFF, Der Makler im Hansagebiete, S. 288; die Quellen sprechen von *vergotzpennickt*.

6 HR I,3, S. 223, Nr. 236 § 1; vgl. dazu VAN HOUTTE, Makelaars en waarden , S. 191-192.

7 EHRENBERG, Makler, S. 458-459 § 14: [...]; *ende zo wat makelare, die goedt coopt van ghewichten jof ander goed met eenighen hostelliers gasten daer of zal hebben de hostellier die eene helt, de makelare de andre helt.*

8 EHRENBERG, Makler, S. 458 § 12: *Item, hevet eenich hostelier goed lieghende te venden, dat eenighen van zinen gasten toebehoordt, ende eenich maklare daer up comdt met zinen coopman, het ne gheoorloft niet den hostelier te deelne an die makelaerdye van den voorseiden goede, no gheenen van zinen cnapen.*

erheben.[1] Dem Makler war es war bei Strafe untersagt, sich in einen laufenden Geschäftsvorgang eines Kollegen einzumischen. Ein einmal für ein Handelsgeschäft eingeschalteter Makler erhielt immer einen Anteil an der Courtage, auch wenn das Geschäft erst in einem zweiten Versuch durch einen anderen Makler realisiert wurde.[2] Waren diese Regelungen, die hier keinesfalls erschöpfend dargestellt wurden schon kompliziert und lassen vermuten, daß es hier immer wieder zu Unstimmigkeiten kam, gab die Bezahlung an sich auch immer wieder Anlaß zu Klagen und Prozessen, die dadurch komplizierter wurden, daß sich drei verschiedene Personengruppen mit dem Makeln von Waren beschäftigten.

Der *franc courtier* oder in der flämischen Variante *vry makelaer* erhielt Konkurrenz durch den *vry cnape*. Dieser Begriff bezeichnete einen in der Zunft eingeschriebenen Makler, wobei *vry* den Status des Meisters ausdrückt. Ein Geselle wurde als *vry cnape* bezeichnet und der *onvrye cnape* entsprach dem Typus des Lehrlings. Bis auf den *onvrye cnape* waren alle Mitglieder der Maklerzunft in Brügge und dem Eid dieser Zunft verpflichtet.[3]

In den Hanseprivilegien wurde festgelegt, daß diejenigen, die als Makler für die hansischen Kaufleute tätig sein wollten, einen Eid in Anwesenheit der Brügger Schöffen und der Älterleute des Hansekontors leisten mußten.[4] Wie alle Zünfte war auch die Brügger Maklerzunft bestrebt, ihr Monopol zu festigen, die Mitglieder zu einem soliden Geschäftsgebaren sowie Lebenswandel zu verpflichten und Solidarität unter den Maklern zu schaffen bzw. die Folgen des internen Konkurrenzdrucks abzumildern.[5] Deshalb wurden Bestimmungen in das Statut von 1303 aufgenommen, die den Lebenswandel eines Maklers betrafen, Schulden, Spielsucht, Leichtsinn oder unehrenhaftes Geschäftsgebaren an den Pranger stellten; auf diese Weise setzten Zunft und Obrigkeit eine gültige Norm, die sowohl der Zunft als auch dem Gemeinwohl zugute kommen sollte.[6]

Neben diesen Vorgaben für die Makler werden an gleicher Stelle auch die Aufgaben und Pflichten der Brügger Hosteliers notiert. Soweit bekannt ist, handelt es sich um die erste gemeinsame Erwähnung beider Gruppen in einem Rechtsdokument, das für beide galt. Makler und Hosteliers werden in diesem Statut meist dann gemein-

---

1 EHRENBERG, Makler, S. 460 § 26: [...], *neware van alrehande andre gasten die huusen ghehuuret hebben bi hem zelven; zo wat goed dat een makelare met sulken coopman coochte ende dat goed jint shostelliers huus niet ne quame, zo ne zouder niemen andeelen zonder de makelare diet coochte.*

2 EHRENBERG, Makler, S. 459 § 17: [...] *ende die coop vp die tyd niet over en gaet, ende daer na de zelve coopman coochte dat zelve goed, met eenen andren makelare, zo zal de eerste makelare daer an deelen bi al zo dat de coopman vorseit bespreke.*

3 EHRENBERG, Makler, S. 411.

4 HUB 2, S. 67, Nr. 154 § 13; vgl. FRENSDORFF, Der Makler im Hansagebiete, S. 269-270; vgl. das Privileg für die englischen Kaufleute vom 26. März 1359 bei GILLIODTS-VAN SEVEREN, Cartulaire de l'ancienne Estaple, I, Nr., S. 228, § 10: *Item, que les couretiers qui doivent entre eaulx faire les marchandises, soient jurez par devant les diz marchans de faire leur devoir pour le vendeur et lachateur,* [...].

5 STÜRMER, Herbst des alten Handwerks, S. 16-18.

6 EHRENBERG, Makler, S. 460-461, §§ 22, 23, 31.

sam erwähnt, wenn es um Courtage, Herbergen, Waren und fremde Kaufleute geht.[1] Der erste Paragraph des Dokuments bestimmt, daß ein Hostelier, wollte er weiterhin den lukrativen Beruf des Maklers ausüben, Mitglied der Zunft werden mußte.[2] Von diesem Zeitpunkt an bildeten Makler und Hosteliers offensichtlich eine gemeinsame Zunft und das kann nur bedeuten, daß die Hosteliers vorher als Makler tätig waren, aber keine Zunftmitglieder waren.

3.2.3. Hosteliers und Makler in Brügge - zwei Seiten der gleichen Medaille?

In der Forschung wird immer wieder auf den Zwangscharakter der Vereinigung von Maklern und Hosteliers hingewiesen. So hat Van Houtte in diesem Privileg eine Belohnung der Makler durch den Grafen von Flandern für die Unterstützung im Kampf gegen das alte Patriziat gesehen. Nach seiner Meinung war es gegen die Hosteliers gerichtet, die während der unruhigen Zeiten in Brügge die Gegenpartei des Grafen gewählt haben sollen.[3] Ein besonderer Artikel dieses Statuts scheint diese These zunächst zu unterstützen, da hier alle wegen der Unruhen aus Brügge geflüchteten Hosteliers und Makler zukünftig von der Ausübung des Maklerberufs ausschloß, solange die betreffenden Personen nicht durch die Makler und neuen Schöffen in die Maklerrolle und das Buch der Stadt als Bürger erneut aufgenommen worden wären.[4] Um das Patriziat, zu dem nach Van Houtte auch die Hosteliers gehörten, unter Zunfteinfluß zu bringen, hätten die Makler diese Zunftzugehörigkeit der Hosteliers erzwungen. Wer von jenem Zeitpunkt an diese Geschäfte weiter betreiben wollte, mußte sich um Aufnahme in die Zunft durch die Zunftkollegen bemühen.

Da die Makler angeblich bereits in Abhängigkeit zu den Hosteliers gestanden hätten, argumentiert Van Houtte in diesem Zusammenhang, sei es den Maklern durch einige Interventionen gelungen, ihre Position gegenüber den Hosteliers zu verbessern und durch den Monopolanspruch auf das Makeln die Hosteliers auf diese Weise zu zwingen, selbst Mitglied der Maklerzunft zu werden.

Van Houtte sieht für die Jahre vor der offiziellen Anerkennung der Zunft und in den ersten Jahren danach einen sozialen Gegensatz zwischen Maklern und Hosteliers. Er geht davon aus, daß die Makler bereits Ende des 13. Jahrhunderts Angestellte der Hosteliers waren. Als Beweis für ein Arbeitgeber- bzw. Arbeitnehmerverhältnis zwischen beiden verweist er darauf, daß dem Hostelier in vielen Fällen anteilig die Maklercourtage zustand. Dieser Anspruch leite sich aus der Tatsache der Beherbergung der Kaufleute ab. Wurde ein Geschäft mit einem Kaufmann, der in einer Herberge wohnte, vermittelt, stand dem Herbergswirt ein Teil der Courtage zu, obwohl er an

---

[1] GILLIODTS-VAN SEVEREN, Les anciens règlements, S. 128-133, §§ 11, 12, 16, 17, 18, 19, 25, 28.

[2] EHRENBERG, Makler, S. 456-457 § 1: *Dats te wetene, dat niemene moet makelare zyn binnen der stede van Brucghe, hi ne sta jn der stede brief ende jn der makelare brief ende daer jn zy ghestelt eer hi makelaerdye ontfangen* [...].

[3] VAN HOUTTE, Makelaars en waarden, S. 4-5.

[4] EHRENBERG, Makler, S. 457 § 4: *Voord, zo wat hostellier of makelare die ghevloen es uter poort van Brucghe do toccoysoen van der oorloghe, ne mach nemmermeer hier naer neeringhe doen binnen der stede van Brucghe an hostelierscepe noch an makelaerdyen, voor hi gheset es jn die brieven voorseit bi scepenen ende bi makelaers van Brucghe verniewet.*

der Ausübung des Handelsgeschäfts nur insofern beteiligt war, als er den entsprechenden fremden Kaufmann beherbergte.

Theoretisch war der Hostelier aufgrund seines Einkommens besser gestellt als der Makler, was sichtbar wird, wenn der Text der Maklerstatuten hinzugezogen wird: Er besaß neben seinem Anteil an der Maklercourtage weitere Verdienstmöglichkeiten, nicht zuletzt durch die Erhebung der *hostelage*. Vermutlich bezeichnete die *hostelage* den Betrag, den jeder Fremde seinem Wirt für die Übernachtung und den entsprechenden Service zu zahlen hatte. Garrisson sah im *hostellagium* nicht nur die Bezahlung für geleistete Dienste, sondern auch eine Art Aufwandsentschädigung für die vom Wirt übernommenen Risiken gegenüber dem Kaufmann.[1] Ehrenberg zufolge hat es sich bei der Hostelage um jenen Teil der Maklercourtage gehandelt, die dem Hostelier gewöhnlich zustand.[2] Dies muß bezweifelt werden, da sich in den verschiedenen Privilegien wiederholt separate Artikel mit diesen beiden Abgaben beschäftigen. Dieser Umstand weist deutlich darauf hin, daß es sich bei Hostelage und Courtage um zwei verschiedene Entgelte gehandelt haben muß. So wurde durch den Grafen von Flandern, Guido von Dampierre, in einem Privileg aus dem Jahr 1280 für die hansischen Gäste in Aardenburg verfügt, daß die Hostelage jeweils von den Schöffen der Stadt festgelegt werden sollte. Der zu entrichtende Betrag durfte aber die Höhe von vier s. pro Woche nicht überschreiten.[3] Eine derartige Regelung läßt sich mit der These Ehrenbergs nur schwer vereinbaren, da die Maklercourtage nicht wöchentlich abgerechnet wurde, sondern bei dem jeweiligen Geschäftsabschluß und aufgrund des Gewichts der Ware. Dabei waren genaue Regelungen einzuhalten, welche im übrigen nicht ausschließlich von den Schöffen einer Stadt, sondern vom Grafen von Flandern festgelegt wurden. Vermutlich nicht in der Hostelage inbegriffen waren die Mietkosten für die Warenlagerung.

Der Hostelier besaß theoretisch drei Einkunftsquellen, während der Makler nur durch die Courtage entlohnt wurde. Aufgrund dieser unterschiedlichen Einkommensmöglichkeiten könnte eine soziales Gefälle zwischen Makler und Hosteliers angenommen werden. Bedroht wurden die Einkünfte des Maklers zudem vom Herbergsklerk, dem *onvrye cnape*, der eine Maklertätigkeit ausüben durfte, aber ganz und gar von seinem Arbeitgeber, dem Hostelier abhängig war, der durch keine offiziellen Regelungen zu einer konkreten Bezahlung des Klerks verpflichtet gewesen ist. Aufgrund dieser Tatsachen geht auch Ehrenberg von einer völligen Abhängigkeit der Makler von den Hosteliers aus.[4] Um das Maklergeschäft weiter ausüben zu können, könnten sich die Makler bestimmten Hosteliers angeschlossen haben, so daß hier eher ein Angestelltenverhältnis vorherrschte, denn ein selbstständiges Maklertum.[5] Inso-

---

1 GARRISSON, Les hôtes, S. 214.

2 EHRENBERG, Makler, S. 434.

3 HUB 1, S. 298, Nr. 862, 26. August 1280: *Dautre part ke li hostelage, ke li marchant paieront, soient establi par les eschevins et les procureurs devant dis, et ke nus bourgois ne puist loer celier plus haut ke quatre sols le sesmaine.*; vgl. auch HÄPKE, Brügges Entwicklung, S. 242 Anm. 2.

4 EHRENBERG, Makler, S. 421 u. 433; von HÄPKE, Brügges Entwicklung, S. 209 so übernommen.

5 VAN HOUTTE, Makelaars en waarden, S. 11-12.

fern läßt sich Van Houttes Vermutung, daß sich bereits zu Beginn des 14. Jahrhunderts die Zahl der selbständig tätigen Makler stark verringerte, nachvollziehen. Trotzdem können neben diesen nichtselbständigen Maklern immer auch selbständige Makler tätig gewesen sein. Allein schon die hohe Zahl von Maklern läßt dies vermuten. Bei der Aufstellung des Gemeindeheers 1338-40 kommt Verbruggen auf eine Mindestzahl von 431 Maklern.[1] Dabei nannte die von ihm bei seiner Berechnung zugrunde gelegte Quelle nicht die Gesamtzahl der Makler, denn auch in der Rubrik *poorter* könnten Makler verzeichnet worden sein, die deshalb nicht in der Rubrik Maklerzunft auftauchen. Überdies sei diese Zahl laut Wyffels nochmals um etwa die gleiche Anzahl Makler nach oben zu korrigieren.[2] Ausgehend von 800 oder mehr Maklern ist es schwer vorstellbar, daß alle Makler in einem abhängigen Verhältnis zu einem Hosteliers gestanden haben sollen. In diesem Fall müßte es etwa die gleiche Anzahl Hosteliers in Brügge gegeben haben, da dem Wirt als Arbeitgeber nur ein Makler als Angestellter laut Statut erlaubt gewesen ist. Die gesamte Argumentation von Van Houtte funktioniert aber nur, wenn angenommen wird, daß zwischen Hosteliers und Maklern jener Unterschied bestand und die Hosteliers in ihrer Gesamtheit zu den Brügger Poortern gehörten.

Die Zahlen hinsichtlich der Hosteliers und Makler genauer zu untermauern ist mit den Quellen der Zeit einigermaßen schwierig. Die Hansen stellten die größte Gruppe fremder Kaufleute in Brügge. Die anderen Nationen wie Italiener, Spanier, Portugiesen, Engländer, Oberdeutschen, Franzosen kamen in weit geringerer Zahl nach Brügge. Außerdem bevorzugten Italiener und Spanier eigene Häuser.[3] Wenn die Hansen etwa die Hälfte der gesamten ausländischen Kaufleuteschaft stellten und vornehmlich in Herbergen wohnten, kann höchstens von einer Zahl von 100 Hosteliers zu diesem Zeitpunkt ausgegangen werden. Bestätigt wird diese Rechnung durch die Brügger Steuerlisten für die Periode 1360-1390, die etwa fünfzig Hosteliers im Zusammenhang mit hansischen Kaufleuten nennen.[4] Anhand der Rechnungsbücher von Ruweel und De Marke aus etwa dem gleichen Zeitraum läßt sich diese Zahl auf etwa 100 erhöhen, also einem Achtel der zuvor erwähnten Gesamtzahl nach Wyffels Schätzung. Die rekonstruierte Zahl der Hosteliers macht deutlich, dass es zu jeder Zeit in Brügge zahlreiche selbständige Makler gegeben haben muss.

Die Verpflichtung der Hosteliers zum Eintritt in die Maklerzunft ist auch kein schlüssiger Beweis für einen tiefgreifenden Gegensatz zwischen beiden Gruppen.[5] Es ist vielmehr wahrscheinlich, daß die Hosteliers selbst nicht gegen diese Maßnahme protestierten, da ihnen ebenfalls mit dieser Einrichtung gedient war. Durch die Zunft wurde ihr Gewerbe auf eine rechtliche, kontrollierbare Grundlage gestellt. Auf diese Weise konnte der Versuch unternommen werden, unlautere Geschäftspraktiken und Konkurrenz von Fremden, die sich in Brügge niedergelassen hatten, einzuschränken, wenn sie auch nicht ganz und gar zu verhindern waren. Mit einer starken Zunft im

1 VERBRUGGEN, Gemeenteleger, S. 79.

2 WYFFELS, Rezension, S. 232.

3 RYCKAERT, Brugge, S. 104-107.

4 KRÜGER, Steuerlisten.

5 VAN HOUTTE, Makelaars en waarden, S. 5 und 17.

Rücken besaßen die Hosteliers nun eine eigene Interessenvertretung, die im Konfliktfall, z.B. mit den fremden Kaufleuten, zwischen den streitenden Parteien vermitteln konnte.

Auch das Argument des sozialen Gegensatzes zwischen Hosteliers und Maklern erweist sich in der Praxis als nicht schlüssig. Wyffels Untersuchungen zu den Unruhen von 1280 belegen eindeutig, daß sich unter Anhängern wie Gegnern des alten Patriziats sowohl Hosteliers als auch Makler befanden. Das Gegensatzpaar Hostelier/Patriziat - Makler/Gemeen stimmt also in dieser Weise nicht. Die Quellen selbst sprechen auch nicht von diesem Gegensatz, denn in dem einleitenden Paragraphen zum Statut von 1303 heißt es, daß der *hostellier of makelare die ghevloen es uter poort van Brucghe do toccoysoen van der oorloghe* sich um Wiederaufnahme in die Zunft bemühen müsse: also nicht nur Hostelier, sondern auch Makler. Im Übrigen handelte es sich um eine Maßnahme, die Konsequenzen für die tatsächlich betroffenen Personen, nicht aber für deren nähere und weitere Familie hatte.[1] Es stimmt also nicht, wenn Van Houtte meint, **das** Proletariat, sprich die Makler hätten **das** Patriziat, sprich die Hosteliers "besiegt", und später selbst den Wechsel zur begüterten Klasse erfolgreich vollzogen.[2] Der Gegensatz ist nicht so sehr ein materieller, sondern eher einer zwischen (politisch) machtvoll und machtlos.[3]

Das Betätigungsfeld von Hostelier und Makler wies durch die Nähe zum gemeinsamen Kunden, dem fremden Kaufmann, Berührungspunkte auf. Das Privileg von 1303 antizipiert nicht, sondern beschreibt den Status Quo und legt die bisher geltenden Regeln (erneut?) schriftlich fest. In anderen Handelsstädten wurden beide Berufe wesentlich deutlicher voneinander getrennt. Das gleichzeitige Ausüben beider Tätigkeiten war häufig offiziell verboten. Dies war unter anderem in Dordrecht, Greifswald und mit Einschränkungen auch in Köln der Fall.[4] In Brügge aber waren beide Berufe miteinander vereinbar. Aus der gemeinsamen Zunft ergibt sich für den heutigen Forscher eine gewisse Schwierigkeit bei der Unterscheidung zwischen Maklern und Hosteliers. Die vorhandenen Quellen bieten keine klaren Definitionen. Aber auch wenn gegenwärtig die Unterscheidung von Maklern und Hosteliers schwerfällt,[5] ergibt sich der Eindruck, als sei dieser Unterschied für den Zeitgenossen nicht entscheidend gewesen. Insofern erscheint ein Gegensatz zwischen Maklern und Hosteliers eher konstruiert als fundiert.

---

1 WYFFELS, Een 'opstand' te Brugge, S. 67-72; vgl. Katalog, Robert (1) van der Buerze: W 48, der mit seinem Sohn nach Saint Omer flüchtete. Sein Sohn Robert (2) (W 49) konnte später Schöffe bzw. Ratsherr in Brügge werden.

2 VAN HOUTTE, Makelaars en waarden, S. 17.

3 Siehe dazu Kap. 2. Eliten in Brügge.

4 JANSMA, Waarden en makelaars, S. 216; FRENSDORFF, Der Makler im Hansagebiete, S. 297-298.

5 In WYFFELS, Nieuwe gegevens, S. 119-121 werden 69 Hosteliers für das Jahr 1280 notiert. In einer späteren Publikation werden diese als Makler bezeichnet: VAN DEN ABEELE, CATRY, Makelaars en handelaars, S. 87.

3.2.4. Teil der Brügger Elite?

Die Tatsache der Schaffung einer gemeinsamen Zunft muß auch unter gesellschaftlichen Aspekten betrachtet werden. Der Zunftstatus verlieh, wie Hergemöller es sinngemäß formuliert, beiden Berufen die höheren Weihen eines ehrlichen Berufs.[1] Gemessen an den bereits genannten Vorurteilen, die dem Wirt im Allgemeinen zugeordnet wurden,[2] lag hier also eindeutig ein Vorteil, besonders, wenn die Aufgaben, die beide Gruppen zu übernehmen hatten berücksichtigt werden. Die Hosteliers verloren mit ihrer Zunftzugehörigkeit nicht, wie anzunehmen gewesen wäre,[3] ihre Ratsfähigkeit. Nach den Auseinandersetzungen von 1297-1302 wurde diese nämlich auch auf die meisten Zünfte ausgeweitet.[4] Hier bot es sich an, den Grad der Beteiligung am Stadtregiment anhand einer prosopographischen Studie des Personenkreises zu untersuchen. Aufgrund der namentlichen Identifizierung von Hosteliers konnte ein Katalog mit Brügger Hosteliers erstellt werden, der für jeden Namen eine biographische Notiz enthält. Dieser Katalog besteht aus 209 Namennummern, die durch Unternummern bei Identitätsunsicherheit erweitert wurden.[5] Obgleich es zunächst beabsichtigt gewesen war, nur Hansenwirte, d.h. Wirte mit hansischer Klientel zu identifizieren und in den Katalog aufzunehmen, wurde diese Zielsetzung aufgrund der tatsächlichen Funde auf die Gesamtheit der Brügger Hosteliers ausgedehnt. Allerdings stellt der Korpus von 209 Nummern nicht die tatsächliche Zahl der Brügger Hosteliers des 14. und 15. Jahrhunderts dar. Es handelt sich hier allenfalls um eine Annäherung.

Die meisten Hosteliers konnten für das 14. Jahrhundert identifiziert werden, nämlich 141; für das 15. Jahrhundert fanden sich immerhin noch 55 Hosteliers.[6] Die quantitativen Unterschiede erklären sich durch die Art der Quellen. Für das 14. Jahrhundert konnten Akziselisten oder auch Rechnungsbücher von Brügger Wechslern ausgewertet werden, in denen quasi in Listenform Namen von Hosteliers notiert waren. Dies ergab ein Korpus von mehr als 100 Namen. Gleichartiges war für das 15. Jahrhundert nicht vorhanden, so daß die Untersuchung auf Einzelfunde und hier besonders auf individuelle Nennungen in den Brügger Stadtkartularien, städtischen und privaten Urkunden, Hanserezessen und dem Hansischen Urkundenbuch sowie der Sekundärliteratur angewiesen war. Dennoch ergibt sich auch mit diesem Ungleichgewicht ein eindeutiges Bild im Hinblick auf die soziale Position der Hosteliers und Makler in Brügge.

---

1 HERGEMÖLLER, Randgruppen, S. 2-3.

2 Siehe Kap. 3.2. Wer nichts wird, wird Wirt?

3 GILLIODTS-VAN SEVEREN, Les anciens règlements, S. 122: Urkunde von 1240.

4 MERTENS, De verdeling, S. 453-454.

5 Siehe Anhang, Katalog.

6 Diese Zahlen schließen verschiedene Personennummern aus: hansische Kaufleute, die in Brügge Tavernen betrieben; die Nummern, die eine Herberge repräsentierten; Wirte, die keine Hosteliers im Sinne der Untersuchung sind; siehe Katalog, Lambrecht Berswort: W 25, Clippinghers/Clippinc: W 56 - W 58, Joncvrauwe Galvaen: W 89, te Hauwescilds: W 94, in de inghelse strate: W 113, Laires: W 119, naest der Magdelenen: W 127, Herman Minghelin: W 136, Robijt: W 159, Smithuus: W 174-W 175, Jan Salemoen: W 164.

Tab. 1: Beteiligung der identifizierten Hosteliers in den städtischen Organen im 14. und 15. Jahrhundert in Brügge:

Ämter / Personen	14. Jh .(141 Hos.)	%	15. Jh (55 Hos.)	%
insgesamt	65	46,1	24	43,63
Bürgermeister	12	8,5	4	7,27
Schöffe	34	24,11	13	23,63
Rat	31	21,98	16	29,09
Tresorier	9	6,38	3	5,45
Zestendeel	20	14,18	3	5,45
Gesandter	23	16,31	5	9,09
Hoofdman Maklerzunft	34	24,11	12	21,81

Von den 196 identifizierten Hosteliers konnten 89 (45,4 %) mit einem oder mehreren Ämtern nachgewiesen werden. Ohne die Personen, die ein Amt der Brügger Maklerzunft übernahmen, verringert sich der Anteil der identifizierten Hosteliers mit einem Amt für das 14. und 15. Jahrhundert insgesamt auf 21,93 %.[1] Diese Zahlen beziehen sich ausschließlich auf die identifizierten Hosteliers. Wie hoch die Dunkelziffer der nicht identifizierten Wirte ist, konnte auch nicht annähernd geschätzt werden. Die Beteiligung der Hosteliers an den politischen Funktionen blieb im 14. und 15. Jahrhundert etwa gleich. Ob sich aufgrund dieser Tatsache Konsequenzen für die hansischen Kaufleute in Brügge ergeben, wird im Kapitel 4. Kollektive und individuelle Konflikte analysiert werden.

Durch die prosopographischen Untersuchungen konnte eine Typologie für die identifizierten Hosteliers erstellt werden, die vier Kategorien unterscheidet:

a) Ein erster Typus repräsentierte ein Mitglied einer Hosteliersfamilie. Für Brügge ließen sich eindeutig Hosteliersfamilien, namentlich die der Bochout, Bartun, Bonin, Van der Buerze, Hausschild, Honin, Metten Eye, Onghereede, Pape, Poltus, Scuetelare, Vagheviere und Witte nachweisen. Mehrere Generationen dieser Familien waren als Hosteliers und gleichzeitig als Magistratsmitglieder in Brügge tätig.[2] Die wohl berühmteste dieser Familien ist die Familie Van der Buerze. Mit ihren drei Herbergen, von denen die älteste Herberge *ter Buerze* dem vor ihr liegenden Platz den Namen Beursplein gab und die alle im ökonomischen Herzen der Stadt lagen, besaß diese Familie eine ausgezeichnete Basis für ihre vielfältigen geschäftlichen Unternehmungen. Acht Mitglieder dieser Familie konnten als Hosteliers über eine Periode

1 14. Jahrhundert: 21,98 %, 15. Jahrhundert: 21,8 %.

2 Vgl. Katalog, Bochout: W 28, 29, 30; Bonin: W 31, 32, 33; Bartun: W 34, 34.1, 35, (37); Buerze: W 41, 42, 43, 44, 45, 46, 47, 48, 49; Hausschild: W 16, 92, 93, 94, 95; Honin: W 102, 103, 103.1, 103.2, 104, 105, 106; Metteneye: W 131, 132, 133, 134, 135; Onghereede: W 142, 143, 144; Pape: W 147, 148, 148.1; Poltus: W 154, 155; Scuetelaere: W 167, 168, 169, 170; Vagheviere: W 185, 186; Witte: W 198, 199, 200, 201.

von 150 Jahren nachgewiesen werden. In diesem Zeitraum (1285-1434) waren mindestens vier dieser Hosteliers als Schöffen bzw. Ratsherren in Brügge aktiv. Selbst wenn ein Mitglied dieser Familie wie Clais van der Buerze während seiner gesamten Karriere als Geschäftsmann kein Schöffen- oder Ratsamt übernahm, konnte es mit Sicherheit über die weitläufigen verwandtschaftlichen Beziehungen Einfluß in eigener Sache auf die Magistratspolitik der Stadt ausüben.[1] Außer den direkten Hinweisen auf verwandtschaftliche Beziehungen läßt sich für Brügge nur schwer feststellen, welche Familien durch Heirat ebenfalls miteinander verbunden waren, da es keine zuverlässige Untersuchung über das Brügger Patriziat gibt.[2]

Ähnlich verhielt es sich mit der Familie Metten Eye, für die zwischen 1348 und 1462 fünf Familienmitglieder als Hosteliers nachgewiesen werden konnten. Bereits im 13. Jahrhundert waren Mitglieder der Familie Metten Eye als Makler in Brügge tätig gewesen. Bis weit ins 15. Jahrhundert hinein konnten sich verschiedene Personen dieser Familie als Schöffen bzw. Ratsherren behaupten, wobei einige von ihnen auch das Bürgermeisteramt übernahmen.[3] Wie sich familiäre Beziehungen zum Vorteil der Mitglieder einsetzen ließen, läßt sich anhand eines Beispiels konkretisieren. Joris Metten Eye f. Joris wurde am 31. August 1462 offiziell für das Amt des Gefängnisaufsehers (*steenwaerdere*) in Brügge ernannt.[4] Als Bürgen traten nicht weniger als fünf Personen der Familie Metten Eye auf: Philips Metten Eye, Jacob Metten Eye, Loy Metten Eye, Jan Metten Eye, Pieter Metten Eye. Für Jacob, Loy, Jan und Pieter Metten Eye konnte die Mitgliedschaft in der Brügger Maklerzunft nachgewiesen werden.[5] Als weitere Bürgen zeichneten Lodewijk von Brügge, Herr von Gruuthuse, Jacob Bonin, Jan Barbesaen, Jan Breydele, Jacob Breydele, Lodewijc Bonin, Christoffels van den Vagheviere, Jacob de Heere, Jacob van den Berghe und Clays van der Croone.[6] Bei den hier genannten Personen handelt es sich nicht um beliebige Brügger Bürger, sondern um die gute Gesellschaft dieser Stadt. Lodewijk van Gruuthuse entstammte einem großen adligen Patriziergeschlecht. In den vierziger Jahren des 15. Jahrhunderts tauchte er in der Hofhaltung Phillipps des Guten, Herzog von Burgund, auf.[7] In den fünfziger Jahren des Jahrhunderts begann er eine erfolgreiche diplomatische, politische und militärische Karriere im Dienste der Herzöge von Burgund.[8]

---

1 Katalog, Clais van der Buerze W 42, vgl. dazu W 41, 46, 47.

2 Zwar gibt es das Werk von GAILLIARD, Bruges et les Francs, aber dies legt diese Verbindungen auch nur selten offen und wartet häufig mit irrigen Annahmen auf.

3 SAB, Wetsvernieuwingen, passim: Pieter Metten Eye (Ratsherr 1403-04, Bürgermeister 1416-17), Joris Metten Eye (Ratsherr 1413, Bürgermeister 1434-35), Jan Metten Eye (Ratsherr 1416-17), Filips Metten Eye (Ratsherr 1433-34, Bürgermeister 1435-36).

4 Ist dieser Joris Metteneye identisch mit dem Joris Metteneye, der 1468 Deken der Brügger Maklerzunft war?; vgl. VAN DEN ABEELE, CATRY, Makelaars en handelaars, S. 137; über städtische Ämter und Offizien: VANDEWALLE, De stadsofficiën van Brugge.

5 VAN DEN ABEELE, CATRY, Makelaars en handelaars, S. 194.

6 SAB, Nieuwe Groenenboek ongecotteerd, fol. 131r-v.

7 DHI Paris, Prosopographia Curiae Burgundicae, No d'ID: 1475 (Internet: www.prosopographia-burgundica.org, 26/10/2010).; Prosopographia Curiae Burgundicae (1407-1477), 1.07.1449 – 6.10.1475;

8 MARTENS, Lodewijk van Gruuthuse, S. 13-36.

Beide Breydels ließen sich als Schöffen bzw. Ratsherren nachweisen. 1438, nach dem Aufstand in Brügge,[1] ist ein Jacob Breydel unter den *plus notables*, die ein durch den Herzog von Burgund auferlegtes Bußgeld in Höhe von 145.000 écus mit einem Kopfgeld abtrugen.[2] Zu dieser Gruppe gehörte neben Breydel, dessen Beitrag in der Summe von 2184 lb par. bestand, u.a. George Metteneye (2400 lb), Jacob Heldebolle (4800 lb), Pieter Dop (2400 lb), Nicolas de Calkere (600 lb), Philipp Metteneye (2400 lb), Louis van Themseke (444 lb), Antoine van den Vagheviere (600 lb).[3] Im 14. Jahrhundert konnten für alle genannten Familien berufliche Verbindungen zum Brügger Hostelierswesen nachgewiesen werden. Es ist davon auszugehen, daß die Einkünfte eines Hosteliers diesem eine gesunde ökonomische Basis verschafften, so daß die Tätigkeit als Schöffe, Ratsherr oder Bürgermeister für einen Hostelier nicht nur erstrebenswert war, sondern auch aufgrund seines Vermögens überhaupt erst ermöglicht wurde. Der Brügger Hostelier Nicolas Barbesaen bezifferte 1407 seine Einkünfte mit jährlich 500 oder 600 Francs an Maklercourtage sowie 1000 Kronen durch seine Herberge.[4] 63 Jahre später kam es vor der Brügger Schöffenbank zu einer Schlichtung in einem Konflikt zwischen den Testamentsvollstreckern des Philipp Metten Eye und den Erben, unter denen sich offenbar auch die Kinder eines Jan Barbesaen befanden,[5] nicht zufällig der Jan, der 1462 für Joris Metten Eye f. Joris bei dessen Übernahme des *steenwaerdere*-Amts als Bürge fungierte?

Auch die Familie Bonin gehörte zur Brügger Oberschicht. Im 14. und 15. Jahrhundert waren mindestens sechs Personen dieser Familie als Mitglieder der Brügger Maklerzunft eingeschrieben.[6] Thomas Bonin konnte für das 15. Jahrhundert als Hostelier in Brügge identifiziert werden.[7] Jacob Bonin wurde 1452 mehrfach zum Herzog von Burgund gesandt, um mit diesem das weitere Vorgehen gegen das aufständische Gent zu besprechen. Bei einer dieser Gelegenheiten begleitete ihn Jan Breydel, um, wie es in der Brügger Stadtrechnung desselben Jahres heißt, Lodewijk van Gruuthuse für sein Fernbleiben von einem Treffen beim Herzog zu entschuldigen.[8]

Christoffels van den Vagheviere, der 1468 Hoofdman der Brügger Maklerzunft war,[9] stammte mit Sicherheit aus der ebenfalls zur Brügger Oberschicht zählenden Familie Van den Vagheviere. Jacob und Antheunis van den Vagheviere konnten für

---

1 Zu den Hintergründen und dem Verlauf der Unruhen 1436-1438 vgl. DUMOLYN, De Brugse opstand (1997).

2 GILLIODTS-VAN SEVEREN, Inventaire 5, S. 187; zum Aufstand: DUMOLYN, De Brugse opstand (1997).

3 Vgl. dazu die entsprechenden Namen im Katalog.

4 GILLIODTS-VAN SEVEREN, Inventaire 4, S. 13; allerdings handelt es sich bei dieser Auskunft um eine persönliche, schriftliche Rechtfertigung Barbesaens gegenüber dem Vorwurf der Unterschlagung, die er während seiner Zeit als Tresorier in Brügge begangen haben soll. Es ist nicht auszuschließen, daß Barbesaen die Höhe seiner Einkünfte übertrieb, um den Unterschlagungsvorwurf mit seiner guten finanziellen Situation zu entkräften.

5 SAB, Nieuwe Groenenboek ongecotteerd, fol. 276r, 16. Juli 1470.

6 VAN DEN ABEELE, CATRY, Makelaars en handelaars, S. 16 u. 187.

7 Katalog, Thomas Bonyn: W 33.

8 SAB, SR 1451-1452, fol. 11r.

9 VAN DEN ABEELE, CATRY, Makelaars en handelaars, S. 137.

die Periode von 1367-1448 als Hosteliers identifiziert werden. Beide übernahmen städtische Ämter als Schöffen, Bürgermeister oder Tresoriers.[1] Zu den drei verbleibenden Bürgen Jacob van den Berghe, Jacob de Heere und Clays van der Croonen konnten nur wenige Informationen oder gar keine weiteren Daten eingeholt werden.[2] Mit den fünf Bürgen aus der eigenen Familie und den zehn anderen Bürgen wurden Beziehungen zu acht Familien genutzt, um Joris Metteneye das angestrebte Amt zu sichern. Bürgen wie Lodewijk van Gruuthuse gehörten zur Elite der Stadt Brügge. Die Beziehungen der Metten Eyes reichten bis in allerhöchste Brügger und höfische Kreise, zu denen sie im 15. Jahrhundert selbst gehörten. Joris Metten Eye konnte auf ein Netzwerk signifikanter Beziehungen zurückgreifen.[3] Damit eröffneten sich ihm vermutlich zahlreiche geschäftliche Möglichkeiten. Der hier skizzierte Fall beleuchtet die sozialen Mechanismen, die das Funktionieren mittelalterlicher Institutionen erklären.[4] Ein Kandidat für dieses oder jenes Amt ohne diese Beziehungen hatte vermutlich kaum eine Chance, in das, durch soziale und politische Verbindungen geprägte System einzudringen. Dieses System führte aber nicht nur auf städtischem Niveau zu Abschließungstendenzen gegenüber Neulingen, sondern auch auf staatlichem Niveau, besonders im Flandern unter den Herzögen von Burgund. Um ihre zentralstaatliche Konzeption durchzusetzen, versuchten diese, ihre eigenen Gefolgsleute auf allen Ebenen der Verwaltungen der flandrischen Städte einzusetzen. Dies führte mancherorts zu Spannungen und Konflikten mit dem Teil der lokalen Elite, der nicht burgundisch gesinnt war. Städtische Revolten waren nach Blockmans ein Zeichen für den Machtstreit zwischen den einst unabhängig agierenden Städten, die sich gegen die Doktrin des neuen Systems zur Wehr zu setzen suchten und der burgundischen Zentralregierung.[5]

Für die hansischen Kaufleute war das Beziehungsgeflecht der Hosteliers und ihrer *familia* wichtig. Alle oben genannten Hosteliersfamilien hatten intensive Kontakte zu hansischen Kaufleuten, sei es als Geschäftspartner, als Hosteliers und Makler oder als Ansprechpartner auf politischem Gebiet. Eine Erörterung dieses Aspekts wird in einem der folgenden Kapitel geboten.[6]

b) Neben diesen herausragenden Hosteliersfamilien gab es aber immer auch den individuell erfolgreichen Hostelier, wie er sich in der Person des Thideman van den Berghe präsentierte.[7] Gut vierzig Jahre war er in verschiedenen Ämtern für die Geschicke seiner Stadt mitverantwortlich, aber eine Dynastie, wie diejenigen der Van der Buerze, Metten Eye oder Bonin konnte für ihn nicht nachgewiesen werden. Vielleicht war der oben als Bürge des Joris Metten Eye genannte Jacob van den Berghe

---

1 Katalog, Jacob van den Vagheviere: W 186; Anthonis van den Vagheviere: W 185.

2 Vgl. GILLIODTS-VAN SEVEREN, Inventaire, Tables.

3 Über den Machtbereich von *familia* und Clan s. BLOCKMANS, Vete, partijstrijd en staatsmacht; auch CARLIER, Solidariteit of sociale controle ?, S. 71-75, über die Bedeutung von 'vrienden en magen' in der spätmittelalterlichen Gesellschaft in Flandern.

4 MORAW, Über Patrone und Klienten, S. 5.

5 BLOCKMANS, Patronage, Brokerage and Corruption, S. 123.

6 Kap. 4. Kollektive und individuelle Konflikte.

7 Katalog, Thideman van den Berghe: W 24.

ein später Nachfahre Thidemanns. Aber gerade Thideman van den Berghe war wohl der Hostelier, der der Hanse bzw. seinen hansischen Gästen besonders eng zur Seite stand. Er besaß gute persönliche Kontakte zum Sekretär des Hansekontors in Brügge, Albrecht von Halle. Gleiches galt auch für einige hansische Kaufleute, die um 1370 in Konflikt mit der Hanse gerieten. Unter ihnen befand sich Arnoud Lewerke, der verhanst werden sollte. Thideman van den Berghe wurde vom Hansetag aufgefordert, Lewerke nicht länger beizustehen! Aus den Quellen ist nicht ersichtlich, was Van den Berghe genau vorgeworfen wurde, aber bevor die Hanse ihn als Hostelier hansischer Kaufleute verbieten wollte, sollte er Gelegenheit erhalten, sich vor dem Hansetag für sein Verhalten zu rechtfertigen. Ob Van den Berghe persönlich auf einem der folgenden Hansetage erschien, um sich in dieser Angelegenheit zu erklären, konnte nicht festgestellt werden.[1] Allerdings blieb er auch nach diesem Vorfall ein Hostelier der Hansen.[2]

Andere Vertreter dieses Typus' waren Lievin Everbout, Everaerd Goederik, Philips Rijnvisch und Lambesin van de Walle.[3] Sie treten besonders prominent durch die Steuerlisten hervor, in denen ihre Namen regelmäßig genannt werden. Die Recherche zu diesen Namen lieferte weitere Kenntnisse, die Anlaß gaben, diese Personen in diese Gruppe einzuordnen.

c) Ein dritter Typus bestand in der individuell erfolgreichen Einzelpersonen, die als Hostelier in Brügge tätig war, dessen Familie aber großes Gewicht in der Brügger Gesellschaft besaßen, ohne daß weitere Hosteliers in diesen Familien identifiziert werden konnten. Zu ihnen gehören die Familien Adorne, Bave, Dop und Oste.[4]

d) Ein vierter Typus repräsentiert jene Hosteliers, für die weder eine erfolgreiche politische Laufbahn, noch eine einflußreiche Familie nachgewiesen werden konnte, was für etwa 55 % der identifizierten Hosteliers gilt. Ihr ökonomischer Erfolg ließ sich nicht eindeutig bestimmen. Ihr gemeinsames Charakteristikum ist, daß über sie kaum etwas in Erfahrung gebracht werden konnte. Das bedeutet aber nicht, daß sie unwichtig gewesen wären. Sie repräsentierten wahrscheinlich die unterste Ebene in der Hierarchie der Hosteliers. Zu dieser Gruppe gehören unter anderem Jehan van den Ackere, Jan Aercke, Hildebrand van Andren, Joris Andries, Fransois van Avesne, Guillaume Baerber, Bauduin und Jehan van de Brouke.[5]

---

1 Zu Thideman van den Berghe s. Kap. 4.2.1. Auf diplomatischer Mission I - Brügger Unterhändler 1358-63 und 4.2.2. Auf diplomatischer Mission II - Brügger Unterhändler 1387-92.

2 Vgl. Katalog, W 24.

3 Katalog, Everbout: W 85; Goederik: W 90; Rijnvisch: W 158; Walle: W 190.

4 Katalog, Adorne: W 4; Bave: W 22; Dop: W 80; Oste: W 146.

5 Katalog, Jehan van den Ackere: W 2; Jan Aercke: W 5; Hilderband van Andren: W 11; Joris Andries: W 12; Fransois van Avesne: W 17; Guillaume Baerber: W 18, Bauduin und Jehan van de Brouke: W 38, W 39; Clais van Cassele: W 53; Gillis Coene: W 59; Joos Cordewaen: W 65; Jehan Damhouder: W 71; Pieter Doudremakre: W 81; Jan van Heys: W 99; Wulf de Hudecopere: W 111; Jan de Jonchere: W 114; Jehan Kerleman: W 117; Jan de Ketelare: W 118; Jan van de Lende: W 123; Willlem de Man: W 128; Clais Moen: W 137; Pauwel den Moor: W 138; Pieter de Muntre: W 139; *Karstiaen filius s'heere Wouter*: W 141; Willem de Ram: W 156, Willem Roompot: W 161; Jan van Thielt: W 180; Janne van Waerbeke: W 191; Franke Weble:

In der Gesamtgruppe der Hosteliers ließen sich auch Frauen nachweisen, die gleich ihren männlichen Kollegen eine Herberge betrieben. Insgesamt handelt es sich um 13 Frauen, die in diesem Beruf tätig waren. In einigen Fällen führte erst der Tod des Ehemanns dazu, daß die Frauen in den Quellen auftauchten, da sie als Witwen die Herbergen ihrer verstorbenen Ehegatten weiterführten. Für das 14. Jahrhundert konnte dies mindestens dreimal und für das 15. Jahrhundert zweimal nachgewiesen werden. Es handelt sich um die Witwen van Cuertrike, Everbout, van Sint Omaers, van Haelwin und van den Walle[1].

Für die Witwe van Cuertrike wurde zweifelsfrei nachgewiesen, daß sie die Hostelierstätigkeit ihres Ehemanns Jan van Cuertrike nach seinem Tod übernahm. Dieser Übergang ergab sich aus den Eintragungen der Brügger Akziselisten 1360-90. Jan van Cuertrike wurde als Hostelier in den Brügger Stadtrechnungen bis zum zweiten Quartal des Jahres 1380 geführt. Für das dritte Quartal desselben Jahres fand sich der Eintrag *ter wedewe Jans van Cuertrike* so daß davon auszugehen ist, daß Jan van Cuertrike zwischen dem 22.3.1379 und dem 21.6.1379 verstorben sein mußte.

Vergleichbares gilt für die Witwe des Hansenwirts Lievin Everbout.[2] Ähnlich mag es sich im Fall der Witwe van Sint Omaers verhalten haben. Der letzte Nachweis für den Wirt Lamsin van Sint Omaers fand sich für das Jahr 1370.[3] Für die Jahre 1372-73 verzeichnet die Akziseliste zum ersten Mal hansische Kaufleute, die als Gäste *ter weduwe van Sint Omaers* Met versteuerten. Allerdings wurde in diesem Fall in den Akziselisten immer nur die Witwe erwähnt. Einen früheren Eintrag ihres Ehemanns, der zweifelsfrei als Wirt identifiziert werden konnte, hat es in den Akziselisten nicht gegeben. Möglicherweise wurde diese Herberge erst nach Lamsins Tod durch Hansen frequentiert. Ähnliches gilt für die Witwen Oste und Ruddervorde. Allerdings konnte in diesen beiden Fällen nicht nachgewiesen werden, ob der verstorbene Ehemann zuvor eine Herberge betrieb.[4] Für das 15. Jahrhundert konnte neben van den Walle die Herberge Haelwin identifiziert werde, die durch die Witwe Bernaerds von Haelwin weitergeführt wurde.[5]

Die Übernahme der Herberge durch eine Witwe war weder selbstverständlich noch verlief sie automatisch. Eine wesentliche Bedingung für die Weiterführung der Herberge durch die Witwe war das Verhältnis zwischen Witwe und Erben. War dieses Verhältnis gut, konnte eine außergerichtliche Einigung über die Verteilung des Erbes angestrebt werden. Gab es aber später hinsichtlich der zuvor getroffenen Absprachen Differenzen, mußte das Schöffengericht zur Klärung des Sachverhalts angerufen werden. Eine andere Möglichkeit bestand in einem offiziellen Verfahren zur

---

W 196; Thomas Witthompstael: W 202; Philips de Wulf: W 203; Pieter de Wulf: W 204; Jan van den Zvane: W 209.

1 Katalog, *wedewe* Jan van Curtrike: W 70; *wedewe* Elisabeth Everbout: W 86; *wedewe* Lamsin van Sint Omaers: W 172; *wedewe* van Haelwin: W 91; *wedewe* Baerbele van den Walle: W 192, zu dieser Person vgl. Kap. 4.3.1. Die Haftung des Hosteliers gegenüber dem Gast.

2 Katalog, Lievin Everbout: W 85.

3 Katalog, Lamsin van Sint Omaers: W 171.

4 Katalog, Isoie Oste: W 146; Edele van Ruddervorde: W 162.

5 Katalog, Bernaerds weduwe van Haelwin: W 91; s. auch Jehan van der Leke: W 122, seine Witwe wird einmal im Zusammenhang mit seiner Herberge 1403 erwähnt.

Verteilung des Erbes. Bei diesem Vorgang wurden die städtischen Schöffen als offizielle Instanz eingeschaltet. Aber selbst der offizielle Weg war keine Garantie für den reibungslosen Ablauf eines Erbfalls.[1] Möglicherweise verbirgt sich hier ein Grund dafür, weshalb die Witwe des prominenten Hansenwirts Everaerd Goederic dessen Herberge nicht weiter betrieb.[2]

Neben diesen Witwen gab es aber auch Frauen im Hosteliersgewerbe, die offenbar aus eigenem Antrieb eine Herberge führten. Die Wein- und Biersteuerlisten des Jahres 1366 verzeichnen *joncvrouwe Best* für das dritte Quartal.[3] Bisher konnten keine weiteren Informationen in bezug auf diesen Namen ermittelt werden. Andere Frauen tauchen nur im Zusammenhang mit ihren Ehemännern auf, wie Trude Ake und Lukine Aloet.[4] Für die drei verbleibenden Frauen dieser Reihe, Eede, Tise und Witte konnte festgestellt werden, daß sie als Hostelières eine eigene Herberge betrieben.[5] Wie sie zum Betreiben ihrer Herbergen kamen, konnte nicht festgestellt werden.

Zeigt sich hier ein genus-spezifisches Argument, das es rechtfertigen würde, einen eigenen Typus weibliche Hosteliers zu schaffen? Die Antwort auf die Frage liegt zwischen Ja und Nein. Einerseits ist die Feststellung, daß Frauen auf diesem Berufsfeld arbeiteten, bemerkenswert und könnte Aussagen über die ökonomische Bedeutung der Familie oder der Ehe zulassen. Über den Status von Witwen in der spätmittelalterlichen Stadt hat Marianne Danneel für Gent bereits eine Arbeit vorgelegt. Ähnliches wäre für Brügge denkbar. Eine weitergehende, eigene Untersuchung müßte sich nicht auf Witwen beschränken, sondern könnte sich, vergleichbar etwa mit dem, was Margret Wensky für die Stellung der Frau in der Wirtschaft der Stadt Köln vorgelegt hat, mit einer globalen Thematik im Fall Brügges auseinandersetzen.[6]

Andererseits fügten sich die Frauen den männlichen Kollegen vergleichbar in das Berufsbild der Hosteliers in Brügge im Spätmittelalter ein. Ihr Erfolg oder Mißerfolg war denselben Bedingungen unterworfen. Der einzige Unterschied zu den männlichen Hosteliers liegt in der Tatsache, daß die Frauen keine Ratsfähigkeit besaßen. Diese Tatsache beschränkte sich aber nicht auf diese Gruppe allein, sondern traf für alle Frauen des Mittelalters (und darüber hinaus) zu. Familienverbindungen, die für manche Frauen nachgewiesen werden konnten, ergeben, daß die meisten von ihnen zur städtischen Elite gehörten. Den Zeitgenossen war der Beruf der Hostelière als solcher wohl nicht bemerkenswert, da sich - soweit bekannt - keine gesonderten Bestimmungen hinsichtlich der Frauen und ihrer Hosteliertätigkeit nachweisen ließen. Eine Brügger Verordnung über die Haftung der Hosteliers drückt eher die Normalität

1 DANNEEL, Weduwen en wezen, S. 264-268.

2 Katalog, Everaerd Goederic: W 90.

3 Katalog, *Joncvrauwe* Best: W 27.

4 Katalog, Trude Ake: W 7; Lukine Aloet: W 9.

5 Katalog, Dame van de Eede: W 82; Joncvrauwe Tise: W 181; Demiselle Witte: W 201.

6 WENSKY, Die Stellung der Frau in der stadtkölnischen Wirtschaft; im Fall der Hostelières wäre dann aber Frauenarbeit nicht in der globalen Definition von sowohl bezahlter als auch unbezahlter Arbeit zu sehen, sondern nur in der Definition von bezahlter Arbeit, z.B. selbständige Unternehmerinnen in Brügge. Ein Vergleich mit anderen Berufszweigen wäre sicherlich lohnend.

als die Besonderheit aus. In ihr wurden neben den Wirten und Klerks auch Wirtinnen verantwortlich für ihre Gäste gestellt.[1] Ähnliches galt für die Lieferung von Waren in Abwesenheit des Hosteliers. Die Ehefrau eines Hosteliers trug das gleiche Risiko wie er selbst und der Klerk der Herberge.[2] Für die vorliegende Untersuchung ergeben sich allein aus der Tatsache, daß auch Frauen Herbergen leiteten und als Hostelières für Hansen tätig waren, keine grundlegend anderen Erkenntnisse.

Die Funktion des Hosteliers als Geschäftspartner der Kaufleute führt zurück zu der Problematik des Brügger Patriziats vor 1300. Ein Abgleich der Namen der Brügger Mitglieder der Londoner Hanse, der fakultativen Bedingung vor 1300, um Magistratsämter übernehmen zu können, ergab interessante Übereinstimmungen mit Makler- bzw. Hosteliersfamilien, u.a. Metten Eye, Cuertrike, Alverdoe, Bonin.[3] Zwar ergibt Namensgleichheit noch keine Personen- oder Familienidentität, ihr Bestehen liegt im Falle Brügges aber nahe. Deshalb darf die Zunft der Makler und Hosteliers in Brügge zum Teil als Erbin der Londoner Hanse angesehen werden, denn mit dem beruflichen Wechsel vom Englandhandel zum Makler- und Hosteliergewerbe konnten Teile des alten Patriziats ihre traditionelle Machtposition innerhalb der Stadt erhalten und weiter sichern.

Die Verlagerung der Aktivitäten dieser Gruppe vom Handel zur Dienstleistung ermöglichte es ihr, dem Konkurrenzdruck der nach Brügge kommenden fremden Kaufleute auszuweichen und trotzdem politisch und ökonomisch aktiv und führend zu bleiben. Ein Teil der Hosteliers gehörte bereits seit dem 13. Jahrhundert zur Brügger Elite. Ein anderer Teil stieg im Lauf des 14. Jahrhunderts in diese Schicht auf. Diese Entwicklung vollzog sich einerseits durch die politischen Veränderungen um und nach 1300. Andererseits konnte der wirtschaftliche Erfolg eines Hosteliers diesem Zugang zu dieser Schicht verschaffen. Nicht zuletzt eine gute wirtschaftliche Vermögenssituation ermöglichte dem Makler bzw. Hostelier die Ausübung verschiedenster Ämter, für die im allgemeinen, mit Ausnahme einer jährlichen Aufwandsentschädigung, keine eigentliche Vergütung vorgesehen war.

Für die hansischen Kaufleute müssen sich Konsequenzen aus dem Kontakt zu einem Teil der Brügger Elite ergeben haben. Die vorliegende Untersuchung suchte vor allem auf ökonomischem und politischem Gebiet nach den Resultaten dieses Kontakts.

---

[1] HUB 5, S. 393, Nr. 750, 25. November 1406: [...] *ende men dat to kennene ghave den vorseiden weerd, werdynne offt enich van den vorseiden knapen* [...].

[2] SAB, Groenenboek A, fol. 27v-r: [...] *dat na dien dat de voorseide lakene commen waren int zijn huus ende aldaer bi hem of bij zinen wive of bij den clerk van zijder herberghen ontfanghen ende den coop hemlieden kenlic ghemaect.* Zum Vorfall s. Katalog, Joris Pape: W 148.1.

[3] VAN DEN ABEELE, CATRY, Makelaars en handelaars, S. 15-16; vgl. Katalog, Alverdoe: W 10; Curtrike: W 68, 69, 70.

3.3. Hansische Lebenswelt in Brügge

Wie oben bereits dargestellt,[1] bestand der augenfälligste Unterschied Brügges zu den anderen Hansekontorstädten in der Tatsache, daß die Kaufleute des Römischen Reichs von Beginn an über kein eigenes Haus oder auch abgeschlossenen Hof innerhalb dieser Stadt verfügten. Ein eigenes, den Versammlungen dienendes Haus war nicht unbedingt erforderlich, da die Mitglieder des Kontors ihre Zusammenkünfte unbehelligt im Brügger Karmeliterkloster abhalten konnten; hier wurden zunächst auch die Privilegien der Hanse und andere Dokumente verwahrt; die Versammlungsfreiheit wurde durch die Privilegien garantiert.[2] Selbst nachdem sich der lockere Zusammenschluß von Kaufleuten im 14. Jahrhundert zu einer schlagkräftigen wirtschaftlichen Organisation entwickelt hatte, beließen ihre Mitglieder es bis weit ins 15. Jahrhundert in der Frage eines eigenen Nationenhauses beim Status Quo. Hatten sich die hansischen Kaufleute inzwischen so sehr an das Brügger Modell gewöhnt, daß das traditionell hansische Vorgehen nicht mehr zur Debatte stand? Ergaben sich aus der Brügger Situation Konsequenzen für die hansische Präsenz in Brügge, d. h. haben die Verhältnisse in Brügge den Aufenthalt hansischer Kaufleute positiv unterstützt oder war das Gegenteil der Fall?

3.3.1. Hansische Präsenz in Brügge

3.3.1.1. Topographie der Hansen-Herbergen

Dieser Status Quo sah folgendermaßen aus: Angekommen in Brügge, sah sich der hansische Kaufmann vermutlich nach einem geeigneten Quartier bei einem Hostelier um.[3] Bei einmal gemieteten Räumen durfte der Vermieter den Preis nicht willkürlich erhöhen, selbst dann nicht, wenn der Mieter die zuvor abgesprochene Mietdauer verlängern wollte. Dies galt sowohl für Wohn- als auch Lagerräume.[4] Seit Stein gilt für Brügge unwidersprochen, daß die Kaufleute zerstreut in der Stadt lebten.[5] Zwar wies auch Stein auf einigen hansischen Hausbesitz in Brügge hin, ging aber nicht auf die Bedeutung dieser Tatsache ein. Tatsächlich gibt es nur einige wenige konkrete Angaben zur topographischen Lage der Häuser und auch Herbergen der Osterlinge. Da Listen mit Herbergen und ihren Gästen, auch nicht jene bereits erwähnten aus dem

---

1 Vgl. Kap. 3.1. Die Hanse im Ausland und Kap. 3.1.1. Das Brügger Modell.

2 FELLINGER, Der Karmeliterorden; VERMASEREN, De Carmel van Brugge; MARECHAL, De betrekkingen tussen Karmelieten en Hanzeaten; LELOUX, De Oosterlingen.

3 GILLIODTS-VAN SEVEREN, Cartulaire de l'ancienne Estaple 1, S. 227, Nr. 304 § 5: Privileg für englische Kaufleute vom 26. März 1359, in dem geschildert wird, wie die Wohnungs- und Lagerraumsuche vonstatten geht, § 5: *Item, que les devant diz voisent aval nostre dicte ville de Bruges, et regardent les maisons quil vouldront avoir que plus pourfitables leu seront pour leur aisemens, et que il les puissent louer ou prendre par taxation de noz eschevins, par sepmaines, par mois, par demi annees ou par annees, sil veullent;* [...]; dieser letzte Satz erinnert an das Aardenburger Privileg für die Hanse, in dem ebenfalls die Miete durch die Schöffen festgesetzt wurde. Ähnliches findet sich im großen Privileg von 1360 für die hansischen Kaufleute dann nicht mehr.

4 HUB 3, S. 256, Nr. 497 § 7.

5 STEIN, Die Genossenschaft, S. 17.

Jahre 1488, vorhanden sind, mußte die Frage nach dem konkreten Aufenthaltsort der hansischen Kaufleute mittels anderer Quellen beantwortet werden.

Ein erster Kataster wurde für Brügge erst im Jahr 1590 erstellt.[1] Fortlaufende Register im Hinblick auf Schöffenurteile, in denen sich Informationen zu Häusern oder Herbergen finden ließen, sind erst ab 1495 vorhanden. So mußten vor allem Einzelhinweise in den in der Einleitung genannten veröffentlichten und unveröffentlichten Quellen dazu dienen, die Herbergen zu lokalisieren. Von Vorteil erwies sich dabei die Einteilung Brügges in *zestendeele*. Bei diesen Sechsteln oder auch Stadtbezirken handelte es sich um administrative Einheiten, die militärisch und administrativ organisiert waren.[2] Die Führung beider Bereiche oblag dem soge-nannten *hoofdman* und fünf bis sechs *deelmannen*. Diese Personen sorgten für die Wahrung der öffentlichen Ordnung in den entsprechenden Stadtbezirken, waren dort als Bauaufsicht tätig und fungierten als Friedensrichter bei Nachbarschaftsstreitigkeiten.

Die Zestendeele der Stadt Brügge:[3]

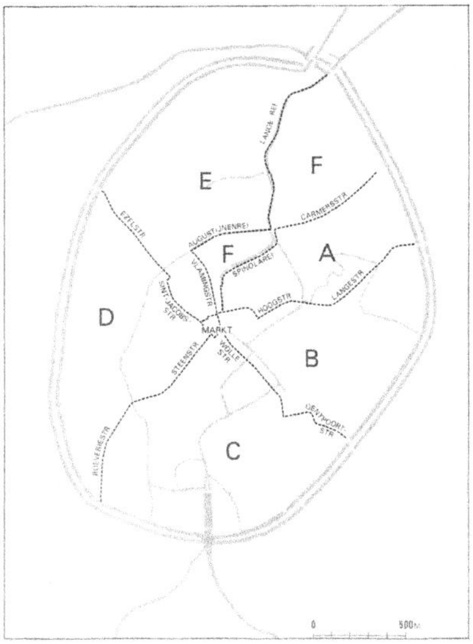

A. Sint-Janszestendeel
B. Sint-Donaaszestendeel
C. Onze-Lieve-Vrouwezestendeel
D. Sint-Jacobszestendeel
E. Sint-Niklaaszestendeel
F. Carmerszestendeel

Sieben Hansenwirte bzw. deren Herbergen konnten einer Straße in Brügge zugeordnet werden. Es handelt sich um die Herbergen Van den Berghe, Van der Buerze, Dom, Hauscild, Honin, Sconebergh und Van den Vagheviere. Besonders interessant für die Forschung ist die Herberge des Frans Dom. Der noch heute in Brügge bestehende Osterlingenplatz befindet sich an der Stelle, an der die Herberge des Frans Dom stand. Der Osterlingenplatz wurde 1457 auf Kosten der Stadt Brügge anläßlich der Rückkehr des Deutschen Kaufmanns nach Brügge geschaffen.[4]

---

1 GILLIODTS-VAN SEVEREN, Bruges, S. 23.

2 RYCKAERT, Brugge, S.89.

3 Karten übernommen aus RYCKAERT, Brugge, S. 90 und als Vorlage, S. 175 mit freundlicher Genehmigung des Autors; mit Dank an Ralf Schultzik für die Aufbereitung.

4 Katalog, Frans Dom: W 77, § 13; Herbergen: 14. Jh: 4H1: Thidemann van den Berghe (W 24)

Aus diesen Angaben ist eine Konzentration der Hansen auf das Sint-Janszestendeel und auf das angrenzende Carmerszestendeel zu erkennen. Fünf weitere Personen konnten identifiziert werden, die als Hosteliers der Hansen bekannt und gleichzeitig Deelman des Sint-Janszestendeel waren. Ihre Namen lauten Everaerd Goederic, Jan Lotin, Johannes Metten Eye, Clais van Theemseke, Jacob van den Vagheviere.[1] Daneben konnten drei weitere Hosteliers mit diesem Amt identifiziert werden, die aber nicht als typische Hansenwirte anzusehen sind.[2] Für das Carmerszestendeel sah die

im *Scottendijc* (heute: Sint-Annarei) und Clais Hauscild (W 92); 4H2: Zegher Honin (W 105) – *Cromme Wael* (heute: Koningstrate); 4H3: Jacob van den Vagheviere (W186) – Engelse Strate; 4H4: Jacob Sconebergh (W165) – *Sint-Jansbrug*; 4H5: Van der Buerze (W 41 – W 49) Vlamingstraat, Grauwerkerstraat.

1 Katalog, W 90, W 126, W 134, W 179, W 186.

2 Katalog, Zegher Honin: W 105, Clais Keerschietere W 115, Heindric Lotin W 126, Jan Honin:

Beteiligung der Hansenhosteliers ähnlich aus. Die Hansenwirte Jacob Hauschild (Auscild), Jacob Metten Eye und Lamsin van Sint Omaers konnten als Deelmannen nachgewiesen werden,[1] darüber hinaus übten vier weitere Hosteliers dieses Amt für dieses Zestendeel aus.[2] Wahrscheinlich wohnten die meisten von ihnen in diesem Teil der Stadt oder besaßen dort zumindest Immobilien. Eine Untersuchung über die sozialen Strukturen in Brügge von Ingrid De Meyer mittels der Steuerregister der Sechstel Sint-Niclaas, Sint-Jacob und Onze-Lieve-Vrouw ergab für die Jahre 1394-96 nur zwei als Hosteliers bzw. Taverniers identifizierte Personen und bestätigt damit die These, daß sich die große Mehrheit der Brügger Herbergen auf die anderen, bereits genannten Bezirken konzentrierte.[3]

Obgleich es sich bei den Hinweisen um Einzelangaben handelt, die die Frage nach dem Wohnort der Hansen keinesfalls erschöpfend beantworten und sich auch zeitlich über eine Periode von mehr als 100 Jahren erstrecken, zeigte sich ein interessantes Zeit - Ort - Verhältnis. Im 14. Jahrhundert nutzten die Hansen vor allem Herbergen im Sint-Janszestendeel. Im 15. Jahrhundert verschob sich diese Nutzung zugunsten des Carmerszestendeels. Die Gründe für diese Veränderung sind vielfältig:

Herbergswirte wie Van den Berghe und Sconebergh (beide dem Sint-Janszestendeel zuzuordnen) hinterließen keine nachweisbaren Erben, die die Herberge weiterführen konnten oder wollten. Daher mußten sich die Kunden dieser Hosteliers neue Unterkünfte suchen. Im weiteren Verlauf lässt sich eine gewisse Verdrängung der Hansen durch andere Kaufleute feststellen. Die Zahl der Engländer in Brügge nahm im 15. Jahrhundert zu und konzentrierte sich in der Rudderstrate, in der sich zunächst auch Wohnorte der Hansen lokalisieren ließen. Im 14. Jahrhundert wohnten die fremden Kaufleute nicht nur zusammen in denselben Straßen, sondern häufig auch in den gleichen Herbergen. Im 15. Jahrhundert vollzog sich eine deutlichere Trennung nach Herkunftsgebieten. Die Herbergen der Familie Van der Buerze, die zunächst durch hansische Gäste frequentiert wurden, entwickelten sich zum Ende des 14. Jahrhunderts zu Unterkünften, die von italienischen Kaufleuten bevorzugt wurden. Diese Veränderung erklärt auch die Einrichtung der Nationenhäuser der italienischen Kaufleute, die sich rund um die Herbergen der Familie Van der Buerze gruppierten.[4]

Bereits zu Beginn des 15. Jahrhunderts nahm die Zahl der nach Brügge kommenden hansischen Kaufleute ab. Daher benutzten weniger Hansen weniger Herbergen, so daß sich die hansischen Kaufleute möglicherweise auf die Herbergen beschränkten, die sich in der Nähe jener Häuser befanden, die sich in hansischem Besitz befanden.

W 103 und Martin Honin 104.

1 Katalog, W 16, W 132, W 171.

2 Katalog, Pieter de Hoedemakere: W 101, Pieter Huerel: W 112, Pieter Scuetelaere: W 170, Lieven Poltus: W 155.

3 De Meyer, De sociale strukturen te Brugge, S. 19; allerdings gilt es zu erwähnen, daß gleichartige Register für die anderen drei Zestendeele und damit auch für das Sint-Janszestendeel nicht mehr vorhanden sind.

4 Galoppini, Mercanti, S. 130-149.

3.3.1.2. Hansische Tavernen und Häuser

Hansischer Hausbesitz in Brügge konnte für mindestens 15 Personen nachgewiesen werden.[1] Die *Sint-Jansstraat*, *Rudderstraat* und der *Cromme Ghenthof* wurden dabei

[1] Zum Erwerb eigener Häusern: GREVE, Gast und Gastgeber, S. 96-102; MILITZER, Testament des Gerwin von Aldenbrekevelde, 1413, S.440, Nr.20.16. In diesem Dokument werden vier Häuser bei St. Uberta im Osten Brügges erwähnt. Damit ist ein Beginhof und eine Brücke in Brügge bezeichnet, s. Karte: 4O6); SAB, SR 1346-47, fol. 34r: Jan Baerts - *Sint Jansstrate*, Alebrechts Clipping - *Cromme Wael*, Jan van Coolne - *Hoghstrate*, Ludekin van Erenste - *Sint Jansstraate*, Coenekin Langhe - *Sint Jansstraate*, Jan Walkier - *Rudderstraate*, Bertram Zuderman - *Achter Porte*; HUB 6, S. 56, Nr. 126: Everd von Meghen - *Cromme Ghenthof*;

besonders häufig als Standorte gewählt. Auch der *Cromme Wael*, der *Scottendijc* und die *Engelse Strate* waren sowohl für hansische Häuser als auch Brügger Herbergen bekannt.[1] Alle genannten Straßen gehören zum Sint-Janszestendeel. Nur der *Cromme Ghenthof* lag im angrenzenden Carmerszestendeel. Im 15. Jahrhundert entwickelte sich das Carmerszestendeel mit den Straßen *Ghenthof* und *Cromme Ghenthof* zum bevorzugten Aufenthaltsort hansischer Kaufleute.[2] Hier wurde zunächst ein privates Gebäude als inoffizielles Hansenhaus benutzt, das später durch das offizielle Osterlingenhaus ersetzt wurde.[3]

Im Zusammenhang mit der Einfuhr und dem Verbrauch von Bier und Wein hatten die Osterlinge spezielle Vergünstigungen für Brügge erwirken können. In den Privilegien von 1307/09 und 1360 war den Hansen die Reduktion der Steuer auf Wein um die Hälfte und auf Bier um etwa 70 % zugesagt worden. Ab 1360 wurden die Importeure dieser Wein- und Biermengen in namentlichen Listen festgehalten, die zur Abrechnung mit den privaten Akzisepächtern in Brügge benutzt wurden.[4] Die Stadtrechnung des Jahres 1363-1364 leitete die Namen der hansischen Kaufleute mit folgenden Worten ein:

Ende es te wetene dat de namen ende toenamen van den oosterlinghen, die den vors' wijn tappeden ende dronken hier na bescreven staen ende hoe vele dat men hem of slaet.[5]

Das mittelniederländische Wort *tappen* bedeutet *im Kleinen verkaufen*, d.h. Verkauf *en detail*.[6] Der von den hansischen Kaufleuten importierte Wein durfte zum Eigenverbrauch und zum Verkauf verzapft werden. Hinsichtlich des ungehinderten Verkaufs hansischer Weinimporte war es in Brügge bereits zu manchem Konflikt gekommen. Einige Klageartikel des Deutschen Kaufmanns in Brügge aus der Zeit vor der Flandernblockade der Jahre 1358-60 benennen die konkreten Probleme vor allem hinsichtlich der Besteuerung des zum eigenen Verbrauch importierten Weins, der nach Ansicht der Hansen in Brügge gar nicht besteuert werden durfte, so daß sie einen Klageartikel speziell zu diesem Punkt notierten:

HUB 6, S. 10, Nr. 21: Thidemann Smithuus - *Ingelse Strate*, Jonann Eppenschede - *Sint Jansstrate*; HUB 6, S. 578, Nr. 1036: Zeghebode Berswoort - *Rudderstraat*, HUB 8, S. 205, Nr. 292: Gerard von Lensendijk - *Cromme Ghenthof*; HUB 8, S. 685, Nr. 1143: Heinric Haec - *Cromme Ghenthof* - *Langhe Winkel*; HUB 9, S. 98, Nr. 179: Heinrich Haec - *Sint Jansbrug*. *Cromme Wael* heißt heute Koningstraat, *Langhe Winkel* heißt heute Spanjaardstraat, siehe SCHOUTEET, De straatnamen.

1 Straßen siehe Karte: 4O1 – *Cromme Wael*; 4O2 – *Engelse Strate*; 4O3 – *Sint-Jansstrate*; 4O4 – *Rudderstraate;* 4O5 – *Hoghstrate;* 4O6 – St. Uberta; 5O1 – *Cromme Ghenthof*, 5O2 – *Langhe Winkel;* 4H1 – *Scottendijc*.

2 RAB, Kerkfabriek St. Walburga - 90, Nr. 00225, Rechnung, ca. 1421-23, fol. 10r, *Ghenthof - de hoosterlinghe 13 s 11 d*; Nr. 00227, fol. 3v, 1470: Rechnung , wobei *de oosterlinghe int cromme ghenthof* wiederum mit 13 s 11 d zu Buche stehen.

3 Siehe Anhang, W 77, Frans Dommes.

4 KRÜGER, Steuerlisten, S. 11; zum System der Akzisepacht: BOONE, Triomferend privé-initiatief.

5 SAB, SR 1363-1364, fol. 23v., KRÜGER, Steuerlisten.

6 VERWIJS, VERDAM, Middelnederlandsch Woordenboek.

Item dat onse burgeren in irre gheselscaf in den herberghen mid irren ghesinde drinken můghen wyn onder un umb alszulc ghelt, als zii willent, ind dat sii van yrme drancke, id sii wyn, bier, of anders, gheyne assise gheven.[1]

Tatsächlich war den Kaufleuten des Römischen Reichs die zollfreie Einfuhr von Nahrungsmitteln und Getränken zum eigenen Verbrauch schon im Privileg des Jahres 1309 gestattet worden. Wein allerdings war von dieser Regelung nachdrücklich ausgenommen:

Vord dat die vorseide coepmanne moeghen hebben alrande vitaille ende alle maniere van dranke, di zi bringhen bi der zee, utghsteken wiin onder hem ende harre maisniede te verteerne binnen haren heerberghen zonder assise derof te ghevene up dat ziid niet voord vercopen.[2]

Die hansischen Kaufleute wollten wohl zwei Dinge mit ihrem Protest erreichen, den alten Zustand unbedingt bewahren und wenn möglich, eine Verminderung oder gar Freistellung von der Akzise auf den importierten Verbrauchswein erlangen.

Aus den gleichen Klageartikeln des Deutschen Kaufmanns geht hervor, daß Kölner Kaufleute in den Verkauf von Wein en detail involviert waren. Der Weinzapf entwickelte sich zum Ende des 14. Jahrhunderts in Köln für etwa ein Fünftel der städtischen Bevölkerung zu einem lukrativen Nebenverdienst.[3] Das Betreiben einer Taverne neben der hauptberuflichen Tätigkeit als Kaufmann bedeutete für die Kölner in Brügge deshalb wohl nur die Fortsetzung ihrer Kölner Gewohnheiten. Diese hansischen Tavernen in Brügge rekrutierten vornehmlich einheimisches Personal.[4] Zusätzlich zu den in der Quelle genannten Weinschrötern mußten je sechs Angestellte bezahlt werden. Wahrscheinlich handelte es sich bei dieser Auflistung um den Mindestbedarf an Personal für eine Taverne. Die Verpflichtung und Entlohnung dieses Personals hatte offenbar zu Streitigkeiten zwischen flämischen und hansischen Taverniers geführt, denn das flämische Privileg der Hanse von 1360 erlaubte den Hansen ausdrücklich, ihren Wein nach der alten Steuerabgabe zu verkaufen und Personal nach Wunsch einzustellen, das ihnen niemand abspenstig machen durfte:

---

1 HR I,3, S. 238, Nr. 240: 9 § 7.

2 HUB 2, S. 68, Nr. 154 § 21.

3 HERBORN, MILITZER, Der Kölner Weinhandel, S. 42.

4 HR I,3, S. 238, Nr. 240: 9 § 3: *Item dat zii haven moighen yre ghesinde ind knapen umb yren wyn zû zappen, as langhe als un dat bevesiich is, umb eynen redeliken bescheidene loen, ind dat [un] die knapen ind dat ghesinde ouch nyeman af en neme, die wile siis behoivent, in dat man dem vurs[sreven]ghesinde lone, also herna ghescreven steit; dat is te weitene: Deme wynmetre ind eyme tavernyre yeclichme van den 4 grote to lone van dem vate wins. Item den twein knechten in dem kelre, die man nuempt binnendieners, die den wiin to tappen pleghent, yeclich van [un] 3 grote van den vate. Item den tween junghen schencken, die den wiin schenkent vur die dûre, ieclichen van un 4 Inghelsche van dem vate. Item den wiinscroderen van ieclichme vate wiins 3 grote, uutghescheiden dat craneghelt.*; vgl. VERWIJS, VERDAM, Middelnederlandsch Woordenboek, zu den mittelniederländischen Begriffen.

Voort dat elc coopman mach vercopen sine wiine ende doen tappen omme doude assise, alse van elker roede wiins een pond grote, die ghewoenlec siin, iof sine wiine anders vervoeren, waer dat hi wille, te vercopene. Voort mach elc coopman, die ten tappe zine wiine vercopen wille, siin ghesinde hebben, dat hem heffene comt, om redenlic loen; ende dat ghesinde sal hem niemen nemen, als langhe als hi des ghebruken willen.[1]

Trotz aller Regelungen blieb es bei den häufig von Hansen geführten Klagen gegen höhere Steuerabgaben für Wein.[2] Diese Klagen waren verständlich, denn höhere Abgaben verteuerten automatisch den Verkaufspreis des Weins. Auf diese Weise verringerte sich der Konkurrenzwert des hansischen Weins gegenüber anderen importierten Weinen. Von den Akziseerhöhungen profitierten daher vor allem die Stadt, die damit eine komfortable Einnahmequelle besaß, und die anderen Brügger Taverniers, die keine Akziseermäßigung auf ihren Verkaufswein genossen.[3] Neben Wein verzapften hansische Kaufleute auch Bier, das in den zeitgenössischen Quellen immer als *mede* bezeichnet wurde. Nicht nur Kölner Hansen betrieben diesen Weinverkauf in Brügge, sondern auch einige Dortmunder Kaufleute, namentlich: Berswoort, Smithuus, Clipping.[4] Für die Familie Clippinc ließ sich der Besitz eines Hauses in Brügge durch einen Stadtrechnungseintrag nachweisen. Danach besaß der Kaufmann Alebrecht Clippinc ein Haus im der Crommen Wael, auf das im Rechnungsjahr 1346-1347 eine Immobiliensteuer durch die Stadt erhoben wurde. Aus der entsprechenden Rubrik der Einnahmen in der Stadtrechnung geht zweifelsfrei hervor, daß es sich um hansischen Besitz handelte, denn diese Einnahmen sind unter dem Titel *Ontfanghen vander oosterlinghe husinghen* verzeichnet.[5] Die Brügger Steuerlisten bestätigten die weitere Existenz dieses hansischen Besitzes durch zwei Einträge aus den Jahren 1375 und 1376. Dort heißt es für das erste Quartal 1376 bei der Bier-Akzise, daß *ten Clippinghers* acht Tonnen zu versteuern waren.[6] Der zweite Eintrag für das dritte Quartal desselben Jahres notiert, daß *ter Clippinghers huus* sieben Tonnen Met zu versteuern waren. Es ist anzunehmen, daß es sich bei dem Haus des Albert Clippinc und dem hier genannten Haus *ter Clippinghers* vermutlich um ein und dasselbe Haus handelte. Aus dem Jahr 1387 ist zusätzlich eine Nachricht erhalten, die den weiteren hansischen Besitz des Hauses belegt. Der Kaufmann Gerwin van der Treppen beklagte, ihm seien im Jahr 1382 *ute sinen huse, ter Clippinge gehieten, an cleenoden, an*

---

1 HUB 3, S. 259-260, Nr. 497 §§ 20, 21.

2 HR I,3, S. 238, Nr. 240:9 § 2; weitere Klagen: HR I,3, S. 237-238, Nr. 240:9 §§1-7.

3 Hinweise zur Stützung dieser Theses haben sich bisher nicht ergeben.

4 Zu Berswoort: Katalog, W 25 u. DIERCK, DÜNNEBEIL, RÖSSNER, Prosopographischer Katalog, 33 - 33.2; Smithuus: Katalog W 174, 175 u. DIERCK, DÜNNEBEIL, RÖSSNER, Prosopographischer Katalog, 323-323.2; Clipping: Katalog W 56, 57, 58 u. DIERCK, DÜNNEBEIL, RÖSSNER, Prosopographischer Katalog, 93; GREVE, Gast und Gastgeber, S. 102-104.

5 SAB, SR 1346-1347, fol. 34v; hansischer Hausbesitz in Brügge war nach diesem Eintrag kein Einzelfall. In der Rechnung finden sich noch sechs weitere Namen von Hansen. Die Straße *Cromme Wael* in Brügge heißt heute Koningstrate und befindet sich in unmittelbarer Nähe zum Wasserlauf Reie und nicht weit entfernt vom Börsenplatz in der Vlamingstraat bei den Häusern der Familie Van der Buerze.

6 Katalog, Clippinghers: W 56.

huselam ende anderen goede, dat wol werdich was 25 lb grote durch den Balliu und den Schultheißen von Brügge beschlagnahmt worden.[1]

Gut zehn Jahre später zeigt eine weitere Quellennotiz, daß sich auch unter den hansischen Familien in Brügge Verbindungen herausgebildet hatten. Der Dortmunder Bürger und Ratsherr Gerwin Smythusen, der mit an Sicherheit grenzender Wahrscheinlichkeit mit dem in den Brügger Akziselisten notierten Gherwijn Smithuus zu identifizieren ist, besaß bis zu seinem Tod eine Erbrente an einem Haus in Brügge, *dat heit der Cleppincge hus*, gelegen in der *Crumwale Strate*. Sowohl die Familien Smithuus als auch Clippinc besaßen demnach anteilig dasselbe Haus in Brügge. Detmar Clippinc und dessen Sohn erwarben 1393 die Rente des Gerwin Smithuus von dessen Erben.[2]

Die Erwähnung dieser Angelegenheit mag beiläufig erscheinen, wird aber interessant, wenn beachtet wird, daß gerade die Dortmunder Kaufleute bereits am Ende des 13. Jahrhunderts über Brügge ihre Handelsunternehmungen nach England ausweiteten. Der Erwerb von eigenem Besitz in Brügge war dann sinnvoll, wenn diese Handelsunternehmungen permanenter Art waren. Geradezu auffällig entwickelten sich die Beziehungen hansischer Kaufleute zur englischen Krone in der ersten Hälfe des 14. Jahrhunderts.[3] Inge-Maren Peters hat in ihrer Studie von 1977 über hansische Kaufleute als Gläubiger der englischen Krone mehrere hansische Konsortien analysiert. Unter diesen gab es einen Verband, der sich 1339 unter der Führung Hildebrand Sudermanns[4] als Darlehnsgeber betätigte. Beteiligt waren auch Hildebrand und Conrad Berswort, Mitglieder der oben erwähnten Familie Berswort. Ein anderes Konsortium im selben Jahr unter der Leitung von Conrad Klepping schloß nicht nur die Familie Klepping/Clipping ein, sondern auch Mitglieder der Familie Smithusen.[5] Die Darlehen der hansischen Gläubigergruppen wurden meist durch Verrechnung mit den von den hansischen Kaufleuten zu zahlenden Zöllen für Wollexporte aus England abgegolten. Diese Wolle wurde nach Brügge importiert. Brügge bildete also für die hansischen Kaufleute nicht nur einen idealen Markt, auf dem Güter verkauft und gekauft werden konnten, sondern auch eine ausgezeichnete, permanente Basis, von der aus die verschiedensten Unternehmungen, in diesem Fall von und nach England, geplant und ausgeführt werden konnten.

Für das 15. Jahrhundert ergaben sich einige Parallelen. So schrieben die Älterleute des Hansekontors zu Brügge am 7. Mai 1414 an die Stadt Köln, daß der Dortmunder Bürger Thideman van Hovele der Junge, dem eine Leibrente der Stadt Köln nicht ausbezahlt worden war, zum fraglichen Zeitpunkt lebend und gesund in Brügge anwesend gewesen sei und baten, die Angelegenheit zu seinen Gunsten zu regeln. In einem weiteren Brief an Köln wird der gleiche Sachverhalt wie für Hovele für Gherwin Kleppink dargestellt (5. Okt. 1414). Auf diese Weise wurde zwischen 1410 und 1421 eine ganze Reihe von Briefen bzw. Lebensbestätigungen durch die Älter-

1 HR I,3, S. 338, Nr. 336 § 13, *huselam* = Hausrat.

2 DUB 2,1, S. 360, Nr. 345.

3 PETERS, Hansekaufleute als Gläubiger.

4 Zu Mitgliedern der Familie Sudermann: MEYER, Die Sudermanns; DIERCK (1995), Die Brügger Älterleute, S. 50-54.

5 PETERS, Hansekaufleute als Gläubiger, S. 135-169.

leute in Brügge an Köln gesandt, um zu bestätigten, daß neben den bereits genannten Personen auch die Brüder Detmar und Johan van Hovele, Thideman de jonghe van Hovele, Henrick Egginchuysen und Johan Kruse in Brügge lebend angetroffen worden seien.[1] Die Hoveles waren keine Unbekannten in Brügge. Der Vater von Thideman dem Jüngeren, Thideman der Ältere war 1398 Ältermann des Hansekontors zu Brügge gewesen. Auch siebzig Jahre später, 1496, waren die Älterleute noch immer gut darüber informiert, welche hansischen Kaufleutefamilien Brügge zu ihrem ständigen Wohnsitz erklärt hatten, ohne das dortige Bürgerrecht zu erwerben. In einem Schreiben hieß es, daß die Sudermans, Berswoorts, Kleppings, van Hoveles und andere mehr aus Dortmund ehemals als Hansen in Brügge mit Frau und Kindern gelebt hätten.[2]

Aber aus diesem lang andauernden Verbleib hansischer Kaufleute in Brügge darf nicht geschlossen werden, daß die Kaufleute in großer Zahl dazu übergegangen waren, das Bürgerrecht dieser Stadt zu erwerben.[3] Das Gegenteil war eher der Fall. Die meisten der hansischen Kaufleute, die sich für längere Zeit in Brügge einrichteten, behielten das Bürgerrecht ihrer Heimatstadt bzw. erwarben das einer anderen Hansestadt. Die Privilegien der Hanse in Flandern waren für Kaufleute aus den Hansestädten bestimmt. Sie gingen in ihren Freiheiten in mancher Hinsicht über die Rechte der Brügger Bürger hinaus, z.B. bei der geringeren Besteuerung des Wein- und Bierverbrauchs, bei der Regelung des Strandrechts oder bei der Sicherung von Bastardgut im Todesfall.[4] Der Erwerb des Brügger Bürgerrechts hätte für die Hansen keine Vorteile, sondern eher Nachteile gebracht. Selbst die Heirat mit einer Brügger Bürgerin, etwas, was normalerweise zur Übernahme des Bürgerrechts führte, bewog hansische Kaufleute nicht, ihr eigenes Bürgerrecht aufzugeben. Jan Durcoop und Conrad Noordmeyer sind hierfür ein Beispiel. Durcoop und Noordmeyer hätten durch ihre Heirat mit einer Brügger Bürgerin in den Besitz des dortigen Bürgerrechts gelangen können; Durcoop war bis zu seinem Tod mit Elysabeth Walvis verheiratet, die als dessen Witwe Conrad Noordmeyer ehelichte.[5] Beide Kaufleute behielten ihr hansisches Bürgerrecht. Ausnahmen von dieser Regel hat es natürlich gegeben, wie z. B. im Fall des Tideman Blomenrod. Allerdings erfolgte bei ihm der Erwerb des Brügger

1 HAStK, Hanse III K, Korrespondenz und Akten, 14. - 17. Jahrhundert, K1 Bl. 126: Johan Kruse; K 1 Bll. 127, 135, 136, 138, 142, 143, 145, 155*, 153*: Thideman, Detmaer, Johan und Thideman de jonghe van Hovele; K 1 Bll. 147*, 148, 151, 151*: Henrich Egginchuysen; K 1 Bll. 128, 131, 132, 134, 137, 143, 149: Gherwin Clepping. Diese Briefe werden von LELOUX, Zur Sprache in der ausgehenden Korrespondenz, Bd. 2, S. 7-20 u. S. 22-25 zitiert; solcher Art Lebensbestätigungen sind auch im 21. Jahrhundert durchaus noch im Konsularwesen bei Rentenansprüchen im Ausland lebender Personen üblich.

2 HUB 11, S. 587, Nr. 947, 17. Juni 1496: *Oik en is deme coepmanne nicht verbaden , dat he nicht verdedinghen solle deghenne, de to huyse und to have hijr to lande sitten mochten, dat in tijden vorleden bij enen ghenaemt Gerdt Lentzendijck, Hinrick Terrax, eenen gheheten Zuyderman und vele mer andere van Dortmunde als de Berzwoirde, Cleppinge, de van Hovele etc., dede to Brugghe in vorledenen tijden huyse tymmerden und mit wijve und kinderen bewonden, beholden dat se vreemde bleven und nene borghers en worden buten der Hanze.*

3 Wie es etwa FAVIER, In naam van god, S. 132 behauptet.

4 HUB 3, S. 250-266, Nr. 497, Wein §§ 19-27, 29, Bastardgut § 49; dazu CARLIER, GREVE, Omtrent de dood van een bastaard, S. 95-103.

5 Mit Dank an R. Rößner für die Hinweise auf diesen besonderen Fall; GREVE, Vreemdelingen in de stad, S. 156-157.

Bürgerrechts nicht aufgrund des von Favier postulierten Motivs der günstigeren Position im Handelsleben, sondern aufgrund juristischer und privater Überlegungen. Blomenrod wurde wegen der Einschaltung fremder Gerichte gegen Mithansen 1350 aus der Hanse ausgeschlossen. Danach ließ er sich in Brügge nieder und arbeitete dort zeitweise als einer der 15 städtischen Wechsler.[1]

Aber auch andere Familienverbindungen sind für Brügge denkbar: Im Testament des hansischen Kaufmanns Johan Oldenvere vom 24. Juli 1361 findet sich das bemerkenswerte Legat in der jeweiligen Höhe von je 1 lb grote für die Brügger Bürgerin Elisabeth Everbout und ihren Sohn Martin. Elisabeth Everbout war die Ehefrau des Lievin Everbout, einem bekannten und angesehenen Brügger Hostelier.[2] Sie wird in dem hansischen Testament als Tochter des Johann Witte (Albus) bezeichnet. Möglicherweise stammte sie aus einer hansischen Familie Witte,[3] zu der Oldenvere in Beziehung stand. Lievin Everboud, Ehemann der Elisabeth, war ein ausgesprochener Hansen-Wirt. Lag also in der möglichen hansischen Familieverbindung ein Grund für die Klientel der Herberge Everbout? Diese konkrete Frage kann zwar heute nicht mehr beantwortet werden, leitet aber dennoch zu einem besonderen Aspekt der mittelalterlichen Herbergen in Brügge über, nämlich der Kollektiv-Unterbringung der Kaufleute.

3.3.1.3. Im Netzwerk von Herbergen und Handel

Die Bevorzugung zweier Zestendeele durch die Hansen und in ihnen die Beschränkung auf vier bis fünf bestimmte Straßen macht deutlich, daß die Hansen nicht irgendwo verstreut in der Stadt wohnten, wie Stein noch meinte.

Die Konzentration auf die beiden Zestendeele ist keineswegs überraschend, denn das Sint-Janszestendeel mit dem angrenzenden Carmerszestendeel war der zentrale Handelsbereich der Stadt. Hier befanden sich Zoll, Waage, Kran und Börsenplatz mit den italienischen Bankhäusern. Die Hansen wohnten in dem Teil der Stadt, der als Zentrum des Handels zu bezeichnen ist. Damit verfügten die hansischen Kaufleute über eine hervorragende Ausgangsbasis für ihren Waren- und Güterhandel. Die kurzen Wege zwischen den einzelnen Herbergen, deren Gästen und den Faktoren der in- und ausländischen Kaufleute ermöglichten einen maximalen, schnellen Kontakt untereinander.[4] In diesem Bezirk trafen sie Kaufleute anderer Nationen, die hier ebenfalls ihre Quartiere hatten. Die Herbergen, in denen Waren aller Art zur Niederlage kamen, übernahmen für den Kauf und Verkauf neben den großen Hallen die zentrale Verteilerfunktion. Gefördert wurde diese auch durch die Tatsache, daß der Handel der fremden Kaufleute untereinander in Brügge unter Einbeziehung eines einheimischen Maklers erlaubt war. Den hansischen Kaufleuten war dieses Recht bereits mit den

1 HUB 3, S. 77-78, Nr. 160; DE ROOVER, Money, Banking and Credit, S. 171-172, 191, 207 und 134; PARAVICINI, Lübeck und Brügge, S. 141, Anm. 301.

2 BRANDT, Regesten der Lübecker Bürgertestamente 2, S. 279, Nr. 903 § 20; s. Katalog, Elisabeth Everbout: W 86; Lievin Everbout: W 85.

3 DIERCK, DÜNNEBEIL, RÖSSNER, Prosopographischer Katalog, Nrr. 391-393.2, S. 475-495, bes. Nr. 392.2, S. 480-482: Johannes Albus.

4 BLOCKMANS, Urban Space in the Low Countries, S. 175.

ersten Privilegien für Flandern zuerkannt worden. Diese Bestimmung des Gästerechts liest sich auch im Privileg von 1309 folgendermaßen:

Vord dat zi bin der vorseider stede van Brucghe hare coepmanscepe ende hahre goeds vercopen moeghen ende copen moeghen ander goed elc met andren iof met wien dat zi willen ende weder uter steide voeren eist bi watere eist bi lande zo waer dat zi willen ende begheren. Ende dat zi moeghen copen paerden ende andre cleine dinghen, daer gheine grote macht an leghet, ende dat moeghen zi weder vercopen zonder begriip.[1]

Daenell schloß dagegen aus dieser Formulierung, daß die deutschen Kaufleute der Verpflichtung, sich der einheimischen Makler bei ihren Geschäften zu bedienen, entledigt hätten.[2] Diese Feststellung trifft nur auf den zweiten Absatz des zitierten Paragraphen zu. Nur Pferde und Waren mit einem Wert bis zu 5 lb grote durften ohne Einbeziehung eines örtlichen Maklers gekauft werden. Der erste Absatz hingegen erlaubt zwar den Handel der Gäste untereinander, besagt aber nicht, daß dieser Handel ohne Makler vonstatten gehen kann. Andernfalls wäre nach Daenells Interpretation die im Paragraph 13 des gleichen Privilegs festgehaltene Bestimmung über die Makler unlogisch, die ihren Eid vor den Schöffen in Gegenwart der Kaufleute ablegen sollen, *recht makelare te wesene ende gherechtichheide derin te secghene ieghen den copere ende den vercopere* und sollte er hier Fehler machen, so dürfe er *nemmermer penninc wonne met makelardie an der coepmanne goed ende an coepmanscepe vorseit.*[3]

Dabei wurde das Recht des Gästehandels im Mittelalter unterschiedlich gehandhabt. In Venedig beispielsweise war der Gästehandel nicht erlaubt.[4] Gleiches galt für die Städte Wismar, Greifswald, Hannover, Braunschweig, Danzig und etwas einge-schränkt auch für Dordrecht.[5] Vermutlich auch aufgrund des liberaleren Handels-rechts in Flandern konnte sich in Brügge bereits im 13. Jahrhundert ein Handelsplatz entwickeln, dessen Blüte im 14. Jahrhundert mit Recht als mittelalterlicher Weltmarkt bezeichnet wurde. Mit der Einrichtung des englischen Wollstapels in Brügge wurde der Grundstoff für das flandrische Spitzenerzeugnis, das Tuch, direkt zur Weiterverarbeitung ins Hinterland verbracht. Hansische Kaufleute waren sowohl am Import der Wolle als auch am Export des Tuchs beteiligt, das vornehmlich in hansischen Koggen in den hansischen Handelsraum verschifft wurde. Bereits in der ersten Hälfte des 14. Jahrhunderts beherrschten die hansischen Kaufleute die Ausfuhr dieser Ware.[6] Im Lauf des 14. und 15. Jahrhunderts wurde die Exportfunktion des hansischen Kaufmanns stetig verfestigt.[7] Hansische Waren wie Pelze, Kupfer, Holz, Wachs, Eisen, Pech, Teer, Hanf und Bernstein fanden ihre Abnehmer im bevölke-

---

1 HUB 2, S. 62, Nr. 154 § 2.

2 DAENELL, Blütezeit, Bd. 1, S. 16.

3 HUB 2, S. 62, Nr. 154 § 13.

4 EHRENBERG, Makler, S. 406.

5 Siehe FRENSDORFF, Der Makler im Hansagebiete, S. 292-294.

6 HUB 3, S. 56-58, Nr. 115, 116; VAN WERVEKE, Die Stellung; HOLBACH, ".... seulement pour les Oosterlincx.", S. 75-76; PETERS, Hansekaufleute als Gläubiger.

7 HOLBACH, ".... seulment pour les Oosterlinckx.", S. 82-84.

rungsreichen Flandern.[1] Andere hansische Produkte wie Rheinwein, Bier, Hering, Getreide und Salz fanden ebenfalls großen Absatz in Brügge und Flandern.

Brügge erfüllte damit - vor allem im 14. Jahrhundert - die Voraussetzungen, die dem network-gateway-Modell zugrunde liegen. Dieses Modell, in dem ein stark urbanisiertes Hinterland mit zentralen Hauptorten verbunden hervortritt, unterstreicht die vitale Bedeutung eines Netzwerks kleinerer produzierender Städte für einen zentralen Handelsplatz. Für Flandern wurde dieses Modell bereits durch Peter Stabel angewandt.[2] Er stellte dabei fest, daß der Kaufmann nur selten direkt mit dem Tuchproduzenten in Kontakt kam. Das in den kleinen Zentren produzierte Tuch wurde vor allem in Brügge verkauft; dabei nutzte der Kaufmann die Kenntnis des Maklers oder Hosteliers als Vermittler. Damit besetzten wiederum die Mitglieder der Maklerzunft eine ausgesprochen wichtige Schlüsselposition im internationalen Handel. Mus hat in seinem Aufsatz über die Abwicklung des Tuchhandels in Kortrijk die große Bedeutung der Hosteliers und Makler als Stationen dieses Handels auf dem Weg vom Produzenten zum Kaufmann exemplarisch belegt. Am Beispiel des Brügger Hosteliers Joos van Doorlee beweist Mus, das der Hostelier in Kortrijk und Brügge bis zum Ende des 15. Jahrhunderts der Zwischenhändler Kortrijk'scher Tuchware blieb.[3]

Für die hansischen Kaufleute fungierte der Hostelier in Brügge bereits vor 1347 als Zwischenhändler bei Tuch aus Poperinge. Dabei wurde genauestens darauf geachtet, daß der Brügger Hostelier ausschließlich als Faktor für seinen hansischen Gast auftrat und selbst nicht in den Verkauf des Poperinger Tuch eingriff.[4] Neben der eigentlichen Herberge besaßen manche Hosteliers ein *ghewant huus*, in dem sie die Tuchware ihrer Gäste lagerten.[5]

Diese Faktortätigkeit zeigte sich bei dem Brügger Hostelier Arnoud Poltus, der im Jahr 1400 Tuchware für seinen hansischen Gast Albrecht Rebber nach Köln zu Rebbers dortigem Wirt Brun Botschu sandte.[6] Zu Beginn des 15. Jahrhunderts versuchte der Hansetag, dieser Praxis ein Ende zu bereiten. 1418 beschloß er zu Lübeck, daß kein hansischer Kaufmann Waren an eine Person außerhalb der Hanse senden durfte.[7] Diese Verordnung traf auch die Hosteliers in Brügge, die zu diesem Zeitpunkt als Faktoren der Kaufleute bereits etabliert waren. Auch wenn aufgrund der vorhandenen Quellen nicht festgestellt werden konnte, ob dieser Bestimmung durch alle hansischen Kaufleute Folge geleistet wurde, erweist ein Dokument aus dem Jahr 1421 die Konsequenzen dieser Anordnung. Ein Abgesandter Brügges sprach sich nämlich auf dem Hansetag in Lübeck 1421 für die Abschaffung dieser Bestimmung aus, da

---

1 DOLLINGER, Die Hanse, S. 323, VAN HOUTTE, Ambernijverheid, S. 52-54; ausführlicher über diesen Handel: DAENELL, Die Blütezeit der Hanse; HÄPKE, Brügges Entwicklung; BAHR, Handel und Verkehr.

2 STABEL, De kleine stad, S. 87- 100; zur Theorie des gateway-Modells: HOHENBERG, LEES, The making of Urban Europe.

3 MUS, Kortrijk, passim.

4 HUB 3, S. 57-58, Nr. 116, 21. November 1347.

5 Katalog, Joris Pape: W 148.1, § 14.

6 Katalog, Arnoud Poltus: W 154, § 4.1 und 9.

7 HR I,6, S. 559, Nr. 557 § 32: *Vortmer en schal nyn copman van der henze sin goed yn Vlaanderen senden, jemende buten der hense te bevelende; men he schal dat senden an de edder den, de in de hense behoret* [...].

die Hosteliers seit jeher in dieser Weise für die Kaufleute aufgetreten wären und das Gut durch die Gesetze in Brügge geschützt sei.[1]

Der Verlust der Faktortätigkeit konnte den Hosteliers nicht willkommen gewesen sein, da sie damit einerseits eine Einkommensquelle verloren und andererseits ihre Stellung innerhalb ihres eigenen Handelsnetzwerks beschränkt bzw. geschwächt sahen. Aufgrund ihrer Faktortätigkeit waren die Brügger Hosteliers nämlich nicht nur an einem lokalen Netzwerk, sondern über ihre Gäste auch an interregionalen bzw. internationalen Netzwerken beteiligt. Mit dieser Vergrößerung ihres Geschäftsbereichs machten sie sich unabhängiger von lokalen Umständen und realisierten eine größere Streuung ihres Geschäftsrisikos.

In der erfolgreichen Ausgestaltung dieser Netzwerke liegt eine Antwort auf die eingangs gestellte Frage nach dem Grund für die lange Verbindung zwischen der Hanse und Brügge. Der Hostelier als Zentrum lokaler und interregionaler Netzwerke mit vielfältigen Verbindungen in Wirtschaft und Politik erleichterte den Hansen den Zugang zum Brügger Markt. In Erweiterung des oben vorgestellten,[2] eher statischen *political network*-Modells boten sich dem hansischen Kaufmann durch den *network-star*, den Hostelier, immer neue Möglichkeiten an Kontakten, Informationen, Handelsoperationen. Diese sich ständig erweiternde Struktur hat Murray dazu angeregt, im Netzwerk des Hosteliers kein einfaches bilateral funktionierendes System zu sehen, sondern es mit einem *artificial neural network* zu vergleichen.[3] Gleich elektronischen Impulsen der Nervenbahnen entstanden in Brügge immer neue Verbindungen, die von den Kaufleuten über den Hostelier genutzt werden konnten. Dabei offerierte ihnen dieses System ein Maß an Schnelligkeit, Flexibilität, Supplesse und Information,[4] wie es die hansischen Kaufleute wahrscheinlich aus ihren Heimatstädten für ihre dortigen Handelsoperationen in diesem Umfang nicht kannten bzw. nicht besaßen. Kaufleute, die selbst unterwegs waren, benötigten eine Anlaufstelle in fremden Städten, wie z.B. Brügge. In ihrer Heimatstadt waren sie selbst für ihre Geschäfte zuständig und mußten dort nicht auf Wirte zurückgreifen, weil sie selbst vor Ort waren. Wirte waren dann von großem Nutzen, wenn sie in den internationalen Waren- und Geldhandel eingeschaltet waren und als Kommissionär bzw. Faktor für den Kaufmann auftreten konnten. So ließen sich Entfernungen und persönliche Anwesenheit überwinden und der Waren- und Geldtransfer konnte in steigendem Umfang fließen.

1 HR I,7, S. 203, Nr. 355 § 1, 21. Juni 1421: *Dat andere stucke, wo de stede eyn gesette und ordonancien gemaked hebben in vortiiden sunder consent der van Brugghe, also dat nyn copman sin gud senden schole an sinen werd to Brucge, alset plach te ziinde, sunder an de jenne, de de licgers sin to Brucge ut der henze; unde wente de van Brucge mene, dat en alsodane gesette (sunder) erme consent gedan, sere to na unde schamferlik sii, biddende, dat men dat gesette wandele, alse dat id in eynes jewelkens kore sta, dat he sin gud moge senden an sinen werd, eft he wille, edder an weme dat he wille; also dat de werde nicht utgesteken en siin, na deme dat mank alsodanen werden erbare lude sin, de de uppersten unde erbarsten van der stede sin* [...].

2 Siehe Kap. 3. Internationale und lokale Netzwerke.

3 MURRAY, Of Nodes and Networks.

4 DERS., a.a.O.

3.3.2. Bankwesen in Brügge

Das wurde und wird auch von den zahlreichen Publikationen, die zum Thema Geld und Geldwirtschaft im Mittelalter erschienen sind, unterstrichen. Häufig aber betonen gerade diese globalen Untersuchungen den rückständigen Charakter hansischer Geld- und Kreditwirtschaft.[1] Geldhandel, Geldtransfers und Kreditoperationen sind keine typischen Erscheinungen der Neuzeit, sondern waren zu allen Zeiten von eminenter Bedeutung. Handel ohne Finanztransaktionen ist eigentlich in einer höher entwickelten Zivilisation kaum vorstellbar. So veröffentlichte Sprandel bereits 1975 eine interessante Übersicht zum mittelalterlichen Zahlungssystem im hansischen Raum. Er stellt fest, daß Geld sowohl in bar als auch bargeldlos transferiert wurde. Zur bargeldlosen Transferierung wurde die Assignation, d.h. die Übertragung eines Zahlungsanspruchs von einem Gläubiger auf einen anderen, häufig durch städtische Haushalte genutzt.[2] Also stellt sich die Frage, ob das, was die Hansen in Brügge vorfanden, ganz und gar anders war als das, was sie in ihren eigenen Herkunftssorten gewohnt waren.

Durch Sprandels Studie ist bekannt, daß viele Kaufleute die Kreditmöglichkeiten, die ihnen Buchgeld und Wechsel eröffneten auch tatsächlich ausschöpften. Eine Form des Buchgelds bestand bereits in den städtischen Schuldbüchern des 13. Jahrhunderts. In Städten wie Lübeck und Hamburg konnten Kaufleute ihre ausstehenden Zahlungen notieren lassen. Diese öffentlichen Schuldbücher fanden ihre Fortsetzung in den privaten Handlungsbüchern der Kaufleute, von denen nur wenige Exemplare auf uns gekommen sind.[3] Diese Bücher übernehmen im Verlauf des 14. Jahrhunderts Kreditfunktionen. Geld- und Warenkredite sowie deren Begleichung wurden in ihnen schriftlich festgehalten. Diese Bücher waren, obwohl es sich bei ihnen um private Aufzeichnungen handelte, bindend. Das Handlungsbuch von Hildebrand Veckinchusen ist hierfür ein Beispiel. Es ist davon auszugehen, daß jeder größere Hansekaufmann im 15. Jahrhundert ein Handlungsbuch dieser Art besaß.[4] Daneben verwendeten hansische Kaufleute ebenfalls Wechsel und Wechselbriefe, die den internationalen bargeldlosen Zahlungsverkehr ermöglichten.

Aber eine echte Clearingstelle für große oder auch kleine Zahlungen fehlte in Nordeuropa. Nicht zuletzt wegen dieses Fehlens griff beispielsweise die römische Kurie bzw. griffen die päpstlichen Kollektoren auf eine Infrastruktur zurück, die ab dem 12. Jahrhundert maßgebend für ganz Europa geworden war. In enger Verbindung zur päpstlichen Kurie übernahmen italienische Kaufleute die Abwicklung finanzieller Transaktionen, wie beispielsweise die Überweisungen der kirchlichen Abgaben aus den nordeuropäischen Regionen an die apostolische Kammer nach Rom.[5] Aus diesem Personenkreis entwickelten sich professionelle Geldhändler, die mit ihrem jeweiligen Familienverband den mittelalterlichen Finanzmarkt vollständig be-

---

1 KINDLEBERGER, A Financial History, S. 8; DAY, The medieval market, S. 170.

2 SPRANDEL, Das mittelalterliche Zahlungssystem.

3 RÖRIG, Kaufmannsbüchlein; LESNIKOV, Die Handelsbücher des hansischen Kaufmanns; NIRRNHEIM, Das Handlungsbuch; SPRANDEL, Das mittelalterliche Zahlungssystem, S. 44-45;

4 SPRANDEL, Das mittelalterliche Zahlungssystem, S. 45.

5 BAUER, Epochen der Papstfinanz, S. 465-472; MASCHKE, Peterspfennig; RENOUARD, Les relations des papes, S. 40-42, BRILIOTH, Den påfliga beskattningen, S. 135-144; FRITZ/ ODELMAN, Svensk falkexport, S. 68-69.

herrschten. Die italienischen Handelsfirmen errichteten Filialen außerhalb Italiens und führten damit der ökonomischen Entwicklung Europas eine neue Dimension hinzu. Geld- und Warenhandel blieben im Mittelalter bei diesen Firmen miteinander verbunden. Die permanente Etablierung italienischer Filialen in England und Flandern im 13. Jahrhundert mag daher auch ein Grund dafür gewesen sein, daß sich die Aufmerksamkeit der internationalen Kaufleuteschaft von den Champagner Messen zu den flandrischen Messen, speziell aber nach Brügge verlagerte, das nun die attraktiven Handelsgüter italienischer Firmen im Marktangebot hatte.[1] Auch als die Gelder der päpstlichen Kollektoren aus den entfernten Gebieten wie Skandinavien oder England während des Großen Schismas nach Avignon gelangen mußten, gab es für diese Geldströme nur einen interessanten Platz, nämlich Brügge.[2]

Einige dieser Zahlungen wurden durch polnische und preußische Kaufleute über den Brügger Hostelier Arnoldus Poltus an die italienische Bank der Alberti antichi abgewickelt.[3] Neben den italienischen Großfirmen der Acciaiuoli, Bardi, Peruzzi, Alberti und später auch der Medici und Borromei konnten sich in Brügge andere, weniger spektakuläre Geldhändler etablieren. Man begegnet ihnen auch unter den Begriffen Lombarden oder Cahorsin. Diese Bezeichnungen der Pfandleiher deutet auf einen italienischen bzw. französischen Ursprung hin; ihre Herkunft läßt sich aber nicht mit letzter Sicherheit feststellen. Im 14. Jahrhundert jedoch ist der Personenkreis, der sich mit diesem Zweig des Geldhandels beschäftigte, im wesentlichen bunt gemischt, d.h. Nationalität war nicht der bestimmende Faktor für die Möglichkeit zur Ausübung des Berufs.[4]

Die Wechsler bildeten einen weiteren, unentbehrlichen Bestandteil eines mittelalterlichen Handels- und Finanzzentrums. Wechsel wurden in Brügge auf privatrechtlicher Basis betrieben. Die einzige öffentliche Aufgabe der Brügger Wechsler bestand in der Versorgung der flandrischen Münze mit Edelmetallen. In anderen Zentren wie Nürnberg oder Frankfurt entwickelten sich die Wechsler zum Teil zu öffentlichen Amtsträgern, die durch die jeweiligen Autoritäten kontrolliert und genutzt wurden.[5] In Brügge bestanden vier freie Wechsel mit einem festen Platz, die als Lehen von der Brügger Burg abhingen. Von diesen freien Wechseln wiederum hingen unfreie Wechsel ab, deren Zahl bis zu 15 im Jahr 1346 anstieg, aber zum Ende des 14. Jahrhunderts wiederum erheblich sank. Die Tische dieser Wechselstuben wurden in der Nähe der festen Wechsel aufgebaut, mit Sicherheit in der Umgebung des Großen Markts an der Neuen Halle. Unter den Wechslern hatten sich bereits Mitte des 14. Jahrhunderts einige auf die Annahme von Depositen und Wechselgeschäften spezialisiert. Die Rechnungsbücher der Brügger Wechsler Willem Ruweel und Collard de Marke zeigen eine breit gestreute Klientel. Neben französischen, spanischen, englischen, schottischen und portugiesischen Kaufleuten sowie flämischen Bürgern lassen

---

1 De Roover, Money, Banking and Credit, S. 11-13.

2 Despy, Bruges et les collectories pontificales, S. 96.

3 Renouard, Les relations des Papes, S. 310-311; vgl. Katalog, Arnoud Poltus: W 154.

4 Marechal, (J.), Bijdragen tot de geschiedenis, S. 11-18; Marechal unterscheidet zwischen offiziellen und geheimen Lombarden. Unter den geheimen Lombarden finden sich viele verschiedene "Nationalitäten", unter den Lombarden vor allem Personen aus der Lombardei, dem Piemont sowie der Toskana, aber auch aus dem Hansegebiet.

5 Stromer, Funktionen und Rechtsnatur, S. 238.

sich auch einige hansische Kunden bei beiden Wechslern nachweisen. Die Wechsler kamen einer Frühform der Bank in ihren Geldgeschäften nahe. Raymond De Roovers Studie über den Brügger Geldmarkt aus dem Jahr 1948 hat in der Vergangenheit die Sichtweise der Rolle des Hosteliers sowie seiner hansischen Klientel im Brügger Finanzsystem in der Forschung bestimmt.[1] Trotz des durch Italiener und Wechsler in Brügge etablierten Finanzmarktes sollen gerade hansische Kaufleute aufgrund ihrer zurückgebliebenen Handelstechnik[2] bis auf wenige Ausnahmen keinen Gebrauch von diesen Banken gemacht, sondern fast ausschließlich auf die „altertümliche Art" des Geldaufbewahrens durch ihre Hosteliers zurückgegriffen haben. Auf diese Weise seien die Hosteliers zu Konkurrenten der Wechsler geworden, aber letztendlich ohne Erfolg auf dem Brügger Finanzmarkt geblieben, was auch mit der Nichteinhaltung der von der Hanse immer wieder eingeforderten Haftungsgarantie der Stadt bei Verlust von Geld durch diese Hosteliers zusammengehangen habe.[3]

Aber diese Beurteilung der Rolle der Hosteliers am Brügger Finanzmarkt steht im Widerspruch zu der tatsächlich vorhandenen Beteiligung der Hosteliers am Geldtransfer päpstlicher Kollektoren sowie der Tatsache, daß gerade Brügger Herbergen als Zahlungsort für Anleihen des europäischen Adels benutzt wurden.[4] Immerhin ließen sich für das 14. Jahrhundert mindestens elf Brügger Hosteliers nachweisen, dessen Herbergen mit der Rückzahlung von Krediten durch die Preußenfahrer des europäischen Adels.[5]

Das Fehlen einer den italienischen Banken vergleichbaren eigenen Einrichtung im nordosteuropäischen Gebiet, abgesehen von der Bueri-Bank in Lübeck, die 1449 nach dem Tod des Betreibers geschlossen wurde, scheint die weitverbreitete These der Rückständigkeit des hansischen (Geld-)Handels zu untermauern. Zudem erwarb sich die Hanse den Ruf der Kreditfeindlichkeit durch die Beschlüsse der Hansetage zum Verbot des Borgkaufs und Kredithandels in Flandern und Livland.[6] Doch muß an dieser Stelle eingewendet werden, daß gerade die zahlreichen wiederholten Beschlüsse zu diesem Problem zeigen, daß hansische Kaufleute dennoch mittels Kredit und Borgkauf ihre Handelsgeschäfte tätigten.[7] Im Wesentlichen hat Stuart Jenks diese Fragen mit seiner Untersuchung über die sogenannte *Kreditfeindlichkeit der Hanse* aus dem Jahr 1982 bereits überzeugend beantwortet. Er kommt zu dem Ergebnis, daß die mannigfaltigen Kreditverbote in Flandern nicht als Ablehnung des Kredithandels

---

1 Übersicht und Kritik der Thesen De Roovers: AERTS, Middeleeuwse bankgeschiedenis; zu den Wechslern in Flandern und Brabant vgl. BLOCKMANS, Handelstechniken in Flandern, S. 27-32.

2 DE ROOVER, Money, Banking and Credit, S. 3: *Germany can be left out of the picture because of the backwardness of its economic development and the primitiveness of its business as compared with those in Italy, Spain and the Low Countries.*; ESCH, Bankiers, S. 336: *Hier [deutsche Gebiete], wo der bargeldlose Verkehr noch weitgehend unbekannt war* [...].

3 DE ROOVER, Money, Banking and Credit, S. 337-338.

4 PARAVICINI, Preußenreisen 2, S. 279-292.

5 Katalog: Hildebrand van Andomen: W 11.1, Thideman van den Berghe: W 24, Clais W 42 und Matheus van der Buerze: W 46 u. 47, Jakob Crakebeen: W 67, Jan van Curtrike: W 69, Lievin Everbout: W 85, Antheunis Pape: W 147, Arnoud Poltus: W 154, Jakob van den Vagheviere: W 186 und Jan de Witte: W 198 u. 199.

6 HR I,5, S. 16, Nr. 23, § 1, Lübeck 1401; HUB 5, S. 359, Nr. 694: Der Deutsche Kaufmann zu Nowgorod an Reval beklagt sich über die Nichteinhaltung der Ordonanz gegen den Borgkauf in Flandern [sic!], 18. Nov. 1405.

7 Vgl. GREVE, Hanseatic merchants, S. 4-6; JENKS, War die Hanse kreditfeindlich?, S. 307.

an sich, sondern als zeitlich begrenzte Schutzmaßnahme für die hansischen Kaufleute gedacht waren. Neben einem unveröffentlichten Dokument des Public Record Office bezieht sich Jenks im Wesentlichen auf hansische Quellen. Die genaue Studie dieses umfangreichen, zumeist veröffentlichten Materials und die Einordnung in den historischen Kontext lassen andere Motive als die der Kreditfeindlichkeit erkennen. Laut Jenks bestand gegen Ende des 14. Jahrhunderts in Flandern eine große Knappheit an Münzgeld. Um den Zufluß von Edelmetall nach Flandern zu erzwingen, erließ der Brügger Magistrat 1399, vermutlich aufgrund verschiedener Besprechungen der Vier Leden von Flandern mit dem Herzog von Burgund, eine neue Verordnung, die die Barzahlung von in Flandern aufgenommenen bzw. dort zu zahlenden Wechseln vorschrieb. Diese Bestimmung führte zu einer großen Nachfrage von Gold- und Silbermünzen, was wiederum den Wechselkurs steigen ließ. Geschäfte, die zuvor auf Kreditbasis abgeschlossen worden waren, konnten durch den plötzlich gestiegenen Wechselkurs ruinöse Folgen für die betroffenen Kaufleute haben. Die Empfehlung für ein hansisches Kreditverbot kam aus dem gut unterrichteten Hansekontor zu Brügge; es warnte den Hansetag vor diesen Folgen, der nun seinerseits diese Erkenntnisse an seine Mitglieder weitergeben konnte. Mit dem Nachlassen dieser Münzkrise empfahl das Brügger Kontor dem Hansetag, die erlassenen Kreditbestimmungen wieder zu lockern bzw. ganz aufzuheben. Nur die Uneinsichtigkeit und Trägheit des Hansetags verlängerte das in Kraft bleiben der vom Kontor zu Brügge als akute Vorsichtsmaßnahme gedachten Regelung. Aber auch dem Hansetag selbst sei nach Jenks keine prinzipielle Kreditfeindlichkeit zu unterstellen. Vielmehr muß in den mehrfachen Kreditverboten eher die Bevormundung des hansischen Kaufmanns gesehen werden, die im starken Kontrast zur händlerischen Freiheit der italienischen Kaufleute gestanden habe. Ein entscheidendes Moment dieser Bevormundung lag im Informationsrückstand der Hanse, der es ihrem offiziellen Gremium, dem Hansetag, unmöglich machte, die schnellen Entwicklungen am internationalen Finanzmarkt mitzuverfolgen und zügig auf die verschiedenen Entwicklungen zu reagieren.[1]

Wenn auch von offizieller hansischer Seite eher gegen Kredithandel - aus den genannten Gründen - optiert wurde, kann man dies auf den einzelnen Kaufmann übertragen und davon ausgehen, daß hansische Kaufleute, die in Brügge häufig über mehrere Jahre lebten, die sich ihnen bietende interessante Infrastruktur nicht nutzten? Stellte dieses Finanz- bzw. Finanzierungssystem mit seinen Möglichkeiten des bargeldlosen Zahlungsverkehrs eine zu große Herausforderung für die Hansen dar, der sie sich aufgrund ihrer „Rückständigkeit" verweigerten?

3.3.2.1. Hansische Finanz in Brügge

Von der Forschung bisher ganz und gar unberücksichtigt geblieben ist die Funktion der Hosteliers im Brügger Finanzsystem, nicht zuletzt aufgrund der negativen Einschätzung De Roovers in seinem bedeutenden Werk über diesen Finanzmarkt. Er gründete seine Feststellungen hinsichtlich der hansischen Kaufleute auf einige Konten, die in den Rechnungsbüchern der beiden Brügger Wechsler auftauchen. Diese

---

1 JENKS, War die Hanse kreditfeindlich?, S. 305-319; zu den Besprechungen der Vier Leden hinsichtlich der Münze s. PREVENIER, Handelingen, passim.

Bücher sind als Quelle zwar zitiert und benutzt worden, aber bisher fehlt eine eingehende Untersuchung dieser sehr umfangreichen Materialien. Auch De Roover hat diese Bücher nur auszugsweise studiert.[1] Da in dem von ihm benutzten Material offenbar nur wenige Hansen auftauchten, kam er zu dem Schluß, daß auch nur wenige Hansen ihre finanziellen Transaktionen über diese beiden Brügger Wechsler abwickeln ließen. Einer dieser Hansen war Thideman Gheismaer, anhand dessen Transaktionen sich die Möglichkeiten des Geldtransfers offenlegen lassen.[2] Der nicht näher identifizierte Franz de Busschere wollte am 16. März 1369 eine Summe in Höhe von 6 lb 16 s gro an Thideman Gheismaer zahlen. Allerdings trug De Busschere die Summe nicht in bar zu Gheismaer, sondern nutzte seinen Kontakt zum Brügger Wechsler Willem Ruweel für diesen Transfer. De Busschere wies Ruweel an, die entsprechende Summe an Thideman Gheismaer zu überschreiben. Ruweel eröffnete ein Konto für Gheismaer in seinem Rechnungsbuch. Da Thideman Gheismaer aber kein Kunde des Ruweel war, wurde das an Gheismaer angewiesene Geld auf das Konto des Brügger Wechslers Collard de Marke, dessen Kunde Gheismaer war, gesetzt. Das Buchgeld tauchte in der Kontoführung des Collard de Marke auf und war für Gheismaer über seinen Wechsler verfügbar. Bei dieser Transaktion ist nicht von Belang, ob de Busschere das Geld zuvor in bar bei Ruweel einzahlte oder nicht. Es spielte auch keine Rolle, ob Gheismaer zu diesem Zeitpunkt in Brügge anwesend war.[3] Würden nämlich anstatt der Namen der beiden Wechsler die Namen zweier Kreditinstitute stehen, wäre zweifellos eine einfache bargeldlose Überweisung, wie sie auch heute noch tausendfach durchgeführt wird, erkennbar. Die Wechsler Ruweel und De Marke hatten die Funktion zweier Banken übernommen. Durch die hier dargestellte Simplizität des Vorgangs drängte sich eine Frage förmlich auf: Ist Gheismaer die große Ausnahme innerhalb der hansischen Kaufleuteschaft in Brügge gewesen? Kann ein umfassenderes Studium der Wechslerbücher neue Erkenntnisse über hansisches Finanzgebaren in Brügge ans Licht bringen? Der Fachmann für das Bank-wesen im Spätmittelalter schätzte den Wert jener Dokumente folgendermaßen ein:

All these transfer entries are exactly alike and as has been stated, are very much condensed. As a result, the Bruges account books contain an array of names, dates, and figures which are invaluable for the history of banking but cast little light on any aspect of mediaeval trade.[4]

James Murray hat mit einigen Publikationen gezeigt, daß De Roover den Informationsgehalt der Wechslerbücher hinsichtlich des mittelalterlichen Handels in Brügge

1 MURRAY, Family, Marriage and moneychanging, S. 115.

2 DE ROOVER, Guillaume Ruyelle, S. 30-31.

3 Vermutlich war Gheismaer zu diesem Zeitpunkt nicht in Brügge anwesend, vgl. KRÜGER, Steuerlisten, Quartal 32 u. 34. Gheismaer versteuerte im Quartal 32 (3.10.1368 - 1.1.1369) 16 Tonnen Met; er versteuerte erst wieder im übernächsten Quartal 34 (3.4.1369-2.7.1369), dieses Mal allerdings 11 Zester Wein; weitere Informationen zu diesem hansischen Kaufmann: DIERCK, DÜNNEBEIL, RÖSSNER, Prosopographischer Katalog, Nr. 140-140.2, S. 179-180; ASMUSSEN, Die Lübecker Flandernfahrer, Nr. 21, S. 339-345, der allerdings eine Anwesenheit Gheismaers am 16.3.1369 in Brügge annimt. Er bezieht sich auf DE ROOVER, Money.

4 DE ROOVER, Money, Banking and Credit, S. 271:

unterschätzte und *the social underpinnings of this world, specifically how marriage and inheritance customs could affect businessorganization* übersah.[1]

Am Beispiel der Wirtin Edele van Ruddervorde und ihrer Kunden soll gezeigt werden, daß die stattliche Anzahl von Namen und Daten nicht nur unschätzbar wichtig für die Geschichte des Bankwesens ist, sondern auch, entgegen der De Roover'schen These, die Funktion des Hosteliers innerhalb dieses Systems in Brügge wesentlich erhellt. Anhand weiterer Beispiele wird in den folgenden Abschnitten die Rolle des Hosteliers für hansische Kaufleute bzw. hansische Finanz in Brügge analysiert. In diesem Zusammenhang besonders gut dokumentiert sind Vorgänge der zweiten Hälfte des 14. Jahrhunderts. Es wird daher zu klären sein, ob es sich hier um für das 14. Jahrhundert typische, aber doch isolierte Vorkommnisse gehandelt hat oder ob sich allgemein gültige Tendenzen im Hinblick auf hansische Finanz im Brügge des 14. und 15. Jahrhunderts ergeben.

3.3.2.2. Edele van Ruddervorde und ihre hansische Klientel

Im Zeitraum vom 27. April 1366 bis zum 15. Dezember 1369 wurden durch Collard de Marke zahllose Kontobewegungen für Edele van Ruddervorde in verschiedenen Rechnungsbüchern notiert, von denen fünf bis auf den heutigen Tag erhalten geblieben sind.[2] Die Kunden dieser Wirtin stammten aus Flandern, Spanien, Italien und aus dem Hansegebiet. Folgende Hansekaufleute konnten als Kunden der Edele van Ruddervorde identifiziert werden (Mehrfachnennungen der Kaufleute wurden aus Platzgründen nicht berücksichtigt):

---

1 MURRAY, Family, marriage and moneychanging, S. 115; weitere Publikationen: DERS., Cloth, Banking, and Finance; DERS., Hostelleraccounts [in Vorbereitung].

2 SAB, Reihe 305, Koopmansboeken; meinen herzlichen Dank an James Murray, Western Michigan University, für die Freigabe der durch ihn angelegten Datenbestände, die die Konten von 56 Brügger Hosteliers aus diesen Rechnungsbüchern aufführen. Da die Publikation dieser Hostelierskonten bereits in Vorbereitung ist, wird die Quelle als MURRAY, Hostelleraccounts zitiert. Die Nummer 'H 40.X' ist die Nummer, unter der die Rechnungen der Ruddervorde ediert werden. Sie beziehen sich in diesem Fall auf die 5 Bücher von Collard de Marke. H 40.2 ist also De Marke Journal 1. Die Zahlen /X beziehen sich auf die Publikation und deuten die Reihenfolge der notierten Namen in der jeweiligen Rechnung an. Alle nachfolgenden Angaben: MURRAY, Hostelleraccounts, H 40.2 - H 40.6. Gleichzeitig sei auch der Kieler Abteilung des Forschungsprojekts 'Hanse in Flandern' ebenso herzlich für die Übersendung ihrer verschiedenen Datenbestände gedankt. An dieser Stelle wird die Arbeit unter DIERCK, DÜNNEBEIL, RÖSSNER, Prosopographischer Katalog, zitiert. Die Nummern in der Rubrik 'Hansennamen prosopograph. Katalog' weisen auf die einzelnen Personennummern, unter denen der entsprechende Name mit einer biographischen Notiz zu finden ist. Gleichfalls ein Dankeschön an Regina Rößner für ihre Hilfe bei der Identifizierung hansischer Kaufleute in den Rechnungen der Hostelière Ruddervorde.

Tab. 2: Hansische Kunden der Edele van Ruddervorde, H 40.2: 27.4.1366 -17.4.1367

Rechnungsbuch De Marke	Hansennamen prosopographischer Katalog
Biernaert Hostevelde / 5	Bernaerd Ostervelt, Nr. 252.1
Henric Langhebeke / 7	Heinric Langhebeike, Nr. 209
Rodolf Utera /13	Roelof uter A, Nr. 1
Bertolf Ludeskrede /14	Bertram Ludenscheide, Nr. 373
Jehan Nivestat / 15	Johan Nyestad/Niewestat, Nr. 243 - 243.4
Gerart Vinke / 41	Gheraert Vinke, Nr. 361
Jeubel Coerlare / 48	Guebel Culaerd, Nr. 118
Jehan Wintremas / 49	Johan Wintermast, Nr. 387 u. 388, 388.1
Voskin Danebrec / 49	Volkaerd Daninberch, S. 1, 117, 158, 376
Tideman Rebbart/Rebbe[1] / 50, 68	Thideman Rebbinc/Rebber, Nr. 271-271.2
Ludekin van Ildem / 59	-
Wulf Utera / 62	Wulf uter A, vgl. Nr. 1
Vic Rademin / 64	Vicke Rademin/Rademijn, Nr. 268, 268.1
Jehan van Stade / 65	Jan van Staden, Nr. 335
Jehan van der Windre / 66	Jan/Johann van der Winde, Nr. 383, 383.1
Bertolf Coere/ Biertrant Courre / 83	Bertolf Coere (Steuerlisten)
Ermant Hosant / 84	Herman Hosang, Nr. 192, 192.1
Clais Maghenaghe / 87	Claus Machenhaghen, Nr. 227-227.2
Clais Scepstien / 87	Slippelsteen, Nr. 288
Jakop van der Keminade / 106	Jacob Keminade, Nr. 86, 86.1
Albrecht Bucorve / 108	Aelbrecht Bochoren, Nr. 39
Cornart Hamele/Cornart Amle / 111, 143	Coenraerd Amle, Nr. 12
Herman Host / 112	Hermannus Hoeft, Nr. 163
Jan Brusinc / 114	Jehan Brusunc, Nr. 86, [S. 75, 118, 286]
Melis Scepstien / 115	Melis Scepelsteen/Slippelsteen, Nr. 322
Jehan Salich / 130	Johannes Salghe? Nr. 357.1
Tideman Rommelin Roede / 134	Tideman Remmelincrode, Nr. 285-285.2
Ildeger van de Hervort / 136	Fam. Hervord? S. 276, 279, 349

1 Mit Thideman Rebbe und Thideman Rebbart können auch zwei Personen gemeint sein; die Schreibweise in den Rechnungsbücher variiert sehr stark; wahrscheinlicher aber ist die Identität mit dem hansischen Kaufmann Tideman Rebber, der im Mai 1378 als Sendbote des Hansekontors in Brügge auf dem Hansetag in Stralsund anwesend war, s. dazu DIERCK, Die Brügger Älterleute (1995), S. 50; vgl. auch CZACHAROWSKI, Soziale Schichten, S. 122 über die Thorner Führungsschicht, u.a. die Familie Rebber.

Jehan Scovedre / 146	Fam. Schonewedder? Nr. 308 u. S. 416
Henric Somon / 147	Heinric Sijmoens/Heyne Symon, Nr. 321, 321.1
Tideman Graverode / 159	Tideman Greverode, Nr. 152.1
Hermant Veuest / 165	Herman Vorste, Nr. 365, 365.1
Henric/Henry Penninc / 99	-

Tab. 3: Hansische Kunden der Edele van Ruddervorde, H 40.3: 24.4.1367 - 8.4.1368

Rechnungsbuch De Marke	Hansennamen prosopographischer Katalog
Godevart Steur / 3	Godevaerd Stuer, Nr. 312
Hermant Droghe / 4	Herman Drughe/Droghe, Nr. 130, 130.1
Ernout Lewerke / 7	Arnold Lewerke, Nr. 214, 214.1
Ildeger van Aerdewart / 8	Fam. von Thideman Alewaerd?, Nr. 2
Wenemare Langhe / 11	Fam. Lange/Langhe? Nr. 204-207.2
Albrec Kesere / 22	Aelbrecht de Keijser, Nr. 83
Tideman Wateskiede / 30	Wartenschede = Wattenscheid? S. 287
Henric van Dorstem / 61	Heinrich van Dorsten, Nr. 129, 129.1
Henric van der Oie / 62	Fam. van der Oye, aus Westfalen?
Hans Bredeskiede / 71	Herman Bredescede, Nr. 56[1]
Tideman Weldorp / 75	Tidemann Warendorp? Nr. 453
Jehan Nodorp / 77	Jan Noorddorp, Nr. 244
Jehan Skilvere / 79	Fam. Scrivere? Nr. 311
Pieter Ludincouse / 112	Pieter Ludincuus, Nr. 219
Thideman Ghisemare / 116	Thideman Gheismaer, Nr. 140
Ludekin van Elte / 119	Ludekin van Elsen/Elten, Nr. 138, 138.1
Henric Ploustrat / 122	Herman Ploughesteert?, Nr. 263
Jehan Craul / 144	Johan Krowel, Nr. 108-108.10
Henric Hout / 151	Heinric Hoet, Nr. 187
Wrauwen Tassche / 152	Vrowin Tassche, Nr. 351-351.2
Jehan Scepe / 153	Schepere, Schepel, Scharpe? S. 426, 37, 362
Herman van Alle / 170	Fam van Alle/Allen? S. 5f

Tab. 4: Hansische Kunden der Edele van Ruddervorde, H 40.4: 28.4. - 24.12.1368

Rechnungsbuch De Marke	Hansennamen prosopographischer Katalog
Lodinc van Roede / 16	Lodewijc van Roden? Nr. 280, Fam Rode, S. 127, 140

[1] oder Johannes Breidensteide, Nr. 57?

Evrart Langhebeke / 18	Fam. Langhebeke? Nr. 208, 209
Jerkin van Atendorve / 26	Fam. Attendorn? S. 252, 434ff
Godevart Ake / 30	Godevart Ake, S. 4; Godekin Aken, Nr. 5
Willem Brandon / 34[1]	-
Alart Wedredem / 94	Alard van Wederen, Nr. 374-374.2
Dedemarc van Linde / 95	Detmare van Linden, Nr. 216, 216.1
Inghebrec Ducdopt / 96	Fam von Conrad Duercoop? Nr. 131
Henric van Rudem / 99	Heinric van Ruden? Nr. 291, 291.1
Albrec Sondrebrouc / 108	Aelbrecht Zoussenbrouc, Nr. 328
Jehan de Roede / 136	Jan Rode, Nr. 277-277.6
Thideman van Elce / 143	Fam. Elsen, Elten? S. 154, 177f
Ernout Stouteberghe / 155	Fam. Stoltenberg/Stoutenberch? Nr. 344.1, 344
Ernout van Roede / 161	Fam. Rode, S. 127, 140

Tab. 5: Hansische Kunden der Edele van Ruddervorde, H 40.5: 24.12.1368-22.5.1369

Rechnungsbuch De Marke	Hansennamen prosopographischer Katalog
Jehan Gravestien / 3	Hans Grauwestein, Nr. 147
Henric van Horistem / 14	Fam. Ariste, Nr. 15
Alf van de Velde / 46	Alf van den Velde, Nr. 358
Lanbrec Besuot / 61	Lambrecht Berswort,[2] Nr. 33
Henric Warendorpt / 62	Heinrich Warendorp, S. 453f, Fam. 452
Jehan van Stochem / 63	Jan van Stocheem, Nr. 341[3]
Ernout de Wilde / 64	Arnold Wilde, Nr. 87, 97
Jehan van der Hove / 86	Jan van der Hove, Nr. 194
Rotekier Scrivere / 96	Rotgheer de Scrivere, Nr. 311, 311.1
Jehan de Paulle / 97	Jan van den Poele? Nr. 264; Fam. Pawel? S. 320
Jehan Wilfant / 129	Johan Wiltfank, Nr. 381, 381.1

Tab. 6: Hansische Kunden der Edele van Ruddervorde, H 40.6: 24.5. - 15.12.1369

Rechnungsbuch De Marke	Hansennamen prosopographischer Katalog
Henric Wulf / 2	Heinric Wulf, Nr. 396-396.2
Hart Lestupin / 4	Hartlief Stupin, Fam. Stupyn/ Stupinc? Nr. 315, 315.1

1 Vgl. KRÜGER, Steuerlisten, Nr. 77 handelt es sich hier um einen Hansen, der eine Taverne in Brügge betrieb?, vgl. auch Katalog W 36.

2 Siehe Katalog, W 25.

3 Vgl. auch ASMUSSEN, Flandernfahrer, Nr. 127, S. 75-762.

Henric Scoinehauls / 19	Heinrich Sconehals, Nr. 307
Thideman Dorpmunde / 51	Thideman Dorpmond, Nr. 128
Evrart van Areste / 61	Fam. Ariste? Nr. 15
Cesarius Hansbert / 110	Cesarius van Heinsberghe/Hengstenberghe, Nr. 180-180.4

Mindestens 86 Personen konnten als Hansen identifiziert werden, die ihre Geldgeschäfte über Edele van Ruddervorde in Brügge tätigten. Bis auf Henric Waredorpt[1] und Jehan Brusinc[2] werden sie nicht als Gäste einer Herberge bzw. im Zusammenhang mit einer Herberge in diesen Rechnungen genannt. Da die meisten dieser identifizierten Kaufleute mehrfach in den Konten der Ruddervorde auftauchen, ist anzunehmen, dass die oben aufgezeigte Transaktion des Thideman Gheismaer keine Ausnahme war. Andere, hansische und nicht-hansische Kunden werden mit bestimmten Herbergen erwähnt:

Tab. 7: Häufigkeit erwähnter Herbergen in den Konten der Edele van Ruddervorde H 40.2-40.6., 27.4.1366-15.12.1369

Hostelier / Herberge	Anzahl Erwähnungen
Thideman van den Berghe (W 24)	9
Clais van der Buerse (W 42)	3
Raoul de Coumines (W 66)	2
Jan van Courtray (W 68)	1
Victoor van den Eede (W 83)	1
Lievin Evrebout (W 85)	2
Pieter Hausscild (W 95)	2
Arnoldus Poltus (W 154)	3
Jakob Sconeberghe (W 165)	1
Lamsin van Sint Omer (W 171)	7
demiselle Tize (W 181)	1
demiselle Witte (W 201)	6

Gäste von 12 verschiedenen Hosteliers bzw. Herbergen haben Geldtransfers über die Hostelière Ruddervorde beim Wechsler Collard de Marke abgewickelt. Weitere vier Hosteliers taten dies in eigener Person über Ruddervorde bei De Marke. Schon aus dieser Aufzählung ergibt sich, daß die von De Roover angenommene Konkurrenz zwischen Hosteliers und Wechslern so nicht bestanden haben kann, denn ganz offen-

1 MURRAY, Hostelleraccounts, H 40.5/62: Henric Waredorpt wird mit der Herberge der *joncvrouwe* Tize (W 181) genannt.

2 MURRAY, Hostelleraccounts, H 40.5/87: Henric Brusinc/Brusunc tätigte das Geschäft in der Herberge Jan van Curtrike (W 68).

sichtlich nutzten gerade die Gäste der Herbergen die Kontakte unter den Hosteliers und Wechslern für die Abwicklung ihrer Geldgeschäfte. Noch deutlicher werden diese Vorgänge, untersucht man weitere Quellen aus dieser Epoche, insbesondere die bereits erwähnten Brügger Wein-und Bierakziselisten.[1] In diesen Listen wurden für einige Quartale auch Herbergen und deren hansische Gäste verzeichnet. 32 der 86 hansischen Kaufleute, die über die Hostelière Ruddervorde Geldgeschäfte tätigten, konnten aufgrund dieser Quelle als Gäste anderer Herbergen in Brügge nachgewiesen werden.

Tab. 8: Gäste der Herberge Thidemann van den Berghe, W 24[2]

Gast	Konto bei Ruddervorde	Gast	Konto bei Ruddervorde
Johan Wiltfang	+	Pieter Scaelre	-
Heinric van Dettelen	-	Johannes van der Muelne	-
Roel uter A	+	Rotgheer Scrivere	+
Ghodevaerd Stuer	+	Thideman Wattestede	
Johannes Coehede	-	Johannes van den Doorne	+
Volkaerd Daninberch	+	Johannes Steenwech	-
Arnoud Lewerke	+	Pieter Corroes	-
Aelbrecht Zousbrouc	+	Otte Coils	-
Rusenborch	-	Inghel Cantelbergh	-
Herman Ysanc/Hosank	+	Herman Vadinc	-
Gobel van der Halle	-		

Insgesamt konnten für Thideman van den Berghe 22 Gäste nachgewiesen werden. 9 von ihnen besaßen ein Konto bei Ruddervorde.
Tab 9: Nachgewiesene Gäste der Herberge Jan van Cuertrike, W 68[3]

Gast	Konto bei Ruddervorde	Gast	Konto bei Ruddervorde
Jehan Brusuuc	+	Ghobel Rosiin	
Jehan Plaet	-	Marquart Corawe	-
Jehan Mulen	-	Thideman Wise	-
Clais Reedem	-	Heinric Bontoghe	-

1 KRÜGER, Steuerlisten.
2 Katalog, Berghe: W 24.
3 Katalog, Curtrike: W 68.

Jehan Brezewich	-	Marquaerd Zvere	-
Gerart Rasin	-	Jan Deynaerd	-
Giselare Gier	-	Thideman Hetlinchooft	-
Mathis Grant Houve	-	Jan Lindorp	-
Hart Lef Stupin	+	Jan de Coninc	-
Gheraerd Pranghe	-	Jan de Ghenaerd	-
Thideman Rommelincrode	+	Godscalc van der Hoestede	-
Rosendale	-		

Insgesamt konnten 23 Gäste für die Herberge Jan van Cuertrike nachgewiesen werden. Nur 3 von ihnen besaßen ein Konto bei Ruddervorde.

Tab 10: Nachgewiesene Gäste der Herberge Victoor van den Eede, W 83[1]

Gast	Konto bei Ruddervorde	Gast	Konto bei Ruddervorde
Hermant Haskede	-	Radekin Langhe	-
Jehan de Brun	-	Everaerd Dootbrouc	-
Herman Beuwic	-	Coenraerd van Kampen	-
Gerart van Horvie	-	Aelbrecht Bochoren	+
Jehan Nodes	-	Herman Barchonse	-
Alf van Rode	-	Hans Scarpe	+

Insgesamt konnten 12 Gäste für die Herberge Victoor van den Eede nachgewiesen werden. Nur 2 von ihnen besaßen ein Konto bei Ruddervorde.

Tab 11: Nachgewiesene Gäste der Herberge Lievin Everboud W 85[2]

Gast	Konto bei Ruddervorde	Gast	Konto bei Ruddervorde
Gheride Zeelant	-	Henric Sconehals	+
Martin Dadan	-	Herman Scuere	-
Valedrit van Stade	-	Aelbrecht Lippelinc	-

Insgesamt konnten 7 Gäste für die Herberge Lievin Everboud nachgewiesen werden, aber nur einer seiner Gäste besaß ein Konto bei Ruddervorde.

1 Katalog, Eede: W 83.
2 Katalog, Everboud: W 85.

Tab 12: Nachgewiesene Gäste der Herberge Lamsin van Sint Omaers, W 171[1]

Gast	Konto bei Ruddervorde	Gast	Konto bei Ruddervorde
Jehan Salich	+	Jakop Voltman	-
Henric Odres	-	Ludekin van Elce	+
Hermant Crudenare	-	Kalle *Giert*	-
Jerkin van Atendorve	+	Lubrech Vlinc	-
Inghebrec Dutdopt	+	Jehan Raumier	-
Ermen Rodinkouse	-	Diedric van Aiuple	-
Servais		Laurens van Bravervorde	-
Clais Machghenaghe	+	Henric *Westard*	-
Nigle Ducdorp	+	Clais Ouscof	-
Jehan Stiien	-	Werve Marlanghe	-
Jehan Skilvere	+	Ludekin van *Ivoen*	-
Diedric Hongre	+	Ellebrauc Herdichkuse	-
Zewart	-	Ernout Ekeman	-
Hermant Alinc	-	Jehan Skeins	-
Gherart Kalle	-		

Tab. 13: Nachgewiesene Gäste der Herberge Witwe Lamsin van Sint Omaers, W 172[2]

Name	Konto bei Ruddervorde	Name	Konto bei Ruddervorde
Heinric de Dorste	+	Brun Hemmertijn	-
Heinric Erkemberch	-	Herman Hooft	+
Thideman Hamer	-	Christiaen Greverode	-
Thideman Grevenrode	+	Herman Camerlinc	-
Marquaerd Visbeke	-	Thideman Remlincrode	+
Pieter Ludincuus	+	Johannes Wrede	-
Heinric Hongher	-	Inghel Haghelsteen	-
Jan Crauwel[3]	+	Heinric Wedsteen	-
Otto Dichamme		Thidekin Stokere	-

Insgesamt konnten 18 Gäste für die Herberge der Witwe von Lamsin van Sint Omaers nachgewiesen werden. Davon besaßen 6 ein Konto bei Ruddervorde.

1 Katalog, W 171.
2 Katalog, W 172.
3 Auch 1386/87 und 1387/88 Gast bei Witwe Sint Omaers.

Tab 14: Nachgewiesene Gäste der Herberge *Joncvrauwe Tisen,* W 181:[1]

Name	Konto bei Ruddervorde
Gerart Tuscwelt	-
Jehan Oldendorp	-
Jehan Alfwindre	-
Evrart Doedebrouc / Oudebrouc	-
Heinrich Warendorp	+
Christiaen Rodembuerch	-
Thideman Grote	-

Insgesamt konnten 7 Gäste für die Herberge der *Joncvrauwe Tisen* nachgewiesen werden. Nur einer von ihnen besaß ein Konto bei Ruddervorde. Ein gesonderter Fall liegt bei der Herberge der *demiselle Witte* vor. Ihre nach-gewiesenen Gäste Stevene Meye, Biernart Lucreman, Henric Stienbeke, Alf Scheve (Schene), Jehan Stron (Strov), Henric Roen, Willem van Hamemere[2] tauchen nicht in den Rechnungen der Hostelière Ruddervorde auf. Aber hansische Kunden der Ruddervorde konnten gleichzeitig als Kunden der *demiselle Witte* identifiziert werden, da sie in den Rechnungen der *demiselle Witte* im Rechnungsbuch des Collard de Marke notiert sind:

Tab 16: Hansische Kunden der Wirtin Witte, W 201[3]

Kunden Witte	nachgewiesener Gast bei	Kunden Ruddervorde
Johan Nivestat	-	+
Herman Hosanc	Van den Berghe W 24	+
Johan Wintermast	-	+
Herman van Roede	-	-
Johan Craul	Sint Omaers W 172	-
Johan van Essen	-	-
Hartwin van der Culen	-	-
Thideman Remmlincrode	Cuertrike W 68, Sint Omaers W 172	+
Albrecht Rousenberc[4]	-	+

Diese gegenseitigen Geschäftsbeziehungen zeigenen, daß gerade die Hosteliers untereinander in einem dichten Finanznetzwerk verbunden waren. Die Intensität dieses Netzwerks erleichterte und förderte finanzielle Transaktionen für diejenigen, die sich

1 Katalog, W 181.
2 MURRAY, Hostelleraccounts, H 55.
3 Katalog, W 201.
4 Katalog, W 201, Geschäftspartner.

dieses Systems zu bedienen wußten. Dabei fallen die hansischen Kaufleute im Vergleich zu den anderen Kunden des Brügger Finanzmarktes nicht als gesonderte Gruppe auf. Die Höhe der Geldtransfers läßt keine Rückschlüsse auf mangelnde finanztechnische Kompetenz der niederdeutschen Kaufleute zu. Die hansischen Gäste der Herbergen van den Berghe und Sint Omaers zeigten sich besonders aktiv innerhalb des Brügger Finanzgefüges. Die in Tabelle 7 ebenfalls aufgeführten Hosteliers Hausscild und Coumines waren keine typischen Hanse-Hosteliers.[1] Ihre Gäste kamen aus anderen Ländern, vornehmlich aus England und Spanien. Für die übergroße Mehrheit der Kaufleute gilt auch, daß sie nicht nur über eigenen Wirt ihre Finanzgeschäfte abwickelten, sondern sich auch anderer Hosteliers bedienten.[2]

Die in der Tabelle 7 genannten Hosteliers waren bis auf die erwähnten beiden Ausnahmen Hansenwirte, d.h. ihre Herbergen wurden vorwiegend durch eine hansische Klientel frequentiert.[3] Prospographische Untersuchungen zu den hansischen Kaufleuten weisen aus, daß es sich bei diesen Kaufleuten häufig um Personen handelte, die längere Zeit in Brügge verblieben.[4] Vermutlich liegt in dieser längeren Anwesenheit ein Grund dafür, daß die hansischen Kaufleute Lewerke, Hosang, Greverode, Remmlincrode, Dorsten, Bochoren, Ludinchusen und Craul/Crowel als Älterleute der verschiedenen Drittel des Brügger Hansekontors auftraten und gleichzeitig intensive Geschäftskontakte zu Ruddervorde pflegten.[5]

Zu ihrer Klientel gehörte auch der durchschnittliche Hansekaufmann, wie Vrauwin Tassche, Coenraerd Amle, Volkaerd Daninberch. Die hansische Kundschaft der Hostelière Ruddervorde erstreckte sich über ein breites Spektrum der hansischen Kaufmannsgesellschaft in Brügge. Eine Führungsposition innerhalb des Kontors in Brügge allein erklärt diese Geschäftskontakte daher nicht. In den Rechnungsbüchern der beiden Wechsler werden mehr als 100 sogenannte Hosteliers mit eigenen Konten genannt. Nicht alle Namen, die hier mit dem Zusatz *hostel* verzeichnet worden sind, waren auch Hosteliers im Sinne der vorliegenden Untersuchung. Mit *hostel* konnte in einigen Fällen auch nur *Haus* gemeint sein. Nur die Personen, bei denen die Wahrscheinlichkeit des Hosteliersberufs am größten war, kamen für diese Untersuchung in Betracht. Diese Hosteliers wiederum hatten eine breit gestreute Klientel in Brügge und darüber hinaus. Auch einige Vertreter der Familie Metten Eye passen in dieses System. Als ihre Gäste konnten Hansen, Spanier und Engländer nachgewiesen werden.[6]

Vergleicht man die anderen Hosteliers aus den Wechslerbüchern, kann festgestellt werden, daß manche Hansen häufiger in verschiedenen Hostelierskonten auftauchen,

---

1 Zu dem in dieser Tabelle ebenfalls genannten Jacob Sconebergh wird im folgenden Kapitel ausführlicher Stellung genommen.

2 Vgl. MURRAY, Hosteller accounts; DIERCK, DÜNNEBEIL, RÖSSNER, Prosopographischer Katalog, passim.

3 Siehe Katalog, W 24, W 42, W 68, W 83, W 85, W 95, W 154, W 165, W 171, W 181, W 201.

4 Vgl. dazu KRÜGER, Steuerlisten; DIERCK, Die Brügger Älterleute, (1995); DIERCK, DÜNNEBEIL, RÖSSNER, Prosopographischer Katalog.

5 DIERCK, Die Brügger Älterleute, (1994).

6 Vgl. Katalog W 132, W 133, W 134, W 135..

andere eher selten oder nur bei einem Hostelier.[1] Die Hansen, die häufig in Erscheinung traten, waren in der Mehrzahl jene, die oben bei Ruddervorde bereits erwähnt worden sind. Aus diesen Ergebnissen könnte nun geschlossen werden, daß nur diese besondere Gruppe von etwa 90 hansischen Kaufleuten das System der Hostelier-Banken für finanzielle Transaktionen nutzte und somit die oben erwähnte Beurteilung der Hansen als altmodisch und rückständig doch bestätigt würde. Aber diese Beurteilung gründet sich auf diese eine Quelle, die bei näherer Durchsicht weitaus mehr hansische Aktivität auf dem Brügger Finanzmarkt aufweist, als bisher angenommen wurde. Daß die Hansen dennoch eine Vorliebe für Deposito-Banking zeigten, mag in ihrer Herkunft begründet liegen. Die These, hansische Kaufleute hätten ihr Bargeld durch die Hosteliers *nur aufbewahren* lassen, kann nicht bestätigt werden.

3.3.2.3. Deposito-Banking

Deposito-Banking war auch im Norden Europa bereits im 13. Jahrhundert bekannt. Allerdings wurden diese Finanzoperationen meist von der jeweiligen Stadtkasse abgewickelt: Gerade am Beispiel Lübecks läßt sich dies verdeutlichen. Über den Fernhändler Reinekin Mornewech tätigte die Stadt Lübeck am Ende des 13. Jahrhunderts mehrfach große Kredit- und Wechselgeschäfte in Brügge.[2] Außerdem nahm die Stadt Geld *in deposito* von verschiedenen Seiten an. So hinterlegte ein päpstlicher Kollektor am 4. August 1283 beim Rat der Stadt Lübeck 1500 Mark lüb., die bis zum 1. Mai 1284 in Brügge bei Robert van der Buerse zurückgezahlt werden sollten. In dieser Zeit konnte Lübeck über das Geld frei verfügen. Robert van der Buerse wird in der Quelle zwar als Wechsler bezeichnet, es handelt sich bei ihm aber eindeutig um ein Mitglied der Hosteliers- und Maklerfamilie Van der Buerse. Mit dem Rückzahlungsort Brügge wurde der gefährliche Bargeldtransport vermieden. Lübeck konnte nämlich auf Geldgeber zurückgreifen, die in Brügge die geforderte Summe bei Robert van der Buerse hinterlegt hatten.[3] Die Bindung an einen anderen Rückzahlungsort als den Auszahlungsort hatte auch den Vorteil, daß die Gläubiger am Ort der Rückzahlung mit dem Geld Warenkäufe tätigen konnten.

Mehrfach trat der Rat der Stadt Lübeck als Halter von Deposita sowohl für den Adel, die Kirche als auch für Kaufleute in Erscheinung, die damit *den Rat als zentrale Zahlungsstelle betrachteten und ihm unaufgefordert Geld überwiesen.*[4] Bereits am Ende des 13. Jahrhunderts gab es also in Brügge die Verbindung Hostelier - Kredit - Kaufmann. Auch Deposito-Banking war in dieser Form im Hansegebiet bekannt und wie Wülfing betont, *kam es darauf an, daß die Kämmerer die im kommerziellen Zahlungsverkehr üblichen Finanztechniken beherrschten und sich auf dem überregionalen kommerziellen Geldmarkt auskannten.* Da die Kämmerer in Lübeck selbst Kaufleute bzw. Fernhändler waren und diesen Beruf auch während ihrer Amtstätigkeit als Stadtkämmerer ausübten,[5] waren sie die geeigneten Personen, Kreditoperationen oder

---

1 Siehe Katalog, Jehan Utebrouke: W 184, § 9; Pieter van Collekierke: W 60, § 9; Arnoud Poltus: W 154, § 9.

2 WÜLFING, Städtische Finanzpolitik, S. 66-67; DOLLINGER, Die Hanse, S. 268.

3 LübUB, S. 419, Nr. 461; WÜLFING, Städtische Finanzpolitik, S. 66-67; Katalog, Buerze: W 48.

4 WÜLFING, Städtische Finanzpolitik, S. 68.

5 DIES., a.a.O., S. 67; zur Kompetenz der städtischen Finanzverwaltung siehe auch RANFT, Städ-

auch Deposito-Banking durchzuführen; ihren Sachverstand besaßen sie aufgrund ihrer beruflichen Tätigkeit, ihre Kenntnis dieser Möglichkeiten kann sich aufgrund ihrer Handelskontakte vor Ort wie z.B. Brügge ergeben haben.

Spätere Quellen bieten einen weiteren Einblick in diese Form des bargeldlosen Zahlungsverkehrs. Der Hamburger Kaufmann Vicko von Geldersen hinterließ mehrere Handlungsbücher, in denen er seine Warengeschäfte notierte. Diesen ist zu entnehmen, daß er zwischen 1375-1379 Verbindungen zu mindestens zwei Brügger Hosteliers hatte.[1] Bei beiden, es handelt sich um den Hostelier Everaerd Goedric und um die Hostelière *Joncvrauwe* Tise, hatte er Geld *in deposito* stehen, so daß er von Hamburg aus Zahlungen in Flandern bzw. Brügge anweisen konnte.[2] Soweit bekannt, ist der Hamburger Wandschneider Vicko von Geldersen zu keiner Zeit selbst in Brügge gewesen. Sein Kontakt zu den beiden Hosteliers muß also über einen Mittelsmann vonstatten gegangen sein. Als möglicher Vermittler kommt Christian Rodenborgh in Frage, der im August 1375 eine Transaktion für Geldersen in Brügge bei derselben Herbergswirtin abwickelte. Bei diesem Christian Rodenborgh handelt es sich mit an Sicherheit grenzender Wahrscheinlichkeit um Christian Rodenborgh, der einige Jahre später, 1387/88, als Gast der Herberge Tisen insgesamt 9 Tonnen Met in Brügge versteuerte.[3] Über die Wirtin Tise ist außer den hier erwähnten Fakten nichts bekannt, aber mit Everaerd Goedric besaß Geldersen einen einflußreichen Geschäftspartner in Brügge. Dieser übte zunächst den Beruf des Wechslers aus. Später wurde er Hostelier und zwischen 1368 und 1379 ist er fast durchgängig als Schöffe oder Ratsherr Mitglied des Brügger Magistrats.[4]

Es war durchaus üblich, daß Mitglieder der Brügger Oberschicht im privatwirtschaftlichen Finanzwesen tätig waren. Laurenz van der Buerze hielt bis 1351 ebenfalls Depositen hansischer Kaufleute. Er stammte aus der Familie Van der Beurze, die über das Brügger Herbergswesen hinaus Berühmtheit erlangte, da zahlreiche Familienmitglieder ebenfalls über Jahrzehnte dem Brügger Magistrat angehörten und sich nach Van Houtte der heutige Begriff *Börse* von dieser Familie und ihren Herbergen ableitet.[5] Auf beiden Gebieten, sowohl im Herbergswesen als auch in der Politik, bestand eine Familientradition über einen Zeitraum von mehr als 150 Jahren.[6] Aber auch weniger berühmte Personen konnten sich im Geschäfts-bereich des Deposito-Bankings etablieren. Für den Brügger Hostelier Jacob Scone-bergh konnten 38 hansische Kaufleute nachgewiesen werden, für die er bis 1368 Depositen in verschiedener Höhe gehalten hat.[7] Der hansische Kaufmann Vrauwin Tassche hatte sowohl bei Sconebergh als auch bei Edele van Ruddervorde Geld *in deposito* stehen.[8] Interessant an diesem Hostelier ist, daß er außerdem für weitere 34 Personen, sowohl Brügger Bürger als auch fremde, nicht-hansische Kaufleute Depositen hielt.

---

tisches Finanzgebaren, bes. S. 34-38.

1 Nicht, wie SPRANDEL, Die hansische Handelsstellung, S. 81 meint, nur mit *Jungfrau Thyzen*.

2 Siehe Katalog: Goederic: W 90, Tise: W 181.

3 Siehe Katalog: W 181, Vorkommen in den Brügger Akziselisten 1360-90; GREVE, Hanseatic merchants, S. 6-7.

4 Katalog: W 90.

5 VAN HOUTTE, Von der Herberge, passim.

6 Katalog: Laurenz van der Buerze: W 45; über weitere Familienmitglieder: W 41 - W 50.

7 Katalog: Jacob Sconebergh: W 165, besonders Geschäftspartner.

8 Siehe Katalog, Sconebergh: W 165; zu Ruddervorde: Tab. 2.

Sconebergh besaß ebenfalls Geschäftskontakte zu den beiden Wechslern Ruweel und De Marke. In den Büchern der beiden Wechsler sind zahllose Transaktionen für eine kaum zu übersehende Zahl von Personen verzeichnet. Hosteliers, hansische, spanische, englische, portugiesische, italienische (!), französische und schottische Kaufleute sind hier notiert, ebenso wie Kaufleute aus Mecheln, Ypern, Torhout, Gent und Brügge. Auch aus dieser sehr kurzen Übersicht kann nur geschlossen werden, daß Deposito-Banking, im Gegensatz zur These De Roovers, nicht allein typisch hansisches, sondern allgemeines Finanzgebaren in Brügge war.[1]

Durch ein Stralsunder Testament des Jahres 1406 wird die Frage nach der Rolle eines Hosteliers hinsichtlich hansischer Finanzen um eine Dimension erweitert. Dort wurde von dem hansischen Kaufmann Heinrich van Massen testamentarisch festgehalten, daß er noch *rede ghelt* bei seinem Wirt Johan Hornewedder in Flandern stehen habe.[2] Da Massen im gleichen Testament deutlich zwischen seinem Wirt in Brügge und seinem Wirt in Flandern unterscheidet, wird Hornewedder vermutlich kein Brügger Hostelier gewesen sein.[3] Es ist plausibel, daß hansische Kaufleute, wenn sie nicht gerade in Brügge verweilten, Herbergen in ganz Flandern nutzten; auch andere Quellen zeigen, daß hansische Kaufleute mehrere Wirte frequentierten. So hatte der oben erwähnte Schiffer Roden einen Wirt in Brügge und einen Wirt in Sluis. Die Erwähnung des flandrischen Hosteliers durch Massen läßt auch darauf schließen, daß sich die Funktion des Hosteliers als Bankier nicht nur in Brügge, sondern in ganz Flandern durchgesetzt hatte. Aber diese Funktion des Hosteliers blieb im Spätmittelalter nicht auf Flandern beschränkt. Ganz allgemein ist festzustellen, daß dort, wo der Handel eine internationale Kaufleuteschaft zusammenführte und die nicht voneinander isoliert wurde, Herbergswirte und Herbergen eine ähnliche Rolle spielten wie in Brügge. Dies gilt für Städte wie Dordrecht,[4] Köln,[5] Paris,[6] Rotterdam,[7] Amsterdam,[8] Danzig[9] und vermutlich auch für einige Städte Oberdeutschlands.[10] In Flandern wurde die Ausübung dieser Funktion durch eine Verordnung des Herzogs von Burgund aus dem Jahr 1433 bedroht, wenn nicht gar gänzlich verhindert. Diese Verordnung verbot es den Wechslern und allen anderen Personen, weiterhin Geldeinlagen von Kaufleuten zur Abwicklung bargeldloser Zahlungen anzunehmen.[11] Diese Richtlinie, die 1467

---

1 De Roover, Money, Banking and Credit, S. 338.

2 Katalog, W 107, Amtliche Daten.

3 StAStralsund, Testamente Nr. 1-699, 1309-1476, Nr. 492; eine Person gleichen Namens, Jan Hoorneweder, konnte zwar für Brügge nachgewiesen werden, aber aus dem zugrunde liegenden Quellenmaterial konnte nicht auf eine Identität beider Personen geschlossen werden.

4 Jansma, Waarden en makelaars, S. 217, 221-222.

5 Hartmeyer, Der Weinhandel, S. 64-66, wobei Hartmeyer allerdings die Rolle der Wirte in Köln m. E. unterschätzt.

6 Paravicini, Solingen, Hamburg, Brügge und Paris, S. 572.

7 Jansma, Waarden en makelaars, S. 219.

8 Hermesdorf, De herberg, passim.

9 Van Tielhof, Graanhandel, S. 181: in Danzig gab es ebenfalls das System Wirt und Herberge, wo Kaufleute Waren vorübergehend lagern konnten. Der Wirt fungiert als Kommissionär (so beim Leidener Kaufmann Willem Andriaensz, der in Danzig 1558 in einer Herberge wohnte).

10 Kerntke, Taverne und Markt, passim.

11 SAG, Oorkonden en dokumenten, Nr. 561, 12. Oktober 1433: *Item que aucune personne, changeur ne autre, ne puisse tenir en la ville de Bruges, ne ailleurs, table ne banc pour recevoir*

erneuert wurde und bis 1489 in Kraft blieb, war vor allem dazu gedacht, den Wert des flämischen Geldes zu schützen.[1] Aber für die Hosteliers, Wechsler und Kaufleute mußte dieses Verbot schwerwiegende Konsequenzen haben. Wurden nicht auf diese Weise die Hosteliers einer ihrer zentralen Funktionen beraubt? Trotz des Bestrebens, die Finanzwelt in Brügge und Flandern unter burgundische Kontrolle zu bringen, blieben viele Kaufleute dennoch dabei, Kreditoperationen über Hosteliers auszuführen. Allerdings finden sich weniger hansische und mehr spanische Kaufleute in diese Aktionen verwickelt.[2]

Hansische Kaufleute nutzten nach diesen Untersuchungen nachweislich die besondere finanzielle Infrastruktur, die durch Brügger Hosteliers angeboten wurde. Die Rückständigkeit, wie sie De Roover konstatiert, kann nicht bestätigt werden. Da die hansischen Kaufleute diese Struktur aber nicht ausschließlich und allein benutzten, sondern sich vielmehr in Gesellschaft päpstlicher Kollektoren, adliger Schuldner, spanischer, englischer, französischer, schottischer Kaufleute sowie Brügger Bürger befanden, kann auch nicht von einem nur auf den hansischen Bedarf abgestellten Finanzsystem gesprochen werden. Vielmehr zeigt sich im hansischen Finanzgebaren in Brügge eine Evolution, die sich in vergleichbarer Weise im hansischen Raum oder zumindest im nördlichen hansischen Raum aufgrund des Fehlens einer Clearingstelle nicht in diesem Ausmaß vollziehen konnte. Offenbar konnten die hansischen Kaufleute ihre Kenntnisse der Brügger Finanztechnik im Hansegebiet nicht dazu verwenden, nun ihrerseits ein vergleichbares System im Hanseraum zu entwickeln. Es zeigt sich, daß der Weg der Innovation bis hin zur allgemeinen Anerkennung sehr lang ist und sich nicht automatisch vollzieht.

Da aber bereits der mittelalterliche Handel von Kredit, bargeldlosem Zahlungsverkehr, Wechseln und Buchgeldtransfers abhängig war, bedienten sich die hansischen Kaufleute des Finanzsystems, das sich ihnen in Brügge bot. Neben den italienischen Großbanken entstanden - geringfügig zeitversetzt - Brügger bzw. flämische Klein- oder Normalbanken, die dem Anspruch des durchschnittlichen Kaufmanns, sei er hansischer oder anderer Herkunft gewesen, entgegen kam und genau die Möglichkeiten eröffnete, die die großen italienischen Finanziers bereits besaßen. Es ist daher nicht überzogen festzustellen, daß die hansischen Kaufleute lernten, mit dem italienischen Finanzmodell in flämischer Ausführung zu leben, es zu nutzen und ihren Handel auf dieser Basis zu erweitern. Das Beispiel Hildebrand Veckinchusen zeigt, daß nicht jeder hansische Kaufmann mit diesem Modell zurechtkam. Aber das war ein Umstand, der nicht so sehr mit der Funktion des Hosteliers innerhalb des Brügger Finanzsystems zusammenhing, sondern viel eher mit der kaufmännischen Kompetenz der Person selbst.[3]

---

l'argent des marchans et faire leurs paiements sur paine du ban de trois ans.

1 DE ROOVER, Money, Banking and Credit, S. 340, JENKS, War die Hanse kreditfeindlich?, S. 323.

2 Dazu mehr im Kap. 4.3.1. Die Haftung des Hosteliers gegenüber dem Gast und 4.3.2. Die Aufsichtspflicht des Hosteliers für den Gast; auch BRUNNER, Brügger Schöffensprüche.

3 Zu Veckinchusen und seiner Verbindung mit dem Brügger Hostelier Jacob Scuetelaere vgl. Kap. 4.3.2. Die Aufsichtspflicht des Hosteliers für seinen Gast.

4. Kollektive und individuelle Interaktion

Nach wie vor erscheint dem flüchtigen Betrachter die Hanse als ein mächtiger monolithischer Block, dem es gelang, Wirtschaft und Handel im 14. und 15. Jahrhundert in Nordwesteuropa zu beherrschen. Es wird von einer hansischen Kultur gesprochen, die sich über Nordwesteuropa ausbreitete.[1] Populärwissenschaftliche Publikationen, ein auf die Hanse ausgerichteter Tourismus sowie Wiederbelebungs-versuche durch die Politik tragen dazu bei, dieses Bild der Hanse zu zementieren.

4.1. Kollektive Konflikte

Dieses populäre Bild zeigt Lübeck als die treibende Kraft hinter allen Bemühungen der Hanse. Lübeck, von den mittelalterlichen Zeitgenossen als *Haupt der Hanse* bezeichnet, überragte alle anderen Mitglieder.[2] Daenell meinte, daß die Forderungen und Wünsche der verschiedensten Kaufleutegruppen besonders in Lübeck *verständnisvollste und weitestschauende Unterstützung* fanden, da sich die Ziele der Stadt mit denen der eigenen Kaufleute und denen der anderen Kaufleutegruppen deckten.[3] Gleichzeitig will es scheinen, daß derjenige, der sich den Beschlüssen der Hansetage widersetzte, Beschlüsse, bei denen Lübeck meist eine tragende Rolle spielte, kurzerhand verhanst, d.h. aus der Hanse ausgeschlossen wurde. Der bekannteste Konflikt dieser Art spielte sich vor dem Hintergrund englisch-hansischer Auseinandersetzungen im sogenannten Schoßstreit zwischen Köln und Lübeck ab, der schließlich unter anderem 1471 zum Ausschluß Kölns aus der Hanse führte.[4] Gegen die häufig auf Lübeck reduzierte Interpretation hansischer Forschung formierte sich seit Mitte der siebziger Jahre deutlicher Widerstand. Für den Bereich der Wissenschaft drückte Wolfgang von Stromer 1976 sein Unbehagen über die sehr auf Lübeck zugeschnittene Forschung aus. Für das breitere Publikum unternahm die große Hanseausstellung in Hamburg von 1989 mit dem Titel „Lebenswirklichkeit und Mythos" den Versuch, die Hanse hinsichtlich ihrer Strukturen, Zusammensetzung und ihrer Mythen zu zeigen.[5] Zwei Jahre später beschreibt Volker Henn die Diskrepanz zwischen dem, was von der Hanse im allgemeinen Bewußtsein geblieben ist und dem Urteil der nüchter-

1 Über diesen Begriff vgl. BONSDORFF, Kunstproduktion und Kunstverbreitung, S. 13-20. Begriffe wie 'Hansekunst' und 'Hansekultur' mit ihren inhärenten globalisierenden Tendenzen müssen laut Bonsdorff abgelehnt werden. Sein eigenes Gedankenmodell dreier nebeneinander stehender Bereiche, die sich nur periphär überlappen, charakterisiert die tatsächliche Situation m. E. wesentlich treffender, so daß mit ihm zu dem Schluß gekommen werden darf: *Zwischen der Kunst und der Hanse gibt es keine direkte kausale Verbindung, nur indirekt über die Kaufleute*, ebenda, S. 18.

2 STOOB, Lübeck als *Caput Omnium* in der Hanse, S. 163.

3 DAENELL, Die Blütezeit 1, S. 7.

4 DOLLINGER, Die Hanse, S. 394-397.

5 So jedenfalls J. Bracker in seinem Vorwort zum Ausstellungskatalog, Die Hanse. Lebenswirklichkeit und Mythos, Textband, S. 11-14.

nen wissenschaftlichen Forschung.[1] Dieser Prozeß ist damit keineswegs abgeschlossen und deshalb bleiben Zweifel am populären Bild der Hanse in der Wissenschaft und darüber hinaus weiterhin angebracht. Die unterstellte Dominanz Lübecks hatte auch Folgen für die Bewertung der Hanse durch die Forschung, die mit der Edition der Hanserezesse durch Koppmann 1870 und der Gründung des Hansischen Geschichtsvereins ihren entscheidenden Impuls erhielt.[2] Vermutlich hat der Eindruck des historisches Prozesses der Einung des Deutschen Reichs unter Bismarck bei den Forschern nachgewirkt und möglicherweise die Idee der Einheit in der historischen Interpretation gestärkt. Gut hundert Jahre später zeigt sich, daß ein erneuter Blick auf frühere Forschungsresultate lohnt: So legt Ellmers dar, daß mit der Gründung Lübecks entgegen landläufiger Meinung keineswegs etwas völlig Neues entstand, aus dem sich dann später die Hanse entwickelte.

Auch Henn stellt die weltanschauliche Standortgebundenheit der Hanseforschung fest, die sich zunächst auch von deutsch-nationalen Perspektive befreien mußte.[3] Aber der Zeitkontext läßt auch die gegenwärtige Hanseforschung nicht unberührt. Gerade Themen wie Konflikte, Nationalismus, wirtschaftlicher Ausgleich oder auch Konkurrenz sind die Themen der heutiger Zeit und finden ganz unweigerlich ihren Niederschlag in der historischen Forschung. So weist Henn zwar mit recht daraufhin, daß es ein *neuerlicher Irrweg wäre, die Hanse als Vorläuferin der oder Wegbereiterin der EU zu verstehen und ihre Geschichte in diesem Sinne zu interpretieren.*[4] Aber entziehen kann sich die Forschung der Tendenz nicht, wenn sie sich für Fragen der Zusammenarbeit innerhalb der Hanse interessiert oder Entscheidungsprozesse analysiert, die Akteure der Hanse untersucht und *hansische Teilräume als Strukturelement der Gemeinschaft* sieht[5] oder anders formuliert, kollektive und individuelle Aktionen untersucht. Der Schwerpunkt der vorliegenden Arbeit liegt ausdrücklich nicht bei der zu allen Zeiten gestellten Frage „Was war die Hanse?“, auf die es bisher weder geographisch, noch hinsichtlich ihrer Struktur noch in bezug auf ihr Entstehen endgültige Antworten gegeben hat und in der Zukunft - berücksichtigt man mehr als ein Jahrhundert intensiver hansischer Forschung, jeglicher historischen Schule, die bis dato keine eindeutige Definition zu geben vermochte - wahrscheinlich auch nicht geben wird.[6]

---

1 HENN, Der niederrheinisch-ostniederländische Raum, S. 11.

2 Eine Zusammenfassung dieser Entwicklung geben POSTEL, Von der "halbvergessenen Antiquität", S. 891-897, ELLMERS, Die Entstehung der Hanse, S. 3-6; vgl. auch HENN, Der niederrheinisch-ostniederländische Raum, S. 11 u. DERS., Wege und Irrwege.

3 HENN, Wege und Irrwege, S. 391.

4 HENN, Wege und Irrwege, S. 414 u. Anm. 135.

5 HENN, Der niederrheinisch-ostniederländische Raum, S. 15; zu den neuesten Untersuchungen vgl. FAHLBUSCH, Regionale Identität; PUHLE, Der sächsische Städtebund; SEIFERT, Kompagnons und Konkurrenten; PARAVICINI, Hansekaufleute in Brügge.

6 Eine Übersicht zu dieser Frage bieten die einleitenden Bemerkungen des Hansekatalogs, BRACKER, Die Hanse - Lebenswirklichkeit und Mythos, in Hansekatalog, S. 11-14 u. HENN, Was war die Hanse?, in: ebenda, S. 14-23.

Stattdessen beschäftigt sich diese Arbeit mit Fragen wie diesen: Besaß die Hanse eine eigenständige handelspolitische Strategie? War Lübeck tatsächlich die treibende Kraft der Hanse? Lag die Stärke der Hanse in der Einigkeit oder war diese ihre Schwäche? Die hansische Präsenz im Ausland bietet reiches Material, um diese Fragen zu beantworten, denn im Ausland geriet die Hanse signifikant unter Druck, hier mußte sich ihre Funktionalität nachdrücklich erweisen. Als Gruppe manifestierten sich die Hansen in Brügge und wurden von anderen Gruppen wahrgenommen. Der Kontakt, der bei dem Zusammentreffen der verschiedenen Gruppen entstand, wird von einigen modernen Soziologen als notwendige Bedingung sowohl für das friedliche Miteinander dieser Gruppen, als auch für Feindschaft und Gewalt angesehen. Diese contact hypothesis basiert auf einem einfachen Denkansatz: je mehr Kontakt zwischen den Individuen antagonistischer sozialer Gruppen besteht, desto größer ist die Wahrscheinlichkeit, daß Feindbilder abgebaut und Vorurteile reduziert werden, so daß sich die Beziehungen zwischen den Gruppen verbessern. Kommerzieller Austausch, besonders bei gegenseitiger persönlicher Kenntnis, soll destruktive Vorurteile heilen.[1] Die Konzentration der contact hypothesis auf das Individuum hat ihr den Vorwurf eingetragen, sie übersehe den Identifikationsrahmen, den Gruppen schaffen, der aber schließlich auch zu Vorurteilen, Feindschaft und Aggression führe.[2] Dagegen entwickelte der Soziologe Deutsch eine Theorie, die den kollektiven Aspekt von Konflikten betont. In seiner Theorie unterscheidet er zwischen Gesellschaft (society) und Gemeinschaft (community). Gesellschaft definiert er als eine Gruppe von Individuen, die aufgrund intensiver Arbeitsteilung miteinander verbunden sind und sich von anderen Gesellschaften durch einen Rückgang an Intensität abtrennen. Gemeinschaft dagegen ist eine Gruppe von Individuen, die es gelernt haben, über den bloßen Austausch von Waren und Dienstleistungen hinaus miteinander zu kommunizieren.[3] Beide Theorien liefern Erklärungsmodelle für ethnische Konflikte. Können diese Theorien dann überhaupt auf Situationen im mittelalterlichen Brügge angewandt werden? Diese Frage ist eindeutig zu bejahen; angewandt auf das Thema der vorliegenden Studie sind die Bedingungen der contact hypothesis durchaus erfüllt: verschiedene Gruppen (Hansen - Flamen), deren individuelle Mitglieder im kommerziellen Warenaustausch mit einem hohen Grad an persönlicher Kenntnis standen. Kommunikation zwischen Gruppen oder ihre Absonderung voneinander ist ebenfalls eine Thematik, die sich aus dem System der hansischen Auslandsniederlassungen zwangsläufig ergibt. Nach Gelfand sind Konflikte nicht irrational, sondern eng verbunden mit ökonomischen und politischen Interessen.[4]

Die Verbindung von Wirtschaft - Kultur - Kontakt im Hinblick auf die Interaktion von Gruppen als Erklärungsmodell für Konflikte ist interessant genug, um sie auch an Beispielen des Spätmittelalters zu prüfen. Dabei ergänzen sich beide Theorien mehr, als daß sie einander widersprechen. Als Individuum ist der Mensch zugleich immer auch Teil einer Gruppe, Gesellschaft oder Gemeinschaft. In der Kombination beider

---

1 FORBES, Ethnic conflict, S. 7.

2 BLUMER, Race Prejudice as a Sense of Group Position, S. 3-4.

3 Siehe bei FORBES, Ethnic conflict, S. 214-215.

4 GELFAND/LEE, Ethnic conflicts and power, S. 7.

Bereiche - kollektiv und individuell - lag die Besonderheit des Brügger Modells. Allerdings ergibt sich eine Problematik bei der Anwendung moderner Konflikttheorien. Die hier vorgestellten Modelle dienen zur Erklärung ethnischer Konflikte zwischen Minderheiten und Mehrheiten. Aber was bedeutet ethnisch im Zusammenhang mit dem vorliegenden Untersuchungsgegenstand?

Peter Burke weist in seiner globalen Betrachtung der Geschichte von Minderheiten einen Ausweg aus diesem Definitionsproblem. Der Begriff 'ethnische Minderheiten' erscheint ihm als kulturelles Konstrukt und nicht brauchbar für das Spätmittelalter. Er schlägt dagegen vor, Minderheiten in kulturellen Begriffen zu definieren. Auf diese Weise werden Sprache, Ess- und Trinkgewohnheiten, Kleidung und darüber hinaus Wertvorstellungen und Denkweisen mit einbezogen.[1] Moderne Soziologen wenden für kulturelle Minderheiten, die sich nur in einigen Aspekten von der Mehrheit unterscheiden den Begriff *Sub-Kultur* an. Der Begriff der *Gegen-Kultur* benennt Minderheiten, die sich gegen die Wertvorstellungen der Mehrheitsgruppe generell wehren. Zwischen diesen beiden Optionen führt Burke den Begriff der *Gast-Kultur* ein, der die kulturellen Minderheiten definiert, die als Gruppe die Werte der sie umgebenden Kultur weder akzeptiert noch ablehnt, sondern nach ihren eigenen Werten lebt.[2] In dieser Definition eignen sich die Konflikt-theorien, die Situation der hansischen Kaufleute in Brügge genauer zu betrachten.[3]

4.1.1. Taktik oder Strategie der Hanse? Die Kontorsverlegungen

Folgen wir der Stein'schen Annahme, daß das Brügger Modell nur geringe Begeisterung bei den deutschen Kaufleuten auslöste,[4] stellt sich die Frage, warum dieselben Kaufleute mit aller Macht in Brügge bleiben wollten. Wenn die Situation der Kaufleute dort tatsächlich so unbefriedigend gewesen wäre, hätte die Hanse dann nicht besser ganz auf die Anwendung des taktischen Mittels der Stapelverlegung verzichten sollen und nach einem anderen Ort für ihr Kontor suchen müssen? Der Verlauf lehrt anderes und deshalb bleibt zu fragen, ob sich hinter der Taktik der Stapel- und Kontorverlegungen mehr als nur ein spontan einsetzbares Druckmittel verbarg. Der Zeitgenosse erfuhr (erfährt) das Tägliche in gänzlich verwirrender Art.[5] Eine Untersuchung der Flandernblockaden der Hanse könnte sich an dieser Stelle in einer ordnenden Aneinanderreihung der Fakten erschöpfen, um dieser Verwirrung entgegen zu wirken, bliebe da nicht die Frage, was aus diesen nun auch schon hinlänglich bekannten Fakten an neuer Erkenntnis zu gewinnen sei.

Die Analyse der Kontorverlegungen unter diesem Gesichtpunkt soll klären, ob die Hanse dieses Mittel aufgrund einer tiefgreifenden handelspolitischen Strategie benutzte, mit der sie bestimmte Ziele verfolgte. Bereits bei einer der ersten Auseinandersetzungen zwischen der Stadt und den Kaufleuten gegen Ende des 13. Jahrhunderts griffen die Kaufleute zum Mittel der Stapelverlegung. Dabei verließen die Kauf-

---

1 BURKE, Host and Guests, S. 43.

2 BURKE, Host and Guests, S. 43-44.

3 Besonders Kap.4.1.4. Die Flandernblockade 1451-57, u. a. über den Hansenmord in Sluis.

4 Vgl. Kap. 3.1.1. Das Brügger Modell.

5 DHONDT, L'histoire récurrente, S. 200.

leute Brügge und richteten ihren Stapelplatz an einem anderen Ort ein, um Brügge auf diese Weise vom Warenstrom abzuschneiden, so daß die Stadt aufgrund der schlechter werdenden wirtschaftlichen Situation schließlich gezwungen sein würde, zu einem Verhandlungsergebnis mit den Kaufleuten zu gelangen. Die Einrichtung eines lokalen Handelsembargos war aber keine Erfindung jener frühhansischen Organisation. Ein Vorbild hatte der Ladbergener Bund von 1246 gegeben, der mittels eines Handelsboykotts den freien und gesicherten Zugang zu den Märkten der Diözesen Münster und Osnabrück durchsetzen wollte.[1]

Das Mittel des Handelsboykotts wurde von deutschen Kaufleuten gegen die verschiedensten Städte und Länder eingesetzt. Gegen Brügge und Flandern geschah dies insgesamt sechs Mal im Zeitraum vom 13. bis zum 15. Jahrhundert. Die Einrichtung eines Handelsembargos konnte nur dann erfolgreich sein, wenn es von allen Beteiligten auf Seiten der Betreiber eingehalten wurde und das daraufhin entstehende Handelsvakuum nicht durch eine konkurrierende Handelsorganisation aufgefüllt wurde. Ein auf diese Weise erfolgreiches Embargo mußte für eine Stadt wie Brügge, die von einer stetigen Warenzufuhr durch internationale Kaufleute abhängig war, schwerwiegende negative wirtschaftliche Folgen haben.

Von den sechs Kontorsverlegungen wurden eine im 13. Jahrhundert (1280-82), drei im 14. Jahrhundert (1307-09, 1358-60, 1388-92) und die letzten beiden schließlich im 15. Jahrhundert (1436-38, 1451-57) durchgeführt.[2] Im 13. Jahrhundert befand sich die Hanse im Aufbau. Das 14. Jahrhundert war ihre Blütezeit und im 15. Jahrhundert zeichnete sich der Niedergang dieser Organisation ab. Es ist evident, daß sich innerhalb eines derart großen Zeitraums politische Konstellationen sowie Ausführende und Ziele eines Embargos änderten, so daß der Ausgang einer solchen Aktion nicht zwangsläufig immer der gleiche gewesen sein mußte. Sich wiederholende Ereignisse in der Geschichte müssen den modernen Historiker dazu anhalten, in der Wiederkehr dieser Ereignisse nicht nur eine Tatsache an sich zu sehen, sondern darüber hinaus die dahinterliegenden Strukturen zu suchen, d.h. die Kräfte, die die Verhaltensweisen und/oder ihre Änderung bestimmten.[3]

4.1.2. Die Stapelverlegungen von 1280-82 und 1307-09

1280 kam es durch zwei Aufstände in Brügge zu einer empfindlichen Störung des Handels. Nicht nur niederdeutsche Kaufleute waren von diesen Unruhen betroffen, sondern alle Handelsnationen in Brügge. Gemeinsam klagten sie über die Behinder-

---

[1] HENN, Städtebünde und regionale Identitäten, S. 51-52; Mitglieder dieses Städtebundes waren Münster und Osnabrück, später kamen Minden, Herford und Coesfeld hinzu. 1253 bildeten die Städte Münster, Dortmund, Soest und Lippstadt den Werner Bund, der u.a. ebenfalls zum Mittel des Handelsboykott greifen wollte; PUHLE, Die Politik der Stadt Braunschweig, S. 14-15 über die Boykottmaßnahmen des Sächsischen Städtebunds gegen Gent 1267/68.

[2] DOLLINGER, Die Hanse, S. 148, 559, 561. 1488-1493 sah sich das hansische Kontor einer weiteren Periode gestörter Beziehungen zu Brügge und Flandern ausgesetzt. Diese Zeit ist nicht Gegenstand der Untersuchung, da die Abwanderung der hansischen Kaufleute nach Antwerpen bereits begonnen hatte und mit dem Erwerb eines Hauses am Kornmarkt dauerhaftere Züge annahm.

[3] DHONDT, L'histoire récurrente, S. 195-201.

ungen und baten um einen neuen Stapelplatz in Flandern. Falls dies nicht gelänge, drohten sie mit dem vollständigen Abzug der internationalen Kaufleuteschaft aus Flandern.[1] Schließlich sah sich Guido von Dampierre, Graf von Flandern, gezwungen, den Brügger Stapel in das benachbarte Aardenburg zu verlegen. Auf diese Weise konnte er die Kaufleute im Land halten und gleichzeitig die Aufständischen in Brügge durch die sich verschlechternde wirtschaftliche Situation so unter Druck setzen, daß sie zur Aufgabe gezwungen würden.[2] Die spanischen Kaufleute, die des Römischen Reichs sowie alle anderen Kaufleute, die sich ihnen anschlossen, erhielten gemeinsam ein Privileg für den neuen Stapel in Aardenburg.[3] Dieses Privileg ging über die Freiheiten des Stapels zu Brügge weit hinaus. So wurde den Kaufleuten gestattet, Aardenburger Bürgern gleich Waren in der Stadt en gros zu kaufen und zu verkaufen, ohne Ungeld zahlen zu müssen.[4] Offenbar bildeten die spanischen und deutschen Kaufleute und alle, die sich diesen beiden Gruppen anschließen mochten, in diesem Fall eine gemeinsame Kompanie, der vier *procureurs* vorstehen sollten, die für die Angelegenheiten der Kaufleute im Konfliktfall mit den Bürgern und der Stadt verantwortlich waren.[5] Neben zahlreichen Klauseln über den Schutz der fremden Kaufleute in Aardenburg wurden technische Details des täglichen Handels fixiert. Die Maklercourtage sowie die Kosten für die Unterbringung der Kaufleute in Herbergen, die Hostelage, sollten durch die Schöffen der Stadt und die Prokuratoren festgelegt werden. Die Miete für Keller zur Warenlagerung wurde auf einen Betrag von 4 solidi pro Woche festgelegt.[6] Wein durften die Kaufleute untereinander ohne Zahlung einer Akzise ausschenken. Der Weinverkauf in einer Herberge unterlag einer Akzise.[7]

---

1 RAG, Oorkonden van de graven van Vlaanderen, fonds Saint-Genois, Nr. 331, publiziert bei WYFFELS, *De Brugse Moerlemaye*, S. 97-98, vor dem 7. April 1279: [...] *nous, marchant tout coumunaument, vous prions et requerons k'il vous plaise ke vous nous asines i lieu, soit au Dam ou ailleurs en vostre tierre, ou nous puissommes venir sauvement, paiant nostres droitures, et puissons avoir pois droiturier par quoi chascuns preudom puist avoir son drois et ke vous, sire, ne souffres par defaute de droit pois et d'autres droitures ke nous widons vostre terre, car nous l'avons longhement deporté a nostre pierte et a nostre grant damage de nous tous.*

2 WYFFELS, Nieuwe gegevens, S. 58.

3 HUB 1, S. 295-299, 26. August 1280: *Sachent tous, ke nous rewarde et considere le commun proufit et le utiliteit de nostre terre de Flandres et des marchans antans et repairans en celi terre pour leur marchandises, a tous marchans dEspaigne et de Alemaigne et a tous autres marchans dautres terres, ki a ces marchans deseure die acompaignie se verront, pour anter et repairier en nostre vile de Ardembourgh et leur marchandises amener et ki alover se vorront a ces marchans, pour venir a nostre vile deseure dite, nous leur otroions et avons otroiet toutes les francises, ki si apres sunt escrites.*

4 HUB 1, S. 296: [...] *sans paier assise* [...].

5 HUB 1, S. 296: *Dautre part ke li marchant dEspaigne, dAlmaigne et de toutes autres terres, ki a ceste compaignie sacorderont, puissent avoir quatre procureurs.*

6 HUB 1, S. 297: [...] *le couretage, ke li courtier avoient, seroit establis pour les eschevins et les procureurs.*, ebd., S. 298: *Dautre part ke li hostelage, ke li marchant paieront, soient establi par les echevins et les procureursdevant dis, et ke nus bourgois ne ouist loer celier plus haut ke quatre sols le sesmaine.*

7 HUB 1, S. 297: *Et ke li marchant puissent vins u autre buverage entraus vendre et donner lun a lautre pour leur argent sans paier assise, mais ce ne soit taverne criee ne a baniere, et se il le vendent par les hors de lor hostel, il paieront assise.*

Diese Punkte werden an dieser Stelle erwähnt, da sie im Lauf dieser Untersuchung einen vergleichbaren Maßstab zu den Privilegien der Hanse in Brügge bilden. Im September 1280 reagierten die Städte Thorn und Stendal positiv auf die von Lübeck mitinitiierte Verlegung des Stapels nach Aardenburg. Im Oktober äußerte sich auch die Gotländische Genossenschaft zu Visby positiv. Andere Städte ließen sich mit ihrer Reaktion, sprich Zustimmung, erheblich mehr Zeit. Halberstadt, Halle und Magdeburg stimmten den Plänen erst im März 1281 zu.[1]

Trotz dieser weitgehenden Freiheiten zog es die Kaufleute zurück nach Brügge, dessen zentrale Funktion augenscheinlich nicht ohne weiteres durch die Verlegung des Stapels in eine andere Stadt ersetzt werden konnte. Die Bedingungen, unter denen die Kaufleute bereit waren, den Stapel nach Brügge zurückzuverlegen, wurden von den deutschen und spanischen Kaufleuten getrennt formuliert.[2] Dennoch waren beide Seiten über die jeweiligen Forderungen offenbar unterrichtet. Der lübische Unterhändler Johann von Douai sandte nicht nur seinen eigenen Bericht mit einem Brügger Brief an Lübeck, sondern auch die schriftliche Fassung der spanischen Forderungen.[3] Aus den Urkunden, Briefen und Akten im Zusammenhang mit dieser Stapelverlegung geht zugleich hervor, daß Lübeck die entscheidende Kraft bei dieser Angelegenheit war. So unterhandelte Johann von Douai wohl zeitweilig ganz allein im Namen Lübecks und der anderen Städten, bis diese, d.h. vermutlich Soest und Dortmund, auf Bitten des lübischen Unterhändlers eigene Gesandte schickten. Köln überließ das Unterhandeln ganz und gar Lübeck, allerdings bot es später an, sich an den Kosten der Gesandtschaft zu beteiligen.[4]

Da sich die Streitigkeiten zwischen den fremden Kaufleuten und der Stadt Brügge vor allem an der Handhabung der Waage und den zu zahlenden Gebühren entzündet hatten, wurde am 26. Mai 1282 eine neue Waage-Ordnung durch den Grafen von Flandern, den Zollherrn Johan von Gistel und die Brügger Schöffen erlassen. Eine Waage-Ordnung speziell für die spanischen Kaufleute und die des Römischen Reichs erging am 13. August 1282.[5] Nach dem Intermezzo in Aardenburg kehrten die fremden Kaufleute nach Brügge zurück. In dieser ersten Phase *hansischer* Präsenz in Brügge und Flandern war die Gemeinschaft der ihr zugeordneten Kaufleute allein nicht stark genug, um ihre Forderungen durchzusetzen. Eine alleinige, zuvor festgelegte Handlungsstrategie sowohl der Städte als auch der deutschen Kaufleute hat es zu diesem Zeitpunkt wahrscheinlich nicht gegeben. Aber schon zu diesem Zeitpunkt

---

1 HUB 1, S. 299-300, Nrr. 864, 865, 866; S. 301-302, Nrr. 875, 876, 877.

2 Siehe WARNKOENIG, GHELDOLF, Histoire de la Flandre 4, S. 275-276, Nr. 19: [...] *li marchant dou Roiame de Castiele et d'Aragonne et de Navare et de Portingal et de Cresin et de Gascogne vous prient* [...].; HUB 1, S. 305-306, Nr. 891: *Dit es teerste punt, dat die coopmanne heeschen* [...].

3 HR I,1, S. 11, Nr. 21, [1281-1282], [...], *quod vobis misi quandam litteram per mare, de voluntate et consensu mercatorum Yspanie* [...].

4 HENN, Über die Anfänge des Brügger Kontors, S. 50-51; siehe auch WYFFELS, De rekeningen van de stad Brugge, T. 1, S. 32-33, zwei Boten aus Lübeck, im März und Juni 1282.

5 HUB 1, S. 308, Nr. 900; Text der allgemeinen Waage-Ordnung vom 26. Mai 1282 in: HR I,1, S. 12-14, Nr. 23; Waage-Ordnung vom 13. August 1282: HR I,1, S. 14, Nr. 24.

zeigte Lübeck besonderes Engagement für die eigenen Kaufleute,[1] von dem dann auch die übrigen Kaufleute profitierten. Fraglich bleibt, inwieweit Lübeck ebenso gehandelt hätte, wären nicht die zahlreichen anderen Kaufleutenationen von den gleichen Schwierigkeiten betroffen gewesen; anders gesagt, war die Politik Lübecks eigenständig oder entwickelte sich diese durch das Beispiel anderer? Im gemeinsamen Auftreten deutscher, spanischer und anderer Kaufleute lag der Keim des Erfolgs dieser ersten Stapelverlegung. Zukünftige Forschung muß ausweisen, ob diese Konstellation die Zurückhaltung der anderen Städte des Römischen Reichs in dieser Sache erst erlaubte oder ob sich die fehlende Zusammenarbeit der Städte aus dem Organisationsstatus der Kaufleute des Römischen Reichs erklären läßt.

Bis zum Ende des 13. Jahrhunderts agierten Städte wie Hamburg oder Lübeck zum Teil hinsichtlich der Privilegien ihrer Kaufleute in Flandern und Brügge noch unabhängig voneinander. Trotz der Bestätigungen der verschiedenen Freiheiten wurde von einigen Städten zu Beginn des 14. Jahrhunderts über eine erneute Stapelverlegung von Brügge nach Aardenburg nachgedacht. Die Gründe für diesen Plan waren vielschichtig, vor allem aber litt der Handelsverkehr in Brügge und Flandern unter den politischen Spannungen zwischen England und Frankreich. Guido von Dampierre, Graf von Flandern, befand sich in einer sehr delikaten Stellung zwischen beiden Mächten. Einerseits durften die Handelsbeziehungen zu England nicht gestört werden, da die flandrische Tuchindustrie vom Import englischer Wolle abhängig war, andererseits war der Graf von Flandern Lehnsmann des französischen Königs, der wiederum Allianzen des Grafen von Flandern mit England aufgrund der dynastischen Konflikte zwischen England und Frankreich nicht tolerieren konnte. Aber auch die Politik des Grafen von Flandern selbst war nicht von großer Konsequenz geprägt.[2]

Daneben versuchte der französische König Philipp der Schöne Teile der Grafschaft Flandern unter seine Kontrolle zu bringen. Um dieses Ziel zu erreichen, nutzte er französisch gesinnte Fraktionen in den flämischen Städten und beim Adel. Dies wiederum rief den Widerstand antifranzösischer Gruppen in Flandern hervor.[3]

Auch nachdem dieser flämisch-französische Konflikt mit dem Vertrag von Athis-sur-Orge von 1305 hätte beigelegt sein sollen, flackerten die Unruhen in Flandern immer wieder auf, so daß auch die Klagen der Kaufleute nicht verstummten, die durch die krisenhaften politischen Verhältnisse in Flandern in ihrem Handel behindert wurden.[4] Deshalb kam es 1307 erneut zu Verhandlungen hinsichtlich einer möglichen Verlegung des Stapels von Brügge nach Aardenburg.[5] Im November 1307 erteilte

---

1 HENN, Über die Anfänge des Brügger Hansekontors, S. 50-51; interessanterweise führten die wendischen Städte kurze Zeit später, 1284-85, eine Blockade gegen Norwegen durch. Auch hier übte manche spätere Hansestadt - Hamburg, Bremen - Zurückhaltung, siehe HELLE, Die Deutschen in Bergen, S. 142-144.

2 Über seine ambivalente Rolle s. Kap. 2.1. Inländische Elite und Kap. 2.4. Kollisionen in Brügge.

3 Zu diesem gesamten Komplex vgl. Kap. 2.3. Wirtschaft im Spannungsfeld flandrischer Politik und 2.4. Kollisionen in Brügge.

4 SAB, SR 1305-06, fol. 28, zwei Gesandte Hamburgs und Lübecks (und anderer Städte) kamen nach Brügge, um über die Münzverschlechterungen zu konferieren.

5 HR I,1, S. 38-39, Nrr.78, 79; S. 43, Nr. 81; S. 44-47, Nrr. 84, 85, 86; HENN, Über die Anfänge des Brügger Hansekontors, S. 51-52.

Aardenburg den deutschen Kaufleuten weitgehende Aufenthalts- und Handelsfreiheiten für den dortigen Stapel. Von 1307-1309 blieben die Kaufleute des Römischen Reichs dort, allerdings mit dem Vorsatz, baldmöglichst nach Brügge zurückzukehren. Über die einzelnen Schritte hin zu dieser Rückverlegung schweigen die Quellen. Sicher ist, daß Robert von Béthune, Graf von Flandern, bereits im Dezember 1307 die Freiheiten der Kaufleute des Römischen Reichs für Flandern auf Anfrage des Dortmunders Johann von Neuendorf und des Lübeckers Arnold Wasmod bestätigte und erweiterte.[1] Auch Brügge konnte dieser erneuten Stapelverlegung nicht untätig zusehen, waren die Einwohner der Stadt doch abhängig vom regelmäßigen Besuch der Kaufleute.

Im September 1309 verkündete Ludwig von Nevers, Sohn des Grafen von Flandern, daß Aardenburg keine Waage über 60 Pfund haben durfte. Er bezog sich mit dieser Vorschrift ausdrücklich auf ein Gebot seines Vaters. Dieser hatte 1306 ein Gutachten zur Höhe des zugelassenen Waagegewichts in Aardenburg erstellen lassen. Dabei wurden Zeugen aus Brügge, Damme und Aardenburg zu diesem Problem gehört. Brügge und Damme erklärten, daß Aardenburg das Recht auf eine derartige Waage nie besessen habe. Aardenburg dagegen bestand darauf, daß es seit jeher *pondele as grand poys et petit* benutzt habe.[2] Mit dem Verbot einer größeren Waage mußte der Stapelverkehr in Aardenburg erheblichen Schaden erleiden, da die Kaufleute häufig Waren mit weit höherem Gewicht verhandelten, ganz besonders wenn es sich um Tuch handelte, einem der Hauptausfuhrprodukte Flanderns. Es war mit Sicherheit kein Zufall, daß Brügge sich - durch die Person Ludwigs von Nevers - so entschieden gegen eine große Waage in Aardenburg aussprach. Mit Sicherheit ging diese Initiative von Brügge aus, um Aardenburg als Konkurrentin auszuschalten, was sich nicht zuletzt in der Tatsache zeigte, daß die Stadt Ludwig von Nevers eine erhebliche Summe Geldes für seine Intervention zukommen ließ.[3] Im Lauf des 14. Jahrhunderts wandte Brügge mehrfach taktische Eingriffe an, um sich unangenehmer (Stapel-)Konkurrenten zu entledigen bzw. sie im Zaume zu halten.[4] Im konkreten Fall verlor die Stadt Aardenburg ihre Attraktivität für die Kaufleute und Brügge besaß nun ein Druckmittel gegen die Kaufleute.

Die Stadt hielt vor und nach dem Waagegebot für Aardenburg im September intensiven Kontakt mit den Osterlingen, die sich in Aardenburg, Damme und Sluis aufhielten. Insgesamt wurden zwischen dem 27. Juni 1309 und dem 20. Oktober 1309 neun Gesandtschaften verschiedenen Umfangs im Zusammenhang mit den Verhandlungen zur Rückverlegung des Stapels von Brügger Seite durchgeführt. Diesen Gesandtschaften folgte im November 1309 die Erteilung neuer Freiheiten für den Brügger Stapel.[5] Allem Anschein nach haben die Kaufleute des Römischen Reichs diese

---

1 HUB 2, S. 52-54, Nr. 121, 1. Dez. 1307: *Ad requisitionem Johannis dicti Novacuria de Tremonia et Arnoldi Wasmod de Lubeke* [...].

2 HUB 2, S. 63-64, Nr. 152 u. Anm. 3.

3 SAB, SR 1310-11, fol. 16: *Item min here Lodewike, omme dat hi ons gheulpich was jeghen die van Aardenburch ende de Oesterlinghe van onsen pondere, 8000 lb.*

4 Brügge dehnte das Verbot einer großen Waage später auch auf Sluis aus; HUB 2, S. 63-64, Anm. 3.

5 Gesandtschaften: SAB, SR 1310-11 (n.St.), fol. 52-55; HUB 2, S. 65-69, Nr. 154, 14. November 1309 und S. 69-70, Nr. 155, 15. November 1309. Am 20. November erkärte Brügge

Stapelverlegung allein durchgeführt.[1] Dabei traten vor allem Lübeck und Hamburg, eventuell auch Dortmund, als Wegbereiter hervor. Die Privilegien wurden ausschließlich den *coepmannen van den Roemschen rike* verliehen, sei es mit einigen Separatausführungen für einige sächsische Städte.

Allerdings verwies das neue Privileg auf die Waageordnung, die die Osterlinge noch gemeinsam mit den spanischen Kaufleuten 1282 erstritten hatten.[2] Aber diese Phase der Kooperation zwischen den deutschen Kaufleuten und jenen anderer Nationen war offenbar bereits vor 1307 vorbei. Der Erfolg der zweiten Stapelverlegung wird den Osterlingen gezeigt haben, daß sie stark genug waren, ihre handelspolitischen Interessen ohne fremde Hilfe durchzusetzen. Partner wurden nur noch unter den Kaufleuten des Römischen Reichs gesucht. In den frühen Stapelverlegungen den Beweis für eine zu diesem Zeitpunkt faktisch bestehende Städtehanse und ihren quasi formellen Organisationsgrad zu sehen,[3] widerspricht den Quellen. An dieser Stelle soll keine neue Diskussion über die Frage nach Kaufmannshanse oder Städtehanse initiiert werden,[4] dennoch soll hier ein Gedanke zu diesem Thema angeführt werden, der bisher keinen Eingang in die deutsche Hanseforschung gefunden hat: Die Verleihung der Privilegien an die Kaufleute des Römischen Reichs bzw. an die Kaufleute der Städte des Römischen Reichs ist m. E. kein schlüssiger Beweis für das Bestehen einer Städtehanse zu diesem Zeitpunkt. Muß nicht gefragt werden, an wen die Privilegien sonst hätten verliehen werden sollen?

Im 13. Jahrhundert wurden Privilegien sowohl an einzelne Städte als auch Städtegruppen verliehen. Den Flamen war sowohl der Verbund von Kaufleuten als auch der Verbund mehrerer Städte zum Behufe der Ausübung internationaler Handelstätigkeit aus eigener Erfahrung bekannt.[5] Kann es sich deshalb bei der Erteilung der Privilegien durch Flandern und Brügge an eine wie auch immer definierte Gruppe nicht auch um die Anwendung der eigenen bekannten Strukturen auf eine sich erstmals präsentierende fremde Gruppe von Individuen gehandelt haben? Ist die Form der Adressaten vielleicht mehr ein Spiegel flämischer Gewohnheit als Ausdruck einer hansischen Frühform? Die Städte nehmen an den Privilegienverhandlungen teil, indem sie einige ihrer Ratsleute zu den Unterhandlungen schickten. Auf diese Tatsache stützen sich die Befürworter der frühen Städtehanse-Theorie mit ihren Argumenten.

---

den Städten Braunschweig, Goslar, Magdeburg, dem Sachsenland sowie allen Kaufleuten des Römischen Reichs die gleichen Freiheiten wie in Nr. 154, HUB 2, S. 70, Nr. 155.

1 HUB 2, S. 71-72, Nr. 160, 24. November 1309: *Wie Robrecht grave van Vlaendren maken kont ende kenlic allen den ghenen, die dese lettren zien zullen iof horen lesen: alse die coepmanne van den Roemschen rike van der Duutscher tonghe uto onser stede van Brucghe ghetrect waren in onse stede van Ardenburgh met haerre coepmanscepe omme den stapele daer te houdene* [...].

2 HUB 2, S. 66, Nr. 154 § 4: *Vord zo es hem gheottroijerd, dat men houden zal die ordenanche, die ghemaect was van der balanche ende van den ghewichte dats te verstane:* [...] *dat die ordenanche inhevet, dewelke ghemaect was bi ons heren sgraven hetene, sheren van Ghistele, der scepenen van Brucghe, coepmans van den lande, coepmans van Alemaingen ende van Spaignen* [...].; Waageordnung von 1282: HUB 1, S. 310-311, Nr. 905, Text abgedruckt in: HR I,1, S. 14, Nr. 24, 13. August 1282.

3 Vgl. WERNICKE, Die Städtehanse, S. 143.

4 Vgl. dazu Kap 1. Einleitung.

5 Siehe Kap. 2. Eliten in Brügge.

Aber war dieses Vorgehen nicht ohnehin notwendig, wenn mit dem Rat der Stadt Brügge bzw. der Gräfin von Flandern verhandelt wurde? Wer sind die Städte, d.h. wer repräsentierte die Städte in Flandern? Wer waren die Abgesandten? Waren sie vielleicht selbst Kaufleute, nur eben jetzt in ihrer offiziellen Funktion als Ratsherr oder waren es Personen im Auftrag der Kaufleute, die gleichzeitig Ratsherren waren? Insgesamt ist in diesen Vorgängen ein gleichzeitiges Zusammenwirken von Städten und Kaufleuten zu sehen, wie Henn es bereits nachdrücklich betonte und kein institutionalisiertes, hansestädtisch geprägtes Vorgehen in dieser frühen Phase.[1] Erst mit der Bewältigung der folgenden Krise um die Mitte des 14. Jahrhunderts zeigte sich die Stärke und Unabhängigkeit der Organisation der Kaufleute des Römischen Reichs unter dem Namen *Hanse*.

4.1.3. Die Flandernblockaden 1358-60 und 1388-92

Der dritten Stapelverlegung ging für die hansischen Kaufleute eine Periode der Unsicherheit nach innen und außen voraus.[2] 1347 hatten sich die deutschen Kaufleute in Brügge eine eigene Ordnung, heute bekannt unter dem Namen *Brügger Kontorordnung*, gegeben. In ihr finden sich die typischen genossenschaftlichen Strukturelemente der Brügger Auslandsniederlassung der hansischen Kaufleute. Wesentliches Merk-mal des Brügger Kontors war die Aufteilung in ein lübisches, westfälisch-preußisches und gotländisch-livländisches Drittel. Jedes Drittel wählte zwei Älterleute, die die Kaufleute nach außen vertraten.[3] Trotz dieser inneren Unterteilung manifestierte sich gerade in dieser Neuordnung die Geschlossenheit des Kontors. Ein Grundgedanke hinter dieser nun auch nach außen hin sichtbaren Form der Einheit bestand vermutlich in dem Wunsch, die Kaufleute und ihre Interessen gegenüber den flämischen und Brügger Autoritäten mit mehr Nachdruck vertreten zu können. Trotz dieser ersten strukturierenden Maßnahme zeigte sich das Kontor bzw. zeigten sich die Älterleute des Kontors in der Folgezeit zerstritten und uneinig.[4] Diese innere Unsicherheit wurde erst durch das Auftreten einiger Städte, die 1356 eine umfangreiche Gesandtschaft nach Brügge schickten, beendet. Von jenem Zeitpunkt an war das Brügger Kontor dem Hansetag und seinen Beschlüssen formal untergeordnet.[5] Ob sich aus dieser formalen Unterordnung Konsequenzen für Entscheidungen der Hanse

---

1 HENN, Über die Anfänge des Brügger Kontors, S. 63-66; auch SEIFERT, Kompagnons und Konkurrenten, S. 57-81.

2 Tatsächlich sprechen nun auch die zeitgenössischen Quellen von *stede van der dudescher hense*, so daß die Begriffe 'Hanse' und 'hansisch' ohne weitere Einschränkung benutzt werden können.

3 HR I,1, S. 74-77, Nr. 143; zum lübischen Drittel gehörten die wendischen Städte Lübeck, Hamburg, Lüneburg, Rostock, Wismar und Stralsund; allerdings ist der Begriff *wendische Städte* nicht so eindeutig definiert, wie es scheinen mag. Vgl. dazu ENGEL, Aus dem Alltag; allgemein STEIN, Die Genossenschaft der deutschen Kaufleute; DAENELL, Die Blütezeit der deutschen Hanse; HENN, Über die Anfänge des Brügger Hansekontors, S. 54-57; DOLLINGER, Die Hanse, S.139-140; DIERCK, Die Älterleute.

4 HR I,1, S. 127-131, Nr. 200, 1356: [...] *umme twidrachtichheit wille, die wanne tuschen den alderluden der menen Dutschen ghewesen hevet* [...].

5 HR I,1, S. 127-131, Nr. 200; Liste der Älterleute: HR I,1, S. 128-131, Nr. 201; zum ganzen Vorgang: DIERCK, Die Brügger Älterleute, (1994).

hinsichtlich ihrer Politik in Flandern ergaben, wird ein Aspekt der folgenden Kapitel sein. Die Unsicherheit der Kaufleute nach außen ergab sich aus den Auseinandersetzungen des Hundertjährigen Krieges zwischen England und Frankreich, besonders in den 40er und 50er Jahren des 14. Jahrhunderts. Da sich die militärischen Konflikte dieser Auseinandersetzung auch in Flandern abspielten, blieb die internationale Kaufleuteschaft, auch die hansische von diesem Konflikt nicht verschont.

Vor allem die Handelsflotte litt unter dem Kaperkrieg der beiden Länder vor den Küsten Flanderns. Außerdem erhöhten die flämischen Behörden in dieser Situation häufig die Zölle, um auf dieses Weise die finanziellen Folgen dieser Kriege tragen zu können.[1] 1351 richteten die hansischen Kaufleute zu Brügge mehrere Beschwerden wegen der Verletzung ihrer Privilegien an Brügge und baten den Hansetag in Lübeck um Unterstützung in dieser Angelegenheit. Gleichzeitig wurde von den deutschen Kaufleuten in Brügge über die erneute Verlegung des Stapels nach Aardenburg nachgedacht.[2] Brügge gelang es offenbar, den Unmut der Kaufleute zu besänftigen, indem es den hansischen Kaufleuten 1352 das Recht auf ein eigenes Waagehaus durch den Zollherrn Johan von Gistel einräumen ließ.[3]

Obwohl die Hanse selbst zuvor mehrfach Forderungen nach einem eigenen Waagehauses in Brügge erhoben hatte, ging sie schließlich nicht auf dieses Angebot ein, vermutlich nicht zuletzt aufgrund der Bedenken, die das gotländische Drittel hinsichtlich einer eigenen Waage in Brügge äußerte.[4] Trotz des Brügger Entgegenkommens hinsichtlich der Waage blieb es in der Folgezeit nach den Angaben der Kaufleute des Kontors bei der fortwährenden Verletzung ihrer Privilegien in Flandern, vor allem aber in Brügge und Damme. Eine Ursache dieser Schwierigkeiten lag im Konflikt zwischen Ludwig von Male, Graf von Flandern und Wenzeslaus, Herzog von Luxemburg, um die Erbfolge im Herzogtum Brabant. Infolge dieses Konflikts ließ der Graf von Flandern die Schelde blockieren. Für die anschließende Belagerung Antwerpens setzte Ludwig auch hansische Schiffe ohne Einwilligungen deren Eigentümern ein. Zwar wurde der akute Konflikt durch den Frieden von Ath 1357 beendet, aber im Bemühen um die militärische und politische Kontrolle Mechelns und Antwerpens vernachlässigte Ludwig zwangsläufig den Schutz der flandrischen Küsten,

1 Zum Hundertjährigen Krieg in Flandern: LUCAS, The Low Countries, S. 167-527; PIRENNE, Histoire 2, S. 101-135; NICHOLAS, Ghent; über Brügge und das Kontor: DAENELL, Die Blütezeit 1, S. 18-23; STEIN, Die Genossenschaft.

2 Beschwerden der Kaufleute an Brügge: HR I,1, S. 90-92, Nrr. 158, 159; Stapelverlegung: HR I,1, S. 92-95, Nr. 161, die deutschen Kaufleute zu Brügge an Hamburg, 28. August [1351].

3 HR I,1, S. 99-100, Nr. 167, 18. Februar 1352; s. OSTEN, Die Handels- und Verkehrssperre, S. 9-12.

4 Zum eigenen Waagehaus: HR I,1, S; 92-95, Nr. 161; S. 97-98, Nrr. 164-166; S. 102-103, Nrr. 170, 171; HR I,3, S. 7, Nr. 7; zur Ablehnung eines eigenen Waagehauses: HR I,1, S. 100-101, Nr. 169: Der wichtigste Grund für die Ablehnung lag in der Befürchtung, eine neue Waage könnte die alten Privilegien verletzen und ihre Gültigkeit in Frage stellen. Ein zweiter Grund lag in der Verantwortlichkeit für die Waage, d.h. auch für Fehler, die sich ergeben könnten; die Hansen bevorzugten, daß diese bei der Stadt Brügge blieb. Ein dritter Grund fand sich in den - zu hohen - Kosten für diese Waage, über die die Kaufleute zwar keine offiziellen Informationen besaßen, aber *„heymeliken vernomen, dat se deme heren van Gystelen ghelovet hebben 1800 olde schilde, nerghen umme den eyn weghehus te kopende bynnen der stat to Brugghe up der koplude kost.“*

da er mit seinen Truppen nicht an zwei Orten zugleich anwesend sein konnte. Englische und schottische Freibeuter nutzten diese Situation zum Kapern von Handelsschiffen aus.[1] Neben dieser realen Bedrohung sahen sich die hansischen Kaufleute aus ihrer Sicht mit einer Reihe flämischer Privilegienverletzungen, meist finanzieller Art, konfrontiert. Dazu gehörten willkürliche Zoll- und Weinakziseerhöhungen, die unrechtmäßig geforderte Abgabe von Hallengebühren, überhöhte Löhne und Maklergebühren, sowie unrecht-mäßige Mieterhöhungen für gemietete Häuser und Keller.[2]

Noch versuchten beide Seiten, die Probleme durch Verhandlungen zu lösen. Aber am 20. Januar 1358 beschloß der Hansetag in Lübeck die vollständige Blockade ganz Flanderns, beginnend am 1. Mai 1358.[3] Neben Lübeck waren nur die Gesandten weiterer acht Städte anwesend. Der Beschluß galt aber für alle Mitglieder der Hanse.[4] Das Kontor und der Stapel sollten im holländischen Dordrecht eingerichtet werden. Damit hatte die Embargostrategie der Hanse für Flandern eine neue Dimension erreicht. Es handelte sich nun nicht mehr nur um die Verlegung des Stapels in eine andere Stadt innerhalb Flanderns, sondern um die Verlegung des gesamten Kontors in eine Stadt außerhalb der Grafschaft Flandern. Dordrecht war ein günstiger Platz für die Aufnahme des hansischen Handels, aber der Verlust des flandrischen Absatzgebiets für hansische Waren war dennoch für die betroffenen Kaufleute eine schwer zu tragende Bürde.

Flandern, besonders Brügge, wurde durch diesen Schritt von der Zufuhr nordeuropäischer Güter, die im bevölkerungsreichen Flandern gebraucht wurden, abgeschnitten. Da keine entsprechenden Zahlen vorliegen, kann über das Ausmaß der ökonomischen Folgen nur spekuliert werden. Für den Markt von Brügge, der nicht nur ein Warenumschlagplatz, sondern auch ein wesentlicher Arbeitgeber für ungezählte geschulte wie ungeschulte Arbeiter war, konnte das Ausbleiben der hansischen Kaufleute und ihrer Waren mit zunehmender Dauer verhängnisvolle Folgen haben. Den Brüggern selbst war nur allzu deutlich bewußt, daß sie und der ökonomische Wohlstand der Stadt vom Frieden, der den Handelsverkehr erst ermöglichte, abhängig waren.[5] Weil Brügge über keinen großen Verhandlungsspielraum verfügte, versuchte die Stadt auf anderem Weg zum Erfolg zu gelangen. Auf der einen Seite privilegierte

---

1 NICHOLAS, Medieval Flanders, S. 226; OSTEN, Die Handels- und Verkehrssperre, S. 17; DAENELL, Die Blütezeit 1, S. 18-19.

2 HR I,1, S. 174-176, Nr. 249; HR I,3, S. 223-227, Nr. 236-239; S. 227-240, Nr. 240; HUB 3, S. 192-194, Nr. 419.

3 HR I,1, S. 135-137, Nr. 212; die Importe hansischer Waren nach Flandern galten mit dem Januar-Beschluß als verboten; für die Exporte flandrischer Waren ins Hansegebiet war der äußerste Termin der 1. Mai 1358, s. FRICCIUS (1932), Der Wirtschaftskrieg, S. 46-47.

4 HR I,1, S. 135, Nr. 212, in Lübeck waren die Abgesandten folgender Städte anwesend: Goslar, Hamburg, Rostock, Stralsund, Wismar, Braunschweig, Thorn und Elbing, die letzten drei städtischen Abgesandten waren Vertreter des lübischen Drittels bzw. der preußischen Städte; auch FRICCIUS, Der Wirtschaftkrieg (1932), S. 47-49.

5 SAB, Rudenbouc, fol. 48, schriftliche Erklärung zwischen den Brügger Autoritäten und den Einwohnern der Stadt zur Beilegung aller innerstädtischen Konflikte vom 2. März 1360: [...] *ende dat de goede coopliede daer wy alle ende tghemeene land onse voetsel an nemen*, [...], *hem van ons alsoet gheen wonder en ware vervremden zouden daer groot meskief af commen mochte in menegher manieren*; [...] *Ende dat onpais ghescil ende discort syn destructie van elker stede ende lande* [...]; gedruckt bei GILLIODTS-VAN SEVEREN, Inventaire 2, S. 107-109.

Brügge die Stadt Kampen mit den gleichen Rechten der Osterlinge für das Versprechen Kampens, hansische Waren nach Flandern zu bringen.[1] Gleichzeitig wurde die Tuchausfuhr über Land organisiert, so daß nach Aussage des Hansekontors zu Dordrecht die Flamen *oppe den copman so weynich trachtin, also se vor der tyt gy ghedaden.*[2]

Auf der anderen Seite versuchte Brügge auf Köln einzuwirken, sich für neue Verhandlungen einzusetzen. Vermutlich hoffte Brügge auf einen Dissens zwischen Lübeck und Köln, aber stattdessen schlug Köln mit der Schließung des Sundes sogar die Verschärfung der Handelssperre vor.[3] Hatte Brügge tatsächlich, wie Osten glaubte, *durch geschickte Intrigen die Einmütigkeit der deutschen Städte stören* und *die alte Eifersucht zwischen Köln und Lübeck* wieder erregen wollen,[4] so war dies nachweislich nicht gelungen. Aber auch der Plan der Hanse, Flandern mit seinen drei großen Städten auszuhungern, um es auf diese Weise gefügig zu machen, - so daß sie den Forderungen der Hanse gezwungenermaßen nachgeben würden müssen - war nicht erfolgreich.[5] In dieser Situation kam es 1360 in Lübeck auf dem Hansetag zu einer Einigung zwischen flämischen und hansischen Unterhändlern. Neue Privilegien und die Höhe von Schadensersatzzahlungen wurden vereinbart. Dieser Einigung ging wahrscheinlich die hansische Erkenntnis voraus, daß, je länger die Hanse ihren Boykott aufrecht erhielt, die Gefahr stets größer würde, außerhansische Kaufleute oder Städte könnten das durch den Boykott entstandene Handelsvakuum ausfüllen. Kampen war ein solcher Schritt bereits gelungen, Nürnberg folgte. 1361 wurden Kampen die Privilegien der Hanse von 1360 verliehen; Nürnberg erhielt 1362 die gleichen Freiheiten.[6]

So gesehen erwies sich der größte Erfolg der Hanse in Flandern als ein zweischneidiges Schwert. Zudem bleibt fraglich, ob dieser Erfolg überhaupt so groß gewesen ist, denn bis auf die Ausdehnung der Privilegien auf ganz Flandern und die beiden anderen flämischen Städte war kaum wesentlich Neues hinzugekommen.[7] Andererseits hatte die Hanse in imponierender Weise Geschlossenheit gezeigt und sich auf diese Weise als ernstzunehmender Machtfaktor auf der handelspolitischen Bühne

---

1 HR I,3, S. 248, Nr. 251, 8. Oktober [1359]: *Gy zolet weten, alse wy jû lest screven van den van Campen, dat zi zolen wesen waren tho Brugghe, nu gheve we [yuwer] hersamecheyt to kennende, dat se dar ghewesen syn, unde alle die privilegie, die wy hadden siint grave Robrechtis tyden, de ys em consenteret to ghevende, alse wi horen seghende van gjoden lieden.*

2 HR I,3, S. 248, Nr. 251.

3 HR I,3, S. 250-251, Nr. 256.

4 OSTEN, Die Handels- und Verkehrssperre, S. 26-27.

5 HR I,3, S. 250-251, Nr. 256, 22. Januar [1360]: Kölns Vorschlag, Flandern durch Hunger gefügig zu machen; zu dem Aspekt Getreideversorgung aus dem Baltikum vgl. Kap. 4.2.1. Auf diplomatischer Mission I - Brügger Unterhändler 1358-63; DAENELL, Die Blütezeit 1, S. 22; OSTEN, Die Handels- und Verkehrssperre, S. 27.

6 Privilegien für Kampen: HR I,3, S. 254, Nrr. 260-265, Kampen wurde später selbst Mitglied der Hanse, aber es bewahrte sich eine sehr eigene Handelspolitik, die nicht immer mit der des Hansetags übereinstimmte. Mehr dazu in HENN, Der niederrheinisch-ostniederländische Raum, S. 17-19; über die Rolle Nürnbergs und die Privilegien s. STROMER, Oberdeutsche Hochfinanz 1, S. 18-42.

7 Vgl. hierzu Kap. 4.3.1. Die Haftung des Hosteliers gegenüber dem Gast.

der zweiten Hälfte des 14. Jahrhunderts etabliert. Aber die folgenden Jahrzehnte mußten zeigen, ob die Hanse in ihrer Konstruktion und Konstitution stabil genug war, anderen, neuen Herausforderungen in Flandern oder anderen Regionen entschieden entgegenzutreten.

Im Nordosten zeigte sich in der Person des dänischen Königs Waldemar IV. Atterdag eine neue Gefahr. Seine Expansionspolitik in Schonen und auf Gotland bedrohte sowohl den hansischen als auch den englischen und flandrischen Handel in diesen Gebieten. Nach dem dänischen Sieg vor Hälsingborg 1362 und dem Abschluß eines in handelstechnischer Hinsicht nachteiligen Friedensvertrags (1365) für die Städte konnte die 1367 ins Leben gerufene Kölner Konföderation einen militärischen Sieg über den dänischen König erringen. Dabei besaß dieser Zusammenschluß weniger hansischen Charakter, als vielmehr den einer vielschichtigen Interessengemeinschaft unterschiedlichster Städte,[1] die sich im Ausland des hansischen Rechts bedienten. Die hansischen Städte konnten allerdings maximal vom Stralsunder Frieden des Jahres 1370 profitieren und ihre handelspolitische Position im Ostseeraum festigen.[2] Im Zuge der dänischen Auseinandersetzung konnte die Hanse die Flamen zur Einschränkung des Handels mit Norwegen und Dänemark bewegen, nicht zuletzt unter der Androhung des Abbruchs der Handelsbeziehungen.[3] Achtzehn Jahre später war Flandern weit weniger gewillt, auf die Forderungen der Hanse einzugehen, so daß 1388 der hansische Stapel von Brügge erneut ins holländische Dordrecht verlegt werden sollte.

Wiederum ging der Kontorsverlegung eine konfliktreiche Phase in Flandern voraus, die durch eine Auseinandersetzung zwischen den beiden Städten Gent und Brügge ausgelöst wurde. Zwischen 1379 und 1385 befanden sich diese beiden Städte in offenem Konflikt miteinander, aber auch mit dem Grafen von Flandern. Dabei kann nicht genug betont werden, daß der Konflikt der beiden Städte Gent und Brügge diese nicht daran hinderte, gleichzeitig eine gemeinsame Politik gegen den Landesherrn zu führen, falls sich dies als opportun erwies. Außerdem verband die Auseinandersetzung immer nur bestimmte Gruppen miteinander, die in der jeweiligen Gegnerschaft zu einer anderen Gruppe innerhalb der Grenzen der Stadt zum Aus-druck kam, diese aber auch immer überschreiten konnte. Ganz besonders nach dem Genter Überfall auf Brügge war dies der Fall, wo sich eine Art ad-hoc Koalition aus sozial Benachteiligten in Brügge und den stärker politisch motivierten Genter Milizen bildete.[4] Schon vor dem Ausbruch dieses Konflikts beklagte das Hansekontor zu Brügge verschiedenste Behinderungen des Handels seiner Kaufleute in Flandern und Brügge.[5]

1 SEIFERT, Kompagnons und Konkurrenten, S. 79.

2 SEIFERT, Kompagnons und Konkurrenten, S. 46-81.

3 HR I,1, S. 418-422, Nr. 469 § 2 u. § 22; SEIFERT, Kompagnons und Konkurrenten, S. 83-84.

4 DEMUYNCK, De Gentse oorlog, S. 305-338; HAEGEMAN, De anglofilie, S. 59-150; BOONE, Gent en de Bourgondische hertogen, S. 201-207; BLOCKMANS/PREVENIER, De Bourgondiërs, S. 37-39; PREVENIER/BOONE, Gent, een rebellse stad. Anlaß des Konflikts war der Versuch Brügges, mittels eines Kanalbaus den schiffbaren Handelsverkehr nach Gent zu unterlaufen.

5 HR I,3, S. 320-324, Nr. 323; unter anderem ließ Ludwig von Male die Güter und Waren hansischer Kaufleute arrestieren, weil sie seiner Meinung nach ihre Privilegien überschritten hatten und ihn nicht als Richter in der Sache Johan Suderman - Arnoud Lewercke anerkannten,

Das hansische Kontor hatte offenbar bereits Ende 1374 oder Anfang 1375 in einem Brief an die Versammlung der preußischen Städte die Räumung Brügges zum 1. April 1375 vorgeschlagen. Die Ratssendboten der preußischen Städte antworteten zurückhaltend, und empfahlen mit einer Entscheidung in dieser Sache bis zum Hansetag am 24. Juni 1375 in Lübeck zu warten. Der Hansetag entschied sich gegen eine Verlegung des Kontors zu diesem Zeitpunkt und empfahl dem Kontor zu Brügge, es solle in Zukunft keine eigenen Beschlüsse hinsichtlich einer Kontors-verlegung fassen, außer mit ausdrücklicher Zustimmung des Hansetags.[1] Hieraus läßt sich zweierlei ablesen: das Kontor in Brügge war eher als der Hansetag bereit, das Druckmittel der Kontorsverlegung einzusetzen. Dem Hansetag gelang es nur mit Mühe, die Eigenständigkeit des Kontors in Brügge zu beschränken. Die formale Unterordnung des Kontors unter die Macht des Hansetags mußte aufs Neue mit Inhalt gefüllt werden.

Als schließlich der Aufstand in Flandern kulminierte, betraf dies auch die internationale Kaufleuteschaft in Flandern. Im Mai 1382 besetzten Genter Milizen unter der Führung Philipp von Arteveldes Brügge. Die Aufständischen richteten ihren Zorn vor allem gegen die reichen Bürger der Stadt. Aber auch fremde Kaufleute blieben von Plünderungen nicht verschont. Nach der Niederlage gegen das durch Ludwig von Male herbeigerufene französische Ritterheer und der anschließenden Vergeltung nach Beendigung der Genter Besetzung gerieten auch hansische Kaufleute in den Fokus repressiver Maßnahmen. Wie die meisten Kaufleute aller Nationen hatten beinahe alle Hansen Flandern aufgrund der Plünderungen oder unter dem Druck Ludwigs von Male verlassen.[2] Um die rebellierenden Städte von der Warenzufuhr abzuschneiden, entzog der Graf am 17. Mai 1380 allen Kaufleuten das sichere Geleit in Flandern und befahl ihnen, die Grafschaft zu verlassen. Trotz dieser Maßnahme hielten einige hansische Kaufleute Handelskontakte mit Gent aufrecht. Nach dem Sieg der gräflichen Partei in Westrosebeke wurden diese Personen mit hohen Geldbußen belegt.[3] Damit waren die Aufständischen aber noch nicht besiegt. 1383 eroberten die Genter unter der Führung Frans Ackermans Damme. Erneut fand eine Welle von Plünderungen, von denen wiederum die Kaufleute nicht verschont blieben, statt.[4]

Kurz danach sollten sich die Machtverhältnisse in Flandern entscheidend verändern. 1384 verstarb Ludwig von Male, Graf von Flandern. Sein Erbe trat Philipp der Kühne an, Herzog von Burgund, der 1369 die Erbprinzessin Margarete von Male

---

HR I,3, S. 317-318, Nr. 320, 13. März 1377. Zu dem genannten Fall s. DIERCK , Die Brügger Älterleute (1995), S. 50-54.

1 HR I,3, S. 54-55, Nr. 60, die preußischen Städte an das Hansekontor in Brügge, 14. Februar [1375]: *Wir haben vernomen us uwerm brive, den ir gesant habt der stat Thorun, wi das ir um manchirley beswernisse und unrechte, di uch widervaren, Brugghe ruwmen welt uf mittevasten nest zcú komende. Hir um wir zcusamne ghewest sint, unde haben uns dor mitt vaste bekummert, also das uns das nicht geraten dünket, das ir das tüt adir tetet* [...], ebenda, S. 55, Nr. 61, die preußischen Städte an Lübeck in dieser Sache, 14. Februar 1375; HR I,2, S. 102, Nr. 86 § 18, Rezeß zu Lübeck, 24. Juni 1375, [...] *den olderluden unde (deme) copmanne te Brugghe: dat se nene grote drapelke upsettinghe hir na mer doen* [...], *id si by vulbord der stede.*

2 HR I,2, S. 309, Nr. 256; BAHR, Handel und Verkehr, S. 38; DAENELL, Die Blütezeit, S. 76-80.

3 HR I,2, S. 232-233, Nr. 204; DE SMET, De repressie te Brugge; DE PAUW, Cronieke van Vlaenderen, Baljuwsrekeningen.

4 BEUKEN, De Hanze en Vlaanderen, S. 77 u. Anm. 155.

geheiratet hatte.[1] Nach Beendigung des Genter Aufstands 1385 nahm die Hanse Kontakt mit dem neuen Herrn in Flandern auf, um über die Rückkehr der Kaufleute und anstehende Schadensersatzforderungen zu verhandeln. Ähnliche Schritte unternahmen auch die Abgesandten anderer Handelsnationen, die, obgleich einigen von ihnen bereits 1384 und 1385 verschiedene Privilegien bestätigt worden waren, den Versicherungen des Herzogs hinsichtlich der Wiederherstellung des Handels in Flandern nicht ohne weiteres Glauben schenken wollten. Zusätzlich erschwert wurde die Situation 1386 durch einige in England verbleibende flämische Aufständische, die vom englischen Boden aus versuchten, die Rebellion in Flandern fortzusetzen.

Auch blieb die Handelsschiffahrt weiterhin durch Seeräuber bedroht, so daß sich Kaufleute verschiedener Nationen in Brügge im August 1386 zu einem gemeinsamen Aufruf an den Herzog von Burgund genötigt sahen, um auf die Beseitigung dieser Mißstände zu drängen.[2] Die Wiederherstellung der Handelsbeziehungen mit den verschiedenen Nationen lag sowohl im Interesse der flandrischen Städte, als auch in dem des Herzogs von Burgund, der durch die Wiederaufnahme des Handels höhere Einkünfte durch Zölle und andere Abgaben erwarten durfte. Im Januar 1387 drängten deshalb die Vier Leden von Flandern den Herzog von Burgund, die allgemeinen Handelsfreiheiten der internationalen Kaufleuteschaft mit Ausnahme Englands zu bestätigen, um den Handelsverkehr zu normalisieren.[3]

Zuvor hatten sich Abgesandte des Herzogs von Burgund sowie der drei Städte Gent, Brügge, Ypern im Juni 1386 nach Lübeck begeben,[4] um dort mit den Ratssendboten der Hansestädte über die Modalitäten der Wiederaufnahme des Handels zu beraten. Diese Verhandlungsrunde brachte offensichtlich nicht die gewünschten Resultate für die Hanse, so daß sich die Unterhändler ein Jahr später zu weiteren Verhandlungen in Dordrecht und Antwerpen trafen.[5] Am hinderlichsten für eine Übereinkunft erwiesen sich die hohen Schadensersatzforderungen der Hanse, die sich auch auf die durch den Grafen von Flandern 1382 konfiszierten Waren hansischer Kaufleute erstreckten. Gleichzeitig verfolgte die Hanse eine weitere Strategie, in dem sie erneut Kontakt mit dem Grafen von Holland aufnahm, um hinsichtlich neuer Privilegien für einen hansischen Stapel in Dordrecht das Terrain zu erkunden. Graf Albrecht von Holland hatte bereits mehrfach die Festigung des hansischen Stapels in seiner Stadt vorgeschlagen und verstärkt unter dem Eindruck der sich für die Kaufleute verschlechternden Situation in Flandern vor und nach dem großen Aufstand.[6] Da sich die Verhandlungen mit der flämischen Seite nicht zur Zufriedenheit der Hanse entwickelte, und diese eine ihr gesetzte Frist unbeantwortet verstreichen ließ, verfügte der Hansetag in Lübeck am 1.

---

1 BLOCKMANS/PREVENIER, De Bourgondiërs, S. 33-37; zur Person Philipps des Kühnen: VAUGHAN, Philip the Bold.

2 PREVENIER, De Leden, S. 160-161, Katalonien, Frankreich und Venedig; 1384 wurden die Kaufleute aus Kastilien und Portugal privilegiert; BONENFANT, Ordonnances 1, S. 33-39, Nr. 28, Arras, 13. Mai 1384 u. ebd., S. 47, Nr. 41, Paris, 11. Juli 1384.

3 BONENFANT, Ordonnances 1, S. 200-201, Nr. 134, Paris, 15. Januar 1387; PREVENIER, De Leden, S. 161-162, VAN NIEUWENHUYSEN, Les finances, S. 168-187.

4 PREVENIER, Handelingen van de Leden, S. 7, Nrr. 12, 13: 24 Juni 1386 Gent, 27-29. Juni 1386.

5 HR I,3, S. 334-366, Nrr. 334-360.

6 DAENELL, Die Blütezeit 1, S. 81.

Mai 1388 ein erneutes Handelsembargo gegen Flandern.[1] Auf diesem Hansetag waren wiederum nicht alle Mitglieder der Hanse vertreten. Besonders auffallend ist wiederum die Abwesenheit westlicher Hanse-städte, und hier besonders die Kölns. Allerdings enthielt der Beschluß die Aufforderung, die Städte im Westen, in Sachsen und der Mark sowie in Schweden zu informieren.[2]

Der Wortlaut der Bestimmungen des Embargos glich bis auf einen Punkt dem des Beschlusses von 1358. Der Termin für das endgültige Verlassen Flanderns wurde auf den 15. Juli 1388 festgelegt. Um Repressalien der flämischen Autoritäten zu vermeiden, sollte diese Übereinkunft möglichst geheim gehalten werden, so daß die betroffenen Kaufleute in aller Stille dem Räumungsbeschluß Folge leisten konnten.[3] Zugleich wurde empfohlen, beim Grafen von Holland um die Verlängerung der Privilegien für Dordecht nachzusuchen. Die Hanse hatte bereits am 1. Mai 1387 mit dem Rat der Stadt Dordrecht sowie dem Grafen Albrecht von Holland über die Verlängerung der holländischen Privilegien unterhandelt. Am 9. Mai 1387 erteilte der Graf diese Verlängerung; sie sollte ab dem 8. Mai 1388 für ein Jahr bis zum Mai des darauf folgenden Jahres gelten.[4] Allerdings schlugen die preußischen Ratssendboten dem Hansetag in Lübeck am 7. Mai 1388 vor, nicht nur Flandern, sondern auch Holland und Seeland zu räumen, da es dem deutschen Kaufmann dort ebenso erginge wie

---

1 HR I,3, S. 387-389, Nr. 381; BAHR, Handel und Verkehr, S. 39-41, FRICCIUS (1932), Der Wirtschaftskrieg, S. 59; PREVENIER, De Leden, S. 165-166.

2 HR I,3, S. 381, anwesend waren: Lübeck, Hamburg, Rostock, Stralsund, Wismar, Greifswald, Lüneburg, Thorn, Danzig, Visby, Riga, Dorpat und Reval; die einzelnen Städte, die benachrichtigt werden sollten: Köln, die westfälischen Städte, Bremen und Stade, HR I,3, S. 385, Nr. 380 § 6.

3 HR I,3, S. 385, Nr. 380 § 5: *Des willen de stede van staden an enen hemelken truwerdighen boden senden in Flandren, de den kopman dar hemeliken schal warnen, und teen dar tho de oversten und draplikesten van den kopluden, de dat hemelike by sik beholden by eren eeden, und spreken en dat an, dat malk sin gud dar ut dem lande bringhe, alse he erst kone, also dat de kopman mit alle yo dat lant rume up unser leven vruwen dach er hemelvard negest to komende.* ebenda, § 6: [...] *und bidden [die Städte], dat se yd hemelike by sik beholden und vorvolgen, also de ordinancie vorwiset.*; FRICCIUS (1932), Der Wirtschaftskrieg, S. 60-61.

4 VAN MIERIS, Groot Charterboek 3, S. 461: *Albrecht, enz. doen cond allen luden, dat wi verlangt hebben, ende verlanghen mit desen briefe den coepluden van der Anse, sulke vrihede van rechte, als si van ons hadden, ende wtgaet [sic!] nu Sinte Michiels daghe naestcomende, voert durende van Meye daghen naestcomende een jaer lang, in allen manieren, als zyt voir hadden.* Vgl. über die Dauer der Verlängerung KOPPMANN, HR I,2, S. 403-404, Nr. 342 § 10-12: die hansischen Ratssendboten berichteten über ihre Verhandlungen mit den Flamen in Dordrecht und Antwerpen. Dabei erwähnen sie, daß sie ebenfalls mit dem Rat der Stadt Dordrecht und dem Grafen Albrecht von Holland über die Verlängerung der früher widerrufenen Privilegien verhandelt haben, *Also na vele reden zo vorworve wi, dat he [Albrecht von Holland] uns de privilegie, de he uns lest weddersecht heft, vort vorlanghede van Meydaghe neghest vorleden 2 jar langh. Do he uns dat consentiret hadde, do spreke wi vorder myt eme unde myt syneme rade, oft id alzo velle, wan de stede wedder tu samende quemen, dat se den stapel hir in dat lant wolden legghen, ift he uns de privilegie, de wy hadden, do de kopman tu Dordrecht lach, vort wolde beseghelen. Dar up en wart uns do nen antwerde, sunder he wolde uns dat antwerde tu Dordrecht enbeden.* Kunze machte daraus im HUB 4: [...], *der ihnen das widerrufene holländische Privileg auf zwei Jahre vom 1. Mai 1387 ab verlängert und bei Verlegung des hansischen Stapels nach Dordrecht die Bestätigung der früheren Freiheiten verheissen hat. Tatsächlich aber verlängerte Albrecht das Privileg nur um ein Jahr, ab dem 8. Mai 1388, denn bis dahin galten bereits gewährte Freiheiten*, s. o. VAN MIERIS, a.a.O., S. 461.

in Flandern.[1] Zwar wurde dieser Vorschlag nicht vom Hansetag berücksichtigt, gleichwohl scheint die Handelssperre, die ab dem 15. Juli 1388 in Kraft treten sollte, bis weit ins Jahr 1389 nicht wirklich funktioniert zu haben. Im Mai 1389 beschloß der Hansetag, der erneut in Lübeck zusammengekommen war, das Embargo an mancher Stelle abzumildern. So wurde dem Großschäffer des Deutschen Ordens in Königsberg ausdrücklich der Kauf von Mechelner Tuch sowie der Verkauf von Bernstein an Flamen gestattet.[2] Außerdem wurde der Seelandhandel neu geregelt, was für viele Kaufleute eine Erleichterung darstellte.[3] Noch weiter ging man mit der Erlaubnis für den Besuch brabantischer Märkte,[4] die in unmittelbarer, flämischer Nachbarschaft lagen. Es ist leicht vorstellbar, daß flämische Händler über brabantische Märkte an hansische Güter gelangen konnten und vice versa.

Mit der Verlegung des Kontors nach Dordrecht konnte die Hanse einen Teil ihres Westhandels aufrecht erhalten. Stimuliert wurde diese Verlegung auch durch die Stapelpolitik des Grafen Albrecht von Holland. Wie zu Zeiten der ersten großen Flandernblockade 1358-60 versuchte er, durch die Privilegierung eines hansischen Stapels in Dordrecht, seine Stadt als Konkurrenz zu Brügge zu etablieren. Deshalb erteilte Albrecht am 22. Oktober 1388 auch anderen Kaufleutenationen weitgehende Freiheiten für Holland und Seeland.[5] Theoretisch waren auf diese Weise die wichtigsten Akteure des internationalen Handels von Nord und Süd in Dordrecht versammelt. Die Hanse ihrerseits verfolgte die holländische Strategie, indem sie in einer ihrer Erweiterungen der Ordonnanz zum Embargo aus dem Jahr 1390 eine Bestimmung hinsichtlich bestimmter, durch Italiener importierter Waren erließ. Es hieß nämlich, Öl, Mandeln, Reis, Feigen und westersches Gut sollten nicht verhandelt werden, wenn es zuvor durch Italiener in Flandern eingeführt worden sei.[6] Wollten die Italiener weiter Handelsgeschäfte mit der Hanse betreiben, mußten sie die genannten Waren direkt nach Dordrecht oder einen anderen Marktplatz in Holland bzw. Seeland bringen, aber Brügge vermeiden, das von ihnen zwar besucht werden konnte, da ihre handelstechnischen Probleme bereits geregelt worden waren, aber nicht von den Hansen, die ihren Boykott durchsetzen wollten. Auf diese Weise versuchte die Hanse, Brügge nicht

[1] HR I,3, S. 395-396, Nr. 392, 7. Mai 1388: *Och schriven se* [hansische Kaufleute in Flandern], *daz deme copmane in Selant unde in Hollant groet schade es gheschen, unde alles mer unde mer, unde meynen, daz das allerbeste were, daz der copman Vlanderen, Selant und Hollant rumende ene wyle, so solde men alles dinghes en guet ende krigen.*

[2] HR I,3, S. 440, Nr. 425 § 7; über die Funktion eines Großschäffers des Deutschen Ordens: MASCHKE, Die Schäffer und Lieger des Deutschen Ordens, S. 74-85; zum Handel des Deutschen Ordens mit Flandern: RENKEN, Der Handel der Königsberger Grossschäfferei.

[3] HR I,3, S. 440-442, Nr. 425 §§ 3, 4, 14; s. FRICCIUS (1932), Der Wirtschaftskrieg, S. 62-63.

[4] HR I,3, S. 440-442, Nr. 425 §§ 2, 15.

[5] VAN MIERIS, Groot Charterboek 3, S. 507, Den Haag, 22. Oktober 1388: [...] *dat wi [Albrecht von Holland] den ghemeenen coopluden alst Lombarden, Genevoysen, Lucoeysen, Ketelongeren, Blasentynre, Spaengarden, Florentynere, ende Poertegaloysen ghegheven hebben, dat si varen sullen tot Meye toe naestcomende voer bi alle oonse tollen in Hollant, ende in Zeeland op sulc recht, als die coeplude van Allmangen varen, en si van ons bezeghelt hebben.*

[6] HR I,3, S. 500, Nr. 490 § 4, 3. August 1390: *Item so begeren dy gemeynen stete, daz man keyn ôle, mandeln, reys, figen, noch keynerleye westerysch ghud, daz dy Lambarte in Flandren ghehat haben, me koufen sal* [...]; auch FRICCIUS (1932), Der Wirtschaftskrieg, S. 65.

nur von der hansischen Warenzufuhr, sondern auf indirektem Weg auch von der des Südens abzuschneiden und selbige nach Dordrecht umzuleiten. Um aber nicht die Beziehungen zu den Italienern aufs Spiel zu setzen, riet der Hansetag in Elbing, der diesen Beschluß gefaßt hatte, die italienischen Kaufleute vor dem In-Kraft-Treten dieses Beschlusses von der neuen hansischen Verkaufsregel in Kenntnis zu setzen.[1]

In der Praxis erwiesen sich diese Maßnahmen aber als nicht zufriedenstellend. Die vielen Änderungsvorschläge im Zusammenhang mit den Regeln zur Einhaltung des Embargos gegen Flandern, die schon kurz nach dem ersten Boykottbeschluß eingereicht wurden, zeigen, daß dieses Embargo nicht von der gleichen Qualität war, wie jenes von 1358-60. Friccius sah in den Änderungen und Erleichterungen der Embargobestimmungen das Resultat der hansischen Erfahrung aus der ersten Flandernblockade von 1358-60. Eine wesentliche Erkenntnis dieses Embargos bestand in der Tatsache, daß Flandern durch die Maßnahmen der Hanse nicht gänzlich vom hansischen Handelsverkehr abgeschnitten werden konnte. Unter dieser Voraussetzung gestattete der Hansetag einige Handelserleichterungen, quasi als *amtliche Bestätigung von Gepflogenheiten, die sich infolge der Verlegung des Kontors nach Dordrecht herausgebildet haben.*[2] Dennoch bleibt zu fragen, ob sich in diesen Zugeständnissen nicht mehr als dies zeigt.

Besonders der Deutsche Orden profitierte von den Erleichterungen. Auch wurden Reisen durch Flandern sowie der Besuch brabantischer Märkte erlaubt. Deuten diese Bestimmungen ein erstes Bröckeln in der vorher einheitlichen hansischen Politik gegenüber Flandern an? Ein totales Embargo Flanderns hatte sich als unmöglich erwiesen. Kampen übernahm, wie 1358-60, die Rolle des Blockadebrechers. Auch preußische Städte standen auf der Liste der Übertreter der Verordnungen ganz oben.[3] Die Absicht, die die Hanse mit der Blockade verfolgte, nämlich die flämischen Autoritäten zu schnellerem Einlenken im Hinblick auf die Bestätigung und Erweiterung der hansischen Privilegien und auf die hohen Schadensersatzforderungen zu bewegen, wurde nach Aussage des Hansetags in Lübeck am 25. April 1390 durch die Aktionen preußischer Kaufleute unterminiert, so daß die flämische Seite kaum unter Druck gesetzt und zum Handeln gezwungen worden sei.[4] Trotz dieses Fehlverhaltens oder vielleicht gerade deshalb wurden Übertretungen geahndet.[5] Zu keinem Zeitpunkt aber kam der Gedanke auf, nicht nach Brügge zurückzukehren. So muß denn der Versuch Albrechts von Holland, die Gunst der Stunde zu nutzen, einen Keil zwischen die Hansen und Brügge zu treiben, wiederum als gescheitert angesehen werden, da die Hanse es vorzog, sich mit den Flamen zu einigen. Auf dem in Hamburg am 11. November 1391 festgesetzten Hansetag kamen beide Parteien überein, die Handelsbeziehungen unter den von der Hanse geforderten Voraussetzungen wieder aufzuneh-

1 HR I,3, S. 500, Nr. 490 § 4, 3. August 1390: [...] *dor uf ist unsir sin, daz man des den gemeynen steten volge, doch daz dis durch manchirleye ynvallunge willen czu wynachten angê, unde daz man hirenbinnen dem koufmanne czu schribe, unde daz der koufman dy Lumberde warne.*

2 FRICCIUS (1932), Der Wirtschaftskrieg, S. 61-67.

3 BEUKEN, De Hanze en Vlaanderen, S. 83-84; FRICCIUS (1932), Der Wirtschaftskrieg, S. 69-71.

4 HR I,3, S. 484-485, Nr. 469: *Ok hebbe wy wol vurnomen, dat de degedinge unde handelinge mit den Vlamingen uns nicht en volghen, mut dar van thukomen, dat vele lude sin, de der gemeenen stede ordinancien nicht en holden* [...].

5 FRICCIUS (1932), Der Wirtschaftskrieg, S. 70-76.

men.[1] Allerdings verzögerte sich die geplante Wiederherstellung der wirtschaftlichen Beziehungen bis in die Mitte des Jahres 1392. Grund für die Verzögerung waren die hohen Schadensersatzforderungen der Hanse, zu deren Zahlung sich die Vier Leden von Flandern erst nach längerer Beratung verpflichten mochten. Man willigte schließlich ein, eine Summe in Höhe von 11.000 lb grote an die hansische Seite zu zahlen. Die Vier Leden von Flandern und der Graf von Flandern verpflichteten sich zur Zahlung der Hälfte der Summe (5.550 lb grote) bis zum 15. August in Amsterdam. Ein Schuldschein über die zweite Hälfte der Summe und die Privilegien sollten in der Zwischenzeit nach Hamburg oder Lübeck gesandt werden. Würden diese Abmachungen eingelöst, wollte der deutsche Kaufmann am 29. September 1392 nach Brügge zurückkehren.[2] Da die Leden offenbar Schwierigkeiten hatten, die geforderte Summe zum abgesprochenen Termin in Amsterdam zu bezahlen, verzögerte sich die Rückkehr der Hanse nach Brügge bis zum Dezember 1392.[3]

Im Unterschied zu der Blockade von 1358-60, die mit der Verleihung der Privilegien durch die Städte und den Landesherrn endete, erteilte nun der Herzog von Burgund allein den Kaufleuten die Freiheiten. Die Leden bestätigten die ausgefertigten Freibriefe nur noch.[4] Allerdings war das Resultat mit der Rückkehr des hansischen Kontors nach Brügge ein Ergebnis guter Zusammenarbeit zwischen dem Landesherrn und den Leden von Flandern.[5]

Nach außen hin schien auch diese Handelssperre ein großer Erfolg der Hanse gewesen zu sein. Lübeck und Hamburg hatten sich besonders bei den Verhandlungen hervorgetan. So waren es Politiker aus diesen beiden Städten, die die hansischen Kaufleute von Dordrecht nach Brügge geleiteten. Dortmund, Köln und die preußischen Städte hielten sich abseits. Kann aus diesen Tatsachen geschlossen werden, daß es für Lübeck und Hamburg am wichtigsten war, die Handels-beziehungen zu Flandern wiederherzustellen? Verfolgten die anderen genannten Städte schon zu diesem Zeitpunkt, also zum Ende des 14. Jahrhunderts andere - eigenständige - Ziele? Die Rolle, die die preußischen Städte und der Hochmeister des Deutschen Ordens beim Unterlaufen des Embargos gespielt hatten, deutet dies an. Dortmund verfolgte von Anfang an eine eigene Strategie, die sich im Lauf des 14. Jahrhunderts zunehmend vor dem

---

1 HR I,4, S. 29-37, Nr. 38, besonders § 6.

2 GILLIODTS-VAN SEVEREN, Inventaire 3, S. 244-245, Nr. 747. 24 wohlhabende Bürger aus Gent, Brügge und Ypern sollten in Hamburg oder Köln für die Zahlung der zweiten Summe bürgen, siehe HR I,4, S. 32, Nr. 38, § 6; zur Beschaffung des Geldes in Brügge: SAB, SR 1392-93, fol. 17v-18r.

3 GILLIODTS-VAN SEVEREN, Inventaire 3, S. 249-250, Nr. 757, 21. Oktober 1392, Die Räte der Städte Lübeck und Hamburg bestätigten in Anwesenheit der Ratsendboten der Städte Rostock und Wismar, daß die getroffenen Vereinbarungen mit den Flamen vollständig erfüllt wurden und versprechen die Rückkehr des deutschen Kauflmanns nach Brügge bis zum 13. Dezember 1392; HR I,4, S. 105, Nr. 134 § 5: die größte Gruppe des Deutschen Kaufmanns kam erst am 21. Dezember nach Brügge, ca. 150 Personen.

4 HUB 5, S. 8-17, Nr. 9, 12. Mai 1392, Lille, Herzog Philipp von Burgund verleiht den Kaufleuten der Hanse neue Vorrechte; HUB 5, S. 24-27, Nr. 22, 7. Juni 1392, die Städte Gent, Brügge und Ypern bestätigten den von Philipp von Burgund verliehenen Freibrief.

5 PREVENIER, De Leden, S. 167.

Hintergrund der Konkurrenz zu Köln manifestierte.[1] Dieter Seifert hat in seiner Untersuchung über Holland und die Hanse im Zusammenhang mit der Kölner Konföderation eine ähnlich gelagerte Problematik untersucht und kam zu der Einschätzung, daß *die Vorstellung vom vollkommenen Gleichklang aller Interessen innerhalb der Hanse eine Fiktion* sei.[2]

Aber mochten die Handelsinteressen der westlichen Hansestädte nicht unbedingt kongruent mit denen Lübecks und Hamburgs übereinstimmen,[3] zeigte sich doch, daß dort, wo sich das eigene Interesse mit dem allgemein hansischen deckte, die Mitglieder der Hanse zu einer gemeinsamen Strategie fähig waren. Allerdings hatten sich die politischen Verhältnisse in Flandern verändert. Der neue Landesherr war als Herzog von Burgund ein mächtigerer Verhandlungspartner als es die Grafen von Flandern gewesen waren. Die Vier Leden von Flandern konnten nicht mehr ohne weiteres selbständig mit ausländischen Kaufleuten unterhandeln oder neue Privilegien erteilen.[4]

Andererseits versuchten die Vier Leden, dem Zentralisierungsdruck des neuen Landesherrn zu widerstehen und ihre Position als struktureller Machtfaktor in Flandern zu bewahren. Das Auftreten dieser beiden Interessengruppen war deshalb auch im Umgang mit der Hanse nicht notwendigerweise von Gemeinsamkeit oder Übereinstimmung geprägt. Das Interesse der Hanse wiederum mußte es sein, die eigenen Vorstellungen gegenüber beiden Positionen durchzusetzen.

Die Zielsetzung der Hanse kann dabei sowohl konkret als auch abstrakt formuliert werden. Konkret versuchte die Hanse durch das Mittel des Handelsembargos die Verbesserung der Privilegien bzw. eine Genugtuung für erlittenen Schaden zu erzwingen. Ein anderes, weit abstrakteres Ziel mag für die Hanse auf politischem Gebiet gelegen haben. Ist es vermessen anzunehmen, daß die Hanse final die eigene Etablierung der Organisation Hanse als permanenten Machtfaktor in Flandern anstrebte? Um dieses Ziel zu erreichen, mußte die Hanse eine überzeugende Handlungsstrategie entwickeln. Die ersten beiden Stapelverlegungen trugen zunächst den Charakter einer ad-hoc-Taktik. Erst mit den beiden folgenden Flandernblockaden zeichnete sich eine Struktur ab, die den Einsatz der Kontorverlegungen zu einer Strategie werden lassen.

Obwohl die Hanse mit ihrer Embargostrategie im 14. Jahrhundert Erfolge erzielen konnte, wies das Embargo von 1388-92 auch gleichzeitig die Grenzen dieser Strategie auf. Eine vollständige Blockade Flanderns hatte sich als unmöglich erwiesen. Um das Mittel des Handelsembargos dennoch für die hansische Politik zu retten, wurden Ausnahmeregelungen, die den Mißbrauch eindämmen sollten, erteilt. Trotzdem konnte die Unterminierung des Handelsembargos nicht verhindert werden. Mit der Abnahme der Effizienz des Embargos nahm gleichzeitig der von der Hanse gewünschte Druck auf die flämische Seite ab, was dieser wiederum vermutlich größeren Handlungsspielraum verschaffte. Ob sich diese Faktoren insgesamt auf die Politik der Hanse im 15. Jahrhundert auswirkten, wird das folgende Kapitel zeigen.

---

1 WINTERFELD, Dortmunds Stellung; auch DIERCK, Die Brügger Älterleute (1994), S. 48-53.

2 SEIFERT, Kompagnons und Konkurrenten, S. 113.

3 JENKS, Die Hansen in England, S. 124-129.

4 PREVENIER, De Leden, S. 194-195.

4.1.4. Die Flandernblockade 1451-57

Bereits wenige Jahre nach Beendigung der hansischen Handelssperre 1392 klagte das Kontor zu Brügge über vielfache Verletzungen hansischer Privilegien durch herzogliche Beamte in Flandern. Als weit gravierender stellten sich aber die seit 1397/98 erneut einsetzenden Kapereien in der Nordsee dar. Diese Situation gab der Hanse Anlaß, mit ihrem Abzug aus Flandern zu drohen.[1] Diese Drohung wurde dann aber nicht in die Tat umgesetzt. Die Akten der Hansetage und Versammlungen der Leden aus dieser Zeit schildern die Schwierigkeiten hinsichtlich der Vitalienbrüder im Nordseegebiet.[2] 1405 gingen die drei flämischen Städte auf die Schadens-ersatzforderungen im Zusammenhang mit den durch Seeräuberei verlorengegangenen Waren hansischer Kaufleute ein.[3]

Wie in den vorangegangenen Jahrzehnten des 14. Jahrhunderts kam es auch im 15. Jahrhundert zu Mißhelligkeiten zwischen hansischen Kaufleuten und flämischen Autoritäten, vor allem auf monetärem und zollrechtlichem Gebiet.[4] Auch der Konkurrenzdruck anderer Handelsnationen, insbesondere die der spanischen Kaufleute aus Kastilien und der Biskaya nahm für die Hansen spürbar zu. Obwohl in diesen ersten 30 Jahren des 15. Jahrhunderts häufig mit den Leden wegen der verschiedensten Aspekte unterhandelt wurde, konnte die Hanse keine dauerhaften Resultate verbuchen.[5]

Ernster dagegen gestaltete sich ein Zwischenfall in Sluis 1436, bei dem eine unbekannte Zahl von Hansen, die Quellen sprechen von etwa 70 bis 80, durch Flamen ermordet worden sein soll.[6] Das Hansekontor zu Brügge wandte sich mit seiner Forderung nach Genugtuung an die Vier Leden von Flandern. Einige der Täter wurden durch die Genter Stadtobrigkeit (oder durch den herzoglichen Rat von Flandern zu Gent?) hingerichtet oder gefangengenommen. Die anderen Leden aber und der Herzog von Burgund taten wenig, um die Missetäter zu ergreifen. Dies alles spielte sich vor dem Hintergrund eines beginnenden Aufstands in Brügge, der von 1436-1438 dauern sollte, ab. Die Hanse nahm, wie bei den vorigen Kontor-verlegungen, diese Konfliktsituation zum Anlaß, ihren Stapel nach Antwerpen zu verlegen. Der Herzog von Burgund gestattete die Verlegung und privilegierte den hansischen Stapel in Antwerpen. 1438 kehrte die Hanse wieder nach Brügge zurück.[7] Obwohl der eigentliche Anlaß der Gewalttat unbekannt bleibt, wurde suggeriert, daß die an dem Mord beteiligten Bewohner von Sluis, dies aufgrund der hansisch-englischer Wirtschafts-

---

1 PREVENIER, Handelingen van de Leden, S. 166, Nr. 436, 5.-6. Januar 1399; DERS. a.a.O., S. 182, Nr. 468, 7.-8. Dezember 1399; PREVENIER, De Leden, S. 168.

2 HR I,4, S. 468-469, Nr. 507; S. 498, Nr. 541 § 12; S. 522, Nr. 570 § 5; PREVENIER, Handelingen van de Leden, S. 190, 234, 243, 263, 264, 268, 288 etc.

3 GILLIODTS-VAN SEVEREN, Inventaire 3, S. 523-525.

4 Vgl. die Besprechungen der Vier Leden von Flandern in ZOETE, Handelingen und BLOCKMANS, Handelingen I und II, passim.

5 Vgl. dazu BLOCKMANS, Konfliktregelung der Hanse, S. 210.

6 Zu diesem Vorfall ausführlich PARAVICINI, Schuld und Sühne, S. 401-451.

7 Siehe zu dieser gesamten Problematik: BEUKEN, De Hanze en Vlaanderen, S. 90-98; zum Aufstand in Brügge s. DUMOLYN (1997), De Brugse opstand; PARAVICINI, Brugge en Duitsland, S. 103.

verbindungen taten. Im März 1436 brach der englisch-burgundische Krieg aus. In Arras, im September 1435 hatte der Herzog von Burgund seine englische Linie aufgegeben und sich dem französischen König angeschlossen, was in England zu erbitterten Konflikten mit burgundisch-flämischen Kaufleuten führte.[1] In dieser Situation sollen die hansischen Schiffer und Kaufleute wegen ihrer guten Beziehungen zu England durch die Flamen als Provokation angesehen worden sein. Ein Streit in einem Sluiser Wirtshaus zwischen hansischen Schiffsleuten und Einwohnern von Sluis, bei dem ein Flame sein Leben ließ, sei schließlich der Anlaß zu jenem nächtlichen Rachefeldzug gewesen.[2]

Zu Beginn dieses Kapitels wurden Theorien vorgestellt, die Erklärungsmodelle für ethnische Konflikte formulieren. Forbes postuliert, solche Situationen treten häufiger und intensiver auf, wenn der Kontakt zwischen wichtigen Gruppen intensiver ist und nicht, wenn wenig Kontakt zwischen diesen Gruppen herrscht.[3] Kontakt wird dabei auch als Grund für Konflikt gesehen, weil Kontakt auch ein Grund für Assimilation ist. Nach Forbes entwickelt sich Kontakt nicht zu Konflikt, wenn kulturelle Verschiedenheit (*ethnicity*) durch ökonomische Integration assi-miliert wird. Übertragen auf die Situation in Sluis würde dies bedeuten, daß sich der Kontakt zwischen den beiden Gruppen zu einem gewalttätigen Konflikt aufgrund der schlechten wirtschaftlichen Situation entwickelte. Die Hanse, als deren Repräsentanten die Schiffsleute zweifellos galten, stellte sich in den Augen der Flamen mit ihrer englischen Handelspolitik gegen die allgemeine flandrisch-burgundische Politik. Der integrative Faktor Wirtschaft konnte nicht mehr wirken. Forbes addiert zu seinem Modell die Problematik der Sprache, die eine Gruppe von der anderen deutlich unterscheidet. Ob sich in Sluis der Streit an der Frage der Sprache entzündete, ist unbekannt. War es der Unterschied der Sprache bzw. der Dialekte der beiden Gruppen, der der Mehrheit (Flamen) Autorität verlieh, der sich die Minderheit (Hansen) in ihrem Wunsch, die eigene Sprache zu sprechen, nicht unterwerfen wollte? Welche Motive - der Statuts als Einheimischer gegenüber dem Fremdem, andere Kleidung, unterschiedliche Sitten, die politische Lage, Rache für den umgekommenen Bürger von Sluis - die entscheidende Rolle bei der Ausführung des Anschlags spielten, kann auch mit Hilfe von Modellen letztlich nicht geklärt werden. Aber die Ansichten von Burke über das Verhältnis von Gastgeber- und Gast-Kultur weisen ebenfalls in diese Richtung. Entzündete sich der Streit in Sluis, weil die Gastgeber die Gäste ablehnten oder war es genau umgekehrt?

Die auf diesen Konflikt folgende Stapelverlegung zielte in erster Linie darauf, Genugtuung für die in Sluis erlittenen Verluste zu erzwingen, nicht aber grundsätzlich neue Privilegien zu erwirken. Da diese Verlegung aufgrund der unübersichtlichen Situation in Sluis und Brügge zustande gekommen war und relativ zügig durch das Einlenken Brügges unter dem Druck einer drohenden Hungersnot beendet werden konnte,[4] soll

1 ARCHER, Responses to Alien Immigrants, S. 757.

2 PARAVICINI, Schuld und Sühne, S. 430-438, DUMOLYN, De Brugse opstand (1997), S. 68-69.

3 Zu dieser letzten These siehe Kap. 5 über die Vermeidung von Konflikten durch Vermeidung von Kontakt.

4 DOLLINGER, Die Hanse, S. 386.

sie an dieser Stelle keiner genaueren Untersuchung im Hinblick auf die Bedingungen zur Rückverlegung des Stapels unterzogen werden.

Anders verhielt es sich, als die Hanse 1451 erneut beschloß, ihren Brügger Stapel zu verlegen. In den vierziger Jahren des 15. Jahrhunderts wuchsen die Spannungen zwischen Hansen und Flamen stetig. Da die Hansen weiterhin in den Leden von Flandern ihren Hauptansprechpartner sahen, richteten sie ihre Klagen hauptsächlich an die Städte, allen voran Brügge. Die Leden wiederum verwiesen auf ihre veränderte politische Stellung innerhalb des burgundischen Reichs. So konnten sie hansische Klagen, die die Willkür herzoglicher Beamter, eine mangelhafte Justiz oder das Problem der Seeräuberei betrafen, nicht mehr in eigenständigen Verhand-lungen lösen. Die Leden konnten der Hanse nur anbieten, sich für sie beim Herzog von Burgund zu verwenden, was aber gerade zu diesem Zeitpunkt nicht günstig erschien, da die Beziehungen der Leden untereinander und zum Herzog eher schlecht waren.[1] Die Hanse ihrerseits vermied es, direkt mit dem Herzog von Burgund zu unterhandeln, einerseits, um nicht für die Zukunft einen Präzendenzfall in Sachen Verhandlungspartner zu schaffen, auf den sich dann auch die Leden im Zweifelsfall berufen konnten,[2] andererseits aber auch, um die eigene Position gegenüber den Leden nicht zu schwächen. Die Androhung einer Stapelverlegung hatte sich in den Augen der Hanse noch immer als ein wirksames Mittel zur Eröffnung neuer Verhandlungen erwiesen.[3] Problematischer verhielt es sich mit einem Verhandlungspartner wie dem Herzog von Burgund in Gestalt Philipps des Guten, der außenpolitisch zwischen Frankreich und England zu bestehen suchte. Dabei war die Politik Philipps auf diesem Gebiet keineswegs von einer permanenten Eindeutigkeit geprägt. Um die wirtschaftliche Position Flanderns nicht in Gefahr zu bringen, mußte er gute Beziehungen zu England, dem wichtigsten Wollexporteur, aufrechterhalten. Andererseits war auch der Herzog von Burgund als Graf von Flandern formal ein Lehnsmann des französischen Königs. Tatsächlich aber versuchte Philipp, sich den damit verbundenen Verpflichtungen zu entziehen, da sie nur allzu oft gegen England gerichtet waren.

Innenpolitisch war er bemüht, seine Zentralgewalt gegenüber den widerstrebenden flandrischen Städten durchzusetzen. Durch ihr Beharren auf den Leden als Verhandlungspartner vermied es die Hanse zwar, ein Spielball dieser Interessenkonstellation zu werden, übersah aber gleichzeitig, daß dieser Partner nicht mehr die gleiche Stellung früherer Zeiten gegenüber dem Landesherrn besaß. Außerdem verfolgten die Vier Leden häufig Partikularinteressen, die nicht selten in gewalttätigen Konflikten untereinander resultierten. Trotzdem darf die Rolle der Leden in diesem Dreiecksverhältnis nicht unterschätzt werden. Wegen der wichtigen Transitfunktion der Hanse im europäischen Warenaustausch, der den Reichtum der Grafschaft Flandern wesentlich bestimmte, waren die Leden - sicherlich in der ersten Hälfte des 15. Jahrhunderts - geradezu gezwungen, das Thema Hanse als Teil ihrer eigenen politischen Konzeption

---

1 BOONE, Gent en de Bourgondische hertogen, S. 220-226; DAENELL, Die Blütezeit 1, S. 400-401; BLOCKMANS, De volksvertegenwoordiging, S. 463-522; BLOCKMANS, PREVENIER, De Bourgondiërs, S. 95-124.

2 DAENELL, Die Blütezeit 1, S. 401.

3 BLOCKMANS, Konfliktregelung, S. 218.

nicht zu vernachlässigen.[1] Formal hatte sich die Rolle der Leden zwar tatsächlich verändert, aber auf informeller Ebene konnten sie weiterhin Einfluß ausüben. Es ist vorstellbar, daß die Hanse sich dieses subtilen Unterschieds nicht vollends bewußt war und sich deshalb später in ihrer Verhandlungsführung unflexibel zeigte. Auf diesen Aspekt wird bei der Diskussion der hansischen Embargostrategie am Schluß zurückzukommen sein.

Eine Veränderung ganz anderer Art erschwerte es den Hansen, die Vier Leden unter Druck zu setzen. Die klassische hansische Taktik, das Hansekontor von Brügge nach Dordrecht zu verlegen, um eine Handelssperre gegen Flandern einzurichten, ließ sich nicht mehr ohne weiteres durchführen, da sich der burgundische Herrschaftsbereich durch Erbfolge, Heiraten und eine umsichtige Regierungspolitik erheblich ausgeweitet hatte.[2] 1433 war Holland definitiv in burgundische Hände gefallen,[3] ein Umstand, der die traditionelle Doppelstrategie der Hanse, mit Flandern hinsichtlich hansischer Belange zu verhandeln und gleichzeitig mit dem Grafen von Holland Kontakt aufzunehmen, um den Boden für eine Stapelverlegung vorzubereiten, zunichte machte. Die geographischen und politischen Voraussetzungen hansischer Handlungsfreiheit in bezug auf eine Verlegung des Stapels hatten sich sehr zum Nachteil der Hanse verändert.

1449 entschied sich die Hanse schließlich doch zu direkten Verhandlungen mit Herzog Philipp von Burgund, die sich über mehrere Monate in Brüssel und Brügge hinzogen. Gleichzeitig erhob sich neuer Widerstand gegen den Herzog in Flandern, diesmal allerdings in Gent, das etwa vier Jahre im Kriegszustand mit dem Herzog bleiben sollte.[4] Trotz dieser Komplikation vertrauten die hansischen Gesandten auf die durch den Herzog gemachten Zusagen.[5] Im Juni 1450 teilte der auf dem Hansetag zu Bremen anwesende Sekretär des Brügger Hansekontors den versammelten Ratssendboten allerdings mit, daß von den Versprechen des Herzogs wenig oder gar nichts eingelöst worden sei und der Kaufmann zu Brügge deshalb die Verlegung des Stapels in eine andere Stadt vorgeschlagen habe.[6] Im gleichen Jahr trat im September ein weiterer Hansetag in Lübeck zusammen. An dieser Versammlung nahmen Abgesandte von 22 Städten, des Deutschen Ordens, Preußens und einige Vertreter der Kontore in Brügge und London teil.[7] Die Teilnehmer faßten die Verlegung des Stapels von Brügge in eine andere Stadt ins Auge. Dies nicht ohne betont zu haben, man hätte auf den vorangegangenen Hansetagen die Bedenken einiger Herren besprochen

---

1 BLOCKMANS, Konfliktregelung der Hanse, S. 211-213; vgl. STEIN, Die Burgunderherzöge, S. 19-23, der dagegen den Einfluß der Vier Leden unter burgundischer Herrschaft stark geschwächt sah.

2 Siehe zu diesem Aspekt allgemein: BLOCKMANS, PREVENIER, De Bourgondiërs, S. 95-120; zu Philipp dem Guten: VAUGHAN, Philip the Good.

3 BLOCKMANS, PREVENIER, De Bourgondiërs, S. 114.

4 BOONE, Gent en de Bourgondische hertogen, S. 226-235.

5 Allgemein: HR II, 3, S. 421-437; die Zusagen des Herzogs von Burgund: HR II,3, S. 427-429, Nrr. 564, 565.

6 HR II,3, S. 466, Nr. 627, 24. Juni 1450: [...] *wodane wiis van den articulen, welke de obgenante hertoge den sendeboden der stede van der hanse, so vorgerord is, hebbe ghelovet und vorsegheld, in der warheid weynich ofte nicht geholden werde* [...].

7 HR II,3, S. 484, Nr. 649.

und den Flamen wie auch dem Herzog von Burgund genug Zeit gegeben, den Behinderungen des Deutschen Kaufmanns in Flandern abzuhelfen. Der Stapel sollte möglichst in eine niederländische Stadt verlegt werden, um den hansischen Handel nicht an die Konkurrenz preiszugeben. Der Hansetag schlug eine List vor, um ein Bekanntwerden des Plans und sich möglichen, hieraus ergebenden Repressalien des Herzogs zu entziehen. Zunächst sollten sich die Kaufleute mit ihren Waren nach Antwerpen zum dortigen Pfingstmarkt begeben, um später nach Deventer umzuziehen und nicht nach Brügge zurückzukehren. Aber die Entscheidung für diese Stadt wurde nicht von allen Anwesenden gutgeheißen. Die preußischen Städte und der Deutsche Orden forderten den Stapelplatz in einer für ihre Schiffe geeigneten Hafenstadt. Außerdem wurde später durch den Hochmeister des Deutschen Ordens darauf hingewiesen, daß die Verlegung des Kontors in eine Stadt innerhalb des burgundischen Herrschaftsbereichs kaum die gewünschte Wirkung eines Embargos haben könnte.[1] Der Hansetag in Utrecht im Mai und Juni 1451 beschloß trotz der Warnungen und Vorbehalte Preußens und des Hochmeisters den in Lübeck festgelegten Verlegungsplan, der am 4. Juli verkündet werden sollte. Köln nutzte die abwehrende Haltung der preußischen Seite und unterließ die Umsetzung des Blockadebeschlusses für seine Bürger mit der Begründung, es wollte zunächst die Entscheidung der preußischen Städte abwarten.[2]

Da die Hanse es nicht wagte, den Herzog von Burgund direkt herauszufordern, griff sie auf ihre traditionelle Methode der Flandernblockade zurück. Da Flandern nun aber Teil des burgundischen Reichs war, konnte eine Handelsblockade, die sich allein auf Flandern bezog und die Nachbargebiete außer acht ließ, keine große Wirkung erzielen. Darüber hinaus wurde der hansische Handel mit Holland und Seeland nicht unter ein gesondertes Verbot gestellt. Auf diese Weise konnten zahlreiche hansische Kaufleute ihre Handelskontakte nach Flandern indirekt aufrechterhalten, so sie dies nicht ohnehin direkt taten. Die preußischen Städte, der Deutsche Orden und Köln waren die schärfsten Gegner der Verlegung des hansischen Kontors nach Deventer. Köln sagte selbst seine Teilnahme für den Hansetag in Lübeck vom 2. Februar 1452 ab und teilte diesem mit, daß die Blockade nicht-hansischen Kaufleuten die Möglichkeit eröffnete, sich in den traditionellen hansischen Handel zu drängenwas sehr nachteilig für die eigenen Kaufleute wäre.[3] Während dieses Lübecker Hansetags wurden dann zahlreiche Erleichterungen wiederum für Preußen und den Deutschen Orden erlassen. Neben dieser legalen Umgehung der Blockadevorschriften betätigten sich

---

1 HR II,3, S.530, Nr.695: *Ouch so seyn die land Flandern, Holland, Seeland etc. nu eyns hern, die vor vil czugehorten und dorumbe ist des kowffmans vorlegunge nu swerer denne vormals anczugeen*; DAENELL, Die Blütezeit 1, S. 403-404.

2 HR II,4, S.8, Nr. 8. Trotz der Meinungsverschiedenheiten hinsichtlich der Stapelverlegung gelang es, den Räumungsbeschluß ein Dreivierteljahr geheim zu halten. Diese Leistung kommentierte schon FRICCIUS als das einzige, was der Hanse bei dieser Verlegung ohne besondere Schwierigkeit gelang, vgl. FRICCIUS (1933), Der Wirtschaftskrieg, S. 65.

3 HR II,4, S. 40-42, Nr. 57: *Besonder antosien, as wii verstain ind to besorgen ys, Nuremberger, Swaeven ind ander vremde lude in des koupmans van der hansze handelonge ind naronge treden ind komen ind unse ind ander steide der hansze der kouplude werden darbii vorderfflick.* Die süderseeischen Städte schlossen sich der Kritik Kölns an den Embargobestimmungen an, vgl. FRICCIUS (1933), Der Wirtschaftskrieg, S. 69.

zahllose Kaufleute und Schiffer an der illegalen Unterwanderung der Vorschriften, so daß die Zweckmäßigkeit der Handelssperre höchst zweifelhaft erscheinen mußte. Dabei kamen die Blockadebrecher aus den verschiedensten Städten, unter anderem auch aus Lübeck,[1] dessen Ratssendboten sich dennoch für die Fortsetzung der Blockade einsetzten.

Da sich aber die Wahl Deventers als verbindlicher Stapelplatz für hansische Waren deutlich als Fehler erwiesen hatte, versuchte das Kontor, Stapelrechte in Antwerpen zu erwerben. Aber auch dieser Weg bot keine Lösung, so daß sich das Kontor zu Deventer gezwungen sah, nach einem anderen Stapelplatz Ausschau zu halten. Die Wahl fiel auf die Stadt Utrecht, die als Teil des Fürstbistums Utrecht zum Zeitpunkt der hansischen Entscheidung noch nicht vollständig im burgundischen Einflußbereich lag. Die Absicht, den hansischen Stapelplatz in dieser Stadt einzurichten, kann nur durch die geographischen Gegebenheiten hinsichtlich der Ausdehnung des burgundischen Herrschaftsbereichs verstanden werden. Eine logische Wahl war diese Stadt aber nicht, da es sich bei Utrecht um keine Hafenstadt handelte und insofern denkbar ungünstig für den hansischen Handel war. Diese Einsicht vertrat der Deutsche Orden noch vor dem Beginn der Blockade auf dem Hansetag zu Utrecht, wo er einen für die großen Schiffe erreichbaren Hafen als hansischen Stapelplatz forderte.[2]

Mit dem Tod des Bischofs Rudolf von Diepholt und der anschließenden Ernennung Davids, eines außerehelichen Sohnes Philipps des Guten, zum Bischof von Utrecht war auch dieses Gebiet unter die Kontrolle des burgundischen Herzogs gefallen.[3] Die Hanse, die nicht mit dieser Entwicklung gerechnet hatte, versuchte nun über den Verhandlungsweg eine Rückkehr des Kontors nach Brügge zu erreichen, zumal sich auch der Ersatzstapelplatz Utrecht als ungünstig erwiesen hatte, besonders für die preußische Flotte.

Es mag als Ironie des Schicksals betrachtet werden, daß Lübeck, das sich so sehr für die Kontorsverlegung im Jahr 1451 eingesetzt hatte, eher zufällig die Kaufleute, die dem Beschluß Folge leisteten, vor größeren Schäden in Folge des Genter Krieges bewahrte. Kölner Kaufleute, die sich dem Beschluß des Hansetags nicht unterwarfen und unter anderem in Gent handelten, mußten herbe wirtschaftliche Verluste hinnehmen.[4] Aber genau dieser Aufstand war es schließlich, der eine Einigung mit dem Herzog und Flandern verzögerte. Auch im hansischen Gebiet verzögerten verschiedene Konflikte die Besendung eines Hansetags, auf dem mit den flämischen und burgundischen Abgesandten unterhandelt werden sollte.[5]

Trotz der insgesamt recht negativen Begleitumstände des Embargos verfehlte es seine Wirkung in Flandern nicht vollständig. Im November 1455 verfaßten die Vier

1 HUB 8, S. 252-254, Nr. 378 [1454], ebenda, S. 267-268, Nr. 395, 19. Feb. - 6. April 1455, Namenslisten der Blockadebrecher.

2 HR II,3, S. 558-562, Nr. 711, besonders § 3, 5, Mai - Juni 1451.

3 Über die besonderen Umstände der Ernennung Davids: BLOCKMANS, PREVENIER, De Bourgondiërs, S. 134-135.

4 HUB 8, S. 134, Nr. 181; S.140, Nr. 193.

5 Zum gesamten Komplex: BEUKEN, De Hanze en Vlaanderen, S. 108-118; DAENELL, Die Blütezeit, S. 407-415.

Leden von Flandern eine schriftliche Instruktion für den Herzog von Burgund hinsichtlich der Aufgabe einer Gesandtschaft zu einem Hansetag. In diesem Doku-ment erklärten die Vier Leden die Funktion der hansischen Kaufleute, gleichsam als wichtiges Zwischenglied in einer Kette, dessen Fehlen auch Folgen für die nichthansischen Kaufleute in Brügge hatten. Besonders hervorgehoben wurde die Abnehmerfunktion der Hansen hinsichtlich der Tuche, die in den kleinen Städten des Genter Quartiers aus spanischer Wolle hergestellt wurden.[1] So waren durch das Fortbleiben der Hansen nicht nur Brügge selbst, sondern auch die zahlreichen Tuchproduzenten in den kleineren Städten des Brügger und Genter Umlands sowie die Importeure spanischen Wolle betroffen.[2] Das wiederum hatte Auswirkungen auf den Absatz flämischer Produkte in allen Bereichen. Am 24. Juni 1456 kam es nach langwierigen Verhandlungen zwischen beiden Seiten zu einer vertraglichen Einigung, die zunächst nur durch Brügge ratifiziert wurde.[3] In Anwesenheit Brügger Gesandter wurde am 20. März 1457 auf einem weiteren Hansetag in Lübeck die Rückkehr des Deutschen Kaufmanns unter der Bedingung der Einhaltung der gegenseitigen Versprechungen bis Ende Juli 1457 nach Brügge beschlossen. Eine wesentliche Forderung der Hanse, nämlich die juristische Verantwortlichkeit der Vier Leden gegenüber den Hansen, wie sie in früheren Zeiten bestanden hatte, nun wieder herzustellen, wurde nicht erfüllt.[4] Der Rückgriff auf das Althergebrachte zeigte aber in dieser Weise den Konservatismus von einigen Mitgliedern der Hanse, die augenfällig nicht in der Lage waren, sich auf die nun auch schon nicht mehr ganz so neuen politischen Verhältnisse im burgundischen Flandern einzustellen. Eine geschmeidigere Politik, die sich den formaljuristischen Gegebenheiten unterordnete, gleichzeitig aber informelle bzw. praktische Problemlösungen anstrebte, war offensichtlich keine denkbare Handlungsstrategie der Hanse. So erreichte zwar am 11. August 1457 ein festlicher Zug von mehr als 200 hansischen Kaufleuten und Ratssendboten die Zwinstadt, die ihnen einen feierlichen Empfang bereitete, ein wirkliches Ergebnis aber hatte diese Kontorsverlegung nicht hervorgebracht.[5] Es war zugleich das letzte Embargo der Hanse gegen Flandern.

---

1 HR II, 4, S. 312, Nr. 444 § 4; zur Wirtschaftskraft des Genter Quartiers vgl. STABEL, De kleine stad, S. 92-96.

2 VAN WERVEKE, Die Stellung des hansischen Kaufmanns, S. 298-299; allgemein zur Tuchausfuhr ins hansische Gebiet AMMAN, Deutschland und die Tuchindustrie.

3 HR II,4, S. 321-329, Nr. 458; HR II,4, S. 347-349, Nr. 484.

4 In solcher Weise schrieb der Bürgermeister von Wismar, Peter Langhe, an einen Kollegen, 6. Juni [1453]: *Unde dat meeste, dar sik unse dink up torugghe holt, dat is de sake, de stede unde de kopman wil, dat dar alle gebrek dat deme kopmanne weddervart, in welkerleyge gebreke it si, dat dat de veer leede scholen richten, also dat van oldinghes gewesen heft. Dar hebbet de Vlamynghe alduslange enjeghen gewesen unde menen, dat me dat recht des kopmans schole suken in des heren von Borgundegen kamerrichte, dat wil de kopman nicht, ok wil wy em des nicht raden.*

5 Abgesehen von den versprochenen baulichen Maßnahmen zur Einrichtung des Osterlingenplatzes.

4.1.5. Einigkeit macht stark! Macht Einigkeit stark?

Mit Ausnahme der Blockade 1451-57 gingen allen Kontorsverlegungen gewalttätige Konflikte in Brügge bzw. Flandern voraus. Die Kommunikation zwischen den Repräsentanten der verschiedenen Interessengruppen in Flandern war in diesen Fällen gestört[1]. Damit erhalten die Kontorverlegungen eine andere Kausalität. Nicht der Wunsch nach neuen Privilegien war es, der die Hanse veranlaßte, ein Embargo einzurichten, sondern die Gewaltsituation als solche war Anlaß für die Kaufleute, die Stadt zu verlassen. Erst mit dem Verlassen wurde es möglich, neue Privilegien zu verlangen.

Der Kontakt, der zuvor zwischen Hansen und Flamen positive Resultate hervorbrachte, schlug während dieser Perioden ins Negative um. Die Wirtschaft als integrativer Faktor funktionierte nicht mehr im Gesamtsystem, die Klagen hansischer Kaufleute über zu hohe Zoll-, Akzise und Verkaufssteuern mögen ein Beleg dafür sein. Aber diese nicht ablassenden Klagen und Forderungen liefen den Kooperationsmöglichkeiten der flämischen Seite zuwider. Ihre Repräsentanten mußten sich letztlich zwischen den eigenen Interessen und denen der hansischen Kaufleute entscheiden.

Erst wenn die Kommunikationskanäle versiegten, entschied sich die Hanse zu einer Verlegung des Kontors. In Friedenszeiten klagten die Hansen beinahe ebenso oft über die Schändung ihrer Privilegien, aber das Kontor wurde nicht verlegt. Voraussetzung dafür war eine bedrohliche Kriegssituation. War eine solche Situation erst vorhanden, verließen die meisten Kaufleute ohnehin das Land. Die Hanse reagierte mit ihren Stapelverlegungen auf politisch-militärische Krisen. Dabei war die Blockadepolitik an sich keine Erfindung der Hanse. Städtebünde des Deutschen Reichs hatten dies vorgegeben.

Die Blockadepolitik der Hanse läßt sich in drei Phasen gliedern:
1. Phase: Gemeinsam mit anderen Partnern.
2. Phase: Die Hanse auf der Höhe ihrer Macht.
3. Phase: Vergangenheitsorientierte Selbstüberschätzung.

Die frühhansischen Kaufleute führten die erste Blockade gegen die Stadt Brügge mittels einer flexiblen Taktik durch. Zum einen suchten sie Partner unter den anderen ausländischen Kaufleutenationen. Gemeinsam gelang es ihnen, handelspolitische Interessen durchzusetzen. Zum anderen konnten die Kaufleute die politischen Gegensätze zwischen der Stadt und dem Landesherrn, dem Grafen von Flandern, geschickt zu ihrem Vorteil nutzen. Die Strategie, Brügge gegen den Grafen auszuspielen, konnte aber nur wirksam sein, solange dieser Gegensatz bestand. Brügge selbst nahm die Blockade nicht ohne weiteres hin. Indem es den Sohn des Grafen von Flandern für seine Zwecke gegen Aardenburg einsetzte, demonstrierte Brügge einerseits, daß es nicht gewillt war, dem Treiben der Kaufleute tatenlos zuzusehen und andererseits, daß sich die Machtverhältnisse in Flandern auch zum Vorteil der Stadt nutzen ließen. Daß Brügge für diesen Dienst eine hohe Summe Geldes zu zahlen bereit war, zeigte

---

1 BLOCKMANS, Konfliktregelung der Hanse, S. 218.

die Entschlossenheit der Stadt, sich mit allen Mitteln gegen einen Konkurrenten zur Wehr zu setzen. Zu Beginn der zweiten Phase brauchte oder wollte die Hanse keine Partner mehr. Selbstbewußt geworden durch die erste selbständige Stapelverlegung, wagte die Hanse bei der folgenden Kontorverlegung einen Schritt, der nun nicht mehr nur Brügge, sondern ganz Flandern betraf.

Die Erweiterung der Stapelverlegung hin zu einem Handelsembargo gegen ganz Flandern konnte sich vollziehen, weil sich die Hanse als solche nach innen und außen konsolidiert hatte. Allerdings trug die Machtdemonstration von 1358-60 auch den Keim der Zerstörung in sich, da die Ein- und Ausfuhrblockade anderen, nichthansischen Kaufleuten erst die Möglichkeit bot, anstelle der Hansen in diese Handelsräume vorzudringen und auf diese Weise die Monopolstellung der Hanse in diesem Wirtschaftssystem in Gefahr zu bringen. Trotz dieser Unwägbarkeiten ging die Hanse gestärkt aus diesem Konflikt hervor, vielleicht sogar zu sehr gestärkt, so daß es der hansischen Führungselite in den Städten den Blick auf die politisch-sozialen Realitäten in Flandern unter burgundischer Herrschaft verstellte. Zwar konnte die Hanse mit der vierten Stapelverlegung (1388-92) eine sehr hohe Schadensersatzzahlung seitens der flandrischen Leden durchsetzen, aber neue juristische Rahmenbedingungen ergaben sich aus diesem Konflikt nicht. Die Zugeständnisse, die verschiedenen Kaufleuten bzw. Städten oder dem Deutschen Orden hinsichtlich der Embargobedingungen gemacht werden mußten, um die einheitliche Durchführung der Blockade zu sichern, zeigten die Grenzen des gemeinsamen Handelns der Hanse auf. Nur der, dem sie nützte, fühlte sich zu einer einheitlichen Politik verpflichtet. Lübeck brauchte diese einheitliche Politik, um den Zugang zum Westhandel nicht zu verlieren; andere Städte wie Köln, Dortmund, die preußischen Städte oder der Deutsche Orden brauchten sie viel weniger. Zwar war man noch nicht bereit, die hansischen Privilegien ganz aufzugeben, aber es zeigte sich schon eine eigenständigere Politik, die nicht unbedingt mit der Lübecks übereinstimmte.

In der dritten Phase schließlich traten diese Gegensätze deutlich hervor. Köln verweigerte sich dem Embargo fast bis zu dessen Ende und sprang erst, als es sich als nützlich erwies, noch auf den Zug auf. Der Deutsche Orden bzw. der Hochmeister des Deutschen Ordens hatte trotz seiner größeren geographischen Entfernung das bessere Gespür für die tatsächliche Lage in Flandern und warnte vor diesem Embargo. Andere Mitglieder übten sich in rückwärtsgewandter Politik, indem sie forderten, der Ansprechpartner der Hanse sollte wie früher die Vier Leden von Flandern sein; dies wollte die Hanse formaljuristisch festgelegt sehen. Dieser Wunsch, der der Sichtweise Lübecks und des Hansetags, aber kaum der des burgundischen Herzogs entsprach, der gerade dabei war, seine Zentralgewalt gegenüber den Vier Leden durchzusetzen, zeigt wie wenig der Hansetag die Geschehnisse in Flandern einzuschätzen vermochte. Hat hier womöglich die Tatsache, daß das Hansekontor zu Brügge zu diesem Zeitpunkt seit mehr als einem Jahrhundert unter der formalen Kontrolle des Hansetags stand, eine Rolle gespielt? Wahrscheinlich nicht, denn das Kontor konnte sich gegen alle Bestrebungen des Hansetags eine relative Freiheit bewahren. Erst wenn das Kontor vor Ort in seinen Kontakten mit den lokalen Autoritäten nicht weiter kam, suchte es die Unterstützung des Hansetags.[1]

Allerdings versuchte der Hansetag seinerseits, seinen Einfluß geltend zu machen. 1418 erließ der Hansetag zu Lübeck einen Beschluß, der ausdrücklich allein sitzenden Ratsmitgliedern das Recht als Abgeordneter einer Hansestadt an einem Hansetag teilzunehmen, einräumte.[2] Dies bedeutete nichts anderes, als daß Kaufleute, die zwar über große wirtschaftliche und vielleicht auch politische Kenntnisse verfügten, aber kein Ratsamt inne hatten, bei den Zusammenkünften der Hansestädte als Ratgeber nicht mehr gefragt waren. Damit aber nahm sich der Hansetag die Möglichkeit, mittels Sachverstand von außen allgemeinhansische Entscheidungen auf ihre Durchsetzbarkeit vor Ort zu überprüfen. Auch bleibt zu fragen, ob diese Beschränkung auf aktive Ratsmitglieder einen Kompetenzverlust hinsichtlich des Beurteilungsvermögens wirtschaftlicher Entwicklungen im Ausland innerhalb des Hansetags zur Folge hatte.

Auf dem gleichen Hansetag wurde Hansestädten, deren Räte durch innerstädtische Revolten abgesetzt würden, mit der Ausweisung aus der Hanse gedroht.[3] Die Hansestädte selbst waren vielfach mit innerstädtischen Konflikten beschäftigt.[4] Die Einführung der Rats-Regelung war mit Sicherheit eine Reaktion auf Vorkommnisse in Lübeck selbst. Zwischen 1408-1416 wurde in Lübeck der Alte Rat durch einen Neuen Rat ersetzt und ausgeschaltet. Beide Klauseln weisen auf Abschlußtendenzen nach außen, die sich in der Hanse im Lauf des fünfzehnten Jahrhunderts verstärkten. Gleichzeitig demonstrieren diese Beschlüsse des Hansetags die rückwärtsgewandte Perspektive der Hanse. Eindeutig sollte das Alte wiederhergestellt bzw. bewahrt werden. Über die Konsequenzen dieser Haltung kann an dieser Stelle nur in Ansätzen nachgedacht werden. Die Forschung hat sich bisher wenig um die Antagonismen zwischen Kontoren und Hansetagen bemüht. Hier liegt ein Feld, das dringend der Forschung bedarf.[5]

Andererseits war es der Wille des Hansekontors zu Brügge gewesen, 1451 erneut ein Handelsembargo einzurichten. Diese Entscheidung ist in Kenntnis der geographischen, politischen und wirtschaftlichen Situation überhaupt nicht zu verstehen. Möglicherweise sah das Hansekontor in Brügge selbst nun in der Verlegung des Kontors eine bzw. die letzte anwendbare Strategie, um seinen Forderungen Nachdruck zu verleihen. Aber das starrsinnige Festhalten an der Kontorsverlegung, trotz aller Einwän-

---

1 Ähnlich argumentieren DIERCK, Die Älterleute des Brügger Kontors (1994); JENKS, War die Hanse kreditfeindlich?; DERS., England, die Hanse; POECK, Die Kontorverlegung.

2 HR I,6, S. 536, Nr. 556 § 17, 24. Juni 1418: *Item hebben de stede vorcreven endrechteliken in dat mene beste vorramed, en gedregen und gesloten, dat se in tokomenden tiiden, wanne de stede wor vergadderende werden, nymande by sik in rade to sittende liiden en willen, he en sii yegenwordich eyn gesworn radman in ener hanzestad* [...]. Mit Dank an Dietrich W. Poeck, der mich auf diese Klausel aufmerksam machte.

3 HR I,6, S. 555, Nr. 557 § 2: *Item efft wår en rad, al effte en del des rades, in ener hensestad van den borgeren edder inwonren der sulven stad entweldiget worde des råtstoles, mit wat gewalt dat id schege, de stad schal dar umme ut der henze wesen.*

4 Eine kurze Übersicht bietet STOOB, Die Hanse, S. 211-225.

5 Ein Anfang wurde durch DIETRICH W. POECK, Prosopographie der Ratssendboten, gemacht.

de, weist auch für das Personal des Kontors auf eine wenig flexible Haltung und dies im Gegensatz zu der Haltung, die sich in den Aktionen des Kontors zum Ende des dreizehnten und zu Beginn des vierzehnten Jahrhunderts zeigte. Möglicherweise gründete sich die verminderte Beurteilungsfähigkeit des Kontors auf seine zunehmende Institutionalisierung. Waren die führenden Mitglieder mehr Administratoren, die sich vor allem auf die Einhaltung des Rechts beriefen, anstatt Kaufleute, deren Erfolg davon abhing, wie flexibel sie auf Wechsellagen des lokalen und interregionalen Handels reagierten?

Als Haupt der Hanse verfiel Lübeck sukzessive in die Rolle des Kontrolleurs der Mitglieder der Hanse. Benutzte es dazu auch das Kontor in Brügge? Köln wehrte sich gegen diese Dominanz, was schließlich im offenen Konflikt wie z.B. dem Schoßstreit mit Lübeck mündete.

Es mag unwahrscheinlich klingen, daß die Veränderungen, wie sie die Herrschaft der Burgunderherzöge für Flandern mit sich brachte, in den entfernten hansestädtischen Positionen nicht erkannt oder kaum beachtet wurden. Aber wie ließe sich die Entscheidung, das Kontor 1451 trotz der Warnungen des Hochmeisters des Deutschen Ordens zu verlegen, erklären, wenn nicht durch einen gewissen Unkenntnis oder falsche Einschätzung der tatsächlichen Machtverhältnisse bei einigen Entscheidungsträgern der Hanse. Aber auch die Rolle, die das Hansekontor zu Brügge bei dieser Entscheidung gespielt hatte, wirft mehr Fragen als Antworten auf. Wie läßt sich erklären, daß die Funktionsträger dieser Einrichtung der Hanse in Brügge die Gerichtshoheit des burgundischen Reichs ablehnten und auf den Vier Leden von Flandern als höchste richterliche Instanz beharrten und das in Kenntnis der formalen Unmöglichkeit dieser Forderung? War das Kontor in Brügge einer Handelspolitik verhaftet, die sich zu sehr an den Erfolgen der Vergangenheit orientierte?

In der Vergangenheit hatten sich die Vier Leden tatsächlich als die wichtigsten Verhandlungspartner der Hanse gezeigt. Solange es sich um ökonomische Probleme handelte, konnten die Leden entsprechend agieren. Schließlich erkannten sich beide ausgesprochen städtisch geprägten Seiten als Gleiche unter Gleichen, die aufgrund der wirtschaftlichen Beziehungen ein gemeinsames Interesse verfolgten, nämlich die Aufrechterhaltung bzw. Wiederherstellung der Handelsbeziehungen. War es diese Konstellation, von der die Hanse sich nicht verabschieden wollte oder konnte?

Die hier gestellten Fragen zeigen in deutlicher Weise, wie wenig über die Entscheidungsträger und die Beschlußfassung der Hanse bekannt ist. Besonders die Region Flandern bedarf eines intensiveren Studiums, um die Entscheidungsprozesse, Antagonismen, aber auch die Gemeinsamkeiten aufzudecken. Um aber nicht alle in diesem Kapitel gestellten Fragen unbeantwortet zu lassen, kehren wir zurück zu einer eingangs gestellten Frage, ob Einigkeit die Hanse stark machte.

Einigkeit konnte Stärke zur Folge haben. Bei den ersten Stapelverlegungen war dies deutlich der Fall. Aber Einigkeit um jeden Preis schwächte die Hanse, da der Kompromiß, der für diese Einigkeit gefunden werden mußte, im Falle der Blockaden gerade die Effektivität derselben untergrub. Köln beteiligte sich an der hansischen Strategie, solange es seine eigenen Belange nicht gefährdet sah, aber bereits zu Beginn des 15. Jahrhunderts mußte dort die Meinung vorgeherrscht haben, daß Kölner Handelsinteressen nicht der hansischen Politik geopfert werden dürften. Preußen mit dem Deutschen Orden verfolgte ebenfalls eine eigene Handelspolitik, die sich vor allem im 15. Jahrhundert herauskristallisierte. Das politische Führungsmodell war fürstlich orientiert und weit weniger städtisch.[1] Lag hier ein Grund für das Versagen des Hansetags beim Erkennen der neuen Verhältnisse in Flandern?

Die Effektivität der hansischen Embargostrategie wurde einer fiktiven Einigkeit geopfert; am Ende war es gerade dieses formale Einigkeitsstreben, das die Machtposition der Hanse in Flandern untergrub.

4.2. Konfliktregelung

Im Kapitel 3 wurde ein Teil der Normalität des Alltags, wie sie sich dem einzelnen Hansekaufmann in Brügge präsentierte, erläutert. Diese Normalität wurde wesentlich durch die Hosteliers bestimmt, allein schon durch die Tatsache, daß der Hostelier in wirtschaftlicher Hinsicht eine zentrale Funktion in bezug auf den hansischen Kaufmann inne hatte. Die prosopographische Untersuchung zu den Brügger Hosteliers wies eine starke Beteiligung dieser Gruppe in der Ausübung städtischer Ämter auf. In ihren Funktionen als Schöffen, Ratsherren oder Bürgermeister vertraten sie die Stadt bei offiziellen Angelegenheiten nach innen und außen. Offizielle Angelegenheiten im Zusammenhang mit der Hanse ergaben sich ohne Zweifel bei den Stapel- oder Kontorsverlegungen. Diese besonderen Umstände, deren Entstehen, Ablauf und Beendigung bereits dargestellt wurde, verkörperten eine von der Normalität abweichende Situation. Nochmals sei an die eingangs gestellte Frage, warum die Hanse immer wieder, auch nach den schweren Belastungen im beiderseitigen Verhältnis, nach Brügge zurückkehrte, erinnert. Zur Beantwortung dieser Frage sollen die allgemeinen Konflikte zwischen der Hanse und Brügge auf einen weiteren Aspekt hin untersucht werden. Im Kapitel über die Embargostrategie wurde bereits auf die zentrale Rolle der Vier Leden von Flandern als Ansprechpartner der Hanse auf wirtschaftspolitischem Gebiet hingewiesen. Auf Seiten der Hanse agierte der Hansetag mit Städten wie Lübeck, Hamburg, Dortmund oder Köln. Beide, die Vier Leden wie auch der Hansetag bildeten mehr oder weniger konkret definierte Institutionen der jeweiligen Seite. Diese Institutionen konnten aber nicht ohne den Einsatz von Individuen funktionieren. Diese Individuen wiederum wurden aufgrund ihrer städtischen Funktionen als Vertreter dieser Kommunen zu den Leden bzw. zum Hansetag abgeordnet. Es ist zu vermuten, daß die Brügger Hosteliers, die als langjährige Magistratsmitglieder nachgewiesen werden konnten, auch auf diesem Gebiet eine einflußreiche Position einnahmen. Die folgenden Kapitel gehen der Frage nach, wer, d.h. welche Personen an der Beilegung der Konflikte beteiligt waren. Dabei stehen die allgemeinen Ausei-

1 DAENELL, Die Blütezeit 1, S. 404.

nandersetzungen zunächst im Vordergrund. Aber auch individuelle Konflikte hatte es während der mehrere Jahrhunderte dauernden hansischen Präsenz in Brügge gegeben. Ihr Studium soll ebenfalls zur Beantwortung der Frage „Warum Brügge?“ beitragen.

4.2.1. Auf diplomatischer Mission I - Brügger Unterhändler 1358-63

Wäre es nach dem Willen des Hansekontors zu Brügge gegangen, hätte es vielleicht schon 1351 eine Kontorverlegung gegeben. Bis zur tatsächlichen Verlegung 1358 verstrichen noch sieben Jahre, in denen die Hansen sich immer wieder über zu hohe Maklergebühren, überhöhte Zölle, Rechtsunsicherheit, Beschlagnahme hansischer Waren, insbesondere Getreide, und Probleme mit der Waage bei den Brügger Autoritäten sowie dem Hansetag beklagten.[1] Ohne Zweifel gaben diese Klagen Anlaß zu Konsultationen. Offensichtlich waren diese Kontakte nicht von Erfolg gekrönt, denn wie erwähnt entschied sich der Hansetag in Lübeck am 20. Januar 1358 zur Verhängung eines vollständigen Handelsembargos gegen Flandern. Theoretisch hätte Flandern die Zeit bis zum Beginn des Boykotts am 1. Mai 1358 nutzen können, um die drohende Handels- und Verkehrssperre abzuwenden. Wie sich die Bemühungen Flanders in der Praxis ausnahmen, zeigt das Folgende.

Noch vor Beginn der Handelssperre gegen Flandern am 1. Mai 1358 bevollmächtigte der Graf von Flandern eine flämische Gesandtschaft zum Hansetag nach Lübeck, bestehend aus den Vertretern der Vier Leden von Flandern mit den Brügger Abgesandten Willem van Bochout, Jan Camphin und Thideman van den Berghe.[2] Bochout und Berghe sind als Hansenwirte zu identifizieren[3]. Diese Gesandtschaft fand dann aber in der Folgezeit nicht statt. Da die Brügger Stadtrechnungen der 1356-57, 1358-59 und 1359-60 im dortigen Archiv noch vorhanden sind,[4] läßt sich der Fortgang der Brügger Bemühungen rekonstruieren. In der Rubrik *uutgheven riders ende boden* der städtischen Haushaltsrechnungen wurden die Personen verzeichnet, die im Auftrag der Stadt mit den Unterhandlungen betraut waren und entsprechend ihre Kosten abrechneten.

Mit dem Eintreffen zweier Boten aus Lübeck und Dordrecht Ende Mai 1358 setzte eine Welle von Brügger Gesandtschaften ein.[5] Möglicherweise war die erneute Bevollmächtigung des Grafen von Flandern vom 24. Mai 1358 für die zuvor bereits genannten Personen als Gesandte Flanderns für den Hansetag in Lübeck im Juni 1358 eine Reaktion auf die Briefe aus Lübeck und Dordrecht. Am 17. Juni 1358 verließen unter anderen Willem van Bochout und Thideman van den Berghe Brügge in Richtung Lübeck.[6] Am 24. Juli 1358 traf ein Bote dieser Gesandschaft aus Lübeck mit

---

[1] HR I,1, S. 174-180, Nr. 249-251; zur Waage s. auch Kap. 4.1.3. Die Flandernblockaden 1358-60 und 1388-92.

[2] HR I,3, S. 219, Nr. 228; 12. Januar [1358].

[3] Katalog, Berghe: W 24, Bochout: W 30.

[4] Die genannten Stadtrechnungen werden nach neuem Stil zitiert.

[5] SAB, SR 1358-59, fol. 76r, Bote aus Lübeck; ebend, fol. 77r, Bote aus Dordrecht, wo sich der Deutsche Kaufmann nach Beginn der Handelsperre aufhielt.

[6] SAB, SR 1358-59, fol. 78r.

Nachrichten in Brügge ein.[1] Im August waren die Gesandten zurück, so daß sie zur Ledenversammlung im September nach Eeklo reisen konnten,[2] um dort mit den anderen Leden über die Unterhandlungen in Lübeck zu berichten. Everaerd Goedric wurde Ende dieses Monats nach Dordrecht geschickt, sicherlich, um dort mit den hansischen Kaufleuten zu sprechen.[3] Vermutlich nach seiner Rückkehr wurde ein weiterer Bote nach Lübeck gesandt, der von dort während seines mehrwöchigen Aufenthalts mindestens zweimal durch Boten Nachrichten nach Brügge sandte.[4] Diese intensiven Kontakte zur Hanse hatten aber keinen Erfolg. Wahrscheinlich wurden deshalb im darauffolgenden Rechnungsjahr 1359-60 Willem van Bochout und Thideman van den Berghe am 7. Februar für drei Tage nach Gent gesandt.[5] Der Grund dieser Unterredung wurde nicht mitgeteilt, aber vorstellbar ist es, daß Brügge die Verhandlungsstrategie gemeinsam mit Gent in Sachen Hanse abstimmen wollte. Am 26. Februar 1359 sandte Brügge Jan Heldebolle und Everaerd Goederic für 4 Tage nach Gent.[6] Wahrscheinlich handelte es sich bei diesen Gesprächen um den gleichen Sachverhalt.[7] Am 7. März 1359 traf ein Bote aus Köln *met lettren van der zake die hanghet tussche de stede ende den oosterlinghen* in Brügge ein.[8] Daraufhin wurden am 22. März 1359 Thideman van den Berghe und Clais Hauscild *ghesendt te Lubeke*.[9] Dabei führten sie einen weiteren Privilegienvorschlag mit sich, der möglicherweise eine Reaktion auf die aus Köln eingetroffenen Nachrichten darstellte. Allerdings lehnte die Hanse diesen Entwurf ab. Diese Entwicklung wurde von den Gesandten in Lübeck nach Brügge gemeldet, worauf man sich dort nach einigem Hin und Her auf die geforderte Schadensersatzforderung der Hansen einigte. Wesentliches Merkmal aller Brügger Abgesandten war, daß alle genannten Personen bis auf Jan Camphin Brügger Hosteliers mit hansischer Klientel waren.

Die diplomatische Tätigkeit der Stadt läßt sich weiterverfolgen. Am 24. März traf ein Bote aus Dordrecht ein, der Stadt, in die die Hanse ihr Kontor verlegt hatte. Vier Tage später wurde ein Brügger Bote nach Köln gesandt.[10] Brügge hielt also während der Blockade die Kommunikation sowohl mit dem Deutschen Kaufmann in Dordrecht als auch der Hansestadt Köln aufrecht. Nach diesem Botenaustausch schweigen die Quellen für einige Zeit. Erst am 30. Mai kam wieder Bewegung in die Verhandlungen, als ein Bote mit Briefen des Grafen von Flandern nach Brügge kam. Am selben Tag wurde wieder ein Bote der Stadt nach Köln in Sachen Osterlinge gesandt. Einige

---

1 SAB, SR 1358-59, fol. 80r.
2 SAB, SR 1358-59, fol. 83r.
3 SAB, SR 1358-59, fol. 83v, 27. September 1358.
4 SAB, SR 1358-59, fol. 84r, broeder Peregrijn, 18. Oktober 1358; ebenda, fol. 85v, Peregrijns Boten aus Lübeck, 23. und 24. November 1358.
5 SAB, SR 1359-60, fol. 73v.
6 Katalog, Heldebolle: W 98, Goederic: W 90.
7 SAB, SR 1359-60, fol. 74v.
8 SAB, SR 1359-60, fol. 75r.
9 SAB, SR 1359-60, fol. 75v; Katalog, Hauscild: W 92.
10 SAB, SR 1359-60, fol. 75v.

Tage später schickte Brügge einen weiteren Boten mit den Briefen des Grafen und denen der Stadt nach Lübeck.[1]

Inzwischen mußten Thideman van den Berghe und Clais Hauscild von ihrer Reise nach Lübeck im März des Jahres zurückgekehrt sein, da Van den Berghe und weitere Brügger Bürger in einer großen Gesandtschaft nach Lübeck vertreten waren, die am 6. Juni 1359 aufbrach, um am für den 24. Juni 1359 in Lübeck geplanten Hansetag teilzunehmen.[2]
Der neue Privilegienentwurf wurde in einem Brief vom 5. Juni 1359 angekündigt.[3] Diese Gesandtschaft wurde zunächst elf Tage in Sluis aufgehalten, erst dann erfolgte die Abreise mit einem Schiff nach Hamburg. Von dort aus ging es weiter auf dem Landweg nach Lübeck.[4] In Lübeck kam es offenbar zu keiner Einigung und die Gesandtschaft verließ die Versammlung der Hansestädte unverrichteter Dinge in Richtung Hamburg, wo ihr durch einen Boten Lievin Everbouds und Willem van Bochouts, zwei Brügger Hosteliers, mitgeteilt wurde, daß sie wieder nach Lübeck zurückkehren sollten; Everboud und Bochout waren selbst am 27. Juni 1359 nach Lübeck mit neuen Vorschlägen aus Brügge aufgebrochen.[5] Einige Tage zuvor hatten sich die Zünfte vermutlich über neue Privilegienentwürfe beraten;[6] zur gleichen Zeit hatte der Graf von Flandern einen Boten mit neuen Dokumenten nach Brügge gesandt.[7]

Aus der Stadtrechnung 1359-60 ließ sich entnehmen, wie lang diese große Gesandtschaft in Lübeck verblieb. Rechnet man mit den Daten der Stadtrechnung, konnte die Gesandtschaft frühestens am 9., aber spätestens am 17. August wieder nach Brügge zurückgekehrt sein.[8] Am 19. August nämlich wurden Thideman van den Berghe, Willem van Bochout, Lievin Everboud und Pieter Huerel[9] mit 25 anderen Brügger Gesandten nach Gent geschickt, um über die neuen Entwicklungen in der

1 SAB, SR 1359-60, fol. 78r.

2 SAB, SR 1359-60, fol. 78v: *Doe waren deze navolghende personen ghesend te Lubeke om 'tretiet te houdene van acoorde te makene tusschen den Vlamonghen ende den Oosterlinghen van haerlieder ghescille te wetene bi namen eerst Jacob Metten Eye, burghmeester, meester Willem f. Veraghten, der Jan Oste, der Symoen van Aertrike, der Pieter van der Haghe, der Matheus van der Buerse, der Tydeman van den Berghe, der Bouden de Vos, der Jan van Bellegheem, Jan Waghenare als Clerc, Jacob Boeye als seriant ende Jan de Bonne als garsoen, ende andere menechte die met hemlieden waren in haer gheselscepe, daerof dat de rekeninghe van haren costen hier naer volghet* [...]; vgl. HR I,3, S. 246, Nr. 246 § 21.

3 SAB, politieke oorkonden, 1de reeks, Nr. 532.

4 SAB, SR 1359-60, fol. 78v: *Item verteerd ter Sluis binnen 11 daghe dat men ter Sluis lach eer dat men wech zeilde* [...]; *Item van ghelede van Amburch tote Lubeke van waghen hueren ende van sciphueren* [...]; *Item wederkerende van Lubeke 't Amburch van ghelike lede* [...].

5 SAB, SR 1359-60, fol. 78v u. 80v: *Item ghegheven van ghelde van Amburch* [...] *doe der Willeme van Bochout ende Lievin Everbout ons omboden van Amburch tote Lubeke te comene* [...]; vgl. Katalog, Everboud: W 85, Bochout: W 30.

6 SAB, SR 1359-60, fol. 79v, 15. Juni 1359.

7 SAB, SR 1359-60, fol. 80v, 26. Juni 1359.

8 SAB, SR 1359-60, fol. 79r: [...] *verteerd binnen 60 daghen* [...]; hierbei ist nicht deutlich, ob die elf Tage in Sluis hinzugezählt bzw. abgezogen werden müssen.

9 Katalog, Huerel: W 112.

Sache der Privilegien mit den anderen Städten zu beraten.[1] Im September 1359 schickte Gent eine Gesandtschaft nach Lübeck, ohne Brügger Beteiligung.[2] Koppmann hat vermutlich recht, wenn er in dieser Genter Gesandtschaft eine Verzögerungstaktik der Flamen sieht, die nur dazu dienen sollte, mehr Zeit für Separatverhandlungen mit den Kampener Kaufleuten zu erwirken, bevor die Vier Leden von Flandern auf die Forderungen der Hanse eingingen. Brügge wurde nämlich erst wieder im Oktober 1359 aktiv, als die Stadt Lievin Everboud und Clais Hauscild nach Dordrecht sandte.[3]

Die große Brügger Gesandtschaft nach Lübeck von 1359 bestand aus ungefähr 20 Personen, von denen 14 namentlich genannt wurden. Von diesen 14 Personen waren fünf eindeutig als Hansenwirte zu identifizieren. Drei von ihnen hatten gleichzeitig Funktionen als Schöffen bzw. Ratsherren in Brügge. Es handelt sich bei diesen Personen um Jacob Metten Eye (Bürgermeister des Rats), Thideman van den Berghe (Schöffe) und Willem van Bochout (Ratsherr). Die beiden anderen Hosteliers Matheus Van der Buerze und Lievin Everboud hatten zur Zeit ihrer diplomatischen Mission in Lübeck kein Amt in Brügge inne. Hinzuzufügen bleibt noch, daß auch Everaerd Goederic, Clais Hauscild, Pieter Huerel und Jan Heldebolle, die auf die eine oder andere Weise in die Verhandlungen mit der Hanse eingebunden waren, ebenfalls Brügger Hosteliers waren, wobei sowohl Goederic, Hauscild als auch Heldebolle bevorzugt hansische Gäste hatten.[4]

Das Vorgehen der Stadt Brügge ist verständlich, sie sandte genau die Personen zu den Verhandlungen nach Lübeck, die in engem geschäftlichen und persönlichen Kontakt mit den Hansen standen. Zugleich waren einige dieser Personen Mitglieder des Brügger Magistrats und in dieser Funktion waren sie die geeigneten Repräsentanten der Stadt, um mit den Ratssendboten der Hansestädte zu unterhandeln. Allerdings muß gefragt werden, inwieweit die Interessenkumulation bei den Brügger Abgesandten hinsichtlich ihres Berufs und ihrer Ämter eine Rolle bei den Verhandlungen mit der Hanse gespielt haben mochte. Vom Verhandlungs-geschick der Hosteliers, die als Abgesandte in Lübeck erschienen, hing nicht nur das allgemeine ökonomische Schicksal Flanderns von den Verhandlungen ab, sondern auch ihr ganz persönliches in Brügge, da sie größtenteils von einer hansischen Klientel lebten bzw. diese einen großen Teil ihres wirtschaftlichen Lebens ausmachte. Zeigten die Zugeständnisse der Brügger Gesandten letztlich die eigene individuelle Involviertheit, d.h. ging hier Eigennutz vor Allgemeinwohl? Andererseits muß man fragen, was war das Allgemeinwohl?

In diesem Zusammenhang wurde und wird noch stets eine Hungersnot erwähnt, die in Flandern zur Zeit der Blockade geherrscht haben soll. In flandrischen Quellen gab es keine Hinweise darauf. Hier stellte sich die Frage, woher der Hinweis auf die in der deutschen Forschungsliteratur stets auftauchende Hungersnot kommt. Augenscheinlich hat alles mit Höhlbaum begonnen, der im dritten Band des Hansischen

1 SAB, SR 1359-60, fol. 84v; am 8. August 1359 war ein Bote aus Dordrecht nach Brügge gekommen.

2 HR I,3, S. 247, Nr. 249.

3 SAB, SR 1359-60, fol. 89r.

4 Siehe Katalog, Everaerd Goederic: W 90, Clais Hauscild: W 92, Jan Heldebolle: W 98.

Urkundenbuchs von 1886 in einer Anmerkung zu einer Urkundennummer für das Jahr 1360 notierte: "Theuerung und Getreidenoth sollen dort [in Flandern] herrschen". Als weiteren Beleg zitiert er eine Chronik, die den zu der Zeit, Sommer 1359, lang anhaltenden Regen erwähnt. Die Überprüfung des Chroniktextes ergab, daß tatsächlich lang anhaltender Regen und eine schwere Überschwemmung für das Jahr 1359 erwähnt wurden, dies aber nur für das Rheinland. Von Flandern jedoch ist in der Quelle nicht die Rede. Osten hat offenbar die Angaben aus dem Hansischen Urkundenbuch in seiner Untersuchung von 1889 übernommen und sie zu einer Hungersnot in Flandern stilisiert. Daenell weist im ersten Teil seiner Untersuchung zur Hanse von 1905 auf die Hungersnot in Flandern während des Handelsembargos der Hanse hin, allerdings ohne diese zu belegen. Da Daenell die Arbeit Ostens kannte, gibt es zwei Möglichkeiten, entweder hat er diese Information der Arbeit Ostens oder dem Hansischen Urkundenbuch entnommen, wobei er diese Angaben dann allerdings in gleicher Weise hätte auslegen müssen wie Osten. Nach diesen beiden Autoren benannte Conrad Bahr in seiner 1911 erschienen Untersuchung ebenfalls die Hungersnot in Flandern als einen der Gründe für die Beilegung des hansisch-flämischen Konflikts. Schließlich fand sich Gleichlautendes bei Friccius im Jahre 1932. 1970 weist dann Wolfgang v. Stromer auf den gleichen Aspekt hin und 1989 folgte Henn mit dem Hinweis auf die in Flandern bestehende Hungersnot in jener Zeit.[1] Es gäbe sicherlich noch weitere Publikationen zu nennen, die in dieser Weise die Situation in Flandern 1358-60 beschreiben. An dieser Stelle soll es bei diesen Hinweisen bleiben. Keiner der genannten Autoren belegt die Hungersnot in Flandern von 1359-60 mit einer Quelle. Auch die merkwürdige Verbindung der Hegel'schen Chronik, die Flandern gar nicht erwähnt, mit den Preissteigerungen in Flandern ist nicht aufgefallen. Eine eingehende Untersuchung zu diesem Thema gab und gibt es bisher nicht. So darf festgestellt werden, daß die Hungersnot von 1359-60 mehr ein Faktum der Forschungsliteratur denn der historischen Realität ist.

Darüber hinaus hat Tits-Dieuaide bereits 1975 festgestellt, daß die Getreideversorgung Flanderns und Brabants keineswegs ausschließlich vom Import aus dem Baltikum abhängig war. Flandern sicherte seine Getreidezufuhr auf drei verschiedenen Handelsniveaus, nämlich regional, interregional und international. Ihre Studien weisen aus, daß Flandern sein Getreide hauptsächlich aus angrenzenden Regionen, d.h. über den regionalen und interregionalen Handel importierte. Über den internationalen Handel importiertes Getreide kam in der Hauptsache aus England, Spanien, Frankreich und dem Baltikum. Die beiden ersten Exportländer beeinflußten die flandrische Getreideversorgung quantitativ kaum. Die Bedeutung des französischen Getreideexports nach Gent, von Tits-Dieuaide noch in Frage gestellt, wurde von Derville 1987 analysiert und deutlich hervorgehoben. Auch er kam zu dem Schluß, daß Flandern nicht vom Getreideexport aus dem Baltikum abhängig gewesen sein kann.[2] Wohl aber beeinflußten diese Exporte laut Tits-Dieuaide die Preisentwicklung in Flandern. Vor

---

1 HUB 3, S. 236, Nr. 478 Anm. 5; HEGEL, Chronicon Moguntinum, S. 7; OSTEN, Die Handels- und Verkehrssperre, S. 27; DAENELL, Die Blütezeit 1, S. 22; BAHR, Handel und Verkehr, S. 25; FRICCIUS, Der Wirtschaftskrieg (1932), S. 53-54; STROMER, Oberdeutsche Hochfinanz 1, S. 28; HENN, Wachsende Spannungen, S. 74.

2 DERVILLE, Le grenier des Pays-Bas; ebenso VAN UYTVEN, Politiek en economie, S. 1110-1111.

allem ein Ausbleiben der Exporte schlug sich in einer Erhöhung des Getreidepreises in Flandern und Brabant nieder. Diese Entwicklung hatte besonders dann schwerwiegende Folgen, wenn das Ausbleiben der Exporte mit zyklischen Preissteigerungen in diesen Gebieten zusammenfiel. Die hansischen Unterbrechungen der Getreidelieferungen nach Flandern hatten laut Tits-Dieuaide zu keiner Zeit einen Mangel an oosterschem Getreide zur Folge. Sie geht davon aus, daß die lokalen Kaufleute immer Getreidereserven lagerten, die in Zeiten der Knappheit auf den Markt gebracht werden konnten.[1] Anhand dieser Erkenntnisse können allein die von Höhlbaum erwähnten Preissteigerungen für die Jahre 1359-60 tatsächlich bestätigt werden, eine Hungersnot, wie sie in der Forschung dargestellt wird, allerdings nicht.[2]

Wenn es nun keine wirkliche Hungersnot in Brügge gab, ist dann überhaupt eine Notlage durch die Verlegung des Kontors entstanden? Die genannten Preissteigerungen sind ein Indiz für die Bejahung dieser Frage. Das Fehlen der hansischen Kaufleute auf dem Brügger Markt wurde mit Sicherheit durch die zahlreichen Arbeitskräfte wie Stauer, Packer, Träger, Schutenschiffer, Kranarbeiter, Bierträger, Böttcher, Makler, Wechsler und anderen bemerkt. Es ist sehr wahrscheinlich, daß viele von ihnen während der Blockade weniger arbeiten konnten, so sie nicht ganz und gar arbeitslos wurden. Durch dieses Überangebot an Arbeitskräften mußten die Löhne sinken. Zusammen mit den fehlenden hansischen Waren hat dies mit Sicherheit zu steigenden Preisen geführt.[3] Diese vermutlich sowohl für die Stadt als auch für alle anderen beteiligten Parteien politisch schwierige und sozial gefährliche Situation mußte schnellstens gelöst werden.[4] Und dies umso mehr, als sich, sollten sich die sozialen Spannungen entladen, diese Entladung vor allem gegen den Magistrat und die wohlhabenden Bürger der Stadt gerichtet hätte. Wie sehr der Magistrat in Brügge gerade durch diese reichen Bürger beherrscht wurde, ist im vorangegangen bereits gezeigt worden.[5]

Auch wenn die Hosteliers durch das Handelsembargo der Hanse selbst eine ihrer Haupteinnahmequellen verloren hatten, mußten sie den Zorn der Arbeiter zu fürchten, da diese die Hosteliers eher als Stadtmagistrat denn als gleichermaßen Betroffene sahen. Deshalb hatte die Stadt, die zum Teil durch die Hosteliers repräsentiert wurde, mindestens zweierlei Interesse daran, die Hanse nach Brügge zurückzuholen. Das Beispiel der Hosteliers zeigt, wie sehr persönliche Interessen, ökonomische Belange und politische Entscheidungen miteinander verwoben waren. Für die Hansen in Brügge mußte das nicht zwangsläufig einen Nachteil darstellen. Die kollektive Interaktion der städtischen Diplomatie mit der hansischen Vertretung in Flandern bot beiden Seiten aufgrund persönlicher Kenntnis die Möglichkeit zur Lösung entstandener Konflikte.

---

1 TITS-DIEUAIDE, La formation des prix, S. 254-258.

2 VERLINDEN, Dokumenten 1, S. 33, 43; VAN HOUTTE, De geschiedenis van Brugge, S. 119.

3 Eine Untersuchung über diese Zusammenhänge liegt bisher nicht vor. Allerdings weist auch VAN HOUTTE, a.a.O. auf die geladene Atmosphäre in der Stadt in den Jahren 1358-61 hin. Ein Grund für diese Situation lag in der Tat in den erhöhten Getreidepreisen und einer gleichzeitig verringerten Kaufkraft der Handwerker.

4 Vgl. Kap. 4.1.2. Die Flandernblockaden 1280-82 und 1307-09 u. Kap. 4.1.3. Die Flandernblockaden 1358-60 und 1388-92.

5 Siehe Kap. 3.2. Wer nichts wird, wird Wirt?.

Obwohl die flämischen Gesandtschaften auch aus anderen Vertretern bestanden, die vermutlich nicht aufgrund ihrer beruflichen Situation in einen Interessenskonflikt hätten geraten können, wie dieser für die Hosteliers formuliert wurde, ergab sich aus den Untersuchungen zum Ablauf der Verhandlungen eine eindeutige Dominanz der Hosteliers, die im Auftrag Brügges und des Grafen von Flandern die zahlreichen diplomatischen Missionen im Zusammenhang mit der Hanse durchführten.[1]

Bei den späteren Schadensersatzzahlungen, die mit dem Abschluß der Verhandlungen den vor 1358 geschädigten hansischen Kaufleuten gewährt wurden, waren es ebenfalls Hosteliers, die die Verantwortung hinsichtlich der Auszahlung übernahmen. Fünf von ihnen, Matheus van der Buerze, Clais Hauscild, Everaerd Compere, Jacob van Ansame und Jan de Witte bürgten 1363 für die Zahlung einer Summe in Höhe von 150 lb grote tourn. an die Älterleute des Brügger Hansekontors.[2] Keiner der Genannten übte zu dieser Zeit ein Magistratsamt aus. Die Bürgschaftsleistung der fünf Hosteliers mußte den Älterleuten des Kontors glaubhaft erscheinen, da gerade die Bürgen selbst das größte Interesse daran hatten, die kurz zuvor wiederhergestellten Beziehungen zur Hanse nicht durch ein unseriöses Zahlungs-versprechen in Gefahr zu bringen. Gleichzeitig bekundeten auf diese Weise auch die Wirte ihren Willen zu guten Beziehungen gegenüber der Hanse im allgemeinen und ihren Gästen, den Kaufleuten des Brügger Hansekontors im besonderen. Dieser Aspekt war nicht unwichtig, hatte die Stadt die hansischen Kaufleute im Fall des 1351 verstorbenen Ho-steliers Laurenz van der Buerze doch durch ihre Vorgehensweise dupiert.[3]

4.2.2. Auf diplomatischer Mission II - Brügger Unterhändler 1387-92

Bei den Verhandlungen zwischen der Hanse und den Vier Leden von Flandern während der folgenden Flanderblockade 1388-92 verfuhr Brügge ähnlich. Dieser Blockade gingen wiederum zahlreiche hansische Beschwerden voraus, die vor allem mit den Unruhen in Flandern 1379-85 in Zusammenhang standen. Genter Milizen hatten im Mai 1379 Brügger Bauarbeiter, die an einem Kanal zwischen der Reie und dem Zwin bauten überfallen. Dieser Kanalbau wurde von Brügge, unterstützt vom Grafen von Flandern, betrieben, um einerseits die Versandung des Zwin aufzuhalten und andererseits die Schiffahrt auf die Leie und somit nach Brügge umzuleiten. Gent war gegen einen solchen Plan, glaubte es doch seine eigene wirtschaftliche Position bedroht. Im September führte dieser Konflikt zu einem Aufstand in Gent, der sich bis nach Brügge ausbreitete und dort die Unterstützung der Brügger Weber fand. Brügge wurde durch Genter Milizen unter der Führung Philipp van Arteveldes besetzt. Die Aufständischen wurden schließlich durch das Heer des französischen Königs, Lehnsherr des Grafen von Flandern, am 27. November 1382 bei Westrosebeke entschieden geschla-

---

1 Eine ähnliche Untersuchung zu den Abgesandten der anderen Leden (Gent, Ypern, Brugse Vrije, und des Grafen von Flandern) liegt bisher nicht vor. Um ein vollständiges Bild der diplomatischen Funktionsträger zu erhalten, wäre eine Studie auf diesem Gebiet nicht nur wünschenswert sondern zwingend erforderlich; ähnlich BOONE, Städtische Selbstverwaltungsorgane, S. 23. Die vorliegende Untersuchung mußte sich auf die Brügger Abgesandten beschränken.

2 SAB, politieke oorkonden, 1de reeks, Nr. 551; Katalog, Jacob van Ansame: W 13, Matheus van der Buerze: W 47, Everaerd Compere: W 63, Clais Hauweschild: W 92, Jan de Witte: W 198.

3 Siehe Kap. 4.3.1. Die Haftung des Hosteliers gegenüber seinem Gast.

gen; danach folgte für Brügge eine Zeit der Repression,[1] von der auch einige hansische Kaufleute betroffen waren.

Zahlreiche Hansekaufleute klagten 1387 bei den Verhandlungen zwischen der Hanse und Flandern, daß ihnen während der Genter Besetzung Brügges vielfach Gut und Geld durch die Aufständischen geraubt worden seien.[2] Hinzu kamen Beschwerden über die nach Meinung der Hansekaufleute ungerechtfertigten Beschlagnahmungen während der Repression nach der Schlacht von Westrosebeke.[3] Die Verhandlungen fanden zunächst vom 4.- 6. Mai in Dordrecht und ab dem 17. Juni 1387 in Antwerpen statt. Der Bericht der hansischen Ratssendboten nannte einige Namen flämischer Abgesandter. Neben den herzoglichen Beamten und den Vertretern aus Gent und Ypern werden elf Brügger Bürger namentlich erwähnt *unde noch vil andre*.[4] Unter diesen elf Personen befanden sich neun, die als Brügger Hosteliers bzw. Hansenwirte bekannt waren. Es handelte sich um Pieter Adorne, Thideman van den Berghe, Johan Metten Eye, Johan Bartun, Gillis Dop, Johan Heldebolle, Clais van Theemseke, Jacob van den Vagheviere und Jacob van den Walle.[5] Bis auf Jacob Van den Walle konnte für alle anderen eine Mitgliedschaft im Brügger Magistrat nachgewiesen werden. Die Einbeziehung der Hosteliers, die gleichzeitig Magistratsmitglieder waren bzw. gewesen waren, hatte sich trotz aller Bedenken, die man gegen sie hätte einwenden könnte, offenbar bewährt. In dieser intermediären Stellung füllten sie die Funktion von *power-brokers* aus. Der Kontakt zwischen beiden Gruppen war, auch wenn er zeitweise gestört war, war die Voraussetzung, um die beiderseitigen Beziehungen wiederherzustellen. Im Anhang findet sich eine Zusammenstellung von Hosteliers, die quasi permanent im Brügger Magistrat vertreten sind. Der gewählte Zeitraum erstreckte sich über ca. fünfzig Jahre von 1358 bis 1409. Meiner Beobachtung nach ändert sich diese dominierende Stellung der Hosteliers in Brügge im 15. Jahrhundert. Zwar konnte festgestellt werden, daß die Beteiligung der Hosteliers an den politischen Organen der Stadt in etwa gleich blieb,[6] aber den meisten der identifizierten Hosteliers des 15. Jahrhunderts konnte keine hansische Klientel nachgewiesen werden.

Das hing wahrscheinlich mit der bereits in den zwanziger Jahren des 15. Jahrhunderts einsetzenden Abwanderung zahlreicher Kaufleute nach Antwerpen zusammen. Andererseits kann diese Entwicklung aber auch eine Folge der veränderten Situation unter der Herrschaft der Burgunder-Herzöge gewesen sein. Diese versuchten im Lauf des 15. Jahrhunderts immer häufiger ihre Gefolgsleute in den Organen der großen flandrischen Städte zu etablieren.[1] Dort wo burgundische und Brügger Elite einander über-

---

1 VAN HOUTTE, De geschiedenis van Brugge, S.120-122.

2 HR I,3, S. 336-340, Nr. 336.

3 Vgl. DE SMET, De repressie te Brugge, S. 71-118.

4 HR I,2, S. 406, Nr. 342 § 16.

5 Katalog, Pieter Adorne: W 4, Thideman van den Berghe: W 24, Johan Bartun: W 34.1, Gillis Dop: W 80, Johan Heldebolle: W 98, Johan Metten Eye: W 134, Clais van Theemseke: W 179, Jacob van den Vagheviere: W 186, Jacob van den Walle: W 193.

6 Siehe Tab. 1.

1 BLOCKMANS, De volksvertegenwordiging, S. 334-337 und DERS., Mutaties, S. 96-102.

schnitten, gab es wahrscheinlich weniger Probleme. Aber dort, wo die lokale Elite in Gegnerschaft zu den burgundischen Autoritäten stand, mußten die Vertreter jener Führungsschicht den burgundischen Plänen weichen.

Solange die Hosteliers ihre führende Position innehatten, profitierten beide Gruppen voneinander, d.h. wir können von funktionierenden Netzwerken ausgehen. Kam es aber zu Unstimmigkeiten, d.h. wurde das empfindliche Gleichgewicht zwischen Anspruch und Wirklichkeit gestört, mußte es zwangsläufig zu Interessenskonflikten kommen. Die Hosteliers hatten zwar allergrößtes Interesse daran, die Hanse in Brügge zu halten. Aber sie konnten nicht um jeden Preis den Forderungen der Hansen nachgeben, da sie neben ihrem Beruf als Hosteliers zugleich Stadtobrigkeit, Zunftfunktionäre, (Geld-)Händler und Bürger in Brügge waren. Diesen Interessen mußte ebenfalls Rechnung getragen werden. Auf die eine oder andere Weise waren sie vom jeweiligen Handeln der Hanse betroffen. Genauso im übrigen, wie die hansischen Kaufleute sowohl durch das Handeln der Hosteliers als solche, als auch durch deren zahlreiche Funktionen betroffen waren.

4.3. Individuelle Konflikte zwischen Hansen und Hosteliers

4.3.1. Die Haftung des Hosteliers gegenüber seinem Gast

1373 oder 1374 schrieb das Brügger Hansekontor an Lübeck über *den punte van den hostellirs*, der einer der *grotesten punten es ghande keghen unse privilegien*.[1] Diese Beschwerde, die sich auch später wiederholte, war in diesem konkreten Fall mit an Sicherheit grenzender Wahrscheinlichkeit auf den Streit zwischen hansischen Kaufleuten und ihrer Brügger Wirtin Edele van Ruddervorde zu beziehen, über den noch genauer zu berichten sein wird. Bei den Privilegien, auf die sich das Kontor berief, handelte es sich um die nach der Flandernblockade von 1358-60 ausgehandelten Freiheiten für die hansischen Kaufleute in Brügge und Flandern.

In diesem 1360 verliehenen Privileg wurden zahlreiche Bestimmungen zum Aufenthalts- und Stapelrecht, zum Handel, zu besitzrechtlichen Fragen und zur Gerichtsbarkeit festgelegt.[2] Die für den vorliegenden Untersuchungsgegenstand wichtigsten Regelungen betrafen die Haftbarkeit des Hosteliers gegenüber seinem Gast.

Diese Freiheiten legten zwei entschädigungspflichtige Möglichkeiten fest. Zum einen versicherten sich die Kaufleute gegen einen Schaden, der durch einen Angestellten eines Hosteliers entstünde, in diesem Fall haftete der Hostelier.[1] Die zweite Möglichkeit trat ein, wenn ein Kaufmann durch einen Hostelier selbst geschädigt

---

1 HR I,3, S. 330, Nr. 329.

2 SPRANDEL, Die Konkurrenzfähigkeit, S. 21.

1 HUB 3, S. 261, Nr. 497 § 31: *Voort waert dat zake dat eens hostelliers clerc iof siin knape ontfinghe der gasten ghelt iof goed ende dat goed iof gheld wech droughe, daerof zal die hostellier ghehouden wesen.*

würde, so daß die Stadt, in der der Kaufmann wohnte, für den Schaden würde haften müssen.[1] Zumindest war dies die Auffassung der hansischen Seite. Das frühere Privileg der Hanse in Brügge und Flandern kannte nur den ersten Passus.[2] Der Zusatz über die Haftbarkeit des Hosteliers bzw. der Stadt gegenüber dem Kaufmann wurde von den Hansen gefordert, weil es 1351 wegen eines faillierten Hosteliers zu einem Eklat zwischen den in Brügge anwesenden hansischen Kaufleuten und dem Brügger Magistrat gekommen war. In jenem Jahr verstarb der Brügger Hostelier Laurenz van der Buerze.[3] Zahlreiche hansische Kaufleute hatten bei ihm Quartier bezogen bzw. ihre Waren oder ihr Geld eingelagert. Nach dem Tod Van der Buerzes wurde dessen Haus vom Brügger Magistrat beschlagnahmt, da einige Brügger Bürger Schuldforderungen an den Verstorbenen hatten. Das gesamte beschlagnahmte Gut und die Immobilie wurden verkauft, um aus dem Erlös die Brügger Gläubiger zu bezahlen. Die Hansekaufleute gingen bei diesem Vorgehen nicht nur leer aus, sondern verloren ihre Waren und ihr Geld, das aber als Besitz des Laurenz van der Buerze von der Stadt beschlagnahmt worden war. Brügge fühlte sich im Recht, da es zu diesem Zeitpunkt kein Privileg der Hanse gab, durch das die Stadt für einen durch einen Brügger Hostelier entstandenen Schaden hätte aufkommen müssen. Das Brügger Hansekontor erkannte diese Schwäche des bisherigen Privilegs, versuchte aber in einem Schreiben an die Stadt, die Ansprüche seiner Kaufleute zu recht-fertigen. Nach hansischer Ansicht mußte ein Hostelier, der für seine Angestellten haftbar war, ebenso für sich selbst haftbar sein, wenn er Gut und Geld des Hansekaufmanns in Obhut nahm.[4] Deshalb sei den hansischen Kaufleuten in der Sache Laurenz van der Buerze großes Unrecht widerfahren und bäten daher um Entschädigung. Erst neun Jahre später und auch erst nach dem Ende der hansischen Flandernblockade, einigte sich Brügge mit dem Kontor auf eine finanzielle Regelung dieses Falls. Da zu den Geschädigten Kaufleute aus Gotland, Dorpat und Rostock zählten, wurde verabredet, daß für die betroffenen Hansekaufleute in der Zeit vom 24. August bis zum 11. November mit einer weiteren Frist von höchstens vierzehn Tagen in Brügge *wedderlegginghe schen schal*, d.h. die Feststellung sowie Kompensation der Schäden abgewickelt werden sollte.[5] Aufgrund dieser Erfahrung hatte sich die Hanse sicherlich für die Erweiterung des Haftungspflichtparagraphen in den Privilegien eingesetzt. Schon im Privileg von 1358, das die Hanse von Herzog Albrecht von Beiern, Regent von Holland und Hennegau, für die Stadt Dordrecht, in die das Hansekontor verlegt wurde, erwirkt hatte, präzisierte den von der Hanse gewünschten Rahmen. Allerdings nennt diese Klausel keine Haftungsübernahme durch die Stadt. Es wurde nur der Hostelier für haftbar erklärt, bei dem die Kaufleute wohnten.[1] Diese beiden Aspekte müssen deut-

---

1 HUB 3, S. 261, Nr. 497§31: *Ende waert dat zake, dat enich coopman scade ontfinghe van den hostelier, daervoren sal die stede ghehouden siin, daer die coopman light.*

2 Vgl. HUB 2, S. 68, Nr. 154§23.

3 Katalog, Laurenz van der Buerze: W 45.

4 HR I,1, S. 91, Nr. 159:[...] *hier omme dinket den coopman vorseit, dat het golic zi ende redene, dat die hosteilgier also wel vor hem selven ghehouden zi, van dat hi ontfaen hevet jof ontfaet van den coopmannen vorseit, alse vor sinen knapen.*

5 HR I,1, S. 179, Nr. 251.

1 HUB 3, S. 177, Nr. 396 § 21: [...] *Item dat elc waert sal ghehonden siin van allen goede, dat siin gaste coepen bi hem iof bi sinen cnape, die woent in siinre herberghe binnen Dordrechts.*

lich hervorgehoben werden, da sie im weiteren Verlauf der hansisch-flämischen Beziehungen im allgemeinen und der Beziehung zwischen Hansekaufleuten und Hosteliers im besonderen zu erheblichen Unstimmigkeiten führten.

Zu einem ersten Prüfstein für das neue Privileg von 1360 entwickelte sich der Fall des Brügger Hosteliers Jacob Sconebergh im Jahr 1368.[1] Hinweise zu diesem Sachverhalt ergaben sich aus Einträgen in der Brügger Stadtrechnung des Jahres 1368-69. Sconebergh und seine Ehefrau verstarben im Jahr 1368. Es ist sehr wahrscheinlich, daß dem Tod Sconeberghs sein Konkurs voraus ging. Aus den sich an beide Ereignisse anschließenden Untersuchungen des Brügger Magistrats ergab sich folgendes Bild. Sconebergh besaß in Brügge einen weitläufigen Kundenstamm unter den Einwohnern sowie der internationalen Kaufleuteschaft. Dieser Kundenkreis erstreckte sich auch auf spanische, italienische und hansische Kaufleute. Von der Stadt Brügge wurde Jan van Ruddervorde mit der Liquidation des Sconebergh'schen Besitzes, sozusagen als Konkursverwalter, beauftragt.[2] Der Erlös aus dem Verkauf der beschlagnahmten Immobilien, Juwelen und des Hausrats wurde dazu verwendet, die etwa 40 hansischen Kaufleute zu entschädigen, da *de welke oosterlinghe vul betaelt moesten wesen bi der vorluut van haren vryheden ende privilegen.* Insgesamt handelte es sich bei dem hansischen Gesamtschaden um eine Summe in Höhe von 500 lb grote. Der Erlös aus dem Verkauf des Besitzes von Sconebergh überstieg mit 677 lb grote diese Ausgabe, so daß der Restbetrag für die Kompensation der anderen betroffenen Kunden genutzt werden konnte. Allerdings vereinbarte der Brügger Magistrat *uten overeenghedraghene van den groten rade* für die Brügger *poorters ende vreemden cooplieden wonachtich binnen der stede van Brucghe* einen Vergleich, der eine Entschädigung von 5 s 6 d pro verlorenem Pfund grote vorsah, was etwa einem Viertel des eigentlichen Verlustes entsprach.[3] Die Restsumme des Erlöses reichte aber nicht aus, um diesen Vergleich tatsächlich zu bezahlen. Die Stadt übernahm schließlich die Restschuld von beinahe 169 lb grote und zahlte sie aus dem Haushaltsüberschuß des Rechnungsjahres 1368-69. Hansische Quellen schweigen zu diesem Vorfall gänzlich. Daraus läßt sich schließen, daß die Regelung dieses Falls zur Zufriedenheit der hansischen Kaufleute verlief. Eine im Stadtarchiv zu Brügge erhaltene Quittung des hansischen Kaufmanns Vrauwin Tassche, mit der er den Erhalt von 5 lb grote bestätigt, die Sconebergh ihm schuldig geblieben war, beweist, daß die Gläubiger tatsächlich ausbezahlt worden sind.[1] Acht Jahre nach dem Ende des Handelsembargos gegen die Grafschaft Flandern ging die Hanse wohl aufgrund dieses Falles davon aus, daß ihre Privilegien, besonders hinsichtlich der Haftungspflicht der Hosteliers bzw. der Stadt tatsächlich respektiert wurden.

---

1 Katalog, Sconebergh: W 165; SAB, SR 1368-69, fol. 79v-81v.

2 Zu dieser Zeit gab es in Brügge mindestens zwei Personen des Namens Jan van Ruddervorde. Der hier Beauftragte ist vermutlich derjenige, der in späteren Jahren als Schöffe und Ratsherr Mitglied des Brügger Magistrats ist; s. VAN DEN AUWEELE, Schepenbank; vgl. Katalog, Edele van Ruddervorde: W 162.

3 SAB, SR 1368-69, fol. 81r; zum Großen Rat s. DE HEMPTINNE, VANDERMAESEN, De ambtenaren van de centrale administratie, S. 187; GREVE, Gast und Gastgeber, S. 99.

1 SAB, politieke oorkonden, 1e reeks, Nr. 615, GREVE, Gast und Gastgeber, S. 99; zum hansischen Kaufmann Vrowin Tassche s. DIERCK, DÜNNEBEIL, RÖSSNER, Prosopographischer Katalog, Nr. 351-351.2.

Doch nur vier Jahre später kam es zu dem oben erwähnten enttäuschten Schreiben des Brügger Hansekontors an Lübeck. Mit dem Konkurs Sconeberghs hatte in Brügge ein Reigen von Konkursen eingesetzt, der neben Sconebergh auch die Brügger Wirtin Edele van Ruddervorde sowie die beiden Brügger Wechsler Willem Ruweel und Collard de Marke betraf. Nur diesem Umstand ist vermutlich überhaupt zu verdanken, daß einige zeitgenössische Dokumente erhalten geblieben sind. Die Geschäftsbücher von Ruweel und De Marke dienten der Brügger Schöffenbank in ihrer Funktion als Gericht als Beweismaterial und liegen deshalb heute im Brügger Stadtarchiv.[1] Diesen Büchern ist zu entnehmen, daß Jacob Sconebergh ein Konto bei Willem Ruweel besaß. Dieser hatte wiederum Geld bei Sconebergh investiert.[2] Edele van Ruddervorde stand in geschäftlichem Kontakt zu Collard de Marke. Aufgrund der gegenseitigen Geschäftsbeziehungen lag es nahe zu vermuten, daß zwischen allen vier Konkursen ein Zusammenhang bestand. Eingeleitet wurde diese Reihe durch den Konkurs des Jacob Sconebergh im Sommer 1368, der des Collard de Marke ereignete sich im Januar 1370, gefolgt durch den des Willem Ruweel im Sommer 1370. Edele van Ruddervorde traf das gleiche Schicksal ca. 1372. Die hansischen Kaufleute waren vor allem durch die Konkurse der beiden Hosteliers Sconebergh und Ruddervorde betroffen, da sie bei ihnen Geld bzw. Waren eingelagert hatten. Es ist anzunehmen, daß Sconebergh die hansischen Depositen weiter investierte, da bei der Beschlagnahme des Sconebergh'schen Besitzes durch Jan van Ruddervorde kein Geld in der entsprechenden Höhe gefunden wurde, sofern Raub oder ähnliches von vornherein ausgeschlossen bleibt. Für die Wirtin Ruddervorde nahm schon De Roover an, sie habe mit hansischem Geld ihr defizitäres Konto bei Collard de Marke von Zeit zu Zeit ausgeglichen.

Spätestens beim Konkurs der Edele van Ruddervorde fand sich die Stadt nicht mehr bereit, den Forderungen der Hansekaufleute hinsichtlich einer Entschädigung nachzugeben und verweigerte jeglichen Schadensersatz der bei der Wirtin Ruddervorde verlustig gegangenen Werte. Für das Hansekontor in Brügge kam diese Weigerung einigermaßen überraschend, da die Stadt nach Ansicht der Hansekaufleute durch den Haftungspflichtparagraphen des Privilegs von 1360 zu einer Übernahme der Verbindlichkeiten der Ruddervorde verpflichtet gewesen wäre und wie im Fall Sconebergh vollzogen sah.

Die Stadt versuchte sich durch eine differenziertere Auslegung des Haftungspflichtparagraphen der Garantie zu entziehen. Sie legte in dem entsprechenden Paragraphen *Ende waert dat zake, dat enich coopman scade ontfinghe van den hostelier, daervoren sal de stede ghehouden siin daer die coopman light* das Wort *stede* im Sinne von *Stätte*, d.h. *Herberge* aus.[1] Dieser Interpretation nach war nicht die Stadt Brügge, sondern ausschließlich die Herberge haftbar, in der die betroffenen Hansekaufleute ihre Waren lagerten und gleichzeitig wohnten. Die Hansekaufleute ihrerseits deuteten *stede* im Sinne von *Stadt*, und deshalb erstreckte sich ihrer Ansicht

---

1 SAB, reeks 305, Koopmansboeken.

2 SAB, SR 1368-69, fol. 81v; Ruweel hatte eine Summe von 76 lb 3 s. 9 d. grote bei Sconebergh stehen, für die er nach dem Vergleich 20 lb 19 s. grote und 1 eester erhielt. Er verlor gut 55 lb grote.

1 HUB 3, S. 261, Nr. 497 § 31.

nach die Garantie auf alle Herbergen in Brügge, in denen Hansen wohnten oder ihre Waren lagerten. Auf diese Weise war im Schadensfall nicht nur der einzelne Hostelier, sondern die Stadt als Institution haftbar.[1] Im konkreten Fall handelte es sich vor allem um Waren, die in der Herberge der Witwe lagerten, deren hansische Eigentümer aber nicht dort wohnten.[2] Der Brügger Interpretation folgend, hatte die Stadt tatsächlich die besseren Argumente auf ihrer Seite und konnte die Erstattung des Schadens verweigern. Das Brügger Hansekontor setzte sich mit seiner Auslegung der Privilegien nicht durch und schrieb daraufhin ungefähr ein Jahr nach dem Bankrott der Witwe Ruddervorde erneut an den Hansetag, daß die Stadt Brügge weiterhin ihre von den Hansen unterstellte Garantieverpflichtung in bezug auf die Hosteliers verweigerte, so daß der Fall Ruddervorde noch immer ungeklärt wäre und daher um weitere Unterstützung in dieser Sache gebeten werden müsse.[3] Weitere Unterlagen zu diesem Vorgang, sowohl auf hansischer, als auch auf flandrischer Seite fehlen. Sicher ist nur, daß der Fall schließlich vor den Grafen von Flandern gebracht wurde, der diesen dann am 8. September 1374 zugunsten der Hansen entschied, allerdings mit dem Hinweis, dieser Fall schaffe kein neues Recht für die Zukunft.[4] Gerade in diesem Zusammenhang bleibt der bereits zitierte Brief des Brügger Hansekontors an Lübeck erwähnenswert, den Koppmann in das Jahr 1381 einordnet, der m. E. aber früher datiert werden muß.[5] In diesem Brief beklagte das Kontor noch einmal die Haltung der Hosteliers bzw. der Stadt in der Frage der Haftbarkeit in bezug auf hansisches Gut, welches zwar in Brügger Herbergen lagerte und dort verkauft wurde, dessen Besitzer aber dort nicht gleichzeitig wohnten. Der Brief trägt keine Jahreszahl; die Tagesangabe *des naesten donredaghes vor sunte Micheels daghe* läßt verschiedene Jahreszahlen als mögliches Datum zu. Der Brief könnte am 22. September 1373 geschrieben worden sein und wäre demnach eine weitere Aufforderung an den Hansetag gewesen, sich in der Sache Ruddervorde bei den entsprechenden Instanzen in Flandern für die betroffenen Kaufleute einzusetzen. Eine andere Möglichkeit ergibt sich, nimmt man den 28. September 1374 als Datum an. Der Brief könnte als Antwort auf die Entscheidung des Grafen von Flandern, die in diesem Fall ungefähr drei Wochen zuvor gefällt worden wäre, gewertet werden. Die Hansen waren sicher zufrieden mit der Aussprache in diesem konkreten Einzelfall, aber der Hinweis, daß es sich hier um eine einmalige Entscheidung handelte, die keine Wiederholung für die Zukunft zuließe, mußte bei den Hansen auf Widerspruch stoßen, da ihnen gerade die allgemeine Haftbarkeit der Stadt für die Hosteliers besonders wichtig gewesen war und sie diese im Fall Sconebergh auch vollzogen sahen.

Die Irritation über die widersprüchliche Auslegung des Privilegs ist auch innerhalb der Forschung nicht zu übersehen. Ehrenberg folgte ganz und gar der hansischen

---

1 HR I,2 Nachträge: S. 455, Nr. 61c, 13. Dez. [1372].

2 HR I,2 Nachträge: S. 455, Nr. 61c, 13. Dez. [1372]; S. 457-458, Nr. 61d, 9. April [1373].

3 HR I,2 Nachträge: S. 459, Nr. 61e, 23. Juni [1373]: *Voert, gi heren, alse wy ju tydes ghescreven hebben, dat de stede van Brugge nicht gheholden willen wesen vor hostellirs, dar wi unse goet in ere herberghe vorkopen, dat steyt noch also, alse it thovoren was.*

4 GILLIODTS-VAN SEVEREN, Cartulaire de l'ancienne Estaple 1, S. 274-275, Nr. 355.

5 HR I,3 Nachträge: S. 330, Nr. 329, 26. Sept. [1381]; vgl. LübUB 3, S. 387, Nr. 375: Datumsangabe: *frühestens 1360.*

Interpretation und teilte die Entrüstung des Hansekontors über die Auslegung des Privilegs.[1] Er empfand die Begründung der Stadt, die Herberge im Sinne der Auslegung von *stede* als *Stätte* sei haftbar und nicht die Stadt als *versteckten Hohn.* 65 Jahre nach Ehrenberg urteilt Van Houtte zwar gelassener über das fruchtlose Unterfangen der Stadt, sich durch das Wortspiel ihrer Verpflichtungen gegenüber den Hansen zu entziehen, unterstellt ihr aber zugleich diese Verpflichtung.[2] Diese Auffassung muß korrigiert werden. Ehrenberg und Van Houtte war der Fall Sconebergh offenbar nicht bekannt. Van Houtte ging deshalb davon aus, daß das neue Privileg in der Sache Ruddervorde zum ersten Mal zur Anwendung kam.[3] Da aber das Privileg im Zusammenhang mit Sconebergh zumindest einmal vor dem Fall Ruddervorde zur Anwendung gekommen ist, lohnt ein Vergleich beider Fälle, um den vermeintlichen Widerspruch zu klären.

Im Fall Sconebergh übernahm die Stadt keine Haftung für die Schulden Sconeberghs gegenüber den Hansen. Tatsächlich konnten die Schulden Sconeberghs durch den Verkauf seines Besitzes, also der Herberge und ihres Inhalts abgelöst werden. Auf dieses Weise entsprach die Schadenregulierung genau dem Paragraphen, wie er nach Ansicht der Stadt im Privileg festgelegt worden war. Nur für die anderen nicht-hansischen Betroffenen übernahm die Stadt einen Teil der Schulden, die sie aus ihrem Haushalt bezahlte. Dies geschah nicht automatisch, sondern erst nach Beschluß des Großen Rates. Dieses Gremium wurde nur bei einem wichtigen Problem zusammengerufen. Theoretisch sollte es sich hier um die Versammlung aller sozialen und politischen Interessengruppen der mittelalterlichen Gesellschaft gehandelt haben, praktisch ging die Zahl der Mitglieder nicht über 10 bis 12 Personen hinaus. Diese Personen rekrutierten sich aus den Organen Schöffenbank und Rat.[4] Die Stadt sah sich auch dann nicht in der Pflicht, wenn die Herberge bzw. der Erlös ihres Verkaufs den Schaden in voller Höhe nicht deckte. Diese Argumentation der Stadt war schlüssig, auch wenn die Hansen dieser Interpretation nicht folgen mochten.

Hatte sich die Hanse bei den Verhandlungen zu den neuen Privilegien während der Flandernblockade 1358-60 durch ihren Wunsch nach einer allgemeinen Haftungspflicht der Stadt bei ihrer Interpretation des durch eine Brügger Gesandtschaft in Lübeck ausgehandelten Vorschlags leiten lassen? Erkannte sie deshalb die Doppeldeutigkeit dieses speziellen Paragraphen nicht? Es ist denkbar, daß sich die flämischen Unterhändler der Doppeldeutigkeit der Haftungsklausel durchaus bewußt waren und sie darum benutzten. War ihnen doch bekannt, wie wichtig der hansischen Seite die Haftung war.

Die hansischen Verhandlungspartner hätten dieses Interpretationsproblem eventuell durch einen Vergleich mit dem Dordrechter Privileg von 1358 feststellen können, denn eigentlich formulierte der entsprechende Passus in diesem Privileg mit an-

1 EHRENBERG, Makler, S. 424-427.

2 VAN HOUTTE, Makelaars en waarden, S. 189 u. dazu Anm. 4. Auch ich selbst folgte in zwei Artikeln dieser Argumentation, die sich nun als irrig herausstellt, siehe GREVE, Gast und Gastgeber, S. 101, und GREVE, Herberge und Handel.

3 VAN HOUTTE, Makelaars, S. 189: *Waarschijnlijk was het bankroet Ruddervorde het eerste geval van toepassing.*

4 DE HEMPTINNE, VANDERMAESEN, De ambtenaren van de centrale administratie, S. 185.

deren Worten genau das, was die Städte Brügge, Gent, Ypern zwei Jahre später bereit waren zu bewilligen. Die Argumentation der Stadt erwies sich in diesem Fall als einleuchtend und konsequent.

Dennoch bleiben einige Fragen im Zusammenhang mit der Brügger Interpretation offen. Folgt man der Brügger Argumentation, müßten alle hansischen Kaufleute, die im Fall Sconebergh geschädigt worden waren, tatsächlich Gäste seiner Herberge gewesen sein. Es wäre durchaus möglich, daß Sconebergh während seiner Zeit als Hostelier vierzig und mehr Gäste gehabt hätte, aber mit letzter Sicherheit kann an dieser Stelle nicht entschieden werden, ob die betroffenen hansischen Kaufleute tatsächlich auch seine Gäste gewesen sind.

Ein zweiter Aspekt betrifft die Verwendung des Wortes *stede*. Dieses Wort fand sich im gleichen Privileg an anderer Stelle in ähnlichem Zusammenhang, nämlich in dem Paragraphen zu der Garantie der Stadt für die lokalen Wechsler.[1] Hier wurde der Terminus stede m. E. im Sinne der Bedeutung *Stadt* benutzt. Es stellt sich die Frage, wie aus dem Wort allein zu ersehen gewesen sein soll, daß einmal *Stätte* und ein anderes Mal *Stadt* gemeint war. Entweder war den flämischen Unterhändlern die Doppeldeutigkeit des Wortes stets bekannt und wurde deshalb von ihnen bewußt eingesetzt oder ihnen wurde erst später deutlich, welche Interpretationsspielräume gerade dieser Begriff zuließ. Ein Vergleich mit dem lateinischen Privileg zur Überpüfung der verschiedenen Termini ergab keine Klärung dieser Frage, da der Haftungsparagraph nicht in dieses Privileg aufgenommen worden war.[2] Die inhaltliche Diskrepanz der verschiedenen Privilegien erklärt sich aus der Entstehungs-geschichte der Privilegien und durch den Verleiher. Das lateinische Privileg beruhte im wesentlichen auf den früheren gräflichen Privilegien von 1307, 1338 und 1349.[3] Osten sah in der hansischen Frage nach einem lateinischen Privileg den Rückgriff auf Vorhandenes, ein typisches Vorgehen, das den konservativen Charakter der hansischen Politik zeigte.[4] Es wurde als allgemeines Handels- und Verkehrsprivileg vom Grafen von Flandern verliehen. Das Hauptprivileg aber war das Privileg in flämischer Sprache, verliehen durch die drei Städte Gent, Brügge und Ypern. In diesem Privileg wurden die speziellen Stapel- und Handelsbedingungen ausformuliert.[1] Der Haftungsparagraph von 1360 stellte trotz der dargelegten Auslegungsmöglichkeiten eine Erweiterung des 1307/09 festgelegten Haftungsparagraphen dar. Zumindest wurde 1360 festgelegt, daß der Hostelier im Schadensfall haftbar war. Gleichgültig ob die flämischen Unterhändler die zweideutige Formulierung bewußt benutzten oder ihnen diese erst durch die Anwendung in der Praxis deutlich wurde, stand nach der Regelung des Falles

---

1 HUB 3, S. 261, Nr. 497§ 32: *Voort ware dat zake, dat enich van den vorseiden copmannen gheld leden in den wissele, daer die coopman light, iof beheeten ware van paijmente up enighen wisselare ende daer faute in dien wisselare ware, daerof sal die stede vorseid, daer de coopman light, ghehouden wesen ende ghelden, behouden ons rechts van den wisselare.*

2 HUB 3, S. 243-249, Nr. 495, 14. Juni 1360, ausgestellt durch Ludwig von Male, Graf von Flandern. Die drei flandrischen Städte Gent, Brügge und Ypern stellten noch am gleichen Tag das gleiche Privileg, ebenfalls in lateinischer Sprache, aus.

3 HÖHLBAUM , HUB 3, S. 243, Nr. 495; Privilegien: HUB 2, S. 52-54, Nr. 121; S. 271, Nr. 616; HUB 3, S. 70-71, Nr. 143.

4 OSTEN, Die Handels - und Verkehrssperre, S. 29.

1 Vgl. zu diesem Aspekt STÜTZEL, Die Privilegien des Deutschen Kaufmanns.

Ruddervorde 1374 fest, daß die Stadt keine allgemeine Garantie für die Herbergen zu übernehmen gewillt war. Die Hanse, die diesem Punkt immer sehr große Aufmerksamkeit geschenkt hatte, konnte auch bei späteren Verhandlungen keine Veränderung in der Haltung der Flamen in dieser Sache erreichen. Bei der großen Zahl der Hosteliers in Brügge ist diese Einstellung verständlich, denn oft hätte sich die Stadt die Ausgaben für einen faillierten Hostelier nicht leisten können.

Zum Ende des 14. Jahrhunderts zeigte ein weiterer Schadensfall im Zusammenhang mit einem Hostelier und seiner hansischen Klientel, daß beide Seiten sich auf eine gemeinsame Vorgehensweise zur Regelung des Schadensfalls einigen konnten. 1397 erlitten namentlich nicht genannte Hansekaufleute in der Herberge des Jacob van den Walle einen finanziellen Schaden in einer Höhe von 107 lb grote.[1] Da die *stede*, d.h. die Herberge bzw. ihr Eigentümer nicht in der Lage war, den Schaden sofort zu decken, übernahm die Stadt Brügge zunächst die Zahlung der 107 lb grote an die hansischen Kaufleute. In zwei Raten wurde den Älterleuten des Hansekontors im Mai und Juli 1398 die vollständige Summe ausbezahlt. Gleichzeitig vereinbarte die Stadt mit dem Ehepaar Van den Walle die Rückzahlung dieser Summe mittels Ratenzahlung. Der Zahlungsmodus wurde auf zwei Raten je 2 Pfund grote pro Jahr mit einer Laufzeit von 26 Jahren und einer abschließenden Rate in Höhe von 7 lb grote festgelegt. Beginnen sollte diese Rückzahlung am 24. Juni 1400. In den Brügger Stadtrechnungen des entsprechenden Zeitraums fanden sich tatsächlich die jährlichen Zahlungen des Ehepaars Van den Walle. Auch nachdem der Hosteliers Jacob van den Walle verstorben war, setzte seine Witwe die Tilgungszahlungen fort. Dieser Schadensfall bedeutete nicht einmal das Ende der Beziehungen zwischen dieser Herberge und ihrer hansischen Klientel. Es konnte nachgewiesen werden, daß die Herberge der Witwe van den Walle mindestens bis zum Jahr 1419 durch hansische Kaufleute frequentiert wurde. [2]

Nach dieser Reihe von Einzelfällen drängte sich eine Frage förmlich auf: Waren die Hansen der Willkür der Hosteliers trotz der Privilegien quasi schutzlos ausgeliefert? Konnten die Hansen nur darauf vertrauen, daß mögliche Verluste doch in der einer oder anderen Weise ausgeglichen wurden oder gab es andere Mechanismen, die Verluste verhindern bzw. kompensieren konnten?

Wie in den Fällen Sconebergh und Ruddervorde zu sehen gewesen ist, waren nicht nur Kaufleute und Brügger Bürger von finanziellen Einbußen betroffen, sondern auch die Stadtkasse. Um dieser Gefahr aus dem Wege zu gehen, war die Stadt bereits frühzeitig dazu übergegangen, Sicherheiten in Form von Bürgschaften hinsichtlich des Betriebs einer Herberge einzufordern. Hosteliers, die ohne Bürgschaft eine Herberge betrieben, wurden durch den Baliuw der Stadt Brügge mit einer Buße belegt.[1]

Die Höhe der Sicherheit, in diesem Fall auch Kaution zu nennen, erhöhte sich im Lauf des 14. Jahrhunderts. Jacob Sconebergh stellte vor 1368 drei Bürgen, die gemeinsam eine Bürgschaft in Höhe von 150 lb grote für seine Herberge leisteten. Diese Bürgschaft wurde später in voller Höhe im Zusammenhang mit der Kompensa-

---

1 Katalog, Jacob van den Walle, W 193.

2 Katalog, Baerbele van den Walle, W 192.

1 ARA, rekenkamer, rolrekening Nr. 1009 (Feb. - Nov. 1331): *De tenir hosteil contre le ceure sans faire seurteyt, 50 lb.*

tion der hansischen Gäste der Herberge eingefordert.[1] Die Bürgschaften für die einzelnen Herbergen wurden in einem gesonderten Buch notiert.[2] Diese frühen Zeugnisse sind allerdings nicht mehr vorhanden, so daß eine Evolution hinsichtlich der Höhe der Bürgschaften nur punktuell nachgewiesen werden konnte. 1422 verpflichtete sich der Brügger Hostelier Lievin van Melane gemeinsam mit seiner Ehefrau Jehane zur Zahlung einer Bürgschaft in Höhe von 300 lb grote für seine Herberge. Ausdrücklich wurde in der in diesem Zusammenhang entstandenen Urkunde auf den Verwendungszweck der Bürgschaft verwiesen. Die Kaution sollte der Stadt in der Person des Ratsbürgermeisters zur Verfügung gestellt werden, um die Stadt im Falle eines Bankrotts vor finanziellen Belastungen zu schützen.[3] Aus dem Dokument zur Herberge Melanes geht allerdings nicht hervor, ob er diese Bürgschaft aus eigenen Mitteln leistete oder wie Sconebergh auf Bürgen zurückgriff. Letzteres war in Brügge der Normalfall, wobei die Zahl der Bürgen zwischen einer und vier Personen variierte.[4]

Die Hinterlegung von Sicherheiten für die Herbergen wurde in Brügge im 15. Jahrhundert durch die Schöffenbank und den Balliu der Stadt kontrolliert. Außerdem mußten die Herbergsbetreiber ihren Eid und die Kaution vor den Schöffen erneuern. Beides wurde schriftlich in *de stede bouc* festgehalten.[5] Wer dies nicht tat, mußte mit einer Buße in Höhe von 50 lb [par.] rechnen.[6] Bedauerlicherweise ist keines dieser Bücher erhalten. In Ermangelung dieser einmaligen Quelle muß sich diese Untersuchung mit den Verweisen aus anderen Dokumenten auf diese Bücher begnügen. Allerdings dienten diese Bücher der Kontrolle und wurden dement-sprechend genutzt. Im August 1435 wurde der Ehefrau des Fransois van Avesne von den Brügger Schöffen mitgeteilt, daß die Herberge Avesne für die Schulden, die Jacob Onghereede bei einigen hansischen Kaufleuten hinterlassen hatte, aufzukommen hätte, weil Onghereede in der Herberge Avesne zum Zeitpunkt des Vorfalls gewohnt hatte. Ausdrücklich beriefen sich die Schöffen darauf, daß die Herberge mit der Kaution auf den Namen des Fransois van Avesne und nicht auf den des Jacob Onghereede im Buch der Stadt eingetragen und deshalb haftbar zu machen sei. Diese Feststellung klang zunächst eigenartig, da ein einfacher Gast doch keinesfalls in den Büchern der Stadt im Zusammenhang mit einer Kaution für eine Herberge eingetragen worden wäre.[1] Es ist daher wahrscheinlicher, daß Onghereede nicht nur in der Herberge wohnte, sondern diese auch als Hostelier führte. Da hier nur die Frau des eigentlichen Eigentümers angesprochen wurde, könnte es sich um dessen Witwe gehandelt haben, obgleich dies so nicht aus der Quelle hervorgeht. Möglicherweise war das Führen einer Herberge für jemand anderen eine Betriebsform, die den Beteiligten entgegenkam. Onghereede hätte in diesem Fall die Kaution für die Herberge vermieden, da diese bereits gestellt worden war, und die Frau des (verstorbenen) Eigentümers konnte vielleicht auf dieses Weise ihre Einkünfte sicherstellen. Das geschäftliche Risiko blieb

1 Katalog, Sconebergh: W 165.
2 GILLIODTS-VAN SEVEREN, Inventaire, Introduction, S. 60-61.
3 Katalog, Melane: W 130.
4 Katalog, Onghereede: W 144, als Bürge der Herberge Gillis Helbrecht: W 97.
5 SAB, Groenenboek A, fol. 236v, 23. August 1435.
6 ARA, Rekenkamer, Reg. 13681, fol. 81v-82v, Balliurechnung 1403.
1 Katalog, Fransois van Avesne: W 17; Jacob Onghereede: W 142.

allerdings bei dem ursprünglichen Eigentümer der Herberge bzw. wie in diesem Fall, bei der Ehefrau des Eigentümers.

Um die Stadt Brügge gegen finanzielle Ansprüche geschädigter Herbergsgäste abzusichern, ging man im 15. Jahrhundert zu einem erweiterten Bürgschaftssystem über. Überschritt der zu kompensierende Schaden die ursprünglich geleistete Bürgschaftssumme, mußten die Bürgen auch diese Differenz ausgleichen. So mußte der bekannte Brügger Bürger Anselm Adorne gemeinsam mit einem weiteren Bürgen für geschädigte Gäste der Herberge Torreman/Steelant eine Summe in Höhe von 1000 lb grote aufbringen.[1] Es handelte sich bei dieser Summe mit an Sicherheit grenzender Wahrscheinlichkeit nicht, wie noch Van Houtte glaubte, um die eigentliche Bürgschaft, sondern um den tatsächlich entstandenen Schaden, den spanische Kaufleute in der erwähnten Herberge erlitten hatten.[2] Eine Bürgschaft in Höhe von 1000 lb grote als Sicherheit für eine Herberge erscheint exorbitant hoch im Vergleich zu den geleisteten Bürgschaften für andere Herbergen, die sich meist zwischen 150 und 300 lb grote bewegten. Darüber hinaus zeigen ähnlich gelagerte Fälle, daß Bürgen für den Gesamtschaden herangezogen wurden, auch wenn die eigentliche Bürgschaft geringer war.[3] Allerdings kam es auch vor, daß die Höhe der Haftbarkeit vor der Brügger Vierschar festgelegt wurde.[4] Ob bei einem Überschreiten dieser Summe die Bürgen letztlich doch herangezogen wurden, konnte aufgrund des vorhandenen Materials nicht festgestellt werden. Anzumerken bleibt, daß diese Bürgschaften, die sich für das 15. Jahrhundert nachweisen ließen, ausschließlich im Zusammenhang mit spanischen Kaufleuten standen. Dieser Aspekt wird an dieser Stelle zurückgestellt, seine Bedeutung aber in den folgenden Kapiteln erläutert.

Eine andere Quelle potentieller Regreßansprüche an die öffentliche Hand bildeten die Herbergsklerks. Für die Hanse waren Ansprüche ihrer Kaufleute, die sich aus einem Fehlverhalten eines Herbergsklerks ergaben, schon in den Privilegien der Jahre 1307/09 in eindeutiger Weise geregelt worden. In jedem Fall war der Hostelier als Arbeitgeber des Klerks haftbar. Ob im 14. Jahrhundert weitere Bedingungen an die Einstellung eines Klerks geknüpft waren, konnte nicht ermittelt werden. Im 15. Jahrhundert jedoch mußte ein Klerk, der in einer Herberge arbeiten wollte, mindestens zwei Bürgen stellen, die sich verpflichteten, für einen durch diesen Klerk verursachten Schaden aufzukommen. Die Höhe der Bürgschaft lag in diesem Fall bei 25 lb grote.[1]

Für die Hanse blieb es im Hinblick auf die Klerks bei den in den Privilegien vereinbarten Regelungen. 1406 erließ die Stadt Brügge eine abschließende Verordnung hinsichtlich der Haftbarkeit der Hosteliers, die ähnlich wie die hansischen Privilegien festlegte, daß der Hostelier für seinen Klerk haftbar war. Diese Haftung mußte

---

1 Katalog, Torreman: W 182, Steelant: W 177.

2 SAB, reeks 157, Civiele Sententiën 1465-69, fol. 54v.; vgl. dazu VAN HOUTTE, Makelaars en waarden, S. 190; GREVE, Hanseatic merchants, S. 9-10.

3 Katalog, Joosse de Bochout: W 28, Heinrich Lotin: W 125, Gillis Helbrecht: W 97.

4 Katalog, Jacob Dorle: W 78; in diesem Fall betrug die Bürgschaft 220 lb grote.

1 Katalog, Pieter Reyphin: W 157, Martin Honin: W 104.

allerdings bei der Brügger Schöffenbank eingefordert werden.[1] Brügge blieb also bei seinem Standpunkt in der Frage der städtischen Garantie für die Hosteliers, und auch die hansische Entrüstung über diese Haltung konnte keine Erweiterung der eigenen Privilegien hinsichtlich dieses Aspektes zuwege bringen.

Zu Beginn hatte die Hanse versucht, ihre Kaufleute durch öffentliche Garantien in Brügge abzusichern. Sie glaubte dies durch das Privileg von 1360 erreicht zu haben, mußte dann aber feststellen, daß Brügge nur die private Haftung durch die Herberge bzw. den Hostelier zugestehen wollte. Die Haltung Brügges in dieser Frage resultierte mit Sicherheit aus den zahlreichen Konkursen der Jahre 1368 bis 1372. Im 15. Jahrhundert wurde der Weg der privaten Haftungspflicht konsequent von der Stadt weiterverfolgt. Das System der privaten Bürgschaften für Herbergen und Herbergsklerks funktionierte offenbar. Hansische Kaufleute tauchten im Zusam-menhang mit dieser Problematik im Lauf des 15. Jahrhunderts, vor allem ab der zweiten Hälfte immer seltener auf, spanische Kaufleute dafür umso häufiger. Das könnte zwei Gründe gehabt haben, nämlich daß einerseits die Zahl der spanischen Kaufleute, die Herbergen in Brügge nutzten, stetig anstieg, während die Zahl der Hansen, die ihre Unterkunft in Herbergen suchten, abnahm. Die Untersuchungen zum hansischen Hausbesitz in Brügge bestätigen diese Tendenz. Im 15. Jahrhundert wohnten die hansischen Kaufleute, die überhaupt noch in Brügge handelten, zunehmend in eigenen Häusern. Der Hostelier in seiner Funktion als Faktor oder Depositenhalter hansischer Kaufleute verlor dadurch an Bedeutung für die Hansen. Der einst so enge Kontakt zu den Hosteliers in Brügge mußte zwangsläufig unter der sich verändernden Wohnsituation der Hansen allmählich in den Hintergrund treten. Andererseits kann es auch daran gelegen haben, daß sich nur wenige Konflikte zwischen Hansen und Hosteliers auf diesem Gebiet im 15. Jahrhundert ergeben haben.

4.3.2. Die Aufsichtspflicht des Hosteliers für seinen Gast

Aus der Haftung des Hosteliers ergaben sich nicht nur Konsequenzen im Hinblick auf Geld und Waren, die ein Hostelier für seine Gäste in deposito hielt. Die Verantwortung der Hosteliers wirkte auch in umgekehrter Richtung, so daß ein Hostelier für seinen Gast verantwortlich war bzw. haftbar gemacht werden konnte.

Der Hostelier besaß gewissermaßen die Aufsichtspflicht gegenüber seinem Gast. Diese Aufsichtspflicht manifestierte sich in verschiedenen Formen. Wurde ein Gast von den Brügger Justizbehörden vorgeladen, wurde von seinem Hostelier erwartet, für das termingerechte Erscheinen der fraglichen Person vor Gericht Sorge zu

---

1 HAStK, Hanse I, Kopiar 1, fol. 165v, 25. Nov. 1406: *Item int ghelike waert dat eens osteliers knape makelare zijnde of zijn vrie knape die int papier van der stede staet te moghende is makelaerdie te doene van zinen weghe, enich gued kofte met enighen van den voorseiden osteliers gasten und men dat scepenen kenelic maken mochte dat de ostelier daer of gheholden zal zijn by also dat ghebreck ware an de voorseiden gaste.*; vgl. HUB 5, S. 393, Nr. 750 § 2, gleicher Inhalt, aber mit etwas anderer Orthographie; SAB, Groenenboek A, fol. 26r, 14. April 1410: *Dat de maeckelaers zijn aansprekelic voor de schulden van huerlieder clercken;* Katalog, Jan Bave *sheer Jans zon*: W 22.

tragen.[1] Blieb ein Gast nach einem Warengeschäft dem Verkäufer das entsprechende Geld schuldig, konnte der Verkäufer den Wirt des Kaufmanns zur Bezahlung der Kauf- bzw. Restsumme verklagen. Der Hostelier wurde immer dann als zahlungspflichtig verurteilt, wenn die Waren nach dem Verkauf in seine Herberge geliefert worden waren.[2] Hinterließ ein Gast Schulden in der Stadt, mußte sein Hostelier damit rechnen, zur Begleichung der Schulden seines Gastes verurteilt zu werden.[3] Der zweifellos berühmteste Fall auf diesem Gebiet war und ist immer noch der des hansischen Kaufmanns Hildebrand Veckinchusen. Berühmt ist dieser Fall einerseits, weil er besonders gut dokumentiert ist. Neben Handelsbüchern, Testamenten und Rechnungsfragmenten ist ein Teil der Geschäfts- und Privatkorrespondenz Hildebrand Veckinchusens erhalten geblieben.[4] Andererseits hat die hansische Geschichtsforschung den Fall Veckinchusen benutzt, um den Brügger Hostelier als moralisch fragwürdige Person gegenüber dem so ehrenhaften und vertrauenswürdigen hansischen Kaufmann zu disqualifizieren. So schrieb Stieda 1921 über den Brügger Hostelier des Hildebrand Veckinchusen, Jacob Scuetelare (Jacob Schotteler), dieser hätte Hildebrand durch *geschickte Überredung und Vorspiegelung falscher Freundschaft* von Antwerpen nach Brügge zurückgelockt und sich dort als *ungetreuer Flame* gezeigt.[5] Bevor auf diese Unterstellungen näher eingegangen wird, folgt zunächst eine kurze Schilderung des eigentlichen Vorfalls. Hildebrand Veckinchusen, dessen Familienverbindungen von Reval über Dorpat, Riga, Lübeck und Dortmund bis nach Köln reichten, kam 1402 mit seiner Ehefrau Margarete Witte nach Brügge. In den Jahren 1394 bis 1398 hatte Hildebrand dort bereits mehrfach das Amt eines Āltermanns des livländischen Drittels ausgeübt. Hildebrand war also mit den Gepflogenheiten des Brügger Kontors, aber auch mit denen der Handelsstadt vertraut gewesen. Durch die Handelsgesellschaften mit seinem Bruder Sivert in Lübeck und einigen anderen hansischen Kaufleuten erstreckte sich der Veckinchusensche Handel von Lübeck über Brügge bis nach Venedig. Durch den Sturz des Alten Rats in Lübeck kam die Handelsgesellschaft mit Sivert in große Schwierigkeiten, da er als Anhänger des Alten Rats vor den rebellierenden Anhängern des Neuen Rats (1408-1416) nach Köln fliehen mußte. Sivert verlor den Zugriff auf sein Vermögen und seine Immobilien in Lübeck. Auch die guten Handelskontakte in den Osten wurden durch diese Ereignisse unterbrochen. Der Zusammenbruch dieses Handelszweigs fiel mit dem Niedergang der venetianischen Handelsgesellschaft zusammen. Um die Verluste zunächst auszugleichen, zog ein Gesellschafter, Peter Karpow, häufig Wechsel auf seine anderen Partner. Als die Verluste schließlich nicht mehr ausgeglichen werden konnten, wurde

1 Katalog, Zattinghér: W 205.

2 SAB, Groenenboek A, fol. 121r-v, 22. April 1422: *Dat een werdt ofte maeckelaere staet voor den coop te zinen huuse ghebeurt bij zine gasten*; Katalog, Robrecht van Bochout: W 29; Michiel de Vleins: W 189; David le Damme: W 72; Jan de Onghereede: W 143; Lievin van Melane: W 130.

3 SAB, Groenenboek A, fol. 331r-v, 28. Januar 1457: *Dat de weerden moeten verantwoorden voor de schulden van haerlieder gasten.*

4 Zu den Quellen: STIEDA, Hildebrand Veckinchusen. Briefwechsel; DERS., Ein Geldgeschäft; DERS., Hansisch-Venitianische Handelsbeziehungen; LESNIKOV, Die Handelsbücher; KUSKE, Die Handelsgeschäfte; NORDMANN, Die Veckinchusenschen Handelsbücher.

5 STIEDA, Briefwechsel, S. XXXVI-XXXVII.

die Gesellschaft aufgelöst. Siverts Lage, in Köln ausgesprochen schwierig, besserte sich, nachdem der Alte Rat in Lübeck reinstalliert wurde. Sivert wollte zu den alten Handelsgewohnheiten zurückkehren, sein Bruder Hildebrand dagegen begann, in verschiedene Spekulationsgeschäfte zu investieren (1420), die für ihn bzw. seine Geschäfte schließlich fatal werden sollten. Hildebrand häufte Schulden an, die er wiederum durch Wechsel- und Spekulationsgeschäfte zu decken suchte.[1] Jacob, ein Mitglied der angesehenen Familie Scuetelare in Brügge war seit langem der Hostelier und Geschäftspartner Hildebrands gewesen. Auch der Klerk der Herberge wurde in die Geldgeschäfte eingeschaltet. Dieser nahm Depositen für Hildebrand entgegen und zahlte auch andere Kaufleute - vermutlich Geschäftspartner Hildebrands - mit diesem Geld aus.[2] Unter dem Druck der hohen Schulden und dem ständigen Drängen seiner Gläubiger, die Außenstände zu zahlen, setzte sich Hildebrand schließlich im Frühling 1421 nach Antwerpen ab. Jacob Scuetelare befand sich nun in Brügge in der prekären Situation, als Hostelier des Schuldners für diesen haftbar zu sein. Es ist zwar nicht deutlich, wie hoch die Schulden Hildebrands insgesamt tatsächlich waren, aber zweifellos war die Situation für den Hostelier eines säumigen Schuldners nicht erfreulich.[3] Scuetelare begann, sich um seine eigene berufliche Zukunft als Hostelier in Brügge Sorgen zu machen. So ließ er Hildebrand wissen, er müsse täglich vor den Schöffen erscheinen. Er habe nicht nur den finanziellen Schaden, sondern auch noch die Schande der Unehrenhaftigkeit zu tragen. Aus diesem Grund versuchte Scuetelare Veckinchusen zu überzeugen, zur Klärung der finanziellen Angelegenheiten nach Brügge zurückzukehren. Scuetelare sprach auch für die Brügger Gläubiger, die mit Veckinchusen persönlich in Brügge sprechen wollten und schlug im August 1421 ein heimliches Treffen vor.[4] Aber Hildebrand reagierte zunächst nicht oder kaum auf die Vorschläge in den verschiedenen Briefen Scuetelares. Der freundschaftliche Ton der

---

1 SEIFERT, Hildebrand Veckinchusen; ABRAHAM-THISSE, La correspendance, S. 121-135; MERTENS, Het Hanzeatische koopmanshuis.

2 LESNIKOV, Die Handelsbücher, S. 282, 31. Januar 1412: *Dyt ghelt untfech to myr behoyf dey clerch to Jacopes Scoteler* es folgen die Namen von vier Kaufleuten, die der Klerk ausbezahlt *aldus so hevet dey clerch utghegeven* [...]; Katalog, Jacob (2) de Scuetelare: W 168 und die weiteren Familienmitglieder: Jacob (1) de Scuetelare: W 167, Lubrecht Scuetelare: W 169 Pieter de Scutelare: W 170.

3 STIEDA, Briefwechsel, S. 336, Nr. 316, Thideman Brekelvelde schrieb am 17. Januar 1422 an Hildebrand Veckinchusen in Brügge, daß, auch wenn Hildebrand eine ausstehende Summe in Höhe von 600 Gulden bekäme, *so weret dat noch en clein ghelt in juwen schulden.*

4 Herzlichen Dank an Dr. Jüri Kivimäe, Direktor des Stadtarchivs Tallinn für die Übersendung einiger Originalbriefe in Kopie, TLA, B.h. 81 I, Bl. 245, 5. August 1421, Scuetelare (Brügge) an Veckinchusen (Köln): [...] *als van de .IX . lb . X S grote die ic vor hu moet betalen daer ghi omme ghevanghen waert van den welke ghi nu in den steen zoud gheghaen hebben en hadde mijn hooft ghedaen ende doe zo belof di mi bitrauwen ende als goed man ghi zoud mi wel quiten als van dezen dat ic hier gheene schade bi hebben en zoude twelke ghi mi qualiken hebt ghehouden dies ic hu niet betraut en hadde, want zeker al haddi mi van desen ghequijt ghive had niet mesdaenwant ic schaden ghenouch ende scande ghenouch hebbe alle daghe in scepenen camere om huwer scult wille niet om de mine, also de goede lieden van der wet alle wel weten. [...] ende also ic hu te voren zeide ende beloofde so belov ic hu noch bi ghevaderscippe dat ic hu zal helpen van huwer sculdenaers be beste dat ic mach in also verren als ghi vor hoohghen wilt comen ja hemeleke ende niet anders want si willen zelve jeghen hu spreken eer si eenighen dach willen gheven*; vgl. STIEDA, Briefwechsel, S. S. 313-314, Nr. 289.

Briefe des Hosteliers veränderte sich, je länger sich die ganze Angelegenheit hinzog, in einen bedrückten und dann auch zornigen Ton.[1] Schließlich kam es im Oktober 1421 in Antwerpen zu einer vertraglichen Übereinkunft zwischen Scuetelare und Veckinchusen über dessen Rückkehr nach Brügge. Im *heester* (Garten) des Jacob Scuetelare sollte Veckinchusen sich frei und sicher aufhalten dürfen, um dort mit seinen Gläubigern über die Ablösung seinen Schulden zu beraten. Diese Absprache wurde von sechs hansischen Zeugen bestätigt.[2] Und gerade diese Absprache verleitete spätere Hanseforscher dazu, in Scuetelare den Prototyp des unehrlichen Wirts zu sehen, denn im Februar 1422 wurde Hildebrand in diesem Garten durch die Brügger Ordnungsmacht verhaftet und in das örtliche Schuldgefängnis, den *steen* verbracht, wo er bis zum April 1425 verblieb.[3] Dabei stützte sich die Forschung vor allem auf die Aussagen, die Veckinchusen in seinen Briefen über seine Verhaftung machte. Er beschuldigte Jacob Scuetelare des Verrats.[4] Die Dokumente weisen aber ein anderes Bild aus, denn Scuetelare hielt sich an die Absprache mit Hildebrand Veckinchusen. Dieser kam im Oktober 1421 nach Brügge und erst im Februar 1422 wurde er dort auf Druck des genuesischen Kaufmanns Joris Spinghel (Spinola) verhaftet.[5] Vor seiner Verhaftung konnte sich Veckinchusen offenbar unbehelligt in Brügge aufhalten. Da sich seine finanzielle Lage aber auch in dieser Zeit nicht gebessert hatte, verstrichen die Monate bis zu seinem Arrest ungenutzt.[1] Was also bleibt vom angeblichen Verrat Scuetelares übrig? Nur die Ausführungen, die ein verbitterter Kaufmann im Gefängnis gegenüber Familie und Freunden machte. Obgleich bereits Stieda die Haftung des Hosteliers für seine Gäste bekannt war, schien diese Tatsache für ihn kein

---

1 TLA, B.h. 81 I, Bl. 244, *Scuetelare an Veckinchusen in Köln, 24. August 1421: "Lieve ghevadere Hildebrant Vickijnchuse hu ghelieve te wetene hoe dat ic hu eenen brief ghezonden hebbe bi Hans Huevelen van welken brieven ic ne gheen andworde en hebbe dat mi zere verondert want ic in grote lidene om huwent wille zij als van huwen sculdenaers die mi daghelix ombieden in de camere ende willen dat ghelt van mi hebben. Wat dat ic der toe can ghezegghen het en mach mi niet helpen noch baten, zi zegghen dat ic jou vor hoghen doe comen ende late jou zelven met henlieden spreken zi zullen zo niet hu doen dat ghij wel ghepait zult zijn ende willic hier in niet zo vele doen dat zij met hu spreken moghen. Zi meenen dat ghelt plats van mi te hebbene sonder verdrach of et en zi dat hen wet ontwijst, dat ware mi hart zout also zijn want ic, mijn wijf ende mijn kijnt zouden t'allen daghen bijsstier ende haerrem zijn ende al om huwer wille twelke ic hope an gode dat niet gheschien en zal. Ja wildi maer wildi vort doen also ghi begont zo zalt gheschien ende es gheschiet twelke ic gode claghe ende alle goede lieden want ghi ghestaen hebt om mi te verderve ende noch alle daghe doet bi redenen die ic hu scrive* [...].; vgl. STIEDA, Briefwechsel, S. 319-320, Nr. 296.

2 STIEDA, Briefwechsel, S. 329-330, Nrr. 310, 311; S. 353, Nr. 338.

3 SEIFERT, Hildebrand Veckinchusen.

4 STIEDA, Briefwechsel, S. 359-360, Nr. 344, 5. Januar 1423: [...] *Darmede volbrachte Jacob Schoteler synen quaden willen, mer God danck he en venck my nicht noch nummer en zal , welt God , alzo ich ghevanghen wart, wo dat by comen is, dat weit he wol* [...].

5 TLA, B.h. 81 II, Bl. 444, 24. September 1422, die Älterleute des Kontors an den Magistrat der Stadt Brügge: *So weist harde smaedelike Hildebrand Vinkinchusen, coepman van Lubeke in Almainen, hoe dat hi met groten onrechte ende by toedoene van Joris Spingel als heesschere, coepman van Genuen, ghevanghen was up te jurisdixie van mijnen heere den proost van Brugghe ende aldaer heift ghevanghen geleghen te Brugghe in den steen IIc ende LXXXXIX daghen* [...]; vgl. STIEDA, Briefwechsel, S. 353, Nr. 338 und HUB 6, S. 255, Nr. 457, die beide den hier zitierten Text weder veröffentlichen, noch nennen.

1 SEIFERT, Hildebrand Veckinchusen.

Grund zu sein, die Affäre Veckinchusen unter diesem Aspekt zu betrachten.[1] Die hansischen Kaufleute vor Ort und das Hansekontor dagegen hatten die Situation offenbar unter diesen Aspekten eingeschätzt, denn sie unternahmen kaum Versuche, Veckinchusen aus seiner prekären Lage zu befreien. Die Stadt Lübeck, deren Bürgerrecht Hildebrand Veckinchusen besaß, verwendete sich in zwei Briefen für ihren Bürger, aber auch erst ein Jahr nach seiner Verhaftung. Das Kontor zu Brügge unternahm überhaupt nichts in der Sache Veckinchusen. Die Zeitgenossen Veckinchusens sahen die Dinge offenbar klarer als die Hansehistoriker des 19. und beginnenden 20. Jahrhunderts. Veckinchusen hatte gerade mit seinen dubiosen Geschäftspraktiken den guten Ruf der hansischen Kaufleute in Gefahr gebracht.[2] Selbst sein Bruder war nicht länger gewillt, ihm in finanzieller Hinsicht beizustehen.[3]

Der Hostelier trug ein relativ hohes Berufsrisiko, weil ihn seine Aufsichtspflicht gegenüber dem Gast von der Ehrlichkeit des Kunden abhängig machte. War ein Kunde erst einmal verschuldet und entzog sich durch Flucht dem Zugriff der Behörden, drohte dem Hostelier nicht nur die Begleichung der Schulden seines Gastes, sondern, falls er den Schuldforderungen nicht nachkam, sogar Gefängnis. Was immer auch Scuetelare zur Festsetzung Hildebrand Veckinchusens beigetragen haben mag, es wäre ihm schwerlich zu verdenken gewesen. Ein Berufskollege Scuetelares, Joris Pape, erlebte im Jahr 1410 das, was Scuetelare gerade noch vermeiden konnte.[4] Pape drohte durch die Schulden seine Gastes Hetvelt der Verlust seiner Herberge, seines beweglichen Besitzes und zusätzlich Gefängnis. Wie diese Sache ausging, in die sich auch der Herzog von Burgund als Fürsprecher Papes eingeschaltet hatte, ist allerdings unbekannt. Scuetelare ist also kein Einzelfall gewesen. Dabei erstreckte sich die Aufsichtspflicht nicht nur auf die Hosteliers, sondern auch auf die Makler.[5] Interessant wäre es zu wissen, ob Scuetelare aufgrund der zehn Jahre früher liegenden Erfahrungen Papes alles daran gesetzt hatte, um Veckinchusen nach Brügge zurückzuholen. Nicht ausgeschlossen bleibt, daß Scuetelare vor der Verhaftung Veckinchusens mit dem Genueser Kaufmann Spingel einen gemeinsamen Plan zur Festsetzung des hansischen Kaufmanns erdacht hatte. Aber zu beiden Punkten schweigen die Quellen ganz und gar.

---

1 STIEDA, Briefwechsel, S. XXXVI.

2 Einige Jahre später schreibt das Hansekontor zu Brügge in einem ähnlich gelagerten Fall mit genau diesen Worten an den Hansetag, s. Katalog, Frans Dommes: W 77.

3 STIEDA, Briefwechsel, S. 349-351, Nr. 334, 335, Lübeck an Brügge und an den Probst von St. Donat in Brügge; DERS., a.a.O., S.351-352, Nr. 336, Sivert Veckinchusen an Hildebrand; SEIFERT, Hildebrand Veckinchusen.

4 Katalog, Joris Pape: W 148.1.

5 Katalog, Jan van Heys: W 99; SAB, Groenenboek A, fol. 24r, 31. März 1410: *Dat de maeckelaers zijn aansprekelic voor de sculden van huere gasten niet ieghenstaende dat zij obligatie ghenomen hebben van de cooplieden* Makler, obgleich es sich eindeutig um einen Hostelier handelt: Katalog, Jan Honin f. Gillis: W 103.1.

4.3.3. Konsequenzen der Haftung des Hosteliers

Der Kontakt zwischen Hosteliers und hansischen Kaufleuten verlief nicht nur in einer Richtung. Ob sich aus diesem Kontakt positive oder negative Entwicklungen ergaben, hing von der individuellen Interaktion ab. Brach das Netzwerk eines Hosteliers zusammen, war die hansische Klientel betroffen, aber eben nicht nur sie, sondern auch alle anderen Kontakte innerhalb dieses Netzwerks. Scheiterte ein Kaufmann in Brügge, hatte das in den genannten Fällen vor allem Konsequenzen für den Kaufmann und seinen Hostelier. Die Bewältigung dieser Konflikte konnte auf sehr unterschiedliche Art geschehen. Ruddervorde, Hetvelt und Veckinchusen versuchten sich durch Flucht den Folgen ihres wirtschaftlichen Scheiterns zu entziehen. Scuetalare und Pape blieben in der Stadt und versuchten mit den ihnen zur Verfügung stehenden Mitteln der Überredung oder Einschaltung höherer Instanzen, die Situation zu ihren Gunsten zu beeinflussen. Dabei darf nicht übersehen werden, daß der Hostelier das Unternehmerrisiko allein trug. Die Hanse als Körperschaft gab den Hosteliers zu keiner Zeit eine gleichwertige Garantie für einen durch Hansen entstandenen Schaden.

Die hansischen Kaufleute konnten sich im Schadensfall auf ihre Privilegien berufen, die immerhin eine Teilabsicherung des Kaufmanns formulierten. Für das 14. Jahrhundert galt darüber hinaus, daß die hansischen Kaufleute vollständig und zuerst entschädigt werden mußten. Andere, ebenfalls betroffene Kaufleute mußten mit dem Hostelier bzw. der Stadt eine eigene Regelung von Fall zu Fall erwirken. Erst im 15. Jahrhundert gelang es auch anderen Kaufleutenationen wie den Spaniern, die Kompensation von Schadensfällen offiziell durchzusetzen. Diese Regelung, die Brügge 1406 für hansische Kaufleute formulierte, wurde nicht durch öffentliche Instanzen gewährleistet, sondern durch ein privates Bürgschaftssystem.

5. Integration oder Isolation - bestimmende Faktoren eines Hansekontors im Ausland? Eine Schlußbetrachtung.

Die groote natie van den Oosterlinghen (es) oock van onser Stadt van Brugghe vergaen, hebbende aldaer vier manschepen (ghe)laten. Aldaer alle die ghelijcke mannen cooplieden heurlieder woonste hadden, met heurlieder dienaers: te wetene elck sijn camer ende comptoir appart. Maer quaemen 's noens ende 's avonds tsaemen in elck huijs ter maltijt heten, 't welcke heurlieder bereedt was bijde heere den maeckelaere, weert vanden huijse. Ende houdende huusijnghe in boijen, kelders, daerinne laeghen haerlieder coopmanschepe, als was, pelterije, laecken, etc. rondtomme heurlicder platse, diemen heet de Oosterlinghen platse. Ende hadden aldaer een schoon huijs voor de voornoemde natie met een torre, seer constigh ende fraeij van bricken ghemaeckt, dat ick gheloove datter der ghelicke in het Landt van Vlaanderen niet en is. Viercant, rondt, drijecant, ende sescant. De welcke natie tot Antwerpen gheheel van hier vertrocken sijn. Ende die van Antwerpen hebben hemlieder voor huerlieder woonste een schoon huijs gemaeckt, met veele schoone cameren, omme hemlieden daar inne te woonen.

So schrieb Zegher van Male 1590 über die Situation in Brügge und zeigte sich gut informiert über eine Situation, die für ihn mehr als hundert Jahre zurücklag.[1] Es zeigt sich, daß der neunzig Jahre frühere Versuch eines anonymen Sekretärs des hansischen Kontors der Wiederbelebung der Niederlassung in Brügge keine Früchte getragen hatte.[2] 1590 befand sich das Hansekontor tatsächlich schon lange in Antwerpen, seit 1553 um genau zu sein. Das Haus der Osterlinge in Brügge lag verweist im einstigen hansischen Viertel. Aber diese Entwicklung war bereits mit dem Bau des Osterlingenhaus 1475 nicht mehr aufzuhalten gewesen. Schon zu diesem Zeitpunkt hatten sich die meisten hansischen Kaufleute nach Antwerpen begeben, um dort ihren Geschäften nachzugehen. Nur das Kontor und einige Kaufleute blieben in Brügge, die um 1473 auch nur mehr vier Herbergen nutzten.[3] Nun hatte die Hanse also das, was sie schon 1252 wollte, nämlich einen eigenen Bereich in Brügge, eine Straße, einen Platz. Aber die Kaufleute waren verschwunden.

Was sagt diese Entwicklung über die These, die Hanse hätte in Brügge aufgrund des fehlenden Nationenhauses einen schweren Stand gehabt und wäre deshalb schneller geneigt gewesen, Brügge als Stapelplatz aufzugeben?

Die Kaufleute arrangierten sich sehr schnell mit dem, was sie in Brügge vorfanden. Langsam aber stetig bauten sie ihre Handelskontakte innerhalb und über die Stadt hinaus aus. Gerade weil sie über keinen eigenen abgeschlossenen Bereich in Brügge oder eine eigenen Ansiedlung in der Nähe verfügten, konnte sich der Aufenthalt der hansischen Kaufleute in der Stadt so gestalten, daß für das 14. Jahrhundert

---

1 DEWITTE, VIAENE, De Lamentatie van Zegher van Male, S. 40-41.

2 Siehe Kap. 1. Einleitung.

3 HR II, 7, S. 235, Nr. 134, der Deutsche Kaufmann in Brügge an Lübeck und Hamburg über die Arrestierung hansischer Güter in Brügge wegen der Klage des Tomaso Portunari, 20. Januar 1474: *Unde stellede vord in elke van den vier herbergen, daer de copman licht, enen deurwarder van des vornomeden princen wegene, on bevelende, dat se ere warde hedden, dat nemant uth syner herberge noch cameren gud en brachte; unde gaff toe verstaende, dat he vord alles des copmans gudere bescriven wolde, umme van als bescheit te wetene. Vord genck deselve doerwarder up alle wysselen bynnen Brugge unde tot den peltiers unde rosterde daer allet de copman daer staende hadde unde in schulden to voerne was.*

mit Sicherheit von einer teilweisen Integration der Hansen durch das Brügger Modell gesprochen werden darf. Das fehlende Haus hatte wohl für die hansischen Kaufleute selbst weniger Gewicht als für die hansische Forschung.

Zwangsläufig verbunden mit der Integration waren die Brügger Hosteliers, deren Funktion innerhalb interregionaler und lokaler Netzwerke essentiell war. Hansische Kaufleute, als Gäste dieser Hosteliers, konnten diese Netzwerke für ihre eigenen Geschäftsinteressen nutzen. Bis zum Ende des 14. Jahrhunderts nahmen die bedeutenderen Hosteliers, die meist auch Hosteliers der Hansen waren, wichtige Positionen innerhalb der Brügger Hierarchie der Macht ein. Diese Positionen wurden von der Brügger wie von der hansischen Seite genutzt, um auf dem Verhandlungswege kollektive Konflikte zu lösen. Aber auch bei individuellen Konflikten war der persönliche Kontakt zu einem Hostelier für einen Hansekaufmann von großer Bedeutung, da jener gegebenenfalls zwischen den Instanzen vermitteln konnte. Die Multifunktionalität des Hosteliers konnte zum Vorteil der Hanse eingesetzt werden. Aus diesem Grund kehrte die Hanse immer wieder nach Brügge zurück. Deshalb kann auch die Stein'sche These des leichten Entschlusses zum Verlassen der Stadt während der Kontorverlegungen nicht bestätigt werden. Den Auslandskontoren, in denen das System der Isolation benutzt wurde, wie in Novgorod, lag ein einfacher Denkansatz zu Grunde, nämlich indem man den Kontakt miteinander auf ein Minimum beschränkt, Konflikte vermeiden zu können.[1]

Trotz, aber wahrscheinlich auch gerade wegen dieser Haltung kam es in Nowgorod zu heftigen Auseinandersetzungen zwischen Hansen und Einheimischen.[2] In geradezu idealtypischer Weise widerlegt dieses Beispiel die These von Forbes, wenig Kontakt bringe wenig Konflikte.[3] Ein Haus bzw. ein abgeschlossener Bereich allein stellte keine Garantie für eine funktionierende Auslandsniederlassung der Hanse dar.

Die hansischen Kaufleute stellten in den Kontorstädten eine sichtbare gesellschaftliche Entität dar, die von der sie umgebenden Bevölkerung wahrgenommen wurde. Segregation oder Ausgrenzung heben soziale, ökonomische und politische Unterschiede deutlich hervor. Es muß daher gefragt werden, ob in dieser Form organisiertes gesellschaftliches Zusammenleben die von manchem Historiker für das Mittelalter als typisch angesehene allgemeine Xenophobie[4] bestärkte.

In Nowgorod wählten die Hansen die Isolation selbst, in dem sie sich eine Kontorordnung zulegten, die diese Absonderung festschrieb. In Brügge wurde diese Möglichkeit in dem Moment ausgeschlossen, als der hansische Plan einer eigenen Ansiedlung in Flandern durch die dortigen Autoritäten abgelehnt wurde. Brügge selbst wählte die Integration der fremden Kaufleute. Diese paßten sich den vorhandenen Gegebenheiten an. In einer Stadt wie Brügge, die im Spätmittelalter den Status einer Metropole besaß, eröffneten sich den Kaufleuten über die wirtschaftlichen Kontakte hinaus sozio-kulturelle Begegnungen, die den Druck der Konfrontation zwischen den Fremden und der einheimischen Bevölkerung in der Stadt abschwächten.

1 ANGERMANN, Die hansisch-russische kulturelle Begegnung, S. 195.

2 Vgl. GREVE, Herberge und Handel.

3 Vgl. Kap. 4.1. Kollektive Konflikte.

4 So zumindest bei FAVIER, In naam van God, S. 131, zu lesen.

Dieses besondere Brügger Modell läßt sich am ehesten mit der hansischen Auslandsniederlassung in London vergleichen. Trotz der Vorteile, die die teilweise Integration den Kaufleuten bot, kann für beiden Städte im 15. Jahrhundert ein Absonderungsprozeß konstatiert werden. Allerdings ging dieser Prozeß zu keiner Zeit in eine vollständige Isolation über. Dieser, von den hansischen Kaufleuten selbst gewählte Weg der Abwanderung, fand bei den Brüggern, besonders bei den Hosteliers wenig Zustimmung. 1477, nach dem Tod Karls des Kühnen, des Herzogs von Burgund, ergab sich für die Bürger der Stadt die Gelegenheit, ihre berechtigten Klagen und Forderungen der neuen Herrscherin vorzulegen. Eine der Forderungen lautete, daß die fremden Kaufleute keine eigenen Häuser mehr haben, sondern wieder bei den einheimischen Hosteliers unterkommen sollten.[1] Der Rückzug der Hansen in eigene Häuser bedeutete für die Hosteliers den Verlust eines Teils ihrer Einkommens-quellen. Dieser Entwicklung versuchten sie auf diese Weise entgegenzutreten.

Aber nicht nur für die Hosteliers hatte diese Absonderung Folgen. Hieße es die Quellen überinterpretieren, wenn in dem Wohnen in eigenen Häusern zugleich ein gößerer Abstand zu den lokalen Netzwerken gesehen würde? Jene Verbindungen, die die Integration der hansischen Kaufleute gefördert hatte und die von ihnen im 14. Jahrhundert zu ihrem Vorteil genutzt worden waren. Aber die Konstellation des 14. Jahrhunderts war nicht die der zweiten Hälfte des 15. Jahrhunderts. Die Position der Hanse-Hosteliers hatte sich verändert, ihr ökonomischer und politischer Spielraum wurde durch die burgundische Staatsbildung eingeschränkt. Hier vollzog sich sukzessive der Niedergang politischer und ökonomischer Netzwerke, die durch neue Systeme ersetzt wurden, an denen aber sowohl die Hosteliers als auch die Hansen nur noch peripher beteiligt waren. Die neuen *network-stars* waren nicht mehr die gleichen Partner, die die Hanse in früheren Zeiten in Brügge besaß. Von einer genaueren Analyse dieser späteren Personengruppe mußte in der vorliegenden Arbeit Abstand genommen werden. Das lag vor allem an der geringeren Zahl der Hosteliers, die für das 15. Jahrhundert nachgewiesen werden konnten. Die Frage nach der Repräsen-tativität der vorgestellten Zahlen drängt sich daher förmlich auf. Auch sollte der Rahmen der Arbeit, der sich um den Kontakt zwischen hansischen Kaufleuten und ihren Hosteliers in Brügge spannte, nicht übermäßig erweitert werden. Ein weiterer Einwand bezieht sich auf den Umfang einer derartigen Analyse. Sie wäre eine eigenständige Untersuchung wert; an dieser Stelle mußte darauf verzichtet werden.

Um die eigene Position in Brügge zu festigen und sich gleichzeitig gegen die Konkurrenz anderer Kaufleute in Brügge und Flandern zu schützen, legte sich die Hanse durch ihre Privilegien einen, wie Sprandel es nannte, *Privilegienpanzer* zu,[2] der sie im Lauf des 15. Jahrhunderts hinderte, flexiblere Strategien zu entwickeln und anzuwenden. Der Bau des Osterlingenhauses zu einer Zeit, als die hansischen Kaufleute bereits in großer Zahl in andere Handelszentren, und hier vor allem Antwerpen, abgewandert waren, war nur Endpunkt der immer statischer werdenden Haltung der

---

1 SAB, politieke oorkonden, 1de reeks, Nr. 1152, 30. März 1477; vgl. GILLIODTS-VAN SEVEREN, Inventaire 6, S. 140, Nr. 1152 § 17.

2 SPRANDEL, Die Konkurrenzfähigkeit, S. 30.

Hanse in Brügge. Diese Feststellung gibt Anlaß, die Termini *hansische Kaufleute*, *Hansekontor* und *Hansetag* erneut zu hinterfragen. Zwar waren die hansischen Kaufleute in Brügge automatisch Mitglieder des hansischen Kontors in dieser Stadt und das Kontor repräsentierte die Hanse im Ausland. Aber diese drei Elemente agierten häufig, häufiger als in der älteren Hanseliteratur angenommen wurde, unabhängig voneinander. So blieb das Kontor, d.h. die Institution, in Brügge, aber die Kaufleute betätigten sich in ganz Flandern und wählten bereits Mitte des 15. Jahrhunderts vielfach Antwerpen als Stützpunkt. Der Hansetag wiederum war in seiner Zusammensetzung nicht unbedingt repräsentativ für die Gesamtheit der Hanse, auch wenn dies der Anspruch des Hansetags war. Die wendischen Städte verfolgten oft ganz andere Ziele als die rheinisch-westfälischen Städte. Die regionale Verschiedenheit der Hanse und die Konsequenzen, die sich aus diesen Unterschieden ergaben, sind nun seit einiger Zeit auch Thema der Hanseforschung geworden. Ausführlichere Untersuchungen zu diesen Bereichen werden in Zukunft Antworten auch auf einige in dieser Arbeit gestellten Fragen geben können.

Anhang

Prosopographischer Katalog biographischer Notizen Brügger Hosteliers des 14. und 15. Jahrhunderts

W 1 Abbout, Lamsin (1338 - 1341) Brügge

Namensschreibweisen: Abboud.
Beruf: Hosteliersklerk.
Wohnort: Brügge, Bürger.
Korporationen: Mitglied der Maklerzunft.
Amtliche Daten: Abbout wird in den Jahren 1338-1340 im Kontingent der Makler für das Brügger Gemeindeheer geführt.[1] Am 3.1.1341 gelobt er in seiner Eigenschaft als Hosteliersklerk gemeinsam mit sieben anderen Klerks und acht Hosteliers, sich in Zukunft den Regeln der Maklerzunft entsprechend zu verhalten.[2]

W 2 Ackere, Jehan vanden (1455) Brügge

Identität: Besteht zwischen diesem vanden Ackere und vanden Acre (W 3) eine familiäre Beziehung? Die Quellen geben keine Auskunft. Auffällig ist jedoch die Klientel beider aus dem iberischen Raum.
Beruf: Hosteliersklerk, für die Herberge des Pierre Domingues, der zu diesem Zeitpunkt (1455) bereits verstorben ist. Ackere assistiert Margarete, Witwe des Pierre Dominghes.[3]
Gäste: Denis Vasque, Pierre Nonnes, Fernande Loys, portugiesische Kaufleute.
Wohnort: Brügge, Bürger.
Amtliche Daten: Am 30.1.1455 wird vor dem Brügger Schöffengericht ein Konflikt zwischen den Brügger Bürgern Phillippe d'Artrike (W 15), Roy Massado und verschiedenen portugiesischen Kaufleuten geschlichtet. Die Kaufleute Gonsale Gonsales, Jehan Stevin, Fernande Lorens, Alvere Gil, Fernande Vesee werden durch ihren Wirt in Brügge, Guillaume Baerber (W 18) vertreten. Eine weitere Partei in diesem Rechtsstreit besteht aus dem Hosteliersklerk Jehan vanden Ackere (W 2), Margriete, die Witwe seines Hosteliers Pierre Domingues,[4] sowie die portugiesischen Kaufleute Denis Vasque, Pierre Nonnes und Fernande Loys vertritt. Außerdem spricht der Brügger Hostelier Jehan Damhouder (W 71) für Alvere Fernande und andere nicht namentlich genannte portugiesische Kaufleute, die als Gäste in seiner Herberge logieren. Bei dem Streit geht es um den Verkauf aus Portugal eingeführter Früchte wie Feigen und Rosinen, die zu diesem Zeitpunkt im Hafen von Sluis auf einigen Schiffen liegen. Ein Schiedsgericht, bestehend aus Kaufleuten aus Florenz, Pisa und Katalonien legt die Verkaufsmodalitäten fest.[5]

W 3 Acre, Jakop vanden (1366 - 1382) Brügge

Identität: Besteht zwischen diesem Acre und vanden Ackere (W 2) eine familiäre Beziehung? Die Quellen geben keine Auskunft. Auffällig ist jedoch die Klientel beider aus dem iberischen Raum.

---

1 VERBRUGGEN, Gemeenteleger, S. 231.
2 SAB, reeks 299, Makelaars, Cartularium A, 1293-1683, fol. 19v; vgl. SCHOUTEET, Regesten 3, S. 17, Nr. 16.
3 PAVIOT, Les Portugais, S. 13-14 und die entsprechenden Dokumente.
4 Über Dominghes konnten keine weiteren Informationen gewonnen werden. Als biographiche Notiz taucht er deshalb nicht auf.
5 GILLIODTS-VAN SEVEREN, Estaple 2, S. 31-32, Nr. 950.

Namensschreibweisen: Nachname: Ackere, Ackre; Vorname: Jacob, Jacop.Familie: Vater: Sire Jehan vanden Acre; Ehefrau: Trude [NN]. Beruf: Hostelier.[1]
Klerk: Polles Bourgois (1367); Lottart Casier, (1367).
Gäste: Mikiel de Matage, Pietre Lopis de le Gheseval, Jehan de Basoisi, Martin Jehan, Oto Dourdogne, Jehan Genselles, Martin Ducas, Pietre de Viva, Diago Arandes de Seville, Jehan de Basoist (Vasoist), Jehan Serande de Seville, Piere Lopes de Toures, Jehan Coudereste, Jehan de Seville, Piere Signeur.[2]
Wohnort: Brügge, Bürger.
Korporationen: Mitglied der Brügger Maklerzunft.
Brügger Ämter: Hoofdman der Maklerzunft 1369-70.[3]
Geschäftspartner: Für die Zeit vom 24.5.1366 bis zum 15.11.1369 ist eine geschäftliche Verbindung mit dem Brügger Wechsler Collard de Marke nachgewiesen.[4]
Amtliche Daten: Am 16.3.1368 überträgt er gemeinsam mit seiner Frau Trude und zwei weiteren Ehepaaren Rechte an die Bogardenschool in Brügge.[5] - Am 3.7.1379 stiftet er ein Drittel eines Hauses im *Corten Winckel* für den Armentisch St.Gillis.[6] Am 20.5.1382 unterzeichnet er einen Protest mit anderen Brügger Poortern gegen das Regime von Philip van Artevelde.[7]

W 4 Adorne, Pieter (1385 - 1398) Brügge
Identität: Pieter Adorne gehört zu der Brügger Familie Adorne, die durch ihre Jerusalemstiftung bekannt ist (15. Jh.) in Brügge bis heute berühmt ist.[8] Im 15. Jahrhundert gehören einige Mitglieder der Familie Adorne zur Bruderschaft Onze-Lieve-Vrouw van Roosebeke.[9] Wichtiger aber noch ist die Verbindung der Adornes mit dem burgundischen Hof, dies vor allem durch die Person Anselm Adorne, der als Rat für Herzog Karl den Kühnen tätig gewesen ist.[10]
Namensschreibweisen: Nachname: Adoren, Adornes, dAdoerne.
Lebensdaten: Tod: 1398.[11]
Familie: Eltern: Maarten Adorne, Catharina de St. Cler (gen. Schinkele); Geschwister: Isabella, Jacob; 1. Ehefrau: Margareta van Themseke; 2. Ehefrau: Elisabeth van de Walle; Kinder aus 1. Ehe: Joris, Jan, Anna, Gertrudis, Catharina, Margareta; aus 2. Ehe: Jacob, Pieter[12].
Beruf: Hostelier.[13]
Gäste: Vornehmlich Kaufleute aus Genua.[14]

---

1 GALVIN, The Poor Tables, S. 275 nennt den Beruf *bindere* für Ackere. Es handelt sich bei dem Stifter Ackere eindeutig um den Hostelier Ackere.
2 MURRAY, Hostelleraccounts, H 1.1 - H 1.5.
3 VAN DEN ABEELE, Makelaars, S. 96; SCHOUTEET, Regesten 3, S. 216, Nr. 567.
4 MURRAY, Hostelleraccounts, H 1.1 - H 1.5.
5 SCHOUTEET, Regesten 3, S. 198, Nr. 516.
6 GALVIN, The Poor Tables, S. 275.
7 GILLIODTS-VAN SEVEREN, Inventaire 2, S. 467.
8 Siehe GEIRNAERT/VANDEWALLE, Adornes en Jeruzalem, S. 15-21.
9 SAB, reeks 509, Gilde Roosebeke, Ledenregister, fol. 20r, Jan Adorne.
10 DE LA COSTE, Anselme Adorno; HEERS, DE GROER, Itinéraire, S. 3-17.
11 GEIRNAERT, Inventaris, Stammtafel; alle nachfolgenden Familiendaten ebenda.
12 Dieser Pieter Adorne ist der Vater von Anselme Adorne.
13 VAN DEN ABEELE, Makelaars, S. 23.
14 GEIRNAERT/VANDEWALLE, Adornes en Jeruzalem, S. 14.

Wohnort: Brügge, Bürger.
Aufenthaltsort: Gent, 8.1.1386 - Arras, 26.3.1386 - Lille, 21.3.1387 - Gent, 7.7.1387 - Paris, 10.5.1389.
Korporationen: Mitglied der Brügger Maklerzunft.
Brügger Ämter: Schöffe 1385-86, Gesandter zum Parlament in Dornik, 8. 12. 1385, Konferenz mit Philipp dem Kühnen und Gent, um den Aufstand in Flandern zu beenden.[1] - Ratsherr in Brügge 1386-87 - Gesandter in Gent, 8.1.1386, Ledenversammlung.[2] - Gesandter in Arras, 26.3.1386, Ledenversammlung.[3] - Bürgermeister des Rats 1387-88[4] - Gesandter in Cambrai, Arras, Lille 3.-18.3.1387, zum Herzog von Burgund.[5] - Gesandter in Lille, 21.3.1387, Ledenversammlung.[6] - Gesandter in Gent und Brabant 29.5.1387.[7] - Gesandter in Antwerpen, 14.6.1387, Verhandlungen mit der Hanse.[8] - Gesandter in Gent, 7.7.1387, Ledenversammlung.[9] - Bürgermeister der Schöffen 1388-89.[10] - Gesandter in Paris, 10.5.1389, Versammlung mit dem franz. König, dem Herzog von Burgund und den Vertretern der Vier Leden von Flandern wegen des Englischen Kaufmanns.[11] - Bürger-meister des Rats 1389-90.[12] - Tresorier 1390-91, 1391-92, 1392-93, 1393-94.[13] - Generaleinnehmer für Flandern 1394-97.[14]
Wirtschaftsdaten: Adorne besitzt eine Leibrente von 2 lb gro an einem Haus an der *Sint-Jansbrug* in Brügge. Diese Rente muß von den Nachkommen des Clays Hauwescild (W 92) an Adorne ausbezahlt werden. Am 17.11.1390 läßt Adorne vom Brügger Schöffengericht feststellen, daß diese Nachkommen mit der Zahlung von zwei Raten, d.h. 4 lb gro im Rück-

---

1 PREVENIER, Handelingen, S. 3, Nr. 3; diese Gesandtschaft bestand aus folgenden Personen: Jan Heldebolle (W 98), Thideman van den Berghe (W 24), Niclais Scoorkine, Joris Bradericke, Janne Metteneye (W 134), Jan Buerse (W 50), Jacob Bonin, Janne vander Lecke, *mer* Jan Metteneye und war 17 Tage unterwegs.

2 PREVENIER, Handelingen, S. 4, Nr. 5, weitere Gesandte: Niclais Scoorkine, Janne Metteneye, Jacob Mulaerde. Insgesamt war die Gesandtschaft vier Tage unterwegs.

3 PREVENIER, Handelingen, S. 5, Nr. 9, weitere Gesandte: Niclais Scoorkine, Niclais Barbezaene (W 20). Insgesamt war die Gesandtschaft sieben Tage unterwegs.

4 SAB, Purpurenboek, fol. 118r-119r.

5 PREVENIER, Handelingen, S. 14, Nr. 32; weitere Gesandte: Franchoise de Cupere, mer Janne Metteneye, Jan Heldebolle (W 98), Jan Camphine.

6 PREVENIER, Handelingen, S. 14, Nr. 33; weitere Gesandte: Niclais Scoorkine, Franchoise de Cupere, Janne Daniels. Insgesamt sind sie drei Tage unterwegs.

7 PREVENIER, Handelingen, S. 17, Nr. 40; weitere Gesandte: Niclais Scoorkine, Jacob Gherolve; Insgesamt sind sie sieben Tage unterwegs.

8 HR I,2, S. 406, NR. 342 § 16; PREVENIER, Handelingen, S. 18, Nr. 43; weitere Gesandte: Jacoppe van den Vagheviere (W 186), Niclais Scoorkine, Thideman van denBerghe (W 24), Jan Heldebolle (W 98), Jacob Bonin, Janne van Claroud, Gillis Dop (W 80), Ghiselbrecht van den Weghe, Jacob Wouters, Gillis van Houtmersch, Jan Bortoone (W 31.1), Clais van Themseke (W 179), Jacob Everboude. Insgesamt sind sie 17 Tage unterwegs. In den HR werden Jacob Metteneye, Jacob van den Walle und Jacob Bonin als Mitglieder der Gesandtschaft namentlich genannt, nicht aber Jacob Everboud.

9 PREVENIER, Handelingen, S. 19, Nr. 44; weitere Gesandte: Niclais Scoorkine, Joris Scobben. Insgesamt sind sie drei Tage unterwegs.

10 SAB, SR 1388-89, fol. 2r.

11 PREVENIER, Handelingen, S. 31, Nr. 81; weitere Gesandte: Jan Honin (W 103), Franchoise de Cupere, Jan Buerse (W 50), Jan Camphin. Insgesamt sind sie 30 Tage unterwegs.

12 SAB, SR 1389-90, fol. 96v.

13 SAB, SR 1390-91, fol. 2r, SR 1391-92, fol. 3r, SR 1392-93, fol. 2r, Purpurenboek, fol. 122r.

14 PREVENIER, Handelingen, S. 438.

stand sind. Sollten die genannten Personen ihren Verpflichtungen innerhalb von 20 Tagen nicht nachkommen, kann Adorne auf die Hälfte des Eigentumsrechts an dem besagten Haus Anspruch erheben. Am 30.6.1391 übernimmt Adorne den 24sten Teil eines Hauses bei der Sint-Jansbrug in Brügge. Dieser Teil gehörte zuvor Jacob de Heyct, der diesen Anteil am Haus der Katéline, Witwe des Willem Lem im November 1388 übernahm. Am 2.10.1397 übernimmt Adorne zum Nutzen seines Sohnes Pieter Land außerhalb von Damme mit lebenslangem Nutzungsrecht für ihn und seine Frau Elisabeth.
Postume Erwähnungen: Am 26.10.1407 verpachten die Vögte von Adornes Kindern, Jan Bartoen und Lodewijck vande Walle eine erbliche Zinspacht an einem Haus im Ghenthof an Jacob van der Ee und dessen Ehefrau Margriete. Am 26.4.1414 erhalten dieselben Vögte eine Rente zugunsten der beiden Söhne durch Denijs vander Munte und dessen Ehefrau Tanne auf ein Haus in der Sint-Gilliskerkstraat und einem weiteren Besitz in Brügge.[1] Am 30.6.1414 verkaufen die beiden Vögte Land zugunsten ihrer Mündel.[2] Vor dem 5.5.1493 wird Adorne in einem Brief des Priors Martinus Adurnus als Gönner des Kartäuserklosters und als Initiator der Jerusalemstiftung genannt.[3]

W 5 Aercke, Jan (1485 - 1500) Brügge

Lebensdaten: Tod: nach 1485 und vor 1500.
Familie: Ehefrau: [NN] (Witwe von Aercke).
Beruf: Hostelier.
Wohnort: Brügge, Bürger.
Postume Erwähnungen: Im Jahr 1500 ist Aercke bereits verstorben. Der Brügger Geschäftsmann Wouter Ameyde zahlt deshalb die jährliche Miete für ein Haus im Besitz Aerckes an dessen Witwe bis 1502.[4]

W 6 Ake, Pieter van (1365 - 1369) Brügge

Identität: Ein Pieter, Sohn von Pieter van Aken hält von 1365-1384 einen Geldwechsel, den er von Trude van Aken geerbt hat. Diese gilt 1365 als verstorben, wird aber als Besitzerin der Herberge wiederholt in den De Marke Rechnungen erwähnt.[5]
Namensschreibweisen: Nachname: Ackere, Aken; Zusatz: vanden.
Familie: Ehefrau: Trude van Ake (*Demiselle Trude*).
Beruf: Hostelier.
Klerks: Jehan Kasteckres im November 1368; Jehan de Rouc im August 1369.
Gäste: Jehan Martin, Jehan de Vasal, Martin de Madareghe, Lopis Dache, Jehan de Rieghe of Billebau, Pierre Dies, Pierre Martines de Lestos, Jehan de Markine, Mikiel de Matency, Pierre Rodrighes, Jehan Lopis, Jehan de Malle von Liere, Jehan van Kuc.[6]
Wohnort: Brügge, Bürger.
Korporationen: Mitglied der Brügger Maklerzunft.
Ämter: *Gouverneur* der Maklerzunft 1369-1370.[7]

---

1 GEIRNAERT, Regesten, S. 16, Nr. 12, S. 17, Nr. 15, S. 18, Nr. 17, S. 19, Nr. 22, S. 21, Nr. 27.
2 GEIRNAERT, Regesten, S. 21, Nr. 29, vgl. Nr. 31, 36.
3 GEIRNAERT, Regesten, S. 130, Nr. 381.
4 MUS, Ameyde, S. 126.
5 MARÉCHAL, Bankwezen, S. 133-134.
6 MURRAY, Hostelleraccounts, H 2.1 - H 2.5.
7 SCHOUTEET, Regesten 3, S. 216, Nr. 567.

Geschäftspartner: Vom 30.5.1366 bis zum 24.12.1369 steht er in geschäftlicher Verbindung zu Collard de Marke.[1]

W 7 Ake, Trude van (1365 - 1369) Brügge

Identität: *Pieter*, Sohn des Pieter van Aken, hält von 1365-1384 einen Geldwechsel, den er von Trude van Aken geerbt hatte. Diese gilt 1365 als verstorben, wird aber als Besitzerin der Herberge später wiederholt in den De Marke Rechnungen erwähnt.[2]
Namensschreibweisen: Nachname: Ackere, Aken; Zusatz: vanden.
Lebensdaten: Tod: 1365.[3]
Familie: Ehemann: Pieter van Ake (W 6).
Beruf: Hostelière.
Wohnort: Brügge.
Wirtschaftsdaten: Trude van Ake unterhält bis 1365 geschäftliche Beziehungen zu Collard de Marke.
Postume Erwähnungen: Sie wird auch nach ihrem Tod als Besitzerin der Herberge in den Rechnungen De Markes erwähnt.

W 8 Aloet, Franke (1366 - 1375) Brügge

Namensschreibweisen: Nachname: Aloud, Aloude.
Lebensdaten: Tod: vor/um 1375.
Familie: Ehefrau: Lukine (W 9); Tochter: Jehanne.[4]
Beruf: Hostelier.
Klerk: Willem le Hasse, 1369.[5]
Gäste: Sire Daniel, Lukin Bousain, Watier de Mies, Pierre Jolvet, Mai 1370.[6]
Wohnort: Brügge, Bürger.
Geschäftspartner: Von 1366 bis 1369 unterhält er geschäftliche Beziehungen zu Collard de Marke; im Jahr 1370 auch mit Willem Ruweel.[7]

W 9 Aloet, Lukine (1375) Brügge

Namensschreibweisen: Nachname: Aloud, Aloude.
Familie: Ehemann: Franke Aloet (W 8).
Beruf: Hostelière.
Wohnort: Brügge, Bürgerin.
Vermögen: Im Jahr 1375 zeichnet sie gemeinsam mit dem Makler Pieter Adorne und dessen Ehefrau eine große Schuld (4.200 lb. par.) an den Grafen von Flandern.[8]

---

1 MURRAY, Hostelleraccounts, H 2.1 - H 2.5.
2 MARÉCHAL, Bankwezen, S. 133-134.
3 MARÉCHAL, Bankwezen, S. 134.
4 SAB, De Marke 1, fol. 270r.
5 MURRAY, Hostelleraccounts, H 3.5/1.
6 SAB, Ruweel, fol. 187v.
7 MURRAY, Hostelleraccounts, H 3.1 - H 3.6.
8 GILLIODTS-VAN SEVEREN, Inventaire 4, S. 250.

W 10 Alverdoe, Jan (1338 - 1341) Brügge

Identität: Es lassen sich mindestens fünf verschiedene Personen des gleichen Namens nachweisen, wobei nicht geklärt werden kann, inwieweit sie sich auf W 10 beziehen. a) Für das Rechnungsjahr 1299-1300 ist ein Schöffe namens *Johannes Alverdoe f. Jacobi* verzeichnet.[1] b) Für das Rechnungsjahr 1301-02 ist ein Schöffe namens *Jhan Alverdoe f. Johannis* verzeichnet.[2] c) Für das Rechnungsjahr 1310-11 ist ein Schöffe namens *Jan Alverdoe f. Verlieyaerden* verzeichnet.[3] d) Am 3.5.1331 siegelte *Jehans Alverdoe fil seigneur Jehan* mit anderen Zeugen eine Bürgschaftsurkunde für den Grafen von Flandern.[4] e) Am 26.9.1347 wurde *Jan Alverdoe fs. Jacops* als Vormund für Hannekin Hoofd ernannt. Aus den Einträgen kann aufgrund der Erwähnung des Vaters geschlossen werden, daß es zur selben Zeit zwei oder mehr Personen mit dem Namen *Jan Alverdoe* gibt.

Namensschreibweisen: Nachname: Alverdoen; Zusatz: f. *sheer Jans f. sher Jacobs*.[5]

Beruf: Hostelier.

Wohnort: Brügge, Bürger.

Korporationen: Mitglied der Brügger Maklerzunft.

Brügger Ämter: Ratsherr 1336-37.[6]

Amtliche Daten: Als Mitglied der Maklerzunft wird Jan Alverdoe im Zeitraum von 1338 bis 1340 für das Gemeindeheer der Stadt Brügge rekrutiert.[7] - Am 3.1.1341 bezeugt er als Hostelier eine Zunftübereinkunft mit den Cnapen.[8]

W 11 Andren, Hildebrand van (1388) Brügge

Vorkommen in den Brügger Akziselisten 1360-90:

te Hildebrands van Andren (95): 1387/88, 3. Quartal, Met, Gäste in diesem Quartal: Jan de Bert (95/32), Ghiselbrecht van Hamen (95/33), Everaerd Struvinc (95/34).

Andren, Hildebrant van (16/1): 1366/67, 4. Quartal, Met.

Anderne, Ildebrant van (46/40): 1370/71, 2. Quartal, Met.

Anden, Hildebrand van (48/1): 1370/71, 4. Quartal, Met.

Anderne, Hildebrand van (53/5): 1371/72, 1. Quartal, Met.

Anden, Hildebrant van (54/7): 1371/72, 2. Quartal, Met.

Anderen, Hildebrand van (61/20): 1372/73, 1. Quartal, Met.

Andin, Hildebrand van (62/38): 1372/73, 2. Quartal, Met.

[vermutlich identisch mit:]

Alderne, Hildebrand van (45/1): 1370/71, 1. Quartal, Met.

Alden, Hildebrant van (56/17): 1371/72, 4. Quartal, Met.

Identität: In den Brügger Stadtrechnungen taucht ein Osterling mit dem gleichen Namen auf. Möglicherweise handelt es sich bei beiden um ein und dieselbe Person. In diesem Fall müßte

---

1 VAN DEN AUWEELE, Schepenbank, S. 52.

2 VAN DEN AUWEELE, Schepenbank, S. 58.

3 VAN DEN AUWEELE, Schepenbank, S. 82.

4 SCHOUTEET, Regesten 2, S. 208, Nr. 551.

5 SAB, reeks 299, Makelaars, Cartularium A 1293 - 1683, fol. 19v.

6 VAN DEN AUWEELE, Schepenbank, S. 155.

7 VERBRUGGEN, Gemeenteleger, S. 231.

8 SAB, reeks 299, Makelaars, Cartularium A 1293 - 1683, fol. 19v; vgl. SCHOUTEET, Regesten 3, S. 17, Nr. 16, der nicht zwischen *Hosteliers* und *Cnapen* unterscheidet, sowie letztere als *Makler* bezeichnet.

van Andren aber vor 1387 das Brügger Bürgerrecht erworben haben, da der Betrieb einer Herberge ausschließlich Brügger Bürgern vorbehalten war.[1] Daneben aber könnte es sich hier auch um den Brügger Wirt Hildebrand de Andomen handeln (W 11.1). Für das Jahr 1408 ist eine *Jungfrau van Anden* in Brügge belegt. Bei ihr hatte der Großschäffer von Königsberg einige Außenstände. Diese Umstände weisen auf ein und dieselbe Herberge van Anden - Andren.[2]
Namensschreibweisen: Nachname: Audren., van Anden
Beruf: Hostelier.
Wohnort: Brügge.

W 11.1 Andomen, Hildebrand de (1379 - 1402) Brügge
Identität: Zur etwa gleichen Zeit gibt es einen hansischen Kaufmann Hildebrand van Handen, der in Flandern handelte und 1393 eine Entschädigung für den Verlust von Wachs von der Stadt Ypern erhält[3]. Es kann keine definitive Aussage darüber getroffen werden, ob beide identisch sind.
Namensschreibweisen: Name: Handomen.
Beruf: Hostelier.
Gast: Alexander Winkelmann, preußischer Kaufmann und Lieger des Großschäffers des Deutschen Ordens in Brügge, 1402.[4]
Geschäftspartner: 1379 ist Andomen in eine Finanztransaktion des Deutschen Ordens an die römische Kurie involviert. Er transferiert die Zahlung des Genaralprokurators des Deutschen Ordens an der Kurie, Heinrich Brunner, nach Rom.[5]

W 12 Andries, Joris (1438 - 1442) Brügge
Namensschreibweisen: Vorname: George.
Lebensdaten: Tod: vor dem 24.8.1442.
Beruf: Hostelier.
Gäste: Jan van den Weghe, Jan Reverdines, Hansekaufleute.
Wohnort: Brügge.
Amtliche Daten: Am 20.9.1438 stellt das Brügger Schöffengericht fest, daß die beiden Hansekaufleute Jan van den Weghe und Jan Reverdines durch ihren Wirt Andries jeweils einen Schaden in Höhe der Summen von 24 lb 5 s gr. bzw. 14 lb 19 s gro erlitten haben. Die Zahlung dieser Summen wird von der Stadt Brügge versprochen.[6] Allerdings kommt es erst 1442 zu einer endgültigen Regelung dieser Angelegenheit. Andries scheint zu diesem Zeitpunkt bereits verstorben zu sein.[7] Neben der Sache Andries wird der gleiche Sachverhalt im Zusammenhang mit dem Brügger Wirt Jacob Onghereede (W 142), ebenfalls Hansenwirt, in der gleichen Urkunde vom 20.9. 1438 erwähnt.

---

1 VAN HOUTTE, Makelaars, S. 177.
2 PARAVICINI, Preußenreisen 2, S. 286-287, Anm. 559; zu Winkelmann vgl. Jan Bave, W 22.
3 HUB 5, S. 69-70, Nr. 120. Diese und weitere Informationen finden sich bei DIERCK, DÜNNEBEIL, RÖSSNER, Prosopographischer Katalog, Nr. 14.
4 PARAVICINI, Preußenreisen 2, S. 286-287, Anm. 559; zu Winkelmann vgl. Jan Bave: W 22.
5 PARAVICINI, Preußenreisen 2, S. 286-287, Anm. 559.
6 HUB 7, S. 198, Nr. 390.
7 GILLIODTS-VAN SEVEREN, Inventaire 5, S. 257.

W 13 Antzem, Jacob van (1351 - 1367) Brügge
Namensschreibweisen: Nachname: Ansame, Ansamen, Ausame; Vorname: Jacop, Jacques; Zusatz: f[ilius] Willems.
Beruf: Hostelier.
Gast: Bernd Bernyzeke.
Wohnort: Brügge, Bürger.
Korporationen: Mitglied der Brügger Maklerzunft.
Brügger Ämter: Deken der Maklerzunft 1351-52,[1] Schöffe 1352-53.[2]
Geschäftspartner: Zwischen dem 2.6.1366 und dem 1.4.1367 nutzt Antzem eine Verbindung zum Brügger Hostelier Willem de Ram (W 156), um über ihn finanzielle Transaktionen mit dem Brügger Wechsler Collard de Marke abzuwickeln.[3]
Amtliche Daten: Antzem versucht um 1358, einen Geleitbrief mit einer Gültigkeit für vier Wochen für seinen Gast Bernyzeke für die Stadt Brügge von den Brügger Schöffen zu erwirken. Notwendig wird dies, da sein Gast durch die Brügger Bürgerin Van der Eede und deren Sohn wegen angeblicher Schulden verfolgt wird.[4] - Am 19.5.1363 tritt Ansame gemeinsam mit Matheus van der Buerze (W 47), Clais Hausscild (W 92), Everard Compere (W 63) und Jan de Witte (W 199) für eine an die Hansen zu zahlende Entschädigung als Bürge auf. Den Hansen in Brügge ist eine Summe von 150 lb gro seitens des Grafen von Flandern aufgrund der zwischen der Hanse und Flandern getroffenen Vereinbarung von 1360 zuerkannt worden. Es wird verabredet, dieses Geld entweder in bar oder in Form eines Schuldbriefs an die Älterleute des Hansekontors in Brügge auszuhändigen. Für die Einhaltung des Zahlungsversprechens bürgt Ansame mit den anderen genannten Personen.[5] Bei den fünf Bürgen handelt es sich um Hosteliers der Hansen.

W 14 Artevelde, Levyn van (1358) Brügge
Beruf: Hostelier.
Gast: Robert van der Nyenstat.
Wohnort: Brügge, Bürger.
Amtliche Daten: Artevelde begleitet den Hansen Nyenstat zur Regelung eines Streitfalls vor das Brügger Schöffengericht.[6]

W 15 Artrike, Philippe de (1455- 1470) Brügge
Namensschreibweisen: Nachname: Aertrike, Aertricke, Dartrike. - Vorname Filip, Phelippe, Phelips.
Beruf: Hostelier.
Wohnort: Brügge, Bürger.
Brügger Ämter: Am 25.9.1465 schlichtet Artricke als *arbitre* zwischen einem portugiesischen Kaufmann und einem Brügger Bürger.[7] - Bürgermeister 1469-70.[8]

---

1 SCHOUTEET, Regesten 3, S. 88-89, Nr. 218.
2 VAN DEN AUWEELE, Schepenbank, S. 215.
3 MURRAY, Hostelleraccounts, H 37.1/32.
4 HR I,3, S. 236-237, Nr. 240:7 § 1.
5 HR I,3, S. 256, Nr. 270.
6 HR I,3, S. 237, Nr. 240:8.
7 SAB, Civiele Sententiën, 1465-1469, fol. 3v; PAVIOT, Les Portugais, S. 62.
8 SAB, Civiele Sententiën, 1469-71, fol. 60v; PAVIOT, Les Portugais, S. 94.

Amtliche Daten: Am 30.1.1455 wird vor dem Brügger Schöffengericht ein Konflikt zwischen Artrike und Roy Massado auf der einen Seite und verschiedenen portugiesischen Kaufleuten auf der anderen Seite geschlichtet.[1] Fortsetzung findet die geschäftliche Partnerschaft von Massado und Artrike in zwei Terminen vor den Brügger Schöffen am 19.5.1455 und 2.7.1455. Die Schöffen klären die gegenseitigen Verpflichtungen der beiden Partner.[2] - Am 12.2.1467 bürgt Artrike für Joao Albares.[3] - Am 17.8.1468 bürgt Artricke für den portugiesischen Kaufmann Alvero Dinis. Nochmals tritt Artricke als Bürge für diesen portugiesischen Kaufmann am 18.4. 1470 (zusammen mit Jehan van Voordele) und 10.11.1470 (zusammen mit Joos Damhoudere) als Bürge auf.[4]

W 16 Auscilt, Jacob (1385 - 1391) Brügge

Vorkommen in den Brügger Akziselisten 1360-90:
te Jacob Auscilts (94): 1387/88, 2. Quartal, Met, Gäste in diesem Quartal: Johannes Mewelo (94/20), Heinric Weitendoorp (94/21), Jan f. Pieters (94/22).
te Jacob Auscilts (95): 1387/88, 3. Quartal, Met, Gäste in diesem Quartal: Johannes Sparke (95/23), Lauwerch Mareborgh (95/24), Lauwereins Witcauwe (95/25), Gheraerd Pensin (95/26), Heinric Noorman (95/27).
te Jacob Auscilts (96): 1387/88, 4. Quartal, Met, Gast in diesem Quartal: Johannes Scotte (96/2).
Namensschreibweisen: Nachname: Hauscild.
Familie: Vater: Clais Hauscild, Ehefrau: Magriete.[5] - Sonstige Verwandte: Wahrscheinlich gehört Auscilt zur Familie Hauscilt (auch Hauweschilt), einer der wohlhabendsten und einflußreichsten Familien seit dem 13. Jahrhundert in Brügge.[6]
Beruf: Hostelier.
Wohnort: Brügge.
Brügger Ämter: Deelman des Carmerszestendeel 1387-88.[7]
Wirtschaftsdaten: Am 6.4.1385 übernimmt Auscilt den vierten Teil am Eigentum eines Hauses an der Sint-Jansbrug in Brügge.[8]
Privates Handeln: Am 29.3.1390 setzen er und seine Ehefrau eine Erbrente zugunsten von Arnoud vander Jughe auf jeweils ein Haus an der Sint-Jansbrug und dem Scottendyc in Brügge aus. Die Höhe dieser Erbrente beträgt 3 lb gro.[9] Am 30.6.1391 übertragen Hauscild und seine Ehefrau das Eigentum an einem Haus an der Sint-Jansbrug an Jacop vanden Rine zu Gunsten von Pieter Adorne.[10]

---

1 SAB, Civiele Sententiën, 1453-1461, fol. 60v-62; Massado ist Bürger in Brügge; GILLIODTS-VAN SEVEREN, Estaple 2, S. 31-32, Nr. 950; zu den portugiesischen Kaufleuten allgemein und Massado im besonderen vgl. PAVIOT, Les Portugais. In diesem Artikel sind auch die hier zitierten Dokumente veröffentlicht.

2 SAB, Civiele Sententiën, 1453-1461, fol. 81v, fol. 90v-91v; PAVIOT, Les Portugais, S. 49-51.

3 SAB, Civiele Sententiën 1465-1469, fol. 67v; PAVIOT, Les Portugais, S. 66

4 SAB, Civiele Sententiën, 1465-1469, fol. 157v; Register 1469-1471, fol. 60v, 120v-121r; PAVIOT, Les Portugais, S. 82, 94, 103.

5 SCHOUTEET, Regesten 4, S. 61, Nr. 108.

6 VAN DEN ABEELE, Makelaars, S. 17.

7 SCHOUTEET, Regesten 4, S. 45, Nr. 60.

8 SCHOUTEET, Regesten 4, S. 16, Nr. 2.

9 SCHOUTEET, Regesten 4, S. 61, Nr. 108.

10 SCHOUTEET, Regesten 4, S. 72, Nr. 141; vgl. W 4.

W 17 Avesne, Fransois van (1435) Brügge

Beruf: Hostelier.

Wohnort: Brügge, Bürger.

Amtliche Daten: Am 28.8.1435 wird seiner Frau durch das Brügger Schöffengericht mitgeteilt, daß die Herberghe des Fransois van Avesne für die Schulden des Jacob Onghereede, die dieser bei hansischen Kaufleuten hinterläßt, aufkommen muß, da Onghereede in dieser Herberghe wohnte. Ausdrücklich wird darauf verwiesen, daß die Herberge unter dem Namen des Fransois van Avesnes und der Bürgschaft *in der stede bouc staet* und nicht unter dem Namen des Onghereede.[1] Das läßt darauf schließen, daß Onghereede nicht nur in der Herberge wohnte, sondern diese auch als Hostelier führte.

W 18 Baerber, Guillaume (1455) Brügge

Beruf: Hostelier.

Gäste: Gustave Gonsalves, Jehan Stevins, Fernande Lorens, Alvere Gil, Fernande Vesee, portugiesische Kaufleute.[2]

Wohnort: Brügge, Bürger.

Amtliche Daten: Am 30.1.1455 wird vor dem Brügger Schöffengericht ein Rechtsstreit zwischen den Brügger Bürgern Phillippe d'Artrike, Roy Massado und verschiedenen portugiesischen Kaufleuten geschlichtet. Die Kaufleute Gonsale Gonsales, Jehan Stevin, Fernande Lorens, Alvere Gil, Fernande Vesee werden durch ihren Wirt in Brügge, Guillaume Baerber vertreten. Eine weitere Partei in diesem Rechtsstreit besteht aus dem Hostelierklerk Jehan vanden Ackere (W 2), Margarete, Witwe seines Hosteliers Pierre Domingues, sowie den portugiesischen Kaufleute Denis Vasque, Pierre Nonnes und Fernande Loys vertritt. Außerdem spricht der Brügger Hostelier Jehan Damhouder (W 71) für Alvere Fernande und andere, nicht namentlich genannte portugiesische Kaufleute, die als Gäste in seiner Herberge logieren. Bei dem Streit geht es um den Verkauf aus Portugal eingeführter Früchte wie Feigen und Rosinen, die zu diesem Zeitpunkt im Hafen von Sluis auf einigen Schiffen liegen. Ein Schiedsgericht, bestehend aus Kaufleuten aus Florenz, Pisa und Katalonien legt die Verkaufsmodalitäten fest.[3]

W 19 Balke, Jehan (1369) Brügge

Identität: Ab 1292 läßt sich der Familienname Balke für das Makler-und Herbergswesen in Brügge nachweisen, z. B. in der Person des Hostliers Jan Balke, senior.[4] Ein Wulf Balke ist 1340 Mitglied der Maklerzunft.[5] Später gibt es aber bis auf die Einträge in den Büchern des Brügger Wechslers Collard de Marke keinen weiteren Hinweis auf einen Jan oder Jehan Balke.

Familie: Ehefrau: [NN], *demisoille Balke.*

Beruf: Hostelier.

Gäste: Jehan Iaves, Jehan Ares, Jehan Piete, Jehan de Sainte Marie, Alfonse Iaves de Noie, Jehan de Sainte Martin, Pieter Catelain, Jehan Bougheret, Pieter Iaves, Jak. Pais, Jehan Lasi,

---

1 SAB, Groenenboek A, fol. 236v.

2 GILLIODTS-VAN SEVEREN, Estaple 2, S. 31-32, Nr. 950.

3 GILLIODTS-VAN SEVEREN, Estaple 2, S. 31-32, Nr. 950.

4 VAN DEN ABEELE, Makelaars, S. 87.

5 VAN DEN ABEELE, Makelaars, S. 91.

Ferran Seunare, Spaniard, Jehan Prete, Jehan Martines, Ferande Galinghe, Gonsal Vanes, Diago Soaris, Jehan Fortade, Jehan de Saint Jehan, Piere de Loe, Spaniard, Jehan Novves, Alfonse Traviers de Vivier.[1]
Wohnort: Brügge, Bürger.
Geschäftspartner: Zwischen April 1366 und August 1368 besteht zwischen Balke und dessen Ehefrau eine geschäftliche Beziehung zu dem Brügger Wechsler Collard de Marke. Neben den vornehmlich iberischen Gästen tauchen in den Wechslerbüchern zahlreiche Verbindungen zur Brügger Oberschicht auf.[2] Am 20.4.1369 bürgt De Marke für eine Zahlung Balkes in der Höhe von 75 lb gro an Boucasin Pelut.[3]

W 20 Barbesaen, Nicolas (1372 - 1407) Brügge
Namensschreibweisen: Nachname: Baerbezaen, Baerbizane, Barbezaen, Barbezaene, Barbizane.
Vorname: Clais, Clays, Nikolaas, Nikolas.
Familie: Ehefrau: Katelyne; Kinder: Nicolas[4], Catherine.[5]
Beruf: Hostelier.[6]
Wohnort: Brügge, Bürger; ab 24.4.1407 Tournai.
Aufenthaltsorte: Arras, 26.3.1386 - Paris, 3.1.1387 - Gent, 9.2.1387 - Hesdin, 31.5.1390 - Hulst, Dendermonde, 26.6.1391 - Arras, 12.2.1394 - Lille 9.6.1394 und 15. 7. 1394 - Ypern, 21.8.1396 - Tournai, 4.3.1401 und 20.3.1401 - Lille, 6.4.1401 - Gent, 26.5.1401 - Arras, 12.6.1401, 12. 7. 1401 - Gent, 4. 8. 1401 - Tournai, ab 1407.
Korporationen: Mitglied der Brügger Maklerzunft. Brügger Ämter: Hoofdman der Maklerzunft1372-73,[7] 1376-77.[8] - Schöffe 1385-86.[9] - Gesandter Brügges nach Arras, 26.3.1386, Ledenversammlung.[10] - Hoofdman St.-Jacobszestendeel 1386-87.[11] - Gesandter in Paris, 3.1.1387, Ledenversammlung.[12] - Gesandter in Gent, 9.2.1387, Ledenversamm-lung.[13] - Schöffe 1387-88.[14] - Tresorier 1388-89.[15] - Gesandter in Hesdin, 31.5.1390, Ledenversammlung.[16] - Bürgermeister der Schöffen 1390-91.[17] - Gesandter in Hulst,

---

1 MURRAY, Hostelleraccounts, H 6.
2 MURRAY, Hostelleraccounts, H 6.1/5, 9, 11; H 6.2/9, 18, H 6.3/11, 17.
3 SAB, De Marke, Journal 2, fol. 1v.
4 GAILLIARD, Bruges 1, S. 431.
5 GAILLIARD, Bruges 1, S. 431.
6 VAN HOUTTE, Makelaars, S. 14-15; DE MEYER, Structuren, S. 65.
7 SCHOUTEET, Regesten 3, S. 228, Nr. 603.
8 SCHOUTEET, Regesten 3, S. 242, Nr. 641.
9 SAB, Purpurenboek, fol. 118; B. ersetzt vermutlich Gillis Honin.
10 PREVENIER, Handelingen, S. 5, Nr. 9, weitere Gesandte: Niclais Scoorkine, Pieter Adorno (W 4). Insgesamt war die Gesandtschaft sieben Tage unterwegs.
11 SAB, Purpurenboek fol. 118v.
12 PREVENIER, Handelingen, S. 13, Nr. 29, weitere Gesandte: Niclais Scoorkine, Janne van Claerhout, Joris Scobben. Insgesamt sind sie 3 Tage unterwegs.
13 PREVENIER, Handelingen, S. 12, Nr. 28, weitere Gesandte: Niclais Scoorkine, Janne van Claerhout, Joris Scobben. Insgesamt sind sie 29 Tage unterwegs.
14 SAB, Purpurenboek, fol. 119r.
15 GAILLIARD, Bruges 1, S. 431.
16 PREVENIER, Handelingen, S. 48, Nr. 124, weitere 19 Gesandte, u.a. Jacob van den Vagheviere (W 186), Jan Bretoen (W 37). Insgesamt sind sie 8 Tage unterwegs.
17 LOWIJCK, Schepenenlijsten (18), S. 46.

Dendermonde, 26.6.1391, Audienz Graf von Flandern.[1] - Ratsherr 1393-94.[2] - Gesandter in Arras, 12.2.1394, zum Herzog von Burgund,[3] in Lille, 19.6.1394, Verhandlungen mit Graf von Nevers und Kanzler von Burgund[4] und nochmals 15.7.1394, Verhandlungen mit Herzogin von Burgund, Graf von Nevers.[5] - Tresorier 1394-95, 1395-96.[6] - Gesandter in Ypern, 21.8.1396.[7] - Tresorier 1396-97.[8] - Bürgermeister Rat 1398-99.[9] - Vogt des St.-Janshospitals 1399.[10] - Ratsherr 1400-01.[11] - Gesandter in Tournai, 4.3.1401 und 20. 3. 1401, Generalstände.[12] - Gesandter in Lille, 6.4.1401, Generalstände.[13] - Gesandter in Gent, 26.5.1401, Ledenversammlung.[14] - Gesandter in Arras, 12.6.1401, Leden und Herzog. von Burgund.[15] - Gesandter in Arras, 12.7.1401, Leden und Herzog von Burgund.[16] - Gesandter in Gent, 4.8.1401, Leden.[17] - Schöffe 1401-02.[18] - Tresorier 1402-03, 1403-04, 1404-05, 1406-07.[19]
Wirtschaftsdaten: Am 30.8.1394 kauft Barbesaen zwei Parzellen Land (*8 gemet 58 roeden land gelegen buiten de Smedepoortein het ambacht van het Sijseelse en onder de parochie van Sint-Baafs*), die Gillis Honin (W 102) gehören, der aber hoch verschuldet verstirbt.[20]
Amtliche Daten: Am 10.5.1387 nimmt Barbesaen mit 13 anderen Brügger Poortern die Akzisen der Stadt als Pfand für den Brügger Anteil an der dem Herzog von Burgund zuerkannten

---

1 PREVENIER, Handelingen, S. 63, Nr. 171, weitere Gesandte: Niclais Scoorkine, Gillis Basine. Insgesamt sind sie 6 Tage unterwegs.
2 LOWIJCK, Schepenenlijsten (18), S. 47.
3 PREVENIER, Handelingen, S. 98, Nr. 277, weitere Gesandte: Jan Camphinne , Joris van Rijssele. Insgesamt sind sie 11 Tage unterwegs.
4 PREVENIER, Handelingen, S. 101, Nr. 284, weitere Gesandte: Jan Camphinne , Zegher van Langhemersch, Franchoise den Cupere. Insgesamt sind sie 5 Tage unterwegs.
5 PREVENIER, Handelingen, S. 103, Nr. 291, weitere Gesandte: Jan Honine, Joris Bradericke, Niclais Scoorkine, Jan Biese. Insgesamt sind sie 5 Tage unterwegs.
6 LOWIJCK, Schepenenlijsten (18), S. 46-48.
7 PREVENIER, Handelingen, S. 130, Nr. 359, weitere Gesandte: Johannes Drelinghe. Insgesamt sind sie 4 Tage unterwegs.
8 LOWIJCK, Schepenenlijsten (18), S. 48.
9 LOWIJCK, Schepenenlijsten (18), S. 48; vgl. GAILLIARD, Bruges 1, S. 431, hier 1399.
10 MARÉCHAL, (G.) Brugse Hospitaalwezen, S. 64, Anm. 39.
11 SAB, Wetsvernieuwing 1397-1421, fol. 24v.
12 PREVENIER, Handelingen, S. 206, Nr. 515, weitere Gesandte: Niclais Scoorkine, Joris Bradericke, Janne van Roesselare. Insgesamt sind sie 13 Tage unterwegs; ebenda, S. 207, Nr. 516, weitere Gesandte: Niclais Scoorkine, Joris Bradericke, Janne van Roesselare. Insgesamt sind sie 6 Tage unterwegs.
13 PREVENIER, Handelingen, S. 208, Nr. 518, weitere Gesandte: Niclais Scoorkine, Janne van Roesselare. Insgesamt sind sie 6 Tage unterwegs.
14 PREVENIER, Handelingen, S. 212, Nr. 525, weitere Gesandte: Niclais Scoorkine, Joris Bradericke, Janne van der Buerse. Insgesamt sind sie 4 Tage unterwegs.
15 PREVENIER, Handelingen, S. 213, Nr. 526, weitere Gesandte: Niclais Scoorkine, Jan Heldebolle (W 98), Jan Camphin , Philipse van Aertricke, Janne van der Buerse (W 44). Insgesamt sind sie 16 Tage unterwegs.
16 PREVENIER, Handelingen, S. 214, Nr. 527, weitere Gesandte: Niclais Scoorkine, Joris Bradericke, Jan Heldebolle (W 98), Jan Camphin, Jan Bortoen. Insgesamt sind sie 12 Tage unterwegs.
17 PREVENIER, Handelingen, S. 214, Nr. 527, weitere Gesandte: Niclais Scoorkine, Joris Bradericke, Niclais den Zoutre. Insgesamt sind sie 3 Tage unterwegs.
18 SAB, Wetsvernieuwing 1397-1421, fol. 32r.
19 SAB, Wetsvernieuwing 1397-1421, fol. 39v, 47r, 55v, 71v-72r.
20 SCHOUTEET, Regesten 4, S. 102, Nr. 226.

Subsidie für dessen Kriegszug gegen den Herzog von Geldern.[1] - Am 14.10.1388 wird Barbesaen mit seinem Kollegen Jan Bouds als Tresoriers der Stadt durch den Schatzmeister des Herzogs von Burgund, Nicholas van Fontenay, angewiesen, 1.217 lb par. an den italienischen Kaufmann Dyne Raponde zur Begleichung der Akzisekosten auszuzahlen. Im Zusammenhang mit diesen Zahlungen an den Herzog von Burgund bestehen Urkunden vom 28.10.1388 und 13.2.1390.[2] Zwischen dem 7.11.1388 und dem 9.11.1404 urkundet Barbesaen in seinen Funktionen als Tresorier, Schöffe oder Ratsherr in Brügge.[3] - Am 7.2.1405 wird er für das RJ 1403-04 gemeinsam mit Jan Baerd nach der Rechnungslegung in der Funktion als Tresoriers entlastet.[4] - Am 24.4.1407 wird Barbesaen aus dem Amt des Tresoriers entlassen und durch Jan Baerd ersetzt. Gleichzeitig wird er aus Flandern verbannt.[5] - Am 20.4.1408 überträgt Barbesaen mit seiner Ehefrau Katelyne Jacob van der Vloet zwei jährliche Erbrenten an verschiedenen Immobilien in Brügge.[6]
Verschiedenes: Die Entlassung aus dem Amt des städtischen Schatzmeisters steht im Zusamenhang mit den Vorkommnissen, die unter dem Begriff *Het Brugsche Calfvel* bekannt sind.[7] Barbesaen wird für 50 Jahre aus Flandern verbannt[8] und zieht sich nach Tournai zurück. Dort verfaßt er am 5. 8. 1407 eine schriftliche Rechtfertigung zu den Unterschlagungsvorwürfen im Zusammenhang mit seiner Tätigkeit als Tresorier in Brügge und der ihm nachfolgend auferlegten Buße von 12.000 Nobelen. In dieser Entlastungsschrift erklärt Barbesaen, er habe in 40 Jahren als Makler jährlich 500 oder 600 Francs an Courtage erzielt. Außerdem habe seine Herberge ihm in diesen Jahren 1000 *coronnez* (Kronen) eingebracht und schließlich habe seine Frau eine Mitgift in Höhe von 6000 Kronen in die Ehe eingebracht. Aufgrund dieser Vermögensverhältnisse, so argumentiert Barbesaen, sei es nicht möglich, da nicht nötig, jährlich 100 lb gro zu unterschlagen.[9]

W 21 Bassevelde, Jan van (1357 - 1380) Brügge

Identität: 1340 ist ein Jan van Basevelde als Makler registriert und wird im Zeitraum 1338-1340 für das Gemeindeheer von Brügge im Maklerkontingent geführt.[10]
Namensschreibweisen: Vorname: Jean.
Beruf: Hostelier.
Gäste: Jehan Mouwer, Tideman Benin, Clais Hoy, Gerart Ludekinzenne, Laur[ens] Speic, Amainnot Langhe, Ernout van de Ventre.[11]
Wohnort: Brügge, Bürger.
Korporationen: Mitglied der Maklerzunft.

1 SCHOUTEET, Regesten 4, S. 44-45, Nr. 60.
2 SCHOUTEET, Regesten 4, S. 55, Nr. 88, S. 61, Nr. 107.
3 SCHOUTEET, Regesten 4, passim.
4 SCHOUTEET, Regesten 4, S. 193, Nr. 501.
5 FRIS, Brugsche Calfvel, S. 238.
6 SCHOUTEET, Regesten 4, S. 209, Nr. 551; S. 210, Nr. 552.
7 FRIS, Brugsche Calfvel, S. 238.
8 ADN, Chambre des Comptes, Cartulaire de Flandre V, fol. 43v, 26. April 1407.
9 GILLIODTS-VAN SEVEREN, Inventaire 4, S. 7-13.
10 VAN DEN ABEELE, Makelaars, S. 91 und VERBRUGGEN, Gemeenteleger, S. 232.
11 MURRAY, Hostelleraccounts, H 7.

Brügger Ämter: Ratsherr 1357-58.[1] - Schöffe 1361-62, 1362-63.[2] - Ratsherr 1363-64.[3] - Schöffe 1364-65.[4] - Ratsherr 1366-67. - Schöffe 1369-70, 1371-72. - Ratsherr 1372-73. - Schöffe 1374-75, 1376-77. - Ratsherr 1379-80.[5]
Geschäftspartner: Zwischen Mai 1366 und Dezember 1369 bestehen geschäftliche Verbindungen zu den Brügger Wechlsern Collard de Marke und Willem Ruweel.[6]
Amtliche Daten: In seiner Eigenschaft als Schöffe im RJ 1369-70 bewahrt Bassevelde den Schlüssel für die Siegel.[7]

W 22 Bave, Jan, sheer Jans zon (1408 - 1410) Brügge

Identität: 1368-69 gibt es einen Schöffen Jan Bave f[ilius] Jans und 1369-70 einen Deelman des Carmerszestendeel namens Jan Bave.[8] Die zeitliche Differenz von mehr als 30 Jahren zwischen diesen Daten spricht gegen eine Identität. Wahrscheinlich handelt es sich bei dieser Person um den Vater. Für das Rechnungsjahr 1385-86 ist ein Ratsherr Jan Bave genannt.[9] Allerdings kann auch in diesem Fall aufgrund der Namensgleichheit nicht unbedingt auf eine Identität geschlossen werden, da der Name Jan Bave durchaus häufiger in Brügge vorkam.
Namensschreibweisen: Nachname: Baefs, Baven.
Familie: Vater: Jan Bave.
Beruf: Hostelier.
Klerk: Janne Best (verstorben zwischen 1409 und 1410).
Wohnort: Brügge, Bürger.
Korporationen: Mitglied der Brügger Maklerzunft.
Brügger Ämter: Deken der Maklerzunft 1408-09.[10]
Amtliche Daten: Am 14.4.1410 wird vor dem Brügger Schöffengericht die Sache des preußischen Kaufmanns Alexander Winkelman gegen den Klerk der Herberge des Jan Bave, Janne Best verhandelt. Es handelt sich hier um eine Geldforderung des Kaufmanns aus dem Jahr 1409 an den Klerk bzw. nun dessen früheren Arbeitgeber, da Best verstorbenen ist. Als Hostelier ist Bave automatisch Bürge seines Angestellten und muß für die Schulden seines Klerks aufkommen. Bave ist über die Schulden seines Klerks informiert, meint aber es handele sich um 83 lb gro., die er dem preußischen Kaufmann Alexander Winkelman, der allerdings von 86 lb gro spricht, erstatten will.[11] Die Schöffen urteilen, Bave muß 83 lb gro tourn. an Winkelman bezahlen, weil er als Wirt für seinen Klerk haftbar ist.

1 VAN DEN AUWEELE, Schepenbank, S. 239.
2 SCHOUTEET, Regesten, 3, S. 172, Nr. 445; S. 176, Nr. 457; VAN DEN AUWEELE. Schepenbank, S. 254, 257.
3 VAN DEN AUWEELE, Schepenbank, S. 265.
4 SCHOUTEET, Regesten 3, S. 183, Nr. 479; VAN DEN AUWEELE, Schepenbank, S. 266.
5 VAN DEN AUWEELE, Schepenbank, S. 272, 279, 285, 289, 293, 298, 311.
6 MURRAY, Hostelleraccounts, H 7.1 - H 7.5.
7 LOWIJCK, Schepenenlijsten (16), S. 216.
8 SCHOUTEET, Regesten 3, S. 205-206, Nr. 538, 539 und LOWIJCK, Schepenenlijsten (17), S. 26.
9 SAB, Purpurenboek, fol. 118r.
10 VAN DEN ABEELE, Makelaars, S. 133.
11 SAB, Groenenboek A, fol. 26r-v; zu Alexander Winkelmann s. Hildebrand van Andren, W 11.1.

W 23 Beke, [NN] ter (1374 - 1380) Brügge

Vorkommen in den Brügger Akziselisten 1360-90:
ter Beke, (69): 1375/76, 1. Quartal, Met.
ter Beke, (70): 1375/76, 2. Quartal, Met.
ter Beke, (77): 1379/80, 1. Quartal, Met.
ter Beke, (78): 1379/80, 2. Quartal, Met.
ter Beke, (79): 1379/80, 3. Quartal, Met.
ter Beke, (80): 1379/80, 4. Quartal, Met.
ter Beke, (85): 1380/81, 1. Quartal, Met.
ter Beke, (86): 1380/81, 2. Quartal, Met.
Identität:Wird als Herberge/Wirtshaus genannt; in Brügge ist ein Haus bekannt, welches der *gheselscepe van der Beke cooplieden van der duutscher hanze* zugeordnet wird (28.6.1397).[1] Dieses Haus liegt in der *Cromme Wael*, einer Straße, in der sich auch andere Herbergen bzw. Häuser von Hansen befinden. Möglicherweise handelt es sich bei dem SR-Eintrag um dasselbe Haus.[2]

W 24 Berghe, Thideman van den (1351 - 1391) Brügge

Vorkommen in den Brügger Akziselisten 1360-90:
tsere Thidemans van den Berghe (15): 1366/67, 3. Quartal, Met.
tsere Thidemans van den Berghe (63): 1372/73, 3. Quartal, Met, Gäste in diesem Quartal: Heinric van Dettelen (63/1), Roel uter A (63/2), Ghodevaerd Stuer (63/3), Johannes Coehede (63/4), Volkaerd Daninberch (63/5), sie versteuern zusammen.
tsere Thidemans van den Berghe (64): 1372/73, 4. Quartal, Met, Gäste in diesem Quartal: Gäste: Jan Coehede (64/17), Arnoud Lewercke (64/18), Aelbrecht Zousbrouc (64/19), Rusenborch (64/20), Herman Ysanc (64/21), sie versteuern zusammen.
tsere Thidemans van den Berghe (69): 1375/76, 1. Quartal, Met.
tsere Thidemans van den Berghe (70):,1375/76, 2. Quartal, Met.
tsere Thidemans van den Berghe (71):,1375/76, 3. Quartal, Met.
tsere Thidemans van den Berghe (72): 1375/76, 4. Quartal, Met.
tsere Thidemans van den Berghe (77): 1379/80, 1. Quartal, Met.
tsere Thidemans van den Berghe (78): 1379/80, 2. Quartal, Met.
tsere Thidemans van den Berghe (79): 1379/80, 3. Quartal, Met.
tsere Thidemans van den Berghe (80): 1379/80, 4. Quartal, Met.
tsere Thidemans van den Berghe (85): 1380/81, 1. Quartal, Met.
tsere Thidemans van den Berghe (86): 1380/81, 2. Quartal, Met.
tsere Thidemans van den Berghe (90): 1386/87, 2. Quartal, Met.
Gäste: Gobel van der Halle (90/1), Pieter Scaelie (90/2).
tsere Thidemans van den Berghe (94): 1387/88, 2. Quartal, Met, Gäste in diesem Quartal: Johannes van der Muelne (94/7), Rotgheer Scrivere (94/8), Johannes Steenberch (94/9).
tsere Thidemans van den Berghe (95): 1387/88, 3. Quartal, Met, Gäste in diesem Quartal: Thideman Wattestede (95/35), Johannes van den Doorne (95/36), Johannes Steenwech

---

1 GILLIODTS-VAN SEVEREN, Inventaire, Introduction, S. 381.
2 GILLIODTS-VAN SEVEREN, Inventaire 3, S. 386. Heute heißt die Straße Koningstrate; vgl. DERS., Bruges, S. 73; vgl. hierzu das Bulletin communal, S. CCCXVI und Straten Boekje.

(95/37, Pieter Corroes (95/38), Otte Coils (95/39), Inghel Cantelbergh (95/40), Herman Vadinc (95/41).
Identität: In De Marke, Journal 5, fol. 3v gibt es einen Hinweis, daß Thideman van den Berghe Anfang 1369 gestorben sein könnte. Berghe hat einen Sohn mit dem gleichen Vornamen, der 1384, vermutlich aber schon früher als volljährig gilt. Für die späteren Daten bleibt daher unklar, welche Einträge für welche Person gelten. Allerdings wird der Sohn immer mit f[ilius] bezeichnet. Bis auf den Hinweis in De Markes Journal gibt es keine weiteren Hinweise auf den Tod des Thideman van den Berghe, der wohl als der exponierteste Hansenwirt bezeichnet werden kann.[1]
Namensschreibweisen: Nachname: Berchghe, Bergen, Berghen; Vorname: Thide-mann(e), Tideman, Thydeke, Tideke, Timan; Zusatz: de, dem, van.
Familie: Sohn: Thideman van den Berghe[2]; sonstige: Jacob van den Berghe? (Verwandtschaft unbekannt).[3]
Beruf: Hostelier.
Hausbesitz: Berghe besitzt ein Haus am *Scottendyc*[4] und eines bei der *Sint-Jansbrug*.[5]
Klerks: Jehan Topin 1368, Hughe Dierlere 1368, Olivier [NN] 1369; Mathis [NN]1369.
Gäste: Johan Perdesdorpe, Großschäffer des Deutschen Ordens: Ende 1360[6]; Lukas Hevainges, aus Florenz: 1376[7]; Conrart Amel, Jehan Momof, Gascal van Scheven, Tideman Odepe, Renart Jehan Penne (Dordrecht), Will[em] Flentin, Herman Ibuere, Jehan Gravestien, Jehan van der Hove, Jan van Timeskin, Gerart Sum, Evrart Adiupe, Henric Rastenberc, Hermant Roghe, Ernout Mestes Main, Renaut Jehenzenne, Jehan Opperberge, Jehan Gernegreut, Erwart van den Vale, Ernoul Sconecberch, Wenermar van Essene, Jehan Wiltfant, Hermant y Buerch, Tilman Gerartsum, Wilem Fleicon.[8]
Wohnort: Brügge, Bürger.
Korporationen: Mitglied der Brügger Maklerzunft.
Brügger Ämter: Hoofdman der Maklerzunft 1351-52.[9] - Ratsherr 1352-53.[10] - Deelman Carmers-Zestendeel 17.10.1353.[11] - Schöffe 1357-58,[12] 1359-60.[13] - Gesandter in Lübeck im

1 Vgl. Rubriken 'Amtliche Daten' und 'Privates Handeln' in dieser Notiz.
2 SCHOUTEET, Regesten 4, S. 15, Nr. 1.
3 SAB, Nieuwe Groenenboek ongecotteerd, fol. 131r-v, 31. August 1462.
4 GILLIODTS-VAN SEVEREN, Inventaire 2, S. 140, Nr. 566, Anm. 2; diese Straße heißt heute Sint-Annarei; vgl. DERS., Bruges, S. 77; dazu das Bulletin communal, S. CCCXXXII und Straten Boekje.
5 SCHOUTEET, Regesten 4, S. 71-72, Nr. 139.
6 PrUB 5, S. 535, Nr. 932.
7 GILLIODTS-VAN SEVEREN, Estaple 1, S. 279, Nr. 360.
8 MURRAY, Hostelleraccounts, H 8.
9 SCHOUTEET, Regesten 3, S. 89, Nr. 218.
10 VAN DEN AUWEELE, Schepenbank, S. 218.
11 SCHOUTEET, Regesten 3, S. 101, Nr. 253.
12 VAN DEN AUWEELE, Schepenbank, S. 235; aber Berghe wird auch als Ratsherr im gleichen Jahr genannt (S. 239). Die gleichzeitige Besetzung zweier Ämter im gleichen Jahr ist eigentlich nicht möglich. Handelt es sich hier um Vater und Sohn?
13 VAN DEN AUWEELE, Schepenbank, S. 244; in diesem Jahr wurden sowohl die Schöffenbank, als auch der Rat der Stadt Brügge doppelt besetzt, da sich zuviele Prozesse und Konflikte mit Kaufleuten ergaben, die von der üblichen Zahl der Magistrate nicht bewältigt werden konnte (ebenda, S. 245).

Juni 1359.[1] - Schöffe 1361-62, 1362-63.[2] - Ratsherr 1363-64, Schöffe 1364-65, Ratsherr 1366-67, Bürgermeister der Schöffen 1367-68 - Deken der Maklerzunft (2. 2. 1368)[3] - Schöffe 1370-71. - Gesandter in England im Dezember 1370.[4] - Ratsherr 1371-72. - Tresorier 1372-73.[5] - Bürgermeister der Schöffen 1373-74. - Vogt des St.-Janshospitals1374.[6] - Bürgermeister des Rats 1374-75, Tresorier 1375-76.[7] - [Bürgermeister der Schöffen 1377-78].[8] - Tresorier 1379-80, 1380-81.[9] - Schöffe 1383-84.[10] - Vogt des St.-Janshospitals 1384.[11] - Ratsherr 1384-85.[12] - Bürgermeister des Rats 1385-86.[13] - Gesandter in Tournai, 8.12.1385, Konferenz mit Herzog Philipp dem Kühnen, um den Aufstand in Flandern zu beenden.[14] - Gesandter in Antwerpen, 14.6.1387, Verhandlungen mit der Hanse.[15] - Schöffe 1389-90.[16] - Vogt der Potterie 1389-90.[17]

Geschäftspartner: Zwischen dem 23. und dem 30.4.1363 nimmt Berghe eine Zahlung für Rutgher van der Lewenborch entgegen. Dieser hat Johann von Blois auf dessen erster Preußenreise in Danzig eine größere Summe geliehen.[18] Berghe hält in der Zeit zwischen 1373 und 1375 verschiedentlich Geldeinlagen/Konten für den Hamburger Kaufmann Vicko van Geldersen. In diesem Zusammenhang werden die Namen folgender hansischer Kaufleute verzeichnet, die in Brügge bei Berghe gewesen sind: Tideke Sasse, Richerd Kil und Eghard Woldehorne.[19]

Amtliche Daten: Am 24.5.1358 wird Berghe für eine Gesandtschaft Brügges nach Lübeck bevollmächtigt,[20] die schließlich nicht stattfindet. Gegen Ende des Jahres 1360 findet im Haus des Thideman van den Berghe eine Zusammenkunft zwischen dem Großschäffer des Deut-

---

1 GILLIODTS-VAN SEVEREN, Inventaire 2, S. 46, 61-62, Nr. 532; HR I,3, S. 243-244, Nr. 244.

2 VAN DEN AUWEELE, Schepenbank, 257, 265. Alle nachfolgenden Ämterangaben ohne Anm. ebenfalls VAN DEN AUWEELE, Schepenbank, S. 266, 272, 273, 282, 287, 290, 295, 317, 322.

3 VAN DEN ABEELE, Makelaars, S. 131.

4 GILLIODTS-VAN SEVEREN, Inventaire 2, S. 186.

5 SAB, SR 1372-73, fol. 18v.

6 MARÉCHAL, (G.), Hospitaalwezen, S. 64, Anm. 39.

7 SAB, SR 1375-76.

8 LOWIJCK, Schepenenlijsten (18), S. 43; anders VAN DEN AUWEELE, Schepenbank, S. 301; LOWIJCK stützt sich auf eine Handschrift aus dem Stadtarchiv Brügge, die auch von VAN DEN AUWEELE benutzt wurde. Allerdings beweist Auweele durch die zahlreichen Urkunden, daß Thideman van den Berghe in diesem Jahr weder Bürgermeister der Schöffen noch Bürgermeister des Rats noch Mitglied des Brügger Magistrats gewesen ist. Dennoch wird die Erwähnung notiert, da beide Autoren gerade für **diese** Periode völlig unterschiedliche Namen nennen.

9 SAB, SR 1379-80, SR 1380-81.

10 LOWIJCK, Schepenenlijsten (18), S. 44.

11 MARÉCHAL, (G.), Brugse Hospitaalwezen, S. 64, Anm. 39.

12 VAN DEN AUWEELE, Schepenbank, S. 317.

13 LOWIJCK, Schepenenlijsten (18), S. 45.

14 PREVENIER, Handelingen, S. 3, Nr. 3; diese Gesandtschaft bestand aus folgenden Personen: Jan Heldebolle (W 98), Niclais Scorkinne, Joris Braderícke, Janne Metteneye (W 134), Jan Buerse (W 50), Jacob Bonin, Janne vander Lecke, *mer* Jan Metteneye, Pieter Adorne (W 4) und war 17 Tage unterwegs.

15 HR I,2, S. 406, Nr. 342 § 16; PREVENIER, Handelingen, S. 18, Nr. 43: 17 Tage.

16 LOWIJCK, Schepenenlijsten (18), S. 46.

17 MARÉCHAL, (G.), Brugse Hospitaalwezen, S. 66, Anm. 49.

18 PARAVICINI, Preußenreisen 3, Dok. 60B/8.

19 NIRRNHEIM, Handlungsbuch, S. 44, Nr. I 259; S. 110, Nr. I 717; S. 106, Nr. I 687; S. 56, Nr. I 324.

20 HR I,3, S. 228, Nr. 219; S. 222, Nr. 233.

schen Ordens sowie den Älterleuten des Kontors in Brügge, Evert Pauwel (Pal) und Evert Hetvelde statt.[1]
Am 30.5.1378 wird Berghe vom Deutschen Kaufmann gebeten, nicht länger dem *Rebellen* Arnoud Lewerke beizustehen. Sollte er dies dennoch tun, würden die Hansen aufgefordert, weder Geschäfte mit Van den Berghe zu machen noch bei ihm zu wohnen. Offenbar folgt Berghe dieser Bitte nicht, denn am 20.9.1378 meldet der Deutsche Kaufmann in derselben Sache, daß man Berghe vorgeschlagen habe, vor die Versamm-lung der Ratssendboten zu treten.[2] 1387 nimmt Thideman van den Berghe mit 7 anderen Hosteliers und zahlreichen nicht genannten Vertretern der Städte Brügge, Gent und dem Brügger Freiamt, sowie dem Vertreter des Herzogs von Burgund und verschiedenen flämischen Adeligen und Rittern an einer Gesandtschaft nach Dordrecht und Antwerpen teil, um mit den Vertretern des Deutschen Kaufmanns in Brügge über die Rückkehr, sowie die Entschädigung der hansichen Kaufleute nach Brügge zu verhandeln (dies alles nach den Ereignissen, die sich vor, während und nach dem Aufstand Philipp van Arte-veldes in Brügge und Flandern abspielten).[3]
Privates Handeln: Nach dem Sieg der Truppen des französischen Königs und der gräflichen Partei in der Schlacht von West-Roozebeke und dem Ende der Besetzung Brügges durch die Genter Miliz unter Führung Philipp Van Arteveldes 1382 wird Brügge aufgefordert, eine Kontribution in Höhe von 120.000 Francs zu bezahlen. Der in Brügge verbliebene Deutsche Kaufmann soll 15.000 Francs dazubeitragen (als Darlehn). Da die wenigen noch in Brügge verbliebenen Repräsentanten des Deutschen Kaufmanns diese Entscheidung nicht allein treffen wollen bzw. können, werden sie durch die Autoritäten zeitweilig inhaftiert. Der wieder freigekommene Sekretär des Deutschen Kaufmanns zu Brügge, Albert von Halle, hat inzwischen Kontakt mit den *gude vrunde des kopmans, de nu mit dem greven inkomen sint* aufgenommen, u.a. auch mit Thideman van den Berghe, der dem Sekretär *in secrete* mitteilt, die Lage würde sich alsbald beruhigen und außerdem hätten vor allem die anderen Kaufleutenationen Strafmaßnahmen zu befürchten.[4]

W 25 Berswoort, Lambrecht (1367 - 1396) Dortmund/Brügge

Vorkommen in den Brügger Akziselisten 1360-90:
Bestvoort (21/26): 1367/68, 1. Quartal, Met.
te Berswoort (69): 1375/76, 1. Quartal, Met.
Berzworc (73/7): 1379/80, 1. Quartal, Wein.
Berzwort (74/11): 1379/80, 2. Quartal, Wein.
te Beerzwort (78): 1379/80, 2. Quartal, Met.
te Bosewoort (85): 1380/81, 1. Quartal, Met.
Identität: Es handelt sich hier mit Sicherheit um den Dortmunder Kaufmann Lambrecht Berswoort, der in den Brügger Akziselisten 1360-90 erwähnt wird.[5]

---

1 PrUB 5, S. 535, Nr. 932.
2 HR I,2, S. 169, Nr. 156 § 17; HR I,2, S. 181, Nr. 167. Eine genaue Schilderung der Affäre siehe bei dem Osterling Lewerke in DIERCK, DÜNNEBEIL, RÖSSNER, Prosopographischer Katalog, Nr. 214, 214.1; auch DIERCK, Älterleute (1995), S. 65-68.
3 HR I,2, 401-411, Nr. 342; zu dieser Gesandtschaft und den Brügger Hosteliers s. Kap. 4.2.2. Auf diplomatischer Mission II - Brügger Unterhändler 1387-92.
4 HR I,2, S. 309, Nr. 256.
5 Vgl. zu dieser Person, DIERCK, DÜNNEBEIL, RÖSSNER, Prosopographischer Katalog, Nr. 33.

Namensschreibweisen: Nachname: Beerzwort, Berswoirt, Bersworde, Berswort, Berwort, Berzwoort, Bestvort, Besuot, Bosewoort; Vorname: Lambert, Lambrec.
Familie: Sonstige Verwandte: Conrad Berswoort, möglicherweise ein Bruder.[1]
Beruf: Kaufmann; daneben betreibt er in Brügge eine Taverne oder Schenke.
Wohnort: Dortmund, Bürger.
Ämter: Ältermann des Westfälisch-Preußischen Drittels in Brügge 1374.[2]
Ratsherr in Dortmund 1386, 1388, 1392,[3] Ratsherr und Bürgermeister in Dortmund 1394, 1396.[4]
Geschäftspartner: 1369 steht Berswoort in geschäftlicher Verbindung zum Brügger Wechsler Wilhelm Ruweel.[5] Er transferiert auch Geld über die Wirtin Ruddervorde (W 162).[6]
Amtliche Daten: In den Jahren 1389 bis 1394 tritt Berswoort mehrfach als Bevoll-mächtigter der Stadt Dortmund sowie als Zeuge in Erscheinung.[7]

W 26 Beste (senior), Jakop (1368 - 1369) Brügge
Identität: Es gibt keinen direkten Hinweis auf einen Jacob Beste als Hostelier in dieser Zeit, bis auf die indirekten Hinweise in den Rechnungsbüchern des Brügger Wechslers Collard de Marke. Hinzu kommen noch einige Daten hinsichtlich der Familie Beste. Einige Mitglieder dieser Familie sind im Herbergs-und Maklerwesen tätig, einschließlich eines Gillis Beste, der 1379 Hoofdman der Maklerzunft ist.[8] Außerdem gibt es *joncvrouwe Best* (W 26), die 1366 als Wirtin einer Herberge, in der hansische Kaufleute ihr Bier versteuern, genannt wird. Aufgrund dieser Hinweise und der Tatsache, daß einige hansische Kaufleute mit Beste involviert waren, scheint es gerechtfertigt, auch diesen Namen in die Liste der Brügger Hosteliers aufzunehmen.
Familie: Bruder: Jehan Beste, meester.[9]
Beruf: [Hostelier].
Wohnort: Brügge, Bürger.
Geschäftspartner: Zwischen dem 4.6.1368 und August 1369 unterhält Beste ein Konto bei Collard de Marke. In Bestes Rechnungen tauchen Brügger Bürger, einige von ihnen Hosteliers, aber auch hansische Kaufleute, wie Pieter Ludinchuse, auf.[10]

W 27 Best, [NN] joncvrouwe (1366) Brügge
Vorkommen in den Brügger Akziselisten 1360-90:
ter joncvrouwe Best (15/15): 1366/67, 3. Quartal, Met.
Identität: Bis auf diesen einen Eintrag im dritten Quartal der Brügger Stadtrechnung 1366-67 konnten keine weiteren Daten zu dieser Person gefunden werden. Möglicher-weise besteht eine Verwandtschaft zu Jacob Best (W 26).

---

1 DUB 2, S. 650, Nr. 933.
2 HR I,1, S. 130, Nr. 201.
3 DUB 2, S. 251, Nr. 257; S. 745f., Nr. 1060.
4 DUB 2, S. 668, Nr. 945, Anm. 1.
5 DE ROOVER, Ruyelle, S. 77, Nr. 8.
6 MURRAY, Hostelleraccounts, H 40.5/61.
7 DUB 2, Nrr. 295, 341, 718, 352, 362, 368, 383, 385.
8 VAN DEN ABEELE, Makelaars, S. 132.
9 MURRAY, Hostelleraccounts, H 9.2.
10 MURRAY, Hostelleraccounts, H 9.1 - H 9.3; H 9.2/6.

Beruf: [Hostelière].
Wohnort: Brügge, Bürgerin.

W 28 Bochout, Joosse de (1453) Brügge

Namensschreibweisen: Nachname: Bouchout; Vorname: Josse.[1]
Familie: Möglicherweise ist Joosse de Bouchout verwandt mit Robrecht van Bochout (W 29) und Willem van Bochout (W 30). Es konnten keine direkten Angaben zu diesem Sachverhalt gefunden werden. Die Tätigkeit aller drei genannten Personen im Brügger Herbergswesen bestätigt zwar keine Verwandtschaft, legt diese aber nahe. Ein Pieter Bochout ist Ende des 15. Jahrhunderts Mitglied der Bruderschaft vom Droogen Boom.[2] Auch hier stellt sich die Frage, ob es sich um einen Verwandten handelt.
Beruf: Hostelier.[3]
Gäste: Jehan de Cobas, Bertelmi Rosa, Alfonce de Astodillio, Diago de Carasa, Gonsalve de Cobas Rubeas, Fernando de la Moneda, Jehan de Ena, Petro Pardo.[4]
Wohnort: Brügge, Bürger.
Amtliche Daten: Am 10.10.1453 wird durch die Brügger Vierschaar festgestellt, daß acht spanische Gäste der Herberge Bouchout durch den Hostelier zu entschädigen sind. Sollte er die Summe nicht aufbringen können, müssten seine Bürgen für ihn aufkommen. Bei den Bürgen handelt es sich um Martin Francisque, Jehan de Bailli und Maylin vanden Brouke. Die Gesamtsumme der Entschädigung beläuft sich auf 81 lb 17 s 2 d gro; Einzelbeträge: Jehan de Cobas 9 lb 14 s 2 d, Bertelmi Rosa 7 lb, Alfonce de Astodillio 2 lb, Diago de Carasa 2 lb, Gonsalve de Cobas Rubeas 3 lb, Fernando de la Moneda 12 lb, Jehan de Ena 14 lb 9 s 4 d, Petro Pardo 31 lb 13 s 8 d.[5]
Verschiedenes: Die Quelle erwähnt die Herberge, *quil tenoit en ladicte ville laquelle [souloit] tenir Pieter van Zinghene* (W 206).

W 29 Bochout, Robrecht van (1410 - 1422) Brügge

Namensschreibweisen: Nachname: Bochaut, Bochaute, Bochoute.
Familie: Sohn: Jan van Bochoute.[6] - Sonstige Verwandtschaft: möglicherweise ist Robrecht van Bochout verwandt mit Joosse de Bouchout (W 28) und Willem van Bochout (W 30). Zwar beweist die Tätigkeit aller drei genannten Personen im Brügger Herbergswesen keine Verwandtschaft, sie legt diese aber nahe.
Beruf: Hostelier.
Klerk: Lubrecht Kaerlin, 1410.
Wohnort: Brügge, Bürger.
Aufenthaltsort: Gent, 18. u. 25.6.1416, 7.9.1417. - Sluis, 3.3., 21.4. und 8.5.1418. - Blankenberge, 12.5.1418. - Gent, 6.9., 17.9. und 5.11.1419, 30.5.1420.
Korporationen: Mitglied der Maklerzunft.

---

1 SAB, Civiele Sententiën 1453-62, fol. 2r-v.
2 SAB, reeks 505, Gilde Droogenboom, Ledenregister, fol. 11r.
3 Möglicherweise gibt B. seine Herberge nach diesem Zeitpunkt auf.
4 SAB, Civiele Sententiën 1453-62, fol. 2r-v.
5 SAB, Civiele Sententiën 1453-62, fol. 2r-v.
6 SAB, Lijsten Magistraat 1458.

Brügger Ämter: Hoofdman der Maklerzunft 1412-13.[1] - Ratsherr 1415-16.[2] - Gesandter in Gent, 30.10.1415, im Anschluß nach Oudenaarde, 1.11.1415.[3] - Gesandter in Gent, 2.5.1416, Vier Leden.[4] - Gesandter in Gent, 18. und 25.6.1416, Vier Leden, Bede für den Herzog von Burgund.[5] - Ratsherr 1417-18.[6] - Gesandter in Gent, 7.9.1417, Vier Leden, Klagen hansischer Kaufleute.[7] - Gesandter in Gent, 24.1.1418, Graf von Charolais und Beratung der Antwort auf die Klagen der hansischen Kaufleute.[8] - Gesandter in Sluis, 3.3.1418, Vier Leden.[9] - Gesandter in Sluis, 21.4.1418, wegen eines dort arrestierten Kaufmanns aus Calais.[10] - Gesandter in Sluis, 8.5.1418, danach Blankenberge, 12.5.1418, wegen hansischer Schiffe, die von Franzosen gekapert worden sind.[11] - Gesandter in Gent, 21.7.1418, unter anderem wegen der gekaperten hansischen Schiffe.[12] - Hoofdman der Maklerzunft 1418-19.[13] - Ratsherr 1419-20.[14] - Gesandter in Gent, 6.9.1419, Vier Leden und Graf von Charolais.[15] - Gesandter in Gent, 17.9.1419, Vier Leden.[16] - Gesandter in Gent, 5.11.1419, Vier Leden.[17] - Gesandter in Gent, 30.5.1420, Vier Leden.[18]
Amtliche Daten: Am 22.4.1422 wird Robrecht van Bochout vor dem Brügger Schöffengericht von Janne den Galpere, Kaufmann aus Hesdin, verklagt. Der eigentliche Sachverhalt ereignete sich im August des Jahres 1410, als Galpere gewissen Spaniern, Bochouts Gästen, 122 Hesdin'sche Laken verkaufte. Lubrecht Kaerlin, Klerk der Herberge Bochout, ist bei diesem Kauf als Makler zugegen gewesen. Die Ware ist nach Abschluß des Kaufs in die Herberge seines Arbeitgebers gebracht worden. Galpere fordert die noch ausstehende Summe von 23 lb 23 d gro tourn. von Bochout. Dieser lehnt jedoch mit dem Hinweis, keiner seiner Gäste hätte je diese Laken gekauft, jede Verant-wortung ab. Vielmehr verweist er auf Lubrecht Kaerlin, sollte dieser tatsächlich beim Verkauf als Makler zugegen gewesen sein. Nachdem auch der Klerk Lubrecht Kaerlin zu diesem Sachverhalt gehört worden ist und sich herausstellt, daß Kaerlin die Ware in die Herberge gebracht hat, wird Bochout dazu verurteilt, die geforderte Summe an den Kauf-mann Janne den Galpere zu bezahlen.[19]

---

1 VAN DEN ABEELE, Makelaars, S.134.
2 SAB, Wetsvernieuwingen 1397-1421, fol. 140v.
3 ZOETE, Handelingen, S. 994, Nr. 631.
4 ZOETE, Handelingen, S. 1033, Nr. 653.
5 ZOETE, Handelingen, S. 1062-63, Nr. 676.
6 SAB, Wetsvernieuwingen 1397-1421, fol. 153r-v.
7 ZOETE, Handelingen, S. 1175, Nr. 745.
8 ZOETE, Handelingen, S. 1198, Nr. 757, 7 Tage.
9 ZOETE, Handelingen, S. 1208, Nr. 763.
10 ZOETE, Handelingen, S. 1222, Nr. 771.
11 ZOETE, Handelingen, S. 1231, Nr. 774.
12 ZOETE, Handelingen, S. 1236-37, Nr. 779.
13 VAN DEN ABEELE, Makelaars, S.134.
14 SAB, Wetsvernieuwingen 1397-1421, fol. 165v-166r.
15 ZOETE, Handelingen, S. 1351, Nr. 856.
16 BLOCKMANS, Handelingen I,1, S. 1, Nr. 1; Mord an Herzog Johan ohne Furcht.
17 BLOCKMANS, Handelingen I,1, S. 6, Nr. 5.
18 BLOCKMANS, Handelingen I,1, S. 28, Nr. 23.
19 SAB, Groenenboek A, fol. 121r-v.

W 30 Bochout, Willem van (1357 - 1382) Brügge

Vorkommen in den Brügger Akziselisten 1360-90:
sere Willems van Bochout (64): 1372/73, 4. Quartal, Met, Gäste in diesem Quartal: Jan Zewale (64/30), Clais Brandemberch (64/31), Thideman van Moersekin (64/32), Dic-mare van Lenden (64/33), Lunenbrecht Beere (64/34), Gheraerd van Sceven (64/35), Heinric Wulf (64/36), Heinric van Buerkele (64/37), Alf van Briken (64/38), Jan Zewale (64/39), Diederic Riperbant (64/40), sie versteuern zusammen.
Namensschreibweisen: Nachname: Bochoud, Bouchout, Bouchoutte; Vorname: Guil-aume, Guillaume, Willemme.
Familie: Möglicherweise ist Willem van Bochout verwandt mit Joosse de Bouchout (W 28) und Robrecht van Bochout (W 29). Es konnten keine direkten Angaben zu diesem Sachverhalt gefunden werden. Auch beweist die Tätigkeit aller drei genannten Personen im Brügger Herbergswesen zwar keine Verwandtschaft, legt diese aber nahe.
Beruf: Hostelier.
Wohnort: Brügge, Bürger.
Aufenthaltsorte: Ursele, 27.9.1357 - Male, 15.6.1359 - Lübeck, im Juni und August 1359 (über Sluis und Hamburg) - Gent, vom 1.9.1359 bis zum 26.11.1359 - Gent, 18. 4. 1360 - Male, 15.6.1360 - Dixmuide, 20.7.1360 - London, 6.6.1370.
Korporationen: Mitglied der Brügger Maklerzunft.
Brügger Ämter: Gesandter zum Parlament in Ursele, 27.9.1357.[1] - Ratsherr 1357-58.[2] - Schöffe 1358-59 - Gesandter in Male am 15.6.1359 - Gesandter in Lübeck im Juni und August 1359.[3] - Gesandter in Gent 1.9.1359 bis 26.11.1359[4] und 18.4.1360.[5] - Gesandter in Male, 15.6.1360.[6] - Gesandter in Dixmuide, 20.7.1360, zum Grafen von Flandern.[7] - Schöffe 1361-62.[8] - Hoofdman St. Jacob-Zestendeel 1363-64.[9] - Ratsherr 1364-65 - Schöffe 1365-66 - Ratsherr 1366-67 - Schöffe 1367-68 - Ratsherr 1368-69 - Schöffe 1369-70 - Ratsherr 1370-71 - Schöffe 1371-72.[10] - Gesandter in London, 6.6.1370.[11] - Hoofdman St.-Jacob-Zestendeel 1371.[12] - Tresorier 1373-74, 1374-75 - Schöffe 1377-78 - Ratsherr 1378-79 - Schöffe 1379-80.[13] - [Schöffe 1380-81.[14]]
Amtliche Daten: Am 24.5.1358 wird Bochout für eine Brügger Gesandtschaft nach Lübeck bevollmächtigt.[15] Diese Gesandtschaft findet aber letztlich nicht statt.

1 GILLIODTS-VAN SEVEREN, Inventaire 4, S. 305.
2 VAN DEN AUWEELE, Schepenbank, S. 239, 240.
3 HR I,3, S. 246, Nr. 246 § 18.
4 GILLIODTS-VAN SEVEREN, Inventaire 2, S. 103.
5 SAB, SR 1360-61, fol. 78v.
6 GILLIODTS-VAN SEVEREN, Inventaire 4, S. 306.
7 SAB, SR 1360-61, fol. 82v.
8 VAN DEN AUWEELE, Schepenbank, S. 254.
9 LOWIJCK, Schepenenlijsten (16), S. 213.
10 VAN DEN AUWEELE, Schepenbank, S. 268, 269, 272, 273, 278, 279, 284, 285.
11 GILLIODTS-VAN SEVEREN, Estaple 1, S. 264, Nr. 342.
12 LOWIJCK, Schepenenlijsten (17), S. 27.
13 VAN DEN AUWEELE, Schepenbank, S. 292, 295, 301, 308, 309.
14 GILLIODTS-VAN SEVEREN, Estaple 1, S. 264, Nr. 342; DERS., Inventaire 2, S. 407; nicht bei VAN DEN AUWEELE, Schepenbank, aufgeführt.
15 HR I,3, S. 222, Nr. 219; S. 228, Nr. 233.

W 31 Bonin, Anthonis (1447 - 1448) Brügge
Namensschreibweisen: Nachname: Bonyn; Vorname: Anteunis.
Beruf: Hostelier.
Gäste: Godert von den Watervate, Köln; Goder van den Watervate, jun., Johan van Berch, Meester, Hinrick Suderman, insgesamt mit 11 Pferden;[1] Willem van Calven, Bürgermeister Lübeck, mit 19 Pferden. Ginrick Koting, Bürgermeister Hamburg, mit 10 Pferden; Johan Rotgers, Sekretär Hamburg; Arnd van Telchten, Danzig, mit 6 Pferden.[2]
Wohnort: Brügge, Bürger.
Verschiedenes: Kosten des Aufenthalts der Gäste für insgesamt 23 Wochen:[3] Pferde: 54 lb 6 ß 6 gro, Herberge: 55 lb gro.

W 32 Bonin, Jehan (1366 - 1367) Brügge
Namensschreibweisen: Nachname: Boniin; Vorname: Jan.
Familie: Die Familie Bonin gehört zu den ältesten Familien der Stadt Brügge.[4] Es gibt Hinweise zu dieser Familie von 1257 - 1474, deren Mitglieder vielfach Schöffen oder Ratsherren waren.[5]
Beruf: Hostelier.
Klerk: Jakop Staple, 1366/67.[6]
Gäste: Jak. le Cambrelet de Valenciennes, Biertrant de Roules.[7]
Wohnort: Brügge, Bürger.
Brügger Ämter: Schöffe 1366-67.[8]
Geschäftspartner: Zwischen Juli 1366 und Februar 1367 besteht eine geschäftliche Verbindung zum Brügger Wechsler Collard de Marke.[9]

W 33 Bonyn, Thomas (1410 - 1434) Brügge
Namensschreibweisen: Nachname: Bonin, Boonin, Vorname: Thomaes, Thomaesin.
Beruf: Hostelier.
Gäste: Jan Hoorin und Thideman Bocholt (hansische Kaufleute), zwischen 1430 und 1434.
Wohnort: Brügge, Bürger.
Aufenthaltsort: Oudenaarde, 16.11.1405 - Gent, 12.1.1406 - Oudenaarde, 4.3. und 12.7.1406 - Ypern, 12.4.1407 - Gent, 1. und 19.3., 22.5. und 4.6.1414, 4.4.1415.
Korporationen: Mitglied der Brügger Maklerzunft.
Ein Thomas Boonin ist Mitglied der Bruderschaft Onze-Lieve-Vrouw van Roosebeke.[10]
Brügger Ämter: Gesandter in Oudenaarde, 16.11.1405, Vier Leden[11] - Gesandter in Gent, 12.1.1406[1] - Gesandter in Oudenaarde, 4.3.1406, Vier Leden u. Herzog von Burgund[2] - Ge-

---

1 HR II,3, S. 250-301, Nr. 345.
2 HR II,3, S. 250, Nr. 345.
3 HR II,3, S. 300, Nr. 345, § 83:1, 2.
4 VAN HOUTTE, Makelaars, S. 15.
5 GAILLIARD, Bruges, Supplement, S. 303.
6 MURRAY, Hostelleraccounts, H 10.1/7.
7 MURRAY, Hostelleraccounts, H 10.
8 VAN DEN AUWEELE, Schepenbank, S. 271.
9 MURRAY, Hostelleraccounts, H 10.1.
10 SAB, reeks 509. Gilde Roosebeke, Ledenregister, fol. 33r; da kein Datum mit dem Register verbunden ist, bleibt die Identität fraglich.
11 ZOETE, Handelingen, S. 74, Nr. 46.

sandter in Oudenaarde, 12.7.1406.[3] - Gesandter in Ypern, 12.4.1407.[4] - Ratsherr 1412-13, 1413-14.[5] - Gesandter in Gent, 1.3.1414, Ständeversammlung. - Gesandter in Gent, 19.3., 22.5., 4.6.1414, Vier Leden.[6] - Bürgermeister der Schöffen 1414-15.[7] - Gesandter in Gent, 4.4.1415, Ständeversammlung.[8] - Bürgermeister des Rats 1417-18, 1420-21[9] - Tresorier 1423-24[10] - Schöffe 1427-28, 1430-31, 1432-33.[11]
Amtliche Daten: Vor dem 2.2.1410 wird zwischen den Engländern und der Hanse vereinbart, eine an die preußisch-livländischen Kaufleute zu zahlende Schaden-ersatzsumme in Höhe von 5.300 Nobel am 18.5.1410 in der Herberge Bonyn in Brügge in Kronen zu übergeben.[12] Die Abrechnung dazu wird von Johannes Cavolt aufgestellt. Er notiert, daß die Preußen den Livländern 498 Nobel für die Beherbergung der Älterleute schuldig sind. Dieses Geld wird an Thomas Bonyn gezahlt.[13] Allerdings geht aus diesem Dokument nicht hervor, ob die Älterleute auch bei Bonyn gewohnt haben. - Am 26.3.1434 wird vor dem Brügger Schöffengericht festgestellt, daß der von den beiden Kaufleuten Janne Hoorin und Thideman Bocholt verklagte Heinrich Senau freizulassen sei, da weder die Kläger noch ihre eventuellen Vertreter zum Zeitpunkt des Gerichtstermins in der Stadt bzw. in der Herberge anwesend sind.[14]
Verschiedenes: Johannes Cavolt setzt in seinen Verfügungen von 1412 ein Legat in Höhe von 6 lb gro für Thomas Bonyn *of we up de tijt in de herberghe es* aus.[15]

W 34 Bortoen, [NN] (1380 - 1381) Brügge
Vorkommen in den Brügger Akziselisten 1360-90:
te Bortoens, NN (86): 1380/81, 2. Quartal, Met.
Identität: Bei Bortoen handelt es sich mit großer Wahrscheinlichkeit um Johan Bartun (W 34.1), der explizit als Hostelier der Hansen genannt wird.

W 34.1 Bartun, Johan (1381 - 1425) Brügge
Identität: Der Zeitraum von mehr als 40 Jahren, geprägt durch die Ämterfunktionen, erscheint sehr lang. Allerdings geht aus dem Memorandum eines anderen Hosteliers (Clais Barbesaen W 20) deutlich hervor, daß eine solche intensive Beteiligung am Stadtregiment über einen Zeitraum von mehreren Dekaden möglich gewesen ist. Dennoch muß angemerkt werden, daß Fris *Bartoens* Lebenslauf etwa gegen 1425 enden läßt. Allerdings basieren seine Angaben auf

---

1 ZOETE, Handelingen, S. 86, Nr. 56.
2 ZOETE, Handelingen, S. 101, Nr. 66.
3 ZOETE, Handelingen, S. 145, Nr. 95; es handelte sich um eine private Angelegenheid der Stadt Brügge.
4 ZOETE, Handelingen, S. 208, Nr. 140.
5 SAB, Wetsvernieuwingen 1397-1421, fol. 120r, 127r.
6 ZOETE, Handelingen,S. 797, Nr. 525; S. 804, Nr. 528; S. 816, Nr. 536; S. 825, Nr. 539.
7 SAB, Wetsvernieuwingen 1397-1421, fol. 134r.
8 ZOETE, Handelingen, S. 925, Nr. 596.
9 SAB, Wetsvernieuwingen 1397-1421, fol. 153r, 173v..
10 SAB, Wetsvernieuwingen 1422-43, fol. 8r.
11 SAB, Wetsvernieuwingen 1422-43, fol. 40r, 57v, 75 v..
12 HR I,5, S. 491, Nr. 636.
13 HAStK, Hanse IV, 58.
14 HUB 7, S. 8-9, Nr. 16; vgl. Haelwin, weduwe van (W 91).
15 HAStK, Hanse IV, 58.

Chroniken, die nicht immer zuverlässig sind.[1] Die letzten drei Ämterangaben zu *Jan Bortoen* wurden deshalb bei der Person W 35 aufgenommen.

Namensschreibweisen: Nachname: Bartûn, Bartune, Bartus, Bretoen, Borthoen, Bortoen, Borton.

Vorname: Jan.

Beruf: Hostelier.[2]

Wohnort: Brügge, Bürger.

Aufenthaltsort: Antwerpen, 14.6.1387 - Lübeck, 22.1.1389 - Hesdin, 31.5.1390 - Gent, 25.11. und 2.12.1394 - St.Omer, 8.8.1396 - Gent, 15.4.1398 - Arras, 17.7.1401 - Lille, 28.1.1402 - Gent, 25.5.1402, 11.6.1402, 28.2.1403 - Sluis, Nieuwpoort, 18.-19.5.1403 - Ypern, 24.5.1403 - Lille, Arras, 12.-13.11. 1403 - Arras, 21.-23.11.1403 - Gent, Arras, 3.5. u. 2.9.1404 - Mecheln, 4.10.1404 - Gent, 31.1.- 1.2. 1405, 3.10.1419.

Korporationen: Mitglied der Brügger Maklerzunft.

Brügger Ämter: Gesandter in Antwerpen, 14.6.1387, Verhandlungen mit der Hanse.[3] - Gesandter in Lübeck, 22.1.1389, Verhandlungen mit der Hanse.[4] - Gesandter in Hesdin, 31.5.1390, Ledenversammlung mit Herzog von Burgund.[5] - Ratsherr 1392-93.[6] - Gesandtschaft nach Lille 1393-1394 (RJ).[7] - Schöffe 1393-94, 1394-95.[8] - Gesandter in Gent, 25.11. und 2.12.1394.[9] - Ratsherr 1395-96, 1396-97.[10] - Gesandter in St.Omer, 8.8.1396, Ledenversammlung mit Herzog von Burgund.[11] - Ratsherr 1397-98, 1398-99.[12] - Gesandter in Gent, 15.4.1398, Übergriffe der Holländer und Seeländer.[13] - Deken der Maklerzunft 1399-1400.[14] - Ratsherr 1400-01.[15] - Gesandter in Arras, 17.7.1401, Ledenversammlung, mit Her-

---

1 FRIS, Brugsche Calfvel, S. 206.

2 HR I,3, S. 360, Nr. 352 A. In diesem Klageartikel hansischer Kaufleute aus dem Jahr 1387 wird *Bartune* als Wirt der Hansen bezeichnet.

3 HR I,2, S. 406, Nr. 342 § 16; PREVENIER, Handelingen, S. 18, Nr. 43; weitere Gesandte: Jacoppe van den Vagheviere (W 186), Niclais Scoorkine, Thideman van denBerghe (W 24), Jan Heldebolle (W 98), Jacob Bonin, Pieter Adorne (W 4) Janne van Claroud, Gillis Dop (W 80), Ghiselbrecht van den Weghe, Jacob Wouters, Gillis van Houtmersch, Clais van Themseke (W 179), Jacob Everboude. Insgesamt sind sie 17 Tage unterwegs. In HR I,2, Nr. 342 § 16 werden Jacob Metten-eye, Jacob van den Walle und Jacob Bonin als Mitglieder der Gesandtschaft namentlich genannt, nicht aber Jacob Everboud.

4 PREVENIER, Handelingen, S. 27, Nr. 69, insgesamt war die Gesandtschaft der Vier Leden 71 Tage unterwegs.

5 PREVENIER, Handelingen, S. 48, Nr. 124, insgesamt 8 Tage unterwegs.

6 SAB, SR 1392-93, fol. 89r, 90r.

7 GILLIODTS-VAN SEVEREN, Inventaire 3, S. 218.

8 LOWIJCK, Schepenenlijsten (18), S. 47.

9 PREVENIER, Handelingen, S. 106, Nr. 297, 298.

10 LOWIJCK, Schepenenlijsten (18), S. 47f.; GILLIODTS-VAN SEVEREN, Inventaire 3, S. 434.

11 PREVENIER, Handelingen, S. 129-130, Nr. 358; weitere Gesandte: Janne van Roesselare, Niclais den Zoutre, Niclais Scorkinne, Franchoise den Cupere; insgesamt 12 Tage unterwegs; vgl. hierzu Lubrecht Scuetelare (W 169).

12 LOWIJCK, Schepenenlijsten (18), S. 47f.; GILLIODTS-VAN SEVEREN, Inventaire 3, S. 434.

13 PREVENIER, Handelingen, S. 150-151, Nr. 407, gemeinsam mit Niclais Scorkinne, insgesamt 3 Tage unterwegs.

14 VAN DEN ABEELE, Makelaars, S. 132.

15 SAB, Wetsvernieuwingen 1397-1421, fol. 24v.

zog von Burgund.[1] - Schöffe 1401-02.[2] - Gesandter in Lille, 28.1.1402, Ledenversammlung.[3] - Gesandter in Sluis und Gent 1401-1402 (RJ).[4] - Gesandter in Gent, 25.5.1402, Vier Leden.[5] - Gesandter in Gent, 11.6.1402, Vier Leden.[6] - Gesandter in Gent, 14.10.1402, Vier Leden.[7] Ratsherr 1402-03.[8] - Gesandter in Gent, 28.2.1403, Vier Leden.[9] - Gesandter in Sluis und Nieuwpoort, 18.5.1403.[10] - Gesandter in Ypern, 24.5.1403, Vorbereitung der Versammlung in Calais mit den Engländern.[11] - Gesandter in Ypern und Lille, 26.-27.7.1403, Parlament.[12] - Schöffe 1403-04.[13] - Gesandter in Lille, Arras, 12.-13.11.1403, zur Herzogin von Burgund.[14] – Gesandter in Arras, 21.-23.11.1403, Vier Leden, Herzog von Burgund.[15] - Gesandter in Brüssel, 18.4.1404, Vier Leden und Herzog von Burgund.[16] - Gesandter in Gent, Arras, 3.5. und 2.9.1404, zur Herzogin von Burgund.[17] - Ratsherr 1404-05.[18] - Gesandter in Mecheln, 4.10.1404, Vier Leden, Städte von Holland, Seeland.[19] - Ratsherr 1405-06, 1406-07.[20] - Gesandter in Gent, 31.1.-1.2.1405, Vier Leden, Ballius von Gent, Brügge, Ypern.[21] - Gesandter in Gent, 17.2.1405.[22] - Schöffe 1407-08.[23] - Ratsherr 1408-09.[24], [1410-11[1]] - Tresorier 1409-

---

1 PREVENIER, Handelingen, S. 214, Nr. 527, weitere Gesandte: Niclais Scorkinne, Joris Bradericke, Jan Heldebolle (W 98), Jan Camphin (W 52.1), Niclais Barbezane (W 20), insgesamt sind sie 12 Tage unterwegs; Gegenstand der Unterredung war der Münzwert.

2 SAB, Wetsvernieuwingen 1397-1421, fol. 32r.

3 Prevenier, Handelingen, S. 223, Nr. 545, gemeinsam mit Jan van Roesselare; insgesamt sind sie 8 Tage unterwegs.

4 GILLIODTS-VAN SEVEREN, Inventaire 3, S. 461 u. 463.

5 PREVENIER, Handelingen, S. 232, Nr. 559; mit Niclais Scorkinne, Jan Biesen; 4 bzw. 3 Tage unterwegs.

6 PREVENIER, Handelingen, S. 233, Nr. 561; Gegenstand: Münzwert und Seeräuber; 3 Tage.

7 PREVENIER, Handelingen, S. 241, Nr. 574; mit Niclais Scorkinne, Colaerd Cortscove; Gegenstand: Münzwert; 3 Tage.

8 SAB, Wetsvernieuwingen 1397-1421, fol. 39r-v.

9 PREVENIER, Handelingen, S. 250, Nr. 586, mit Aernoud Reyphinne, Victor van Leffinghe; Gegenstand: Verhandlungen mit England.

10 PREVENIER, Handelingen, S. 263, Nr. 603, mit Pieter Gaderpenninghe Victor van Leffinghe; insgesamt 5 Tage.

11 PREVENIER, Handelingen, S. 267, Nr. 610.

12 PREVENIER, Handelingen, S. 277, Nr. 619, mit Victor van Leffinghe; insgesamt 5 Tage.

13 SAB, Wetsvernieuwingen 1397-1421, fol. 47r.

14 PREVENIER, Handelingen, S. 287, Nr. 636, mit Victor van Leffinghe, Aernoud Reyphinne; Gegenstand, Bede an Herzogin von Burgund; insgesamt 2 Tage.

15 PREVENIER, Handelingen, S. 290, Nr. 641, mit Victor van Leffinghe, Jan Biesen; Gegenstand, Bede an Herzogin von Burgund; Stapelverletzung durch Brugse Vrije, insgesamt 15 Tage.

16 PREVENIER, Handelingen, S. 312, Nr. 675.

17 PREVENIER, Handelingen, S. 316, Nr. 681; idem, S. 334, Nr. 707.

18 SAB, Wetsvernieuwingen 1397-1421, fol. 55v.

19 PREVENIER, Handelingen, S. 338, Nr. 713; 7 Tage; GILLIODTS-VAN SEVEREN, Inventaire 3, S. 522.

20 SAB, Wetsvernieuwingen 1397-1421, fol. 63v, 71v-72r.

21 PREVENIER, Handelingen, S. 356-358, Nr. 731; Gegenstand: u.a. englische Wolle, die Osterlingen gehörte; insgesamt 6 Tage.

22 PREVENIER, Handelingen, S. 359, Nr. 733; mit Jan van Roesselare, Victor van Leffinghe; Gegenstand: Berichte über den Stapel zu Calais; insgesamt 5 Tage.

23 SAB, Wetsvernieuwingen 1397-1421, fol. 79v.

24 SAB, Wetsvernieuwingen 1397-1421, fol. 89r-v.

1 1410-11 ist *Jan Bortoen* sowohl als Ratsherr als auch als Tresorier notiert; vgl. SAB, Wetsvernieuwingen 1397-1421. fol. 104r.

10, 1410-1411, 1411-12, 1412-13.[1] - Ratsherr 1414-15.[2] - Tresorier 1416-17.[3] - Bürgermeister des Rats 1419-20.[4] - Gesandter in Gent, 3.10.1419, zum Herzog von Burgund[5] - Gesandter in Gent, 21.7.1420, Vier Leden.[6] - Gesandter in Gent, 22.10.1422, Vier Leden.[7] - Ratsherr 1422-23.[8] - Tresorier 1424-25.[9] - Gesandter in Sluis, 7.9.1424, Vier Leden.[10] - Gesandter in Gent, 16.7.1425 und 25.8.1425, Vier Leden.[11]

Amtliche Daten: Ein Klageartikel der Hanse von 1387 beschreibt, wie kurz nach der Schlacht von Westrosebeke das Schiff des Hamburger Schiffers Olric Mul auf offener See durch Jeriis Dieralf, Jacob Buuc, Wauter Janssone und Frederic (Klerk) u.a. geentert und nach Sluis gebracht worden sei. Danach sei ein Teil der Ware (insbesondere 10 Last Hering) geraubt und das Schiff von den genannten Personen wieder in den Zwin zurückgebracht worden. Später sei die Besatzung über Bord geworfen worden. Das Schiff sei durch die Flamen in unbekannter Richtung mit weiteren 78 Last Hering fortgesegelt.[12] Diesen Überfall habe nur ein Mann überlebt, der dann anschließend durch den Wirt Jan Borton vor das Brügger Schöffengericht begleitet worden ist (vor 1387).[13] In der Entgegenung der flämischen Seite auf diese Vorwürwird die Teilnahme aller genannten flämischen Personen an diesem Überfall bestritten, nicht zuletzt aufgrund des Umstands, daß der angebliche Komplize Jacob Buuc bereits seit ca. 27 Jahre tot sei.[14]

Verschiedenes: 1382, nach der Schlacht von Westrosebeke, begibt sich Johan Bartune im Auftrag des hansischen Kaufmanns Ludekinus Munter nach Sluis, um dort festgesetzte Hansen durch Bürgschaft auszulösen.[15] - Im Haus des Johan Bartune verkauft der hansische Kaufmann Tideke Trost im Jahr 1383 zwei Rollen Leinwand an den englischen Käufer Hutzunwitz/Hustun de Witte, Gast des Brügger Hosteliers Johan Metten Eye (W 135). Der Knape des Hosteliers nimmt die Ware für den Gast in Empfang und bringt sie in die Herberge Metten Eye. Da Tideke Trost das Geld für die Ware in Höhe von 58 lb 8 gro nach eigenen Angaben nicht erhalten habe, fordert er aufgrund der Haftungspflicht des Wirts für Gast und Knape die Zahlung der ausstehenden Summe von Johan Metten Eye. Diese Forderung ist Gegenstand der Verhandlungen zwischen den Flamen und der Hanse in Dordrecht und Antwerpen 1387.[1] - Im Jahr 1419 sammelt Hildebrand Veckinchusen im Haus des Bartun den Schoß aus der Büchse des Bodem Glumer ein und ver-zeichnet dies in seinen Büchern.[2]

---

1 SAB, Wetsvernieuwingen 1397-1421, fol. 97r; SR 1410-1411 fol. 1r; Wetsvernieuwingen 1397-1421, fol. 112r; SR 1412-13, fol. 1r.
2 SAB, Wetsvernieuwingen 1397-1421, fol. 134r-v.
3 SAB, Wetsvernieuwingen 1397-1421, fol. 147r-v.
4 SAB, SR 1419-20, fol. 44r.
5 BLOCKMANS, Handelingen I,1, S. 2, Nr. 2.
6 BLOCKMANS, Handelingen I,1, S. 35, Nr. 28.
7 BLOCKMANS, Handelingen I,1, S. 143, Nr. 114.
8 SAB, Wetsvernieuwingen 1422-43, fol. 1r-v.
9 SAB, Wetsvernieuwingen 1422-43, fol. 16v.
10 BLOCKMANS, Handelingen I,1, S. 222, Nr. 184.
11 BLOCKMANS, Handelingen I,1,S. 250, Nr. 205; S. 251, Nr. 206.
12 HR I,2, S. 415, Nr. 343 § 27.
13 HR I,2, S. 439, Nr. 345 § 18.
14 HR I,2, S. 427, Nr. 344 § 22.
15 HR I,3, S. 360, Nr. 352 A; vgl. W 24.
1 HR I,3, S. 364, Nr. 357 A u. B; vgl. Johan Metten Eye (W 135) und Lamsin wedewe van Sint Omaers (W 173).
2 STEIN, Umfang, S. 217.

W 35 Bortoen, Jan (1421 - 1440) Brügge

Identität: Möglich wäre die Identität mit Johan Bartun (W 34.1).[1]
Namensschreibweisen: Nachname: Bartun.
Beruf: Hostelier.[2]
Klerk: Rogier van de Woestijne, 1439-1440.[3]
Wohnort: Brügge, Bürger.
Brügger Ämter: Vogt der Leproserie 1421-30.[4] - [Schöffe 1427-28.[5]] - [Tresorier 1429-30.[6]] [Ratsherr 1432-33.[7]]

W 36 Brandon, [NN] (1378 - 1379) Brügge

Vorkommen in den Brügger Akziselisten 1360-90:
te Brandons, [NN] (77): 1379/80, 1. Quartal, Met.
Identität: Wird als Herberge/Taverne genannt (möglicherweise handelt es sich hier auch um eine Hansenschenke). In den Rechnungsbüchern des Brügger Wechslers Collard de Marke taucht in der Rechnung des Pieter van Collekierke (W 60) 1368 und 1369 ein Will[em] Brandon unbestimmter Herkunft auf.[8] Collekierke hat zu einigen hansischen Kaufleuten geschäftliche Kontakte; möglicherweise handelt es sich bei dem Stadt-rechnungseintrag um die Taverne eines hansischen Kaufmanns namens Brandon.

W 37 Bretoen, Jan (1386 - 1388) Brügge

Vorkommen in den Brügger Akziselisten 1360-90:
te Jan Bretoens (94): 1387/88, 2. Quartal, Met, Gast in diesem Quartal: Brand Nootberch (94/6).
te Jan Bretoens (95): 1387/88, 3. Quartal, Met, Gast in diesem Quartal: Brand Norberch (95/46).
te Jan Bretoens (96): 1387/88, 4. Quartal, Met, Gast in diesem Quartal: Johannes Everaerd (96/8).
Namensschreibweisen: Nachname: Breton.
Beruf: Hostelier.
Wohnort: Brügge, Bürger.
Brügger Ämter: Gesandter bei den Verhandlungen mit der Hanse in Antwerpen 1387.[9]
Amtliche Daten: Als Beauftragter der Stadt zeichnet er mit Jacob Gherolv und Clais van Themseke (W 179) für die Metakzise des 1. Quartals 1386/87 verantwortlich.

---

1 Vgl. W 34.1, Identität.
2 MUS, Ameyde, S. 128.
3 SAB, Memoriaal Camere 1439-1440, fol. 25r.
4 MARÉCHAL, (G.), Brugse Hospitaalwezen, S. 65, Anm. 40.
5 SAB, Wetsvernieuwingen 1422-43, fol. 40r.
6 SAB, Wetsvernieuwingen 1422-43, fol. 56r-v.
7 SAB, Wetsvernieuwingen 1422-43, fol. 75r-v.
8 MURRAY, Hostelleraccounts, H 16.3/10 und H 16.5/ 3.
9 PREVENIER, Handelingen, S. 18, Nr. 43: 17 Tage, ab dem 14. 6. 1387.

W 38 Brouke, Bauduin van de (1370) Brügge

Identität: Abgesehen von der Verbindung zum Brügger Wechsler Willem Ruweel und dem gemeinsam mit ihm genannten Jehan van de Brouke (W 39) ist nichts über ihn bekannt.
Familie: Sonstige Verwandte: Jehan van de Brouke (W 39), möglicherweise handelt es sich hier um einen Bruder.
Beruf: Hostelier.
Gäste: Ricart de Bavef, Jehan le Suse (Spanier), Tumas Daux zonne.[1]
Wohnort: Brügge, Bürger.
Geschäftspartner: Für die Zeit vom 20.4.bis zum 8.5.1370 steht Brouke in geschäftlicher Verbindung mit dem Wechsler Willem Ruweel. Er wird gemeinsam mit Jehan van de Brouke notiert.[2]

W 39 Brouke, Jehan van de (1370) Brügge

Identität: Abgesehen von der Verbindung mit dem Brügger Wechsler Willem Ruweel und dem mit ihm genannten Bauduin van de Brouke (W 38) ist nichts über ihn bekannt.
Familie: Sonstige Verwandte: Bauduin van de Brouke (W 38), möglicherweise handelt es sich um einen Bruder.
Beruf: Hostelier.
Gäste: Ricart de Bavef, Jehan le Suse (Spanier), Tumas Daux *zonne*.[3]
Wohnort: Brügge, Bürger.
Geschäftspartner: Für die Zeit vom 20.4. bis zum 8.5.1370 steht Brouke in geschäftlicher Verbindung mit dem Wechsler Willem Ruweel. Er wird gemeinsam mit Baudin van de Brouke notiert.[4]

W 40 Buerchgrave, Jan de (1328 - 1341) Brügge

Namensschreibweisen: Nachname: Buerghgrave; Vorname: Jehan; Zusatz: li.
Beruf: Hosteliersklerk.[5]
Wohnort: Brügge, Bürger.
Korporationen: Mitglied der Brügger Maklerzunft.
Amtliche Daten: Am 14.12.1328 unterzeichnet Buerchgrave neben anderen in seiner Eigenschaft als Brügger Bürger eine Schuldurkunde, ausgestellt für Donad, Sohn des verstorbenen Pachin Peruzzi, in Höhe von 20.000 lb par.[6] - Am 3.1.1341 unterzeichnet Buerchgrave in seiner Tätigkeit als Knape eine Zunfturkunde.[7]

W 41 Buerze, [NN] (1366 - 1387) Brügge

Vorkommen in den Brügger Akziselisten 1360-90:
ter Buerze (15/9): 1366/67, 3. Quartal, Met.

---

1 MURRAY, Hostelleraccounts, H 13.
2 MURRAY, Hostelleraccounts, H 13.1.
3 MURRAY, Hostelleraccounts, H 13.
4 MURRAY, Hostelleraccounts, H 13.1.
5 SAB, reeks 299, Makelaars, Cartularium A 1293-1683, fol. 19v. vgl. SCHOUTEET, Regesten 3, S. 16, Nr. 17: SCHOUTEET unterscheidet in seinem Regest nicht zwischen Hosteliers und Maklern. Außerdem erwähnt er die *Cnapen* nicht.
6 SCHOUTEET, Regesten 2, S. 178, Nr. 472.
7 SAB, reeks 299, Makelaars, Cartularium A 1293-1683, fol. 19v.

ter Buerze (69): 1375/76, 1. Quartal, Met.
ter Buerze (79): 1379/80, 3. Quartal, Met.
ter Buerze (80): 1379/80, Met.
ter Buerze (94): 1387/88, 2. Quartal, Met, Gäste in diesem Quartal: Diederic Ghoet (94/16), Johannes Crukeman (94/17), Johannes Wineman (94/18).
ter Buerze (95): 1387/88, 3. Quartal, Met, Gäste in diesem Quartal: Jan van Besonden (95/29), Johannes Crukeman (95/30).
ter Buerze, (96): 1387/88, 4. Quartal, Met, Gäste in diesem Quartal: Conraerd Bonis (96/5), Diederic Ghoet (96/6).
Identität: Wird als Herberge genannt. Sie gehört der Familie Van der Buerze in Brügge. Insgesamt sind drei Herbergen im Besitz dieser Familie gewesen. *Ter Buerze* in der Vlamingstrate 35, *Ter Ouder Buerze* in der Vlamingstrate 37 und *De Cleene Buerze* in der Grauwerkerstraat 2.[1]
Verschiedenes: In einem Artikel der hansischen Ratssendboten vom 1.5.1387 wird beklagt, daß aus der Herberge *Ter Buerze* 10 Stück Wachs aus dem Besitz preußischer Kaufleute entwendet worden seien. Drei weitere Herbergen sind von einem ähnlichen Vorwurf betroffen; insgesamt seien 42 Stück Wachs entwendet worden. Der beklagte Gesamtschaden beläuft sich auf 230 lb.[2]

W 42 Buerze, Clais van der (1354 - 1382) Brügge

Vorkommen in den Brügger Akziselisten 1360-90:
Buerze, Clais van der (63): 1372/73, 3. Quartal, Met, Gast in diesem Quartal: Heinric Gheihoven (63/34).
Buerze, Clais van der (70): 1375/76, 2. Quartal, Met.
Buerze, Clais van der (77): 1379/80, 1. Quartal, Met.
Buerze, Clais van der (78): 1379/80, 2. Quartal, Met.
Buerze, Clais van der (85): 1380/81, 1. Quartal, Met.
Buerze, Clais van der (86): 1380/81, 2. Quartal, Met.
Namensschreibweisen: Nachname: Beurse, Beurze, Borse, Boursa, Bourse, Burse, Burza; Vorname: Claize, Clays, Nicolas; Zusatz: de le, de.
Lebensdaten: Tod: 1382 in Brügge.[3]
Familie: Eltern: Jan (3) van der Buerze und Lutgardis de Perone; Geschwister: Robert, Margareta, Elisabeth; Ehefrau: Marguerite Ruebs; Kinder: Nicolas, Jan, Catherine.
Beruf: Hostelier. Er besitzt die Herberge *Ter Buerze* in der Vlamingstrate in Brügge.[4]
Gast: Jehan Stolt.[5]
Korporationen: Mitglied der Brügger Maklerzunft.
Brügger Ämter: Deelman St.-Niclaaszestendeel 1364-65.[6] - Hoofdman der Maklerzunft 1366-67, 1371-72.[1] - Deken der Maklerzunft 1374-75.[2]

---

1 DEVLIEGHER, Maisons, S. 418-421.
2 HR I,2, S. 412, Nr. 343 § 4, vgl. Adeam Metten Eye: W 131, Antheunis Pape: W 147, Arnoud Poltus: W 154.
3 MARECHAL, Brugse Beurs, S. 21; vgl. auch für die nachfolgenden Familiendaten.
4 MARECHAL, Brugse Beurs, S. 27; MARECHAL meint, Clais (3) habe bis 1409 diese Herberge besessen, dagegen notiert GAILLIARD, Bruges 1, S. 201 dessen Tod schon für das Jahr 1399.
5 MURRAY, Hostelleraccounts, H 11.6/5.
6 LOWIJCK, Schepenenlijsten (16), S. 214.

Geschäftspartner: Zwischen Juli 1366 und Februar 1370 bestehen geschäftliche Beziehungen zu den beiden Brügger Wechslern Collard de Marke und Willem Ruweel. Dabei fallen einige Transaktionen mit anderen Hosteliers ins Auge, besonders mit Edele van Ruddervorde (W 162).[3] - Am 24.6.1369 zahlt Albrecht van Meerten ihm in Collard de Markes Wechselstube eine Summe, die Johann von Blois geliehen hat.[4]
Akzisepächter: 1370/71, 2. Quartal, Wein - 1370/71, 4. Quartal, Wein - 1375/76, 3. Quartal, Wein - 1375/76, 2. Quartal, Met - 1380/81, 4. Quartal, Met. Verschiedenes: Clais van der Buerze wird in einem Klageartikel des Kölner Kaufmanns Heinrich Erembrecht beschuldigt, dessen Knecht gefangen und eine doppelte Akzise (vermutlich für Wein) verlangt zu haben.[5]

W 43 Buerze, Jan (3) van der (1335 - 1351) Brügge
Identität: In einem Brief zweier hansischer Kaufleute an den Hansetag zu Lübeck vom 25.7.1358 wird Johann van der Buerze als Wirt des Dethart van den Berghe bezeichnet. Da für diesen Zeitraum kein weiterer Jan/Johan van der Buerze nachzuweisen war, muß angenommen werden, daß dieser Brief einen weit vor dem genannten Datum gelegenen Sachverhalt zum Inhalt hat. Insofern wird sich dieser Hinweis auf den hier behandelten Jan (3) van der Buerze beziehen.[6]
Namensschreibweisen: Nachname: Beurse, Beurze, Borse, Boursa, Bourse, Burse, Burza; Vorname: Johan.
Lebensdaten: Tod: Jan (3) van der Buerze und seine Frau Lutgardis verstarben am oder vor dem 5.1.1351.[7]
Familie: Eltern: Robert (1) van der Buerze, Maria Hoeft; Geschwister: Robert (2), Mattheus (1), Laurens (2), Isabella, Gisela; Ehefrau: Lutgardis de Perone; Kinder: Robert (3), Nicolas (3); Margareta (4), Elisabeth (3).
Beruf: Hostelier.
Wohnort: Brügge, Bürger.
Korporationen: Mitglied der Brügger Maklerzunft.
Brügger Ämter: Ratsherr 1335-36. - Schöffe 1336-37 - Ratsherr 1338-39, 1339-40, 1342-43 - Schöffe 1343-44 - Ratsherr 1345-46, 1347-48.[8]
Amtliche Daten: Am 2.11.1340 unterzeichnet Buerze als Hostelier die Keure für die Hosteliers und Cnapen.[9]

W 44 Buerze, Jan (4) van der (1396 - 1434) Brügge
Identität: Dieser Jan van der Buerze wird häufig mit Jan Buerze (W 50) verwechselt. Vor allem in der Zuweisung der Ämter ist dies zu sehen.[10] Deshalb wurden bei den Ämtern nur

---

1 SCHOUTEET, Regesten 3, S. 188, Nr. 493.
2 VAN DEN ABEELE, Makelaars, S. 132.
3 MURRAY, Hostelleraccounts, H 11.1 - H 11.6; Ruddervorde: H 11.2/10, H 11.4/12, H 11.6/11.
4 PARAVICINI, Preußenreisen 3, Dok. 64/19b.
5 HR I,3, S. 344, Nr. 340 § 3; vgl. DIERCK, DÜNNEBEIL, RÖSSNER, Prosopographischer Katalog, S. 229-231, Nr. 184.
6 HR I,3, S. 237, Nr. 240:8.
7 MARECHAL, Brugse Beurs, S. 20-21., vgl. alle nachfolgenden Familiendaten.
8 VAN DEN AUWEELE, Schepenbank, S. 152, 153, 160, 161, 166, 175, 176, 185, 194.
9 GILLIODTS-VAN SEVEREN, Règlements, S. 257.
10 So z.B. bei FRIS, Brugsche Calvel, S. 201 und MARECHAL, Brugse Beurs.

die Angaben notiert, bei denen der Name den Zusatz "van der" trägt. Alle anderen Angaben finden sich bei Jan Buerze.
Namensschreibweisen: Nachname: Beurse, Beurze, Borse, Boursa, Bourse, Burse, Burza - Vorname: Johan.
Lebensdaten: Tod: 1434.[1]
Familie: Eltern: Nicolas (3) van der Buerze; Margareta Ruebs - Geschwister: Nicolas (4), Catherine[2] - Ehefrau: Gertrude Bave - Kinder: Jakob, Johan (5), Catharina, Margareta (5), Lutgardis; sowie drei weitere Kinder, deren Namen nicht überliefert sind.
Beruf: Hostelier.
Gäste: Conrad Ludenschede, hansischer Kaufmann.[3]
Wohnort: Brügge, Bürger.
Aufenthaltsort: Gent, 3.4.1407.
Korporationen: Mitglied der Brügger Maklerzunft.
Brügger Ämter: Hoofdman St.-Niklaaszestendeel 1397-98,[4] 1398-99, 1399-1400, 1400-01, 1401-02[5] - Deken der Maklerzunft 1401-02.[6] - Hoofdman St.-Niklaaszestendeel 1402-03, 1403-04 - Schöffe 1404-05.[7] - Gesandter in Kortrijk, 13.4.1405, dann Gent, Vier Leden und Herzog von Burgund,[8] in Ypern, 19.5.1405, Besprechung wegen englischer Truppen in Sluis.[9] - Gesandter in Gent, 6.8.1405, danach nach Oudenaarde[10] - Ratsherr 1405-06.[11] - Gesandter in Gent, 29.12.1405, danach in Ypern, Januar 1406,[12] in Gent, 4.2.1406, Vier Leden,[13] in Gent, 12.4., 19.5. u. 26.5.1406.[14] - Schöffe 1406-07[15] - Gesandter in Gent, 9.2.1407, Herzog von Burgund,[16] in Gent, 29.3.1407, danach nach Kortrijk, Vier Leden,[17] in Gent, 3.4.1407, Vier Leden, Graf von Flandern.[18] - Schöffe 1412-13.[19] - Gesandter in Gent, 1.7.1412, Vier Leden,[20] 29.1. und 26.4.1413, Vier Leden[21] - in Kortrijk, 19.7.1413, Vier Leden,[22] in Gent, 18.7.1413,[1] in Oudenanarde, 17.8.1413, Vier Leden und Graf von

1 MARECHAL, Brugse Beurs, S. 21; vgl. GAILLIARD, Bruges 1, S. 201.
2 GAILLIARD, Bruges 1, S. 201; anders MARECHAL, Brugse Beurs, S. 21, dort wird nur Jan (4) als Sohn von Nicolas (3) ohne Geschwister erwähnt.
3 GILLIODTS-VAN SEVEREN, Inventaire 3, S. 374, Nr. 828.
4 SAB, Purpurenboek, fol. 123v.
5 SAB, Wetsvernieuwingen 1397-1421, fol. 1v, 8v-9r, 16v, 24v, 32r, 39v, 47r (zu allen Zestendeel-Angaben).
6 VAN DEN ABEELE, Makelaars, S. 132.
7 SAB, Wetsvernieuwingen 1397-1421, fol. 55v.
8 ZOETE, Handelingen, S. 10, Nr. 8.
9 ZOETE, Handelingen, S. 24, Nr. 15.
10 ZOETE, Handelingen, S. 40, Nr. 26.
11 SAB, Wetsvernieuwingen 1397-1421, fol. 63v.
12 ZOETE, Handelingen, S. 83, Nr. 53.
13 ZOETE, Handelingen, S. 95, Nr. 62.
14 ZOETE, Handelingen, S. 113, Nr. 75; S. 105, Nr. 69; S. 109, Nr. 71.
15 SAB, Wetsvernieuwingen 1397-1421, fol. 71v-72r; am 24. 4. 1407 wird Buerze durch Pieter vanden Velde ersetzt; ebenda u. fol. 79v; fol. 120r.
16 ZOETE, Handelingen, S. 192, Nr. 131.
17 ZOETE, Handelingen, S. 200, Nr. 137.
18 ZOETE, Handelingen, S. 200, Nr. 137.
19 SAB, Wetsvernieuwingen 1397-1421, fol. 120r.
20 ZOETE, Handelingen, S. 632, Nr. 428.
21 ZOETE, Handelingen, S. 692, Nr. 459; S. 724, Nr. 476.
22 ZOETE, Handelingen, S. 740, Nr. 484.

Charolais[2] - Bürgermeister des Rats 1413-14[3] - Gesandter in Gent, 14.5.1414, Ständeversammlung[4] - in Péronne, 21.7.1414, zum französischen König,[5] in Gent, 10.7.1414, Vier Leden,[6] in Lille, 13.7.1414, Vier Leden, Herzog von Burgund,[7] in Ypern, 1.8.1414, Vier Leden, Herzog von Burgund,[8] in Lille, 7.8.1414, danach in Arras, Friede von Arras[9] - Tresorier 1414-15 - Ratsherr 1417-18 - Schöffe 1420-21[10] - Bürgermeister der Schöffen 1422-23[11] - Deken der Maklerzunft 1424-25[12] - Bürgermeister der Schöffen 1425-26[13] - Ratsherr 1426-27[14] - Deken der Maklerzunft 1429-30[15] - Bürgermeister der Schöffen 1431-32.[16]
Geschäftsdaten: Im Jahr 1404 ist der Katalane Jacemus Sarta zu Gast bei Buerze. Diesem vermittelt Burse ein Verkaufsgeschäft von vier Sack Saffran an den deutschen Kaufmann Claus Gremme. Gremme allerdings bezahlt diesen Kauf nicht. Der Rat der Stadt Barce-lona fordert namens J. Sarta sowohl vom Brügger Rat als auch von Van der Buerze Aufklärung in dieser Sache.[17] 1409 pachtete er die Herberge *Ter Buerze* zu zwei Dritteln von seinem Vater Clais van der Buerze.[18]
Amtliche Daten: Als Mitglied des Brügger Magistrats zeichnet Buerze zahlreiche Urkunden.[19]
Postume Erwähnungen: Er und seine Frau werden in der St. Jacobskirche in Brügge bestattet.[20]

W 45 Buerze, Laurenz (2) van der (1351) Brügge
Namensschreibweisen: Nachname: Beurse, Beurze, Borse, Boursa, Bourse, Buerse, Burse, Burza - Vorname: Laureins, Laurentius, Lauwers, Lauwereins - Zusatz: de.
Lebensdaten: Tod: 1351.
Familie: Eltern: Robert (1) van der Buerze, Maria Hoeft.[21]
Geschwister: Robert (2), Matteus (1), Jan (3), Isabella, Gisela.
Beruf: Hostelier.
Wohnort: Brügge, Bürger.

---

1 ZOETE, Handelingen, S. 745, Nr. 488.
2 ZOETE, Handelingen, S. 749, Nr. 492.
3 SAB, Wetsvernieuwingen 1397-1421, fol. 127r-v.
4 ZOETE, Handelingen, S. 802, Nr. 527.
5 ZOETE, Handelingen, S. 832, Nr. 543.
6 ZOETE, Handelingen, S. 837, Nr. 546.
7 ZOETE, Handelingen, S. 839, Nr. 547.
8 ZOETE, Handelingen, S. 850, Nr. 554.
9 ZOETE, Handelingen, S. 853, Nr. 555.
10 SAB, Wetsvernieuwingen 1397-1421, fol. 134r-v, 153r-v, 173r-v.
11 SAB, Wetsvernieuwingen 1422-43, fol. 1r-v.
12 VAN DEN ABEELE, Makelaars, S. 135.
13 SAB, Wetsvernieuwingen 1422-43, fol. 24r-v.
14 SAB, Wetsvernieuwingen 1422-43, fol. 32r-v.
15 VAN DEN ABEELE, Makelaars, S. 136.
16 SAB, Wetsvernieuwingen 1422-43, fol. 66r-v.
17 EHRENBERG, Makler, S. 441-443.
18 MARECHAL, Geschiedenis, S. 27.
19 SCHOUTEET, Regesten 4, passim.
20 MARECHAL, Geschiedenis, S. 21.
21 MARECHAL, Brugse Beurs, S. 20.

Geschäftspartner: Bis 1351 ist Buerze Geschäftspartner des Lübecker Kaufmanns Johann Wittenborg.[1] Durch Buerzes Tod im Jahr 1351 verlieren einige hansische Kaufleute bei ihm eingelagertes Geld und Waren, da Buerzes Besitz von der Stadt beschlagnahmt wird, um seine Verpflichtungen gegenüber Brügger Bürgern zu entschädigen.[2] Die hier fol-genden Beschwerden sind in verschiedenen Klageartikeln im Jahr 1358 vorgebracht worden: Willekin Pellegrin (Waren im Wert von 8 lb gro);[3] Ambrosius Swedinghusen von Gotland (Geld in deposito: 18 lb gro);[4] Heyne Stoltenberch aus Dorpat (in deposito: 27 lb gro);[5] Rostocker Bürger, NN (in deposito: 11 lb gro);[6] Herman Kreppelin (in deposito: 11 lb gro und 12 *alte schilde*);[7] Hinrich Kovold (in deposito: 16 *talenta gross-arum*).[8]
Postume Erwähnungen: Erst 1360, also neun Jahre nach Buerzes Tod, wird diese Angelegenheit endgültig geklärt; die Stadt Brügge verspricht den Hansen eine Entschädigung.[9] 1363 wird den Älterleuten des Hansekontors in Brügge eine Summe von 150 lb gro in dieser Sache ausbezahlt.[10]

W 46 Buerze, Mattheus (1) van der (1328 - 1361) Brügge
Identität: Vater und Sohn Matheus Van der Buerze tragen den gleichen Vornamen. Matheus (1) van der Buerze stirbt im Jahr 1361. Alle Daten nach diesem Zeitpunkt werden deshalb Matheus (2) van der Buerze, alle Daten vor 1361 Matheus (1) van der Buerze zugeordnet. Allerdings muß bei den Daten vor 1361 angemerktt werden, daß sie auch für den Sohn gelten könnten. Eine klare Trennung ist aufgrund der Namensgleich-heit und fehlender weiterer personenspezifischer Informationen nicht möglich.
Namensschreibweisen: Nachname: Beurse, Beurze, Borse, Boursa, Bourse, Burse, Burza; Vorname: Mathieu, Mathys, Matheus, Matteus, Matthäus; Zusatz: de le.
Lebensdaten: Tod: 1361.[11]
Familie: Geschwister: Robert, Jan, Laurens, Isabelle, Gisela - Sohn: Mattheus (2) van der Buerze (W 47)[12] - Neffe: Clais van der Buerze (W 42).[13]
Beruf: Hostelier.
Wohnort: Brügge, Bürger.
Brügger Ämter: Ratsherr 1328-1330, 1333-34, 1337-38.[14] - Schöffe 1352-53.[15] - Gesandter zum Hansetag in Lübeck, Juni 1359.[16]

---

1 MOLLWO, Handlungsbuch; PARAVICINI, Preußenreisen 2, S. 287.
2 PUB 5, Nr. 669 A u. B, S. 379.
3 HR I,3, S. 230, Nr. 240:1i.
4 HR I,3, S. 321, Nr. 240:3 § 1.
5 HR I,3, S. 232, Nr. 240:3 § 8.
6 HR I,3, S. 235, Nr. 240:6 § 1.
7 HR I,3, S. 236, Nr. 240:6 § 2.
8 HR I,3, S. 231, Nr. 240:2.
9 HR I,3, S. 255, Nr. 266.
10 HR I,3, S. 256, Nr. 270.
11 GILLIODTS-VAN SEVEREN, Inventaire 3, S. 223, Nr. 732 und SCHOUTEET, Regesten 4, S. 77, Nr. 156.
12 MARECHAL, Brugse Beurs, S. 20-21.
13 MARECHAL, Brugse Beurs, S. 21.
14 VAN DEN AUWEELE, Schepenbank, S. 128, 145, 158.
15 VAN DEN AUWEELE, Schepenbank, S. 215.
16 HR I,3, S. 243, Nr. 244.

Geschäftspartner: Am 2.5.1358 setzt Mattheus van der Buerze Herman Vink von Ratin-gen und Johan Hoeft als seine Bevollmächtigten ein, um seinen Schiffsanteil an der Kogge des Stralsunder Schiffers Everard van Dalwitz und an den mitgeführten Waren *van ghewande ende copschatte* zu verkaufen. Sein Anteil beträgt jeweils ein Viertel. Der Verkauf an Wilhelm Brederode wird am 19.5.1358 urkundlich bestätigt. Der Preis für das Viertel des *copschat* beträgt 5 lb gro.[1]
Privates Handeln: Am 7.10.1357 überträgt er als Vormund der Kinder seines bereits verstorbenen Bruders Jan van der Buerze (W 43) eine Erbrente an die Brügger *donkere kamer*.[2]
Verschiedenes: Im Rechnungsjahr 1357/58 finanziert Mattheus van der Buerze einen Teil der Kosten für die Gesandtschaftsreise des Bruders Pieter Peregrijn nach Lübeck.

W 47 Buerze, Mattheus (2) van der (1363 - 1392) Brügge

Vorkommen in den Brügger Akziselisten 1360-90:
Buerze, Mathheus van der (13/26): 1366/67, 1. Quartal, Met.
Identität: Vater und Sohn Van der Buerze tragen den gleichen Vornamen. Matheus (1) van der Buerze stirbt 1361. Alle Daten nach diesem Zeitpunkt werden deshalb Matheus (2) van der Buerze zugerechnet. Alle Daten vor 1361 werden Matheus (1) van der Buerze zugeordnet. Allerdings muß bei den Daten vor 1361 berücksichtigt werden, daß sie auch für den Sohn gelten könnten. Eine klare Trennung ist aufgrund der Namensgleichheit und fehlender weiterer personenspezifischer Informationen nicht möglich. Murray geht davon aus, daß Matheus (2) schon 1352-53 Schöffe in Brügge ist. So ist er derjenige, der nach Lübeck reist.
Namensschreibweisen: Nachname: Beurse, Beurze, Borse, Boursa, Bourse, Burse, Burza; Vorname: Mathieu, Mathys, Matheus, Matteus, Matthäus.
Lebensdaten: Tod: vor März 1392.[3]
Familie: Vater: Mattheus (1) van der Buerze (W 46)[4] - Cousin: Clais van der Buerze (W 42).
Beruf: Hostelier. Für das Jahr 1366 wird er als Besitzer der Herberge *Ter Buerze* in der Vlamingstrate 35 genannt.[5]
Gäste: Jehan Paris, Evrart van Daelstat, Jehan van Sonst, Gerart van de Larc.[6]
Wohnort: Brügge, Bürger.
Korporationen: Mitglied der Maklerzunft in Brügge 1365.[7]
Akzisepächter: 1368/69, 4. Quartal, Wein.[8]
Amtliche Daten: Am 1.4.1363 erhält der Thorner Heinric Schonehals eine Summe durch den englischen Kaufmann Thomas Albon. Matteus van der Buerze besiegelt die von Wyssen ausgestellte Quittung.[9] Am 2.4.1363 sollen Humphrey Bohun Earl von Hereford und von Northampton, Constable von England, Miles de Stapelton, John de Burley, Walter Devereux und Richard Waldegrave 1600 alte französische Schilde im Haus des Mattheus van der Buerze zurückzahlen, die sie von den Kaufleuten Matthäus Wyssen und Heinrich Schönhals geliehen

1 HR I,3, S. 220, Nr. 229; S. 220, Nr. 230.
2 SCHOUTEET, Regesten 3, S. 133, Nr. 337.
3 GILLIODTS-VAN SEVEREN, Inventaire 3, S. 223.
4 MARECHAL, Brugse Beurs, S. 20-21.
5 MARECHAL, Brugse Beurs, S. 27.
6 MURRAY, Hostelleraccounts, H 12.
7 VAN DEN ABEELE, Makelaars, S. 96.
8 KRÜGER, Steuerlisten, S. 63, Nr. 28.
9 PARAVICINI, Preußenreisen 3, Dok. 61.

haben.[1] Am 19.5.1363 tritt Buerze gemeinsam mit Clais Hausscild (W 92), Everard Compere (W 63), Jacob van Ansame (W 13) und Jan de Witte (W 198) als Bürge auf. Den Hansen in Brügge ist eine Summe von 150 lb gro seitens des Grafen von Flandern aufgrund der zwischen der Hanse und Flandern getrof-fenen Vereinbarung von 1360 zuerkannt worden. Dieses Geld wird entweder in bar oder aber als Schuldbrief an die Älterleute ausgehändigt. Für die Einhaltung des Zahlungs-versprechens bürgt Van der Buerze mit den anderen genannten Personen.[2] Bei den fünf Bürgen handelt es sich um Hosteliers der Hansen. Am 1.6.1363 sollen der Ritter Renaud de Vivonne und dessen Bruder Geoffroy eine Summe von 2600 alten französischen Schilden im Haus des Mattheus van der Buerze zurückzahlen, die sie dem Thorner Bürger Heinrich von Dulmen schulden. Die genannten Schuldner leihen sich im Mai 1363 eine weitere Summe in Höhe von 1100 alten französischen Schilden bei Dulmen. Die Rückzahlung der Summen wird in einer Art Ratenzahlung vorgenommen. Am 22.12.1364 erteilt Gerardus de Lare im Namen von Heinrich von Dulmen im Haus seines Wirts Mattheus van der Buerze eine Generalquittung für die erstatteten Summen. Buerze siegelt als Zeuge.[3] - Am 11. und 29.7.1367 gibt es zwischen Collard de Marke und Buerze zwei Finanztransaktionen.[4] - Am 1. und am 7.11.1369 zahlt Aelbrecht von Meerten die Restschuld des Johann von Blois im Hause des Mattheus van der Buerze. Buerze tritt als Zeuge auf.[5]
Postume Erwähnungen: 1392 wird er im Zusammenhang mit der Begleichung einer städtischen Schuld gegenüber seinen Erben in zwei Urkunden genannt.[6]

W 48 Buerze, Robert (1) van der (1285 - 1320) Brügge
Lebensdaten: Tod: zwischen 1318 und 1320.[7]
Familie: Ehefrau: Maria Hoeft - Kinder: Robert (2), Matteus (1), Jan (3), Laurens; Isabella, Gisela.
Beruf: Hostelier; seit 1285 besitzt er die Herberge *Ter Buerse*, die zunächst vorwiegend durch hansische Kaufleute frequentiert wird.
Klerk: Gosuin de Werden.
Wohnort: Brügge, Bürger.
Aufenthaltsort: Nach der *Gulden Sporenslag* von 1302 flüchtet Buerze mit seinem Sohn Robert und anderen Gleichgesinnten nach St.-Omer.[8]
Korporationen: Mitglied der Brügger Maklerzunft.[9]
Immobilien: Vornehmlich in der Vlamingstraat, Dweerstraat, Oliestraat, Grauwerker-straat und im Verwersdijk, außerdem Wälder bei Oostkamp und bei der Abtei von Sint-Trudo. 1302-03 werden die Einkünfte seiner Immobilien wegen seiner Beteiligung als Leliaerd an der *Gulden Sporenslag* beschlagnahmt.[10]

---

1 PARAVICINI, Preußenreisen 3, Dok. 56.
2 HR I,3, S. 256, Nr. 270.
3 PARAVICINI, Preußenreisen 3, Dok. 59/1-5.
4 MURRAY, Hostelleraccounts, H 12.1/1, 2.
5 PARAVICINI, Preußenreisen 3, Dok. 64/19h.
6 GILLIODTS-VAN SEVEREN, Inventaire 3, S. 223, Nr. 732 und SCHOUTEET, Regesten 4, S. 77, Nr. 156.
7 MARECHAL, Brugse Beurs, S. 20; für alle nachfogenden Familiendaten ebenfalls.
8 MARECHAL, Brugse Beurs, S. 20.
9 VAN DEN ABEELE, Makelaars, S. 87.
10 MARECHAL, Brugse Beurs, S. 19-27.

W 49 Buerze, Robert (2) van der (1302 - 1337) Brügge

Lebensdaten: Tod: vor dem 19.2.1361.[1]

Familie: Eltern: Robert (1) van der Buerze, Maria Hoeft - Geschwister: Matteus (1), Jan (3), Laurens, Isabella, Gisela - Ehefrau: Agnes.

Beruf: Hostelier.

Wohnort: Brügge, Bürger.

Aufenthaltsort: St.-Omer, nach 1302 (zeitweilig).

Brügger Ämter: Ratsherr 1330-31 - Schöffe 1331-32 - Ratsherr 1332-33 - Schöffe 1333-34 - Ratsherr 1334-35 - Schöffe 1335-36 - Ratsherr in Brügge 1336-37.[2]

Wirtschaftsdaten: Er besitzt ein Lehen bei der Strohbrug, abhängig von der Brügger Burg.[3]

Postume Erwähnungen: In einer Urkunde vom 19.2.1361 wird Buerze als verstorben bezeichnet. In dieser Urkunde werden seine testamentarischen Verfügungen erwähnt: Buerze setzt eine jährliche Rente in Höhe von 20 s an die Kartause Genadedal bei Brügge aus, um seinen Geburtstag mit einer Messe jährlich feiern zu lassen.[4]

W 50 Buerze, Jan (1375 - 1405) Brügge

Vorkommen in den Brügger Akziselisten 1360-90:

te Jans Buersen de Weinshuus (71): 1375/76, 3. Quartal, Met.

Identität: In der Stadtrechnung taucht ein weiterer Jan Buerze auf, der vermutlich iden-tisch ist mit W 50. Allerdings ist er nicht verwandt mit der Familie Van der Buerze.[5]

Namensschreibweisen: Nachname: Beurse, Buersen, Buse.

Beruf: Hostelier - Weinhändler.[6]

Wohnort: Brügge, Bürger. Er wohnt im St.-Jacobszestendeel.[7]

Brügger Ämter: Schöffe 1384-85 - Ratsherr 1385-86 - Gesandter in Ypern, 13.10.1385, Ledenparlament,[8] in Tournai, 8.12.1385, Konferenz mit Phillip dem Kühnen und Gent, um den Aufstand in Flandern zu beenden.[9] - Tresorier 1386-87, 1387-88 - Schöffe 1388-89 - Ratsherr 1389-90 - Bürgermeister der Schöffen 1390-91 - Schöffe 1391-92, 1392-93, 1393-94, 1394-95 - Bürgermeister der Schöffen 1395-96 - Schöffe 1396-97, 1397-98, 1398-99 - Hoofdman St.-Jacobszestendeel 1399-1400.[10]

---

1 MARECHAL, Brugse Beurs, S. 20; ebenfalls für alle nachfolgenden Familiendaten.

2 VAN DEN AUWEELE, Schepenbank, S. 134, 135, 142, 143, 148, 149, 155; für alle Ämterangaben.

3 MARECHAL, Brugse Beurs, S. 20.

4 MARECHAL, Brugse Beurs, S. 50, Anm. 69.

5 DE MEYER, Structuren, S. 64.

6 DE MEYER, Structuren, S. 64. Er wird hier als der reichste Weinhändler der Stadt bezeichnet.

7 DE MEYER, Structuren, S. 64.

8 PREVENIER, Handelingen, S. 3, Nr. 2.

9 PREVENIER, Handelingen, S. 3, Nr. 3; diese Gesandtschaft bestand aus folgenden Personen: Jan Heldebolle (W 98), Thideman van den Berghe (W 24), Niclais Scorkinne, Joris Bradericke, Janne Metteneye (W 134), Jacob Bonin, Janne vander Lecke, *mer* Jan Metteneye, Pieter Adorne (W 4) und war insgesamt 17 Tage unterwegs.

10 SAB, Lijsten Magistraat, 1384; Purpurenboek, fol. 118r; SR 1386-87, fol. 1r; Purpurenboek, fol. 119r; SR 1388-89, fol. 101r.; SR 1389-90, fol. 96v-97v; SR 1390-91, fol.100r; SR 1391-92, fol. 85r; SR 1392-93, fol. 89r; Purpurenboek, fol. 122r; SR 1394-95, fol. 74r; SR 1395-96, fol. 76v-77r; SR 1396-97, fol. 84v-85r; Wetsvernieuwingen 1397-1421, fol. 1r; fol. 8v; fol. 16v.

W 51 Calker, Willem (1378 - 1387) Brügge

Vorkommen in den Brügger Akziselisten 1360-90:
te Willems Calkers (77): 1379/80, 1. Quartal, Met.
te Willems Calkers (78): 1379/80, 2. Quartal, Met.
te Willems Calkers (79): 1379/80, 3. Quartal, Met.
te Willems Calkers (80): 1379/80, 4. Quartal, Met.
te Willems Calkers (85): 1380/81, 1. Quartal, Met.
Identität: Verschiedene Urkunden aus dem Zeitraum von 1331 bis 1342 deuten auf einen weitere Person des Namens Willem den Calker hin. Da der zeitliche Unterschied mehr als vierzig Jahre beträgt, ist eine Identität beider fraglich. Ein verwandtschaftliches Verhältnis ist aus den vorliegenden Quellen nicht ersichtlich, aber auch nicht auszu-schließen.[1]
Namensschreibweisen: Nachname: Calckere, Calckre, Kalker - Vorname: Wilme - Zu-satz: de, den.
Beruf: Hostelier.
Gast: Borchardus von Honloghe.[2]
Wohnort: Brügge, Bürger.
Ämter: Hoofdman der Maklerzunft in Brügge 1379.[3]
Verschiedenes: Borchardus von Honloghe beschuldigt seinen Wirt Willem Calker, dem er im Jahr 1380 eine Rolle Leinwand im Wert von 18 lb 19 s und 6 d gro zugesandt habe, diese bzw. die entsprechende Summe selbst einbehalten zu haben. Trotz häufger Rekla-mationen sei nach Angaben von Honloghe kein Schadenersatz erfolgt.[4]

W 52 Camfin, Jan (1333 - 1352) Brügge

Identität: Für den Namen mit seinen entsprechenden Varianten konnten im Zeitraum von 1305 bis 1397 zahlreiche Verweise gefunden werden. Aufgrund der Zeitdifferenz muß es sich um mindestens zwei verschiedene Personen gleichen Namens gehandelt haben. Eine definitiv sichere Zuordnung ist nicht möglich.[5] Es folgen einige Daten zur Übersicht.
Namensschreibweisen: Nachname: Camfijn, Camfyn, Camphin(ne), Canfin.
Beruf: Hostelier.
Wohnort: Brügge, Bürger.
Brügger Ämter: Schöffe 1333-34, 1334-35, 1335-36 - Ratsherr 1336-37 - Schöffe 1338-39, 1351-52.[6]
Amtliche Daten: In den Jahren 1338-1340 wird Camfin im Kontingent der Makler des Brügger Gemeindeheers geführt.[7]Am 2.11.1340 unterzeichnet Camfin in seiner Eigen-schaft als Hostelier die Vereinbarung zwischen Hosteliers und Knapen.[8]

---

1 GILLIODTS-VAN SEVEREN, Inventaire 2, S. 302-308.
2 HR I,3, S. 358, Nr. 348.
3 SCHOUTEET, Regesten 3, S. 251, Nr. 668.
4 HR I,3, S. 358, Nr. 348, Klageartikel 1387.
5 Vgl. SCHOUTEET, Regesten 3, passim; HR I,3 passim; LOWIJCK, Schepenenlijsten (18), passim; SAB, SR 1363-64 bis 1370-71, passim.
6 VAN DEN AUWEELE, Schepenbank, S. 143, 148, 149, 155, 159, 210.
7 VERBRUGGEN, Gemeenteleger, S. 233.
8 GILLIODTS-VAN SEVEREN, Règlements, S. 257.

W 53 Cassele, Clais van (1340 - 1341) Brügge

Namensschreibweisen: Nachname: Cassel.
Beruf: Hostelier.[1]
Wohnort: Brügge, Bürger.
Korporationen: Mitglied der Maklerzunft.[2]
Amtliche Daten: Am 3.1.1341 unterzeichnet Van Cassele als Hostelier eine Zunftübereinkunft mit den Cnapen.[3]

W 54 Clerc, Jehan le (1368 - 1369) Brügge

Identität: Vermutlich ist er der Sohn und Erbe von Pierre le Clerc (W 55), da er erst nach dem Pierre le Clercs Tod in den Rechnungsbüchern von Collard de Marke erscheint. Notiert wird er folgendermaßen: *Jehan sen varlet pour se mere*, wobei Jehan als Diener der Herberge und die Mutter als die Ehefrau des Pierre le Clerc zu identifizieren wären.[4]
Familie: Vater: [Pierre le Clerc (W 55)].
Beruf: Hostelier.
Wohnort: Brügge, Bürger.
Geschäftspartner: Zwischen dem 1.7.1368 und dem 25.5.1369 besteht eine geschäftliche Verbindung mit Collard de Marke.[5] Über dieses Konto laufen auch einige Geldtransfers im Zusammenhang mit anderen Brügger Herbergen, wie denen des *Pieter Auscilt* (W 96) oder *Jehan Scot* (W 167).

W 55 Clerc, Pierre le (1366 - 1367) Brügge

Identität: Über Pierre le Clerc ist wenig bekannt. Seine Ehefrau erscheint in der einzigen von ihm übriggebliebenen Rechnung bei Collard de Marke unter seinem Namen. Zwischen 1338 und 1340 ist ein Pieter die Clerc Mitglied der Maklerzunft.[6] Allerdings ist eine Identität beider nicht mit Sicherheit festzustellen, da der Familienename de/le Clerc in Brügge sehr häufig vorkommt.
Lebensdaten: Tod: etwa April 1367.
Beruf: Hostelier.
Klerk: Jehan van Marc, 1366-67.
Wohnort: Brügge, Bürger.
Geschäftspartner: Zwischen dem 8.7.1366 und dem 11.8.1366 steht er in geschäftlicher Verbindung mit Collard de Marke.[7]

W 56 Clippinghers, [NN] (1374 - 1376) Brügge/[Dortmund]

Vorkommen in den Brügger Akziselisten 1360-90:
ten Clippinghers (69): 1375/76, 1. Quartal, Met.
ten Clippinghers (71): 1375/76, 3. Quartal, Met.

---

1 SAB, reeks 299, Makelaars, Cartularium A 1293-1683, fol. 19v; vgl. SCHOUTEET, Regesten 3, S. 17, Nr. 16: hier wird nicht zwischen *Hosteliers* und *Cnapen* unterschieden.
2 VAN DEN ABEELE, Makelaars, S. 95.
3 SAB, reeks 299, Makelaars, Cartularium A 1293-1683, fol. 19v.
4 SAB, reeks 305. Koopmansboeken, De Marke 3, 191r.
5 MURRAY, Hostelleraccounts, H 14.1 u. H 14.2.
6 VERBRUGGEN, Gemeenteleger, S. 233.
7 MURRAY, Hostelleraccounts, H 15.1.

ten Clippinghers (85): 1380/81, 1. Quartal, Met.
Identität: Es handelt sich hier mit Sicherheit um ein hansisches Haus. Wahrscheinlich wird es von einem Mitglied der Familie Clippinc oder der Familie Smithuus als Schenke oder Taverne betrieben, wie die Nennung *ten Clippinghers huus* deutlich suggeriert.[1]

W 57 Clippinc, Albrecht (1) (1346 - 1374) Dortmund
Identität: Hansischer Kaufmann.
Namensschreibweisen: Nachname: Cleppinch, Cleppyncg, Clippinx, Kleppinc, Kleppink, Kleppyncg - Vorname: Albracht, Albert, Albertus, Alebrecht.
Familie: Vater: Johann - Brüder: Johann, Conrad - Ehefrau: Drude[2] - Kinder: Albert (2), Hans, Hermann, Conrad, Heleke.
Beruf: Kaufmann.
Wohnort: Dortmund.
Aufenthaltsorte: Brügge.
Ämter: Ratsherr in Dortmund 1366[3] - Bürgermeister in Dortmund 1365, 1368, 1369, 1371, 1374.[4]
Hausbesitz: Für das Rechnungsjahr 1346-47 wird ein Haus im *Crommen Wael* in Brügge in seinem Besitz verzeichnet.[5] Wahrscheinlich handelt es sich dabei um die oben genannte Taverne.

W 58 Clippinc, Albrecht (2) (1388 - 1394) Dortmund
Identität: Hansischer Kaufmann.
Namensschreibweisen: Nachname: Cleppinch, Cleppyncg, Clippinx, Kleppinc, Kleppink, Kleppyncg - Vorname: Albracht, Albert, Albertus, Alebrecht.
Lebensdaten: Tod: 1394.[6]
Familie: Eltern: Albert (1) und Drude Clippinc - Geschwister: Hans, Hermann, Conrad, Heleke - Ehefrau: Drude Sudermann - Kinder: Reinold, Hermann, Conrad.
Beruf: Kaufmann, besonders im Englandhandel aktiv.[7]
Wohnort: Dortmund.
Aufenthaltsorte: Brügge - London.

W 59 Coene, Gillis (1447 - 1462) Brügge
Namensschreibweisen: Vorname: Gillise.[8]
Beruf: Hostelier, Makler.[9]
Klerk: Joris Palin, 14.12.1447[1] - Jacop Dorle (W 78), 9.8.1462.[2]

---

1 GREVE, Gast, S. 102-104.
2 THIER, Melius, S. 217-240, gilt für alle Familienangaben.
3 DUB 1,1, S. 597, Nr. 807.
4 DUB 1,1, S. 590, Nr. 798;, S. 611, Nr. 826;, S. 619, Nr. 839; S. 645, Nr. 865; DUB 2, S. ??, Nr. 42.
5 SAB, SR 1346-47, fol. 34v. Heute heißt die Straße Koningstraat; vgl. Gilliodts-van Severen, 1890, S. 73; dazu das Bulletin de la ville de Bruges, 1884, S. CCCXVI und Het Brugse Straten Boekje, 1984.
6 THIER, Melius, S. 217-240; gilt für alle nachfolgenden Familiendaten.
7 Vgl. HUB 4, Nr. 934 u. 945.
8 SAB, Civiele Sententiën 1447-53, fol. 17v-18r.
9 SAB, Nieuwe Groenenboek ongecotteerd, fol. 129v, 9. August 1462: *hostelier ende makelaere*.

Wohnort: Brügge, Bürger.
Korporationen: Mitglied der Brügger Maklerzunft.
Amtliche Daten: Am 14.12.1447 wird der Klerk der Herberge Coene, Joris Palin, von Jacoppe Adorne vor der Brügger Vierschaar verklagt. Adorne hat Palin Alaun für einen Gast der Herberge verkauft. Als Bezahlung sei ein Posten Laken vereinbart worden, den Palin jedoch an Loys Crauwel weiterverkauft habe. Die Schöffen urteilen, daß Palin Adorne für den Wert des Alauns mit einer Summe in Höhe von 9 lb 8 s 4 d gro zu entschädigen habe.[3] Am 9.8.1462 wird der Klerk der Herberge Coene, Jacop Dorle, von der Maklerzunft vor dem Brügger Schöffengericht verklagt, weil er als Makler für die Gäste der Herberge arbeite, aber kein Mitglied der Zunft sei und damit nach Ansicht der Zunft gegen die Statuten verstöße. Die Schöffen weisen die Klage ab.[4] Um 1467 ver-pflichtet sich Coene mit fünf weiteren Hosteliers, für ihre Gäste keine Geschäfte auf Borg mehr mit den Spaniern zu machen, sondern nur mit Bargeld. Sollten die Gäste diese dennoch fortsetzen, geschähe dies auf ihr eigenes Risiko.[5]

W 60 Collekierke, Pieter van (1366 - 1369) Brügge

Identität: Außer den Notizen in den Rechnungen von Collard de Marke ist über Collekierke nichts bekannt. Allerdings gibt es zur gleichen Zeit eine Familie namens *Coolkerke* in Brügge, für die sich aber kein *Pieter* nachweisen läßt.[6]
Beruf: Hostelier.
Geschäftspartner: Zwischen dem 13.6.1366 und dem 20.12.1369 besteht eine geschäft-liche Verbindung zu dem Brügger Wechsler Collard de Marke. In den Rechnungen finden sich u.a. verschiedene Brügger Bürger wie Jakop Reups, Pieter Scuetelare (W 170), Pieter Adorne (W 4).[7] Daneben sind noch einige bekannte hansische Kaufleute wie Johan Wintermast, Johan Suderman und Everart Wistrate notiert.[8]

W 61 Colomme, Lauwers vander (1457) Sluis

Beruf: Hostelier, Makler.[9]
Wohnort: Sluis.
Aufenthaltsort: Brügge, 17.5.1457.
Amtliche Daten: Am 17.5.1457 entscheidet die Brügger Vierschaar zwischen Colomme, Makler und Hostelier in Sluis, und drei Brügger Schiffern wegen einer strittigen Rechnung.[10]

---

1 SAB, Civiele Sententiën 1447-53, fol. 17v-18r.
2 SAB, Nieuwe Groenenboek ongecotteerd, fol. 129v.
3 SAB, Civiele Sententiën 1447-53, fol. 17v-18r.
4 SAB, Nieuwe Groenenboek ongecotteerd, fol. 129v, vgl. VAN DEN ABEELE, Makelaars, S. 99: Coene wird hier für dieses Jahr irrtümlich als Knape und Dorlee (Dorel) als Makler erwähnt. Umgekehrt ist es richtig.
5 SAB, Nieuwe Groenenboek ongecotteerd, fol. 105r-v, ohne Datum. Allerdings ergibt sich aus der Nennung der fünf anderen Namen Torreman (W 182), Thielt (W 180), Heijs (W 100), Lotin (W 125) und Wulf (W 203) und den notierten Schadenersatzfällen in den Civiele Sententiën ein Zeit-punkt von 1467.
6 SCHOUTEET, Regesten 3, Index.
7 MURRAY, Hostelleraccounts, H 16.3/2, 9, 33.
8 MURRAY, Hostelleraccounts, H 16.5/1, 18, 27; vgl. KRÜGER, Brügger Steuerlisten.
9 SAB, Civiele Sententiën 1453-62, fol. 170v: *makelare ende ostellier te Sluus.*
10 SAB, Civiele Sententiën 1453-62, fol. 170v.

W 62 Colparde, [NN] (1376 - 1379) Brügge

Identität: Für das Jahr 1334 ist in Brügge ein Jan Colpaerd als Deelman des Onze-Lieve-Vrouw-Zestendeel nachzuweisen.[1] Aus den übrigen Angaben kann aber nicht auf eine Identität beider Namen geschlossen werden.
Namensschreibweisen: Nachname: Colpaerde.
Beruf: Hostelier.[2]
Wohnort: Brügge, Bürger.
Verschiedenes: Ein namentlich nicht genannter hansischer Kaufmann beklagt sich 1376 über seinen Wirt Colparde, der zuvor aus der Stadt gewiesen worden sei, trotzdem aber dort lebe. Dieser Fall war bis zum Jahr 1379 noch nicht geregelt.[3]

W 63 Compeers, Everaert (1363 - 1366) Brügge

Vorkommen in den Brügger Akziselisten 1360-90:
te Everaert Compeers (15/12): 1366/67, 3. Quartal, Met.
Identität: Eventuell ist diese Person identisch mit Everard Compere (W 63.1), obwohl für diesen Namen für die Zeit zwischen 1340 und 1363 keine weiteren Informationen gefunden werden konnten. Allerdings gibt es in einer mecklenburgischen Quelle einen Hinweis auf einen Wirt namens Everardus Coper (W 64) in Brügge im Jahr 1350. Alle drei Namen könnten zu ein und derselben Person gehören. Ein Gesamtzeitraum von 38 Jahren aller drei Namen widerspräche dieser These nicht grundsätzlich.[4]
Namensschreibweisen: Nachname: Compere - Vorname: Everard.
Amtliche Daten: Am 19.5.1363 tritt Compere gemeinsam mit Matheus van der Buerze (W 47), Clais Hausscild (W 92), Jacob van Ausame (W 13) und Jan de Witte (W 198) als Bürge auf. Den Hansen in Brügge ist eine Summe von 150 lb gro seitens des Grafen von Flandern aufgrund der zwischen der Hanse und Flandern getroffenen Vereinbarung von 1360 zuerkannt worden. Die Summe wird entweder in bar oder als Schuldbrief an die Älterleute des Brügger Hansekontors ausgehändigt. Für die Einhaltung des Zahlungs-versprechens bürgt Compere mit den genannten Personen.[5] Bei den fünf Bürgen handelt es sich um Hosteliers der Hansen.

W 63.1 Compere, Everard (1328 - 1340) Brügge

Beruf: Makler.[6]
Wohnort: Brügge, Bürger.
Korporationen: Mitglied der Brügger Maklerzunft.
Amtliche Daten: 1328 erscheint Compere in der Liste der Brügger Geiseln nach dem gescheiterten Aufstand 1322-1328. Eine weitere Liste weist aus, daß er aber später nicht zu den ver-

1 SCHOUTEET, Regesten 3, S. 23, Nr. 34.
2 HR I,2, S. 129, Nr. 119.
3 HR I,2, S. 202, Nr. 185 § 1.
4 Vgl. W 63.1 und W 64.
5 HR I,3, S. 256, Nr. 270.
6 VAN DEN ABEELE, Makelaars, S. 89.

folgten Geiseln gehört.[1] Zwischen 1338 und 1340 wird Compere im Makler-kontingent des Gemeindeheers von Brügge geführt.[2]

W 64 Coper, Everhardus (1350) Brügge

Identität: Möglicherweise handelt es sich bei dieser Person um Evraert Compeers (W 63). Ein Fehler bei der Namensschreibweise ist nicht auszuschließen. Gerade diese Notiz könnte die "fehlende" Verbindung zwischen Compeers (W 63) und Compere (W 63.1) sein.
Beruf: Hostelier.
Gast: Peter Kremer.
Wohnort: Brügge, Bürger.
Privates Handeln: Peter Kremer ist Ratsherr in Rostock und vereinbart mit seinen Geschäftspartnern Symon Veraggher senior und Symon Veraggher junior in Zutphen, die Rückzahlung von 120 *gouden schilden* in Brügge für den 2.2.1351 an Everhardus Coper, den dortigen Wirt des Ratsherren.[3]

W 65 Cordewaen, Joos (1515) Brügge

Identität: Bis auf die folgenden Daten konnten keine weiteren Informationen zu dieser Person gefunden werden.
Namensschreibweisen: Zusatz: *Pieters zeune*.[4]
Lebensdaten: Tod: 1515.
Beruf: Hostelier, Makler.
Wohnort: Brügge, Bürger.
Korporationen: Mitglied der Brügger Maklerzunft.

W 66 Coumines, Raoul de (1366 - 1370) Brügge

Identität: 1340 ist ein *Clais Comyn* Mitglied der Brügger Maklerzunft.[5] Eine Verbindung zwischen beiden kann aber nicht belegt werden. Wahrscheinlicher ist, daß Raoul Comines ein ausländischer Kaufmann mit Handelsinteressen in Brügge ist. Insofern gehört er nicht in die Gruppe der Brügger Hosteliers im Sinne der Untersuchung. In den Rechnungsbüchern Collard de Markes gibt es Hinweise auf eine Verbindung mit dem Tuchhandel.[6]
Namensschreibweisen: Nachname: Comyn, Douchemin.
Familie: Tochter: Grielle.
Beruf: Kaufmann, Hostelier.
Klerk: Jehan Olleron.
Gäste: Jehan le Fastel, Ricart Capelot, Jak. Spidem de Nantes, Willem de Gant, Collart Boullart, Mestre Jehan, Jehan de la House, Will[] Phelipe, Raoul Mousart, Will[] le Cauf, Simon Moriel.[7]
Wohnort: Brügge, [Bürger?].

1 VAN DEN AUWEELE, Gijzelaarslijsten, S. 107-116, 135.
2 VERBRUGGEN, Gemeenteleger, S. 233.
3 MUB 10, S. 417, Nr. 7112; auch PETRI, Stellung, S. 47.
4 SBB, Hs. Ms. 449, DE HOOGHE, Versaemelinge, S. 247.
5 VAN DEN ABEELE, Makelaars, S. 92.
6 MURRAY, Hostelleraccounts, H 17.2 - H 17.6.
7 MURRAY, Hostelleraccounts, H 17.

Geschäftspartner: Zwischen dem 26.11.1366 und dem 2.7.1370 steht Coumines in geschäftlichen Beziehungen zu den Brügger Wechslern Collard de Marke und Willem Ruweel.[1]

W 67 Crakebien, Jakop (1364 - 1384) Brügge

Namensschreibweisen: Nachname: Crakebeen, Crakeben.
Beruf: Hostelier. Seine Herberge steht im Langhewinkel (1384).[2]
Klerk: Jehan Paulstre.
Gäste: Zwischen 1366-1369: Aiumery de le Garde, Laur[ens] Bringiel aus Toulouse, Jehan Brun aus La Rochelle, Pier[re] de Voes (Gascogne), Jehan Sire, Jehan d'Avacon, Dieghe de Hariagha, Estivenart Martaut aus La Rochelle, Estivenes [Pirsonat] aus La Rochelle.[3] 1376 beherbergt er Lombarden.[4]
Wohnort: Brügge, Bürger.
Korporationen: Mitglied der Brügger Maklerzunft.
Brügger Ämter: Hoofdman der Maklerzunft 1364-65, 1368-69.[5]
Amtliche Daten: 1378/79 wird er durch die Stadt Brügge zu einem anteiligen Betrag für ein Darlehn verpflichtet.[6]
Geschäftspartner: Zwischen dem 1.6.1366 und dem 5.12.1369 steht er in geschäftlicher Verbindung zu den Brügger Wechslern Collard de Marke und Willem Ruweel.[7]
Akzisepächter: 3. Quartal 1368/69, Met.[8]

W 68 Cuertrike, Jan van (1342 - 1379) Brügge

Vorkommen in den Brügger Akziselisten 1360-90:
te Jans van Cuertrike (62): 1372/73, 2. Quartal, Met,
Gäste: Gheraerd Pranghe (62/192), Thideman Rommelincrode (62/193), Rosendale (62/194), Ghobel Rosijn (62/195), Marquart Corawe (62/196), Thideman Wise (62/197), Heinric Bontoghe (62/198), Marquaerd Zvere (62/199), Jan Deynaerd (62/200), Thideman Hetlinchooft (62/201), Pranghe (62/202), Jan Lindorp (62/203), Jan de Coninc (62/204), Jan de Ghenaerd (62/205), sie versteuern zusammen.
te Jans van Cuertrike (63): 1372/73, 3. Quartal, Met, Gäste in diesem Quartal: Rosendale (63/22), Godscalc van der Hoestede (63/23), Gheraerd Pranghe (63/24), sie versteuern zusammen.
te Jans van Cuertrike (69): 1375/76, 1. Quartal, Met.
te Jans van Cuertrike (70): 1375/76, 2. Quartal, Met.
te Jans van Cuertrike (71): 1375/76, 3. Quartal, Met.
te Jans van Cuertrike (72): 1375/76, 4. Quartal, Met.
te Jans van Cuertrike (77): 1379/80, 1. Quartal, Met.
te Jans van Cuertrike (78): 1379/80, 2. Quartal, Met.

---

1 MURRAY, Hostelleraccounts, H 17.1 - H 17.6.
2 ARA, Rekenkamer, rolrekeningen, Nr. 1033.
3 MURRAY, Hostelleraccounts, H 19.
4 NICHOLAS, English Trade, S. 56, Nr. 25.
5 VAN DEN ABEELE, Makelaars, S. 95, 131.
6 GILLIODTS-VAN SEVEREN, Inventaire, 2, S. 350.
7 MURRAY, Hostelleraccounts, H 19.1 - H 19.6.
8 KRÜGER, Steuerlisten, 31.

Identität: Für den Zeitraum von 1328 bis 1358 finden sich zahlreiche Nachweise für eine Person des gleichen Namens bzw. für Jan van Curtrike fs. Robrechts.[1] Aufgrund der großen Zeitdifferenz muß auf eine Zuordnung zu dem Wirt Jan van Cuertrike verzichtet werden.
Namensschreibweisen: Nachname: Cortricke, Cortrike, Courtray, Curtrike, Kortrijk - Vorname: Jehan - Zusatz: de.
Lebensdaten: Tod: zwischen dem 22.3.1379 und 21.6.1379.[2]
Beruf: Hostelier.
Gäste: Janne van Ubeke, Elbing (24.7.1363); der Elbinger Bürger erhält vermutlich auch im Haus des Jan van Cuertrike eine von Johann von Blois geliehene Summe durch dessen Abgesandte zurück.[3]
1368-69: Jehan Brusuuc, Jehan Plaet, Jehan Mulen, Clais Reedem, Jehan Brezewich, Gerart Rasin, Giselare Gier., Mathis Grant Houve, Hart Lef Stupin.[4]
Brügger Ämter: Ratsherr 1334-35[5] - Hoofdman der Maklerzunft 1363-64.[6]
Geschäftspartner: Zwischen dem 10.6.1368 und dem 28.10.1369 steht er in geschäftlicher Verbindung mit den Brügger Wechslern Collard de Marke und Willem Ruweel.[7]
Amtliche Daten: In einem Klageartikel der Erben des Wennemar von Essen von 1358 wird Brügge beschuldigt, den überführten Dieb Jan van Curtrike aus dem Gefängnis entlassen zu haben. Der eigentliche Schadensfall liegt 16 Jahre zurück (1342). Danach soll Curtrike Waren (vtl. Kupfer), die Wennemar im Haus des Curtrike eingelagert hatte, in einzelnen Posten gestohlen haben. Er sei zu Recht als verantwortlicher Wirt ins Gefängnis verbracht worden. Aber schon einen Tag später sei dieser Dieb freigelassen und von jeder Verantwortung freigesprochen worden.[8]

W 69 Curtrike, Jan van (1387 - 1388) Brügge

Vorkommen in den Brügger Akziselisten 1360-90:
te Jans van Curtrike (94): 1387/88, 2. Quartal, Met, Gäste in diesem Quartal: Willem van Lubeke (94/30), Johannes Boos (94/31), Johannes Upstede (94/32), Scinkinc Anekinc (94/33), Thideman Amerde (94/34).
Identität: Im 2. Quartal des Rechnungsjahres 1379/80 erfolgt die letzte Nennung des Jan van Curtrike (W 68). Im nachfolgenden Quartal des gleichen Rechnungsjahres wird die Witwe Jan van Curtrike zum ersten Mal erwähnt. Zur Identität dieses Jan van Curtrikes (W 69) gibt es daher zwei Möglichkeiten.

---

1 Vgl. SCHOUTEET, Regesten 2, Nr. 557, 575, 577, 581, 585, 588, 589, 716, 740, 748, 749, 767 und 779; VAN DEN AUWEELE, Schepenbank, S. 138, 139.

2 Dies ergibt sich aus den Quartalsabrechnungen der Metakzise für hansische Kaufleute. Die letzte Nennung von Jan van Curtrike: 2. Quartal SR 1379-80, d.h. eginn am 22. 3. 1379 und die erste Notierung seiner Witwe (W 70), Beginn des 3. Quartals SR 1379-80: 21.6.1379. Vgl. KRÜGER, Steuerlisten, Quartalsnummern 78 u. 79.

3 PARAVICINI, Preußenreisen 3, Dok. 60/B9.

4 MURRAY, Hostelleraccounts, H 18.

5 VAN DEN AUWEELE, Schepenbank, S. 148.

6 VAN DEN ABEELE, Makelaars, S. 130.

7 MURRAY, Hostelleraccounts, H 18.1 - H 18.4.

8 HR I,3, S. 233-34, Nr. 240, 4c.

Entweder handelt es sich hier um eine andere Person gleichen Namens oder aber der Schreiber der Stadtrechnung bezeichnete mit dieser Eintragung die Herberge des verstorbenen Curtrike, welche zu diesem Zeitpunkt von seiner Witwe weiter geführt wurde (vgl. W 70).
Beruf: Hostelier.

W 70 Cuertrike, [NN], wedewe Jan van (1379 - 1388) Brügge
Vorkommen in den Brügger Akziselisten 1360-90:
ter wedewe Jans van Cuertrike (79): 1379/80, 3. Quartal, Met.
ter wedewe Jans van Cuertrike (80): 1379/80, 4. Quartal, Met.
ter wedewe Jans van Cuertrike (85): 1380/81, 1. Quartal, Met.
ter wedewe Jans van Cuertrike (86): 1380/81, 2. Quartal, Met.
ter wedewe Jans van Cuertrike (90): 1386/87, 2. Quartal, Met, Gast in diesem Quartal: Heinric Roghebergh (90/3).
ter wedewe Jans van Cuertrike (95): 1387/88, 3. Quartal, Met, Gäste in diesem Quartal: Johannes Borne (95/10), Bertel van Werstede (95/11), Thideman Brackevelde (95/12), Johannes Upstede (95/13), Johannes Champenois (95/14).
Namensschreibweisen: Nachname: Curtrike, wedewe Jans van [der].[1]
Familie: Ehemann: Jan van Cuertrike (W 68).
Beruf: Hostelière.
Wohnort: Brügge, Bürgerin.

W 71 Damhouder, Jehan (1450 - 1455) Brügge
Namensschreibweisen: Nachname: Damhoudere - Vorname: Jan - Zusatz: de.
Beruf: Hostelier.
Gäste: Alvere Fernande aus Braga, sowie andere portugiesische Kaufleute.
Wohnort: Brügge, Bürger.
Brügger Ämter: Ratsherr 1450-51.[2]
Amtliche Daten: Am 30.1.1455 wird vor dem Brügger Schöffengericht ein Konflikt zwischen den Brügger Bürgern Phillippe Dartrike (W 15) und Roy Massado und verschiedenen portugiesischen Kaufleuten geschlichtet. Damhouder tritt dabei als Vertreter seiner Gäste auf.[3] In dem Streitfall geht es um die Einfuhr von Feigen und Rosinen nach Sluis, sowie deren Bezahlung.

W 72 Damme, David le (1403 - 1412) Brügge
Beruf: Hostelier.
Wohnort: Brügge, Bürger.[4]
Amtliche Daten: Im Jahr 1403 wird Damme durch den Baljuw von Brügge eine Buße von 50 lb [par.] auferlegt, weil er es versäumt, seinen Eid, die Laution und Sicherheit für seine Herberge zu erneuern. Er trifft eine Übereinkunft mit dem Balliu (*le laisse composer*) und zahlt

1 Curtrike muß nach dem 22.3.1379 und vor dem 21.6.1379 verstorben sein, da er zu Beginn des 2. Quartals 1379-80 in den SR noch auftaucht, zu Beginn des 3. Quartals aber bereits seine Witwe notiert wird; vgl. KRÜGER, Steuerlisten, S. 154-156.
2 SAB, SR 1450-51, fol. 27r.
3 GILLIODTS-VAN SEVEREN, Estaple 2, S. 31-32, Nr. 950.
4 SAB, Groenenboek A, fol. 29r, *bourgois de Bruges.*

schließlich 12 lb [par].[1] Am 28.3.1412 wird vor dem Brügger Schöffengericht der Fall der Brüder Gossart und Dierlay Blanc, Einwohner von Tournai, und ihres Wirts David le Damme verhandelt. Die Brüder Blanc haben Wolle vom Brüg-ger Bürger und Wollkaufmann Pierre le Waguemakere gekauft, ohne die Ware zu bezah-len. Damme *comme hoste et respondant* für die beiden Brüder wird nun vom Gericht dazu verpflichtet, die ausstehende Summe in Höhe von 79 lb 8 s 11 d gro an Wague-makere zu bezahlen. Es bleibt Damme danach unbenommen, seine Auslagen bei den beiden Brüdern einzufordern.[2] Am gleichen Tag wird in einer ähnlichen Sache gegen Damme verhandelt. Auch in diesem Fall sind die Gebrüder Blanc, die Wolle im Wert von 18 lb 14 s 6 d gro vom Brügger Bürger Jehan Davids zone gekauft hatten, die Summe schuldig geblieben. Wiederum wird Damme als deren Hostelier vom Gericht verpflichtet, die ausstehende Summe an den Verkäufer zu bezahlen.[3]

W 73 Damme, Willem vanden (1462) Sluis

Beruf: Hostelier.[4]
Gäste: Jehan Mahe (Schiffer), Pierre Schamps (Steuermann), Jehan Rosonne, Jehan Henry.
Wohnort: Sluis, Bürger.
Aufenthaltsorte: Brügge, 13.5.1462.
Amtliche Daten: Am 13.5.1462 wird vor dem Brügger Schöffengericht gegen Willem vanden Damme und dessen Gäste verhandelt, da sie bei dem Verkauf von Salz und Eisen gegen das Stapelrecht von Sluis verstoßen haben.[5]

W 74 Dankaert, Maes (1305 - 1328) Brügge

Namensschreibweisen: Nachname: Dancaerd, Danckaert - Vorname: Thomas.
Beruf: Hostelier.[6]
Wohnort: Brügge, Bürger.
Aufenthaltsorte: Diözese Tournai 15.8.1326.[7]
Korporationen: Mitglied der Maklerzunft, 1305.[8]
Brügger Ämter: 1326 ist er Gesandter der Stadt Brügge bei den Verhandlungen zwischen Flandern und dem französischen König.[9]
Amtliche Daten: Am 15.8.1326 bezeugt er für die Stadt Brügge den Friedensvertrag mit Frankreich.[10]
Verschiedenes: 1305 steht sein Name auf der Liste der Brügger Geiseln, die nach 1302 während der Repression vom französischen König gefordert werden. Sein Name wird 1328 durch die Untersuchungskommission zum Aufstand in Flandern 1322-28 auf die Liste der Schuldigen gesetzt. In beiden Fällen wird auch sein Knape Coppin van der Cruce notiert.[11]

---

1 ARA, Rekenkamer, Reg. 13681, Baljuwrechnung, 1403, fol. 82r.
2 SAB, Groenenboek A, fol. 29r.
3 SAB, Groenenboek A, fol. 29v.
4 SAB, Nieuwe Groenenboek ongecotteerd, fol. 127v-28r.
5 SAB, Nieuwe Groenenboek ongecotteerd, fol. 127v-28r.
6 EHRENBERG, Makler, S. 465.
7 SCHOUTEET, Regesten 2, S. 168, Nr. 446.
8 VANDEN ABEELE, Makelaars, S. 88.
9 SCHOUTEET, Regesten 2, S. 168, Nr. 446.
10 SCHOUTEET, Regesten 2, S. 168, Nr. 446.
11 VAN DEN AUWEELE, Gijzelaarslijsten, S. 105-121, 136; vgl. SABBE, Vlaanderen, S. 93, Anm. 12.

W 75 Deken, Willem de (1305 - 1328) Brügge

Identität: Bei Willem de Deken handelt es sich eindeutig um einen der Anführer des Aufstands von 1323-28 in Flandern.[1]

Lebensdaten: Tod: 24.12.1328 (hingerichtet in Paris).

Familie: Clais de Deken (eventuell ein Bruder).[2]

Beruf: Hostelier.

Wohnort: Brügge, Bürger.

Aufenthaltsort: England, 1320 - Paris, 1328.

Korporationen: Mitglied der Maklerzunft 1305.[3]

Brügger Ämter: Schöffe 1320-21,[4] 1324-25, 1327-28[5] - Bürgermeister des Rats 1328.[6]

Amtliche Daten: Am 31.5.1306 wird er im Auftrag der Stadt Brügge zusammen mit Kerstiaen van Damme zur Münze nach Aalst gesandt. 1309 erhält De Deken aus dem Verkauf der beschlagnahmten Güter des Jacob uten Zacke 6 lb 6 s 8 d gro durch die Stadt Brügge ausbezahlt. Der Grund für diese Zahlung geht aus der Statdrechnung allerdings nicht hervor.[7] Im März 1323 unterzeichnet er ein gräfliches Maklerstatut.[8] Im selben Jahr tritt er zusammen mit Jan Oste für den Sohn Pieter Bachtenhalle auf.[9] Er besitzt den vierten Teil eines Hauses im Genthof in Brügge, sowie einen Garten (heester), mit sechs Einkammerwohnungen in der Klaverstraat.[10]

Verschiedenes: Er wird 1305 auf der Liste der Brügger Geiseln notiert.

W 76 Dixmue, Jehan van (1365 - 1367) Brügge

Identität: Ein Jan van Dixmude wird zwischen 1338 und 1340 für das Maklerkontingent des Brügger Gemeindeheers notiert.[11] Es ist nicht eindeutig zu bestimmen, ob es sich hier um ein und dieselbe Person handelt.

Namensschreibweisen: Nachname: Diksmuide.

Beruf: Hostelier.

Gäste: Patric Tel, Jehan Join (Schottland), Jakop Ordemedle, Jehan Narent (Schottland), Henric Portier (Schottland), Will. Makans.[12]

Wohnort: Brügge, Bürger.

Korporationen: Mitglied der Maklerzunft.

Brügger Ämter: Hoofdman der Maklerzunft 1365-66.[13]

---

1 Zur Person und zum Aufstand: Biographie Nationale, Bd. 5, Sp. 78-81; SABBE, Vlaanderen, bes. Anm. 2, mit weiterer Literatur.

2 SABBE, Vlaanderen, S. 8.

3 VAN DEN ABEELE, Makelaars, S. 88.

4 SABBE, Vlaanderen, S.10; VAN DEN AUWEELE, Schepenbank, S. 111.

5 VAN DEN AUWEELE, Schepenbank, S. 114, 119.

6 SABBE, Vlaanderen, S. 59.

7 SABBE, Vlaanderen, S. 8.

8 EHRENBERG, Makler, S. 465.

9 RAB, Onze-Lieve-Vrouwekerk, Nr. 82; auch SABBE, Vlaanderen, S. 10.

10 SABBE, Vlaanderen, S. 8.

11 VERBRUGGEN, Gemeenteleger, S. 234.

12 MURRAY, Hostelleraccounts, H 20.

13 VAN DEN ABEELE, Makelaars, S. 130.

Geschäftspartner: Am 26.11.1367 tauchen in seiner Rechnung bei dem Brügger Wechsler Collard de Marke zwei Transaktionen auf, wobei eine ihn selbst und die andere Raul de Coumines (W 66) betrifft.[1]

W 77 Dommes, Frans (1397 - 1438) Brügge

Namensschreibweisen: Nachname: Dhoom, Doems, Dom, Domus - Vorname: Francois, Fransioise, Fransoys, Fransz.

Lebensdaten: Tod: Nach 1438, aber vor Juni 1454.

Familie: Johannes Doem (Verwandtschaftsgrad unbekannt).[2]

Beruf: Hostelier.

Gast: Bernd Plescowe, vor April 1437.[3]

Wohnort: Brügge, Bürger.

Korporationen: Mitglied der Brügger Maklerzunft.

Brügger Ämter: Hoofdman der Maklerzunft 1397-98, 1408-09, 1413-14, 1416-17, 1420-21, 1428-29.[4]

Geschäftspartner: Als Wirt des hansischen Kaufmanns Bernd Plescow bürgt Dommes für die Bezahlung von Waren, die Plescow für eine Summe von 173 lb 12 gro in Flandern gekauft hat. Plesow verläßt Flandern ohne seine Schuld zu begleichen. Dommes bittet den Deutschen Kaufmann um Hilfe.[5]

Amtliche Daten: Am 6.8.1406 vermacht der Stralsunder Kaufmann Hinrik van Massen in seinem Testament seinem Wirt in Brügge, Frans Dom, *9 grote vlamsch ghelde*, die er ihm schuldich geblieben ist. Massen ist auch dem Klerk [N.N] der Herberge Dom eine Summe in Höhe von 35 s gro schuldig geblieben, die er ebenfalls im Testament aussetzt.[6] Am 2.4.1437 schreibt der Deutsche Kaufmann zu Brügge in der Angelegenheit Dommes gegen Plescow an den Rat der Stadt Lübeck mit der Bitte, den Beauftragten von Dommes, Johanne van der Heyde, bei der Regelung des Falls zu Gunsten Dommes behilflich zu sein.[7] Erst im April 1438 kommt es zu einer Einigung zwischen Van der Heyde und Plescow, die in einer ersten Anzahlung von 150 m lüb. besteht.[8]

Postume Erwähnungen: Im Juni 1454 beraten Hansetag und flandrische Gesandte in Lübeck über Aufhebung der Flandernblockade, sowie die Rückkehr der Hanse nach Brügge. 1451 hat diese Brügge in Richtung Deventer verlassen, um sich später in Utrecht zu festigen. Als ein Zeichen der Versöhnung wird gefordert, daß Brügge das Haus des verstorbenen Franz Dommes, jetzt Johan Doem gehörend, kauft, abbricht und an selber Stelle einen Platz ausschließlich zum Nutzen und Gebrauch der Oosterlinge anlegt. Weiter verlangt der Hansetag, daß die Stadt Brügge den Deutschen Kaufmann bei seiner Rückkehr offiziell außerhalb der

1 MURRAY, Hostelleraccounts, H 20.1/1, 2.

2 HR II, 4, S. 173, Nr. 247 § 32. Aus einer späteren Quelle läßt sich entnehmen, daß er der Erbe des Frans Dommes ist, s. SAB, SR 1456-57, fol. 53r, fol. 62r: [...] *jeghens den aeldiinghes van wijlen Fransioise Dhoom*, [...].

3 HUB 7, S. 128-129, Nr. 259.

4 VAN DEN ABEELE, Makelaars, S. 132-135.

5 HUB 7, S. 128-129, Nr. 259.

6 StASt, Testamente Nr. 1-699, Nr. 492.

7 HUB 7, S. 128-129, Nr. 259.

8 HUB 7, S. 128, Nr. 259, Anm. 2.

Stadt empfängt und zum genannten Platz geleitet.[1] Auf einem weiteren Hansetag in Lübeck im März 1457 werden diese Forderungen durch die Brügger Gesandten akzeptiert.[2] Im Juni 1457 werden diese Vereinbarungen dem Deutschen Kaufmann zu Utrecht bekannt gemacht. Der Abbruch des Hauses soll vor dem 25.7.1458 geschehen.[3] Im Oktober 1457 wird das Haus abgebrochen und der Platz angelegt.[4] Die Kosten für diese Arbeiten übernimmt die Stadt Brügge. Sie belaufen sich auf 800 lb gro für den Kauf des Hauses, abzüglich 220 lb gro für den Verkauf *van den stoffe van den voorseiden huuse*. Der neuenstandene Platz heißt nun *Oosterliinghe plaetse*.[5]
Verschiedenes: Am 13.12.1419 wird im Haus des Dommes der von Hinrych van der Linden bei den Hansekaufleuten eingesammelte Schoß (8 lb 18 gro) durch Hildebrand Veckinghusen abgerechnet.[6] Das Haus befindet sich im Ghenthof in Brügge.[7] In dem Brief der Älterleute des Hansekontors zu Brügge an den Lübecker Rat vom 2.4.1437 weisen die Verfasser darauf hin, wie sehr der vorsätzliche Betrug des Bernd Plescow an seinem in treuem Glauben handelnden Wirt für alle anderen hansischen Kaufleute in Zukunft negative Konsequenzen haben könnte.

W 78 Doorlee, Jacob van (1462 - 1484) Brügge
Namensschreibweisen: Nachname: Dorle.[8]
Lebensdaten: Tod: 1484.[9]
Familie: Sohn: Joos van Doorlee (W 79).[10]
Beruf: Klerk des Hosteliers Gillis Coene (W 59), 9.8.1462[11] - Hostelier, 18.11.1467.[12] Im Jahr 1475 besitzt Doorlee ein Haus in der Sint-Walburgastraat. Es handelt sich bei diesem Haus eindeutig um eine Herberge.[13]
Wohnort: Brügge, Bürger.
Korporationen: Mitglied der Maklerzunft.
Ämter: Hoofdman der Maklerzunft 1478-79, 1483-84.[14]
Amtliche Daten: Am 9.8.1462 verklagt die Brügger Maklerzunft Doorlee vor dem Brügger Schöffengericht. Doorlee ist zu diesem Zeitpunkt als Clerk des Hosteliers Gillis Coene (W 59) beschäftigt. In dieser Funktion ist er als Makler für Coenes Gäste tätig. Die Zunft behauptet, Doorlee sei kein Mitglied der Zunft und dürfe somit nicht als Makler arbeiten. Diese Klage wird von den Brügger Schöffen abgewiesen.[15] Am 18.1.1467 stellt Doorlee vier Bürgen für seine Herberge gegenüber den beiden Konsuln der spanischen Nation; Bürgschaftsumme:

---

1 HR II,4, S. 173, Nr. 247 §§ 32, 34.
2 SAB, Geluwenboek, fol. 59v-62v.
3 HR II,4, S. 402-404, Nr. 540 § 4.
4 HR II,4, S. 408-409, Nr. 554.
5 SAB, SR 1456-57, fol. 62r.
6 STEIN, Umfang, S. 217.
7 HR II,4, S. 173, Nr. 247 § 32.
8 SAB, Nieuwe Groenenboek ongecotteerd, fol. 129v.
9 MUS, Ameyde, S. 128.
10 MUS, Ameyde, S. 128.
11 SAB, Civiele Sententiën 1465-69, fol. 65v.
12 MUS, Ameyde, S. 128.
13 MUS, Ameyde, S. 128, "in de herberghe in de Magdeleene [...]".
14 VAN DEN ABEELE, Makelaars, S. 139.
15 SAB, Nieuwe Groenenboek ongecotteerd, fol. 129v.

220 lb gro.[1] Am 5.9.1470 bürgt Dorle zusammen mit Jacop Torreman (W 182) für Pieter de Mirande, einem spanischen Kaufmann, für die Summe von 70 lb gro Es geht um die Auflösung eines Arrests auf *LXm speghelhaerst*, Eigentum des Mirande, welches Colaert Laureins aufgrund einer Zahlungsforderung an den Spanier arrestieren ließ.[2]

W 79 Doorlee, Joos van (1484 - 1500) Brügge

Lebensdaten: Tod: um 1501.[3]
Familie: Vater: Jacob van Doorlee (W 78).
Beruf: Hostelier.1484 übernimmt Doorlee die Herberge seines Vaters.[4]
Klerk: 1496 bis 1497 Wouter Ameyde - Ruebekin van Werkene.[5]
Wohnort: Brügge, Bürger.
Korporationen: Mitglied der Maklerzunft.
Brügger Ämter: Hoofdmann der Maklerzunft 1489-90 - Deken der Maklerzunft 1495-96, 1499-1500.[6]

W 80 Dop, Gillis (1398 - 1413) Brügge

Namensschreibweisen: Nachname: Doppe - Vorname: Gillise.
Beruf: Hostelier.
Wohnort: Brügge, Bürger.
Aufenthaltsort: Antwerpen, 14.6.1387 - Lille, 19.6.1392 - Gent, 12.1.1406.
Korporationen: Mitglied der Maklerzunft.
Brügger Ämter: Hoofdman St.-Niklaaszestendeel 1385-86, 1386-87, 1387-88[7] - Gesandter bei den Verhandlungen mit der Hanse in Antwerpen, 14.6.1387[8] - Hoofdman St.-Niklaaszestendeel 1388-89[9] - Hoofdman [St.-Niklaaszestendeel] 1389-90[10] - Schöffe 1390-91[11],1391-92[12] - Gesandter in Lille, 19.6.1392, Ledenversammlung mit Herzog von Burgund[13] - Deken der Maklerzunft 1398-99[14] - Schöffe 1399-1400[15] - Ratsherr 1400-01[16] -

1 SAB, Civiele Sententiën 1465-69, fol. 65v.
2 GILLIODTS-VAN SEVEREN, Estaple 2, S. 207, Nr. 1160.
3 MUS, Ameyde, S. 128 schreibt um 1500 aber vgl. VAN DEN ABEELE, Makelaars, S. 141: am 2. Sept. 1500 wird Joos van Doorlee als Deken der Maklerzunft notiert. Es findet sich kein Hinweis darauf, daß er in diesem Jahr auch stirbt, andernfalls hätte es darüber eine Notiz geben müssen.
4 MUS, Ameyde, S. 128.
5 MUS, Ameyde, S. 128.
6 VAN DEN ABEELE, Makelaars, S. 140-141.
7 SAB, Purpurenboek, fol. 118r, 118v, 119r.
8 PREVENIER, Handelingen, S. 18, Nr. 43.
9 SAB, Purpurenboek, fol. 119v.
10 SAB, SR 1389-90, fol. 97v, allerdings wird das Zestendeel nicht namentlich genannt.
11 SAB, SR 1390-91, fol. 100r. Gleichzeitig war Dop Hoofdman des St.-Niklaas-Zestendeel, vgl. SAB, Lijsten Magistraat, 1390.
12 SAB, SR 1391-92, fol. 85r.
13 PREVENIER, Handelingen, S. 81, Nr. 225, mit Jan Camphin, Joris Wandelare, Joris van Rijssele, Pieter Vecken und Franchoise den Cupere , 5 Tage.
14 VAN DEN ABEELE, Makelaars, S. 132.
15 SAB, Wetsvernieuwingen 1397-1421, fol. 16r-vr.
16 SAB, Wetsvernieuwingen 1397-1421, fol. 24v.

Deken der Maklerzunft 1402-03[1] - Schöffe 1404-05[2] - Ratsherr 1405-06[3] - Gesandter in Gent, 12.1.1406, Konflikt mit Brugse Vrije[4] - Deken der Maklerzunft 1406-07[5] - Gesandter in Gent, 3.4.1407, Vier Leden undGraf von Flandern.[6]
Amtliche Daten: Am 21.6.1413 wird vor dem Brügger Schöffengericht gegen Dop verhandelt. Dop ist der Wirt für den Portugiesen Vasque Lorens. Dieser verliert durch den Klerk der Herberge ca. 10 lb gro Das Gericht urteilt, Dop müsse dem Portugiesen die Summe aufgrund seiner Haftungspflicht als Hostelier und Arbeitgeber des Klerks ersetzen.[7]

W 81 Doudemakre, Pieter (1367 - 1368) Brügge
Identität: Bis auf seine Verbindung mit Collard de Marke ist nichts über ihn bekannt.
Namensschreibweisen: Nachname: Daudenakre.
Beruf: Hostelier.
Gäste: Jehan Orton, Will[eme] Scemet, Will[eme] Hoton, Rotart Lute, Tumas Ridal, Henric Scart, Raoul Rogier, Adam Copare, Tumas Lotier, Jeah Marlunforde, Jehan Lasi.
Wohnort: Brügge, Bürger.
Geschäftspartner: Zwischen dem 4.4.1367 und dem 24.4.1368 steht Doudemakre in geschäftlicher Verbindung zu Collard de Marke.[8]

W 82 Eede, [NN] Le Dame van de (1358 - 1369) Brügge
Identität: In den De Marke-Rechnungen wird der Nachname *van de Niede* benutzt. Es ist eindeutig, daß es sich dabei um eine Schreibweise des Namens *van den Eede* handelt. Deshalb wurde sie unter *Eede* eingeordnet, auch wenn sie unter diesem Namen in den Quellen nicht auftaucht. Sie wird bei Collard De Marke als Hostelière bezeichnet und durch die Tatsache, daß ihr Name zusammen mit dem von Jakop van den Eede in einer der De Marke-Rechnungen auftaucht, ist anzunehmen, daß sie die Ehefrau von Jakop war.[9]
Namensschreibweisen: Nachname: Eyden, Niede.
Familie: Ehemann: [Jakop van den Eede] - Kinder: ein Sohn, [NN] - sonstige Verwandte: eventuell Victoor van den Eede (W 83).
Beruf: Hostelière.
Klerk: Hanot, 1367/68, Jehan, 1368.[10]
Gäste: Herman Beuwic.[11]
Wohnort: Brügge, Bürgerin.
Geschäftspartner: In einem Klageartikel der Stadt Hildesheim von ca. 1358 wird erwähnt, daß *vrouwe van den Eyden* Tuch für 14 lb gro an Ludewicke van Oesterwiic verkaufte. Dieser wiederum verkauft den Posten an den Hansekaufmann Bernd Bernyzeke. Nach den zeitlichen

1 VAN DEN ABEELE, Makelaars, S. 132-133.
2 SAB, Wetsvernieuwingen 1397-1421, fol. 55v.
3 SAB, Wetsvernieuwingen 1397-1421, fol. 63v.
4 ZOETE, Handelingen, S. 86, Nr. 56.
5 VAN DEN ABEELE, Makelaars, S. 132-133.
6 ZOETE, Handelingen, S. 200, Nr. 137.
7 SAB, Groenenboek A, fol. 26v-27r.
8 MURRAY, Hostelleraccounts, H 21.1 u. H 21.2.
9 SAB, reeks 305. Koopmansboeken, De Marke 2, fol. 105r, 242r.
10 MURRAY, Hostelleraccounts, H 22.2/6 u. H 22.3/4.
11 MURRAY, Hostelleraccounts, H 22.

Angaben hat sich dieser Verkauf etwa gegen 1355/56 zugetragen. Nachdem Bernyzeke zwei Jahre später nach Brügge zurückkehrt ist, fordert Van de Eede die 14 lb gro von ihm. Um ihrer Forderung Nachdruck zu verleihen, geht sie mit ihrem Sohn zu Bernyzeke und bedroht diesen. Bernyzeke weist jede Schuldforderung zurück, da nicht er das Tuch von ihr gekauft habe, sondern der nun in Brügge nicht mehr an-wesende Ludeke van Oesterwiic. Außerdem sei, nach Aussage Bernyzekes das Tuch durch Van de Eede an Oesterwiic geliefert worden und an niemand anderen. Van de Eede und deren Sohn aber verfolgen Bernyzeke weiter und die Sache bleibt bis auf weiteres ungeklärt.[1] Zwischen dem 5.12.1366 und dem 20.9.1369 steht sie in geschäftlicher Verbindung mit dem Brügger Wechsler Collard de Marke.[2] Neben einigen Brügger Hosteliers tritt auch der hansische Kaufmann Pieter Ludinchuse als ihr Geschäftspartner auf.[3]

W 83 Eede, Victoor van den (1368 - 1382) Brügge

Vorkommen in den Brügger Akziselisten 1360-90:
te Victoors van den Eedde (63): 1372/73, 3. Quartal, Met, Gäste in diesem Quartal: Alf van Rode (63/13), Radekin Langhe (63/14), Everaerd Dootbrouc (63/15), sie versteuern zusammen.
te Victoors van den Eedde (64): 1372/73, 4. Quartal, Met, Gäste in diesem Quartal: Radekin Langhe (64/1), Coenraerd van Kampen (64/2), Aelbrecht Bochoren (64/3), Herman Barchonse (64/4), Hans Scarpe (64/5), sie versteuern zusammen.
te Victoors van den Eedde (69): 1375/76, 1. Quartal, Met.
te Victoors van den Eedde (70): 1375/76, 2. Quartal, Met.
te Victoors van den Eedde (71): 1375/76, 3. Quartal, Met.
te Victoors van den Eedde (72): 1375/76, 4. Quartal, Met.
te Victoors van den Eedde (77): 1379/80, 1. Quartal, Met.
te Victoors van den Eedde (78): 1379/80, 2. Quartal, Met.
te Victoors van den Eedde (79): 1379/80, 3. Quartal, Met.
te Victoors van den Eedde (80): 1379/80, 4. Quartal, Met.
te Victoors van den Eedde (85): 1380/81, 1. Quartal, Met.
te Victoors van den Eedde (86): 1380/81, 2. Quartal, Met.
Namensschreibweisen: Nachname: Eedde, Heede, Niede - Vorname: Victoire, Victoore - Zusatz: van de, van der.
Familie: Sonstige Verwandte: le dame van de Eede (W 82); Jacoppe van den Eede. Das genaue Verwandtschaftsverhältnis ist nicht nachzuweisen. Jacoppe van der Eede ist häufig Akzisepächter.[4] Im 15. Jahrhundert ist ein Daneel van den Eede Mitglied der Brügger Bruderschaft Onze-Lieve-Vrouw van Roosebeke.[5]
Beruf: Hostelier.
Gäste: Hermant Haskede, Jehan de Brun, Herman Beuwic, Gerart van Horvie, Jehan Nodes.[6]
Wohnort: Brügge, Bürger.

---

1 HR I,3, S. 236-237, Nr. 240:7 § 1.
2 MURRAY, Hostelleraccounts, H 22.1 - H 22.5.
3 MURRAY, Hostelleraccounts, H 22.4/6: Bauduin van den Brouke, H22.5/2: Jan van Curtrike, H 22.4/8.
4 Vgl. SAB, SR 1363-64 bis SR 1371-72, passim; vgl. KRÜGER, Steuerlisten.
5 SAB, reeks 509. Gilde Roosebeke, Ledenregister, fol. 10r.
6 MURRAY, Hostelleraccounts, H 23.

Brügger Ämter: Hoofdman der Maklerzunft in Brügge1373-74[1] - Deken der Maklerzunft in Brügge1379-80.[2]
Geschäftspartner: Zwischen dem 28.4. und dem 10.10.1369 steht er in geschäftlicher Verbindung mit dem Brügger Wechsler Collard de Marke. Dabei tauchen in den Konten Eedes die Hosteliers demiselle de Witte (W 201) und Pieter Scuetelare (W 170) auf.[3] 1382 leiht Eede der Stadt Brügge eine Summe in Höhe von 20 lb gro tourn. Dieser Betrag soll ihm aus den Einnahmen der Weinakzise zurückerstattet werden.[4]
Akzisepächter: 1375/76, 1. Quartal, Met - 1380/81, 2. Quartal, Wein.
Amtliche Daten: In der Stadtrechnung 1368/69 ist verzeichnet, daß Victor van den Eede eine Buße, *Boeten van Wijne*, in Höhe von 9 lb gro zu zahlen hat.[5] Zwischen dem 10.5. und dem 16.9.1375 wird Eede vom Brügger Baljuw zu einer Geldbuße in Höhe von 3 lb [gro.] verurteilt, da er in der Taverne *Ryckenbuerch* Wein zapfte *in de brugghemaerct*.[6]

W 84 Esseberghe, Pieter van (1368 - 1369) Brügge
Identität: Ist er identisch mit Pieter van Hertsberghe?
Beruf: Hostelier.
Gäste: Martin Vengnes (Arane), Jehan Sceve (Portugal), Pier[re]. Sakaie, Jehan Saille, Martin de Rigotier.[7]
Wohnort: Brügge, Bürger.
Geschäftspartner: Zwischen dem 15.4.1368 und dem 9.12.1369 steht Esseberghe in geschäftlicher Beziehung zum Brügger Wechsler Collard de Marke. Zu seinen Klienten gehören bekannte Brügger Bürger wie Crestien Alverdoe, Jehan Dop und Jakob Reups.[8]

W 85 Everbout, Lievin (1349 - 1386) Brügge
Vorkommen in den Brügger Akziselisten 1360-90:
te Lievin Everbouds (15/10): 1366/67, 3. Quartal, Met.
te Lievin Everbouds (64): 1372/73, 4. Quartal, Met, Gast in diesem Quartal: Aelbrecht Lippelinc (64/44).
te Lievin Everbouds (69): 1375/76, 1. Quartal, Met.
te Lievin Everbouds (70): 1375/76, 2. Quartal, Met.
te Lievin Everbouds (71): 1375/76, 3. Quartal, Met.
te Lievin Everbouds (72): 1375/76, 4. Quartal, Met.
te Lievin Everbouds (78): 1379/80, 2. Quartal, Met.
te Lievin Everbouds (79): 1379/80, 3. Quartal, Met.
te Lievin Everbouds (80): 1379/80, 4. Quartal, Met.
te Lievin Everbouds (85): 1380/81, 1. Quartal, Met.
te Lievin Everbouds (86): 1380/81 u. (86), 2. Quartal, Met.

---

1 VAN DEN ABEELE, Makelaars, S. 131.
2 SCHOUTEET, Regesten 3, S. 252, Nr. 668.
3 MURRAY, Hostelleraccounts, H 23.1/3 u. H 23.2/4.
4 SCHOUTEET, Regesten 3, S. 264, Nr. 699.
5 SAB, SR 1368-69, fol. 16r.
6 RAB, rolrekening Nr. 1268. 10. Mai - 16. Sept. 1375, Baljuw Godfried Helt.
7 MURRAY, Hostelleraccounts, H 24.
8 MURRAY, Hostelleraccounts, H 24.1 - H 24.4.

Namensschreibweisen: Nachname: Everbaud, Everbolt, Everbonde, Everboud, Everboude, Everholt - Vorname: Leeven, Lieven, Lievinne, Lyevijn.
Lebensdaten: Tod: zwischen dem 20.3.1380 und dem 11.12.1386.
Familie: Ehefrau: Elisabeth, Tochter von Johan Witte (Albus) - Sohn: Martin.[1]
Beruf: Hostelier.
Gäste: 24.6.1363: Gheride Zeelant, Elbing; Everbout nimmt für diesen Gast eine Geldsumme in Empfang.[2] Im Zeitraum von 1366-69: Martin Dadan, Valedrit van Stade, Henric Scohauls, Herman Scuere.[3]
Wohnort: Brügge, Bürger.[4]
Korporationen: Mitglied der Brügger Maklerzunft.
Brügger Ämter: Gesandter in Dordrecht und Lübeck[5] bei den Verhandlungen mit den Hansen 1358/59 (RJ),[6] in Lübeck 1359-60 (RJ)[7] [1360[8]], in Gent am 5.6.1360.[9] - Hoofdman der Maklerzunft 1361-62.[10] - Deelman Carmers-Zestendeel 1362-63.[11] - [Schöffe in Brügge1363-64].[12] - Hoofdman der Maklerzunft 1365-66.[13] - Deelman St.-Niklaas-Zestendeel 1366-67.[14] - Hoofdman der Maklerzunft 1369-70.[15] - Deken St.-Niklaas-Zestendeel 1372-73.[16] - Hoofdman der Maklerzunft 1374-75.[17] - Ratsherr 1375-76.[18]
Geschäftspartner: Zwischen dem 30.5.1366 und dem 7.12.1369 steht Everbout in geschäftlicher Verbindung zu den Brügger Wechslern Collard de Marke und Willem Ruweel. Zu Everbouts Klienten gehören einige Ritter, aber auch Brügger Hosteliers wie Jehan Kerleman (W 117), Clais Hauscild (W 92) und Edele van Ruddervorde (W 162), sowie der hansische Kaufmann Radekin Vrauendorp.[19] 1378-79 leiht er der Stadt Brügge die Summe von 5 lb gro.[20]
Verschiedenes: Im Zusammenhang mit Klageartikeln des Deutschen Kaufmanns in Brügge wird Everbout beschuldigt, 1377 *Brunswikysches Gůt* hansischer Kaufleute unrechtmäßig festgehalten zu haben. Dieses Gut wird durch die Stadt beschlagnahmt und in der *Niewe Hal-*

1 BRANDT, Regesten 2, S. 279, Nr. 903 ' 20.
2 PARAVICINI, Preußenreisen 3, Dok. 60/B10a.
3 MURRAY, Hostelleraccounts, H 25.
4 JAMEES, Poorters, S. 103 eine Person gleichen Namens ist seit dem 11.7.1353 in Brügge als Bür-ger eingeschrieben, möglicherweise war diese Person zuvor Bürger in Gent, wo sie 1349 nachzuweisen ist, vgl. NICHOLAS, Town, S. 144 und 315, Anm. 17 über die Genter Hosteliersfamilie Everboud. Ein Wechsel der Stadt wäre möglich; GILLIODTS-VAN SEVEREN, Estaple 1, S. 254, Nr. 255.
5 HR I,3, S. 246, Nr. 246 § 18.
6 GILLIODTS-VAN SEVEREN, Inventaire 2, S. 61.
7 HR I,3, S. 253, Nr. 259 §§ 1, 4 u. 6.
8 HR I,1, S. 497-498, Nr. 245 a-c.
9 GILLIODTS-VAN SEVEREN, Inventaire 2, S. 10.
10 SCHOUTEET, Regesten 3, S. 171, Nr. 444.
11 LOWIJCK, Schepenenlijsten (16), S. 213.
12 HUB 4, S. 49, Nr. 101. Weder bei VAN DEN AUWEELE noch bei LOWIJCK aufgeführt!
13 VAN DEN ABEELE, Makelaars, S. 130.
14 LOWIJCK, Schepenenlijsten (16), S. 215.
15 VAN DEN ABEELE, Makelaars, S. 131.
16 LOWIJCK, Schepenenlijsten (17), S. 28.
17 VAN DEN ABEELE, Makelaars, S. 132.
18 VAN DEN AUWEELE, Schepenbank, S. 297.
19 MURRAY, Hostelleraccounts, H 25.6/ 7, 13, 18 u. H 25.2/8.
20 GILLIODTS-VAN SEVEREN, Inventaire 2, S. 101.

le verkauft. Den hansischen Kaufleuten wird der Boykott der Herberge Everbouts vorgeschlagen. Erst am 28.6.1387 kommt es mittels einer Vereinbarung zwischen Hansen und Flamen zu einer Einigung. Everbout ist zu diesem Zeitpunkt bereits verstorben. Die Stadt Brügge übernimmt die Zahlung der Entschädigungen.[1]

W 86 Everbout, Elisabeth wedewe (1361 - 1388) Brügge

Vorkommen in den Brügger Akziselisten 1360-90:
ter wedewe Everbouts (90): 1386/87, 2. Quartal, Met, Gast in diesem Quartal: Johannes Rouc (90/8).
ter wedewe Everbouts (94): 1387/88, 2. Quartal, Met, Gast in diesem Quartal: Johannes Ranke (94/39).
ter wedewe Everbouts (95): 1387/88, 3. Quartal, Met, Gäste in diesem Quartal: Johannes Ranke (95/1), Heinric Duurcoop (95/2), Herman Duerinc (95/3), Heinric van Kempen (95/4).
ter wedewe Everbouts (96): 1387/88, 4. Quartal, Met, Gast in diesem Quartal: Rapempenninc (96/1).
Namensschreibweisen: Nachname: Everbolt.
Familie: Ehemann: Lievin Everbout (W 85) - Vater: Johan Witte (Albus) - Sohn: Martin.
Beruf: Hostelière. Nach dem Tod ihres Ehemanns Lievin übernimmt sie dessen Herberge.
Wohnort: Brügge, Bürgerin.
Verschiedenes: Elisabeth Everbout wird im Testament des Hansekaufmanns Johan Oldenvere vom 24.7.1361 mit 1 lb gro bedacht. Ihr Sohn Martin erhält ebenfalls 1 lb. gro.[2]

W 87 Ferrant, Hendrik (1488 - 1504) Brügge

Beruf: Hostelier.[3]
Wohnort: Brügge, Bürger.
Korporationen: Mitglied der Brügger Maklerzunft; Mitglied in der Bruderschaft Onze-Lieve-Vrouw van Roosebeke.[4]
Brügger Ämter: Deken der Maklerzunft 1488-89[5] - Ratsherr/Schöffe in Brügge1493-94[6] - Als Begleitung des Herzogs von Burgund nach Gent, 11. - 17.5.1483[7] - Gesandter in Gent, 14. 1. 1485, Ledenversammlung[8] - Gesandter in Gent, 9.4.1488, Besprechung der Vier Leden über die Gefangenschaft Kaiser Maximilians.[9]
Geschäftspartner: Im Jahr 1497 ist Ferrant der Wirt des Kölner Kaufmanns Govert Stertkin. In dieser Eigenschaft verhandelt Ferrant An- und Verkaufsgeschäfte für Stertkin. (Prozeß in Brügge).

---

1 HR I,2, S. 169, Nr. 156 § 17; S. 181, Nr. 167; S. 413, Nr. 343 § 12; S. 445, Nr. 346 § 8; HR I,3, S. 98, Nr. 111.

2 BRANDT, Regesten 2, S. 279, Nr. 903 ' 20; zum Lübecker Kaufmann Oldenvere s. ASMUSSEN, Flandernfahrer, S. 580-582, Nr. 84.

3 MUS, Ameyde, S. 131-132.

4 SAB, reeks 509. Gilde Roosebeke, Lederegister, fol. 16r.

5 VAN DEN ABEELE, Makelaars, S. 140; für das Jahr 1491-92 wird ein Heyndric Ferrant ohne erkenn-bare Funktion im Verwaltungsorgan der Zunft angegeben.

6 SAB, Wetsvernieuwing 1468-1501, fol. 209v. Ferrant wird erst als Ratsherr genannt, ersetzt dann aber Karel Lem als Schöffe im selben Jahr; vgl. Lijsten Magistraat 1493, Anm. 2 und 3.

7 BLOCKMANS, Handelingen III,2, S. 293, Nr. 197.

8 BLOCKMANS, Handelingen III,2, S. 341, Nr. 229.

9 BLOCKMANS, Handelingen III,2, S. 460, Nr. 304.

Verschiedenes: Ferrant wird im Register der Makler von 1501 als Hostelier verzeichnet. Daneben findet sich ein Kreuz als Zusatz, das vermutlich später hinzugesetzt wurde. Es ist nicht möglich aus beiden Einträgen sein Todesdatum zu erschließen.[1]

W 88 Franck, Jan (1495) Brügge

Namensschreibweisen: Nachname: Francko.
Beruf: Hostelier.
Wohnort: Brügge, Bürger.
Geschäftspartner: Im Jahr 1495 ist Franck Wirt für Kaufleute aus Frankfurt a.M., Nürnberg und Augsburg.[2]

W 89 Galvaen, [NN] Joncvrauwe (1371 - 1372) Brügge

Vorkommen in den Brügger Akziselisten 1360-90: Galvaen, [NN] Joncvrauwe (57): 1372-73, 1. Quartal, Wein, Gast: Herzogin von Burgund (Margarete v. Flandern) (57).
Verschiedenes: Es ist sehr fraglich, ob es sich bei dieser Person um eine Hostelière im Sinne dieser Untersuchung handelt. Wahrscheinlich wird sie nur als Gastgeberin der Herzogin erwähnt. Eine kommerzielle Tätigkeit läßt sich daraus nicht zwingend ableiten. Außerdem handelt es sich hier um den Weinverbrauch, während alle anderen Hosteliers in den Brügger Akziselisten 1360-90 ausschließlich im Zusammenhang mit Met genannt werden.

W 90 Goederic, Everaerd (1357 - 1383) Brügge

Vorkommen in den Brügger Akziselisten 1360-90:
tsere Everaerds Goederix (63): 1372/73, 3. Quartal, Met, Gäste in diesem Quartal: Conraerd Stapel (63/16), Heinric Zamendorp (63/17), Heinric Zond Braemberch (63/18), Vickelbeke (63/19), sie versteuern zusammen.
tsere Everaerds Goederix (64): 1372/73, 4. Quartal, Met, Gäste in diesem Quartal: Willem van Scaden (64/6), Lunenborch (64/7), Coenraed Scapel (64/8), Werlinckop (64/9), Kaudenael (64/10), Jan van Heutin (64/11), sie versteuern zusammen.
tsere Everaerds Goederix (70): 1375/76, 2. Quartal, Met.
tsere Everaerds Goederix (71): 1375/76, 3. Quartal, Met.
Namensschreibweisen: Nachname: Ghudenrik, Goedericke, Goederijc, Goederye, Goederix, Goederyc - Vorname: Everart, Everd, Evert.
Lebensdaten: Tod: Im Laufe des Jahres 1380 muß Everaerd Goederic gestorben sein, da seine Frau als Witwe in der Stadtrechnung von 1379/1380 erwähnt wird.[3]
Familie: Ehefrau: Margareta Rym.[4]
Beruf: Wechsler 1359-1360[5] - Hostelier.
Wohnort: Brügge, Bürger.
Korporationen: Mitglied der Brügger Maklerzunft (1372).[6]

---

1 SAB, Registre van der neeringhe van den makelaars, 1. Sept. 1501, ohne fol.
2 Marechal, Départ, S. 40, Anm. 82.
3 SAB, SR 1379-80, fol. 93.
4 Devliegher, Maisons, S. 226.
5 De Roover, Livre, S. 88, Nr. 1 und 2; ders., Money, S. 188-190.
6 Van den Abeele, Makelaars, S. 96.

Brügger Ämter: Deelman St. Jans-Zestendeel 1357.[1] - mehrfach zwischen 1358 und 1360 Gesandter in Gent, Ursel und Deinze.[2] - Ratsherr 1359-60 - Schöffe 1368-69 - Ratsherr 1369-70 - Schöffe 1370-71 - Ratsherr 1371-72 - Schöffe 1372-73, 1375-1376, [1378-79].[3]
Geschäftspartner: Als Wechsler gibt er der Stadt Brügge ein Darlehen in Höhe von 180 lb gro.[4] - Zwischen 1375 bis 1377 hält Goederic Geldeinlagen der Hamburger Kaufleute Albert und Vicko von Geldersen: am 26.1.1375 20 lb gro;[5] am 7.3.1375 17 lb gro und 3 flämische Schilde;[6] im Jahr 1377 14 lb 4 s gro.[7] Über diese Depositen wickelt van Geldersen Geschäfte mit anderen hansischen Kaufleuten für van Geldersen in Brügge ab. Mit diesen Einlagen sind die Kaufleute Albert Hoyers, Haghene und Heyne Vûlsikes im Handlungsbuch notiert.
Postume Erwähnungen: 1383 stiftet die Witwe Everaerd Goederics, Margareta Rym, die Maison-Dieu Goederickx, gelegen in der Moerstraat in Brügge zu Ehren ihres Mannes. Die Inschrift am Haus lautet: *Joncvrouwe Margareta Rym Weduwe van / Joncheer Everhaerdt Goederick heeft / gefondeert ten Jaere 1383 dit Convent / voor arme Weduwen twelcke vervallen / zynde* [...].[8]- Im Rahmen eines erzwungenen Darlehns an die Stadt Brügge 1378-79 wird sie zu 5 lb gro verpflichtet.[9]

W 91 Haelwin, [NN] Bernaerds weduwe van (1430 - 1434) Brügge
Namensschreibweisen: Die erste namentliche Erwähnung lautet *Bernaerds weduwe van Haelwin.* In der gleichen Urkunde wird dann aber später von *ter herberghe van der vorseider weduwe Gillise Haghelin* gesprochen. Entweder handelt es sich hier um einen Schreibfehler des Sekretärs der Schöffenbank bzw. in der Abschrift oder die Wirtin ist zweimal verheiratet gewesen und zum zweiten Mal verwitwet.[10]
Familie: Bernaerd van Halwyn, Makler, der am 4.5.1476 stirbt.[11] Der Verwandtschaftgrad konnte nicht ermittelt werden, möglicherweise handelt es sich hier um einen Sohn der Witwe Haelwin.
Beruf: Hostelière.
Gäste: Janne Hoorin, Thideman Bocholt, im Zeitraum zwischen 1430-34.
Wohnort: Brügge, Bürgerin.
Amtliche Daten: Am 26.3.1434 wird vor dem Brügger Schöffengericht festgestellt, daß der von den beiden Kaufleuten Janne Hoorin und Thideman Bocholt verklagte Heinrich Senau freizulassen ist, da weder die Kläger noch deren Vertreter in der Stadt bzw. in der Herberge anwesend sind.[12]

---

1 GILLIODTS-VAN SEVEREN, Inventaire 2, S. 96: Goederic stellt vier Pferde zur militärischen Sicherung der Stadt.
2 GILLIODTS-VAN SEVEREN, Inventaire 2, S. 101f.
3 VAN DEN AUWEELE, Schepenbank, S. 243, 276, 281, 282, 287, 288, 296, 307.
4 DE ROOVER, Livre, S. 88, Nr. 1 und 2; DERS., Money, S. 188-190.
5 NIRRNHEIM, Handlungsbuch, S. 92f., Nr. I 563.
6 NIRRNHEIM, Handlungsbuch, S. 106, Nr. I 684.
7 NIRRNHEIM, Handlungsbuch, S. 104, Nr. I 665.
8 DEVLIEGHER, Maisons, S. 226.
9 GILLIODTS-VAN SEVEREN, Inventaire 2, S. 350.
10 HUB 7, S. 8, Nr. 16.
11 SAB, Wetsvernieuwingen, 1468-1501, fol. 60v; Haelwin ist zum Zeitpunkt seines Todes Schöffe. Er wird durch Jan Metteneye ersetzt.
12 HUB 7, S. 8-9, Nr. 16; vgl. Thomas Bonyn:W 33.

W 92 Hauscild, Clais (1358 - 1376) Brügge

Vorkommen in den Brügger Akziselisten 1360-90:
te Clais Hauscilds (63): 1372/73, 3. Quartal, Met, Gast in diesem Quartal: Bartolf Zuerbier (63/35).
te Clais Hauscilds (69): 1375/76, 1. Quartal, Met.
te Clais Hauscilds (70): 1375/76, 2. Quartal, Met.
te Clais Hauscilds (71): 1375/76, 3. Quartal, Met.
te Clais Hauscilds (72): 1375/76, 4. Quartal, Met, Gäste in diesem Quartal: Symoen Swerting (72), Hartwich Beteke (72),[1] sie versteuern zusammen.
Namensschreibweisen: Nachname: Aoskilt, Hauschild, Hauscild, Hauweschilt, Hauwescild, Howesscild, Howoscild - Vorname: Clais, Clays, Nicolas.
Familie: Sohn: Jacob[2] - sonstige Verwandte: Lubrecht Hauscilt, wobei der Verwandtschaftgrad unbekannt ist.
Beruf: Hostelier.
Gäste: Nicolaus Roden, Stralsunder Schiffer: vor August 1358[3]; Jacob van Deventher (*Deventhei*), Stralsunder Schiffer, dessen Kogge vor Sluis auf Grund läuft (vor August 1358)[4]; H. Herestal, Heinric Omresa, Henric Scepk[.], Reines de Vos, Egrech Clate um 1370.[5]
Wohnort: Brügge, Bürger.
Hausbesitz: Hauscild besitzt ein Haus am *Scottendyc*[6] und eines an der *Sint-Jansbrug*.[7] Möglicherweise ist eines dieser Häuser identisch mit der Herberge *te Hauwesscilds* (vgl. W 94).
Brügger Ämter: Gesandter in Dordrecht1358/59 (RJ).[8] - Hoofdman der Maklerzunft 1363-64.[9] - Deelman des Carmers-Zestendeel1367-68.[10]
Amtliche Daten: Vor dem August 1358 wendet sich Hauscild mit Nicolaus Roden wegen dessen gestrandeter Kogge an den Grafen von Flandern.[11] - Am 19.5.1363 tritt Hauweschild gemeinsam mit Matheus van der Buerze (W 47), Everard Compere (W 63), Jacob van Ansame (W 13) und Jan de Witte (W 198) als Bürge auf. Den Hansen in Brügge ist eine Summe von 150 lb gro seitens des Grafen von Flandern aufgrund der zwischen der Hanse und Flandern getroffenen Vereinbarung von 1360 als Schadenersatz zuerkannt worden. Dieses Geld soll den Älterleuten entweder in bar oder in Form eines Schuld-briefs ausgehändigt werden.

1 Es handelt sich bei diesen Gästen um Gesandte des Hansetages, hier die Bürgermeister von Lübeck und Elbing.
2 GEIRNAERT, Regesten, S. 17, Nr. 14.
3 HR I,3, S. 234, Nr. 240:5 § 4.
4 HR I,3, S. 235, Nr. 240:5 § 11; GILLIODTS-VAN SEVEREN, Inventaire 2, S. 38, Nr. 530.
5 MURRAY, Hostelleraccounts, H 4.
6 GILLIODTS-VAN SEVEREN, Inventaire 2, S. 140, Nr. 566 Anm. 2; diese Straße heißt heute Sint-Annarei; vgl. DERS., Bruges, S. 77; dazu das Bulletin communal, S. CCCXXXII und Straten Boekje.
7 GEIRNAERT, Regesten, S. 16, Nr. 12.
8 HR I,3, S. 242, Nr. 243 §§ 1, 2; S. 244, Nr. 246 § 4; vgl. GILLIODTS-VAN SEVEREN, Inventaire 2, S. 60-62.
9 VAN DEN ABEELE, Makelaars, S. 130.
10 LOWIJCK, Schepenenlijsten (16), S. 215.
11 HR I,3, S. 234, Nr. 240:5 § 4.

Für die Einhaltung des Zahlungsversprechens bürgt Haus-cild mit den anderen genannten Personen.[1] Bei den fünf Bürgen handelt es sich um Hosteliers der Hansen.

W 93 Hauscilt, Lubrecht (1328 - 1358) Brügge

Namensschreibweisen: Nachname: Hauschild, Hauscild, Hauwescild, Howesscild, Howoscild - Vorname: Lubberte, Lubertus.
Familie: Sohn: Godscalc,[2] der als Makler in Brügge 1358 nachzuweisen ist.[3] - Sonstige Verwandte: Clais Hauscilt (W 92)?
Beruf: Makler, 1328[4] - Kaufmann, 1335[5] - Hostelier, 1340.[6]
Wohnort: Brügge, Bürger.
Korporationen: Mitglied der Brügger Maklerzunft 1328.[7]
Wirtschaftsdaten: Als Kaufmann befördert Hauscilt 1335 Gelder eines päpstlichen Kollektors nach Brügge.[8]
Amtliche Daten: Am 14.12.1328 bestätigt er in seiner Eigenschaft als Makler eine Urkunde.[9]
Privates Handeln: Am 4.3.1348 stiftet er eine Rente von 5 lb [par.] auf eine Immobilie im Vlamingdam dem Armentisch von Onze-Lieve-Vrouw.[10]
Verschiedenes: Hauscilt hat vor dem August 1358 eine Auseinandersetzung mit Bertolt Hoync, Stralsund, zu deren Beendigung und Sühne Hoync eine Wallfahrt unternimmt.[11]

W 94 Hauwesscilds, [NN] (1366) Brügge

Vorkommen in den Brügger Akziselisten 1360-90:
te Hauwesscilds (15/8): 1366/67, 3. Quartal, Met.
Identität: Es handelt sich um eine Herberge in Brügge; mögliche Betreiber: Jacob Auscilt (W 16), Clais Hauscild (W 92), Lubrecht Hauscild (W 93), Pieter Hauwescild (W 95). Eine definitive Zuordnung dieser Herberge zu einer der genannten Personen ist nicht möglich.

W 95 Hauwescild, Pieter (1366 - 1376) Brügge

Identität: Mitglied der Kaufmanns-und Hostelierfamilie, vertreten durch Jan Hauwscild,[12] Clais Hauwscild (W 92), Godscalc Hauwscild, Jacob Hauwescild und Lubrecht Hauscilt (W 93).
Namensschreibweisen: Nachname: Aoskilt, Auscilt, Hauscild, Hauscilt, Hauweschilt, [Van Auscote].
Beruf: Hostelier.
Klerks: Mahiu [NN], 1366 - Jehan Kapillet, 1368 - Ernout van de Berghe, 1369.
Gäste: Vornehmlich Kaufleute der iberischen Halbinsel - Jehan Stevenes, 9.1.1369.[1]

---

1 HR I,3, S. 256, Nr. 270.
2 SCHOUTEET, Regesten 3, S. 119, Nr. 299: *Godscalc Hauwesild fs. Lubrechts.*
3 HR I,3, S. 232, Nr. 240:4a.
4 SCHOUTEET, Regesten 2, S. 180, Nr. 472.
5 DESPY, Bruges, S. 101.
6 GILLIODTS-VAN SEVEREN, Règlements, S. 257.
7 VAN DEN ABEELE, Makelaars, S. 89.
8 DESPY, Bruges, S. 101.
9 SCHOUTEET, Regesten 2, S. 180, Nr. 472.
10 GALVIN, The Poor Tables, S. 301.
11 HR I,3, S. 234, Nr. 240:5 § 7; der Sachverhalt wird nicht geschildert.
12 DE ROOVER, Money, S. 363.

Wohnort: Brügge, Bürger.
Korporationen: Mitglied der Brügger Maklerzunft.
Brügger Ämter: Hoofdman der Maklerzunft 1366,[2] 1367,[3] 1372.[4]
Geschäftspartner: Von 1366 bis 1369 unterhält er eine geschäftliche Verbindung zum Brügger Wechsler Collard de Marke.[5]
Amtliche Daten: Zwischen dem 10.5. und dem 16.9.1375 wird Hauwescild vom Brügger Baljuw zu einer Geldbuße in Höhe von 3 lb [gro.] verurteilt, da er unerlaubt *te zinen huus* Wein zapft *in de brugghemaerct*.[6]

W 96 Heede, Jacob van der (1501) Brügge
Identität: Vermutlich gehört Jacob van der Heede zur Familie Van den Eede, da er in der Kapelle der Van den Eede Onze-Lieve-Vrouwe-Kirche in Brügge begraben wird.[7]
Namensschreibweisen: Zusatz: *Jans seune*.
Lebensdaten: Geburt: in Oudenaarde - Tod: 19.10.1501.
Beruf: Hostelier und Makler.
Wohnort: Brügge, Bürger.

W 97 Helbrecht, Gillis (1458 - 1460) Brügge
Namensschreibweisen: Vorname: Gilles.
Lebensdaten: Tod: zwischen dem 21.3.1458 und dem 2.11.1460.[8]
Familie: Ehefrau: Sijmoene de Heere (verstorben vor dem 2.11.1460).[9]
Beruf: Hostelier.
Wohnort: Brügge, Bürger.
Korporationen: Mitglied der Brügger Maklerzunft.
Amtliche Daten: Am 21.3.1458 wird festgestellt, daß der Bürge der Herberge Helbrechts, Jan Onghereede (W 144), Schadenersatz an Loppe de Saint Victor in Höhe von 33 lb 17 s gro und an andere spanische Kaufleute noch einmal 200 lb gro zu zahlen hat.[10]
Postume Erwähnungen: Am 2.11.1460 fordert Jan Onghereede (W 144) gemeinsam mit Lodewijc Greffari seine durch die Bürgschaft für die Herberge des nun verstorbenen Gillis Helbrecht entstandenen Kosten aus der Erbmasse der ebenfalls verstorbenen Sijmoene de Heere, Witwe des Helbrecht, zurück. Die Schöffen erkennen seine Forderungen an.[11]

---

1 SAB, reeks 305. Koopmansboeken, De Marke 4, fol. 29r.
2 SCHOUTEET, Regesten 3, S. 188.
3 VAN DEN ABEELE, Makelaars, S. 131.
4 VAN DEN ABEELE, Makelaars, S. 131.
5 MURRAY, Hostelleraccounts, H 5.
6 RAB, rolrekening Nr. 1268, 10. Mai - 16. Sept. 1375, Balliu Godfried Helt.
7 SBB, Hs. Ms. 449, DE HOOGHE, Versaemelinge, S. 257, gilt für alle weiteren Daten.
8 SAB, Civiele Sententiën 1453-62, fol. 265r und SAB, Nieuwe Groenenboek ongecotteerd, fol. 80v-81r.
9 SAB, Nieuwe Groenenboek ongecotteerd, fol. 80v-81r.
10 SAB, Civiele Sententiën 1453-62, fol. 265r.
11 SAB, Nieuwe Groenenboek ongecotteerd, fol. 80v-81r.

W 98 Heldebol, Jan (1383 - 1418) Brügge

Vorkommen in den Brügger Akziselisten 1360-90:
Heldebol, Jan (95): 1387/88, 3. Quartal, Met, Gast in diesem Quartal: Jacob van Hanelbeke (95/48).
Identität. 1358-59 wird ein Schöffe Jan Heldebolle f.s. Pieters notiert.[1] Für die Jahre 1356-57 und 1361 wird ebenfalls ein Jan Heldebolle erwähnt. 1361 wird ein gegen ihn verhängter Bann der Stadt Brügge und des Grafen von Flandern aufgehoben.[2] 1362 gibt es einen Ratsherrn dieses Namens in Brügge.[3] Da zwischen diesem Ereignis und dem Ersteintrag von Jan Heldebol (W 98) 21 Jahre Differenz liegen, aus denen keine Daten zu Jan Heldebol bekannt sind, handelt es sich wahrscheinlich um zwei verschiedene Personen.
Namensschreibweisen: Nachname: Gelde bolle[4], Heldebolde, Heldebolle, Hildebolle - Vorname: Jean, Johan.
Lebensdaten: Tod: 8.4.1386.[5]
Beruf: Hostelier.
Gäste: Kaufleute aus Amiens.[6]
Wohnort: Brügge, Bürger.
Aufenthaltsorte: Tournai, 8.12.1385 - Cambrai, Arras, Lille, 3. und 10.3.1387 - Antwerpen, 14.6.1387 - Amiens, 20.3. und 2.4.1392 - Arras, 16.6.1397 - Lille, 24. und 25.4.1398 - Gent, 13. und 14.1.1401 - Gent, 4.2.1401 - Arras, 12. - 18.6.1401 - Arras, 17.-19.7.1401 - Gent, 21.8.1401 - Gent, 7.2. und 17.2.1402 - Arras, 23.4.1402 - Lille, 21.10.1402 - Lille, 2.4.1403 - Paris, 12.-14.5.1403 - Arras, 28.- 30.6.1404.
Korporationen: Mitglied der Brügger Maklerzunft - [Mitglied der Brügger Bruderschaft vom Droogen Boom].[7]
Brügger Ämter: Schöffe 1383-84.[8] - Bürgermeister der Schöffen 1385-86.[9] - Gesandter in Tournai, 8.12.1385, Konferenz mit Phillip dem Kühnen und Gent, um den Aufstand in Flandern zu beenden.[10] - Gesandter in Cambrai, Arras, Lille, 3. u. 10.3.1387, zum Herzog von Burgund.[11] - Gesandter in Antwerpen, 14. 6.1387, Verhandlungen mit den Hansen.[12] - Bür-

1 VAN DEN AUWEELE, Schepenbank, S. 240.
2 SCHOUTEET, Regesten 3, S. 125, Nr. 315; S. 170, Nr. 442.
3 LOWIJCK, Schepenenlijsten (16), S. 213.
4 LOWIJCK, Schepenenlijsten (18), S. 44.
5 SAB, Purpurenboek, fol. 118r.
6 VAN HOUTTE, Makelaars, S. 179, Anm. 3.
7 SAB, reeks 505, Gilde Droogenboom, Ledenregister, fol. 10r, allerdings ohne Datum.
8 LOWIJCK, Schepenenlijsten (18), S. 44; VAN DEN AUWEELE, Schepenbank, S. 317.
9 LOWIJCK, Schepenenlijsten (18), S. 45.
10 PREVENIER, Handelingen, S. 3, Nr. 3; diese Gesandtschaft bestand aus folgenden Personen: Thideman van den Berghe (W 24), Niclais Scorkinne, Joris Braderické, Janne Metteneye (W 134), Jan Buerse (W 50), Jacob Bonin, Janne vander Lecke, *mer* Jan Metteneye, Pieter Adorne (W 4) und war 17 Tage unterwegs.
11 PREVENIER, Handelingen, S. 14, Nr. 32, mit Franchoise den Cupere, Jan Metteneye (W 134), Pieter Adorne (W 4), Jan Camphin.
12 HR I,2, S. 406, Nr. 342 § 16; GILLIODTS-VAN SEVEREN, Inventaire 3, S. 212; Prevenier, Handelingen, S. 18, Nr. 43, weitere Gesandte: Jacoppe van den Vagheviere (W 186), Niclais Scoorkine, Thideman van den Berghe (W 24), Jan Heldebolle (W 98), Jacob Bonin, Pieter Adorne (W 4) Janne van Claroud, Gillis Dop (W 80), Ghiselbrecht van den Weghe, Jacob Wouters, Gillis van Houtmersch, Clais van Themseke (W 179), Jacob Everboude. Insgesamt

germeister des Rats 1388-89.[1] - Bürgermeister der Schöffen 1389-90.[2] - Ratsherr 1391-92 - Gesandter in Amiens, 20.3. und 2.4.1392, zum Herzog von Burgund.[3] - Gesandter in Ypern und Lille 1392.[4] - Vogt des St.-Janshospitals 1393-94.[5] - Deken der Maklerzunft 1397-98.[6] - Gesandter in Arras, 16.6.1397, Ledenversammlung.[7] - Gesandter in Lille, 24. und 25.4.1398, Leden mit Herzog von Burgund.[8] - Schöffe 1399-1400.[9] - Schöffe 1400-01 - Gesandter in Gent, 13. und 14.1.1401,Vier Leden - Gesandter in Gent, 4.2.1401.[10] - Gesandter in Arras, 12. - 18.6.1401, Leden, Herzog von Burgund - Gesandter in Arras, 17.-19.7.1401, Leden mit Herzog von Burgund.[11] - Gesandter in Gent, 21.8.1401.[12] - Schöffe 1401-02 - Gesandter in Gent, 7.2. und 17.2.1402.[13] - Gesandter Brügges in Arras, 23.4.1402, Hochzeit Antons, Sohn von Philipp dem Guten.[14] - Schöffe 1402-03 - Gesandter in Lille, 21.10.1402, Leden mit Herzog von Burgund.[15] - Gesandter in Lille, 2.4.1403, Leden mit Graf von Nevers.[16] - Gesandter in Paris, 12.-14.5.1403, Vier Leden, Herzog von Burgund, König von Frankreich.[17] - Ratsherr 1403-04 - Gesandter in Arras, 28.-30.6.1404, Vier Leden und Herzogin von Burgund.[18] - Schöffe 1404-05 - Ratsherr 1405-06.[19] - Schöffe 1406-07.[20] - Vogt der Potterie 1389 - 1418.[21]
Wirtschaftsdaten: 1387/88, 3. Quartal, Met: Gläubiger der Akzise.
Amtliche Daten: Er zeichnet als Vogt der Kinder der Liegarde, Witwe des Jacob Bave der Jüngere beim Verkauf einer Erbrente auf Güter in Brügge bzw. in der Straße nach Loppem.[22]

---

sind sie 17 Tage unterwegs. In den HR werden Jacob Metteneye, Jacob van den Walle und Jacob Bonin als Mitglieder der Gesandtschaft namentlich genannt, nicht aber Jacob Everboud.

1 LOWIJCK, Schepenenlijsten (18), S. 45.

2 Vgl. auch zum folg. ebd., S. 46.

3 PREVENIER, Handelingen, S. 80, Nr. 222, mit Niclais Scorkinne, Zegher van den Meyere, insgesamt 16 Tage.

4 GILLIODTS-VAN SEVEREN, Inventaire 3, S. 238.

5 MARÉCHAL, (G.), Brugse Hospitaalwezen, S. 64, Anm. 39.

6 VAN DEN ABEELE, Makelaars, S. 132.

7 PREVENIER, Handelingen, S. 138, Nr. 379, weitere Gesandte: Niclais Scorkinne, Jan Camphin, Jan Buerse, Jan Honin, Jan Beroude, Pieter Gaderpenninghe, Jacob van den Vagheviere, Jacob Bonin, Colaerd Cortscove, Jan van Roden, 8 Tage.

8 PREVENIER, Handelingen, S. 151, Nr. 408, mit Niclais Scorkinne, Nicalis Barbesaen, Prisse van Rijssele; Gegenstand u.a. das *stic van den cooplieden van Amiens.*

9 SAB, Lijsten Magistraat.

10 PREVENIER, Handelingen, S. 203, Nr. 510; S. 204, Nr. 511.

11 PREVENIER, Handelingen, S. 213, Nr. 526; S: 214, Nr. 527.

12 PREVENIER, Handelingen, S. 217, Nr. 533.

13 PREVENIER, Handelingen, S. 224, Nr. 547; S. 226, Nr. 549.

14 PREVENIER, Handelingen, S. 231, Nr. 556.

15 PREVENIER, Handelingen, S. 241, Nr. 575.

16 PREVENIER, Handelingen, S. 255, Nr. 594.

17 PREVENIER, Handelingen, S. 261, Nr. 601; Gegenstand: die Neutralität Flanders im Konflikt Frankreich - England. Heldebolle bleibt 36 Tage und kehrt früher als die anderen zurück.

18 PREVENIER, Handelingen, S. 324, Nr. 693; Gegenstand: Neutralität Flandern, Vertrag mit England.

19 SAB, Lijsten Magistraat; auch für alle vorangegangenen Magistratsdaten.

20 SAB, Lijsten Magistraat; am 24. April 1407 werden sechs Schöffen ersetzt, u.a. Jan Heldebolle. Er wird durch Gillis van den Hoorne ersetzt.

21 MARÉCHAL, (G.), Brugse Hospitaalwezen, S. 66, Anm. 49.

22 BAB, Chartes des Saint-Donatien, N 26 II, Titres de biens, Nr. 304.

W 99 Heys, Jan van (1456) Brügge[1]

Namensschreibweisen: Nachname: Heyst.
Beruf: Hostelier.
Klerk: Gheeraerde Gholt.[2]
Amtliche Daten: Am 28.1.1456 wird Heys vom Brügger Schöffengericht verurteilt, Janne den Scrivere 25 lb 15 s gro als Rest einer Summe, die Scrivere einigen Gästen des Wirts Heys geborgt hat, an Scrivere zu bezahlen. Allerdings wird Heys erlaubt, die ent-sprechende Summe von seinem ehemaligen Klerk, Gheeraerde Gholt, einzufordern.[3]

W 100 Heijs, Jan van (um 1467) Brügge

Identität: Identisch mit Heys (W 99)?
Namensschreibweisen: Nachname: Heys - Vorname: Jean.
Beruf: Hostelier.
Wohnort: Brügge, Bürger.
Amtliche Daten: Vor der Brügger Schöffenbank verpflichtet sich Heijs mit fünf weiteren Hosteliers, für seine Gäste in Zukunft keine Borgkaufgeschäfte mehr mit spanischen Kaufleuten zu machen, sondern ausschließlich auf Bargeldbasis. Sollten seine Gäste dennoch weiterhin Geschäfte mit spanischen Kaufleuten auf Kreditbasis abschließen, geschähe dies auf deren eigenes Risiko.[4]

W 101 Hoedemakere, Pieter de (1328 - 1355) Brügge

Namensschreibweisen: Nachname: Hoedemakre, Oedemakere.
Beruf: Hostelier.[5]
Wohnort: Brügge, Bürger.
Korporationen: Mitglied der Maklerzunft 1328.[6]
Brügger Ämter: Schöffe 1349, 1351[7] - Deken des Carmers-Zestendeel 1353[8] - Schöffe 1355.[9]
Amtliche Daten: Am 3.1.1341 bezeugt er als Hostelier eine Zunftübereinkunft mit den Cnapen.[1]

---

1 SAB, Groenenboek A, fol. 331r-v, 28. 1. 1457: wahrscheinlich ist mit *weerd in de ghendsche herberghe* eine Herberge mit dem Namen *Gent* in Brügge gemeint.

2 SAB, Groenenboek A, fol. 331v.

3 SAB, Groenenboek A, fol. 331r-v: [...] *halende zijn acquijt up dat hem goed dochte an Gheeraerde Gholt* [...]; MUS, Ameyde, S. 128, Anm. 63 (SAB, Groenenboek A, fol. 231v [sic!], verweist ebenfalls auf diesen Fall, allerdings in einem anderen Zusammenhang.

4 SAB, Nieuwe Groenenboek ongecotteerd, fol. 105r-v, ohne Datum. Allerdings ergibt sich aus der Nennung der fünf anderen Namen Torreman (W 182), Coene (W 59), Thielt (W 180), Wulf (W 203) und Lotin (W 125) und deren notierten Schadenersatzfällen in den Civiele Sententiën ein anzunehmender Zeitpunkt von 1467. Allerdings gibt GILLIODTS, Estaple 2, S. 97, Nr. 1022 einen Zeitpunkt an: 5.12.1459. In diesem Falle wäre eine Identität zwischen Heys W 99 und W 100 kaum zweifelhaft.

5 SAB, reeks 299, Makelaars, Cartularium A 1293 - 1683, fol. 19v; vgl. SCHOUTEEt, Regesten 3, S. 17, Nr. 16, der nicht zwischen *Hosteliers* und *Cnapen* unterscheidet und letztere als *Makler* be-zeichnet.

6 VAN DEN ABEELE, Makelaars, S. 89.

7 SCHOUTEET, Regesten 3, S. 65, Nr. 148; S. 89, Nr. 218.

8 SCHOUTEET, Regesten 3, S. 101, Nr. 253.

9 SCHOUTEET, Regesten 3, S. 118, Nr. 297.

Verschiedenes: 1328 wird Hoedemakere von einer Untersuchungskommission nach dem gescheiterten Aufstand in Flandern in die Gruppe der Beschuldigten aufgenommen. Allerdings gehört er kurz darauf zu denjenigen, die sich unterwerfen (1329-1331).[2] 1338-1340 wird Hoedemakere als Mitglied der Maklerzunft für das Gemeindeheer aufgestellt.[3]

W 102 Honin, Gilles (1367 - 1389) Brügge

Identität: Sein verwandtschaftliches Verhältnis zu Zegher Honin (W 106, W 107) ist unsicher, ist aber wahrscheinlich. 1413 ist ein Gillis Honin Hoofdman der Maklerzunft, eine Identität ist ausgeschlossen da der Hostelier Gillis Honin schon vor 1389 verstirbt. Möglicherweise handelt es sich bei dem zweiten Gillis um einen Sohn von W 102. Diese Ansicht vertritt zumindest Galvin, der sich auf die Familiestammbäume von Gailliard beruft.[4]
Namensschreibweisen: Nachname: Honine, Honyn, Hovyn, Oenin, Onin.
Lebensdaten. Tod: zwischen 1386 und 1389.
Familie: Sohn: Jan (f. Gillis).
Beruf: Hostelier.
Gäste: Ricart Carmadin, Tumas Rat, Henric Boutelier, Henric Put, Henric Thibelin.[5]
Wohnort: Brügge, Bürger.
Aufenthaltsort: Ypern, 18.2.1385.[6]
Brügger Ämter: Ratsherr 1384-85.[7] - Gesandter in Ypern, 18.2.1385, Ledenparlament.[8]
Geschäftspartner: Zwischen dem 15.7.1367 und dem 24.12.1369 bestehen geschäftliche Verbindungen zum Brügger Wechsler Collard de Marke.[9] Zu Honins Kunden zählen auch Edele van Ruddervorde (W 162), Trude van Ake (W 7), Baudouin van de Brouke (W 38), Jakob Metten Eye (W 132), aber auch flämische, spanische und französische Kaufleute. Er besitzt eine Reihe von Immobilien in und um Brügge. (vgl. Postume Erwähnungen).
Postume Erwähnungen: Honin verstirbt hoch verschuldet. Das ergibt sich aus einem Vertrag, der am 10.07.1389 zwischen der Stadt und Jan Honin geschlossen wird. Jan Honin kauft 3/5 einer Immobilie in der *Rudderstrate*, die dem verstorbenen Gillis Honin gehört hat.[10] - Am 30.8.1394 geschieht dasselbe mit zwei Parzellen Land, die an Clais Barbesaen verkauft werden (*8 gemet 58 roeden land gelegen buiten de Smedepoortein het ambacht van het Sijseelse en onder de parochie van Sint-Baafs*).[11] - Am 31.8.1394 wird noch einmal Land, im Besitz des verstorbenen Gillis Honin, an Jacop Bonin verkauft (*9 gemet 1 lijn 85 roeden land*) (Kirchspiel Stalhille und Sint-Baafs bei Brügge).[12] - Am 1.9.1394 werden verschiedene Erbrenten und Zins an Immobilien des verstorbenen Gillis Honin an Jan Scadelin verkauft.[13]

---

1 SAB, reeks 299, Makelaars, Cartularium A 1293 - 1683, fol. 19v; vgl. SCHOUTEET, Regesten 3, S. 17, Nr. 16.
2 VAN DEN AUWEELE, Gijzelaarslijsten, S. 142.
3 VERBRUGGEN, Gemeenteleger, S. 235.
4 GALVIN, The Poor Tables, S. 209.
5 MURRAY, Hostelleraccounts, H 26.
6 PREVENIER, Handelingen, S. 3, Nr. 1.
7 VAN DEN AUWEELE, Schepenbank, S. 322.
8 PREVENIER, Handelingen, S. 3, Nr. 1.
9 MURRAY, Hostelleraccounts, H 26.1- H 26.4.
10 SCHOUTEET, Regesten 4, S. 57, Nr. 95.
11 SCHOUTEET, Regesten 4, S. 102, Nr. 226.
12 SCHOUTEET, Regesten 4, S. 192, Nr. 227.
13 SCHOUTEET, Regesten 4, S. 103, Nr. 229.

W 103 Honin, Jan (1385 - 1423) Brügge

Identität: Bei der Identifizierung der Person Jan Honin ergeben sich einige Probleme: W 103 und W 103.1 können identisch sein. Aber die Quelle zu W 103.1, Groenenboek A, erwähnt *Jehan Honin filz de feu Gillis, maitre bourgois*. Aber ein Jan Honin, der Büger-meister im Jahr 1410 ist, konnte nicht nachgewiesen werden. Wird die Anrede benutzt, weil Honin (W 103) zuvor Bürgermeister gewesen ist? Aber auch die Nummern W 103 und W 103.2 können identisch sein. Mehrere Stiftungen für Brügger Armentische werden durch einen *Jan Honin f. Jan* im August 1453 eingerichtet.[1] Es ist nicht deutlich, welchem der beiden Honins dieser Jan zugeordnet werden muß.

Namensschreibweisen: Nachname: Honyn, Hovyn, Oenin, Onin - Vorname: Jehan.

Korporationen: Mitglied der Brügger Maklerzunft.

Brügger Ämter: Hoofdman des St.-Jans-Zestendeels 1385-86, 1386-87, 1387-88, 1388-89,[2] 1389-90,[3] 1390-91.[4] - Bürgermeister des Rats 1391-92.[5] - Bürgermeister der Schöffen 1392-93.[6] - Bürgermeister des Rats1393-94, 1394-95.[7] - Hoofdman des St.-Jans-Zestendeels 1395-96, 1396-97.[8] - Bürgermeister der Schöffen 1397-98, 1398-99.[9] - Vogt des St.-Janshospitals 1399.[10] - Hoofdman des St.-Jans-Zestendeels 1399-1400.[11] - Bürgermeister der Schöffen 1400-01.[12] - Hoofdman der Maklerzunft1401-02.[13] - Hoofdman des St.-Jans-Zestendeels 1401-02, 1402-03, 1403-04, 1404-05.[14] - Schöffe 1406-[07].[15] - Deken der Maklerzunft 1412-1413, 1417-1418.[16] - Bürgermeister des Rats 1422-23.[17] - Gesandter in Kortrijk, 9.11.1422, Vier Leden.[18]

W 103.1 Honin, Jan f. Gillis (1410 - 1424) Brügge

Identität: s. Identitätsdiskussion W 103 und vgl. W 103.2.

Namensschreibweisen: Nachname: Honyn, Hovyn, Oenin, Onin - Vorname: Jehan.

Familie: Vater: Gillis Honin.

Beruf: Hostelier.

---

1 GALVIN, The Poor Tables, S. 199 u. 306.
2 SAB, Purpurenboek fol. 118r, 118v, 119r-v.
3 SAB, SR 1389-90, fol. 97v.
4 SAB, Lijsten Magistraat 1390.
5 SAB, SR 1391-92, fol. 85r.
6 SAB, SR 1392-93, fol. 89r.
7 SAB, Purpurenboek, fol. 122r; SR 1394-95, fol. 74r-v.
8 SAB, Purpurenboek, fol. 123r-v.
9 SAB, Wetsvernieuwingen 1397-1421, fol. 1r, 8v.
10 MARÉCHAL, (G.), Brugse Hospitaalwezen, S. 64, Anm. 39.
11 SAB, Wetsvernieuwingen 1397-1421, fol. 16v.
12 SAB, Wetsvernieuwingen 1397-1421, fol. 24v.
13 VAN DEN ABEELE, Makelaars, S. 132.
14 SAB, Wetsvernieuwingen 1397-1421, fol. 32r, 39v, 47r, 55v.
15 SAB, Wetsvernieuwingen 1397-1421, fol. 71v-72r. Jan Honin und fünf andere Schöffen werden am 24.4.1407 durch andere Brügger Personen ersetzt; ebd. fol. 71v-72r und 79v.
16 VAN DEN ABEELE, Makelaars, S. 134, 135.
17 SAB, Wetsvernieuwingen 1422-43, fol. 1r.
18 BLOCKMANS, Handelingen I,1, S. 146, Nr. 117.

Klerks: Jacques Zelversmet, genannt Palstec (*couletier et clerc de lostel Jehan Honin*), 1410. - Hannekin Elpart, (*franc varlet de Jehan Honin*), 1410.[1]
Gäste: Jehan Lannay, englischer Kaufmann.
Wohnort: Brügge, Bürger.
Aufenthaltsort: Gent, 3.12.1413.
Korporationen: Mitglied der Brügger Maklerzunft.
Brügger Ämter: Ratsherr 1411-12, 1413-14.[2] - Gesandter in Gent, 3.12.1413, Vier Leden.[3] - Deken der Maklerzunft 1423-24.[4]
Verschiedenes: Am 31.3.1410 werden drei Fälle, die alle mit der Herberge Jan Honin in Verbindung stehen, vor dem Brügger Schöffengericht verhandelt: 1) Michiel de Villagenez, kathalanischer Kaufmann, verkauft Otte Mierhoop, Faktor des englischen Kaufmanns Jehan Lannay vier Sack Safran. Jaques Zelversmet ist für die Herberge Honin als Makler bei diesem Kauf zugegen. Vereinbart wird, daß Otte Mierhoop 2 Sack Safran (82 lb 9 s gro) am 28.3.1410 und die anderen beiden Säcke (67 lb 10 s gro) am 11.4.1410 bezahlt. Die zweite Rate wird durch Otte Mierhoop nicht bezahlt, weshalb der für den Verkauf verantwortliche Makler Zelversmet für die termingerechte Bezahlung von den Brügger Schöffen verurteilt wird, die Summe an den kathalonischen Kaufmann zu zahlen.[5] - 2) Georges de la Stichele verkauft für 49 lb 6 s 10 d gro Kessel und Pfannen an den englischen Kaufmann Jehan Lannay, Gast in der Herberge Honin. Der Klerk der Herberge, Hannekin Elpart, bringt die Waren in die Herberge Honin. Lannay zahlt nicht, Stichele verklagt den Hostelier Jan Honin. Die Schöffen entscheiden, daß Honin die ausstehende Summe an Stichele zahlen muß. - 3) Der Hamburger Kaufmann Ederic van Aden verklagt Jacques Zelversmet, genannt Palstec, Klerk der Herberge Honin (*clerc de lostel de Jehan Honin*), vor dem Brüger Schöffengericht. Aden hat Schmiedewaren in Höhe von 11 lb 8 s gro an Otte Mierhoop, Diener und Faktor (*varlet et facteur*) von Johan Lannay et de Roubert Coventre. Zelversmet liefert die Waren an die Ehefrau des Roubert Coventre. Wahrscheinlich ist er nicht als Makler bei dem Geschäft anwesend gewesen. Aden wird nicht bezahlt. Die Schöffen urteilen, daß Zelversmet Aden die Summe zahlen muß.[6]

W 103.2 Honin, Jan f. Zegher (1397 - 1408) Brügge
Namensschreibweisen: Nachname: Honyn, Hovyn, Oenin, Onin - Vorname: Jehan.
Familie: Eltern: Zegher (2) und Katheline Honin, diese heiratet in zweiter Ehe Ghildolf van den Gruuthuse.[7] Allerdings meint Murray, daß Zegher (1) der Vater ist.
Beruf: Hostelier.[8]
Wohnort: Brügge, Bürger.

---

1 SAB, Groenenboek A, fol. 24v-25r.
2 SAB, Wetsvernieuwingen 1397-1421, fol. 112r, 127r-v.
3 ZOETE, Handelingen, S. 773, Nr. 511.
4 VAN DEN ABEELE, Makelaars, S. 135.
5 SAB, Groenenboek A, fol. 24r-v.
6 SAB, Groenenboek A, fol. 25r-v; vgl. zu den Fällen: GILLIODTS-VAN SEVEREN, Estaple 1, S. 472-473, Nr. 573 und HUB 5, S. 490, Nr. 931.
7 SCHOUTEET, Regesten 4, S. 140, Nr. 340.
8 GILLIODTS-VAN SEVEREN, Estaple 1, S. 465, Nr. 562.

Geschäftspartner: Zusammen mit Jan Camphin kauft Honin am 28.6.1397 zwei Parzellen Land und ein Haus in der *Crommen Wael*. Beides hat die Stadt zuvor von der Witwe von Zegher (2) Honin gekauft.[1]
Amtliche Daten: Im Jahr 1408 wird der Hausrat in der Herberge von Jan Honin und dessen Ehefrau durch den Brügger Schulten *apres ce que ledit Jehan Honin ensembles aultres fu banis de conspiration par vertu duquel ban tous les biens meubles et immeubles dudit Jehan furent confisquies a monseigneur et leurs executes*. Die Ehefrau versucht, die Güter zu retten, indem sie vorgibt, diese gehörten ausländischen Kauf-leuten, was aber der Schultheiß nicht glaubt. Die beschlagnahmten Güter werden an Lauwereyns Cayin verkauft (ein großes Bett für 7 lb 4 s. par., Seidengardinen aus England für das Bett für 5 lb 8 s, ein kleines Bett für 48 s, Gesamtsumme: 16 lb 16 s par).[2]

W 104 Honin, Martin (1438 - 1466) Brügge
Identität: Mit an Sicherheit grenzender Wahrscheinlichkeit ist er ein Mitglied der Familie Honin in Brügge.
Namensschreibweisen: Nachname: Hoonin, Honing - Vorname: Maarten, Maertin.
Lebensdaten: Tod: zwischen 1465 und dem 10.10.1468.[3]
Familie: Ehefrau: Die Quelle nennt seine Witwe, allerdings ohne Namen, 10. 10.1468[4], Name vtl. Katheline[5] - Tochter: Katheline.[6]
Beruf: Makler, 21.5.1457.[7] - Hostelier, 1465.[8]
Klerk: Coppin Blavoet.
Wohnort: Brügge, Bürger.
Korporationen: Mitglied der Brügger Maklerzunft - Mitglied der Brügger Bruderschaft vom *Droogen Boom*[9] - Mitglied der Gesellschaft *Witte Beer*, 1432.[10]
Brügger Ämter: Deelman St.Janszestendeel 1433-34[11] - Hoofdman der Maklerzunft1438-39[12] - Ratsherr 1439-40[13] - Schöffe 1441-42[14] - Ratsherr 1449-50[15] - Bürgermeister der Schöffen 1453-54[16] - Bürgermeister des Rats 1456-57[17] - Bürgermeister der Schöffen 1459-60, 1462-63, 1465-66.[18]

---

1 SCHOUTEET, Regesten 4, S. 140, Nr. 340.
2 ARA, Schoutrekeningen, Nr. 13685, fol. 65r, erwähnt bei GILLIODTS-VAN SEVEREN, Estaple 1, S. 465, Nr. 562.
3 SAB, Civiele Sententiën 1465-69, fol. 173r.
4 SAB, Civiele Sententiën 1465-69, fol. 173r.
5 SAB, reeks 505, Gilde Droogenboom, Ledenregister, fol. 7r.
6 SAB, reeks 505, Gilde Droogenboom, Ledenregister, fol. 7r.
7 SAB, Civiele Sententiën 1453-62, fol. 172v.
8 MUS, Ameyde, S. 128.
9 SAB, reeks 505, Gilde Droogenboom, Ledenregister, fol. 7r; seine Frau und seine Tochter sind ebenfalls Mitglieder.
10 GALVIN, The Poor Tables, S. 305.
11 SAB, Wetsvernieuwingen 1422-43, fol. 85v.
12 VAN DEN ABEELE, Makelaars, S. 137.
13 SAB, Wetsvernieuwingen 1422-1443, fol. 126r.
14 SAB, Wetsvernieuwingen 1422-1443, fol. 139v.
15 SAB, Lijsten Magistraat, 1449.
16 SAB, Civiele Sententiën 1453-60, fol. 1r.
17 SAB, Civiele Sententiën 1453-60, fol. 152r.
18 SAB, Lijsten Magistraat, 1459, 1462; Civiele Sententiën 1465-69, fol. 1r.

Hausbesitz: Honin ist Besitzer des Hauses *Calais*; er hat es vor dem 5.10.1465 an Jan Palvoet vermietet.[1]
Amtliche Daten: Am 21.5.1457 wird Honin als Schiedsrichter/Schlichter in einem Konflikt zwischen drei spanischen Kaufleuten bestellt. Da Honin bei dem in Frage kommenden Kauf als Makler anwesend gewesen ist, soll er nun versuchen, den Streit zu schlichten. Allerdings gelingt ihm dies nicht und das Brügger Schöffengericht muß erneut selbst eingreifen.[2] Am 5.10.1465 verklagt Honin Jan van Orchis, weil dieser den angeblich Palvoet gehörenden Hausrat des Hauses *Calais* beschlagnahmt und verkauft hat, obwohl das Haus samt Hausrat Honin gehört. Das Schöffengericht gibt Honin Recht und verpflichtet Orchis zur Erstattung des entstandenen Schadens.[3]
Memoriales Handeln: Einrichtung einer Stiftung, die nach seinem Tod aus seinem Nachlaß finanziert werden soll.[4]
Postume Erwähnungen: Am 10.10.1468 erklären Coppin Blavoet und seine zwei Bürgen Jan van Riebeke und Willem vanden Velde, daß Blavoet gegenüber der Witwe Honins nächstens Auskunft über Unregelmäßigkeiten während seiner Tätigkeit als Herbergsklerk von Martin Honin geben wird.[5]

W 105 Honin, Zegher (1) Sire (1337 - 1375) Brügge
Namensschreibweisen: Nachname: Hoeniin, Honyn, Hovyn, Oenin, Onin - Vorname: Segher, Sygerus, Zegre.
Lebensdaten: Tod: um 1397.
Familie: Söhne: Zegher (2); Jan (?).
Beruf: Hostelier.
Wohnort: Brügge, Bürger.
Korporationen: Mitglied der Maklerzunft.
Brügger Ämter: Ratsherr 1336-37.[6] - Schöffe 1347-48, 1349-50.[7] - Vogt des St.-Janshospitals1351.[8] - Bürgermeister des Rats 1351-52.[9] - Schöffe 1353-54.[10] - Deken der Maklerzunft 1354-55.[11] - Schöffe 1359-60, 1360-61.[12] - Gesandter in Gent, 18.4.1360.[13] - Gesandter in Male, 8.7.1360, zum Grafen von Flandern.[14] - Deken der Maklerzunft 1361-62.[1]

1 SAB, Nieuwe Groenenboek ongecotteerd, fol. 202v.
2 SAB, Civiele Sententiën 1453-62, fol. 172v; vgl. dazu VAN HOUTTE, Makelaars, S. 28: VAN HOUTTE meint, Honin wäre allein aufgrund seiner Tätigkeit als Makler zum Schlichter bestellt worden. Allerdings hat VAN HOUTTE übersehen, daß Honin zur gleichen Zeit Bürgermeister des Rats der Stadt Brügge ist. Wurde er deshalb und nicht allein aufgrund seines Berufs als Schlichter berufen?
3 SAB, Nieuwe Groenenboek ongecotteerd, fol. 202v.
4 GALVIN, The Poor Tables, S. 199.
5 SAB, Civiele Sententiën 1465-69, fol. 173r.
6 VAN DEN AUWEELE, Schepenbank, S. 155.
7 VAN DEN AUWEELE, Schepenbank, S. 190, 198.
8 MARÉCHAL (G.), Hospitaalwezen, S. 63, Anm. 39.
9 VAN DEN AUWEELE, Schepenbank, S. 214.
10 VAN DEN AUWEELE, Schepenbank, S. 219.
11 SCHOUTEET, Regesten 3, S. 115, Nr. 287. Die Urkunde datiert vom 30. Januar 1355.
12 VAN DEN AUWEELE, Schepenbank, S. 244, 249.
13 SAB, SR 1360-61, fol. 78v.
14 SAB, SR 1360-61, fol. 82r.
1 SCHOUTEET, Regesten 3, S. 171, Nr. 444.

- Bürgermeister der Schöffen 1363-64.[1] - Vogt des St.-Janshospitals 1363-64.[2] - Bürgermeister des Rats 1364-65.[3] - Deken St.-Janszestendeel 1365-66.[4] - Schöffe 1366-67.[5] - Ratsherr 1367-68 - Schöffe 1368-69 - Ratsherr 1369-70 - Deken St.-Janszestendeel 1370-71, 1372-73.[6] - Hoofdman der Maklerzunft 1372-73,[7] 1373-74[8] - Deelman St.-Janszestendeel 1374-75.[9]
Akzisepächter: 1363-64, 1. Quartal, Wein.[10] - 1371 Beschlagnahme englischer Waren bei Honin.[11]
Amtliche Daten: Am 5.7.1337 wird er in einer Notariatsurkunde als Testamentsvollstrecker des Henric Hertsberghe genannt.[12] - Am 3.1.1341 bezeugt er als Mitglied der Maklerzunft Urkunde.[13] - Am 23.3.1349 bezeugt er eine notarielle Schenkung des Willemus Scot und sen Ehefrau Margareta an den Karthäuserkonvent in St. Andries, außerhalb Brügges.[14]

W 106 Honin, Zegher (2) (1375 - 1397) Brügge

Identität: Da Vater und Sohn Zegher Honin den gleichen Namen tragen, wird die Zuordnung der Nachweise durch die Nennung Zegher fs. Zeghers ab 1375 als bindend für alle nachfolgenden Verweise für Zegher (2) angesehen.
Namensschreibweisen: Nachname: Honyn, Hovyn, Oenin, Onin.
Lebensdaten: Tod: vor dem 28.6.1397.
Familie: Vater: Zegher (1) Honin. Ehefrau: Katheline, nach seinem Tod heiratete sie Ghildolf van den Gruuthuse.[15] - Sohn: Jan Honin (W 105.2).[16]
Beruf: Makler, in dieser Eigenschaft hatte er intensiven Kontakt zu englischen Kaufleuten. - Hostelier.[17]
Klerk: Pieter Goeshoghe, 25.8.1371.[18]
Gäste: Jan Balsaen, Bertholde, Willem Kelnis, Janne Scotte (engl. Kaufleute).[19]
Wohnort: Brügge, Bürger.
Hausbesitz: Honin besitzt ein Haus im Cromme Wael.[1]
Korporationen: Mitglied der Brügger Maklerzunft.

---

1 Van den Auweele, Schepenbank, S. 263.
2 Maréchal (G.), Hospitaalwezen, S. 64, Anm. 39.
3 Van den Auweele, Schepenbank, S. 268.
4 Lowijck, Schepenenlijsten (16), S. 214.
5 Van den Auweele, Schepenbank, S. 271, 275, 276, 281.
6 Lowijck, Schepenenlijsten (17), S. 26, 27.
7 Schouteet, Regesten 3, S. 228, Nr. 603.
8 Van den Abeele, Makelaars, S. 131.
9 Lowijck, Schepenenlijsten (17), S. 28.
10 SAB, SR 1363-64, fol. 23v.
11 Nicholas, English Trade, S. 53.
12 Murray, Notarial Instruments, S. 223, Nr. 40.
13 Schouteet, Regesten 3, S. 17, Nr. 16.
14 Murray, Notarial Instruments, S. 245, Nr. 48.
15 Schouteet, Regesten 4, S. 140, Nr. 340.
16 Gilliodts-van Severen, Estaple 1, S. 465, Nr. 562; Schouteet, Regesten 4, S. 140, Nr. 340.
17 Nicholas, English Trade, S. 42-44, zu beiden Berufen.
18 Marechal, J., Duizend jaar, S. 14-15.
19 Marechal, J., Duizend jaar, S. 15; die genannten Personen werden durch Marechal allerdings als Klienten bezeichnet.
1 Gilliodts-van Severen, Inventaire 3, S. 386. Heute heißt die Straße Koningstrate; vgl. GILLIODTS, 1890, S. 73; dazu das Bulletin de la ville de Bruges, 1884, S. CCCXVI und Het Brugse Straten Boekje, 1984.

Brügger Ämter: Hoofdman der Maklerzunft 1376-77.[1] - Ratsherr 1377-78.[2] - Deken der Maklerzunft 1379-80.[3] - Schöffe 1380-81, 1381-82.[4] - Ratsherr 1382-83.[5] – Bürger-meister der Schöffen 1383-84.[6]
Amtliche Daten: Am 13.11.1375 erhält er ein gräfliches Lehen, bestehend aus *9 gemet land, gelegen onder de parochie van Meetkerke*, zuvor im Besitz der Kateline, Witwe des Niclaus Baefs.[7] - Am 12.10.1376 trifft er mit anderen Mitgliedern der Maklerzunft eine Übereinkunft mit der Onze-Lieve-Vrouwe Kirche und der Kirche St.Gillis in Brügge im Zusammenhang mit den Stiftungen für die Maklerkapelle Onze Lieve Vrouw van Bethlehem.[8]
Postume Erwähnungen: Am 28.6.1397 verkauft seineWitwe gemeinsam mit ihrem zweiten Eheman Ghildolf van den Gruuthuse zwei Parzellen Land und ein dort stehendes Haus im Cromme Wael an die Stadt Brügge.[9]

W 107 Hornewedder, Johan (1406) Flandern[10]
Identität: Es handelt sich bei diesem Wirt mit an Sicherheit grenzender Wahr-scheinlichkeit nicht um einen Brügger Wirt, da in der dieser Information zugrunde liegenden Quelle deutlich zwischen einem Wirt in Brügge und Hornewedder als Wirt in Flandern unterschieden wird. Ein Ort konnte allerdings nicht zugeordnet werden. Zwar finden sich im Inventaire von GILLIODTS-VAN SEVEREN einige Hinweise auf einen Brügger gleichen Namens, eine Identität steht jedoch nicht fest.[11]
Beruf: Hostelier.
Amtliche Daten: Aus dem Testament des Stralsunder Kaufmanns Heinrich van Massen vom 6.8.1406 geht hervor, daß er bei seinem Wirt Hornewedder in Flandern noch 52 lb gro, sowie einen Sack mit 3 Mark sundischen Geldes, 2 Mark lüb. und 1 Stück Silber im Wert von 1 Mark lüb. zu stehen hat. Daneben gibt er an, seinem Wirt für acht Mahlzeiten *24 vlamsche grote* schuldig geblieben zu sein.[12]

1 VAN DEN ABEELE, Makelaars, S. 132.
2 VAN DEN AUWEELE, Schepenbank, S. 304.
3 SCHOUTEET, Regesten 3, S. 251, Nr. 668.
4 VAN DEN ABEELE, Schepenbank, S. 314.
5 VAN DEN ABEELE, Schepenbank, S. 316.
6 VAN DEN ABEELE, Schepenbank, S. 317.
7 SCHOUTEEt, Regesten 3, S. 239, Nr. 633.
8 MURRAY, Notarial Instruments, S. 288, Nr. 61.
9 SCHOUTEET, Regesten 4, S. 140, Nr. 340.
10 Eine genauere Ortsangabe ist nicht möglich, da nur von *minen werde in Vlanderen* gesprochen wird.
11 GILLIODTS-VAN SEVEREN, Inventaire, Tables,
12 AStSt, Testamente 1-699, Nr. 492.

W 108 Houdenaerde, Jan van (1328 - 1341) Brügge

Namensschreibweisen: Nachname: Oudenaarde, Oudenaerde.
Beruf: Hostelierscnape.[1]
Wohnort: Brügge, Bürger.
Korporationen: Mitglied der Brügger Maklerzunft.[2]
Amtliche Daten: Zwischen 1338 und 1340 wird Houdenaerde im Maklerkontingent des Brügger Gemeindeheers geführt.[3] - Am 3.1.1341 bezeugt er als Hostelierscnape eine Zunftübereinkunft mit den Brügger Hosteliers.[4]

W 109 Hovet, Jacob (1305 - 1331) Brügge

Namensschreibweisen: Nachname: Hoeft, Hoft, Hoofd, Hooft, Oeft. - Vorname: Jacop, Jakemes. - Zusatz: f[ilius] Wouter H., (van den Casteele, dou Castel).[5]
Familie: Vater: Wouter Hovet.
Beruf: Makler.[6] - Hostelier.[7]
Wohnort: Brügge, Bürger.
Korporationen: Mitglied der Brügger Maklerzunft.
Amtliche Daten: 1305 gehört er zu einer Gruppe Brügger Geiseln. - Im März 1323 bezeugt er als Hostelier mit anderen das Maklerstatut der Zunft in Brügge.[8] - Im Jahr 1328 wird er auf die Liste der Beschuldigten im Zusammenhang mit dem Aufstand in Flandern 1322-28 gesetzt. Kurze Zeit später allerdings gehört er zu denjenigen, die sich unterwerfen (Liste von 1329-1331).[9]

W 110 Hoye, Gillis van den (1370 - 1373) Brügge

Vorkommen in den Brügger Akziselisten 1360-90:
te Gillis van den Hoye (63): 1372/73, 3. Quartal, Met, Gäste in diesem Quartal: Jan Dombel (63/30), Pieter de Riemsnidere (63/31),sie versteuern zusammen.
Identität: Im Zeitraum von 1310 bis 1350 gibt es verschiedene Verweise auf einen weiteren Gillis van den Hoye. Aufgrund des großen Zeitunterschiedes wird auf eine Erwähnung verzichtet.[10]
Beruf: Hostelier.
Wohnort: Brügge, Bürger.
Brügger Ämter: Hoofdman der Maklerzunft, 2.2.1370.[11]

---

1 SAB, reeks 299, Makelaars, Cartularium A 1293 - 1683, fol. 19v; vgl. SCHOUTEET, Regesten 3, S. 17, Nr. 16, der nicht zwischen *Hosteliers* und *Cnapen* unterscheidet, sowie letztere als *Makler* be-zeichnet.
2 VAN DEN ABEELE, Makelaars, S. 89.
3 VERBRUGGEN, Gemeenteleger, S. 236.
4 SCHOUTEET, Regesten 3, S. 17, Nr. 16.
5 VAN DEN AUWEELE, Gijzelaarslijsten, S. 142.
6 VAN DEN AUWEELE, Gijzelaarslijsten, S. 142.
7 EHRENBERG, Makler, S. 465.
8 EHRENBERG, Makler, S. 465.
9 VAN DEN AUWEELE, Gijzelaarslijsten, S. 142.
10 GILLIODTS-VAN SEVEREN, Inventaire 3, S. 165; SCHOUTEET, Regesten 3, S. 78, Nr. 187.
11 VAN DEN ABEELE, Makelaars, S. 131; SCHOUTEEt, Regesten 3, S. 216, Nr. 567.

W 111 Hudecopere, Wulf de (1339 - 1341) Brügge

Beruf: Hostelier.[1]

Wohnort: Brügge, Bürger.

Korporationen: Mitglied der Maklerzunft 1339.[2]

Amtliche Daten: Am 3.1.1341 urkundet er als Hostelier eine Zunftübereinkunft mit den Cnapen.[3]

Verschiedenes: Hudecopere darf als nicht gebürtiger Flame aufgrund einer Entscheidung des Grafen von Flandern Mitglied der Brügger Maklerzunft bleiben, 18.1.1339.[4]

W 112 Huerel, Pieter (1358 - 1391) Brügge

Namensschreibweisen: Vorname: Pieterkin.

Lebensdaten: Huerel ist ein uneheliches Kind. Tod: nach dem 28.8.1391.

Familie: verwandt mit dem Ratsherrn Jan Huerel (1391-92)?[5]

Beruf: Hostelier.

Wohnort: Brügge, Bürger, bis 1384.

Aufenthaltsorte: Gent, 19.8.1359.[6] - Mechelen, Middelburg nach 1384. - St. Andries, 1391. - Hesdin (Kasteel) nach dem 28. 8. 1391.[7]

Korporationen: Mitglied der Brügger Maklerzunft?[8]

Brügger Ämter:Deelman des Carmers-Zestendeel 1372.[9]

Geschäftspartner: Er steht in geschäftlicher Verbindung zum Brügger Wechsler Willem Ruwele.[10] - 1372 tritt er als Bürge für Jehan van Molembeke in einer Familienfehde zwischen ihm und den Gruuthuses auf.[11] - Nach seiner Verbannung aus Flandern 1384 tritt er als Makler für *wede* in Mechelen auf.[12]

Privates Handeln: Nach dem Scheitern des Aufstands flüchtet Huerel 1383 aus Brügge. In Mecheln raubt er Pierre Clabaut, Kaufmann aus Amien, *40 Nobele*. Danach wird er beschuldigt, zwei Seeländer in Middelburg getötet zu haben.[13]

Verschiedenes: Er besitzt den achten Teil eines Schiffs, das in Muide vor Anker liegt (1382-83).[14] Bis 1384 besitzt und bewohnt er das Haus/die Herberge *Ten Hane* in der

---

1 SAB, reeks 299, Makelaars, Cartularium A 1293 - 1683, fol. 19v; vgl. SCHOUTEET, Regesten 3, S. 17, Nr. 16.

2 SCHOUTEET, Regesten 2, S. 294, Nr. 785.

3 SAB, reeks 299, Makelaars, Cartularium A 1293 - 1683, fol. 19v; vgl. SCHOUTEET, Regesten 3, S. 17, Nr. 16, der nicht zwischen *Hosteliers* und *Cnapen* unterscheidet und letztere als Makler bezeichnet.

4 SCHOUTEET, Regesten 2, S. 294, Nr. 785.

5 SAB, SR 1391-92, fol. 85r.

6 SAB, SR 1359-60, fol. 84v.

7 Vgl. alle Aufenthaltsorte und Daten bei MERTENS, Huerel, S. 114-115.

8 Als Bastard konnte Huerel kein Mitglied der Maklerzunft werden. Trotzdem übte er den Beruf des Hosteliers aus, der die Mitgliedschaft in der Maklerzunft voraussetzte. Ist es Huerel aufgrund seiner familiären Beziehungen gelungen, den Beruf zu ergreifen? Vgl. CARLIER, Onwettige kinderen.

9 LOWIJCK, Schepenenlijsten (17), S. 28.

10 DE ROOVER, Ruyelle, S. 75, Nr. 5.

11 GILLIODTS-VAN SEVEREN, Inventaire 2, S. 359.

12 MERTENS, Huerel, S. 114.

13 MERTENS, Huerel, S. 114.

14 DE PAUW, Froissart's Cronyke 2, S. 132.

Vlaminghstraate, in der Nähe des Kranplatzes.[1] Der gesamte Hausrat wird 1384 nach der Schlacht bei Westrozebeke aufgrund seiner Teilnahme in der Gegenpartei des Grafen beschlagnahmt. Im Inventar werden elf Betten und drei breite Betten erwähnt. Ein großer Teil dieses Besitzes wird von seiner Frau für 120 lb gro zurückgekauft.[2] Der Wert des Hauses beläuft sich auf 1326 lb par.[3]

W 113 *in d'Inghelsce strate* (1380) Brügge

Vorkommen in den Brügger Akziselisten 1360-90:
in d'Inghelsce strate (86): 1380/81, 2. Quartal, Met.
Identität: Herberge/Taverne in Brügge. Es kann sich hier um ein hansisches Haus han-deln, denn es liegt in direkter Nachbarschaft zu anderen Hansenhäusern.[4]

W 114 Jonchere, Jan de (1331 - 1341) Brügge

Namensschreibweisen: Nachname: Joncheere - Vorname: Jehan - Zusatz: li.
Beruf: Hostelier.
Wohnort: Brügge, Bürger.
Korporationen: Mitglied der Maklerzunft.
Amtliche Daten: Am 3.5.1331 verpflichtet er sich mit ca. 206 weiteren Brügger Bürgern (worunter die Schöffen, Ratsherren und die Vertreter der Zünfte zu verstehen sind) zu einer Zahlung von 8.000 lb par. an den Handlungsbevollmächtigten der Peruzzi in Brügge, Angele de Montaquerelli.[5] - Am 3.1.1341 bezeugt er als Hostelier eine Zunft-übereinkunft mit den Knapen.[6]

W 115 Keerschietere, Clais de (1366 - 1379) Brügge

Identität: 1344-45 ist ein Schöffe Clais de Kerseghiettere verzeichnet.[7] Die 21 Jahre ohne weitere Hinweise bis zur ersten Nennung 1366 für W 115 sprechen eher dafür, daß es sich hier um zwei verschiedene Personen handelt.
Namensschreibweisen: Nachname: Keersghietere, Keersseghietere, Kersghietere, Kierskietre. - Zusatz: van.
Beruf: Hostelier.
Gäste: Jehan Adamgende.[8]
Wohnort: Brügge, Bürger.
Korporationen: Mitglied der Brügger Maklerzunft.
Brügger Ämter: Deelman Sint-Jans-Zestendeel 1368-69, 1370-71, 1372-73.[9]

---

1 MERTENS, Huerel, S. 112.
2 Eine ausführliche Liste der beschlagnahmten Güter findet sich bei DE SMET, Westrozebeke, S. 101-102.
3 SAB, SR 1390-91, fol. 113v.
4 Vgl. Kap. 3.3.1. Hansische Präsenz in Brügge.
5 SCHOUTEET, Regesten 2, S. 208, Nr. 551.
6 SAB, reeks 299, Makelaars, Cartularium A 1293 - 1683, fol. 19v; vgl. SCHOUTEET, Regesten 3, S. 17, Nr. 16, der nicht zwischen *Hosteliers* und *Cnapen* unterscheidet und letztere als *Makler* bezeichnet.
7 VAN DEN AUWEELE, Schepenbank, S. 182.
8 MURRAY, Hostelleraccounts, H 28.1 - H 28.6.
9 LOWIJCK, Schepenenlijsten (16), S. 216; (17), S. 26, 27.

Geschäftspartner: Zwischen dem 21.10.1366 und September 1369 besteht eine geschäftliche Verbindung zu den Brügger Wechslern Collard de Marke und Willem Ruweel. In seinen Konten tauchen u.a. Jacob Reups, Raoul de Coumines (W 66), Pieter van Ake (W 6) und Johan Metten Eye (W134) auf.[1]
Amtliche Daten: Am 12.10.1372 trifft er mit anderen als Mitglied der Maklerzunft eine Übereinkunft mit Probst Jan van Hertsberghe, dem Kapittel der Liebfrauenkirche und Jan Bruneel, Pfarrer der St.-Gilliskirche in Brügge im Zusammenhang mit der Verteilung von Gegenständen in der Kapelle Onze-Lieve-Vrouw van Bethlehem, die durch die Makler-zunft eingerichtet wurde.[2] 1378-79 gibt er der Stadt 5 lb gro als Anteil an einem erzwungenen Darlehn.[3]

W 116 Kemenade, Jan (1323 - 1340) Brügge

Identität: Für das Jahr 1301 läßt sich ein Jhan Kemonade nachweisen. Dieser wird auf der Liste der Brügger Geiseln als Vertreter der Makler und Hosteliers geführt.[4] Eine Identität ist durchaus möglich, wenngleich die zeitliche Differenz von 22 Jahren recht groß erscheint. Der Familienname Kemenate läßt sich auch außerhalb Flanderns, z.B. in Thorn nachweisen.[5]
Namensschreibweisen: Nachname: Kenimade. - Vorname: Jehan.
Familie: Sonstige Verwandte: 1281 wird ein *Jehan Comminade* auf einer Liste Brügger Bürgen als Hostelier notiert. Handelt es sich um einen Verwandten?[6]
Beruf: Hostelier und Makler.
Wohnort: Brügge, Bürger.
Korporationen: Mitglied der Maklerzunft.
Amtliche Daten: Als Hostelier bestätigt er im März 1323 ein gräfliches Maklerstatut.[7] - Am 14.12.1328 verpflichtet er sich mit mehr als 200 weiteren Bürgern der Stadt Brügge zu einer Zahlung von 20.000 lb par. an Donad, Sohn des verstorbenen Pachin Perruzzi.[8] - Am 3.5.1331 verpflichtet er sich mit mehr als 200 weiteren Bürgern der Stadt Brügge zu einer Zahlung von 8.000 lb par. an Angele de Montaquerelli, dem Handlungs-bevollmächtigten der Perruzzi in Brügge.[9] - Am 2.11.1340 bestätigt er eine Vereinbarung zwischen den Hosteliers und den Cnapen.[10]

W 117 Kerleman, Jehan (1369) Brügge

Identität: Zwischen 1338 und 1340 ist ein *Jan Kelreman de jonghe* Makler in Brügge und wird für das Brügger Gemeindeheer geführt.[11] Möglicherweise sind dieser Jan Kelre-mande und W 117 identisch.
Namensschreibweisen: Nachname: Kelreman.
Beruf: Hostelier.

---

1 MURRAY, Hostelleraccounts, H 28.1, 28.5, 6.
2 SCHOUTEET, Regesten 3, S. 229, Nr. 603.
3 GILLIODTS-VAN SEVEREN, Inventaire 2, S. 349.
4 VAN DEN AUWEELE, Gijzelaarslijsten, S. 144.
5 DIERCK, DÜNNEBEIL, RÖSSNER, Prosopographischer Katalog, S. 110-111, Nr. 85-86.1.
6 WYFFELS, Moerlemaye, S. 119.
7 EHRENBERG, Makler, S. 465.
8 SCHOUTEET, Regesten 2, S. 180, Nr. 472.
9 SCHOUTEET, Regesten 2, S. 208, Nr. 551.
10 GILLIODTS-VAN SEVEREN, Règlements, S. 257.
11 VERBRUGGEN, Gemeenteleger, S. 235.

Gäste: Er beherbergt vornehmlich französische Kaufleute: Jehan Marle von Straßburg; Bierte Boutry, Biertrant van de Weghe, Got[schalk] van de Bec, Evrart van Solinghe.[1]
Wohnort: Brügge, Bürger.
Geschäftspartner: Zwischen dem 27.4.1369 und dem 13.6.1369 besteht eine geschäftliche Verbindung zum Brügger Wechsler Collard de Marke. Zu seinen weiteren Geschäftskontakten zählen u.a. Demiselle de Witte (W 201), Bauduin van de Brouke (W 38) und Pieter Collekierke (W 60).[2] Aus den De Marke-Rechnungen geht auch hervor, daß Kerleman geschäftliche Verbindungen nach Antwerpen besitzt.

W 118 Ketelare, Jan de (1378) Brügge
Beruf: Hostelier - Tavernier.[3]
Klerk: Zegher van den Hoye; in dieser Funktion nimmt er insgesamt 104 lb gro von seinem Hostelier für seine Kunden entgegen.[4]
Wohnort: Brügge, Bürger.
Amtliche Daten: Ketelare wird vom Brügger Balliu zu einer Geldbuße in Höhe von 3 lb [gro] verurteilt, da er in der Taverne *ter lecke* Wein zapfte *in de brugghemaerct*.[5]

W 119 Laires, [NN] Lostel (1369) Brügge
Identität: Es handelt sich hier um eine Herberge in Brügge. Es ist nichts über einen Makler oder Hostelier Laires bekannt. Für 1370 ist in Brügge ein Matteus Larise nachzuweisen. Er besitzt Eigentum in der *Corte Vlamyncstrate* in Brügge. Einer seiner Nachbarn ist Adaem Metten Eye.[6] Allerdings sind diese Angaben derart vage, daß sich aus ihnen allein eine Identität nicht zwingend erschließen läßt.
Gäste: Die Liste der Gäste zeigt, daß hier vornehmlich schottische Kaufleute verkehrten: Simon Copam (Schotte) Jehan le Clerc (Schotte), Robin Dans (Schotte), Jehan Scot, Jehan Lanson, Willem Zewarde (Schotte).
Geschäftspartner: Zwischen dem 21.4. und dem 18.9.1369 bestehen geschäftliche Kontakte zwischen der Herberge Laires und dem Brügger Wechsler Collard de Marke.[7]

W 120 Langheraerds, Willem f[ilius] (1378 - 1392) Brügge
Vorkommen in den Brügger Akziselisten 1360-90:
te Willems f. Langheraerts (77): 1379/80, 1. Quartal, Met.
te Willems f. Langheraerts (78): 1379/80, 2. Quartal, Met.
te Willems f. Langheraerts (80): 1379/80, 4. Quartal, Met.
te Willems f. Langheraerts (85): 1380/81, 1. Quartal, Met.
te Willems f. Langheraerts (86): 1380/81, 2. Quartal, Met.
te Willems f. Langheraerts (95): 1387/88 (95/), 3. Quartal, Met, Gäste in diesem Quartal: Clais Pauwels (95/49), Johannes van Santen (95/50).

---

1 MURRAY, Hostelleraccounts, H 29.1 - H 29.2.
2 MURRAY, Hostelleraccounts, H 29.1 - H 29.2.
3 RAB, Rolrekening Nr. 1268, 10. Mai - 16. Sept. 1375, Balliu Brügge: Godfried Helt.
4 VAN HOUTTE, Makelaars, S. 182, Anm. 3; der genaue Sachverhalt konnte bisher nicht geklärt werden, da die Quellenangabe nicht bestätigt werden konnte.
5 RAB, Rolrekening Nr. 1268, 10. Mai - 16. Sept. 1375, Baljuw Brügge: Godfried Helt.
6 SCHOUTEET, Regesten 3, S. 219, Nr. 574.
7 MURRAY, Hostelleraccounts, H 30.1 - H 30.2.

Namensschreibweisen: Nachname: Langheeraerdszuene. - Vorname: Willelmus.
Beruf: Hostelier.
Wohnort: Brügge, Bürger.
Korporationen: Mitglied der Brügger Maklerzunft.
Brügger Ämter: Hoofdman der Maklerzunft1379-80.[1] - Gesandter in Ypern, 3.3.1392, zum Herzog von Burgund.[2]
Amtliche Daten: Er und acht weitere Brügger, neun Genter und sechs Bürger aus Ypern bürgen im Jahr 1392 für eine Summe in Höhe von 11.000 lb gro, die als Entschädigung an hansische Kaufleute gezahlt wird.[3]

W 121 Leckine, Jan van der (1311 - 1341) Brügge

Identität: Am 2.2.1311 erwirbt ein Jan van den Lechine das Brügger Bürgerrecht.[4] Aber schon für 1315 ist ein Jan van der Lechine als Brügger Schöffe bekannt. Am 14.12.1328 schließlich wird ein Makler *Jehan de le Leckine de jonge* in einer Urkunde in Brügge erwähnt.[5] Es bleibt unklar, ob es sich hier um dieselbe Person oder um jeweils drei verschiedene Personen handelt.
Namensschreibweisen: Nachname: Lechinc, Leekine. - Vorname: Jehan. - Zusatz: de le.
Beruf: Hostelier.
Wohnort: Brügge, Bürger.
Korporationen: Mitglied der Maklerzunft.[6]
Brügger Ämter: Schöffe 1315-16.[7]
Amtliche Daten: Am 20.4.1315 bezeugt er in seiner Funktion als Schöffe die Überschreibung eines Hauses an das Bogardenkloster.[8] - Am 10.10.1315 urkundet er als Schöffe in derselben Sache.[9] - Im März 1323 bezeugt er als Hostelier das Brügger Maklerstatut.[10] - Am 27.2.1341 werden ihm zum Nutzen für das Bogardenkloster sieben kleine Häuser, die nebeneinander in der Scheltstrate stehen, durch Clays Volcard und dessen Ehefrau überschrieben.[11]

W 122 Leke, Jehan van der (1366 - 1399) Brügge

Identität: 1301 gibt es einen Makler namens Jan van der Lecke.[12] Dieser ist aber aufgrund des großen Zeitunterschieds wahrscheinlich nicht mit diesem Jan van der Leke (W 122) identisch, möglicherweise aber verwandt.
Namensschreibweisen: Nachname: Lecke. - Zusatz: de.
Lebensdaten: Tod: Zwischen Mai 1399 und Mai 1403.

---

1 SCHOUTEET, Regesten 3, S. 252, Nr. 668.
2 GILLIODTS-VAN SEVEREN, Inventaire 3, S. 239.
3 SCHOUTEET, Regesten 4, S. 91, Nr. 194.
4 JAMEES, Brugse Poorters, S. 8.
5 SCHOUTEET, Regesten 2, S. 178, Nr. 472.
6 VAN DEN ABEELE, Makelaars, S. 89.
7 SCHOUTEET, Regesten 2, S. 95, Nr. 242 und S. 96, Nr. 245; VAN DEN AUWEELE, Schepenbank, S. 92.
8 SCHOUTEET, Regesten 2, S. 95, Nr. 242.
9 SCHOUTEET, Regesten 2, S. 96, Nr. 245.
10 EHRENBERG, Makler, S. 465.
11 SCHOUTEET, Regesten 3, S. 18, Nr. 19.
12 VAN DEN ABEELE, Makelaars, S. 88.

Familie: Ehefrau: [NN], als Witwe des Jehan de Leke muß sie 1403 eine Buße an den Balliu der Stadt Brügge zahlen, weil sie es versäumt, den Eid, die Kaution und Sicherheit der Herberge zu erneueren, aber sie darf wegen *sa pouvete compose pour VI lb* [par].[1]
Beruf: Hostelier.
Klerk: Bossart, Jakop Scat, Clais [NN] für die Periode, in der die Rechnungen von Ruweel und De Marke Rechnungen erhalten sind, d.h. zwischen dem 23.7.1366 und dem 29.11.1369.
Gäste: Collart de Bremmes, Jehan Dare, Noel, Jehan Gansuet, Jehan le Signeur, Henric Loket, Mikiel de Lancere, Estievene le Gay, Jehan de Calon, Jehan Signours, Robiert Jekert, Crestien le Seupscal.[2] Wohnort: Brügge, Bürger.
Aufenthaltsort: Tournai, 8.12.1385 - Gent, 5.8.1386 - Gent, 7.11.1388 - Gent, 14.11.1388 - Paris, 27.11.1388 - Ypern, Calais, 1.4.1389 - Gent, Arras, 2.8.1389 - Paris, 22.8.1389 - Kortrijk, 21.10.1389 - Douai/Arras, 26.10.1389 - Calais, 10.11.1389 - Dijon, 20.2.1390 - Hesdin, 31.5. und 1.6.1390 - Kortrijk, 17.11.1390 - Hesdin, 27.11.1390 - Gent, 24.1.1391 - Gent, 4.7.1389 - Hesdin, 4.8.1391 - [Den Haag], 14.8.1391 - Gent, 27.9.1391, 20.1.1392 und 24.2.1393 - Senlis, 31.3.1397 - Den Haag, 8.5.1398 - Gent, 14.7.1398 - Tielt, Gent, 6.-10.8.1398 - Gent, 21.8.1398 - Gent, 5.9.1398 - Gent, 5.-6.1.1399 und 22.1.1399 - Lille, 11.2.1399 - Paris, 22.2.1399 - Gent, 29.4.und 11.5.1399.
Brügger Ämter: Gesandter: in Tournai, 8.12.1385, Konferenz, um den Genter Aufstand zu beenden;[3] in Gent, 5.8.1386,[4] 7.11.1388, 14.11.1388; - in Paris, 27.11.1388, Vier Leden und Herzog von Burgund,[5] - inYpern, Calais, 1.4.1389, Vier Leden,[6] - in Gent, 4.7.1389,[7] - in Calais, 13.7.1389, Vier Leden, Friedensverhandlungen mit England,[8] - in Gent, Arras, 2.8.1389, Vier Leden - in Gent, 15.8.1389,[9] - in Paris, 22.8.1389, Generalstaaten,[10] - in Kortrijk, 21.10.1389, danach in Douai und Arras 26.10.1389, - in Calais, 10.11.1389,[11] - in Dijon, 20.2.1390, Vier Leden und Herzog von Burgund,[12] - in Hesdin, 31.5. und 1.6.1390, Vier Leden und Herzog von Burgund, - in Hesdin, 19.6.1390, Vier Leden und Herzog von Burgund,[13] - in St.Omer, 27.7.1390, Herzog von Burgund,[1] - Ratsherr 1390-91.[2] - Gesandter

1 ARA, Rekenkamer, Reg. 13861, Baljuwrechnung 1403, fol. 82r.
2 MURRAY, Hostelleraccounts, H 31.1 - H 31.6.
3 PREVENIER, Handelingen, S. 3, Nr. 3; weitere Gesandte: Jan Heldebolle (W 98), Thideman van den Berghe (W 24), Niclais Scorkinne, Joris Bredericke, Jan Metteneye (W 134), Jan Buerse (W 50), Jacob Bonin, mer Jan Metteneye, Pieter Adorne (W 4); Konferenz mit dem Herzog von Burgund; insgesamt 17 Tage.
4 PREVENIER, Handelingen, S. 9, Nr. 18; insgesamt 4 Tage.
5 PREVENIER, Handelingen, S. 25, Nr. 61, insgesamt 3 Tage; IDEM, Nr. 62, insgesamt 4 Tage; idem, Nr. 63; insgesamt 23 Tage.
6 PREVENIER, Handelingen, S. 28-29, Nr. 74, mit Lubrecht Scuetelare (W 169), Franchoise den Cupere, insgesamt 22 Tage.
7 PREVENIER, Handelingen, S. 32, Nr. 86, insgesamt 3 Tage.
8 PREVENIER, Handelingen, S. 33, Nr. 87, mit Lubrecht Scuetelare (W 169), insgesamt 19 Tage.
9 PREVENIER, Handelingen, S. 34, Nr. 90, insgesamt 10 Tage; idem, S. 35, Nr. 92, insgesamt 3 Tage.
10 PREVENIER, Handelingen, S. 36, Nr. 94, insgesamt 42 Tage, Gegenstand: engl. Kaufleute.
11 PREVENIER, Handelingen, S. 39, Nr. 99; Nr. 100, mit Jan Honin (W 103), Franchoise den Cupere, Lubrecht Scuetelare (W 169), insgesamt 29 Tage, Gegenstand: Vertrag Flandern - England.
12 PREVENIER, Handelingen, S. 43, Nr. 110, Gegenstand: Münzwert, engl. Kaufmann; insgesamt 45 Tage unterwegs.
13 PREVENIER, Handelingen, S. 47-48, Nr. 124, insgesamt waren 20 Brügger Gesandte unterwegs, u.a. Jacob van den Vagheviere (W 186), Niclais Barbesaen (W 20), Jan Bortoen (W 34.1); diese

in Kortrijk, 17.11.1390, Vier Leden - in Hesdin, 27.11.1390, Vier Leden und Herzog. von Burgund - in Gent, 24.1.1391,[3] - in Hesdin, 4.8.1391, Vier Leden und Herzog. von Burgund, - in [Den Haag], 14.8.1391, Vier Leden zu Herzog Albrecht von Holland,[4] - Hoofdman St.-Janszestendeel 1391-92.[5] - Gesandter in Gent, 27.9.1391,[6] 20. 1. 1392.[7] - Ratsherr 1392-93.[8] - Gesandter in Gent, 24.2.1393.[9] - Ratsherr in Brügge 1393-94,[10] 1396-97,[11] 1397-98.[12] - Gesandter in Senlis, 31.3.1397, Vier Leden und Herzog von Burgund,[13] - in Den Haag, 8.5.1398, Vier Leden bei Herzog Albrecht von Holland,[14] - in Gent, 14.7.1398,[15] - in Tielt, Gent, 6.-10.8.1398 - in Gent, 21.8.1398.[16] - Schöffe 1398-99.[17] - Gesandter in Gent, 5.9.1398.[18] - in Lille, 30.11.1398, Vier Leden und Herzog von Burgund,[19] - in Gent, 5.-6.1.1399, Vier Leden[20] und 22.1.1399, Vier Leden,[21] - in Lille, 11.2.1399, Vier Leden und Herzog von Burgund,[22] - in Paris, 22.2.1399, Vier Leden und Herzog von Burgund,[23] - in Gent, 29.4.1399, 11.5.1399, Vier Leden.[24]
Geschäftspartner: Zwischen dem 23.7.1366 und dem 29.11.1369 besteht eine geschäftliche Verbindung zu den Brügger Wechslern Collard de Marke und Willem Ruweel. In Lekes Kon-

---

Gesandtschaft war 8 Tage unterwegs; IDEM, S. 49, Nr. 128, drei Gesandte, Gegenstand: Münzkurs, insgesamt 10 Tage.

1 PREVENIER, Handelingen, S. 50, Nr. 132, 8 Tage.

2 SAB, SR 1390-91, fol. 101r.

3 PREVENIER, Handelingen, S. 55, Nr. 146; Gegenstand: Münzwert, 3 Tage; IDEM, S. 55-56, Nr. 147; gleicher Gegenstand, 15 Tage; IDEM, S. 57, Nr. 151, Gegenstand: Streit zwischen Genter und Brügger Schiffsleuten, 4 Tage.

4 PREVENIER, Handelingen, S. 65, Nr. 178, 9 Tage; IDEM, S. 65, Nr. 179, der Ort der Tagung ist nicht eindeutig, 13 Tage.

5 SAB, SR 1391-92, fol. 86r.

6 PREVENIER, Handelingen, S. 69, Nr. 188, 4 Tage.

7 PREVENIER, Handelingen, S. 77, Nr. 211, 3 Tage.

8 SAB, SR 1392-93, fol. 90r; Purpurenboek, fol. 122r.

9 PREVENIER, Handelingen, S. 92, Nr. 257, 3 Tage.

10 SAB, SR 1392-93, fol. 90r; Purpurenboek, fol. 122r.

11 SAB, SR 1396-97, fol. 85r.

12 SAB, Wetsvernieuwingen 1397-1421, fol. 1r.

13 PREVENIER, Handelingen, S. 136, Nr. 374, 14 Tage.

14 PREVENIER, Handelingen, S. 153, Nr. 411, mit Joris Bradericke u. den Deputierten des burgundischen Rats, Gegenstand: Kaperei und Raub durch Holländer, 14 Tage.

15 PREVENIER, Handelingen, S. 155, Nr. 416, 3 Tage.

16 PREVENIER, Handelingen, S. 157, Nr. 420, 4 Tage; IDEM, S. 159, Nr. 422, 4 Tage.

17 SAB, Wetsvernieuwingen 1397-1421, fol. 8v.

18 PREVENIER, Handelingen, S. 160, Nr. 424, 4 Tage.

19 PREVENIER, Handelingen, S. 165, Nr. 431, 6 Tage.

20 PREVENIER, Handelingen, S. 166, Nr. 436, 7 Tage, Gegenstand: Beschwerden Lübecks gegen Kaperei hansischer Schiffe.

21 PREVENIER, Handelingen, S. 167, Nr. 438, 3 Tage, Gegenstand: Schädigungen flämischer Kaufleute durch holländische Seeräuber.

22 PREVENIER, Handelingen, S. 168, Nr. 440, 7 Tage, Gegenstand: Schädigungen flämischer Kaufleute durch holländische Seeräuber.

23 PREVENIER, Handelingen, S. 169, Nr. 442, 40 Tage, Gegenstand: allgemeine Klagen Flanderns, Kriegssteuer und *vele andre nieuheiden*.

24 PREVENIER, Handelingen, S. 170, Nr. 443, 3 Tage, Gegenstand: Antwort auf die Beschwerden Lübecks wegen der Seeräuberei in der Nordsee; S. 171, Nr. 445, 4 Tage, Gegenstand: Beratung der Antwort des Herzogs von Burgund in bezug auf die Ledenversammlung in Paris, 22.2.1399.

ten tauchen Jakob (W 186) und Jehan van den Vagheviere, Jakob Reups, Jakob Crakebeen (W 67) und Raoul de Coumines (W 66) auf.[1]
Privates Handeln: 1372 bürgt er zusammen mit anderen Hosteliers, Wechslern und Kaufleuten für Sire Jean de Molembeke.[2]

W 123 Lende, Jan van de (1484) Brügge
Familie: Ehefrau: Isabella van der Strate.
Beruf: Hostelier.
Wohnort: Brügge, Bürger.
Wirtschaftsdaten: Am 11.2.1484 verkauft Lende die Herberge *geheeten de halle van Valenchiennes* an den Bankier-Wechsler Jan Daussut.[3]

W 124 Leye, Meus van der (1338 - 1346) Brügge
Namensschreibweisen: Nachname: Leie. - Vorname: Berthelmeus.
Beruf: Hostelierscnape.[4]
Wohnort: Brügge, Bürger.
Korporationen: Mitglied der Maklerzunft 1341.
Amtliche Daten: Als Mitglied der Brügger Maklerzunft wird Leye im Zeitraum 1338-1340 für das Brügger Gemeindeheer aufgestellt.[5] - Am 3.1.1341 bezeugt er als Knape eine Übereinkunft der Maklerzunft in Brügge.[6] - Am 8.7.1346 siegelt er als Zeuge das Testament der Margrite Moens, Ehefrau des Jan van Oenlede.[7]

W 125 Lotin, Heindric (1467) Brügge
Identität: Wahrscheinlich liegt eine Verwandtschaft mit der Familie Lotin vor.
Namensschreibweisen: Nachname: Lootin.
Beruf: Hostelier.
Wohnort: Brügge, Bürger.
Amtliche Daten: Am 10.1.1467 werden Rogier van Mielenbrouc, Berthelmeeus de Poortere und Pieter Goet Kind, Bürgen der Herberge Lotins von der Brügger Vierschaar dazu verpflichtet, Schadenersatz in Höhe von 500 lb gro an spanische Kaufleute, die durch die Herberge Lotins, geschädigt worden sind, zu zahlen.[8] - Vor der Brügger Schöffenbank verpflichtet sich Lotin mit fünf weiteren Hosteliers, für seine Gäste keine Geschäfte auf Borg mehr mit

1 MURRAY, Hostelleraccounts, H 31.1 - H 31.6.
2 GILLIODTS-VAN SEVEREN, Inventaire 2, S. 359.
3 MUS, Ameyde, S. 126; vgl. zur Herberge auch W 144, Jan Onghereede, der diese Herberge um 1462 besitzt.
4 SAB, reeks 299, Makelaars, Cartularium A 1293 - 1683, fol. 19v; vgl. SCHOUTEET, Regesten 3, S. 17, Nr. 16, der nicht zwischen *Hosteliers* und *Cnapen* unterscheidet und letztere als *Makler* bezeichnet.
5 VERBRUGGEN, Gemeenteleger, S. 236.
6 SAB, reeks 299, Makelaars, Cartularium A 1293 - 1683, fol. 19v.
7 SCHOUTEET, Regesten 3, S. 34, Nr. 62.
8 SAB, Civiele Sententiën 1465-69, fol. 64v.

den Spaniern zu machen, sondern nur noch mit Bargeld. Sollten seine Gäste dennoch Borgkaufgeschäfte tätigen, geschähe dies auf ihr eigenes Risiko.[1]

W 126 Lotin, Jan (1361 - 1380) Brügge

Vorkommen in den Brügger Akziselisten 1360-90:
te Jan Lotins (15/11): 1366/67, 3. Quartal, Met.
te Jan Lotins (64): 1372/73, 4. Quartal, Met,
Gast: Ratgheer van Bonnen (64/45).
Namensschreibweisen: Vorname: Jehan.
Beruf: Hostelier.
Gäste: Peuwain Caspele, Jehan Grime.[2]
Wohnort: Brügge, Bürger.
Hausbesitz: 1382 bezahlt Lotin 2 s 3 d gro Steuern für ein Haus, gelegen *in 't Zakske*.[3]
Korporationen: Mitglied der Brügger Maklerzunft.
Brügger Ämter: Hoofdman der Maklerzunft 1361-62.[4] - Deelman des St.-Jans-Zestendeel 1363-64.[5] - Hoofdman der Maklerzunft 1368-69, 1371-72, 1374-75 und 1379-80.[6]
Geschäftspartner: Zwischen dem 2.7. und dem 31.8.1367 besteht eine geschäftliche Verbindung zum Brügger Wechsler Collard de Marke.[7]

W 127 *Magdelenen, naest der* (1379 - 1388) Brügge

Vorkommen in den Brügger Akziselisten 1360-90:
Magdelenen, *naest der* (77): 1379/80, 1. Quartal, Met.
Magdelenen, *naest der* (94): 1387/88, 2. Quartal, Met, Gast in diesem Quartal: Thideman Brackevelde (94/12).
Identität: Herberge/Taverne; in Brügge hat es ein eher karitativ geprägtes Gasthaus mit Namen *Maria Magdalenagasthuis* gegeben.[8] Möglicherweise liegt es in der Nähe der Magdalenenkirche, die dem Haus seinen Namen gab.
Namensschreibweisen: Naest der Magdeleene.

W 128 Man, Willem de (1341) Brügge

Identität: Am 13.1.1339 erwirbt Willem die Man van Ruenscure das Bürgerrecht der Stadt Brügge.[9] Vermutlich sind beide Personen identisch.
Beruf: Hostelier.
Wohnort: Brügge, Bürger.
Korporationen: Mitglied der Maklerzunft, 1341.[10]

---

1 SAB, Nieuwe Groenenboek ongecotteerd, fol. 105r-v, ohne Datum. Diese Absichtserklärung kann nur mit dem vorher eingetretenen Schadensfall zusammenhängen. Vgl. auch die anderen genannten Hosteliers: Torreman (W 182), Coene (W 59), Heijs (W 100) und Wulf (W 203).
2 MURRAY, Hostelleraccounts, H 32.1.
3 BLOCKMANS, Sociale structuren 2, S. 143.
4 VAN DEN ABEELE, Makelaars, S. 130; SCHOUTEET, Regesten 3, S. 171, Nr. 444.
5 LOWIJCK, Schepenenlijsten (16), S. 213.
6 VAN DEN ABEELE, Makelaars, S. 131-132.
7 MURRAY, Hostelleraccounts, H 32.1.
8 SCHOUTEET, Regesten 3, Nr. 141, 245, 637 u. 686.
9 JAMEES, Brugse poorters.
10 SAB, reeks 299, Makelaars, Cartularium A 1293 - 1683, fol. 19v.

Amtliche Daten: Am 3.1.1341 bezeugt er als Hostelier mit den Knapen eine Überein-kunft der Maklerzunft in Brügge.[1]

W 129 Meeus, Clais f. (1379 - 1388) Brügge

Vorkommen in den Brügger Akziselisten 1360-90:
te Clais f. Meeus (78): 1379/80, 2. Quartal, Met.
te Clais f. Meeus (95): 1387/88, 3. Quartal, Met, Gäste in diesem Quartal: Johannes Hermenhuse (95/51), Diederic Groene (95/52), Johannes Buer (95/53).
te Clais f. Meeus (96): 1387/88, 4. Quartal, Met, Gast in diesem Quartal: Herman Stuevelt.
Identität: *Meeus* kann eine Abkürzung des Vornamens *Berthelmeeus* sein. Weitere Innformationen, die eine Identifizierung zulassen, sind nicht vorhanden.
Beruf: Hostelier.
Wohnort: Brügge, [Bürger?].

W 130 Melane, Lievin van (1408 - 1424) Brügge

Namensschreibweisen: Nachname: Milan.[2]
Familie: Ehefrau: Jeanne van Melane.[3]
Beruf: Hostelier.
Gast: Stevin Zewale, englischer Kaufmann.[4]
Wohnort: Brügge, Bürger.
Hausbesitz: 1424 zahlt er 8 lb 9 s [gro] für ein Haus auf dem Vlaminc Dam und 4 lb 16 s [gro.] für Haus und Garten (*huse ende eester*) in der Comninstraetkin an Sint-Walburga.[5]
Brügger Ämter: Hoofdman des St.-Niklaas-Zestendeel 1407-08, 1408-09.[6]
Amtliche Daten: Am 23.7.1411 erscheint Melane als Wirt des Stevin Zewale vor der Brügger Schöffenbank. Sein Gast hat Ware von Bernart Pertinel in Höhe 56 lb 7 s gro gekauft, aber nicht bezahlt. Melane wird von der Brügger Schöffenbank verurteilt, als Wirt des Zewale die ausstehende Summe an Pertinel zu bezahlen.[7] - Am 21.2.1422 stellt er 300 lb gro als Sicherheit (Bürgschaft) für seine Tätigkeit als Hostelier. Am gleichen Tag, mit der gleichen Urkunde erkennt er eine Rente (*cheins ende eeuwelicx cheins*) in Höhe von 36 s gro jährlich für ein Haus im *Corte Wijnkel* an, die er an die Stadt zahlen muß.[8] - 1423 zahlt er als Bewohner (?) des Sint-Niklaas-Zestendeel 4 lb 16 s [gro] an Sint-Walburga.[9]

---

1 SAB, reeks 299, Makelaars, Cartularium A 1293 - 1683, fol. 19v; vgl. SCHOUTEET, Regesten 3, S. 16-17, Nr. 16, der nicht zwischen Hosteliers und Cnapen unterscheidet, sowie letztere als Makler bezeichnet.
2 SAB, Groenenboek A, fol. 30r-v.
3 GILLIODTS-VAN SEVEREN, Inventaire 4, S. 376, Nr. 955.
4 SAB, Groenenboek A, fol. 30r.
5 RAB, Kerkfabriek Sint Walburga (90), Nr. 225, fol. 19r.
6 SAB, Wetsvernieuwing 1397-1421, fol. 80r, 89v.
7 SAB, Groenenboek A, fol. 30r-v.
8 SAB, Politieke charters, Nr. 955; GILLIODTS-VAN SEVEREN, Inventaire 4, S. 376, Nr. 955.
9 RAB, Kerkfabriek Sint Walburga (90), Nr. 225, fol. 10r.

W 131 Metten Eye, Adaem (1351 - 1388) Brügge

Vorkommen in den Brügger Akziselisten 1360-90:

sere Adaems ten Eye (63): 1372/73, 3. Quartal, Met, Gäste in diesem Quartal: Bartolf Pape (63/27), Ulderic de Honche (63/28), Jan van Lemberch (63/29), sie versteuern zusammen.

sere Adaems ten Eye (69): 1375/76, 1. Quartal, Met.

sere Adaems ten Eye (70): 1375/76, 2. Quartal, Met.

sere Adaems ten Eye (71): 1375/76, 3. Quartal, Met.

sere Adaems ten Eye (72): 1375/76, 4. Quartal, Met.

sere Adaems ten Eye (77): 1379/80, 1. Quartal, Met.

sere Adaems ten Eye (78): 1379/80, 2. Quartal, Met.

sere Adaems ten Eye (79): 1379/80, 3. Quartal, Met.

sere Adaems ten Eye (80): 1379/80, 4. Quartal, Met.

sere Adaems ten Eye (85): 1380/81, 1. Quartal, Met.

sere Adaems ten Eye (86): 1380/81, 2. Quartal, Met.

sere Adaems ten Eye (90): 1386/87, 2. Quartal, Met, Gäste in diesem Quartal: Johannes Woudebergh (90/4), Heinric Witte (90/5).

sere Adaems ten Eye (94): 1387/88, 2. Quartal, Met, Gäste in diesem Quartal: Clais Ferrand (94/10), Heinric Witte (94/11).

Namensschreibweisen: Nachname: ten eye, Metten Eye, Mit din Eye, Mitteneye.

Familie: Mögliche Verwandte: Jacob (1), Jacob (2), Johannes, Pauwel Metteneye; der genaue Verwandtschaftsgrad ist nicht ermittelt, aber mit an Sicherheit grenzender Wahrscheinlichkeit vorhanden. Die Familie Metten Eye gehört zu den wohlhabendsten und einflußreichsten Familien in Brügge und läßt sich bis 13. Jahrhundert zurück verfolgen.[1] Im 15. Jahrhundert gehören verschiedene Mitglieder dieser Familie zur Brügger Bruderschaft Onze-Lieve-Vrouw van Roosebeke.[2]

Beruf: Hostelier.

Wohnort: Brügge, Bürger.

Immobilien: 1370 besitzt Metteneye Eigentum an der Ostseite der Corte Vlamyncstrate (Carmers-Zestendeel) in Brügge.[3]

Brügger Ämter: Ratsherr in Brügge1351-52.[4] - Deelman des Carmers-Zestendeel 1364-65.[5]

Amtliche Daten: Am 15.12.1361 verfügt das Brügger Schöffengericht in einem Rechts-streit zwischen Adaem Metteneye und dem Brügger Michel Lauwers und seiner Frau Katheline, daß die Eheleute Lauwers eine Summe von 6 lb 17 s gro an Adaem Metteneye zu zahlen haben.[6] - Am 4.12.1367 überträgt Metteneye bestimmte Rechte an Heinric de Smet.[7] - Am 1.5.1387 erklären die hansischen Ratssendboten, daß aus der Herberge *Ter Adams Mitteneye*

---

1 VAN DEN ABEELE, Makelaars, S. 17, vgl. Katalog, W 132, W 133, W134, W 135.

2 SAB, reeks 509, Gilde Roosebeke, Ledenregister fol. 7r, *Cornelis Metten Eye*, fol. 10r *Dinis Metten Eye*, fol. 18r *Jacob Metten Eye f. Christoffels.*

3 SCHOUTEET, Regesten 3, S. 219, Nr. 574.

4 VAN DEN AUWEELE, Schepenbank, S. 214.

5 LOWIJCK, Schepenenlijsten (16), S. 214.

6 GILLIODTS-VAN SEVEREN, Inventaire 2, S. 84, Nr. 545; SCHOUTEET, Regesten 3, S. 172, Nr. 448.

7 SCHOUTEET, Regesten 3, S. 195, Nr. 509.

10 Stück Wachs entwendet worden seien. Drei weitere Herbergen sind von diesem Vorwurf betroffen; insgesamt werden 42 Stück Wachs von hansischen Kaufleuten reklamiert.[1]

W 132 Metten Eye, Jacob (1) Sire (1348 - 1383) Brügge

Identität: Da Vater und Sohn den gleichen Namen tragen ist eine exakte Unterscheidung beider Personen aufgrund der Daten allein nicht möglich. Die erste Erwähnung des Sohns (W 133) gibt es für das RJ 1369-70. Allerdings wird er mit dem Zusatz *Sohn von* bzw. *der Jüngere* notiert. Bei der Zusammenstellung der beiden biographischen Notizen ist diese Notierung für alle Ämterdaten berücksichtigt worden.

Namensschreibweisen: Nachname: Matenaie, Metdeneye, Metteneye, Mit din Eye, Mitteneye. - Vorname: Jacop, Jakop.

Familie: Sohn: Jacob (2).[2] - Sonstige Verwandte: Adaem, Johannes und Pauwel Metteneye; Verwandtschaftsgrad nicht ermittelt.

Beruf: Makler und Hostelier.

Gäste: Vornehmlich beherbergt er Kaufleute der iberischen Halbinsel: Jehan Fran-chiscon, Jehan de Sainte Marone de Bege, Jehan de Bourghes, Lopes Steven, Biernart Disians, Spaniard, Diago Seuse, Jehan Pier[.], Jehan Jeuch[.], Jehan Senches de Lise-guere, Jehan Mireghares, Jehan Pisars, Jehan Alfonse, Jehan Tondrice, Jehan Frayncis, Roy Martines, Nicolas Javes, Piere de Lerdy.[3]

Wohnort: Brügge, Bürger.

Aufenthaltsorte: Lübeck, 1359.

Korporationen: Mitglied der Brügger Maklerzunft.

Brügger Ämter: Schöffe 1348.[4] - Bürgermeister der Schöffen 1358-59.[5] - Vogt des St.-Janshospitals 1358-59.[6] - Bürgermeister des Rats 1359-60.[7] - Deken des Carmers-Zestendeel 1360-61.[8] - Ratsherr 1361-62.[9] - Bürgermeister des Rats 1362-63.[10] - Deken des Carmers-Zestendeel 1363-64.[11] - Deken der Maklerzunft 1364-65.[12] - Deken Carmers-Zestendeel 1365-66.[13] - Deken der Maklerzunft 1366-67.[14] - Deelman des Carmers-Zestendeel 1366-67.[15] - Deken des Carmers-Zestendeel 1368-69.[16] - Deken der Maklerzunft 1370-71.[17] - Rats-

1 HR I,2, S. 412, Nr. 343 § 4; *Ter Buerze*: W 41, Antheunis Pape: W 147, Arnold Poltus: W 154.

2 LOWIJCK, Schepenenlijsten (16), S. 216: *Jacob metten Eye ser Jacobs sone* [..], erste Erwähnung 1369-70, Hoofdman des Carmers-Zestendeel.

3 MURRAY, Hostelleraccounts, H 33.1 - H 33.5.

4 SCHOUTEET, Regesten 3, S. 50, Nr. 107.

5 HR I,3, S. 245-246, Nr. 246 §§ 15, 21.

6 MARÉCHAL, (G.), Brugse Hospitalwezen, S. 64, Anm. 39.

7 VAN DEN AUWEELE, Schepenbank, S. 248.

8 SCHOUTEET, Regesten 3, S. 158, Nr. 407.

9 VAN DEN AUWEELE, Schepenbank, S. 257.

10 VAN DEN AUWEELE, Schepenbank, S. 262.

11 LOWIJCK, Schpenenlijsten (16), S. 213.

12 VAN DEN ABEELE, Makelaars, S. 130.

13 LOWIJCK, Schpenenlijsten (16), S. 214.

14 SCHOUTEET, Regesten 3, S. 188, Nr. 493.

15 LOWIJCK, Schepenenlijsten (16), S. 215.

16 LOWIJCK, Schepenenlijsten (16), S. 216.

17 SCHOUTEET, Regesten S. 216, Nr. 567.

herr 1372-73.[1] - Deken der Maklerzunft 1373-74.[2] - Schöffe 1373-74 - Ratsherr 1374-75, 1382-83.[3]
Geschäftspartner: Zwischen dem 13.10.1366 und dem 12.12.1369 besteht eine geschäftliche Verbindung zum Brügger Wechsler Collard de Marke. In den Konten für Metten Eye sind geschäftliche Kontakte zu Bauduin van de Brouke (W 38), Jehan van Artrike, *demiselle de Witte* (W 201), Jakob Bave, Gillis Honin (W 102) und Jehan van Themseke verzeichnet. Daneben tauchen Kaufleute aus Kortrijk, Ypern und Spanien auf.[4]
Akzisepächter: 2. Quartal 1368-69, Wein.[5] - 4. Quartal 1369-70, Wein.[6]
Amtliche Daten: Laut Urkunde vom 5.6.1359 ist Metten Eye als Bürgermeister der Stadt Brügge Mitglied einer Gesandtschaft nach Lübeck.[7] - Am 12.10.1376 wird eine Übereinkunft zwischen dem Probst der Liebfrauenkirche und dem Pastor der St.-Gillis-Kirche in Brügge einerseits und der Brügger Maklerzunft andererseits im Zusammenhang mit karitativen Stiftungen getroffen. Neben anderen urkundet Jacob Metteneye de oudere als Zunftmitglied.[8] - 1378-79 wird er für ein von der Stadt Brügge erzwungenes Darlehen auf 10 lb gro verpflichtet.[9]

W 133 Metten Eye, Jacob f[iliu]s Jacobs (1371 - 1392) Brügge

Identität: Da Vater und Sohn den gleichen Namen tragen ist eine exakte Unterscheidung beider Personen aufgrund der Daten allein nicht möglich. Die erste Erwähnung des Sohns (W 133) gibt es für das RJ 1369-70. Allerdings wird er mit dem Zusatz „Sohn von" bzw. „der Jüngere" notiert. Bei der Zusammenstellung der beiden biographischen Notizen ist diese Notierung für alle Ämterdaten berücksichtigt worden. Für das Jahr 1390 ist ein Jaques fild de Jaques Metteneye nach gewieen. Er ist zu diesem Zeitpunkt bereits ver-storben, aber seine Ehefrau Margriete verkauft eine Erbrente[10]. Die Frage ist nun, ob beide Personen identisch sind, denn in diesem Fall müßte Jacob zweimal verheiratet gewesen sein. Oder hat es noch einen weiteren Jacob Metten Eye zu etwa derselben Zeit in Brügge gegeben?
Namensschreibweisen: Nachname: Metteneye, Mit din Eye, Mitteneye. - Vorname: Jacoppe. - Zusatz: *den jonghe*.
Familie: Vater: Jacob Metten Eye (W 132). - Ehefrau: Clara Breydel.[11] - Sonstige Verwandte: Adaem, Johannes und Pauwel Metteneye; Verwandtschaftsgrad nicht ermittelt.
Beruf: [Hostelier]
Wohnort: Brügge, Bürger.
Brügger Ämter: Schöffe 1371-72, 1375-76.[1] - Ratsherr 1379-80.[2] - Schöffe 1380-81, 1381-82.[1] - Vogt der Potterie in Brügge 1382.[2] - Ratsherr 1382-83.[3] - Schöffe 1383-84.[4] - Bürger-

1 VAN DEN AUWEELE, Schepenbank, S. 289.
2 VAN DEN ABEELE, Makelaars, S. 131.
3 VAN DEN AUWEELE, Schepenbank, S.290, 295, 316.
4 MURRAY, Hostelleraccounts, H 33.1 - H 33.5.
5 SAB, SR 1368-69, fol. 12v.
6 SAB, SR 1369-70, fol. 18v.
7 HR I,3, S. 245-246, Nr. 246 §§ 15, 21.
8 SCHOUTEET, Regesten 3, S. 242, Nr. 641; auch MURRAY, Notarial Instruments, S. 288, Nr. 61.
9 GILLIODTS-VAN SEVEREN, Inventaire 2, S. 351.
10 BAB, Chartes de Saint-Donatien, N 26 III, Testaments et fondations, Nr. 43, 10. Dezember 1390 und N 26 II, Nr. 322, 3. Dezember 1390.
11 VERMEERSCH, Graafmonumenten 2, S. 65, Nr. 56 u. S. 77, Nr. 73.

meister der Schöffen 1384-85.[5] - Deelman des St.-Niklaas-Zestendeel 1387-88.[6] - Gesandter in Ypern, 3.3.1392, zum Herzog von Burgund.[7]

W 134 Metten Eye, Johannes (1379 - 1407) Brügge

Identität: Zur gleichen Zeit gibt es eine weitere Person mit dem Namen Jan Metten Eye. Allerdings wird diese Person meist mit der Bezeichnung *mre* für *meester* notiert.[8] Unklar ist, ob dieser Johannes Metten Eye derselbe ist, der 1426 als *hoste des Escochois* bezeichnet wird.[9] Ein weiteres Identifikationsproblem ergibt sich bei der Zuordnung für die Rubrik Ämter, da ein *Jan Metten Eye filius Jan* und ein *Jan Metten Eye filius Jacob* etwa zur gleichen Zeit in Brügge Ämter übernehmen. Sie wurden in der Rubrik dieser Person aufgenommen, im Wissen, daß es sich hier um zwei verschiedene Personen handelt. Außerdem konnte ein weiterer Jan Metten Eye nachgewiesen werden, der aber bereits vor dem 5. Mai 1384 verstirbt. Er ist ein Sohn von Pauwels Metten Eye.[10]

Namensschreibweisen: Nachname. Metteneye, Mit din Eye, Mitteneye. - Vorname: Jan, Johan. - Zusatz: f[iliu]s Jan.

Familie: Sonstige Verwandte: Adaem, Jacb (1), Jacob (2), Pauwel Metteneye, Verwandtschaftsgrad nicht ermittelt.

Beruf: Hostelier.

Gast: Hustun de Witte (auch: Hutzunwitz), englischer Kaufmann, 1381.[11]

Wohnort: Brügge, Bürger.

Korporationen: Mitglied der Brügger Maklerzunft.

Brügger Ämter: Hoofdman der Maklerzunft 1379-80.[12] [fs. Jan] - Hoofdman St.-Jans-Zestendeel 1383-84.[13] - Ratsherr 1385-86.[14] - Gesandter in Dornik, 8. 12. 1385, Konferenz mit Phillip dem Kühnen, um den Aufstand in Flandern zu beenden.[15] - Bürgermeister des

---

1 VAN DEN AUWEELE, Schepenbank, S. 285, 296; SCHOUTEET, Regesten 3, S. 226, Nr. 597; S. 239, Nr. 634.

2 VAN DEN AUWEELE, Schepenbank, S. 311.

1 VAN DEN AUWEELE, Schepenbank, S. 314, 317.

2 MARÉCHAL, (G.), Brugse Hospitaalwezen, S. 66, Anm. 49. Dieser Eintrag könnte auch für den Vater gelten.

3 VAN DEN AUWEELE, Schepenbank, S. 316.

4 VAN DEN AUWEELE, Schepenbank, S. 317.

5 VAN DEN AUWEELE, Schepenbank, S. 321.

6 SCHOUTEET, Regesten 4, S. 45, Nr. 60.

7 GILLIODTS-VAN SEVEREN, Inventaire 3, S. 239.

8 Vgl. Rubrik 'Ämter': Gesandtschaft nach Tournai, 8.12.1385, an der beide Personen dieses Namens beteiligt sind.

9 MARECHAL, Duizend jaar, S. 15.

10 ADN, B 1347, Nr. 18531, 5. Mai 1384, vor der Brügger Schöffenbank erscheint die Witwe des *Jan Metten Eye, Gheyle.*

11 HR I,3, S. 362-364, Nr. 357 A u. B.

12 SCHOUTEET, Regesten 3, S. 251, Nr. 668.

13 LOWIJCK, Schepenenlijsten (18), S. 44.

14 SAB, Purpurenboek, fol. 118r.

15 PREVENIER, Handelingen, S. 3, Nr. 3; diese Gesandtschaft bestand aus folgenden Personen: Jan Heldebolle (W 98), Thideman van den Berghe (W 24), Niclais Scorkinne, Joris Bradericke, Jan Buerse (W 50), Jacob Bonin, Janne vander Lecke, *mer* Jan Metteneye, Pieter Adorne (W 4) und war 17 Tage unterwegs.

Rats 1386-87.[1] [fs. Jacob] - Schöffe 1387-88.[2] - Ratsherr 1388-89, 1389-90.[3] - Hoofdman St.-Donaas-Zestendeel 1390-91.[1] - Ratsherr 1394-95, 1395-96.[2] - Schöffe 1398-99.[3] - Ratsherr 1399-1400.[4] - Hoofdman Carmers-Zestendeel 1400-01, 1401-02, 1402-03, 1403-04, 1404-05, 1405-06, 1406-07.[5]

Geschäftspartner: In mehreren Klageartikeln hansischer Kaufleute aus dem Jahr 1387 wird Metten Eye vorgeworfen, im Jahr 1381 fünf Kaufleuten die Summe von 176 lb 9 s 3 d gro schuldig geblieben zu sein. Bei den Kaufleuten handelt es sich um Hinrik Ammendorp, Tideke Trost, Meyneke Sankenstede, Heyne Weselo und Bode Ficken. Diese Geldschuld soll hauptsächlich durch Metten Eyes Gast Hustun de Witte entstanden sein, der Waren von Hansekaufleuten kaufte, diese durch den Klerk der Herberge Metten Eye abholen läßt, ohne sie später zu bezahlen.[6] - Am 10.5.1387 nimmt Metten Eye mit dreizehn anderen Brügger Poortern die Akzisen der Stadt als Pfand, da er gemeinsam mit den anderen Bürgern für eine Subsidie der Stadt Brügge an den Herzog von Burgund für dessen Kriegszug gegen Geldern in Höhe von 28.714 Franken einsteht.[7]

Amtliche Daten: Im Zusammenhang mit dem englischen Kaufmann Hustun de Witte kommt es zu verschiedenen Klagen hansischer Kaufleute. Es geht um einen Betrug, den der Engländer gemeinsam mit dem Klerk des Wirts Johannes Metteneye an Tydeman Trost, Meyne Sankenstede, Heyno Weselo, Bode Ficken und Hinrik Ammendorp begeht. Der Klerk soll die Kleider seines Wirts angezogen haben, so daß die Kaufleute davon ausgegangen sind, es habe sich bei dieser Person um einen Hostelier gehandelt. Dieser Betrug ereignet sich 1381.[8] – Unter der gleichen Urkundennummer findet sich eine weitere Klage von Tideke Trost gegen den selben englischen Kaufmann aus dem Jahr 1383. Tideke Trost verkauft Leinwand im Haus des Johan Bartune an den englischen Kaufmann, wobei der Klerk des Wirts Johannes Metteneye das Gut in Empfang nimmt und in die Herberge des Johannes Metteneye bringt. Hustun de Witte bleibt Tideke Trost ca. 56 lb gro schuldig. Offenbar verlangt die Hanse nun das Geld vom Wirt des Engländers.[9] - Auch Heyno Weselo beklagt für das Jahr 1383 einen Zwischenfall mit Hustun de Witte und dem Klerk des Johannes Metteneye. Allerdings hat der Verkauf einer Rolle Leinwand in der Herberge der Joncvrouwe van St. Thomas[10] stattgefunden. Auch in diesem Fall ist der englische Kaufmann die Summe von 34 lb gro schuldig ge-

[1] SAB, SR 1386-87, fol. 95r-v.
[2] SAB, Purpurenboek, fol. 119r.
[3] SAB, SR 1388-89, fol. 101r-102r; SR 1389-90, fol. 96v-97v.
[1] SAB, Lijsten Magistraat, 1390.
[2] SAB, SR 1394-95, fol. 74r-v; SR 1395-96, fol. 76v-77r.
[3] SAB, Wetsvernieuwingen 1397-1421, fol. 8v.
[4] SAB, Wetsvernieuwingen 1397-1421, fol. 16r-v.
[5] SAB, Wetsvernieuwingen 1397-1421, fol. 24v; fol. 32r, fol. 39v; fol. 47r; fol. 55v; fol. 63v; fol. 71v. Am 24. April 1407 wird Metten Eye im Verlauf der unter dem Namen *Het Brugse Calfvel* bekannten Auseinandersetzungen durch Lodewyc vanden Walle in diesem Amt ersetzt.
[6] HR I,3 Nr. 357 A, S. 364.
[7] SCHOUTEET, Regesten 4, S. 44-45, Nr. 60.
[8] HR I,3, S. 364, Nr. 357 A.
[9] HR I,3, S. 364, Nr. 357 B.
[10] Vtl. handelt es sich hier um die wedewe Sint Omaers, W 172.

blieben.[1] Aufgrund des parallelen Sachverhalts in beiden Quellen ist es wahr-scheinlich, daß es sich hier um den selben Fall handelt.[2]
Vor 1387, vtl. während des Genter Aufstands 1382-84: Klage von Hinrik Ammendorp, Tideke Trost, Meyneke Sankenstede; den drei Kaufleuten wird durch zwei Genter Rebellen, die in die Herberge des Johannes Metteneye eindringen, *panden, an zilverwerk ende andre juwelen* im Wert von 120 lb [gro] geraubt.[1] Brügge verweigerte eine Entschädigung mit dem Hinweis, für die Raubzüge feindlicher Genter Bürger keine Haftung übernehmen zu können.[2]

W 135 Metten Eye, Pauwel (1378 - 1381) Brügge
Vorkommen in den Brügger Akziselisten 1360-90:
te Pauwels ten Eye (77): 1379/80, 1. Quartal, Met.
te Pauwels ten Eye (78): 1379/80, 2. Quartal, Met.
te Pauwels ten Eye (79): 1379/80, 3. Quartal, Met.
te Pauwels ten Eye (80): 1379/80, 4. Quartal, Met.
te Pauwels ten Eye (85): 1380/81, 1. Quartal, Met.
te Pauwels ten Eye (86): 1380/81, 2. Quartal, Met.
Identität: Für das Jahr 1338 ist ein Schöffe des gleichen Namens nachzuweisen. Die zeitliche Differenz von vierzig Jahren zwischen diesen Daten läßt eine Identität beider Personen unwahrscheinlich erscheinen und deshalb wird auf eine Zuordnung verzichtet.[3] Möglicherweise ist das eingetragene Schöffenamt dem hier nicht weiter aufgeführten Pauwel Metten Eye von 1338 zuzuordnen.
Namensschreibweisen: Nachname: Mit din Eye, Mitteneye, ten Eye. - Vorname: Pauwels.
Familie: Sohn: Jan.[4] - Sonstige Verwandte: Adaem, Jacob (1), Jacob (2), Johannes Metteneye; der Verwandtschaftsgrad ist zwar nicht ermittelt, aber sehr wahrscheinlich vorhanden. Die Familie Metten Eye gehört zu den wohlhabendsten und einflußreichsten Familien in Brügge (schon seit dem 13. Jh.).[5]
Beruf: Hostelier.
Wohnort: Brügge, Bürger.
Brügger Ämter: [Schöffe 1352-53.[6]]

W 136 Minghelin, Herman (1371 - 1372) Brügge
Vorkommen in den Brügger Akziselisten 1360-90:
Minghelin, Herman (57): 1372/73, 1. Quartal, Wein, Gast: Herzogin von Burgund (Margarete v. Flandern) (57).

---

1 HR I,3, S. 364, Nr. 357 B.
2 Die Urkunde HR I,3, Nr. 357 B ist vtl. eine unvollständige Abschrift der Urkunde HR I,3, Nr. 357 A.
1 HR I,2, S. 414, Nr. 343 § 20.
2 HR I,2, S. 423, Nr. 344 § 15.
3 SCHOUTEET, Regesten 2, S. 291, Nr. 778 u. 779.
4 ADN, B 1347, Nr. 18531, 5. Mai 1384, vor der Brügger Schöffenbank erscheint Gheyle, Witwe des Jan Metten Eye f. ser Pauwels.
5 VAN DEN ABEELE, Makelaars, S. 17.
6 VAN DEN AUWEELE, Schepenbank, S. 215.

Identität: Es handelt sich hier nicht um einen Hostelier im Sinne der Untersuchung. Minghelin bewirtet wahrscheinlich nur die Herzogin. Das ergibt sich schlüssig aus seiner Tätigkeit als Weinzapfer.
Beruf: Weinzapfer.
Wirtschaftsdaten: Minghelin bezahlt dem Balliu der Stadt Brügge für das Jahr 1382 Standgeld für seine Taverne *Ter Munte* 3 lb [gro.] auf dem Brügger Markt.[1]

W 137 Moen, Clais (1380) Brügge
Vorkommen in den Brügger Akziselisten 1360-90:
te Clais Moens (86): 1380/81, 2. Quartal, Met.
Identität: Zu dieser Person konnten keine weiteren Angaben zur näheren Identifizierung nachgewiesen werden.
Beruf: Hostelier.
Wohnort: Brügge, [Bürger].

W 138 Moor, Pauwel den (1408) Brügge
Beruf: Hostelier.
Wohnort: Brügge, Bürger.
Korporationen: Mitglied der Brügger Maklerzunft.
Amtliche Daten: Am 2.9.1408 bezahlt Moor eine Buße in Höhe von 8 lb [gro], weil er als Hostelier in Brügge mehr als einen Makler und einen Cnapen beschäftigt hat.[1]

W 139 Muntre, Pieter de (1367 - 1369) Brügge
Identität: Die Familie De Muntere war sehr prominent in Brügge. Jan de Muntre ist mehrfach Schöffe und darüberhinaus als Tuchhändler tätig.[2] Aber es gibt keine weiteren Hinweise auf einen Pieter de Muntre.
Namensschreibweisen: Nachname: Munctre.
Beruf: Hostelier.
Gäste: Jehan Paton (Schotte), Jehan Joie, Jehan Tailleur, Tumas Tailleur, Simon Tonrezenmen, Alve Seire aus Portugal.[3]
Wohnort: Brügge, Bürger.
Korporationen: Mitglied der Brügger Maklerzunft.
Geschäftspartner: Zwischen dem 19.8.1367 und dem 13.11.1369 besteht eine geschäftliche Verbindung zum Brügger Wechsler Collard de Marke. Aus den Geschäftsbücher dieses Wechslers gehen geschäftliche Kontakte Muntres zu *demiselle* de Witte (W 201) hervor.[4]

W 140 Museconinc, Jan (1311 - 1331) Brügge
Namensschreibweisen: Nachname: Musecoening, Museconingh, Musekoninc. - Vorname: Janne, Johannes.
Beruf: Hostelier.

---

1 DE PAUW, Rekeningen, S. 87.
1 SAB, SR 1408-09, fol. 21r.
2 BLOCKMANS, Strukturen, S. 160-61.
3 MURRAY, Hostelleraccounts, H 34.1 - 34.4.
4 MURRAY, Hostelleraccounts, H 34.1 - 34.4.

Wohnort: Brügge, Bürger.
Aufenthaltsort: Tournai, 15.8.1326.
Korporationen: Mitglied der Brügger Maklerzunft.
Brügger Ämter: Schöffe 1303-04,[1] 1310-11,[2] 1326-27.[3] - Gesandter in Tournai, 15.8.1326.[4] - Schöffe 1328.[1]
Amtliche Daten: Am 26.1.1311 zeichnet er als Schöffe eine Urkunde über eine Leibrente. - Im März 1323 bezeugt er als Hostelier das Maklerstatut für Brügge.[2] - Am 15.8.1326 ist Museconinc Mitglied einer Gesandtschaft, vermutlich nach Tournai.[3] - Am 17.9.1328 wird er auf der Liste der Beschuldigten im Zusammenhang mit dem gescheiterten Auf-stand in Flandern 1322-28 notiert. Er gehört zu der Gruppe der verfolgten Geiseln.[4] - Am 3.5.1331 siegelt er als Zeuge eine Bürgschaftsurkunde für den Grafen von Flandern.[5]

W 141 [NN], *Karstiaen filius s'here Wouter* (1323) Brügge
Familie: Vater: *s'here Wouter* [NN].
Beruf: Hostelier.
Wohnort: Brügge, Bürger.
Korporationen: Mitglied der Brügger Maklerzunft.
Amtliche Daten: Im März 1323 bestätigt er als Hostelier ein gräfliches Maklerstatut.[6]

W 142 Onghereede, Jacob (1427 - 1442) Brügge
Namensschreibweisen: Nachname: Donghereede, dOnghereede, Onghereeden, Unghereede. - Vorname: Jacques.
Lebensdaten: Tod: zwischen dem 20.9.1438 und dem 24.8.1442.
Beruf: Hostelier.
Gast: Luder Steen, Hansekaufmann.
Wohnort: Brügge, Bürger.
Brügger Ämter: Schöffe 1427-28, 1429-30.[7] - Ratsherr 1431-32.[8]
Amtliche Daten: Am 28.8.1435 teilt das Brügger Schöffengericht der Ehefrau des Hosteliers Fransois van Avesne mit, daß die Herberge Avesne für die Schulden des Jacob Onghereede, die dieser bei hansischen Kaufleuten hinterlassen hat, aufkommen muß, da Onghereede in der Herberghe des Avesne gewohnt hat. Ausdrücklich wird daraufhin gewiesen, daß die Herberge mit der Bürgschaft unter dem Namen des Fransois van Avesnes (W 17) *in der stede bouc staet* und nicht unter dem Namen Onghereedes.[9] Das läßt darauf schließen, daß Onghereede

---

1 VAN DEN AUWEELE, Schepenbank, S. 60.
2 SCHOUTEET, Regesten 2, S. 55, Nr. 115.
3 VAN DEN AUWEELE, Schepenbank, S. 117.
4 SCHOUTEET, Regesten 2, S. 167, Nr. 446.
1 VAN DEN AUWEELE, Schepenbank, S. 121.
2 EHRENBERG, Makler, S. 465.
3 SCHOUTEET, Regesten 2, S. 167, Nr. 446.
4 VAN DEN AUWEELE, Gijzelaarslijsten, S. 150.
5 SCHOUTEET, Regesten 2, S. 208, Nr. 551; GILLIODTS-VAN SEVEREN, Inventaire 1, S. 434, Nr. 357.
6 EHRENBERG, Makler, S. 465.
7 SAB, Wetsvernieuwingen 1422-43, fol. 40r, 56r.
8 SAB, Wetsvernieuwingen 1422-43, fol. 66r.
9 SAB, Groenenboek A, fol. 236v.

nicht nur in der Herberge wohnte, sondern diese auch als Hostelier führte. - Am 20.9.1438 stellt das Brügger Schöffengericht fest, daß dem Hansekaufmann Luder Steen durch seinen Wirt Jacob Unghereede ein Schaden in Höhe von 60 lb gro entstanden ist. Die Zahlung dieser Summe wird von der Stadt Brügge versprochen.[1] Allerdings kommt es erst 1442 zu einer endgültigen Regelung dieser Ange-legenheit. Onghereede ist zu diesem Zeitpunkt bereits verstorben.[2]
Verschiedenes: Neben der Sache Onghereede vom 20.9.1438 wird der gleiche Sach-verhalt im Zusammenhang mit dem Brügger Wirt Joris Andries (W 12), ebenfalls Han-senwirt, in der selben Urkunde erwähnt.

W 143 Onghereede, Jan de (1400 - 1440) Brügge

Identität: Identisch mit Jan Onghereede (W 144) oder verwandt mit Jacob Onghereede (W 142)?
Namensschreibweisen: Nachname: Donghereede, dOnghereede, Onghereeden. - Vorname: Janne. - Zusatz: den.
Familie: Zwei Kinder unbekannten Namens, wobei ein Kind (Sohn) unehelich ist.[1]
Beruf: Hostelier und Makler.
Wohnort: Brügge, Bürger.
Korporationen: Mitglied der Brügger Maklerzunft.
Brügger Ämter: Hoofdman St.-Niklaaszestendeel 1427-28.[2] - Hoofdman der Maklerzunft 1429-30.[3] - Ratsherr 1430-31.[4] - Schöffe 1434-35.[5] - Hoofdman der Maklerzunft 1439-40.[6]
Immobilien: Onghereede besitzt Immobilien in der Cuperstrate und der Cleine Cuperstrate in Brügge.[7]
Amtliche Daten: Am 20.4.1400 wird von einem Schiedsgericht in Brügge die räumliche Abgrenzung zwischen den Onghereed'schen Immobilien und denen seines Nachbarn Jan Caerlin geregelt.[8] - Am 3.1.1411 wird vor dem Brügger Schöffengericht gegen Onghe-reede als Wirt des Jaquemaert Toutflet aus Douai verhandelt. Dieser hat um den 1. November 1410 bei Staessin de Hudemettre, Apotheker, *specerien* im Wert von 11 lb 3s 5d gro gekauft, ohne die Ware, die von Hudemettres Ehefrau in die Herberge geliefert worden ist, zu bezahlen. Zu seiner Verteidigung vor Gericht sagt Onghereede aus, er habe der Frau schon bei der Lieferung gesagt, er wolle nicht für Toutflet einstehen. Da aber der Verkauf Onghereede bekannt gewesen und die Ware durch ihn in seiner Herberge angenommen worden ist, verurteilt ihn das Gericht zur Bezahlung der aus-stehenden Summe an den Kläger Hudevettre.[9] - Am 27.6.1413 verklagt Onghereede den Wagenmakler Boudin van Overvelt vor dem Brügger Schöffengericht wegen eines nach seiner Ansicht nicht eingehaltenen Versprechens. Laut

---

1 HUB 7, S. 198, Nr. 390.
2 SAB, SR 1443-44, fol. 76v, 77r; GILLIODTS-VAN SEVEREN, Inventaire 5 , S. 257; vgl. Joris Andries: W 12.
1 SAB, Groenenboek A, fol. 43r-v.
2 SAB, Wetsvernieuwingen, 1422-23, fol. 40r.
3 VAN DEN ABEELE, Makelaars, S. 136.
4 SAB, Wetsvernieuwingen 1422-43, fol. 57r-v.
5 SAB, Wetsvernieuwingen 1422-43, fol. 94v.
6 VAN DEN ABEELE, Makelaars, S. 137.
7 SCHOUTEET, Regesten 4, S. 169, Nr. 426.
8 SCHOUTEET, Regesten 4, S. 169, Nr. 426.
9 SAB, Groenenboek A, fol. 29v-30r.

Onghereede habe Overvelt mit ihm vereinbart, alle in Onghereedes Herberge anfallenden Wagenmaklergeschäfte mit einem der Kinder Onghereedes zu teilen. Overvelt sagt aus, er habe zwar ein solches Geschäft verabredet, aber nur unter der Bedingung, daß eines der Kinder ein Makler wäre, d.h. in die Zunft aufgenommen würde. Kurz darauf habe Overtvelt aber gehört, daß dies nicht der Fall sei, weil ein Kind unehelich sei und bei dem anderen Kind beide Eltern noch lebten und das Kind vermutlich noch minderjährig sei und somit nicht in der Zunft zugelassen werden könne. Danach habe er sein Versprechen offiziell bei Onghereede zurückgenommen und mit einer anderen Person eine neue Geschäftsbeziehung begonnen. Das Gericht gibt Overtvelt Recht.[1]

W 144 Onghereede, Jan (1454 - 1465) Brügge

Namensschreibweisen: Vorname: Janne.
Beruf: Hostelier.
Wohnort: Brügge, Bürger.
Immobilien: Am 18.2.1462 wird Onghereede als Besitzer eines Hauses in der Groote Kuperstraate genannt. Das Haus heißt *halle van Valencienne*; ob Onghereede hier auch wohnte bzw. eine Herberge betrieben hat, geht aus der Quelle nicht hervor.[2]
Brügger Ämter: Schöffe 1454-55.[3]
Amtliche Daten: Am 21.3.1458 wird er in seiner Funktion als Bürge für die Herberge des Gillis Helbrecht herangezogen, um durch Helbrecht geschädigte spanische Kaufleute zu entschädigen. Er muß 33 lb 17 s gro an den spanischen Kaufmann Loppe de Saint Victor zahlen, sowie 200 lb gro an andere spanische Kaufleute.[4] - Am 2.11.1460 fordert er gemeinsam mit Lodewijc Greffari, einem Bevollmächtigten der Stadt Brügge, seine durch die Bürgschaft für die Herberge des nun verstorbenen Gillis Helbrecht (W 97) entstandenen Kosten aus der Erbmasse der ebenfalls verstorbenen Sijmoene de Heere, Ehefrau des Helbrecht, zurück. Die Hinterlassenschaft ist zunächst durch die Gläubiger Jacop de Vos f. Jans, Pauwels Zewart u.a. arrestiert worden. Die Schöffen urteilen, daß zuerst Onghereedes Forderungen beglichen werden müssen und die anderen Gläubiger aus dem verbleibenden Vermögen bezahlt werden dürfen.[5] - Am 23.9.1465 wird er von der Brügger Vierschaar verurteilt, eine von Victor Hugheyus geliehene Summe in Höhe von 5 lb gro an diesen zurückzuzahlen.[6]
Privates Handeln: Am 18.2.1462 verklagt er Janne vander Banc, weil dieser ohne Onghereedes Wissen Tuchwaren aus dessen Haus, genannt *halle van Valenchiennes*, entfernt und zum Teil auf eigene Rechnung verkauft. Die Schöffen urteilen, daß Banc die noch nicht verkauften Tuche zurückbringen und Onghereede den rechtmäßigen Anteil an Hostelage aus dem Erlös der schon verkauften Tuche bezahlen muß.[7]

---

1 SAB, Groenenboek A, fol. 43r-v.
2 SAB, Nieuwe Groenenboek ongecotteerd, fol. 121r-v; MUS, Ameyde, S. 126. Vgl. zur Herberge Lende, W 123, der dieses Haus 1484 verkauft.
3 SAB, Civiele Sententiën 1453-60, fol. 48r.
4 SAB, Civiele Sententiën 1453-62, fol. 265r.
5 SAB, Nieuwe Groenenboek ongecotteerd, fol. 80v-81r.
6 SAB, Civiele Sententiën 1465-69, fol. 3r.
7 SAB, Nieuwe Groenenboek ongecotteerd, fol. 121r-v.

W 145 Overtvelt, Everaert van (1412 - 1413) Brügge

Beruf: Hostelier.
Klerk: Janne Moerman, Kerstian [NN], 23.1.1413.[1]
Wohnort: Brügge, Bürger.
Amtliche Daten: Am 22.10.1412 wird durch die Brügger Schöffen festgestellt, daß Overtvelt gemeinsam mit Jan van Theimseke, Erbe der Kateline, Witwe des Clais Scleercx und Ehefrau des Jan de Priester, ist.[2]

W 146 Oste, Witwe (1366 - 1369) Brügge

Namensschreibweisen: Nachname: Hoste, *demiselle Isoie*.
Familie: Ehemann: Sire Jehan Oste.[1]
Beruf: Hostelière.
Klerk: Mathis [NN], 1366/67.[2]
Wohnort: Brügge, Bürgerin.
Geschäftspartner: Zwischen dem 23.9.1366 und dem 13.6.1369 besteht eine geschäftliche Verbindung zum Brügger Wechsler Collard de Marke.[3] - Sie besitzt ein gemeinsames Konto mit Crestien de Clerc, was annehmen läßt, daß beide bei einer Transaktion anwesend sein müssen.[4]

W 147 Pape, Anthuenis (1375 - 1387) Brügge

Vorkommen in den Brügger Akziselisten 1360-90:
the Thuenis sPapen (70): 1375/76, 2. Quartal, Met.
the Thuenis sPapen (71): 1375/76, 3. Quartal, Met.
the Thuenis sPapen (77): 1379/80, 1. Quartal, Met.
the Thuenis sPapen (78): 1379/80, 2. Quartal, Met.
the Thuenis sPapen (79): 1379/80, 3. Quartal, Met.
the Thuenis sPapen (80): 1379/80, 4. Quartal, Met.
the Thuenis sPapen (85): 1380/81, 1. Quartal, Met.
the Thuenis sPapen (86): 1380/81, 2. Quartal, Met.
Identität: 1331 taucht ein Anthonius Pape im Zusammenhang mit Depositen zweier Brügger Bürger in Greifswald auf. Beide Papes sind wohl nicht identisch, weisen aber auf mögliche Migration?[5]
Namensschreibweisen: Nachname: Pape. - Vorname: Anthonius, Anton, Thuenis.
Lebensdaten: Tod: 1382, bei der Schlacht von Westrosebeke.[6]
Beruf: Hostelier.[7]

---

1 SAB, Groenenboek A, fol. 30v-31r.
2 SCHOUTEET, Regesten 3, S. 235, Nr. 624.
1 Jan Oste ist 1336 Mitglied der Maklerzunft und hat mehrfach das Schöffenamt in Brügge inne. Zum hier notierten Zeitpunkt ist er bereits verstorben.
2 MURRAY, Hostelleraccounts, H 35.1/2.
3 MURRAY, Hostelleraccounts, H 35.1 - H 35.5.
4 SAB, De Marke 2, fol. 197v.
5 POECK, Greifswalder Stadtbuch, S. 225-226, Nr. 1192-1193.
6 ARA, Rekenkamer, Nr. 2018, Comptes des recettes.
7 In der Rechung des Einnehmers der Beschlagnahmungen wird Pape als Makler bezeichnet, vgl. ARA, Rekenkamer, Nr. 2018, Comptes des recettes.

Wohnort: Brügge, Bürger.
Amtliche Daten: In Papens Haus/Herberge soll am 13.6.1378 die Schuld Johans I., Herzog von Lothringen, an dessen Gläubiger, drei Thorner Bürger und die Kaufleute Peter Mistone, Peter vom Nicht und Peter Rudolf, die der Herzog auf seiner Preußenreise von diesen geliehen hat, beglichen werden.[1] Mistone nimmt das Geld in Brügge per-sönlich in Empfang.
Postume Erwähnungen: Nach der Schlacht von Westrosebeke, bei der Pape stirbt, wird sein Besitz beschlagnahmt. Auf Intervention des Jacob van Leke (W 122) und Fransoys van Zinghene (W 207) kann die Witwe Papes mittels *compositio* für 100 lb [par.] den Besitz zu ihren Gunsten retten.[1] - In einem Artikel der hansischen Ratssendboten vom 1.5.1387 wird beklagt, daß aus der Herberge des Anthonius Papen 12 Stück Wachs aus dem Besitz preußischer Kaufleute entwendet worden seien. Vier Herbergen sind von diesem Vorwurf betroffen, aus denen angeblich insgesamt 42 Stück Wachs gestohlen worden seien.[2]

W 148 Pape, Joris (1387 - 1388) Brügge
Vorkommen in den Brügger Akziselisten 1360-90:
te Joris sPapen (94): 1387/88, 2. Quartal, Met, Gast in diesem Quartal: Ertwijc Hoetvelt.
te Joris sPapen (95): 1387/88, 3. Quartal, Met, Gast in diesem Quartal: Heinric Servaes.
Identität: Ist dieser Joris Pape identisch mit W 148.1 oder handelt es sich hier um einen Verwandten gleichen Namens?
Beruf: Hostelier.
Wohnort: Brügge, Brügge.

W 148.1 Pape, Joris (1409 - 1410) Brügge
Identität: Trotz der zeitlichen Differenz von 22 Jahren ist es möglich, daß Pape (W 148.1) identisch ist mit W 148. Es ist aber auch nicht auszuschließen, daß es sich um zwei verschiedene Personen gleichen Namens handelt, wobei ein verwandtschaftliches Verhältnis durchaus denkbar wäre. Die Gäste aus der Familie der Hetvelt in beiden Fällen sprechen aber eher für eine Identität.
Namensschreibweisen: Vorname: Georg, Jooris.
Beruf: Hostelier.
Immobilien: Neben der Herberge besitzt Pape ein *ghewant huus*, in dem er Tuchware seiner Gäste lagert.[3]
Gäste: Rutgher Heedvelt, 1409.[4]
Korporationen: Mitglied der Maklerzunft 1410.[5]
Amtliche Daten: Am 8.5.1410 wird Pape vom Brügger Schöffengericht verurteilt, als Wirt des Rutgher Heedvelt dessen Schulden bei dem Kaufmann Jan van Bochenhoven aus Tienen

---

1 PARAVICINI, Preußenreisen 3, Dok. 71.
1 ARA, Rekenkamer, Nr. 2018, Comptes des recettes.
2 HR I,2, S. 412, Nr. 343 § 4; vgl. ter Buerze: W 41, Adaem Metten Eye: W 131, Arnold Poltus: W 154.
3 SAB, Groenenboek A, fol. 27v-28r.
4 SAB, Groenenboek A, fol. 27r-v; zur Thorner Familie Hetvelt s. DIERCK/DÜNNEBEIL/RÖSSNER, Prosopographischer Katalog, Nr. 175.1, 188, 211, 387.
5 VAN DEN ABEELE, Makelaars, S. 97.

in Höhe von 40 lb gro zu begleichen.[1] - Am 12.5.1410 verurteilt das Brügger Schöffengericht Pape ein weiteres Mal dazu, die Schulden seines früheren Gastes Rutgher Heedvelt, diesmal bei dem Kaufmann Jaquemare van Montingis aus St. Quintin in Höhe von 110 lb. gro zu bezahlen.[2] Die Vorgeschichte zu den geschilderten Vor-gängen findet sich z. T. auch in einem Brief des Herzogs Johan von Burgund vom 23.2.1410 an den Hochmeister Ulrich von Jungingen, in dem sich der Herzog für den Brügger Hostelier Georg Pape verwendet, der von den Gläubigern seines früheren Gastes Rutgher Heedvelt zur Zahlung von dessen Schulden verklagt wird. Der Herzog bittet, daß sich die preußischen Auftraggeber des Rutgher um die Bezahlung der Schulden be-mühen mögen. Genannt werden Tideman Heetvelt, Arnold Heetvelt, Herdwig und Godscalc Heetvelt.[1] Diese Personen, einschließlich Rutgher, werden in einem Brief der Älterleute des Deutschen Kaufmanns in Brügge vom 18.5.1410 an die Stadt Thorn als Brüder und Neffen des Evert Hetvelt bezeichnet. Inzwischen ist Joris Pape durch das Brügger Schöffengericht als Wirt und Bürge für Rutgher Hetvelt verurteilt worden, für dessen Schulden einzustehen. Da bei Nichtbezahlung Pape und dessen Frau mit Gefängnis rechnen müssen, haben sie ihren beweglichen und unbeweglichen Besitz verpfändet, um die Schulden ihres Gastes zahlen zu können. Da Rutgher aber der Lieger seiner Brüder und Neffen in Brügge gewesen ist, bittet das Brügger Kontor im Namen des Joris Pape die vier Verwandten des Rutgher (Hartwich, Herman, Tideman und Godschalk), die Schulden ihres Liegers in Brügge zu bezahlen.[2]

W 149 Passelin, Claeis (1403 -1410) Brügge

Namensschreibweisen: Nachname: Paesselin, Paesseline.
Beruf: Hostelier.
Wohnort: Brügge, Bürger.
Korporationen: Mitglied der Brügger Maklerzunft.
Amtliche Daten: Im Jahr 1403 wird Passelin ein Buße vom Balliu in Brügge auferlegt, weil er es versäumt hat, seinen Eid, Kaution und Sicherheit für seine Herberge zu erneuern. Weil er aber *un pouvre homme* ist und Jan Heldebolle (W 98) für ihn spricht, wird seine Buße von 50 lb [par.] auf 7 lb 4 s heruntergesetzt,d.h. er kann *composeren*.[3] - Am 12.6.1410 wird Paesselin vom Brügger Schöffengericht verurteilt, 5 lb gro an den Schotten Yrenose für einen Sack Wolle, den Pietren de Goede, Gast des Paesselin, vom schottischen Kaufmann kaufte, aber nicht bezahlte, zu entrichten.[4]

W 150 Peroene, Jacob van (1323 - 1335) Brügge

Identität: Im Jahr 1301 wird ein Jacop Perone (Makler) in einer Liste Brügger Geiseln notiert.[5] Eine Identität beider Personen ist möglich, aber angesichts des Fehlens von Nachrichten in den 22 Jahren zwischen den Einträgen nicht nachzuweisen.
Namensschreibweisen: Nachname: Perone.

---

1 SAB, Groenenboek A, fol. 27r-v.
2 SAB, Groenenboek A, fol 27v-28r.
1 HUB 5, S. 486f, Nr. 924.
2 HUB 5, S. 496, Nr. 947.
3 ARA, Rekenkamer, Reg. 13861, fol. 82r, Baljuwrechnung, Maes Scoenvelt.
4 SAB, Groenenboek A, fol. 28r-v.
5 VAN DEN AUWEELE, Gijzelaarslijsten, S. 153.

Familie: möglicherweise besteht eine Verwandtschaft zu Jan Peroene, (W 151). 1281 wird ein Jehans de Perone auf einer Brügger Bürgenliste als Hosteliers notiert. Handelt es sich hier um einen Verwandten?[1]
Beruf: Hostelier.
Wohnort: Brügge, Bürger.
Korporationen: Mitglied der Brügger Maklerzunft.
Amtliche Daten: Im März 1323 bezeugt er als Hostelier das Maklerstatut für Brügge.[2] - Laut Urkunde vom 17.7.1335 ist Peroene Vormund des Gillis Lamme.[1]

W 151 Peroene, Jan van (1323 - 1340) Brügge
Identität: Für die Jahre 1301 und 1305 wird ein Jhan Perone in der Rubrik *makelaars en hosteliers* in Brügger Geisellisten geführt.[2] Eine Identität beider Personen ist möglich, obgleich sich für eine Periode von 18 Jahren keine Hinweise finden.
Namensschreibweisen: Nachname: Perone.
Familie: Sonstige Verwandte: möglicherweise besteht eine Verwandtschaft zu Jacob Peroene, (W 150). 1281 wird ein Jehans de Perone auf einer Brügger Bürgenliste als Hosteliers notiert. Handelt es sich hier um einen Verwandten?[3]
Beruf: Hostelier.
Wohnort: Brügge, Bürger.
Korporationen: Mitglied der Maklerzunft.
Amtliche Daten: Im März 1323 bezeugt er als Hostelier das Brügger Maklerstatut.[4]
Verschiedenes: Zwischen 1338 und 1340 wird Peroene im Maklerkontingent des Brüg-ger Gemeindeheers geführt.[5]

W 152 Pitte, Aelbrecht van der (1379 - 1380) Brügge
Vorkommen in den Brügger Akziselisten 1360-90:
te Aelbrechts van der Pitte (85): 1380/81, 1. Quartal, Met.
Identität: Vermutlich handelt es sich um einen hansischen Kaufmann, der in Brügge eine Schenke oder Taverne betreibt. Ein Hanse desselben Namens taucht dreimal in der Stadtrechnung auf (W 153.1).[6]

W 152.1 Pitte, Aelbrecht van der
Vorkommen in den Brügger Akziselisten 1360-90:
Pitte, Aelbrecht van der (20/11): 1367/68, 4. Quartal, Wein.
Pitte, Aelbrecht van der (22/85): 1367/68, 2. Quartal, Met.

---

1 WYFFELS, Moerlemaye, S. 119.
2 EHRENBERG, Makler, S. 465.
1 SCHOUTEET, Regesten 2, S. 267, Nr. 716.
2 VAN DEN AUWEELE, Gijzelaarslijsten, S. 153.
3 WYFFELS, Moerlemaye, S. 119.
4 EHRENBERG, Makler, S. 465.
5 VERBRUGGEN, Gemeenteleger, S. 237.
6 Zur Identität s. auch: DIERCK/DÜNNEBEIL/RÖSSNER, Prosopographischer Katalog, S. 322, Nr. 262, 262.1.

Pitte, Aelbrecht van der (62/191): 1372/73, 2. Quartal, Met.
Beruf: Kaufmann, hansischer; betrieb eine Schenke/Taverne in Brügge.

W 153 Plaert, Jan de (1486) Brügge
Lebensdaten: Tod: 25. 12. 1486.[1]
Beruf: Hostelier und Makler.
Wohnort: Brügge, Bürger.
Korporationen: Mitglied der Brügger Maklerzunft.
Postume Erwähnungen: Tafel St.-Salvator in Brügge.

W 154 Poltus, Arnoud (1362 - 1414) Brügge
Vorkommen in den Brügger Akziselisten 1360-90:
te Arnouds Poltus (78): 1379/80, 2. Quartal, Met.
te Arnouds Poltus (86): 1380/81, 2. Quartal, Met.
te Arnouds Poltus (94): 1387/88, 2. Quartal, Met, Gast in diesem Quartal: Maerc van Noremberch (94/19).
te Arnouds Poltus (95): 1387/88, 3. Quartal, Met, Gast in diesem Quartal: Johannes Oppe (95/28).
Identität: Laut Urkunde vom 18.1.1339 bleibt Arnoud Poltus als nicht gebürtiger Flame Mitglied der Maklerzunft.[1] Aufgrund dieser Mitgliedschaft wird er im Zeitraum von 1338 bis 1340 für das Gemeindeheer rekrutiert.[2] Die Zeitspanne von mehr als 60 Jahren läßt vermuten, daß es zwei Personen des gleichen Namens gibt. Das ist umso wahrscheinlicher, als in einem Rechnungsbuch des Brügger Wechslers Collard de Marke 1366/67 ein *Ernout Polultus sen.* notiert ist, so dass die späteren Daten vermutlich einen Arnoldus Poltus jun. betreffen.[3]
Namensschreibweisen: Nachname: Polt Hus, [Poulens], Polultus, Poultus. - Vorname: Arnoldus, Ernout. - Zusatz: van.
Familie: Tochter: Catherine Bave.[4] - Sohn: Arnoud Poltus iunior.[5]
Beruf: Hostelier.
Gäste: Henric de Semedre, Jehan Hulfrit, Jehan Havre, Compste de Loste, Pieter Eyren, Gerbert van Frankevorde, Rogier de Houc, Pieter Plenard, Pieter Ogrey, Egehart van Yerenberc, Albrec Scellant.[6]
Albrecht Rebber aus Thorn, im Jahr 1400.[7] - Nürnberger Kaufleute.[8]
Wohnort: Brügge, Bürger.
Brügger Ämter: Ratsherr 1397-98, 1399-1400.[9] - Schöffe 1401-02.[10] - Tresorier 1405-06.[11] - Deken der Maklerzunft 1413-14.[12] - [Hoofdman der Brügger Maklerzunft1425-26].[13]

---

1 Museum St.-Salvator, Brügge, Gedächtnistafel; freundlicher Hinweis von R. Rößner.
1 SCHOUTEET, Regesten 2, S. 294, Nr. 785.
2 VERBRUGGEN, Gemeenteleger, S. 237.
3 MURRAY, Hostelleraccounts, H 40.2/105.
4 VERMEERSCH, Graafmonumenten 2, S. 144-147, Nr. 156. Catherine Bave wurde am 25. 11. 1464 in der Jacobi-Kirche beigesetzt. Der Grabstein, auf dem Poltus als ihr Vater erwähnt wird, ist dort heute noch zu besichtigen.
5 MURRAY, Hostelleraccounts, H 36.5/15.
6 MURRAY, Hostelleraccounts, H 36.1 - H 36.5.
7 KUSKE, Quellen 1, S. 125, Nr. 372.
8 STROMER, Hochfinanz 1, S. 30.

Geschäftspartner: Im Hause des Arnoud Poltus soll innerhalb von 14 Tagen nach Ostern des Jahres 1363 dem Thorner Bürger Gerhardus de Allen eine Schuld der Preußenfahrer Humphrey Bohun, Miles Stapelton, John de Burley Walter Devereux und Richard de Waldgrave zurückerstattet werden, was offenbar auch geschieht.[6] - Zwischen dem 12.7.1366 und dem 22.12.1369 besteht eine geschäftliche Verbindung zum Brügger Wechsler Collard de Marke. Während dieser Zeit hat Poltus vor allem für Brügger Hosteliers finanzielle Transaktionen mit De Marke durchgeführt.[1] Daneben gehören auch einige hansische Kaufleute, wie Thideman Rebbart, Arnoud Lewerke und Thideman Gheismare zu seinen Kunden.[2] - Im Jahr 1400 sendet Poltus Tuchware für Albrecht Rebber nach Köln, zu Rebbers dortigem Wirt Brun Botschu.[3]
Amtliche Daten: Die Abschriften der Privilegien für die Nürnberger Kaufleute werden am 21.2.1362 im Hause des Arnoud Poltus übergeben. Als Zeugen sind zugegen: Johan Lutzman (Thorn), Johan Poltus, Engelbrecht de Olst (Nijmegen), Johan Stralen, Herman gen. Snouc *de Terra Ghelrie*.[4]
Verschiedenes: In einem Artikel der hansischen Ratssendboten vom 1.5.1387 wird beklagt, daß aus der Herberge *tor Arnoud Polt Hus* zehn Stück Wachs aus dem Besitz preußischer Kaufleute entwendet worden seien. Vier Herbergen, aus denen angeblich insgesamt 42 Stück Wachs entwendet worden seien, sind von diesem Vorwurf betroffen.[5]

W 155 Poltus, Lievin (1416 - 1440) Brügge
Identität: Es kann nicht mit letzter Sicherheit festgestellt werden, ob eine Verwandtschaft mit Arnoud Poltus (W 154) vorliegt.
Beruf: Hostelier, 1439.[6]
Klerk: Lyoen Boonaert.[7]
Wohnort: Brügge, Bürger.
Korporationen: Mitglied der Brügger Maklerzunft.
Brügger Ämter: Hoofdman der Maklerzunft 1416-17.[8] - Ratsherr 1422-23.[9] - Hoofdman der Maklerzunft 1424-25.[10] - Deelman Carmers-Zestendeel 1425-26. - Ratsherr 1428-29.[11] - Deelman Carmers-Zestendeel 1434-35.[12] - Hoofdman der Maklerzunft 1439-40.[13]

---

1 SAB, Lijsten Magistraat.
2 GILLIODTS-VAN SEVEREN, Inventaire 4, S. 153-154; SCHOUTEET, Regesten 4, S. 180, Nr. 462.
3 SCHOUTEET, Regesten 4, S. 200, Nr. 523; SAB, Lijsten Magistraat.
4 VAN DEN ABEELE, Makelaars, S. 134.
5 VAN DEN ABEELE, Makelaars, S. 135; dieser Hinweis erscheint sehr spät im Vergleich zu den anderen Daten, aber er wurde dennoch aufgenommen.
6 PARAVICINI, Preußenreisen 3, Dok. 57.
1 MURRAY, Hostelleraccounts, H 36.1 - H 36.5.
2 MURRAY, Hostelleraccounts, H 36.5/10, 30, 33.
3 KUSKE, Quellen 1, S. 125, Nr. 372.
4 HUB 3, S. 252, Nr. 497, Anm. 1; vgl. STROMER, Hochfinanz 1, S. 30.
5 HR I,2, S. 412, Nr. 343 § 4; vgl. ter Buerze: W 41, Adaem Metten Eye: W 131, Antheunis Papen: W 147.
6 MUS, Ameyde, S. 128.
7 MUS, Ameyde, S. 128.
8 VAN DEN ABEELE, Makelaars, S. 134.
9 SAB, Wetsvernieuwingen 1422-43, fol. 1v.

Akzise: 1416-17, 3. Quartal, zieht die Akzise für Hopfenbier und Delfter Bier ein. - 1418-19,1. Quartal, zieht die Akzise für Bier und Mede ein, ebenso im 4. Quartal die Akzise für Oostersch und Hamburger Bier. - 1419-20, 2. Quartal und 4. Quartal, zieht die Akzise für Bier ein. - 1421-22, 2. Quartal, zieht die Akzisen für Mede, Oostersch und Hamburger Bier ein. - 1423-24, 1. Quartal, zieht die Akzise für Bier ein. - 1424-25, 1. Quartal und 3. Quartal, zieht die Akzise für Bier ein. - 1425-26, 1. Quartal, zieht die Akzise für Mede, Oostersch und Hamburger Bier ein. - 1426-27, 2. Quartal, zieht die Akzise für Hopfenbier und Delfter Bier ein. - 1427-28, 1. Quartal und 4. Quartal, zieht die Akzise für Bier ein. - 1429-30, 2. Quartal, zieht die Akzise für Bier ein. - 1437-38, September bis April, Pächter der Weinakzise.[1]
Amtliche Daten: Ende 1437 wird er - als Vertreter der Makler - in das Übergangsverwaltungsorgan der 24 Notablen in Brügge aufgenommen (*ghecommittert*).[2]

W 156 Ram, Willem de (1366 - 1369) Brügge
Identität: Zwischen 1338 und 1340 wird ein Willem de Ram f. Willems als Mitglied der Maklerzunft für das Brügger Gemeindeheer notiert.[3] Möglicherweise sind beide identisch.
Familie: Kinder: eine Tochter [NN].[4]
Beruf: Hostelier.
Gast: Alizandies de Liege.
Wohnort: Brügge, Bürger.
Geschäftspartner: Zwischen dem 2.6.1366 und dem 27.1.1369 besteht eine geschäftliche Verbindung zu dem Brügger Wechsler Collard de Marke. In den Konten Rams sind Transfers für die Hosteliers Jehan Balke (W 19), Jehan Leke (W 112), Jacob van den Vagheviere (W 186), Pieter Hauscild (W 95), Jan Scot (W 166) und Clais Keersgietere (W 115) verzeichnet. Vermutlich zählt auch ein Mitglied der Dortmunder Familie Smithuus zu Rams Klientel.[5]

W 157 Reyphin, Pieter (1458 - 1467) Brügge
Beruf: Hostelier, Makler.[6]
Klerk: Coppin de Conijnc, 1458. - Coppin Goossin, 1461.
Wohnort: Brügge, Bürger.
Korporationen: Mitglied der Brügger Maklerzunft.
Brügger Ämter: Schöffe 1460-61.[7] - Ratsherr 1466-67.[8]
Amtliche Daten: Am 12.6.1458 zeichnen Jan de Conijnc und Jacop de Muenic vor der Brügger Vierschaar als Bürgen für den Klerk der Herberge Pieter Reyphin, Coppin de Conijnc

---

1 VAN DEN ABEELE, Makelaars, S. 135.
2 SAB, Wetsvernieuwingen 1422-43, fol. 47v.
3 Mit Dank an Jan Dumolyn für den Hinweis auf diese Person: DUMOLYN, De Brugse opstand, 1994-95, Beilage 2, S. xciii-xciv; zu den Deelman-Angaben.
4 VAN DEN ABEELE, Makelaars, S. 135.
1 DUMOLYN, De Brugse opstand, 1994-95, Beilage 2, S. xciii-xciv.
2 DUMOLYN, De Brugse opstand, 1994-95, Beilage 2, S. xciii.
3 VERBRUGGEN, Gemeenteleger, S. 237.
4 MURRAY, Hostelleraccounts, H 37.1/26.
5 MURRAY, Hostelleraccounts, H 37.1/8, 24, 32, 54, H 37.2/18, 23, 28 und 66: *Geart Semethuus.*
6 MUS, Ameyde, S. 128.
7 SAB, Civiele Sententiën, 1453-60, fol. 334r.
8 SAB, Civiele Sententiën, 1465-69, fol. 53r.

Jans zuene, mit einer Bürgschaftsleistung bis zu 25 lb gro.[1] - Am 19.3.1461 bürgt Cornelis Goossin *de paternostremakere* für seinen Sohn Coppin Goossin, der als Klerk in der Herberge Pieter Reyphin wohnen und arbeiten wird, für eines Summe bis zu 25 lb gro.[2]

W 158 Rijnvisch, Philips Sire (1364 - 1379) Brügge

Identität: De Marke nennt Rijnvisch *Ser Flipre Ramvis, alemant*.[3] Allein aus dieser Notierung eine deutsche, möglichweise hansische Abstammung abzuleiten, erscheint aber fraglich.
Namensschreibweisen: Nachname: Ramvis, Rijnvissch, Rynvisch. - Vorname: Flipre.
Beruf: Hostelier.
Gäste: Jehan van Elfede, Biernart Brasse, Jehan Windourpe, Gardelages, Jehan van Essen, Wisc Man, Vilderbeke, Jehan Vacleroit, Lambrec de Wit, Albrec Lunenborch, Jehan Dezewart, Crestien Devrehidem, Vicsant Stede, Inghelin Waghem, Jehan van Lesse, Jehan Visc, Pieter Kenapre, Jehan Secierbeke, Jehan Boukrat, Jehan Akerman, Weduben Zeusse, Mathis van Hestede, Inghel Waghem, Bernart van de Dam, Vikiel Ellebeke, Crestien Deurehaden, Albrec Cheveberc, Stevene Allemant, Victor Elbeke, Brant van Anvers, Ebelin Belerin.[1]
Wohnort: Brügge, Bürger.
Brügger Ämter: Schöffe 1364-65 - Bürgermeister des Rats 1365-66 - Bürgermeister der Schöffen 1366-67.[2] - Tresorier 1367-68.[3] - Bürgermeister des Rats 1368-69 - Bürgermeister der Schöffen 1369-70 - Tresorier 1370-71, 1371-72, 1377-78 - Bürgermeister des Rats 1378-79.[4]
Akzisepächter: 1363-64, 3. Quartal, Wein.[5]
Geschäftspartner: Für die Zeit vom 11.8.1367 bis 4.9.1369 ist eine geschäftliche Verbindung zum Brügger Wechsler Collard de Marke nachzuweisen.[6]
Amtliche Daten: Während seiner amtlichen Tätigkeit als Schöffe, Ratsherr bzw. Tresorier zeichnet Rijnvisch zahlreiche Urkunden und Akten, die an dieser Stelle nicht einzeln aufgeführt werden.[7]

W 159 Robijt, [NN] (1388) Brügge

Vorkommen in den Brügger Akziselisten 1360-90:
te Robijts (96): 1387-88, 4. Quartal, Met, Gast in diesem Quartal: Ertwijc Heetvelt (96/7).
Identität: Möglicherweise handelt es sich hier um einen in Brügge lebenden Hansen, der nebenbei eine Taverne oder Schenke unterhielt. Der Nachname Robijt/Rubit findet sich in Thorn. Wenigstens zwei Angehörige dieser wichtigen Thorner Familie lassen sich auch in Brügge nachweisen: Jan Rubijt, der 1403 Ältermann des westfälisch-preußischen Drittels in

1 SAB, Civiele Sententiën 1453-62, fol. 220v.
2 SAB, Civiele Sententiën 1453-62, fol. 353v.
3 SAB, De Marke, Journal 1, fol. 184v, 16. September 1368.
1 MURRAY, Hostelleraccounts, H 39.
2 VAN DEN AUWEELE, Schepenbank, S. 266, 270, 271.
3 SAB, SR 1367-68, fol. 16v.
4 VAN DEN AUWEELE, Schepenbank, S. 278, 279, 284, 287, 304, 308.
5 KRÜGER, Steuerlisten, S. 33.
6 MURRAY, Hostelleraccounts, H 39.1 - H 39.3.
7 Vgl. SCHOUTEET, Regesten 3, passim.

Brügge war[1] und dort Immoblilien besaß[2] und sehr wahrscheinlich mit einem der gleichnamigen Thorner Schöffen und Ratsherren identifiziert werden muß,[3] und Gregoris Rubit, *copman van Aelmaengen*, der in der Sint-Jacobskirche in Brügge begraben wird[4] und höchstwahrscheinlich identisch mit dem gleichnamigen Bürger von Thorn ist,[5] der als Ältermann in Brügge für 1413 nachgewiesen ist.[6] Für Brügge ließ sich der Name nur zwischen 1338-1340 nachweisen. Heine Robyt und Herman Robyt werden im Maklerkontingent des Brügger Gemeindeheers geführt.[1]
Beruf: Hostelier.
Wohnort: Brügge.

W 160 Roengeville, Joris van (1368 - 1384) Brügge
Identität: Am 23.8.1368 erwirbt ein Joris van Rondeville aus Ypern das Brügger Bürgerrecht.[2] Die Identität beider ist möglich.
Namensschreibweisen: Nachname: Rondeville.
Beruf: Hostelier.
Wohnort: Brügge, Bürger.
Immobilien: Er besitzt ein Haus in der *Naeltstrate*.[3] Aufgrund seiner Mitgliedschaft in der gegenerischen Partei wird der gesamte Hausrat nach der Schlacht von Westrozebeke beschlagnahmt. Unter den beschlagnahmten Gütern befinden sich unter anderem 25 Betten, die auf vier Kammern verteilt gewesen sind.[4]
Korporationen: Mitglied der Brügger Maklerzunft.

W 161 Roompot, Willem (1341 - 1369) Brügge
Namensschreibweisen: Nachname: Rampot.
Beruf: Hostelier.
Gäste: Jakob le Quinte, Jehan Dredrit.
Wohnort: Brügge, Brügge.
Korporationen: Mitglied der Brügger Maklerzunft.
Geschäftspartner: Für die Zeit vom 5.7.1366 bis 15.5.1369 ist eine geschäftliche Ver-bindung zum Brügger Wechsler Collard de Marke nachzuweisen. In Roompots Konten sind unter anderem die Hosteliers Pieter Hauscild (W 95), Jehan Scot (W 166), Jacob van den Vagheviere (W 186) und Pieter de Muntre (W 139) notiert.[5]

---

1 HR I,1, S. 131, Nr. 201.
2 DE FLOU, Cartularium, S. 285, Nr. 10; S. 287, Nr. 11; S. 293, Nr. 16.
3 SEMRAU, Katalog, S. 84f.
4 RAB, St. Jacobs, Nr. 197, fol. 18v.
5 SEMRAU, Katalog, S. 85.
6 HUB 5, S. 581, Nr. 1116.
1 VERBRUGGEN, Gemeenteleger, S. 237.
2 JAMEES, Brugse poorters, S. 153.
3 Heute die Naaldenstraat; vgl. GILLIODTS-VAN SEVEREN, 1890, S. 74; Bulletin de la Ville de Bruges, S. 322; Het Brugse straten boekje.
4 Eine ausführliche Liste der Güter findet sich bei DE SMET, Westrozebeke, S. 101.
5 MURRAY, Hostelleraccounts, H 38.3/6, H 38.4/10, 13,15, 20.

Amtliche Daten: Am 3.1.1341 bezeugt er als Hostelier eine Übereinkunft Maklerzunft mit den Knapen.[1]

W 162 Ruddervorde, Edele van, wedewe (1366 - 1395) Brügge

Vorkommen in den Brügger Akziselisten 1360-90:
ter weduwe van Ruddervorde (63): 1372/73, 3. Quartal, Met,
Gäste: Jan Zewel (63/20), Ghiselbrecht Gof (63/21).
Namensschreibweisen: Nachname: Riddervoorde, Ruddervoorde, Rudervordee.
Lebensdaten: Tod: vor dem 20.6.1395.[2]
Familie: Ehemann: Jan van Ruddervorde.[1] - Sohn: *Jehan de jonghe*.[2]
Beruf: Hostelière.
Gäste: Vickebolt van Bevre, Ernoul Worwerch, Jehan van Allen, Godekin Ripebant, Lubrec Bere.[3]
Wohnort: Brügge, Bürgerin.
Geschäftspartner: Für die Zeit vom 27.4.1366 bis zum 30.12.1369 ist eine geschäftliche Verbindung zu den Brügger Wechslern Collard de Marke und Willem Ruweel nachgewiesen. In ihren Konten bei De Marke finden sich sowohl Namen von Brügger Hosteliers und Maklern, als auch Namen hansischer Kaufleute und die Herbergen von: Thideman van den Berghe, Clais van der Beurse, Lamsin van St.-Omer, Joncvrouwe Tize, Jan van Courtrike, Victoor van den Eede und Pieter Hausscilt.[4] - Hansische Kaufleute: Bernaerd Ostervelt, Henric Langhebeke, Roelof uter A, Bertolf Ludeskrede, Jehan Nivestat, Gerart Vinke, Guebel Culaerd, Johan Wintermast, Volkaerd Daninberch, Thideman Rebbart/Rebbe, Ludekin van Ildem, Wulf Utera, Vicke Rademin/Rademijn, Jehan van Stade, Jehan van der Windre, Bertolf Coere, Herman Hosang, Claus Machenhaghen, Clais Scepstien, [Henric Pennic], [Jakop van der Keminade], Aelbrecht Bochoren, Cornart Hamele, Hermannus Hoeft, Jan Brusinc, Melis Scepelsteen, Jehan Salich, Tideman Remmelincrode, Ildeger van de Hervort, Coenraerd Amle, Jehan Scovedre, Heinric Sijmoens/Heyne Symon, Tideman Greverode, Herman Vorste.[5] Godevaerd Stuer, Herman Droghe, Arnoud Lewercke, Ildeger van Aerdewart, Wenemare Langhe, Aelbrecht de Keyser, Tideman Wateskiede, Heinrich van Dorsten, Henrich van der Oye, Hans Bredskiede, Tideman Weldorp, Jehan Nodorp, Jehan Scrivere, Pieter Ludinchuse, Thideman Gheismare, [Henric van Rudem], [Diederic Hongre], Ludekin van Elsen, Henric Ploustrat, Jehan Crowel, Henric Hout, Vrowin Tassche, Jehan

---

1 SAB, reeks 299, Makelaars, Cartularium A 1293 - 1683, fol. 19v; vgl. SCHOUTEET, Regesten 3, S. 17, Nr. 16, der nicht zwischen *Hosteliers* und *Cnapen* unterscheidet, sowie letztere als *Makler* bezeichnet.

2 SAB, Groenenboek C, fol. 113r.

1 SCHOUTEET, Regesten 3, S. 208, Nr. 546. Jan van Ruddervorde muß vor dem 10.4.1369 verstorben sein, da Edele zu diesem Zeitpunkt bereits als seine Witwe in der Urkunde bezeichnet wird.

2 MURRAY, Hostelleraccounts, H 40.2/19.

3 MURRAY, Hostelleraccounts, H 40.

4 MURRAY, Hostelleraccounts, H 40.2/4, 67, 118; H 40.4/96; H40.5/62, 87; H 40.6/52, 92.

5 MURRAY, Hostelleraccounts, H 40.2/5, 7, 13, 14, 15, 41, 48, 49, 50 u. 68, 59, 62, 64, 65, 66, 71, 83, 84, 87, [99], [106], 108, 111, 112, 114, 115, 130, 134, 136, 143, 146, 147, 159, 165.

Scepe, Herman van Allen, [Arnoud van der Beke].[1] Lodinc van Roede, Everaert Langhebeke, [Jerkin Atendorve], Godevaert Aken, Willem Brandon, [Geubel van Neupene], Alart van Wedredem, Dedemarc van Linde, Inghelbrec Duurcop, Henric van Rudem, Albrecht Zossenbrouc, [Jehan de Roede], [Thideman van Elce], Ernout Stouteberghe, [Ernout van Roede].[2] - Jehan Gravestien, Henric van Horistem/Ariste, Alf van de Velde, Lambrecht Berswort, Heinrich Warendorp, Jehan van Stochem, Ernout de Wilde, Jehan van der Hove, Rotgheer de Scrivere, [Jehan de Paulle], Johan Wiltfank.[3] Henric Wulf, Hart Lestupin/Hartlief Stupin, Heinrich Sconehals, Thideman Dorpmond, Evrart van Areste, [Lubrec van der Muelle], Cesarius Hansbert (oder Heinsberghe, Hengstenberghe), [Pieter van Ake].[1] Wahrscheinlich hat die Wirtin Ruddervorde die ihr als Einlagen anvertrauten Gelder hansischer Kaufleute weiter investiert.[2] Zwischen 1373 und 1374 geht sie bankrott und viele Hansen verlieren ihre Einlagen. Die hansischen Kunden verlangen von der Stadt Brügge eine Entschädigung, aber die Stadt weigert sich zunächst. Erst durch einen Schiedsspruch des Grafen von Flandern, Ludwig von Male, vom 8.9.1374 wird diese Sache zugunsten der Hansen entschieden.[3]
Amtliche Daten: Am 10.4.1369 bürgt Edele van Ruddervorde für *weesen ghelt* in Höhe von 25 lb gro gegenüber den Vögten von Liegaerd, Tochter von Wouter Bussche Maerschalc und Vergriete. Die Vögte sind Janne van Ruddervorde und Herman van den Damme. Ruddervorde gelobt, die genannte Summe zu steigern, solange das Geld sich in ihren Händen befindet. Keinesfalls aber darf die Summe vermindert werden. Falls Ruddervorde diesen Verpflichtungen nicht nachkkommen kann, geloben zwei Bürgen, für die genannte Summe einzustehen. Diese Bürgen sind Symoen van Bruessele und Willem de Repre f. Andries. Nach dem Tod Ruddervordes, Repres und Bruesseles trifft der Vogt und Eheman der Liegaerd, Jan van Hulst, eine neue Regelung mit dem Brügger Tresorier Clais Barbesaen. Diese wird am 25.6.1395 festgelegt.[4]

W 163 Saint Arin, Dominghe de (1328 - 1340) Brügge
Identität: Für das Jahr 1305 ist ein *Dominges Senterin* auf der Brügger Geiselliste notiert. Eine Identität beider ist möglich, aber die Differenz der Einträge von 23 Jahren spricht eher dagegen.
Namensschreibweisen: Nachname: Centerin, Chenterin, Sainterin, Senterin, Senteryn, Sentrin. - Vorname: Dominges.
Beruf: Hostelier.[5]
Wohnort: Brügge, Bürger.
Korporationen: Mitglied der Brügger Maklerzunft.[6]

---

1 MURRAY, Hostelleraccounts, H 40.3/3, 4, 7, 8, 11, 22, 30, 61, 62, 71, 75, 77, 79, 112, 116, [117], [118], 119, 122, 144, 151, 152, 153, 170, [178].
2 MURRAY, Hostelleraccounts, H 40.4/16, 18, [26], 30, 34, [69], 94, 95, 96, 99, 108, [136], [143], 155, [161].
3 MURRAY, Hostelleraccounts, H 40.5/3, 14, 46, 61, 62, 63, 64, 86, 96, [97], 129.
1 MURRAY, Hostelleraccounts, H 40.6/2, 4, 19, 51, 61, [88], 110, [125].
2 DE ROOVER, Money, S. 378, Anhang Nr. 19.
3 GILLIODTS-VAN SEVEREN, Estaple 1, S. 274, Nr. 355. In den Brügger Stadtrechnungen fanden sich allerdings keine Hinweise auf eine Auszahlung der Kaufleute.
4 SAB, Groenenboek C, fol. 112v-113r.
5 GILLIODTS-VAN SEVEREN, Règlements, S. 257.

Amtliche Daten: Am 17.9.1328 wird Saint Arin durch die Untersuchungskommission im Zusammenhang mit dem gescheiterten Aufstand in Flandern auf die Liste der Beschuldigten gesetzt, aber später nicht weiter verfolgt.[2] - Am 3.5.1331 siegelt Dominghe de Sainterin mit anderen eine Bürgschaftsurkunde für den Grafen von Flandern.[3] - Obwohl Arin kein gebürtiger Flame ist, bleibt er laut Urkunde vom 18.1.1339 Mitglied der Brügger Maklerzunft.[4] - Im Zeitraum 1338-1340 wird Saint Arin im Maklerkontingent des Brügger Gemeindeheers geführt.[5]

W 164 Salemoen, Jan (1375) Brügge

Vorkommen in den Brügger Akziselisten 1360-90:
te Jans Salemoens (71): 1375/76, 3. Quartal, Met.
Gast: englischer Bischof.
Identität: In diesem Fall ist es fraglich, ob es sich um einen Hostelier im Sinne der Untersuchung handelt. Wahrscheinlicher ist, daß Salemoen nur für dieses eine Mal, quasi als privater Gastgeber des Bischofs, in Erscheinung tritt. Es konnten keine weiteren Informationen zu ihm gefunden werden.

W 165 Sconebergh, Jacob (1363 - 1368) Brügge

Vorkommen in den Brügger Akziselisten 1360-90:
Jacob Sconeberech (6/3): 1363/64, 2. Quartal, Met.
Jacob Sconeberch (6/5): 1363/64, 2. Quartal, Met, in diesem Quartal: Half West (6/4).
te Sconeberech (15/7):1366/67, 3. Quartal, Met.
Identität: Es ist möglich, daß Sconebergh zunächst als hansischer Kaufmann nach Brügge gekommen war. Die hier genannten Akziselisteneinträge zum hansischen Kaufmann namens Jacob Sconebergh weisen in diese Richtung. Er könnte dort seine spätere Ehefrau Marie (vermutlich eine Brügger Bürgerin) geheiratet haben und so in den Besitz des Brügger Bürgerrechts gelangt sein, denn eine Eintragung in das Brügger *poorterboek* aufgrund eines Kaufs des Bürgerrechts gibt es nicht. Als Betreiber einer Herberge (s. Postume Erwähnungen) müßte Sconeberech de jure eigentlich Brügger Bürger gewesen sein.[1] Allerdings spricht gegen eine Identität, daß Sconebergh schon 1364 Hoofdman der Maklerzunft gewesen ist. Auch gibt es in der SR 1369-70 Hinweise auf die Familie Sconbebergh in Flandern.[2] Möglicherweise handelt es sich hier also doch um zwei verschiedene Personen gleichen Namens.[3]
Namensschreibweisen: Nachname: Sconeberch, Sconeberech, Sconeberghe. - Vorname: Jacobus, Jakop.

---

2 VAN DEN AUWEELE, Gijzelaarslijsten, S. 158.
3 SCHOUTEET, Regesten 2, S. 208, Nr. 551.
4 SCHOUTEET, Regesten 2, S. 294, Nr. 785.
5 VERBRUGGEN, Gemeenteleger, S. 237.
1 Vgl. dazu GREVE, Rules and Reality, und MURRAY, nodes and networks.
2 S. Rubrik Postume Erwähnungen in dieser Notiz.
3 Siehe GREVE, Sconebergh.

Lebensdaten: Tod der Eheleute: Juli oder Anfang August 1368 in Brügge, möglicherweise durch eine infektiöse Krankheit wie z.B. die Pest.[1]
Familie: Ehefrau: Marie.[2] - Laut SR 1369-70 hat Jacob einen Bruder namens Janne Sconebergh. Dieser wohnt mit seiner Frau, Kindern und seiner Mutter in Flandern. Janne Sconebergh ist zu diesem Zeitpunkt bereits verstorben. Jan van Medele wird als Beauf-tragter der Stadt Brügge gesandt, um die Angelegenheiten der Witwe und der Kinder zu klären. Die Mutter von Jacob Sconebergh ist ebenfalls verstorben. Jacobs Erbteil reicht nicht aus, um seine Schulden in Brügge zu begleichen. Auch seine Mutter hat offenbar Schulden gehabt.
Beruf: Hostelier.
Gäste: Jehan Elikant, Jehan van Skide, Jehan Abagem, Jehan Solutre, Henric van Leveke, Albrec Honic, Jehan Puls, Jehan Olart, Rotekiers Rodenbourc.[3]
Wohnort: Brügge, Bürger.
Korporationen: Mitglied der Brügger Maklerzunft.
Brügger Ämter: Hoofdman der Maklerzunft 1364-65.[1]
Geschäftspartner: Zwischen dem 19.6.1366 und dem 28.6.1368 besteht eine geschäftliche Verbindung zum Brügger Wechsler Collard de Marke.[2] - Bis zum 22.9.1367 hat Scone-berch eine Handelsgesellschaft mit dem Lübecker Kaufmann Johan Laurens. Als Bevoll-mächtigter Sconeberchs tritt Heinric Bonstede auf.[3] - Bis 1368: Geldeinlagen von 38 hansischen Kaufleuten: Heinric Westvael, Janne van Lonnen, Thidekinne van Lonnen, Heinric Sperlinc, Pieter van Vrankestein, Herman Beere, Arnoud de Vos, Lambrecht Vrindach, Heinrich Timmerman, Herman Ludecus, Jan Vogel, Heinric Sac, Willem Oosterwijc, Guebel Rudinchus, Arnoud Staerke, Jan Calfwinkel, Arnoud Huussche, Laris Wedinchuus, Janne Groenhauwe, Brune Calfwinkel, Heinrich Hoveman, Janne Datlem, Herman Wilde, Janne Wartemberch, Christiane van Rode, Gheerlanc van der Kemenade, Heinrich Steenborch, Radekine Zegheberch, Aelbrecht Boc, Herman Langhe, Godekine van Hamme, Lubrecht Ruzenberch, Vrauwin Tassche, Wedeghe Bruesewijc, Winant, Herman van Roden. Inwieweit es sich bei diesen Personen auch um Gäste des Jacob Sconeberech handelt, ist nicht bekannt. Daneben haben weitere 34 Personen, die als Brügger Bürger und fremde Kaufleute in der Stadtrechnung definiert werden, Geldeinlagen bei Sconeberech: Jacoppe Bave, Arnoude van den Stene, Pauwelse Gherolve, Snouke den Jonghen, Janne Gaderpenninghe, Janne Doppe, Pauwelse Tibe-linne, Jane van Berneem, Jacoppe van Roesselare, Pieter van Bassevelde, Willeme Ruwele, *dien van den pondere*, Pieter Vettes den Spaemaert, Janne Wijt van Inghelant, Bernaerde de Gualbes, Pieter Garighe, Willeme van S. Gales Cattelaen, Anthonisse van der Brucghe, Janne Bargadine, Bernaerde Bargadine, Fransoyse Dangele, Cattaen Pineel, Janne Bustijn, Fransoyse de Nicole, Conraerde Bonne Donne, Fransoyse Vilame, Pitre Cakeharnic. Sieben Namen konnten aufgrund des schlechten Zustands der Quelle nicht ermittelt werden.

---

1 SAB, SR 1368-69, fol. 79v; das Ehepaar stirbt plötzlich im Sommer 1368, vgl. MURRAY, Family, S. 121; zur Pest vgl. BLOCKMANS, Effects, S. 845-850.

2 SAB, SR 1368-69, fol. 79v.

3 MURRAY, Hostelleraccounts, H 42.

1 VAN DEN ABEELE, Makelaars, S. 130.

2 MURRAY, Hostelleraccounts, H 42.1 - H 42.3.

3 AHL, Batavica, Nr. 142; HUB 4, S. 85, Nr. 222, Regest.

Postume Erwähnungen: Nach dem Bankrott und Tod des Jacob Sconeberech im Jahr 1368 fordern insgesamt 38 hansische Kaufleute sowie 34 andere Personen den Wert ihrer bei Sconeberch gelagerten Depositen von der Stadt Brügge zurück. Zusammen ergeben die Einlagen der Hansen eine Summe in Höhe von 520 lb 15 s und 52 d gro.[1] Im Gegensatz zu den hansischen Kaufleuten bekommen die anderen Personen nicht ihr ganzes Vermögen zurückerstattet, sondern jeweils nur 5 s 6 d pro lb gro der ausstehenden Summe.[2] Insgesamt zahlt die Stadt 317 lb gro 2 s und 12 d.[3] Sconeberech besitzt unter anderem ein Haus, ein Pferd, einen Schiffsanteil, eine Schiffskiste, einen silbernen Pokal und zwei goldene Spangen mit Perlen. Haus und Gut Sconeberechs werden zur Tilgung seiner Schulden verkauft, insgesamt ergibt der Verkauf eine Summe von 677 lb gro, 132 d und 2 Miiten, inklusive einer Bürgschaft der Brügger Bürger Diedericke Minnen, Jan Carlinghe den Jonghen und weduwe Willem Maanaerds in Höhe von 150 lb gro für die Herberge Sconeberch, die an der St.-Jansbrücke steht. Mit diesem Geld werden aussschließlich hansische Kaufleute entschädigt.[4] Aus einer erhaltenen Quittung des Dortmunder Kaufmanns Vrauwin Tassche geht hervor, daß die Auszahlung des Geldes tatsächlich erfolgt ist.[1] Der Osterling Janne van Stachgen erhält durch die Stadt eine Summe in Höhe von 65 lb 6 s par. *van sculden die hem Jacob Sconeberch sculdich was*.[2]
Verschiedenes: Die Stadt Brügge muß beinahe die Hälfte ihres Jahresüberschusses zusätzlich für die Regulierung dieses Falles verwenden. Von 4765 lb 19 s 4 d par muß die Stadt 2025 lb 17 s 72 d par. an Schulden des Jacob Sconebergh tilgen.[3] Außerdem will die Stadt ein halbes Haus in der *Boomgaerd Straat*, das im Besitz des Jacob Scone-bergh gewesen ist, verkaufen.[4]

W 166 Scot, Jehan (1366 - 1373) Brügge
Identität: Neben dem Hostelier Jan Scot gibt es auch einen englischen Kaufmann Jehan Scot in Brügge.[5] Es ist nicht deutlich, ob beide identisch sind. Da viele der Gäste aus Schottland stammen, ist eine englische Verbindung jedenfalls nicht auszuschließen.
Beruf: Hostelier.
Gäste: Willem van la Wete, Jehan Henry (Schotte), Willem Voulkart (Schotte), Jehan Alidem, Jehan le Lonc (Schotte), Tome Toby, Patric Lomelin, Tumas de Biest, Jehan Watezenne, Robert Fourbeurt, Guillaume Landre, Jehan Bredy, Ricart van Stengus, Jehan

---

1 SAB, SR 1368-69, fol. 80v-81r.
2 SAB, SR 1368-69, fol. 81r.
3 SAB, SR 1368-69, fol. 81r-81v.
4 SAB, SR 1368-69, fol. 80r.
1 SAB, Politieke Charters, 1de reeks, Nr. 615, 10. Mai 1371; ebenfalls bei GILLIODTS-VAN SEVEREN, Inventaire 2, S. 187 und SCHOUTEET, Regesten 3, Nr. 591.Gilliodts spricht irrtümlich von *dame* Tassche. Schouteet übenimmt den Fehler. Beide erkannten keinen Zusammenhang zwischen Stadtrechnung und Quittung. Dabei geht aus beiden Quellen eindeutig hervor, daß es sich bei *Vrauwin* um einen Männervornamen handelt und nicht um eine weibliche Anredeform. Zu Vrauwin Tassche s. DIERCK/DÜNNEBEIL/RÖßNER, Prosopographischer Katalog, Nr. 351-351.2. u. 394, 423.
2 SAB, SR 1369-70, fol. 80v u. 83r.
3 SAB, SR 1368-69, fol. 79v.
4 SAB, SR 1369-70, fol. 83r.
5 GILLIODTS-VAN SEVEREN, Inventaire 2, S. 190.

Kint, Jehan Makesenre, Jehan Pamart, Andrieu Copeman, Jehan Scot (Schotte), Andrieu Narsire, Tumas Lit (Schotte), Jehan van de Cruse, Jehan a Cernes.[1]
Wohnort: Brügge.
Korporationen: Mitglied der Brügger Maklerzunft.
Brügger Ämter: Hoofdman der Maklerzunft 1373.[2]
Geschäftspartner: Für die Zeit vom 5.9.1366 und dem 7.12.1369 ist eine geschäftliche Verbindung
zu den Brügger Wechslern Collard de Marke und Willem Ruweel nachgewiesen.[3]

W 167 Scuetelare, Jacob (1) de (1318 - 1349) Brügge
Identität: Die Familie Scuetelare gehört bereits Ende des 13., Anfang des 14. Jahr-hunderts zu einer der bedeutenderen Familien in Brügge. Bis zum Ende des 14. Jahrhun-derts kann sie ihren Einfluß in der Stadt stetig erweitern. Dabei spielen vor allem diplo-matische und wirtschaftliche Beziehungen nach England eine wichtige Rolle.[1]
Namensschreibweisen: Nachname: Scheutelaere, Scheutelare, Schuetellare, Scotelare, Scotellare, Scutelare. - Vorname: Jacobus. - Zusatz: de, den, die.
Familie: Sohn: Jan.[2]
Beruf: Hostelier.
Wohnort: Brügge, Bürger.
Korporationen: Mitglied der Brügger Maklerzunft.
Brügger Ämter: Schöffe 1314-15, 1318-19, 1330-31, 1331-32, 1332-33, 1333-34. - Tresorier 1334-35. - Ratsherr 1335-36.[3]
Amtliche Daten: Im März 1323 bezeugt er als Hostelier das Brügger Maklerstatut.[4] - Am 2.11.1340 bezeugt er eine Vereinbarung zwischen den Hosteliers und deren Cnapen.[5] - Am 27.12.1349 bezeugt sein Sohn Jan, daß er 15 s gro tourn. von der Zunft der Volder in Brügge erhalten hat. Es handelt sich um die Abzahlung eines Darlehns, das Jacob in Höhe von 3 lb gro an die Zunft gegeben hatte.[6]

W 168 Scuetelare, Jacob (2) de (1399 - 1422) Brügge
Identität: Vgl. W 167, Identität. Etwa zur gleichen Zeit ist ein Ratsherr *mag. Jacob Scuetelare* bekannt. Dieser Jacob wählt während des Aufstands von 1379-82 die Seite der Rebellen und wird dafür nach dessen Ende 1382 vom Grafen von Flandern nach England verbannt. England fordert später die Begnadigung der nach England Ver-bannten, u.a. für Jacob Scuetelare. Ist er identisch mit dem Hostelier Jacob Scuetelare?[7]

---

1 MURRAY, Hostelleraccounts, H 43.
2 VAN DEN ABEELE, Makelaars, S. 97, 131.
3 MURRAY, Hostelleraccounts, H 43.1 - H 43.5.
1 PREVENIER, Les Perturbations.
2 SCHOUTEET, Regesten 3, Nr. 162, S. 69.
3 VAN DEN AUWEELE, Schepenbank, S. 92, 129, 135, 139, 143, 148, 152.
4 EHRENBERG, Makler, S. 465.
5 GILLIODTS-VAN SEVEREN, Règlements, S. 257.
6 SCHOUTEET, Regesten 3, S. 69, Nr. 162.
7 PREVENIER, Les perturbations, S. 484 u. Anm. 59; HUB 4, S. 269, Nr. 661 u. S. 261, Nr. 641.

Namensschreibweisen: Nachname: Scaterare, Scheutelaere, Scheutelare, Schuetellare, Scotelare, Scoteler, Scotellare, Scutelare. - Vorname: Jacobus. - Zusatz: de, den, die.
Beruf: Hostelier.
Klerk: Johann [NN], 31.1.1412.
Gast: Hildebrand Veckinchusen.
Wohnort: Brügge, Bürger.
Aufenthaltsorte: Middelburg, 2.4.1413. - Kortrijk, 31.8.1413.
Korporationen: Mitglied der Brügger Maklerzunft.
Brügger Ämter: Ratsherr 1412-13.[1] - Gesandter in Middelburg, 2.4.1413, Vier Leden. - Gesandter in Kortrijk, 31.8.1413, Vier Leden.[2] - Hoofdman St.-Jacobszestendeel [1416-17].[3] - Schöffe Brügge [1421-22].[4]
Geschäftspartner: In den durch Lesnikov edierten Handelsbüchern Hildebrand Veckinchusens von 1399 bis 1412 sind mehrere Einträge mit Jacob Scuetelare verzeichnet. Dabei handelt es sich sowohl um Geld, als auch um Waren, die Scuetelare in Hildebrands Auftrag für ihn hält. Außerdem tritt Scuetelare auch als Makler für Veckinchusen auf.[1]
Amtliche Daten: Aufgrund der Haftung eines Hosteliers für seinen Gast muß Scuetelare sich vor den Brügger Schöffen für die Schulden seines geflohenen Gastes Veckinchusen verantworten.[2] 1421 schließt Scuetelare einen Vertrag mit Veckinchusen in Antwerpen in der Herberge *to der Gans* über dessen Rückkehr nach Brügge.[3]

W 169 Scuetelare, Lubrecht de (1366 - 1410) Brügge
Identität: Zur Familie Scuetelare vgl. W 167, 168, Identität. Die Klientel der Familie ist vornehmlich englisch. Aus dieser Verbindung resultieren auch die diplomatischen und politischen Unternehmungen des Lubrecht Scuetelare in England während und nach den Unruhen von 1379-85.[4]
Namensschreibweisen: Nachname: Scotelaire. - Vorname: Hubert, Hubreght, Lubrec.
Lebensdaten: Tod: vor 1415.
Familie: Scutelares aus diesem Katalog und Lieven Scuetelare, der von 1391-1399 Hoofdman des Carmerszestendeels ist und danach bis 1412 das Amt eines Schöffen, Ratsherrn, Tresoriers und Bürgermeisters ausübt sind mit Sicherheit verwandt,[5] ihr Verwandtschaftgrad kann nicht nachgewiesen werden.
Beruf: Kaufmann. - Hostelier.
Gast: Willem Pontfret.[6]

---

1 SAB, Wetsvernieuwingen 1397-1421, fol. 120r.
2 Zoete, Handelingen, S. 710, Nr. 470, S. 753, Nr. 495.
3 SAB, Wetsvernieuwingen 1397-1421, fol. 147v. [Scaterare]
4 SAB, Wetsvernieuwingen 1397-1421, fol. 180r. [Scaterare]
1 Lesnikov, Die Handelsbücher, S. 196, 210, 246, 258, 262, 264, 301, 309, 311, 312, 351, 382, 413, 465; als Makler: S. 309: *Item Jacob Scoteler sal hebben van makelerdye 30 sl. 5 gr.*; ebenso S. 413. Geld in deposito: S. 382: *Dyt ghelt untfech to myr behoyf dey clerch to Jacopes Scoteler 39 lb gr.*
2 Vgl. Kap. 4.3.2. Die Aufsichtspflicht des Hosteliers für den Gast.
3 Stieda, Briefwechsel, S. 329-330, Nr. 310, 311.
4 Prevenier, Les perturbations, S. 485-486.
5 SAB, Wetsvernieuwingen, 1397-1421, SR 1391-97 und Purpurenboek, passim.
6 Murray, Hostelleraccounts, H 44.

Wohnort: Brügge, Bürger.
Aufenthaltsorte: Calais, kurz vor dem 19.10.1387, am 19.10.1387 und 20.11.1387.[1] - Gent, 13.5. und 7.11.1408. - Lille, 14.2.1409. - Sluis, 9.6.1409. - Gent, 12. und 22.6.1409.
Korporationen: Mitglied der Brügger Maklerzunft.
Brügger Ämter: Ratsherr 1384-85.[2] - Schöffe 1406-07.[3] - Bürgermeister des Rats 1407-08.[4] - Gesandter in Gent, 13.5.1408, Klagen hansischer Kaufleute.[5] - Gesandter in Gent, 7.11.1408, Vier Leden.[6] - Schöffe 1408-09.[7] - Gesandter in Lille, 14.2.1409, Vier Leden, Herzog von Burgund.[1] - Gesandter in Sluis, 9.6.1409, wegen hansischer Kaufleute.[2] - Gesandter in Gent, 12.6.1409, Vier Leden.[3] - Gesandter in Gent, 14.7.1409, Vier Leden, Herzog von Burgund.[4] - Schöffe 1409-10.[5] Geschäftspartner: Für die Zeit vom 7. bis zum 10.11.1366 ist eine geschäftliche Verbindung zum Brügger Wechsler Collard de Marke nachgewiesen.[6]
Akzisepächter: 1386-87, 2. Quartal, Met. - 1390-91, 4. Quartal, Met.[7]
Amtliche Daten: 1409 wird er nach Sluis geschickt, um dort zwei Schiffe mit Mannschaften und Waffen auszurüsten, die gegen die Piraten ausfahren sollen, die *den cooplieden van der duutscher hansen berooft hadden van eenen scepe in Maesdiepe gheladen met coopmanschepen van grooten prisen ende ooc de ghone die tscip gheladen hadden metter coopliede goede van Scotland namen uten Zwene* [...].
Postume Erwähnungen: In der Brügger Stadtrechnung des Jahres 1414-15 wird verzeichnet, daß die Stadt das *wulhuus* von den Erben des Lubrecht Scuetelare in der *wulle huus strate* für eine Summe in Höhe von 83 lb gro kauft.[8]
Verschiedenes: Es ist möglich, daß er die Herberge zusammen mit Pieter Scuetelaere oder einem anderen Mitglied der Familie beteibt, da in den De Marke Rechnungen von „ihrer Herberge" gesprochen wird.

W 170 Scuetelare, Pieter de (1359 - 1380) Brügge
Identität: Zur Familie vgl. W 167 Identität.
Namensschreibweisen: Nachname: Scheutelare, Schuetellare, Scotelaire, Scotelare, Scotellare, Scutelare. - Vorname: Pietre. - Zusatz: den, die, de oudere.
Lebensdaten: Tod: zwischen 1380 und dem 18.11.1387.[9]

---

1 PREVENIER, Les perturbations, S. 482.
2 VAN DEN AUWEELE, Schepenbank, S. 322.
3 SAB, Wetsvernieuwingen 1397-1421, fol. 71v.
4 SAB, Wetsvernieuwingen 1397-1421, fol. 79v.
5 ZOETE, Handelingen, S. 279, Nr. 190.
6 ZOETE, Handelingen, S. 342, Nr. 232.
7 SAB, Wetsvernieuwingen 1397-1421, fol. 89r.
1 ZOETE, Handelingen, S. 353, Nr. 241.
2 ZOETE, Handelingen, S. 380, Nr. 264.
3 ZOETE, Handelingen, S. 381, Nr. 265; 5 Tage.
4 ZOETE, Handelingen, S. 388, Nr. 272; 10 Tage.
5 SAB, Wetsvernieuwingen 1397-1421, fol. 97r.
6 MURRAY, Hostelleraccounts, H 44.1.
7 KRÜGER, Steuerlisten, S. 171, 185.
8 GILLIODTS-VAN SEVEREN, Inventaire 5, S. 210; heute *Wollestrate*, s. SCHOUTEET, *Straatnamen*, S. 237.

Familie: Ehefrau: Catherine, Tochter von Daniel Boude[weins].[2] - Sohn: Jacob (2).[3] - Sonstige Verwandte: Coppin de Scuetelare, Makler, und Lievin Scuetelare, der als Schöffe ab 1384 in Brügge mehrfach in Erscheinung tritt. Der genaue Verwandt-schaftsgrad bleibt unbekannt.[4]
Beruf: Hostelier.
Gäste: Vornehmlich englische Kaufleute.[5]
Wohnort: Brügge, Bürger.
Aufenthaltsorte: Gent, 21.3.1360. - Antwerpen, 26.3.1360. - Sluis, 14.8.1360. - Kassel, 23.8.1360.
Korporationen: Mitglied der Brügger Maklerzunft.
Brügger Ämter: Ratsherr 1359-60.[1] - Gesandter in Gent, 21.3.1360. - Gesandter in Antwerpen, 26.3.1360.[2] - Gesandter in Sluis, 14.8.1360. - Gesandter in Kassel, 23.8.1360, zum Grafen vonFlandern. - Gesandter zum englischen König, 25.9.1360.[3] - Hoofdmann der Maklerzunft 1361-62, 1366-67.[4] - Ratsherr 1360-61.[5] - Schöffe 1361-62.[6] - Deelman Carmers-Zestendeel 1364-65.[7] - Schöffe 1365-66.[8] - Hoofdman der Maklerzunft 1371-72.[9] - Ratsherr 1379-80.[10] - Schöffe [1380-81].[11]
Akzisepächter: 2. Quartal 1363-64, Met. - 3. Quartal 1363-64, Met. - 3. Quartal 1366-67, Wein. 1. Quartal 1370-71, Wein. - 1. Quartal 1371-72, Wein. - 4. Quartal 1372-73, Wein.[12]
Geschäftspartner: Der Brügger Wechler Collard de Marke.[13]
Amtliche Daten: Am 12.10.1372 urkundet er als Mitglied der Brügger Maklerzunft mit anderen eine Übereinkunft mit dem Kapittel der Onze-Lieve-Vrouwekerk in Brügge im Zusammenhang mit der durch die Maklerzunft eigerichteten Kapelle in dieser Kirche.[14] - 1378-79 wird er im Rahmen eines erzwungenen Darlehns für die Stadt Brügge zu 5 lb gro verpflichtet.[15]

---

1 BAB, Chartes des Saint Donatien, N 26 II, Titres des biens, Nr. 302, 18. November 1387; seine Witwe verkauft eine Rente auf ein Grundstück in der Gemeinde Colkerke.
2 BAB, Chartes des Saint Donatien, N 26 II, Titres des biens, Nr. 302, 18. November 1387.
3 SCHOUTEET, Regesten 3, S. 262, Nr. 698: 20. 5. 1382: *Jacob de Scotelare fs. Pieters.*
4 NICHOLAS, English Trade, S. 42; zu Lievin Scuetelare vgl. VAN DEN AUWEELE, Schepenenbank, passim.
5 NICHOLAS, English Trade, S. 42; MARÉCHAL (J.), Duizend jaar, S. 15.
1 VAN DEN AUWEELE, Schepenbank, S. 248.
2 SAB, SR 1360-61, fol. 77v.
3 SAB, SR 1360-61, fol. 84r, 84v, 86r.
4 SCHOUTEET, Regesten 3, S. 171, Nr. 444; S. 188, Nr. 493.
5 VAN DEN AUWEELE, Schepenbank, S. 253.
6 SCHOUTEET, Regesten 3, S. 168, Nr. 438; VAN DEN AUWEELE, Schepenbank, S. 254.
7 LOWIJCK, Schepenenlijsten (16), S. 214.
8 VAN DEN AUWEELE, Schepenbank, S. 269.
9 VAN DEN ABEELE, Makelaars, S. 131.
10 VAN DEN AUWEELE, Schepenbank, S. 311.
11 SAB, SR 1380-81, fol. 27v.
12 KRÜGER, Steuerlisten, S. 36, 37, 41, 86, 99, 119.
13 MURRAY, Hostelleraccounts, H 45.1.
14 SCHOUTEET, Regesten 3, S. 229, Nr. 603.
15 GILLIODTS-VAN SEVEREN, Inventaire 2, S. 350.

Privates Handeln: 1379-1385 nimmt er auf Seiten der Revolutionäre an dem Aufstand in Brügge teil. Nach dessen Scheitern wird seine Herberge zur Strafe konfisziert und verkauft.

W 171 Sint Omaers, Lamsin van (1328 - 1372) Brügge

Namensschreibweisen: Nachname: Saint Omer, Sint Oemars, Sinthomaers, Zinthomaers. - Vorname: Lambert, Lambesin, Lambiers, Lambrecht. - Zusatz: de, van.

Lebensdaten: Tod: vor dem 29. Juni 1372.

Familie: Ehefrau: [NN], vgl. W 172.

Beruf: Makler, 1328.[1] - Hostelier, 1340.[2]

Gäste: Jehan Salich, Henric Odres, Hermant Crudenare, Jerkin van Atendorve, Inghebrec Dutdopt, Ermen Rodinkouse, Servais, Clais Machghenaghe, Nigle Ducdorp, Jehan Stiien, Jehan Skilvere, Diedric Hongre, Zewart, Hermant Alinc, Gherart Kalle, Jakop Voltman, Ludekin van Elce, Kalle Giert[], Lubrech Vlinc, Jehan Raumier, Diedric van Aiuple, Laurens van Bravervorde, Henric Westard, Clais Ouscof, Werve Marlanghe, Ludekin van Ivoen, Clais Maech, Ellebrauc Herdichkuse, Ernout Ekeman, Jehan Skeins.[1]

Wohnort: Brügge, Bürger.

Korporationen: Mitglied der Brügger Maklerzunft.[2]

Brügger Ämter: Hoofdman der Maklerzunft 1361-62.[3] - Deelman des Carmers-Zestendeel 1364-65, 1370-71.[4]

Geschäftspartner: Für die Zeit vom 31.7.1366 bis zum 11.2.1370 ist eine geschäftliche Verbindung zu den Brügger Wechslern Collard de Marke und Willem Ruweel belegt.[5]

Amtliche Daten: Am 14.12.1328 bezeugt er als Makler mit den Schöffen, Ratsherren und der Brügger *gemeente* eine Schuld in Höhe von 20.000 lb par. an Donaad, Sohn des verstorbenen Pachin Peruzzi.[6] - Als Mitglied der Maklerzunft wurde er im Zeitraum 1338 bis 1340 für das Brügger Gemeindeheer rekrutiert.[7] - Am 21.8.1370 schlichtet er als Deelman des Carmerszestendeel mit seinen Kollegen eine Grundstücksstreitigkeit in Brügge. Einer der Betroffenen ist Adaem Metten Eye (W 131).[8]

W 172 Sint Omaers, [NN] Lamsin wedewe van (1372 - 1388) Brügge

Vorkommen in den Brügger Akziselisten 1360-90:

te Lamsin weduwe van Sint Omaers (63): 1372/73, 3. Quartal, Met, Gäste in diesem Quartal: Heinric de Dorste (63/6), Heinric Erkemberch (63/7), Thideman Hamer (63/8), Thideman Grevenrode (63/9), Marquaerd Visbeke (63/10), Pieter Ludincuus (63/11), Heinric Hongher (63/12), sie versteurn zusammen.

---

1 SCHOUTEET, Regesten 2, S. 180, Nr. 472.

2 GILLIODTS-VAN SEVEREN, Règelements, 257.

1 MURRAY, Hostelleraccounts, H 41.

2 VERBRUGGEN, Gemeenteleger, S. 237.

3 GILLIODTS-VAN SEVEREN, Inventaire 2, S. 117.

4 LOWIJCK, Schepenenlijsten (16), S. 214; Schepenenlijsten (17), S. 26; SCHOUTEET, Regesten 3, S. 219, Nr. 574.

5 MURRAY, Hostelleraccounts, H 41.1 - H 41.4.

6 SCHOUTEET, Regesten 2, S. 180, Nr. 472.

7 VERBRUGGEN, Gemeenteleger, S. 237.

8 SCHOUTEET, Regesten 3, S. 219, Nr. 574.

te Lamsin weduwe van Sint Omaers (64): 1372/73, 4. Quartal, Met, Gäste in diesem Quartal: Thideman Hamer (64/22), Pieter Ludincuus (64/23), Jan Crauwel (64/24), Marcwaerd Visbeke (64/25), Otto Dichamme (64/26), Brun Hemmertijn (64/27), Heinric van Dosten (64/28), Herman Hooft (64/29), sie versteuern zusammen.
te Lamsin weduwe van Sint Omaers (69): 1375/76, 1. Quartal, Met.
te Lamsin weduwe van Sint Omaers (70): 1375/76, 2. Quartal, Met.
te Lamsin weduwe van Sint Omaers (71): 1375/76, 3. Quartal, Met.
te Lamsin weduwe van Sint Omaers (72): 1375/76, 4. Quartal, Met.
te Lamsin weduwe van Sint Omaers (77): 1379/80, 1. Quartal, Met.
te Lamsin weduwe van Sint Omaers (78): 1379/80, 2. Quartal, Met.
te Lamsin weduwe van Sint Omaers (79): 1379/80, 3. Quartal, Met.
te Lamsin weduwe van Sint Omaers (80): 1379/80, 4. Quartal, Met.
te Lamsin weduwe van Sint Omaers (85): 1380/81, 1. Quartal, Met.
te Lamsin weduwe van Sint Omaers (86): 1380/81, 2. Quartal, Met.
te Lamsin weduwe van Sint Omaers (90): 1386/87, 2. Quartal, Met, Gast in diesem Quartal: Johannes Crauwel (90).
te Lamsin weduwe van Sint Omaers (94): 1387/88, 2. Quartal, Met, Gäste in diesem Quartal: Christiaen Greverode (94/35), [ders.] (94/36), Herman Camerlinc (94/37), Thideman Remlincrode (94/38).
te Lamsin weduwe van Sint Omaers (95): 1387/88, 3. Quartal, Met, Gäste in diesem Quartal: Johannes Crauwel (95/5), Johannes Wrede (95/6), Inghel Haghelsteen (95/7), Christiaen Greverode (95/8), Heinric Wedsteen (95/9).
te Lamsin weduwe van Sint Omaers (96): 1387/88, 4. Quartal, Met, Gäste in diesem Quartal: Thidekin Stokere (96/3), Johannes Crauwel (96/4).
Namensschreibweisen: Nachname: Saint Omer, Sint Oemaers, Sinthomaers, Sunte Thomas, Zinthomaers. - Namenszusatz: de, van.
Familie: Ehemann: Lamsin van Saint Omaers (W 171).[1] - Sohn: Jehan.[2]
Beruf: Hostelière.
Wohnort: Brügge, Bürgerin.
Amtliche Daten: 1378-79 wird sie für ein Zwangsdarlehn für die Stadt Brügge zu einer Summe von 3 lb gro verpflichtet.[3]
Verschiedenes: Aus einem Klageartikel des hansischen Kaufmanns Heyno Weselo aus dem Jahr 1387 geht hervor, daß er in der *Juncvrowen Herberge van Sunte Thomas* dem englischen Kaufmann Hustun de Witte eine Rolle Leinwand verkaufte. Der Käufer blieb das Geld schuldig. (vgl. Johannes Metten Eye: W 71). Ob Weselo auch Gast der Herberge war, geht nicht aus der Quelle hervor.[4]

W 173 Smit, Henric de (1367 - 1369) Brügge
Namensschreibweisen: Nachname: Semet, Semit.
Beruf: Hostelier.

---

1 Der Ehemann muß vor Juni 1372 gestorben sein, da danach nur noch seine Witwe erwähnt wird; vgl. KRÜGER, Steuerlisten, S. 128: 3. Quartal, 29. 6. 1372.
2 SAB, reeks 305. Koopmansboeken, De Marke 1, fol 207v.
3 GILLIODTS-VAN SEVEREN, Inventaire 2, S. 350.
4 HR I,3 Nr. 357B, S. 364.

Wohnort: Brügge.
Geschäftspartner: Zwischen dem 30.8.1367 und dem 16.10.1369 besteht eine geschäftliche Verbindung zu den Brügger Wechslern Collard de Marke und Willem Ruweel. Daneben ist bekannt, daß er in den Tuchhandel mit Diest involviert ist, da er nachweislich ab dem 19.7.1369 den Verkauf von Tuch aus dieser Stadt vermittelt.[1]

W 174 Smithuus, [NN] (1378 - 1379) Brügge
Vorkommen in den Brügger Akziselisten 1360-90:
te Smithuus (77): 1379/80, 1. Quartal, Met.
Identität: Hansische Schenke/Taverne in Brügge. (vgl. W 175).

W 175 Smithuus, Heinric (1378 - 1380) Dortmund/Brügge
Vorkommen in den Brügger Akziselisten 1360-90:
Smithuus, Heinric (73/3): 1379/80, 1. Quartal, Wein.
Smithuus, Heinric (74/16): 1379/80, 2. Quartal, Wein.
Smithuus, Heinric (76/10): 1379/80, 4. Quartal, Wein.
te Heinrix Smithuus (78): 1379/80, 2. Quartal, Met.
Identität: Es handelt sich hier mit an Sicherheit grenzender Wahrscheinlichkeit um den Dortmunder Bürger und Kaufmann Heinrich Smithusen, der offenbar als Hanse Wein in Brügge versteuert, für Met aber nebenbei eine Taverne in Brügge betreibt (vgl. W 48).[1]
Beruf: Kaufmann, hansischer.
Wohnort: Dortmund, Bürger.

W 176 Staercke, Wouter de (1341) Brügge
Beruf: Hostelierscnape.
Wohnort: Brügge.
Korporationen: Mitglied der Brügger Maklerzunft.
Amtliche Daten: Am 3.1.1341 bezeugt er als Knape eine Übereinkunft der Maklerzunft mit den Hosteliers.[2]

W 177 Steelant, Olivier van (1465 - 1476) Brügge
Namensschreibweisen: Nachname: Sterlant.
Beruf: Hostelier.
Wohnort: Brügge, Bürger.
Korporationen: Mitglied der Brügger Maklerzunft.
Brügger Ämter: Hoofdman der Maklerzunft 1465-66, 1469-70.[3] - Ratsherr 1472-73.[4] - Hoofdman der Maklerzunft 1475-76.[5]

---

1 MURRAY, Hostelleraccounts, H 46.1 - H 46.5; SAB, reeks 305. Koopmansboeken, De Marke 5, fol. 112r.

1 Vgl. DIERCK/DÜNNEBEIL/RÖSSNER, Prosopographischer Katalog, S. 114 und Nr. 323, Gherwin Smithuus.

2 SAB, reeks 299, Makelaars, Cartularium A 1293 - 1683, fol. 19v; vgl. SCHOUTEET, Regesten 3, S. 17, Nr. 16, der nicht zwischen *Hosteliers* und *Cnapen* unterscheidet, sowie letztere als *Makler* bezeichnet.

3 VAN DEN ABEELE, Makelaars, S. 137-138.

Geschäftspartner: Er betreibt seine Herberge zusammen mit Jacob Torreman (W 183).
Amtliche Daten: Am 12.9.1466 kommt es vor der Brügger Vierschaar zu der Regelung eines Schadenersatzfalles im Zusammenhang mit der Herberge von Torreman/Steelant, die von spanischen Kaufleuten besucht wird. Der nicht näher definierte Schaden in Höhe von 1000 lb gro, muß von einem der Bürgen der Herberge, Anselmus Adorne, bezahlt werden. Torreman und Steelant *promirent de acquiter ledit Anselmus.*[3]

W 178 Teil, Danckaerd (1332 - 1351) Brügge
Namensschreibweisen: Nachname: Theyl. - Vorname: Danckaerdt.
Familie: Ehefrau: Lisbette, (gesichert ab 15.1.1332), Witwe des Boudin van Belle.[1] - Kinder: Vier Stiefkinder (NN).
Beruf: Hostelierscnape (1341).
Wohnort: Brügge, Bürger.
Korporationen: Mitglied der Maklerzunft.
Amtliche Daten: Am 3.1.1341 bezeugt er als Cnape eine Übereinkunft der Maklerzunft mit den Hosteliers.[2] - Am 30.9.1351 spricht Teil zusammen mit Jan van Dixmuide, Lauwereins fs. Langeeraerds und den Deken und Hoofdmannen der Maklerzunft ein Urteil gegen Clais Bette, Makler, wegen dessen Verfehlungen gegen die Zunft.[3]
Verschiedenes: Als Mitglied der Maklerzunft wurde er in der Zeit von 1338 bis 1340 für das Gemeindeheer der Stadt Brügge rekrutiert.[4]

W 179 Theemseke, Clais van (1363 - 1406) Brügge
Vorkommen in den Brügger Akziselisten 1360-90:
Theemseke, Clais van (77): 1379/80, 1. Quartal, Met.
Theemseke, Clais van (78): 1379/80, 2. Quartal, Met.
Theemseke, Clais van (79): 1379/80, 3. Quartal, Met.
Theemseke, Clais van (80): 1379/80, 4. Quartal, Met.
Theemseke, Clais van (85): 1380/81, 1. Quartal, Met.
Theemseke, Clais van (86): 1380/81, 2. Quartal, Met.
Theemseke, Clais van (90): 1386/87, 2. Quartal, Met, Gäste in diesem: Inghel Nachtegale (90/6), Reimbeert (90/7).
Theemseke, Clais van (94): 1387/88, 2. Quartal, Met, Gäste in diesem Quartal: Inghel Nachtegale (94/23), Everaerd van Brinch (94/26), Jan van der Sluus (94/27), Heinric Bouchauwe (94/28), Heinric Pastan (94/29).

---

1 SAB, Wetsvernieuwingen 1468-1501, fol. 33v. Er ersetzt den verstorbenen Jacob Torreman als Ratsherr in dieser Amtszeit.
2 VAN DEN ABEELE, Makelaars, S. 138.
3 SAB, Civiele Sententiën 1465-69, fol. 54v; zu Adorne vgl. auch W 4 und DE LA COSTE, Anselme Adorno; HEERS/DE GROER, Itinéraire.
1 SCHOUTEET, Regesten 2, S. 214, Nr. 565.
2 SAB, reeks 299, Makelaars, Cartularium A 1293 - 1683, fol. 19v; vgl. SCHOUTEET, Regesten 3, S. 17, Nr. 16, der nicht zwischen *Hosteliers* und *Cnapen* unterscheidet, sowie letztere als *Makler* bezeichnet.
3 SCHOUTEET, Regesten 3, S. 89, Nr. 218.
4 VERBRUGGEN, Gemeenteleger, S. 238.

Theemseke, Clais van (95): 1387/88, 3. Quartal, Met, Gäste in diesem Quartal: Gobelin Crovelt (95/15), Claus van Garsten (95/16), Coenraerd Hanebilt (95/17), Lambrecht Wittemborgh (95/18), Heinric Ratom (95/19), Heinric Onic (95/20), Nachtegale (95/21), Thideman Raneslach (95/22).

Theemseke, Clais van (96): 1387/88, 4. Quartal, Met, Gäste in diesem Quartal: Aelbrecht Clemberch (96/10).

Namensschreibweisen: Nachname: Temiseke, Temseke, Temzeke, Theemseke, Theimseke, Toemzeke. - Vorname: Claise, Claus, Niclaize, Nicolas.

Familie: Sohn: Nicolas, er heiratet eine Tochter der Familie van den Vagheviere.[1] - Tochter: Marguerite, sie heiratet Pieter Adornes (W 4), einen späteren Bürgermeister Brügges. - Sonstige: Louis van Themseke, Verwandtschaftsgrad unbekannt, 1438 wird Louis van Themseke als einer der vornehmsten Bürger Brügges zu der Zahlung einer durch Phillip, Herzog von Burgund, auferlegten Geldbuße in Höhe von 145.000 écus wegen des Aufstands 1436-38 mit einem Kopfgeld in Höhe von 444 lb par. herangezogen.[1]

Wohnort: Brügge, Bürger.

Immobilien: Er besitzt ein Haus an der *Sint-Jansbrug* (28.6.1391), neben dem Haus von Jacob Hauwescild (Sohn von Clais, W 92).[2]

Aufenthaltsort: Antwerpen, 14.6.1387.

Korporationen: Mitglied der Brügger Maklerzunft.

Brügger Ämter: Deelman des St.-Jans-Zestendeel1364-65, 1366-67.[3] - Schöffe [1366-67], 1367-68.[4] - Deken vom St. Jans-Zestendeel1368-69.[5] - Gesandter in Antwerpen, 14.6.1387, bei den Verhandlungen mit den Hansen.[6] - Hoofdman der Maklerzunft 1400-01, 1405-06.[7]

Amtliche Daten: Im Jahr 1403 wird Theemseke eine Buße in Höhe von 50 lb [par] durch denBalliu der Stadt Brügge auferlegt, weil er es versäumt hat, seinen Eid, die Kaution und die Sicherheit für seine Herberge zu erneuern. Aber er kann eine *compositio* in Höhe von 12 lb [par] erreichen.[8]

W 180 Thielt, Jan van (um 1467) Brügge

Beruf: Hostelier.

Wohnort: Brügge, Bürger.

Amtliche Daten: Um 1467 verpflichtet sich Thielt mit fünf weiteren Hosteliers, für seine Gäste keine Geschäfte auf Borg mehr mit den Spaniern zu vereinbaren, sondern nur Geschäf-

---

1 Vgl. auch zum folgenden GAILLIARD, Bruges, Supplement, S. 22.

1 GILLIODTS-VAN SEVEREN, Inventaire 5, S. 187.

2 GEIRNAERT, Regesten, S. 17, Nr. 13.

3 LOWIJCK, Schepenenlijsten (16), S. 213f.

4 SCHOUTEET, Regesten 3, S. 189, Nr. 493; anders bei VAN DEN AUWEELE, Schepenbank, S. 273. Die Angabe von VAN DEN AUWEELE paßt eher in das Ämterschema als jene von SCHOUTEET, obgleich das Datum der Urkunde bei SCHOUTEET (7.3.1366) auch nach neuem Stil richtig ist (Ostern: 5.4.)

5 LOWIJCK, Schepenenlijsten (16), S. 216.

6 HR I,2, S. 212, Nr. 342 § 16; PREVENIER, Handelingen, S. 18, Nr. 43: 17 Tage.

7 VAN DEN ABEELE, Makelaars, S. 132, 133.

8 ARA, Rekenkamer, Reg. 13861, Baljuwrechnung, 1403, fol. 82r.

te auf Bargeldbasis. Sollten seine Gäste dennoch Borgkaufgeschäfte tätigen, geschähe dies auf ihr eigenes Risiko.[1]

W 181 Tise, [NN] Joncvrauwe (1375 - 1388) Brügge

Vorkommen in den Brügger Akziselisten 1360-90:
ter Joncvrauwe Tisen (94): 1387/88, 2. Quartal, Met, Gäste in diesem Quartal: Christiaen Rodembuerch (94/40), Thideman Grote (94/41), Christiaen Rodembuerch (94/42).
ter Joncvrauwe Tisen (95): 1387/88, 3. Quartal, Met, Gast in diesem Quartal:Christiaen Burch (95/47).
Namensschreibweisen: Nachname: Tisen, Tize, Thyze, Tyze, Tyzen. - Namenszusatz: demisielle.
Beruf: Hostelière.
Gäste: Gerart Tuscwelt, Jehan Oldendorp, Jehan Alfwindre, Evrart Doedebrouc (Oudebrouc).[1] - Heinrich Warendorp (zwischen Dezember 1368 und Mai 1369).[2]
Wohnort: Brügge, Bürgerin.
Geschäftspartner: Für die Zeit vom 5. bis 12.8.1368 ist eine geschäftliche Verbindung mit dem Brügger Wechsler Collard de Marke nachgewiesen. In diesem Zeitraum sind in den De Marke-Rechnungen Transaktionen zwischen ihr und Jehan van Ianbeke, einem Brügger Tuchhändler, notiert. Dieser Hinweis deutet auf ein mögliches Engagement Tisesens im Tuchhandel.[3] - Zwischen 1375 und 1379 hält sie Depositen des Hamburger Kaufmanns Vicko von Geldersen. Der hansische Kaufmann Heyne Vorrad wickelt in Brügge 1375 die Zahlung einer Summe in Höhe von 6 lb gro an Vicko von Geldersen über Tisen ab.[4] Für das Jahr 1377 notiert Geldersen, daß er bei der Wirtin in Brügge 12 lb gro stehen habe, die Vicko Sankenstede zustünden.[5] Durch Christian Rodenborghe (s. 1387/88 (94/40 u. 42)) läßt Geldersen 60 Nobele an die Wirtin in Brügge übermitteln.[6]

W 182 Torreman, Jacop (1454 - 1472) Brügge

Lebensdaten: Tod: im Rechnungsjahr 1472-73.
Beruf: Hostelier.
Gäste: Johan Hilterman, Hansekaufmann (1462); spanische Kaufleute [NN].
Wohnort: Brügge, Bürger.
Korporationen: Mitglied der Brügger Maklerznuft.
Brügger Ämter: Schöffe 1454-55.[7] - Ratsherr 1459-60.[8] -Schöffe 1461-62,[9] 1466-67.[10] - Deken der Maklerzunft 1468-69.[11] - Ratsherr [1472-73].[12]

---

1 SAB, Nieuwe Groenenboek ongecotteerd, fol. 105r-v, ohne Datum. Allerdings ergibt sich aus der Nennung der fünf anderen Namen Coene (W 59), Heijs (W 100), Lotin (W 125), Torreman (W 182), Wulf (W 203) und und den notierten Schadenersatzfällen in den Civiele Sententiën ein anzu-nehmender Zeitpunkt von 1467.

1 MURRAY, Hostelleraccounts, H 47.

2 MURRAY, Hostelleraccounts, H 40.5/62.

3 MURRAY, Hostelleraccounts, H 47.1.

4 NIRRNHEIM, Handlungsbuch, S. 92, Nr. I 561.

5 NIRRNHEIM, Handlungsbuch, S. 104, Nr. I 667 (Datum nicht gesichert).

6 NIRRNHEIM, Handlungsbuch, S. 103, Nr. I 648 (Datum nicht gesichert).

7 SAB, Civiele Sententiën 1453-60, fol. 48r.

8 SAB, Lijsten Magistraat 1459.

Geschäftspartner: Im September 1462 streckt Torreman seinem Gast Hilterman 136 lb gro für den Kauf von 4 Terling Poperinghischem Tuch vor. Hilterman setzt sich nach der Lieferung der Ware ohne zu bezahlen ins Hansegebiet, wahrscheinlich nach Lübeck ab. Der Deutsche Kaufmann zu Brügge bittet Lübeck, den flüchtigen Kaufmann nicht zu unterstützen, sondern ihn gefangen zu halten, um die Sache zu klären. Das Kontor weist in seinem Brief an Lübeck vom 1.4.1463 auch daraufhin, daß sich diese Angelegenheit iungünstig auf die Situation der Hansekaufleute in Brügge auswirkt.[1] - Torreman betreibt um 1466 seine Herberge gemeinsam mit Olivier van Steelant (W 177).[2]
Amtliche Daten: Am 12.9.1466 kommt es vor der Brügger Vierschaar zu der Regelung eines Schadenersatzfalles im Zusammenhang mit der Herberge von Torreman/Steelant, die von spanischen Kaufleuten besucht wird. Der nicht näher definierte Schaden in Höhe von 1000 lb gro muß von den Bürgen der Herberge, u.a. Anselmus Adorne, bezahlt werden. Torreman und Steelant *promirent de acquiter ledit Anselmus*.[3] - Am 30.12.1466 fordert Pieter Metteneye vor dem Brügger Schöffengericht von Torreman die Zahlung einer ausstehenden Summe in Höhe von 20 lb gro Allerdings wird die Entscheidung vertagt.[4] - Am 3.2.1467 wird die Sache Metteneye erneut aufgerufen. Die Schöffen urteilen, daß Torreman die 20 lb gro an Metteneye zahlen muß, aber eine Frist von 14 Tagen erhält, um auf das Urteil zu reagieren.[5] - Um 1467 verpflichtet sich Torreman mit fünf weiteren Hosteliers, für seine Gäste keine Geschäfte mehr auf Borg, sondern ausschließlich auf Bargeldbasis mit spanischen Kaufleuten zu tätigen. Sollten seine Gäste dennoch Borgkaufgeschäfte tätigen, geschähe dies auf ihr eigenes Risiko.[6] - Am 5.9.1470 bürgt Torreman zusammen mit Jacop van Doorlee (W 78) für Pieter de Mirande, einem spanischen Kaufmann, für die Summe von 70 lb gro. Es geht um die Auflösung eines Arrests auf *LX*^{en} *speghelhaerst*, Eigentum des Mirande, welches Colaert Laureins aufgrund einer Zahlungsforderung an den Spanier arrestieren ließ.[7]

W 183 Trudolet, Pieter (1366) Brügge

Identität: Bis auf die Einträge bei De Marke gibt es keine weiteren Hinweise zu diesem Namen in Brügge. Es ist daher wahrscheinlich, daß es sich bei ihm um einen fremden Kaufmann handelt, der eine Geschäftsstelle in Brügge hat. Seine als Gäste bezeichneten Partner sind daher eher als Klienten, die sich seiner im Zahlungsverkehr bedienten, zu bezeichnen.

---

1 SAB, Lijsten Magistraat 1461.

2 SAB, Civiele Sententiën 1465-69, fol. 53r.

3 VAN DEN ABEELE, Makelaars, S. 137.

4 SAB, Wetsvernieuwingen 1468-1501, fol. 33v. Torreman stirbt in diesem Jahr und wird als Ratsherr durch Olivier Steelant (W 177) ersetzt.

1 HUB 8, S. 675-677, Nr. 1129; zum Datum: KOPPMAN setzt 1462, nach Osterschem Stil. Eine Überprüfung ergab 1463 nach neuem Stil.

2 SAB, Civiele Sententiën 1465-69, fol. 54v.

3 SAB, Civiele Sententiën 1465-69, fol. 54v.

4 SAB, Civiele Sententiën 1465-69, fol. 63r.

5 SAB, Civiele Sententiën 1465-69, fol. 66v.

6 SAB, Nieuwe Groenenboek ongecotteerd, fol. 105r-v, ohne Datum. Allerdings ergibt sich aus der Nennung der fünf anderen Namen Coene (W 59), Heijs (W 100), Lotin (W 125), Thielt (W 180), und Wulf (W 203) und den notierten Schadenersatzfällen in den Civiele Sententiën ein anzunehmender Zeitpunkt von 1467.

7 GILLIODTS-VAN SEVEREN, Estaple 2, S. 207, Nr. 1160.

Namensschreibweisen: Nachname: Toulet.
Beruf: [Hostelier?].
Gäste: Jehan Blanke de Vermiau, Martin de Fere, Jehan Daskise, Martin Senches, Masin Sterlen (Spanier), Sense de Nardes, Pier[e] Lopes, Jehan de Beures, Jehan Lortin de Vermiaus, Sainc. Skirs., Pet. de Piote, Simon Piere de Mortrike, Piere de la Viere.[1]
Wohnort: Brügge, [Bürger ?].
Geschäftspartner: Für den 2.9.1366 notiert der Brügger Wechsler Collard de Marke für Trudolet drei Transaktionen.[2]

W 184 Utebrouke, Jehan (1366 - 1370) Brügge
Identität: Die Familie Utenbrouke ist eine der ältesten Makler/Hosteliersfamilien in Brügge.[1] 1340 ist ein Hughes Utdenbroucke Makler, aber es gibt keinen vergleichbaren Hinweis auf einen Jehan oder Jan.
Beruf: Hostelier.
Gäste: Simon Liegart, Thumas Davyzenne (Davisenne), Simon de Spalinc, Jehan de Crat, Nicolas Detel, Ricart de Baves.[2]
Wohnort: Brügge, Bürger.
Geschäftspartner: Zwischen dem 15.6.1366 und dem 14.4.1370 besteht eine geschäftliche Verbindung zu den Brügger Wechslern Collard de Marke und Willem Ruweel. Zu Utenbroukes Kunden gehören unter anderem die hansischen Kaufleute Herman Hosang, Arnoud Lewerke, Thideman Rebbart, Jehan Craul, Jehan Niustat und Thideman Remmlincrode.[3]

W 185 Vagheviere, Anthonis van den (1413 - 1448) Brügge
Namensschreibweisen: Vorname: Anthuenis, Antoine, Antoon. - Zusatz: van de, vanden.
Familie: Sohn: Jacob van den Vagheviere.[4] Mit Sicherheit gehört auch Andries van den Vagheviere, der vermutlich 1453 verstirbt, zu dieser Familie. Dieser Andries hat einen Sohn, der ebenfalls Jacob van den Vagheviere heißt und mindestens eine Tochter, Anne, die Anthonis Valke heiratet.[5]
Beruf: Makler, 1427. - Hostelier.
Gäste: Ein Kaufmann aus Kampen, [NN] 1436. - Johan Everdszone, Bürgermeister von Kampen, 1448.[6]
Wohnort: Brügge, Bürger.

---

1 MURRAY, Hostelleraccounts, H 48.
2 MURRAY, Hostelleraccounts, H 48.1.
1 VAN DEN ABEELE, Makelaars, S. 16; nachzuweisen seit 1292.
2 MURRAY, Hostelleraccounts, H 49.
3 MURRAY, Hostelleraccounts, H 49.1 - H 49.6; H 49.1/5, 14, 31, H 49/2.11, 17, 23 u. H 49.3/11; zu den Hansen siehe DIERCK, DÜNNEBEIL, RÖSSNER, Prosopographischer Katalog, Nr. 192 Hozanc, Nr. 214 Lewerke, Nr. 271 Rebber, Nr. 108 Krowel, Nr. 243 Niewestat, Nr. 285 Romlincrode und alle Unternummern der entsprechenden Notizen.
4 SAB, Civiele Sententiën 1447-53, fol. 1r.
5 SAB, Nieuwe Groenenboek ongecotteerd, fol. 61r-v.: am 25. August 1453 vor der Brügger Schöffenbank wegen eines Konflikt über Legate im Testament des verstorbenen Andries van den Vagheviere.
6 HR II,7, S. 791, Nr. 497 § 34.

Aufenthaltsorte: Gent, 28.4.1418, 28.2.1420, 16.4.1420, 30.5.1420. - Kortrijk, 24.7.1423.
Korporationen: Mitglied der Brügger Maklerzunft.
Brügger Ämter: Hoofdman der Maklerzunft 1413-14.[1] - Ratsherr 1417-18.[2] - Gesandter in Gent, 28.4.1418, Vier Leden, Graf von Charolais.[3] - Schöffe 1419-20.[4] - Gesandter in Gent, 28.2.1420, Vier Leden, - 16.4.1420, Vier Leden,[5] - 30.5.1420, Vier Leden,[6] - in Kortrijk, 24.7.1423, Vier Leden.[1] - [Ratsherr in Brügge 1422-23.][2] - [Schöffe in Brügge 1424-25.][3] - Hoofdman der Maklerzunft 1425-26.[4] - Tresorier in Brügge 1432-33.[5] - Hoofdman der Maklerzunft 1435-36.[6] - Tresorier 1438-39.[7] - Deken der Maklerzunft 1441-42.[8] - Tresorier 1442-43.[9] - Schöffe 1445-46.[10] - Vogt des St.-Janshospitals 1446.[11]
Geschäftspartner: 1427 betreut er als Makler Kaufleute aus Amsterdam.[12]
Amtliche Daten: Am 4.2.1436 hinterlegt Vagheviere 19 gro beim Brügger Schöffen-gericht für einen namentlich nicht genannten Kaufmann aus Kampen, der beim Kran-meister und den Weinschrötern eben diese Summe für sieben Pipen Wein unter Berufung auf die Privilegien der Osterlinge zahlen will und nicht mehr, wie es die Leute vom Kran fordern.[13] - 1438 wird Vagheviere mit einem Kopfgeld in Höhe von 600 lb par. an der Abzahlung einer durch den Herzog von Burgund, Philip dem Kühnen, auferlegten Geldbuße in Höhe von 145.000 écus als Entschädigung für den Aufstands in Brügge von 1436-38 beteiligt.[14]

W 186 Vagheviere, Jacob van den (1367 - 1397) Brügge

Vorkommen in den Brügger Akziselisten 1360-90:
te Jacobs van den Vagheviere (15/5): 1366/67, 3. Quartal, Met.
te Jacobs van den Vagheviere (70): 1375/76, 2. Quartal, Met.
te Jacobs van den Vagheviere (72): 1375/76, 4. Quartal, Met.
te Jacobs van den Vagheviere (80): 1379/80, 4. Quartal, Met.

---

1 VAN DEN ABEELE, Makelaars, S. 134.
2 SAB, Wetsvernieuwingen 1397-1421, fol. 153v.
3 ZOETE, Handelingen, S. 1227, Nr. 773.
4 SAB, Wetsvernieuwingen 1397-1421, fol. 165v.
5 BLOCKMANS, Handelingen I,1,S. 17, Nr. 15; S. 21, Nr. 18.
6 BLOCKMANS, Handelingen I,1, S. 28, Nr. 23.
1 BLOCKMANS, Handelingen I,1, S. 177, Nr. 142.
2 SAB, Wetsvernieuwingen 1422-43, fol. 1r, Vagheviere ersetzt den verstorbenen Ratsherrn Jan Ruebs.
3 SAB, Wetsvernieuwingen 1422-43, fol. 16v; aber Vagheviere wird wegen seiner Bluts-verwandtschaft mit Jan van den Walle f. Lodewijk (auch Schöffe in diesem Jahr), durch Pieter Dop ersetzt. Vagheviere wird dann für dieses Amtsjahr als Ratsherr notiert.
4 VAN DEN ABEELE, Makelaars, S. 135.
5 SAB, Wetsvernieuwingen 1422-43, fol. 75r-v.
6 VAN DEN ABEELE, Makelaars, S. 136.
7 SAB, Wetsvernieuwingen 1422-43, fol. 119r.
8 VAN DEN ABEELE, Makelaars, S. 137.
9 SAB, Wetsvernieuwingen 1422-43, fol. 147r.
10 SAB, Lijsten Magistraat 1445.
11 MARECHAL, (G.), Hospitaalwezen, S. 64, Anm. 39.
12 ARA, Acquits de Lille, cartons, Nr. 36.
13 SAB, Groenenboek A, fol. 242r.
14 GILLIODTS-VAN SEVEREN, Inventaire 5, S. 187.

te Jacobs van den Vagheviere (86): 1380/81, 2. Quartal, Met.
te Jacobs van den Vagheviere (94): 1387/88, 2. Quartal, Met, Gast in diesem Quartal: Stevin f[ilius] Hermans (94/1).
te Jacobs van den Vagheviere (99): 1390/91, 3. Quartal, Met, Gäste in diesem Quartal: Lauwereins f[ilius] Thomaes (99/1), Johan Craesmen (99/2), Diederic van den Eede (99/3), (alle aus Kampen).
Namensschreibweisen: Nachname: Vageviere, Vaghevuere, Vegefugir, Vegevur, Veghevûre, Wagheviere. - Vorname: Jacobus, Jacoppe. - Zusatz: de, van, van der.
Lebensdaten: Tod: 14.8.1397.[1]
Familie: Ehefrau: Katerina.[1] - Die Familie Van den Vagheviere gehört zu den bekanntesten Hosteliersfamilien in Brügge. Im 13. Jahrhundert bildet das Engagement der Familie im Maklergewerbe die ökonomische Grundlage für den weiteren sozialen Aufstieg.[2]
Beruf: Hostelier.
Klerk: Alain van de Corve, 1367-68.[3]
Gäste: Gerart Evreten, Jer[oen] van Dec, Jehan van Ipre, Willem Colmant, Henric Billann, Jakop Fredriczenne, Henric van Scerth, Gerart van Vorvinghe, Hermant van Uterwic, Grait Evrartzenre, Thideman Grenble.[4]
Wohnort: Brügge, Bürger.
Aufenthaltsorte: Antwerpen, 14.6.1387. - Lübeck, Hamburg, 1391.[5] - Gent, 1391.
Korporationen: Mitglied der Brügger Maklerzunft, 1369.[6]
Brügger Ämter: Gouverneur der Maklerzunft 1369-1370.[7] - Deelman des St.-Jans-Zestendeel 1371-72.[8] - Schöffe 1384-85.[9] - Bürgermeister der Schöffen 1386-87.[10] - Gesandter in Antwerpen, 14.6.1387, bei den Verhandlungen mit den Hansen.[11] - 1390-91 (RJ) ist er Mitglied einer Gesandtschaft nach Lübeck für die Dauer von 114 Tagen.[12] Dabei macht er auch in Hamburg Station.[13] Nach seiner Rückkehr nach Brügge wird er nach Gent beordert.[14]
Geschäftspartner: Zwischen dem 11.8.1366 und dem 10.11.1369 besteht eine ge-schäftliche Berbindung zu den Brügger Wechsler Collard de Marke und Willem Ruweel.[15] - Am 26.2.1371 vereinbaren Werner und Ulrich von Rundorp, eine Summe, die sie dem Königsberger Bürger Eckhart Kruse schulden, im Hause des Jacob van den Vagheviere innerhalb

---

1 VERMEERSCH, Grafmonumenten 2, Nr. 96.
1 MURRAY, Notarial Instruments, S. 272, Nr. 57.
2 VAN DEN ABEELE, Makelaars, S. 22.
3 MURRAY, Hostelleraccounts, H 50.3/3.
4 MURRAY, Hostelleraccounts, H 50.
5 SCHOUTEET, Regesten 4, S. 89-90, Nr. 190.
6 VAN DEN ABEELE, Makelaars, S. 96.
7 SCHOUTEET, Regesten 3, S. 216, Nr. 567.
8 LOWIJCK, Schepenenlijsten (17), S. 27.
9 LOWIJCK, Schepenenlijsten (18), S. 44; VAN DEN AUWEELE, Schepenbank, S. 321.
10 LOWIJCK, Schepenenlijsten (18), S. 45.
11 HR I,2, S. 406, Nr. 342 § 16; PREVENIER, Handelingen, S. 18, Nr. 43: 17 Tage.
12 GILLIODTS-VAN SEVEREN, Inventaire 3, S. 215.
13 SCHOUTEET, Regesten 4, S. 89-90, Nr. 190.
14 GILLIODTS-VAN SEVEREN, Inventaire 3, S. 217.
15 MURRAY, Hostelleraccounts, H 50.1 - H 50.6; vgl. DE ROOVER, Livre, S. 84, Nr. 5.

von fünf Jahren, beginnend mit dem Jahr 1372, zurückzuzahlen.[1] - Im Jahr 1373 soll Ulrich von Rundorp in der Herberge Vaghevieres eine von Conrad Czulner, obersten Trapier des Deutschen Ordens und Komtur zu Christburg, geliehene Summe zurückzahlen.[2]
Amtliche Daten: Am 29.9.1389 zahlt Vagheviere als Bürge für den in Sluis festgesetzten preußischen Schiffer Johan Rover 12 lb gro an Tristram van Halwyn.[3] - Im Januar 1393 begleicht Vagheviere in Hamburg im Auftrage der Brügger Tresoriers die durch die Gesandtschaft in Hamburg entstandenen Kosten.[1]
Privates Handeln: Im Rahmen eines erzwungenen Darlehns der Stadt Brügge 1378-79 wird er zu 5 lb gro verpflichtet und liegt damit über der Durchschnittsverpflichtung der Kategorie des begüterten Bürgers.[2]
Postume Erwähnungen: Aus einem vom 24.4.1415 datierenden Schreiben Kölns an Brügge geht hervor, daß Vagheviere - inzwischen bereits verstorben - ein Haus in der *Inghelscher Strate* besessen hat.[3]
Verschiedenes: 1361 investiert er in zwei Herbergen in der Vlamingstraat: *Ten Yserkinne* und *Ter Vynne*, welche er von *Galterus de Stufa* (vanden Stove) geerbt hat.[4]

---

1 PARAVICINI, Preußenreisen 3, Dok. 67.
2 PARAVICINI, Preußenreisen 3, Dok. 68.
3 HR I,3, S. 466, Nr. 448 § 21.
1 SCHOUTEET, Regesten 4, S. 92, Nr. 197.
2 GILLIODTS-VAN SEVEREN, Inventaire 2, S. 350.
3 HUB 6, S. 10, Nr. 21.
4 MURRAY, Notarial Instruments, S. 272, Nr. 57.

W 187 Valensine, Gilles de (1340 - 1370) Brügge

Identität: Er kann auch unter dem Namen *Gillis vander Wulleghe* genannt *van Valensine*, wie in einer Urkunde aus dem Jahr 1343 notiert ist, bekannt gewesen sein.[1]
Namensschreibweisen: Nachname: Valenchine
Familie: Ehefrau: [NN].
Beruf: Hostelier.
Klerk: Jehan van Dont, 1366-1367.[2]
Gäste: Collart de Soisons, Jehan Lespesier (Lüttich).[3]
Wohnort: Brügge, Bürger (?).
Korporationen: Mitglied der Brügger Maklerzunft 1340.[4]
Geschäftspartner: Zwischen dem 27.4.1366 und dem 14.6.1370 besteht eine geschäftliche Verbindung zu den Brügger Wechslers Collard de Marke und Willem Ruweel. Aus diesen sehr umfangreichen Rechnungen geht hervor, daß Valensines Ehefrau oft mit ihm gemeinsam geschäftlich auftrat. Sie sind häufig mit spanischen Kaufleuten im Kontakt. Daneben zeigt sich ein besonderes Interesse am Tuchhandel mit Nordfrankreich, aber auch anderen französischen Handelszweigen.[5]
Verschiedenes: Zwischen 1338 und 1340 wird Valensine im Maklerkontingent des Brüg-ger Gemeindeheers geführt.[6]

W 188 Visch, Sire Jakop de (1354 - 1383) Brügge

Beruf: Hostelier.
Klerk: Jehan Bac, 1369.[7]
Gast: Pierre le Roy.[8]
Wohnort: Brügge, Bürger.
Korporationen: Hoofdman der Brügger Maklerzunft 1370.[9]
Brügger Ämter: Schöffe 1371-72. - Ratsherr 1372-73. - Schöffe 1373-74.[10] - Hoofdman St.-Jacobs-Zestendeel1381-82.[11]
Geschäftspartner: 1354-55 ist er ein enger Geschäftspartner des Brügger Wechslers Jacob Reubs.[12]
1369 sind er und Reubs Eigentümer einer Ladung Hering und Fleisch, die durch Lübeck auf offener See beschlagnahmt werden.[13] - Zwischen dem 14.3. und dem 10.12.1369 besteht eine geschäftliche Verbindung zum Brügger Wechsler Collard de Marke.[14]

---

1 SCHOUTEET, Regesten 3, S. 24, Nr. 16.
2 MURRAY, Hostelleraccounts, H 52.2/5.
3 MURRAY, Hostelleraccounts, H 51.
4 VAN DEN ABEELE, Makelaars, S. 94.
5 MURRAY, Hostelleraccounts, H 51.1 - H 51.6.
6 VERBRUGGEN, Gemeenteleger, S. 238.
7 MURRAY, Hostelleraccounts, H 52.2/4.
8 MURRAY, Hostelleraccounts, H 52.
9 VAN DEN ABEELE, Makelaars, S. 131.
10 VAN DEN AUWEELE, Schepenbank, S. 285, 289, 290.
11 LOWIJCK, Schepenenlijsten (18), S. 44.
12 DE ROOVER, Money, S. 188.
13 DE ROOVER, Money, S. 310.
14 MURRAY, Hostelleraccounts, H 52.1 - H 52.2.

Akzisepächter: 1366-67, 2. Quartal, Met.[1]
Privates Handeln: Im Rahmen eines erzwungenen Darlehns der Stadt Brügge 1378-79 verpflichtet er sich zu 4 lb 19 s 7 d gro.[2]
Verschiedenes: Er zeichnet sich in Wettkämpfen aus; 1355 gewinnt er den Spinette-Preis.[3]

W 189 Vleins, Michiel de (1409 - 1410) Brügge
Beruf: Hostelier.
Klerk: Michiel de Wijchuse, 1409.
Wohnort: Brügge, Bürger.
Amtliche Daten: Am 14.8.1410 wird Vleins vor das Brügger Schöffengericht geladen. 1409 ist Vleins der Wirt des Jehan Fontel, Faktor und Vertreter des Londoner Kaufmanns Thomas Zouthin, gewesen. Fontel läßt sich durch Michiel de Wijchuse, Klerk der Herberge Vleins, Waren, die er im August 1409 von Jaques Zeghers de Ketelare gekauft hat, in die Herberge liefern, ohne die volle Summe zu zahlen. Der Verkäufer verklagt nun den Wirt Vleins auf Bezahlung der Restsumme in Höhe von 15 lb 10 s gro. Das Gericht verpflichtet den Hostelier Vleins, die restliche Summe an den Verkäufer zu zahlen.[4]

W 190 Vysole, Hubertin (1333 - 1340) Brügge
Namensschreibweisen: Nachname: Visole. - Vorname: Abbortijn, Aubertin.
Beruf: Hostelier.
Wohnort: Brügge, am 29.4.1333 erwirbt Abbortijn Visole aus Lucca das Brügger Bürgerrecht.[5]
Korporationen: Mitglied der Brügger Maklerzunft.
Amtliche Daten: Am 18.1.1339 beschließt der Magistrat der Stadt Brügge, daß Visole als nicht gebürtiger Flame Mitglied der Maklerzunft bleiben darf.[6] - Am 2.11.1340 bestätigt er als Hostelier eine Vereinbarung zwischen den Hosteliers und den Cnapen in Brügge.[7]

W 191 Waerbeke, Janne van (1417) Brügge
Beruf: Hostelier.
Wohnort: Brügge, Bürger.
Amtliche Daten: Am 19.4.1417 findet sich Waerbeke vor dem Schöffengericht in Brügge in der Sache seines früheren Gastes Diederic Plouchman aus Utrecht gegen Jacoppe Lambrechts zone ebenfalls aus Utrecht, ein. Im März ist Lambrechts auf Plouchmanns Klage hin gefangen genommen worden. Doch da Plouchman zum Gerichtstermin weder anwesend ist, noch einen Vertreter in dieser Sache bestellt hat und sein Wirt ihn nicht ausfindig machen kann, wird die Klage eingestellt.[8]

---

1 KRÜGER, Steuerlisten, S. 45.
2 GILLIODTS-VAN SEVEREN, Inventaire 2, S. 350.
3 GILLIODTS-VAN SEVEREN, Inventaire 3, S. 443.
4 SAB, Groenenboek A, fol. 28v-29r.
5 JAMEES, Brugse Poorters, S. 19.
6 SCHOUTEET, Regesten 2, S. 294, Nr. 785.
7 GILLIODTS-VAN SEVEREN, Règlements, S. 257.
8 SAB, Groenenboek A, fol. 69v-70r.

W 192 Walle, Baerbele wedewe van den (1398 - 1425) Brügge

Namensschreibweisen: Vorname: Baerble.[1]
Familie: Ehemann: Jacop van den Walle f. Joos (W 193).
Wohnort: Brügge, Bürgerin.
Amtliche Daten: 1397 erleiden namentlich nicht genannte Hansekaufleute in der Herberge Van den Walle durch den Betreiber Jacob van den Walle f. Joos einen finanziellen Schaden in Höhe von 107 lb gro. Da die Eheleute Walle nicht in der Lage sind, die Summe sofort zu ersetzten, übernimmt die Stadt Brügge die Begleichung der Schuld und vereinbart mit den Eheleuten einen Rückzahlungsmodus von 4 lb gro zu zwei Raten pro Jahr über einen Zeitraum von 26 Jahren, mit einer letzten Rate in Höhe von 7 lb gro, beginnend am 24.6.1400.[2] Zunächst leisten die Eheleute gemeinsam diese Rate. Nach dem Jacobs Tod (zwischen dem 25.12.1410 und dem 24.6.1411) zahlt sie weiter die Raten. Jeweils am 24.6. und 25.12. eines Rechnungsjahres zahlt sie die vereinbarte Rate von 2 lb gro an die Stadtkasse.[3]
Verschiedenes: Am 13.12.1419 wird im Haus der Witwe Van den Walle der von Wylem van Kalven bei den Hansekaufleuten eingesammelte Schoß (6 lb 3 s 10 gro) durch Hildebrand Veckinchusen abgerechnet.[4]

W 193 Walle f. Joos, Jacop van den (1398 - 1411) Brügge

Namensschreibweisen: Vorname: Jacob, Jacoppe, Jaques.
Lebensdaten: Tod: zwischen dem 25.12.1410 und dem 24.6.1411.[5]
Familie: Ehefrau: Joncvrauwe Baerbele (W 192).
Beruf: Hostelier.
Wohnort: Brügge, Bürger.
Amtliche Daten 1397 erleiden namentlich nicht genannte Hansekaufleute in der Herberge Van den Walle durch den Betreiber Jacob Van den Walle f. Joos einen finanziellen Schaden in Höhe von 107 lb gro. Am 10.5.1398 wird Jan Holsteen eine erste Summe in Höhe von 57 lb gro namens der geschädigten Kaufleute ausbezahlt.[6] Am 5.7.1398 wird die zweite Summe in Höhe von 50 lb gro an Zegher Storp namens der geschädigten Hansekaufleute ausbezahlt.[7] Die Älterleute des Hansekontors stellen hierüber eine Quittung für die Stadt aus.[8] Da die Eheleute Walle nicht in der Lage sind, den Schaden sofort zu ersetzten, übernimmt die Stadt Brügge die Begleichung der Schuld und vereinbart mit den Eheleuten einen Rückzahlungsmodus von 4 lb gro in zwei Raten pro Jahr, beginnend am 24.6.1400, über einen Zeitraum

---

1 SAB, SR 1408-09, fol. 12r.
2 SAB, SR 1397-98, fol. 102r.
3 SAB, SR 1403-04, fol. 14v - SR 1408-09, fol. 12r - SR 1409-10, fol. 16v - SR 1409-10, fol. 16v - SR 1410-11, fol. 23r - SR 1410-11, fol. 23r - SR 1411-12, fol. 22r - SR 1411-12, fol. 22r - SR 1412-13, fol. 5v - SR 1412-13, fol. 5v - SR 1415-16, fol. 8r - SR 1415-16, fol. 8r - SR 1417-18, fol. 35v - SR 1417-18, fol. 35v - SR 1418-19, fol. 28r - SR 1418-19, fol. 28r - SR 1419-20, fol. 27r - SR 1419-20, fol. 27r - SR 1420-21, fol. 27v - SR 1420-21, fol. 27v - SR 1420-21, fol. 29r - SR 1420-21, fol. 29r - SR 1422-23, fol. 25v - SR 1422-23, fol. 25v - SR 1423-24, fol. 25v - SR 1423-24, fol. 25v - SR 1424-25, fol. 29r - SR 1424-25, fol. 29r - SR 1425-26, fol. 24r.
4 STEIN, Umfang, S. 217.
5 SAB, SR 1410-11, fol. 23r.
6 SAB, SR 1397-98, fol. 96r.
7 SAB, SR 1397-98, fol. 97r.
8 SAB, Politieke oorkonden, 1e reeks, Nr. 855.

von 26 Jahren, mit einer letzten Rate in Höhe von 7 lb gro.[1] Zunächst leisten die Eheleute gemeinsam diese Rate. Nach Jacops Tod (zwischen dem 25.12.1410 und dem 24.6.1411) zahlt seine Witwe die Raten weiter.[2] - Im Jahr 1403 wird Van den Walle eine Buße in Höhe von 50 lb [par] durch den Balliu der Stadt Brügge auferlegt, weil er es versäumt, seinen Eid, die Kaution und die Sicher-heit für seine Herberge zu erneuern. Auf Bitten Jehan Honins (W 103) wird anstatt der Buße eine *compositio* von 6 lb [par] vereinbart.[3]

W 194 Walle, Lambesin van de (1350 - 1369) Brügge

Namensschreibweisen: Vorname: Lamsin. - Namenszusatz: vanden, van den.
Beruf: Hostelier.
Gäste: Willem Aiglant (Schotte), Thomas Hollon.[4]
Wohnort: Brügge, Bürger.
Korporationen: Mitglied der Brügger Maklerzunft.
Brügger Ämter: Schöffe 1350-51. - Ratsherr 1351-52. - Schöffe 1352-53. - Ratsherr 1353-54. - Schöffe 1354-55. - Ratsherr 1355-56. - Schöffe 1359-60.[5] - Hoofdman der Maklerzunft 1363-64, 1366-67, 1369-70.[6]
Geschäftspartner: Walle hat intensive Geschäftsbeziehungen nach England und mit englischen Kaufleuten, die im Wollhandel tätig sind.[7] - Zwischen dem 24.4.1366 und dem 6.10.1369 besteht eine geschäftliche Verbindung zu den Brügger Wechslern Willem Ruweel und Collard de Marke. In Walles Rechnungen in den Wechslerbüchern sind Brügger Hosteliers und Bürger verzeichnet, u.a. Jacob van den Vagheviere (W 186), Heinric de Smet, Jakop Alverdoe, Jehan de Ruddervorde, Pieter van Collekierke, Crestien Alverdoe und Arnold Poltus (W 154).[8]

W 195 Wasselin, Jacob (1338 - 1341) Brügge

Beruf: Hostelierscnape.
Wohnort: Brügge, Bürger.
Korporationen: Mitglied der Brügger Maklerzunft.
Amtliche Daten: Am 3.1.1341 bezeugt er in seiner Eigenschaft als Hostelierscnape gemeinsam mit 7 anderen Klerks und 8 Hosteliers, sich in Zukunft den Regeln der Maklerzunft entsprechend zu verhalten.[9]
Verschiedenes: Als Mitglied der Maklerzunft wurde er im Zeitraum 1338-1340 für das Brügger Gemeindeheer rekrutiert.[10]

---

1 SAB, SR 1397-98, fol. 102r.

2 SAB, SR 1397-98, fol. 96r, 97r, 102r. - SR 1400-01, fol. 13v. - SR 1402-1403, fol. 14v. - SR 1403-04, fol. 14v. - SR 1404-05, fol. 11r. - SR 1405-06, fol. 11v. - SR 1406-07, fol. 11v. - SR 1408-09, fol. 12r - SR 1410-11, fol. 23r. - SR 1410-11, fol. 23r

3 ARA, Rekenkamer, Reg. 13861, Balliuwrechnung, 1403, fol. 82r.

4 MURRAY, Hostelleraccounts, H 53.

5 VANDEN AUWEELE, Schepenbank, S. 204-254.

6 VAN DEN ABEELE, Makelaars, S. 132-133.

7 NICHOLAS, English trade, S. 53; MARECHAL, Duizdend jaar, S. 15.

8 MURRAY, Hostelleraccounts, H 53.1/3; H 53.2/5, 9; H 53.3/2; H 53.4/2, 7, 8; H 53.6/2.

9 SAB, reeks 299, Makelaars, Cartularium A, 1293-1683, fol. 19v; vgl. SCHOUTEET, Regesten 3, S. 17, Nr. 16.

10 VERBRUGGEN, Gemeenteleger, S. 239.

W 196 Weble, Franke (1369) Brügge

Identität: Bis auf seine Verbindung mit De Marke ist nichts weiter über ihn bekannt. Ein Heinric Webel ist 1340 Mitglied der Brügger Maklerzunft.[1] Ob zwischen beiden eine Verwandtschaft besteht, ist nicht bekannt.
Namensschreibweisen: Nachname: Webel.
Beruf: Hostelier.
Klerk: Jehan van Medle, 1369.
Gäste: Pier de Dieus, Piere de Noie, Dominghes Alfonse, Ferandes Martines.[2]
Wohnort: Brügge, [Bürger?].
Greschäftspartner: Zwischen dem 18.5.1369 und dem 6.7.1369 besteht eine geschäftliche Verbindung zum Brügger Wechsler Collard de Marke.[3] Raoul de Coumines (W 66) wickelt eine Transaktion über Weble ab.[4]

W 197 Weitin, Jacop (1373 - 1388) Brügge

Vorkommen in den Brügger Akziselisten 1360-90:
te Jacops Weitin (63): 1372/73, 3. Quartal, Met, Gäste in diesem Quartal: Heinric Niewenberch (63/25), Alaerd van Werende (63/26), sie versteuern zusammen.
te Jacops Weitin (64): 1372/73, 4. Quartal, Met, Gäste in diesem Quartal: Everaerd Niewenborch (64/12), Alaerd van Wederen (64/13), Ghosin van Lemborch (64/14), Thideman Addewerd (64/15), Thideman Casdorp (64/16), sie versteuern zusammen.
te Jacops Weitin (69): 1375/76, 1. Quartal, Met.
te Jacops Weitin (70): 1375/76, 2. Quartal, Met.
te Jacops Weitin (71): 1375/76, 3. Quartal, Met.
te Jacops Weitin (72): 1375/76, 4. Quartal, Met.
te Jacops Weitin (77): 1379/80, 1. Quartal, Met.
te Jacops Weitin (78): 1379/80, 2. Quartal, Met.
te Jacops Weitin (79): 1379/80, 3. Quartal, Met.
te Jacops Weitin (80): 1379/80, 4. Quartal, Met.
te Jacops Weitin (85): 1380/81, 1. Quartal, Met.
te Jacops Weitin (86): 1380/81, 2. Quartal, Met.
te Jacops Weitin (94): 1387/88, 2. Quartal, Met, Gäste in diesem Quartal: Inghel Haghelsteen (94/2), Maerquaerd Butier (94/3), Thideman Stellewinc (94/4), Clais Baerman (94/5).
te Jacops Weitin (95): 1387/88, 3. Quartal, Met, Gäste in diesem Quartal: Johannes Wankelle (95/42), Herman Toghel (95/43), Coenraerd Melcus (95/44), Coenraerd Huerlinc (95/45).
te Jacops Weitin (96): 1387/88, 4. Quartal, Met, Gast in diesem Quartal: Johannes Nikel (96/9).
Namensschreibweisen: Nachname: Wegtin, Weijtin, Weytin, Woultin, Wouttyn.
Beruf: Hostelier.
Wohnort: Brügge, Bürger.
Brügger Ämter: Ratsherr 1383-84.[1]

---

1 VAN DEN ABEELE, Makelaars, S. 95.
2 MURRAY, Hostelleraccounts, H 54.
3 MURRAY, Hostelleraccounts, H 54.1 - H 54.2.
4 MURRAY, Hostelleraccounts, H 54.2/9.

Amtliche Daten: Das Brügger Hansekontor schlägt Weitin im Jahr 1378 vor, sich zur Beilegung einiger Streitigkeiten direkt an den Hansetag in Stralsund zu wenden.[2] - In einem Klageartikel hansischer Kaufleute aus dem Jahr 1387 wird Weitin beschuldigt, gemeinsam mit Clays Knussche dem Lübecker Bürger Gherd Proyd einen Schaden in Höhe von 105 Gulden (den Gulden zu 30 gro) zugefügt zu haben.[3]

W 198 Witte, Jan (1) (1339 - 1363) Brügge

Identität: Da Vater und Sohn Jan Witte den gleichen Namen tragen, wird die Zuordnung der Daten durch die erste Erwähnung des Sohnes 1367 bestimmt.
Namensschreibweisen: Nachname: Wittin. - Vorname: Johan. - Zusatz: de.
Familie: Sohn: Jan (2) (W 199).
Beruf: Hostelier.
Gast: Tideman Zidov, 1363.[4]
Geschäftspartner: Am 26.1.1356 gelobt der Ritter Petrus de Harschyvilla, daß er oder seine Bürgen seine Schuld in Höhe von 600 Goldstücken dem Elbinger Bürger und Kaufmann Hartwich Beteke, in Brügge im Haus des Johann Witte am kommenden Johannistag zurückzahlen oder dort Einlager halten zu wollen.[5]
Wohnort: Brügge, Bürger.
Aufenthaltsort: Dendermonde, 30.10.1359.
Korporationen: Mitglied der Brügger Maklerzunft.
Amtliche Daten: Am 18.1.1339 beschließt der Magistrat der Stadt Brügge, daß Witte als nicht gebürtiger Flame trotzdem Mitglied der Maklerzunft bleiben darf.[6] - Am 2.11.1340 bestätigt er als Hostelier eine Vereinbarung zwischen den Hosteliers und den Knapen in Brügge.[7] - Am 1359 ist er der Vertreter der Maklerzunft bei einer Versammlung mit dem Grafen von Flandern in Dendermonde.[8] - Am 19.5.1363 bestätigt Witte ein Abkommen zwischen den Hansen, dem Grafen von Flandern und den drei flandrischen Städten als Zeuge; ohne nähere Funktionsbeschreibung.[9] - Am 19.5.1363 tritt Witte gemeinsam mit Matheus van der Buerze (W 47), Clais Hauscild (W 92), Everard Compeers (W 63) und Jacob van Antzem (W 13) als Bürge auf. Den Hansen in Brügge ist eine Summe von 150 lb gro seitens des Grafen von Flandern aufgrund der mit der zwischen der Hanse und Flandern getroffenen Vereinbarung von 1360 zuerkannt worden. Dieses Geld wird den Älterleuten entweder in bar oder in Form eines Schuldbriefs aus-gehändigt. Für die Einhaltung des Zahlungsversprechens bürgt Witte mit den anderen genannten Personen.[10] Bei den fünf Bürgen handelt es sich um Hosteliers der Hansen.

---

1 LOWIJCK, Schepenenlijsten (18), S. 44; VAN DEN AUWEELE, Schepenbank, S. 320.
2 HR I,2, S. 180, Nr. 167.
3 HR I,2, S. 417, Nr. 343 § 45.
4 PARAVICINI, Preußenreisen 3, Dok. 60/B10.
5 PARAVICINI, Preußenreisen 3, Dok. 53; vgl. PrUB 5, S. 229, Nr. 407.
6 SCHOUTEET, Regesten 2, S. 294, Nr. 785.
7 GILLIODTS-VAN SEVEREN, Reglèments, S. 257.
8 SCHOUTEET, Regesten 3, S. 153, Nr. 393.
9 GILLIODTS-VAN SEVEREN, Inventaire 2, S. 122, Nr. 551 und HR I,3, S. 256, Nr. 270.
10 HR I,3, S. 256, Nr. 270.

W 199 Witte, Jan (2) (1367 - 1372) Brügge

Vorkommen in den Brügger Akziselisten 1360-90:
Jan Witte (15/16): 1366/67, 3. Quartal, Met.
Jehane Witte (55/2): 1371/1372, 3. Quartal, Met zusammen mit Heinric Amendorp.
Jan Witte (62/17): 1372/73, 2. Quartal, Met zusammen mit Jan Zibaerd (62/16).
te Jan Witten (63): 1372/73, 3. Quartal, Met, Gäste in diesem Quartal: Thideman Coopman (63/32), Jan van Hute (63/33), sie versteuern zusammen.
te Jan Witten (64): 1372/73, 4. Quartal, Met, Gäste in diesem Quartal: Jan van Hueten (64/41), Jan van Steenbeke (64/42), Thideman van Bremen (64/43), sie versteuern zusammen.
Identität: Allein aus den Stadtrechnungseinträgen geht nicht hervor, ob der Oosterling und der Hostelier identisch sind. Deshalb folgen hier nur die Daten, die auf den Hostelier allein bezogen werden können.
Namensschreibweisen: Zusatz: de, de f. Jans.
Familie: Vater: Jan (1) de Witte (W 198). - Ehefrau: *demiselle de Witte* (W 201). - Sohn: Jacob (oder Copin).
Beruf: Hostelier.
Wohnort: Brügge, Bürger.
Korporationen: Mitglied der Maklerzunft.
Brügger Ämter: Hoofdman der Maklerzunft 1367-68.[1] - Deelman des St.-Jacobs-Zestendeel 1368-69.[2]
Geschäftspartner: Zwischen dem 17.2.1369 und dem 23.2.1370 besteht eine geschäftliche Verbindung zum Brügger Wechsler Willem Ruweel.[3]
Verschiedenes: Im Zusammenhang mit der Herberge hält seine Frau einen abhängigen Wechsel, sie kommt auf diese Weise vielfach in den Rechnungen des Brügger Wechslers Willem Ruweel vor.

W 200 Witte, *s'heere* Jean de (1362) Brügge

Identität: Dieser Jan Witte paßt aufgrund seine Todes im Jahr 1362 weder zu Jan (1) Witte (W 198) noch zu Jan (2) Witte (199). Andererseits könnten die Daten, die das Jahr 1363 betreffen und für Witte (W 198) geltend gemacht werden, auch für Witte (W 199) gelten, so daß W 200 mit W 198 identisch wäre.
Namenschreibweisen: Zusatz: *s'heer Jans Witte sone.*
Lebensdaten: Tod: 5.5.1362.[4]
Beruf: Hostelier.

W 201 Witte, [NN*] le demiselle de* (1366 - 1370) Brügge.

Familie: Eheman: Jan (2) de Witte (W 199). - Sohn: Jacop (oder Copin).[5]
Beruf: Hostelière und Wechslerin.
Klerk: Gosset [NN], 1366/67.[1]

1 VAN DEN ABEELE, Makelaars, S. 131.
2 LOWIJCK, Schepenenlijsten (17), S. 26.
3 MURRAY, Hostelleraccounts, H. 55.1.
4 RAB, 68/22, GAILLIARD, Grafschriften, fol. 16r.
5 MURRAY, Hostelleraccounts, H 56.2/12.

Gäste: Stevene Meye, Biernart Lucreman, Henric Stienbeke, Alf Scheve (Schene), Jehan Stron, Henric Roen, Willem van Hamemere.[2]
Wohnort: Brügge, Bürgerin.
Geschäftspartner: Im Zusammenhang mit der Herberge hält sie einen abhängigen Wechsel. Sie wird deshalb vielfach in den Rechnungen von Ruweel im Zusammenhang mit dem Wechseln von verschiedenen Goldmünzen notiert.[3] - Zwischen dem 2.5.1366 und dem 17.12.1369 besteht außerdem eine intensive geschäftliche Verbindung zum Brügger Wechsler Collard de Marke. Für diesen Zeitraum sind mehr als 800 Transfers notiert.[4] In ihren Rechnungen tauchen Brügger Hosteliers und hansische Kaufleute auf; Hosteliers: Everaerd Goederic (W 90), Pieter Hauscilt (W 95), Lievin Everbout (W 85), Raoul de Coumines (W 66), Jan van Cuertrike (W 68), Lamsin van Sint Omaers (W 171), Philip Rijnvisch (W 158), Everaerd Compeers (W 63), Pieter Scuetelare (W 170), Zegher Honin (W 105/106).[5] Hansen: Johan Nivestat, Herman Hosanc, Johan Winter-mast, Herman van Roede, Thideman Remmlincrode, Johan Craul, Johan van Essen, Hartwin van der Culen, Albrecht Rousenberc (über Thideman Grave).[6]

W 202 Witthompstal, Thomaes (1338 - 1340) Brügge
Namensschreibweisen: Nachname: Witonstal, Wittenstael. - Vorname: Thumaes.
Beruf: Hostelier.
Wohnort: Brügge, Bürger.
Korporationen: Mitglied der Brügger Maklerzunft.
Amtliche Daten: Am 18.1.1339 beschließt der Magistrat der Stadt Brügge, daß *Witthompstal* als nicht gebürtiger Flame trotzdem Mitglied der Maklerzunft bleiben darf.[7] - Am 2.11.1340 bestätigt er als Hostelier eine Vereinbarung zwischen den Hosteliers und den Knapen in Brügge.[8] - Zwischen 1338 und 1340 wird eine Person namens *Wittenstael* im Maklerkontingent des Brügger Gemeindeheers geführt.[9]

W 203 Wulf, Philips de (um 1467) Brügge
Beruf: Hostelier.
Wohnort: Brügge, Bürger.
Amtliche Daten: Um 1467 verpflichtet sich Wulf mit fünf weiteren Hosteliers, für seine Gäste keine Geschäfte auf Borg, sondern nur noch auf Bargeldbasis mit spanischen Kaufleuten

---

1 MURRAY, Hostelleraccounts, H 56.1/108.
2 MURRAY Hostelleraccounts, H 55.
3 MURRAY Hostelleraccounts, H 55.1.
4 MURRAY, Hostelleraccounts, H 56.1 - H 56.6.
5 MURRAY, Hostelleraccounts, H 56.1/19, 38, 79, 96, 98, 132; H 56.2/192; H 56.3/15; H 56.5/60, 115
6 MURRAY, Hostelleraccounts, H 56.2/83, 189, 205; H 56.3/103, 108, 158; H 56.4/80, 115; s. zu den hansischen Kaufleuten: DIERCK, DÜNNEBEIL, RÖSSNER, Prosopographischer Katalog, Nrr. 243ff (Nivestat), 192f (Hosanc), 388f (Wintermast), 277ff (Roede), 285ff (Remmlincrode), 108ff (Craul) und passim für Essen, van der Culen.
7 SCHOUTEET, Regesten 2, S. 785, Nr. 294.
8 GILLIODTS-VAN SEVEREN, Reglèments, S. 257.
9 VERBRUGGEN, Gemeenteleger, S. 239.

zu tätigen. Sollten seine Gäste dennoch weiter Borgkaufgeschäfte vereinbaren, geschähe dies auf ihr eigenes Risiko.[1]

W 204 Wulf, Pieter den (1389) Brügge
Beruf: Hostelier.
Wohnort: Brügge, Bürger.
Amtliche Daten: 1389 erhält er von der Stadt Brügge 16 s 4 d gro als Vergütung für die Kosten, die durch *den onder capitain van Greveninghe* in Wulfs Herberge entstanden sind.[2]

W 205 Zatfingher, Jooris (1466) Brügge
Beruf: Hostelier.
Wohnort: Brügge, Bürger.
Amtliche Daten: Am 31.12.1466 wird Zatfingher vor die Brügger Vierschaar geladen, um über den Verbleib seines Gastes, Pauwels Stevin, der vor die Schöffenkammer geladen und bisher dreimal vergeblich von der örtlichen Sicherheitskräften bei seinem Wirt gesucht worden ist, Auskunft zu geben. Zatfingher erklärt, er habe ebenfalls nichts mehr von seinem Gast gehört. Zatfingher wird von den Schöffen aufgefordert, diesem nochmals mitzuteilen, innerhalb der nächsten 15 Tage in Brügge zu erscheinen oder eine Nachricht an Alexander Danchonin zu senden.[3]

W 206 Zinghem, Pieter van (1452 - 1453) Brügge
Identität: 1484 gibt es eine weitere Person dieses Namens, aber da das Todesdatum von W 206 zweifelsfrei feststeht, muß es sich um zwei verschiedene Personen gehandelt haben.[4]
Lebensdaten: Tod: vor dem 16.12.1452.
Familie: Ehefrau: Barbele [NN], seine Witwe. - Sonstige: Ein Victoor van Zinneghem ist im 15. Jahrhunderts Mitglied der Brügger Bruderschaft Onze-Lieve-Vrouw van Roosebeke.[5] Möglicherweise handelt es sich um einen Verwandten.
Beruf: Hostelier.
Wohnort: Brügge, Bürger.
Postume Erwähnungen: Da Zinghem offenbar als uneheliches Kind geboren worden ist, wird ein Teil seiner Hinterlassenschaft vom Brügger Schout beansprucht. Allerdings gehört einiges der daraufhin beschlagnahmten Güter Kaufleuten, die Gäste der Herberge Zinghem gewesen sind. Es wird am 16.12.1453 beschlossen, daß Joris Metteneye fs. Joris als Vertreter der Witwe des Pieter, Barbele, 14 Tage Zeit erhält, mit *goede certificatien* zu beweisen, daß das Gut den Kaufleuten gehört und nicht ihrem ver-storbenen Ehemann.[6]

---

1 SAB, Nieuwe Groenenboek ongecotteerd, fol. 105r-v, ohne Datum. Allerdings ergibt sich aus der Nennung der fünf anderen Namen Torreman (W 182), Coene (W 59), Thielt (W 180), Heijs (W 100) und Lotin (W 125) und den notierten Schadenersatzfällen in den *Civiele Sententiën* ein anzunehmender Zeitpunkt von 1467. Aber vgl. GILLIODTS-VAN SEVEREN, Estaple 2, S. 97, Nr. 1022, nennt als Datum den 5.12.1459.

2 SAB, SR 1388-89, fol. 104r.

3 SAB, Civiele Sententiën 1465-69, fol. 63r.

4 Vgl. BLOCKMANS, Handelingen III,1, S. 343, 369, 375, 378, 380, 391.

5 SAB, reeks 509. Gilde Roosebeke, Ledenregister, fol. 34r.

6 SAB, Nieuwe Groenenboek ongecotteerd, fol. 53r; zum Thema 'Erbrecht unehelicher Kinder': CARLIER, Onwettige kinderen.

W 207 Zinghene, Franchoys van (1376 - 1381) Brügge

Namensschreibweisen: Vorname: Franchois.
Beruf: Hostelier.
Gast: Renier Dominge.
Wohnort: Brügge, Bürger.
Korporationen: Mitglied der Gesellschaft der Schützen 1381.[1]
Brügger Ämter: Ratsherr in Brügge1373-74.[2]
Privates Handeln: Er und Jacob van Leke intervenieren für die Witwe des Antheunis Pape (147), der bei der Schlacht von Westrosebeke fällt und dessen Besitz von den flämischen Behörden aufgrund seiner Beteiligung auf Seiten der Rebellen beschlagnahmt wird. Mittels einer *compositio* von 100 lb [par.] kann die Witwe den Besitz zu ihren Gunsten sicherstellen.[3]

W 208 Zinghinne, Willem van (1338 - 1341) Brügge

Namensschreibweisen: Nachname: Zinghine.
Beruf: Hostelierscnape.
Wohnort: Brügge, Bürger.
Korporationen: Mitglied der Maklerzunft.
Amtliche Daten: Als Mitglied der Maklerzunft wird er im Zeitraum 1338-1340 für das Brügger Gemeindeheer rekrutiert.[4] - Am 3.1.1341 bezeugt er als Knape eine Übereinkunft der Maklerzunft mit den Hosteliers.[5]

W 209 Zvane, Jan van den (1323 - 1328) Brügge

Namensschreibweisen: Nachname: Zwane.
Beruf: Hostelier.
Klerk: Jan Wevel.
Wohnort: Brügge, Bürger.
Korporationen: Mitglied der Brügger Maklerzunft.
Amtliche Daten: Im März 1323 bestätigt er in seiner Eigenschaft als Hostelier das gräfliche Maklerstatut.[6] - Sein Klerk, Jan de Wevel, wird am 17.9.1328 im Zusam-menhang mit dem gescheiterten Aufstand in Flandern (1322-28) durch eine Untersuchungskommission als Beschuldigter eingestuft, später aber nicht weiter verfolgt.[7]

---

1 SCHOUTEET, Regesten 3, S. 257, Nr. 684.
2 VAN DEN AUWEELE, Schepenbank, S. 292.
3 ARA, Rekenkamer, Nr. 2018, Comptes des recettes.
4 VERBRUGGEN, Gemeenteleger, S. 240.
5 SAB, reeks 299, Makelaars, Cartularium A 1293 - 1683, fol. 19v; vgl. SCHOUTEET, Regesten 3, S. 17, Nr. 16, der nicht zwischen *Hosteliers* und *Cnapen* unterscheidet, sowie letztere als *Makler* bezeichnet.
6 EHRENBERG, Makler, S. 465.
7 VAN DEN AUWEELE, Gijzelaarslijsten, S. 165.

Quellen

Unveröffentlichte Quellen

Algemeen Rijksarchief Brüssel
Rekenkamer:
Rechnungen Baljuw Sluis, Nr. 1299, Rechnungen des Waterbailiuw von Sluis:
Nr. 1491,1492,1495,1496,1497,1499,1500,1502,1504,1506,1507,1509,1511,
1512,1513,1515.
Nr. 2017-2020, Comptes des biens confisques Nr. 2922-2925.
Schoutrechnungen Nr. 13861, 13685.
Acquits de Lille, cartons, Nr. 36.

Rijksarchief Brügge
Kerkfabriek Sint-Walburga (90).
Kerkfabriek Sint-Jacobs, Nr. 197.
Fonds Onze-Lieve-Vrouwkerk, Nr. 82
Gailliard, Grafschriften, 68/22.

Reihe 154a:
Rechnungen Baljuw Brügge und Brugse Vrije, (Rolrekeningen):
Nr. 1248,1253,1257,1264,1266,1268,1269,1272,1275,1277.
Reihe 154b:
Rechnungen Baljuw von Brügge und Brugse Vrije (Rolrekeningen):
Nr. 1282,1280, 1284,1289,1286,1294,1295,1298.
Reihe 155:
Rechnung Schout Brügge : Mai 1382 - 7. Juli 1382 (Rolrekening).

Bischoppelijk Archief Brügge
Chartes de Saint-Donatien, N 26 I (ohne Titel), Nr. 1-544, N 26 II Titres de biens, Nr. 1-107, N 26 III, Testaments et fondations, Nr. 1-326.

Stadsarchief Brügge
Stadtrechnungen (1304 - 1493).
Reihe 96. Stadscartularia, Rudenboek 1271-1484, Rodenboek A 1240-1511, Oude Wittenboek 1089-1546, Geluwenboek 1279-1567, Groenenboek A 1408-58, Groenenboek B 1236-1593, Groenenboek C 1281-1548, Nieuwe Groenenboek ongecotteerd 1447-1512, Tweede Nieuwe Groenenboek B 1388-1566, Purpurenboek 14. Jh.-1540.
Reihe 99. Politieke Oorkonden le Reihe.
Reihe 103. Oorkonden van private aangelegenheden, l. Reihe.
Reihe 114. Wetsvernieuwingen.
Register 1397-1421, 1422-43,1468-1501.
Reihe 157.Civiele Sententien Vierschaar.
Register 1447-53,1453-62,1465-69,1469-70
Reihe 164. Memoriaal van de Kamer.
Register 1439-1587.

Reihe 240. Wijnaccijns dossiers.
Register A, 1419.
Reihe 299. Makelaars, Cartularium A, 1293-1683
Reihe 305. Koopmannsboeken
Willem Ruweel, 1, Collard de Marke, 1-5.
Reihe 405. Wijnschroders
Reihe 505. Gilde Droogenboom.
Ledenregister, Inventar, Rentenbücher.
Reihe 509. Gilde Roosebeke.
Mitgliederregister, Inventar.

Stadsbibliotheek Brügge
Handschrift Nr. 436; Handschrift Manuskript Nr. 449, De Hooghe, Versaemelinge.

Archives Departementales du Nord (Lille)
Tresor de Chambre: B 1347,Nr. 18531; Cartulaire de Flandre V.
Archiv der Stadt Tallinn
B.h. 81 I, BI. 244,245, Veckinchusen-Briefe, B.h. 81 II, B1.444.
Historisches Archiv der Stadt Köln
Hanse I, Kopiar I, Hanse III K, Korrespondenz und Akten, 14. bis 17. Jahrhundert.
Archiv der Hansestadt Lübeck
Batavica, Nr. 142.
Stadtarchiv Stralsund
Testamente Nr. 1-699, (1309-1476).

VERÖFFENTLICHTE QUELLEN

BLOCKMANS, W., Handelingen van de Leden en de Staten van Vlaanderen, Regering van Filips de Goede (10 september 1419 - 15 juni 1467), [KONINKLIJKE ACADEMIE VAN BELGIË, KONINKLIJKE COMMISSIE VOOR GESCHIEDENIS], Brüssel 1990. (Handelingen I).

BLOCKMANS, W., Handelingen van de Leden en de Staten van Vlaanderen, (1467-1477), [KONINKLIJKE ACADEMIE VAN BELGIË, KONINKLIJKE COMMISSIE VOOR GESCHIEDENIS], Brüssel 1971. (Handelingen II).

BLOCKMANS, W., Handelingen van de Leden en de Staten van Vlaanderen, Regeringen van Maria van Bourgondië en Filips de Schone (5 januari 1477 - 26 september 1506), [Koninklijke Academie van België, Koninklijke Commissie voor Geschiedenis], 2 Bde., Brüssel 1973, 1982. (Handelingen III).

BONENFANT, P., Ordonnances de Philippe le Hardi, de Marguerite de Male et de Jean sans Peur, 1381-1419, Bd. 1, Ordonnances de Philippe le Hardi et de Marguerite de Male du 16 octobre 1381 au 31 décembre 1393, bearb. v. J. BARTIER / A. VAN NIEUWENHUYSEN ; Bd. 2, Ordonnances de Philippe le Hardi et de Marguerite de Male du 17 janvier 1394 au 25 février 1405, bearb. v. A. VAN NIEUWENHUYSEN, [RECUEIL DES ORDONNACES DES PAYS-BAS, PREMIERE SERIE : 1381-1506], Brüssel 1965, 1974.

BRANDT, A.V., Regesten der Lübecker Bürgertestamente des Mittelalters, Bd. I, 1278-1350, [VERÖFFENTLICHUNGEN ZUR GESCHICHTE DER HANSESTADT LÜBECK, HRSG. VOM ARCHIV DER HANSESTADT; 18], Lübeck 1964.

BRANDT, A. V., Regesten der Lübecker Bürgertestamente des Mittelalters, Bd. II: 1351-1363, [VERÖFFENTLICHUNGEN ZUR GESCHICHTE DER HANSESTADT LÜBECK, HRSG. VOM ARCHIV DER HANSESTADT; 24], Lübeck 1973.

BUNTINX, J. (Hg.), Het memoriaal van Jehan Makiel, klerk en ontvanger van Gwijde van Dampierre (1270-1275), Brüssel 1944.

CHAUCER, G., Canterbury Tales, dt. Übers. LEHNERT, M. (Hg.), Geoffrey Chaucer, Die Canterbury-Erzählungen, Frankfurt/M. 1987.

COLENS, J. , 1302. Le compte communal de la ville de Bruges, Brügge 1886.

DE JONGHE, J., Cronijcke van Vlaenderen, gemaect door Jor Nicolaes Despars, van de jaeren 405 tot 1492. 4 Bde., Brügge, Rotterdam 1839-40.

De Pauw, N., (Hg.), Jehan Froissart's Cronyke van Vlaenderen, getranslateert uuten franssoyse in duytscher tale bij Gerijt Potter van der Loo in de XVe eeuw, 4 Bde., Gent, 1898-1909.

DE PAUW, N. (Hg.), Bouc van der Audiencie. Acten en Sentencien van den Raad van Vlaanderen in de XIVe eeuw. 2 Bde., Gent 1901-1903.

DEWITTE, A./VIAENE, A. (Hgg.), De Lamentatie van Zeghere van Male. Brugge na de opstand tegen Spanje 1590, Brügge 1977.

DORTMUNDER URKUNDENBUCH, bearb. von K. RÜBEL u. E. ROESE, Dortmund, Bd. 1 Erste Hälfte (899-1340), 1881; Zweite Hälfte (1341-1372), 1885; Bd. 2., Erste Hälfte (1372-1394), 1890, Zweite Hälfte (Nachträge 899-1393, Fortsetzung 1393-1400), 1894; Bd. 3. Erste Hälfte (1400-1410), 1899; Ergänzungsbd. 1. 1910, [Neudruck Osnabrück 1975-1978].

EVANS, A. (Hg.), Francesco Balducci Pegalotti, La Pratica della Mercatura, Cambridge, Massachusetts 1936.

GEIRNAERT, N., Het Archief van de Familie Adornes en de Jeruzalemstichting te Brugge, Bd. I: Inventaris. Bd. II: Regesten van de oorkonden en brieven tot en met 1500, Brügge1987-1989.

GESSLER, J. (Hg.), Le Livre des Mestiers de Bruges et ses dérivés. Quatre anciens manuels de conversation, Brügge 1931.

GILLIODTS-VAN SEVEREN, L., Cartulaire de l'ancienne Estaple de Bruges, 4 Bde., Brügge 1904-1906.

GILLIODTS-VAN SEVEREN, L., Coutumes des Pays et comté de la Flandre, Quartier de Bruges, Coutume de la ville de Bruges, 2 Bde, Brüssel 1874, 1875.

GILLIODTS-VAN SEVEREN, L., Inventaire des archives de la ville de Bruges, Introduction u. 6 Bde., Brügge 1871-1878.

HANSEREZESSE. Die Recesse und andere Akten der Hansetage 1256-1430, Abteilung I, hrsg. v. K. KOPPMANN, 8 Bde., Leipzig 1870-1897.

HANSEREZESSE. Die Recesse und andere Akten der Hansetage 1431-1476, Abteilung II, hrsg. v. G. VON DER ROPP, 7 Bde., Leipzig 1876-1892.

HANSISCHES URKUNDENBUCH, bearb. v. K. Höhlbaum, Bd. 1-3, Halle, 1876-1886, K. Kunze, 4-6, 1896-1905, H.-G. v. Rundstedt, 7,1, 1939, W. Stein, 8-11, Leipzig 1899-1916.

HEERS, J./DE GROER, G., Itinéraire d'Anselme Adorno en terre sainte (1470-1471), (Source d'Histoire médiévale publiées par l'Institut de Recherche et d'Histoire des Textes), Paris 1978.

HEGEL, C. (Hg.), Chronicon Moguntinum, [MGH, SRIPTORES RERUM GERMANICARUM], Hannover, 1885.

KRÜGER, K. (Hg.), Die Brügger Steuerlisten 1360-1390, in: PARAVICINI, W./ WERNICKE, H., Hansekaufleute in Brügge, Teil 1, [KIELER WERKSTÜCKE, REIHE D: BEITRÄGE ZUR

EUROPÄISCHEN GESCHICHTE DES SPÄTEN MITTELALTERS, hrsg. v. W. PARAVICINI; 2], Frankfurt/M. 1992.

KUSKE, B. (Hg.), Quellen zur Geschichte des Kölner Handels und Verkehrs im Mittelalter, 4 Bde., Bonn 1923-1934.

LETTS, M. (Hg.): Pero Tafur. Travels and Adventures 1435-1439, London 1926.

LETTS, M. (Hg.): The travels of Leo Rozmital 1465-1467, Cambridge 1957.

LIMBURG-STIRUM, TH. DE (Hg.), Cartulaire de Louis de Male. Decreten van den grave Lodewyck van Vlaenderen, 1348 à 1358, 2 Bde., Brügge 1898-1901.

LOOSE, H.-D., Hamburger Testamente 1351 bis 1400, [VERÖFFENTLICHUNGEN AUS DEM STAATSARCHIV DER FREIEN UND HANSESTADT HAMBURG, BD. 11], Hamburg 1970.

MECKLENBURGISCHES URKUNDENBUCH, hrsg. v. Verein für Mecklenburgische Geschichte und Altertumkunde, Bd. 13-21, Schwerin 1884-1903.

NIRRNHEIM, H. (bearb.), Das Handlungsbuch Vickos von Geldersen, Hamburg/Leipzig, 1895.

POECK, D. W.(bearb.), Das älteste Greifswalder Stadtbuch: (1291-1332), (Veröffentlichungen der Historischen Kommission für Pommern, IV, 14), Köln, Weimar, Wien 2000.

PRETZEL, U. (bearb.), Deutsche Erzählungen des Mittelalters, München, 1971.

PREUßISCHES URKUNDENBUCH, hrsg. von K. CONRAD, Bde. 5 u. 6, 1. Lieferung, Marburg (Lahn) 1969-1986.

PREVENIER, W., Handelingen van de Leden en van de Staten van Vlaanderen (1384-1405). Excerpten uit de rekeningen der steden, kasselrijen en vorstelijke ambtenaren, [KONINKLIJKE BELGISCHE ACADEMIE VOOR WETENSCHAPEN, LETTEREN EN SCHONE KUNSTEN], Brüssel 1959.

SCHOUTEET, A., Regesten op de oorkonden, Stadsarchief van Brugge, 1089-1420, 4 Bde., Brügge 1973-1982.

URKUNDENBUCH DER STADT LÜBECK, hrsg. v. Verein f. Lübeckische Geschichte u. Altertumskunde, Bd. 3-7, Lübeck 1871-1885.

VAN MIERIS, F., Groot Charterboek der Graven van Holland, van Zeeland en Heeren van Vriesland, 4 Bde., Leiden 1753-1756.

VORSTERMAN VAN OYEN, G.A. (Hg.), Rechtsbronnen der stad Aardenburg, [Werken der vereiniging tot de uitgave der bronnen van het oude vaderlandsche Recht, 2, erste reeks, Nr. 15], 's-Gravenhage 1892.

WYFFELS, C., Analyses de reconnaissances de dettes passées devant les échevins d'Ypres (1249-1291), éditées selon le manuscrit de Guillaume des Marez, [KONINKLIJKE ACADEMIE VAN BELGIË, KONINKLIJKE COMMISSIE VOOR GESCHIEDENIS], Brüssel, 1991.

WYFFELS, C., De rekeningen van de stad Brugge (1280-1319), [KONINKLIJKE COMMISSIE VOOR GESCHIEDENIS, VERZAMELING VAN ONUITGEGEVEN BELGISCHE KRONIEKEN EN VAN ONUITGEGEVEN DOCUMENTEN BETREFFENDE DE GESCHIEDENIS VAN BELGIË, 62], 2 Bde, Brüssel 1965, 1995.

ZOETE, A., Handelingen van de Leden en van de Staten van Vlaanderen (1405-1419), [KONINKLIJKE ACADEMIE VAN BELGIË, KONINKLIJKE COMMISSIE VOOR GESCHIEDENIS], 2 Bde., Brüssel 1981,1982.

Literaturverzeichnis

ABRAHAM-THISSE, S., La correspendance d'un marchand hanséate au XVe siècle: Hildebrand Veckinchusen, in: Actes du XIXe Congrès de la Société des Historiens Médiévistes de l'Enseignement Supérieur public, (Reims 1988), Paris 1992, S. 121-135.

ABU-LUGHOD, J.L., Before European Hegemony, The World System A.D. 1250-1350, New York/Oxford, 1989.

AERTS, E., Middeleeuwse bankgeschiedenis volgens professor Raymond De Roover, in: Bijdragen voor de Geschiedenis, 63, 1980, S. 49-86.

AERTS, E., VAN CAUWENBERGHE, E., Die Grafschaft Flandern und die sogenannte spätmittelalterliche Depression, in: SEIBT, F./ EBERHARD, W. (Hg.), Europa 1400: Die Krise des Spätmittelalters, Stuttgart, 1984, S. 95-116.

AFFLERBACH, TH., Der berufliche Alltag eines spätmittelalterlichen Hansekaufmanns. Betrachtungen zur Abwicklung von Handelsgeschäften, (Kieler Werkstücke, Reihe A, Bd. 7), Frankfurt/M. 1993.

ALTHOFF, G., Personenstatistik aus mittelalterlichen Quellen?, in: Prosopographie als Sozialgeschichte? Methoden personengeschichtlicher Erforschung des Mittelalters. Sektionsbeiträge zum 32. Deutschen Historikertag Hamburg 1978. Mit einem Bericht über das Kommentierte Quellenwerk zur Erforschung der Personen und Personengruppen des Mittelalters "Societas et Fraternitas", München 1978, S. 20-25.

ALTHOFF, G., Spielregeln der Politik im Mittelalter. Kommunikation in Frieden und Fehde, Darmstadt 1997.

AMMAN, H., Deutschland und die Tuchindustrie Nordwesteuropas im Mittelalter, in: HGbll 72 (1954), S. 1-63.

AMMANN, H., Die Anfänge des Aktivhandels und der Tucheinfuhr aus Nordwesteuropa nach dem Mittelmeergebiet, in: Studi in onore die Armando Sapori, Mailand, 1957, S. 275-310.

ANDERSON, A.-B., Bryggen, Das hanseatische Kontor in Bergen, Bergen, 1982.

ANGERMANN, N., Die Hanse und Russland in den Jahren 1584-1603, in: HGbll 102 (1984), S. 79-90.

ANGERMANN, N., Deutsche Kaufleute im mittelalterlichen Novgorod und Pleskau, in: Rothe, H. (Hg.), Deutsche im Nordosten Europas, Köln, Wien 1991, S. 59-86.

ARCHER, I. W., Responses to Alien Immigrants in London, c. 1400-1650, in: CAVACIOCCHI, S. (Hg.), Le Migrazioni in Europa secc. XIII-XVIII, (Istituto Internationale di Storia Economica "F. Datini", Serie II, 25), Prato 1994, S. 755-774.

ARNADE, P., Realms of Ritual. Burgundian Ceremony and Civic Life in Late Medieval Ghent, Ithaca, London 1996.

ARNADE, P., Urban Elites and the Politics of Public Culture in the Late-Medieval Low Countries, in: CARLIER, M., U.A. (Hg.), Hart en marge in de laat-middeleeuwse stedelijke maatschappij, Handelingen van het colloquium te Gent, (22-23 augustus 1996), Löwen, Apeldoorn 1997, S. 33-50.

ASAERT, G., Gasten uit Brugge. Nieuwe gegevens over Bruggelingen op de Antwerpse markt in de vijftiende eeuw, in: Album Carlos Wyffels, Brüssel 1987, S. 23-41.

ASMUSSEN, G., Die Lübecker Flandernfahrer in der zweiten Hälfte des 14. Jahrunderts (1358-1408), (KWSt., Reihe D: Beiträge zur europäischen Geschichte des späten Mittelalters, hrsg. v. W. Paravicini), Hansekaufleute in Brügge 2, Frankfurt/Main u.a. 1999.

AUSSTELLUNGSKATALOG: 500 jaar Grote Raad, 1473-1973, Van Karel de Stoute tot Keizer Karel, Mecheln 1973.

AUTRAND, F. (Hg.), Prosopographie et genèse de l'État moderne, (Collection de l'ÉNS, Nr. 30), Paris 1986.

BAECHLER, J./HALL, J.A./MANN, M. (Hg.), Europe and the Rise of Capitalism, London 1988.

BAHR, K., Handel und Verkehr der deutschen Hanse in Flandern während des 14. Jahrhunderts, Leipzig 1911.

BAIROCH, P./BATOU, J./CHEVRE, P., La population des villes européennes. Banque de données et analyse sommaire des résultats, 800-1500, Genf 1988.

BARTLETT, R., The Making of Europe - Conquest, Colonization and Cultural Change 950-1350, Princeton 1993.

BAUER, C., Die Epochen der Papstfinanz, in: HZ 138 (1928), S. 457-503.

BEARDWOOD, A., Alien Merchants in England 1350 to 1377. Their legal and economic position, Cambridge/Mass. 1931.

BEUKEN, J.H.A., De Hanze in Vlaanderen, Maastricht [1950].

BIGWOOD, G., Le régime juridique et économique du commerce de l'argent dans la Belgique du moyen âge, (Mémoires de l'Académie Royale de Belgique, Classes des Lettres et des Sciences Morales et Politique, 2. Reihe, 14), 2 Bde., Brüssel 1921-22.

BISCHOFF, J.P., "Pegolotti, an Honest Merchant?", in: Journal of European Economic History 6 (1977), S. 103-108.

BLOCKMANS, F., Het Gentsche stadspatriciaat tot omstreeks 1302, (Werken uitgegeven door de Faculteit van de wijsbegeerte en letteren; 85), Antwerpen 1938.

BLOCKMANS, W. P, Mutaties van het politiek personeel in de steden Gent en Brugge tijdens een periode van regimewisselingen: het laatste kwart van de 15e eeuw, in: Bronnnen voor de Geschiedenis van de instellingen in België. Handelingen van het Colloquium te Brussel 15.-18. 4. 1975, S. 92-103.

BLOCKMANS, W. P., De volksvertegenwoordiging in Vlaanderen in de overgang van de Middeleeuwen naar Nieuwe Tijden (1384-1506), (VKAWLSKB; KL, XL, Nr. 90), Brüssel 1978.

BLOCKMANS, W. P., The social and economic effects of plague in the Low Countries 1349-1500, in: RBPH 50 (1980), S. 833-863.

BLOCKMANS, W. P., Verwirklichungen und neue Orientierungen in der Sozialgeschichte der Niederlande im Spätmittelalter, in: Festschrift Franz Petri, Köln, Wien 1983, S. 41-60.

BLOCKMANS, W. P., Die Niederlande vor und nach 1400: eine Gesellschaft in der Krise?, in: SEIBT, F./ EBERHARD, W. (Hg.), Europa 1400: Die Krise des Spätmittelalters, Stuttgart 1984, S. 117-132.

BLOCKMANS, W. P., Van buiten af bekeken. Buitenlandse historici over staatsvorming in de Nederlanden van de veertiende tot de zestiende eeuw, in: Bijdragen en Mededeelingen betreffende de Geschiedenis der Nederlanden 100 (1985), S. 588-605.

BLOCKMANS, W.P., Patronage, Brokerage and Corruption as Symptoms of Incipient State Formation in the Burgundian-Habsburg Netherlands, in: MĄCZAK, A. (Hg.), Klientelsysteme im Europa der Frühen Neuzeit, (Schriften des Historischen Kollegs: Kolloquien; 9), München 1988, S. 117-126.

BLOCKMANS, W. P., Handelstechniken in Flandern und Brabant im Vergleich mit denjenigen der Hanse, 14.-15. Jahrhundert, in: FRIEDLAND, K. (Hg.), Brügge-Colloquium des Hansischen Geschichtsvereins 26.-29. Mai 1988, (QuD; N.F., Bd. 36), Köln, Wien 1990.

BLOCKMANS, W. P., Vete, partijstrijd en staatsmacht. Een vergelijking (met nadruk op Vlaanderen), in: MARSILJE, J.W. (Hg.), Bloedwraak, partijstrijd en pacificatie in laatmiddeleeuws Holland, (Cahiers Sociale Geschiedenis, 7), Hilversum 1990, S. 9-33.

BLOCKMANS, W. P., Konfliktregelung der Hanse in Flandern (1393 - 1451), in: MENKE, H. (Hg.), Die Niederlande und der europäische Nordosten. Ein Jahrtausend weiträumiger Beziehungen (700 - 1700), Symposion Kiel, 8.-11. Oktober 1989, Neumünster 1992, S. 209-219.

BLOCKMANS, W. P., Der holländische Durchbruch in der Ostsee, in: JENKS, ST./NORTH, M. (Hg.), Der hansische Sonderweg?, Beiträge zur Sozial-und Wirtschaftsgeschichte der Hanse, (QDHG, NF, 39), Köln, Weimar, Wien 1993, S. 49-58.

BLOCKMANS, W. P., Urbain space in the Low Countries, 13th-16th centuries, in: Spazio urbano e organizzazione economica nell' Europa medievale, (Eleventh International Economic History Congress, Mailand, 12.-16. September 1994), (Annali della facoltà die scienze politiche a.a. 1993-94, 30; materiali di storia, 14), S. 163-175.

BLOCKMANS, W. P., The social and economic context of investment in art in Flanders around 1400, in: SMEYERS, M./CARDON, B. (Hg.), Flanders in a European Perspective. Manuscript illumination around 1400 in Flanders amd abroad. Proceedings of the International Colloquium Leuven, 7.-10. September 1993, Löwen 1995, S. 711-720.

BLOCKMANS, W. P./ PREVENIER, W., De Bourgondiërs. De Nederlanden op weg naar eenheid, 1384-1530, Amsterdam, Löwen 1997.

BLUMER, H., Race Prejudice as a Sense of Group Position, in: Pacific Sociological Review (1958), 1, S. 3-7.

BOGAERTS, P./ DELJOUTTE, V., Notice historique sur les impôts communaux, depuis leur origine jusqu'en 1794, Brüssel 1846.

BONSDORFF, J. V., Kunstproduktion und Kunstverbreitung im Ostseeraum des Spätmittelalters, (Suomen Muinaismuistoyhdistyksen Aikakauskirja Finska Fornminnesföreningens Tidskrift, 99), Helsinki, Helsingfors 1993.

BOOCKMANN, H., Die Stadt im späten Mittelalter, 3. durchges. Aufl., München 1994.

BOONE, M., DUMON, M./REUSENS, B., Immobiliënmarkt, fiscaliteit en sociale ongelijkheid te Gent, 1483-1503, (Standen en Landen, 78), Kortrijk, Heule 1981.

BOONE, M., DE HEMPTINNE, TH./PREVENIER, W., Fictie en historische realiteit. Colijn van Rijsseles „De Spiegel der Minnen“, ook een spiegel van sociale spanningen in de Nederlanden der late Middeleeuwen ?, in: Jaarboek van de Koninklijke Soevereine Hoofdkamer van Retorica „De Fonteine“ te Gent 34 (1984), S. 9-33.

BOONE, M., Triomferend privé-initiatief versus haperend overheidsoptreden ? Over pachters van indirecte belastingen in laatmiddeleeuwse steden, in: TSG 15, Nr. 2 (1989), S. 113-138.

BOONE, M., Gent en de Bourgondische hertogen ca. 1384- ca. 1453. Een sociaal-politieke studie van een staatsvormingsproces, (VKAWLSKB; KL, 52, Nr. 133), Brüssel 1990.

BOONE, M., PREVENIER, W. (Hg.), La Draperie ancienne des Pays-Bas: Débouchés et stratégies de survie (14e-16e siècles), Actes du colloque tenu à Gand le 28 avril 1992, (Studies in Urban Social, Economic and Political History of the Medieval and Modern Low Countries, hrsg. v. W. PREVENIER), Löwen/Apeldoorn 1993.

BOONE, M., Städtische Selbstverwaltungsorgane vom 14. bis 16. Jahrhundert. Verfassungsnorm und Verwaltungswirklichkeit im spätmittelalterlichen flämischen Raum am Beispiel Gent, in: EHBRECHT, W. (Hg.), Verwaltung und Politik in Städten Mitteleuropas, Beiträge zu Verfassungsnorm und Verfassungswirklichkeit in aufständischer Zeit, Köln, Weimar, Wien 1994, S. 21-46.

BOONE, M., Une famille au service de l'Etat bourguignon naissant. Roland et Jean d'Uutkerke, nobles flamands dans l'entourage de Philippe le Bon, in: RN 77, Nr. 310 (1995), S. 233-255.
BOONE, M., Les métiers dans les villes flamandes au Bas Moyen Age (XIVe-XVIe siècles: images normatives, réalités socio-politiques et économiques, in: Les métiers au Moyen Age. Aspects économiques et sociaux, hrsg. v. P. LAMBRECHTS/J.-P. SOSSON, S. 1-21.
BOONE, M./PRAK, M., Rulers, patricians and burghers: the Great and the Little traditions of urban revolt in the Low Countries, in: DAVIDS, K./LUCASSEN, J. (Hg.), A miracle mirrored. The Dutch Republic in European Perspective, Cambridge 1995, S. 99-134.
BOONE, M., Le pouvoir politique dans les villes flamandes au Moyen Age: premières manifestations, l'ère patricienne (XIIe siècle - 1302), in: MENJOT, D./PINOL, J.-L. (HG.), La construction d'un républicanisme urbain. Enjeux de la politique municipale dans les villes flamandes au bas Moyen Age, (Actes de la 3e Table Ronde Internationale du Centre de Recherches Historiques sur la Ville), Paris 1997, S. 41-60.
BOONE, M., DE HEMPTINNE, TH., Espace urbain et ambitions princières: les présences matérielles de l'autorité princière dans le Gand médiéval (12e siècle-1540), in: PARAVICINI, W. (Hg.), Zeremoniell und Raum, 4. Symposium der Residenzen-Kommission der Akademie der Wissenschaften in Göttingen, (Residenzenforschung; 6), Sigmaringen 1997, S. 279-304.
BOONE, M., Stratégies fiscales et financières des élites urbaines et de l'État bourguignon naissant dans l'ancien comté de Flandre (XIVe-XVIe), in: L'Argent au Moyen Âge, XXVIIIe Congrès de la S.H.M.E.S. (Clermont-Ferrand, 30. Mai - 1. Juni 1997), Société des Historiens Médiévistes de l'Enseignement Supérieur Public, Paris 1998, S. 235-253.
BOONE, M., Apologie d'un banquier médiéval: Tommaso Portinari et l'État bourguignon, in: Le Moyen Âge 105 (1999), S. 31-54.
BRAND, A.V., Die gesellschaftliche Struktur des spätmittelalterlichen Lübeck, in: Untersuchungen zur gesellschaftlichen Struktur der mittelalterlichen Städte in Europa, (Vorträge und Forschungen; 11), Stuttgart 1966, S. 215-239.
BRAND, H., Over macht en overwicht. Stedelijke elites in Leiden (1420-1510-), Löwen, Apeldoorn 1996.
BRAUNSTEIN, PH., Pour une histoire des élites urbaines: vocabulaire, réalités et représentations, in: Les élites urbaines au moyen âge, XXVIIe Congrès de la S.H.M.E.S. (Rom, Mai 1996), (Collection de l'Ecole française de Rome; 238), Paris 1997, S. 29-38.
BRENNIG, H.R., Der Kaufmann im Mittelalter. Literatur - Wirtschaft - Gesellschaft, (Bibliothek der Historischen Forschung; 5), Pfaffenweiler 1993.
BRILIOTH, Y., Den påfliga beskattningen af Sverige intill den stora schismen, Uppsala 1915.
BRULEZ, W., Brugge en Antwerpen in de 15e en 16e eeuw: een tegenstelling ?, in: TG 83 (1970), S. 15-37.
BRUNNER, H., Beiträge zur Geschichte und Dogmatik der Werthpapiere I: Brügger Schöffensprüche zur Geschichte des Wechselrechts im fünfzehnten Jahrhundert, in: Zeitschrift für das Gesamte Handelsrecht 22 (1877), S. 1-58.
BULST, N./GENET, J.PH. (Hg.), Medieval Lives and the Historian, Studies in Medieval Prosopography, Proceedings of the First International Interdisciplinary Conference on Medieval Prosopography, Universität Bielefeld, 3.-5. December 1982, (Medieval Institute Publications), Kalamazoo 1986.
BULST, N., Die französischen Generalstände von 1468 und 1484. Prosopographische Untersuchungen zu den Deligierten, Sigmaringen 1992.

BUNTINX, J., De audientie van de Graven van Vlaanderen. Studie over het centraal grafelijk gerecht (c. 1330 - c. 1409). (VKVAWLSKB; KL; 10), Brüssel 1949.
BURKE, P., Hosts and Guests: a General View of Minorities in the Cultural Life of Europe, in: SOLY, H./THIJS, A.K.L. (Hg.), Minderheden in Westeuropese steden (16de - 20ste eeuw), Brüssel, Rom 1995, S. 43-54.
CAMPBELL, B.M.S. (Hg.), Before the Black Death: Studies in the "Crisis" of the Early Fourteenth Century, Manchester 1991.
CARLIER, M./GREVE, A., Omtrent de dood van een bastard. Belangenconflicten bij de erfenis van Gerard Splinter. Brugge 1422, in: ASEB 131 (1994), S. 95-109.
CARLIER, M., Solidariteit of sociale controle ? De rol van vrienden en magen en buren in een middeleeuwse stad, in: CARLIER, M./U.A. (Hg.), Hart en marge in de laat-middeleeuwse stedelijke maatschappij, Handelingen van het colloquium te Gent (22-23 augustus 1996), Löwen, Apeldoorn 1997, S. 71-91.
CARLIER, M., Onwettige kinderen in de Bourgondische Nederlanden: determinanten van hun plaats binnen de familie en binnen de maatschappij, (Diss.), Universität Gent, 1998.
CARLIER, M., Kinderen van de minne ? Bastaarden in het vijftiende-eeuwse Vlaanderen. Verhandelingen van de Koninklijke Vlaamse Academie van Belgie voor Wetenschappen en Kunsten, Bruessel 2001.
CARUS-WILSON, E.M., Die Hanse und England, in: Hanse in Europa. Brücke zwischen den Märkten, 12.-17. Jahrhundert, (Ausstellungskatalog), Köln 1973, S.87-112.
CHOROŠKEVIC, A.L., Der Ostseehandel und der deutsch-russisch-gotländische Vertrag 1191/1192, in: JENKS, ST./NORTH, M. (Hg.), Der Hansische Sonderweg? Beiträge zur Sozial-und Wirtschaftsgeschichte der Hanse, (QuD, NF 39), Köln, Weimar, Wien 1993, S. 1-12.
CHOROŠKEVIC, A.L., Der deutsche Hof in Novgorod und die deutsche Herberge (Fondaco dei Tedeschi) in Venedig im 13./14. Jahrhundert. Eine vergleichende Vorstudie, in: PELC, O./PICKHAN, G. (Hg.), Zwischen Lübeck und Novgorod. Wirtschaft, Politik und Kultur im Ostseeraum vom frühen Mittelalter bis ins 20. Jahrhundert, Norbert Angermann zum 60. Geburtstag, Lüneburg 1996, S. 67-87.
CHOWN, J., A History of Money. From AD 800, London, New York 1994.
CLARK, P., The english alehouse. A social history 1200-1830, London, New York 1983.
CONSTABLE, O.R., Trade and Traders in Muslim Spain. The commercial realignment of the Iberian peninsula, 900-1500, Cambridge 1994.
COPPEJANS-DESMEDT, H., Handel en handelaars op de Vlaamse jaarmarkten in de tweede helft van de XIIIde eeuw, in: Album Carlos Wyffels, Brüssel 1987, S. 69-88.
CZACHAROWSKI, A., Soziale Schichten in den Städten des deutschen Ordenslandes im Spätmittelalter, in: DIESTELKAMP, B. (Hg.), Beiträge zum spätmittelalterlichen Städtewesen, (Städteforschung: Reihe A, Darst.; Bd. 12), Köln, Wien 1982, S. 119-129.
DANNEEL, M.: Weduwen en wezen in het laat-middeleeuwse Gent. Leuven 1996.
DAVIES, R. R., Domination and Conquest: the experience of Ireland, Scotland and Wales 1100-1300, Cambridge 1990.
DAY, J., The medieval market economy, Oxford, New York 1987.
DECLERCK, P., Een Jaargetijdenboek van de Sint-Trudo abdij te Brugge, in: Instrumenta Patristica XI, Corona Gratiarum, Miscellanea Patristica, Historica et Liturgica, Eligio Dekkers O.S.B., Brügge, 's Gravenhage 1975, S. 229-270.
DE FLOU, K, Cartularium van kerk en armendisch van Sint-Michiels, in: ASEB 5 (1895), S. 263-375.
DE GRAUWE, J., De stichting van de Gentse kartuis "Koningsdal" te Rooigem in de parochie Ekkergem, in: HMGOG 25 (1971), S. 3-29.

DEGRYSE, R., Brugge en de pilotage van de Spaanse vloot in het Zwin in de XVIde eeuw, in: ASEB 117 (1980), S. 105-178 u. S. 227-288.
DE HEMPTINNE, TH./ VANDERMAESEN, M., De ambtenaren van de centrale administratie van het graafschap Vlaanderen van de 12e tot de 14e eeuw, in: TG 93 (1980), S. 177-209.
DE LA COTSE, E., Anselme Adorno, sire de Corthuy, pélerin de terre Sainte; sa famille, sa vie, ses voyages et son temps, recit historique, Brüssel 1856.
DE LAET, M., De vlaamse aktieve handel op Engeland in de eerste helft van de 14e eeuw, aan de hand van de Customs Accounts, in: Economische Geschiedenis van België, Behandeling van de bronnen en problematiek. Handelingen van het Colloquium te Brussel, 17-19 november 1971, Brüssel 1972, S. 223-231.
DEMEY, J., Proeve tot raming van de bevolking en de weefgetouwen te Ieper van de XIIIe tot de XVIIe eeuw, in: MUS, O./VAN HOUTTE, J.A. (Hg.), Prisma van de geschiedenis van Ieper, Een bundel historische opstellen, Ypern 1974, S. 157-170
DEMEY, J., De Vlaamse ondernemer in de middeleeuwse nijverheid. De Ieperse drapiers en „upsetters" op het einde der XIIIe en de XIVe eeuw, in: MUS, O./ VAN HOUTTE, J.A. (Hg.), Prisma van de geschiedenis van Ieper, Een bundel historische opstellen, Ypern 1974, S. 143-156.
DE MEYER, I., De sociale strukturen te Brugge in de 14e eeuw, in: W.P. Blockmans, et al, Studien betreffende de sociale strukturen te Brugge, Kortrijk en Gent in de 14e en 15e eeuw, (Standen en Landen 54, Heule, 1971), S. 7–78.
DEMSKY, R., Adel und Lübeck, Studien zum Verhältnis zwischen adliger und bürgerlicher Kultur im 13. und 14. Jahrhundert, (KWSt., Reihe D: Beiträge zur europäischen Geschichte des späten Mittelalters; 6), Frankfurt/M. 1996.
DEMUYNCK, R., De Gentse Oorlog (1379-1385). Oorzaken en karakter, in: HMGOG 5 (1951), S. 305-318.
DE POERCK, G., Note critique sur le grand privilège brugeois de 1304 et le mode d'élection du magistrat, in: ASEB 74 (1931), S. 139-157.
DEPT, G.G., Les influences anglaise et française dans le comté de Flandre au début du XIIIe siècle, Gent, Paris 1928.
DE RIDDER-SYMOENS, H., Prosopografie en middeleeuwse geschiedenis: een onmogelijke mogelijkheid ?, in: HMGOG 45 (1991), S. 95-117.
DE RIDDER-SYMOENS, H. (Hg.), Universities in the Middle Ages, (A History of the University in Europe, hrsg. v. W. RÜEGG, Bd. 1), Cambridge 1992.
DE RIDDER-SYMOENS, H., Studenten uit het bisdom Utrecht aan de rechtenuniversiteit van Orléans 1444 - 1456, in: Bruggemann, M. u.a. (Hg.), Mensen van de Nieuwe Tijd. Een liber amicorum voor A.Th. van Deursen, Amsterdam 1996, S. 70-97.
DE RIDDER-SYMOENS, H., Mobilität. Die mittelalterliche Reiselust, in: Geschichte der Universität in Europa, hrsg. v. W. RÜEGG, Bd. I, Mittelalter, München 1993, S. 255-275.
DE ROOVER, R., Les livres des comtes de Collard de Marke (1366-1369), in: Bulletin d'Etudes & d'Informations de l'Ecole Superieure de Commerce 4 (1930), S. 445-475.
DE ROOVER, R., Le livre de comptes de Guillaume Ruyelle, changeur à Bruges (1369), in: ASEB 72 (1934), S. 15-95.
DE ROOVER, R., Die rechtliche und wirtschaftliche Organisation des Münzhandels und des Kreditgeschäftes in Brügge, in: HGbll 60 (1935), S. 369-370.
DE ROOVER, R., The Medici Bank, its Organization, Management, Operations and Decline, New York, London 1948.
DE ROOVER, R., Money, Banking and Credit in mediaeval Bruges. Italian merchant-bankers, lombards and money-changers. A study in the origins of banking, Cambridge/Mass. 1948.

DE ROOVER, R., The Bruges Money Market around 1400, Brüssel 1968.
DE ROOVER, R., Le marché monétaire au Moyen Age et au début des temps modernes, in: RH 244 (1970), S. 5-40.
DE ROOVER, R., Renseignements complémentaires sur le marché monétaire à Bruges au XIVe et XVe siècle, in: ASEB 109 (1972), S. 51-9 1.
DERVILLE, A., Le grenier des Pays-Bas médiévaux, in: RN 69 (1987), S. 267-280.
DESCHAMPS DE PAS, M.L., Note sur un manuscrit relatif à la Hanse de Saint-Omer, in: Bulletin Historique (Bulletin des antiquaires de la Morine) 1 (1852-1856), S. 49-60.
DES MAREZ, G., La Lettre de Foire à Ypres au XIIIe siècle, Brüssel 1900-01.
DE SMET, A., De klacht van de 'Ghemeente' van Damme in 1280. Enkele gegevens over politieke en sociale toestanden in een kleine Vlaamse stad gedurende de tweede helft der XIIIde eeuw, in: BCRH 115 (1950), S. 1-12.
DE SMET, J., Les effectifs brugeois à la bataille de Courtrai en 1302, in: RBPH, 8, 1929, S. 863-870.
DE SMET, J., L' effectif des milices brugeoises et la population de la ville en 1340, in: RBPH 12 (1933), S. 631-636.
DE SMET, J., De Vlaamsche en de Duitsche Hanze, Brügge 1938.
DE SMET, J., De repressie te Brugge na de slag bij Westrozebeke. 1 December 1382 - 31 Augustus 1384. Bijdrage tot de kennis van de sociale en economische toestand van de Brugse bevolking, in: ASEB 84 (1947), S. 71-118.
DE SMET, J., Note sur les plus anciens comptes de la ville de Bruges, in: Financien en boekhouding der steden van de XIIIde tot de XVIde eeuw. International Colloquium 1962, o.O. 1964, S. 347-348.
DE SMIDT, F., Het Oosterlingenhuis te Brugge en zijn ontwerper Jan vanden Poele, Antwerpen 1948.
DESPY, G., Bruges et les collectories pontificales de Scandinavie et de Pologne au XIVe siècle, in: BIHBR 27 (1952), S. 95-109.
DEVLIEGHER, L., Les maisons à Bruges, Inventaire descriptif, Tielt, Amsterdam 1975.
DEWITTE, A., Scholen en onderwijs te Brugge gedurende de Middeleeuwen, in: ASEB 109 (1972), S. 145-217.
D'HAENENS, A., De wereld van de Hanze, Antwerpen 1984.
DHONDT, J., L'histoire récurrente, in: DHONDT, J., Machten en Mensen. De belangrijkste studies van Jan Dhondt over de geschiedenis van de 19e en 20e eeuw, Gent 1976, S. 177-206.
DHONDT, J., 'Ordres' ou 'Puissances:' l'Exemple des États de Flandre, in: DHONDT, J., Estates or powers. Essays in the parliamentary history of the southern Netherlands from the XIIth to the XVIIIth century, wiederhrsg. v. W. BLOCKMANS, (Standen en Landen; 69), Heule, Kortrijk 1977, S. 25-49.
DIERCK, I., Die Brügger Älterleute des 14. Jahrhunderts (1356-1404). Kritik der Lübecker Liste, (Mag. Arbeit, masch.), Kiel 1994.
DIERCK, I., Die Brügger Älterleute des 14. Jahrhunderts. Ein Werkstattbericht über eine hansische Prosopographie, in: HGbll 113 (1995), S. 49-70.
DIERCK, I., DÜNNEBEIL, S., RÖSSNER, R. (bearb.), Prosopographischer Katalog zu den Brügger Steuerlisten 1360-1390, in: PARAVICINI, W., WERNICKE, H., Hansekaufleute in Brügge, Teil 3, (KWSt/D; 11), Frankfurt/M. 1999.
DILCHER, G., Bürgerrecht und Stadtverfassung im europäischen Mittelalter, Köln, Weimar, Wien 1996.
DOUMERC, B., Par Dieu écrivez plus souvent ! La lettre d'affaires à Venise à la fin de Moyen Age, in: La circulation des nouvelles au Moyen Âge, XXIVe Congrès de la S.H.M.E.S.

(Avignon, Juni 1993), (Collection de l'École Française de Rome, 190), Paris 1994, S. 99-109.

DUCLOS, A.D., Bruges: histoire et souvenirs, Brügge 1910.

DÜNNEBEIL, S., Die Lübecker Zirkel-Gesellschaft. Formen der Selbstdarstellung einer städtischen Oberschicht, (Veröff. zur Gesch. der Hansest. Lübeck, hrsg. vom AHL, Reihe B; 27), Lübeck 1996.

DUMOLYN, J., De Brugse opstand van 1436-1438, (unveröfft. Licentiaatsarbeit), Universität Gent 1994-95.

DUMOLYN, J., De Brugse opstand van 1436-1438, (Standen en Landen; 101), Heule, Kortrijk 1997.

DUMOLYN, J., Population et structure professionelles à Bruges aux XIVe et XVe siècles, in: RN 81 (1999), S. 43-64.

DU PLESSIS, R., Class and Class Consciousness in Western European Cities, 1400-1650, in: Radical History Review III, 1-2 (1975), S. 74-91.

DUPONT, G., Maagdenverleidsters, hoeren en speculanten. Prostitutie in Brugge tijdens de Bourgondische periode (1385-1515), (VHS; 10), Brügge [1996].

EHBRECHT, W. (Hg.), Städtische Führungsgruppen und Gemeinde in der werdenden Neuzeit, (Städteforschung: A, Darstellungen; 9) Köln, Wien 1980.

EHBRECHT, W., SCHILLING, H. (Hg.), Niederlande und Nordwestdeutschland. Studien zur Regional- und Stadtgeschichte Nordwestkontinentaleuropas im Mittelalter und in der Neuzeit. Franz Petri zum 80. Geburtstag, Köln, Wien 1983.

EHRENBERG, R., Makler, Hosteliers und Börse in Brügge vom 13. bis zum 16. Jahrhundert, in: Zeitschrift für das gesamte Handelsrecht 30 (1885), S. 403-468.

ELEWAUT, G., Herberg en Overheid. Politionele en fiskale aspekten van het overheidsoptreden betreffende herbergen in de Zuidelijke Nederlanden en in het bijzonder te Gent, 17de - 18de eeuw, in: HMGOG 40 (1986), S. 112-158.

ELIAS, N., SCOTSON, J. L., The Established and the Outsiders. A Socilogical Enquiry into Community Problems, London ^{2}1994.

ELLMERS, D., Schiffslandeplätze und Handelsorte im frühen Mittelalter, in: FRIEDLAND, K. (Hg.), Bergen - Handelszentrum des beginnenden Spätmittelalters, (QuD, NF; 17), Köln, Wien 1971, S. 21-36.

ELLMERS, D., Die Entstehung der Hanse, in: HGbll 103 (1985), S. 3-40.

ENGEL, E, Aus dem Alltag des Hansehistorikers: Wie viele und warum wendische Städte?, in: Recht und Alltag im Hanseraum, (Festschrift Gerhard Theuerkauf), hrsg. v. S. URBANSKI, CHR. LAMSCHUS, J. ELLERMEYER, Lüneburg 1993, S. 125-143.

EPSTEIN, ST. A., Wage Labour & Guilds in Medieval Europe, Chapel Hill, London 1991.

ESCH, A., Bankiers der Kirche im Großen Schisma, in: Quellen und Forschungen aus italienischen Archiven und Bibliotheken 46 (1966), S. 277-398.

ESPINAS, G., La Draperie dans la Flandre française au Moyen-Âge, 2 Bde., Paris 1923.

EVEREAERT, J., De Portugese factorijen in Vlaanderen, in: Feitorias. Kunst in Portugal ten tijde van de Grote Ontdekkingen (einde 14de eeuw tot 1548), Antwerpen 1991, S. 42-52.

FAGEL, R., De Hispano-Vlaamse wereld. De contacten tussen Spanjaarden en Nederlanders 1496-1555, Brüssel, Nijmegen 1996.

FAHLBUSCH, F.B., Bemerkungen zur Führungsgruppe des hansischen Verbandes 1560-1576, in: STOLLEIS, M. (Hg.), Recht, Verfassung und Verwaltung in der frühneuzeitlichen Stadt. (Städteforschung A, Darstellungen; 31), Köln, Wien 1991, S. 63-89.

FAHLBUSCH, F. B., Regionale Identität. Eine Beschreibungskategorie für den hansischen Teilraum Westfalen um 1470?, in: HGbll 112 (1994), S. 139-159.

FAVIER, J., In naam van God en des gewins. De wording van de zakenman, Amsterdam 1990 (niederl. Übers.).
FECHEYR, S., Het stadspatriziaat te Ieper in de 13e eeuw, in: MUS, O./VAN HOUTTE, J.A. (Hg.), Prisma van de geschiedenis van Ieper, Een bundel historische opstellen, Ypern 1974, S. 295-303.
FELLINGER, O., Der Karmeliterorden und der deutsche Kaufmann im Mittelalter, Köln 1914.
FORBES, H.D., Ethnic conflict: commerce, culture and the contact hypothesis, New Haven, London 1997.
FREISE, E., Wie repräsentativ ist die mittelalterliche Personenüberlieferung?, in: PROSOPOGRAPHIE ALS SOZIALGESCHICHTE? Methoden personengeschichtlicher Erforschung des Mittelalters. Sektionsbeiträge zum 32. Deutschen Historikertag Hamburg 1978. Mit einem Bericht über das Kommentierte Quellenwerk zur Erforschung der Personen und Personengruppen des Mittelalters "Societas et Fraternitas", München 1978, S. 26-32.
FRENSDORFF, F., Der Makler im Hansagebiete, in: Festgabe der Göttinger Juristenfakultät für Ferdinand Regelsberger zum 70. Geburtstag, Leipzig 1901, S. 255-316.
FRICCIUS, W., Der Wirtschaftskrieg als Mittel hansischer Politik im 14. und 15. Jahrhundert, in: HGbll, 57, 1932, S. 38-77 u. HGbll 58 (1933), S. 52-121.
FRIEDLAND, K., Die "Verlegung" des Brüggeschen Kontors nach Antwerpen, in: HGbll 81 (1963), S. 1-19.
FRIEDLAND, K., Kaufmannsethik und Kaufmannsmoral im hansischen Spätmittelalter, in: KATTINGER, D. / WERNICKE, H. (Hg.), Akteure und Gegner der Hanse: Zur Prosopographie der Hansezeit, Konrad-Fritze-Gedächtnisschrift, (Hansische Studien; 9, Abhandlungen zur Handels-und Sozialgeschichte; 30), Weimar 1998, S. 323-326.
FRIS, V., Schets van den economischen toestand van Vlaanderen in het midden der XVde eeuw, Gent 1900.
FRIS, V., Het Brugsche Calfvel van 1407-1411, in: Bulletin d'Academie Royale d'Archéologie de Belgique I (1911), S. 183-274.
FRITZ, B./ODELMAN, E., Svensk falkexport till Egypten på medeltiden. Studier kring en affärshandling från 1345 i Barcelona, in: Rättshistoriska Studier 18 (1992), S. 64-94.
FRYDE, N., Arnold Fitz Thedmar und die Entstehung der Großen Deutschen Hanse, in: HGbll 107 (1989), S. 27-42.
FUNCK-BRENTANO, F., Philippe le Bel en Flandre. Les Origines de la Guerre de Cent Ans, Paris 1897.
GADE, J.A., The Hanseatic Control of Norwegian Commerce during the Late Middle Ages, Leiden 1951.
GAILLIARD, J., Bruges et le Franc ou leur Magistrature et leur Noblesse, avec des données historiques et généalogiques sur chaque famille, 5 Bde. u. 1 Supplement, Brügge 1857-1864.
GALOPPINI, L., Mercanti Toscani e Bruges nel tardo Medioevo. Pisa 2009.
GALVIN, M.T., The Poor Tables of Bruges, 1270-1477, (Phil. Diss., Columbia University), New York 1998.
GALVIN, M.T., Credit and parochial charity in fifteenth-century Bruges, in: JMH 28, 2002, S. 131-154.
GARRISSON, F., Les Hôtes et l'Herbergement des Etranger au Moyen Age, in: Festschrift P. Petot, Paris 1959, S. 199-222.
GAUVARD, C., Rumeur et stéréotypes à la fin du Moyen Age, in: La circulation des nouvelles au Moyen Âge, XXIVe Congrès de la S.H.M.E.S., Avignon juin 1993, (Collection de l'École Française de Rome; 190), Paris 1994, S. 157-177.

GEIRNAERT, N./VANDEWALLE, A. (Hg.), Adornes en Jeruzalem. Internationaal leven in het 15de- en 16de eeuwse Brugge, (Ausstellungskatalog), Brügge 1983.
GEIRNAERT, N., Brugge en het Europese geestesleven in de middeleeuwen, in: Brugge en Europa, hrsg. v. V. VERMEERSCH, Antwerpen 1992, S. 225-251.
GELFAND, D.E., LEE, R.D., Ethnic Conflicts and Power: A Cross-National Perspective, New York 1973.
GENET, J.-PH., LOTTES, G., L'état modernes et les élites, XIIIe-XVIIIe siècles. Apports et limites de la méthode prosopographique. Actes du colloque international CNRS-Paris I, 16-19 octobre 1991 (Histoire Moderne, Nr. 36), Paris 1996.
GEREMEC, B., Activité économique et exclusion sociale: les métiers maudits, in: GUARDUCCI, A. (Hg.), Gerarchie economiche e gerarchie sociali secoli XII-XVIII, (Instituto Internazionale die Storia Economica "F.Datini" Prato, Serie II, 12), Prato 1990, S. 797-816.
GILLIODTS-VAN SEVEREN, L., Les anciens règlements de la corporation des Courtiers de Bruges, in: La Flandre 12 (1881), S. 121-148 u. S. 219-260.
GILLIODTS-VAN SEVEREN, L., Bruges, ancienne et moderne, Notice historique & topographique sur cette ville, Brüssel 1890.
GODDING, PH., Les aubergistes bruxellois au XIe siècle: hommes d'affaires et auxiliaires de la justice, in: Cahiers Bruxellois 35 (1995-1996), 1997, S. 129-144.
GOEHRKE, C., Die Sozialstruktur des mittelalterlichen Novgorod, in: Untersuchungen zur gesellschaftlichen Struktur der mittelalterlichen Städte in Europa, (Vorträge und Forschungen, 11), Stuttgart 1966, S. 357-378.
GÖNNENWEIN, O., Das Stapel- und Niederlagsrecht, (QDHG, NF, Bd. 11), Weimar 1939.
GOTTSCHALK, M.K.E., Het verval van Brugge als wereldmarkt, in: TG 66 (1963), S. 1-26.
GOTTSCHALK, M.K.E., Stormvloeden en rivieroverstromingen in Nederland, 3 Bde., Assen 1971-1977.
GOTTSCHALK, M.K.E., De Vier Ambachten en het Land van Saaftinge in de Middeleeuwen. Een historisch-geografisch onderzoek betreffende Oost Zeeuws-Vlaanderen, (Sociaal geografische studies; 15), Assen 1984.
GRASSMANN, A. (Hg.): Lübeckische Geschichte, Lübeck 1988.
GREVE, A., Gast und Gastgeber: Hansekaufleute und Hosteliers in Brügge im 14. und 15. Jahrhundert, in: HENN, V., NEDKVITNE A. (Hg.), Norwegen und die Hanse, (KWSt/A; 11), Frankfurt/M. 1994, S. 95-107.
GREVE, A., Omtrent de dood van een bastaard. Belangenconflicten bij de erfenis van Gerard Splinter. Brugge 1422, in: ASEB, 1994, S. 95-109, (in Zusammenarbeit mit M. Carlier, Universität Gent).
GREVE, A./ STORJOHANN, J.: Innkeepers, Brokers and Moneychangers in Bruges during the 14th Century, in: GOUDRIAAN K./ MANDEMAKERS, K./ REITSMA, J./ STABEL, P. (Hg.), Prosopography and Computer. Contributions of Mediaevalists and Modernists on the Use of Computer in Historical Research, Löwen, Apeldoorn 1995, S. 167-183.
GREVE, A., Hanseatic merchants: banking customs in 14th century Bruges, in: BOONE, M./ PREVENIER, W. (Hg.), Public and Private Finances in the late Middle Ages, Löwen, Apeldoorn 1996, S. 3-13.
GREVE, A., Vreemdelingen in de stad: integratie of uitsluiting ?, in: CARLIER, M., U.A. (Hg.), Hart en marge in de laat-middeleeuwse stedelijke maatschappij, Handelingen van het colloquium te Gent, (22-23 augustus 1996), Löwen, Apeldoorn 1997, S. 153-163.
GREVE, A., Jacob Sconebergh and his Short Career as a Hosteller in Fourteenth Century Bruges, in: Secretum Scriptorum. Liber alumnorum Walter Prevenier, hrsg. v. Blockmans, W., Boone, M., De Hemptinne, Th., Löwen, Apeldoorn 1999, S. 213-224.

GREVE, A., De Brugse Makelaars, Beitrag für 'Brugge. Hoogtepunten uit een Vlaams en Europees verleden'; hrsg. v. A. Vandewalle, M. Ryckaert, Tielt 1999, S. 73.

GREVE, A., Brokerage and Trade in medieval Bruges: Regulation and Reality, in: International trade in the low Countries (14th - 16th Centuries). Merchants - Organisations - Infrastructure, Proceedings of the International Conference Ghent - Antwerp, 12th-13th January 1997, Löwen, Apeldoorn 2000, S. 37-44.

GREVE, A. Brügger Hosteliers und hansische Kaufleute: Ein Netzwerk vorteilhafter Handelsbeziehungen oder programmierte Interessenkonflikte?, in: N. Jörn; W. Paravicini; H. Wernicke (Hgg.), Hansekaufletue in Brügge. Teil 4: Beiträge zur Internationalen Tagung in Brügge April 1996 (KWst./D: Beiträge zur europäischen Geschichte des späten Mittelalters 13), Frankfurt a.M. 2000, S. 151-162.

GREVE, A. Herberge, Wirte und Handel in Brügge im Spätmittelalter, in: Vergleichende Ansätze in der hansischen Geschichtsforschung, hrsg. v. R. Hammel-Kiesow, (Hansische Studien XIII), Trier 2002, S. 223-235.

GREVE, A. Die Bedeutung des Brügger Hosteliers für hansische Kaufleute im 14. und 15. Jahrhundert, in: Jaarboek voor Middeleeuwse Geschiedenis 4 (2001), S. 259-296.

GREVE, A., Hosteliers en Hanzekooplieden in Brugge in de 14de en 15de eeuw, in: Hanzekooplui en Medicibankiers. Brugge. Wisselmaart van Europeese Culturen, hrsg. v. A. Vandewalle, Brügge 2002, S. 99-104.

GREVE, A., Fremde unter Freunden – Freunde unter Fremden? Hansische Kaufleute im spätmittelalterlichen Brügger Handelsalltag, in: Menschenbilder – Menschenbildner. Individuum und Gruppe im Blick des Historikers, hrsg. v. St. Selzer, U. Chr. Ewert, Berlin 2002, S. 177-188.

GREVE, A., Hamel, S. "Prosopographia Burgundica". Eine Datenbank zum Hof der Herzöge von Burgund: Philipp der Gute und Karl der Kühne, 1419-1477, in: Francia 30/1 (2003), S. 217-235.

GRUNZWEIG, A., Correspondance de la filiale de Bruges des Medici, Brüssel 1931.

GURJEWITSCH [GOEREVITSJ], A.J., De koopman, in: LE GOFF, J. (Hg.), De wereld van de Middeleeuwen, Amsterdam 1991, S. 241-279 (nl. Übersetzung, Bari/Rom, 1987).

GURJEWITSCH, A.J., Mittelalterliche Volkskultur, München 1992.

HAEGEMAN, M., De anglofilie in het graafschap Vlaanderen tussen 1379 en 1435, politieke en economische aspecten, (Standen en Landen, Bd. 90), Kortrijk, Heule 1988.

HALM, CH., Deutsche Reiseberichte, (Europäische Reiseberichte des späten Mittelalters, 1), (KWSt/D; 5), Frankfurt/M. 1994.

HAMMEL-KIESOW, R., Die Hanse in der wechselnden Betrachtung der Generationen. Überlegungen zur jüngsten Gesamtdarstellung ihrer Geschichte, in: ZVLGA 77 (1997), S. 209-225.

HÄPKE, R., Die Enstehung von Sluis, in: HGbll (1904-05), S. 65-80.

HÄPKE, R., Brügges Entwicklung zum mittelalterlichen Weltmarkt, (Abhandlungen zur Verkehrs-und Seegeschichte, I), Berlin 1908.

HÄPKE, R., Der deutsche Kaufmann in den Niederlanden, (Pfbll. HGV 7), [Lübeck] 1911.

HELLE, K., Die Deutschen in Bergen während des Mittelalters, in: Hanse in Europa. Brücke zwischen den Märkten, 12.-17. Jahrhundert, (Ausstellungskatalog), Köln 1973, S. 139-156.

HENN, V., Über die Anfänge des Brügger Hansekontors, in: HGbll 107 (1989), S. 43-66.

HENN, V., Wachsende Spannungen in den hansisch-niederländischen Beziehungen, in: Die Hanse: Lebenswirklichkeit und Mythos. (Ausstellungskatalog, Bd. 1), Hamburg 1989, S. 73-79.

HENN, V., Das Brügger Kontor, in: Die Hanse: Lebenswirklichkeit und Mythos. (Ausstellungskatalog), Bd. 1, Hamburg 1989, S. 160-164.
HENN, V., Der niederrheinisch-ostniederländische Raum und die Hanse, in: "zu Allen theilen Inß mittel gelegen". Wesel und die Hanse an Rhein, Ijssel & Lippe, Austellungskatalog, hrsg. v. W. ARAND / J.PRIEUR, Wesel 1991, S. 11-32.
HENN, V., Städtebünde und regionale Identitäten im hansischen Raum, in: MORAW, P. (Hg.), Regionale Identität und soziale Gruppen im deutschen Mittelalter, (Zeitschrift für historische Forschung, Beiheft 14), Berlin 1992, S. 41-64.
HENN, V., "... de alle tyd wedderwartigen suederseeschen stedere". Zur Integration des niederrheinisch-ostniederländischen Raumes in die Hanse, in: HGbll 112 (1994), S. 39-56.
HENN, V., Wege und Irrwege der Hanseforschung und Hanserezeption in Deutschland im 19. und 20. Jahrhundert, in: Geschichtliche Landeskunde der Rheinlande. Regionale Befunde und raumübergreifende Perspektiven. Georg Droege zum Gedenken, hrsg. v. M. Nikolay-Panter u.a., Köln, Weimar, Wien 1994, S. 388-414.
HENN, V., Tideman Lemberg - ein Dortmunder Hansekaufmann des 14. Jahrhunderts, in: KATTINGER, D. / WERNICKE, H. (Hg.), Akteure und Gegner der Hanse: Zur Prosopographie der Hansezeit, Konrad-Fritze-Gedächtnisschrift, (Hansische Studien; 9, Abhandlungen zur Handels-und Sozialgeschichte; 30), Weimar 1998, S. 37-51.
HERBORN, W., Die politische Führungsschicht der Stadt Köln im Spätmittelalter, (Rheinisches Archiv; 100), Bonn 1977.
HERBORN, W./MILITZER, K., Der Kölner Weinhandel. Seine sozialen und politischen Auswirkungen im ausgehenden 14. Jahrhundert, (Vorträge und Forschungen, Sonderband 25, hrsg. v. Konstanzer Arbeitskreis für mittelalterliche Geschichte), Sigmaringen 1980.
HERGEMÖLLER, B.-U. (Hg.), Randgruppen der spätmittelalterlichen Gesellschaft. Ein Hand- und Studienbuch, Warendorf 1990.
HERMESDORF, B.H.D., De herberg in de Nederlanden, Arnheim 1957, (Nachdruck Arnheim 1977).
HIRSCHFELDER, G., Die Kölner Handelsbeziehungen im Spätmittelalter, Köln 1994.
HOLBACH, R., Formen des Verlags im Hanseraum vom 13. bis zum 16. Jahrhundert, in: HGbll 103 (1985), S. 41-73.
HOLBACH, R., "... *seulement pour les Oosterlincx*". Über die Beziehungen zwischen hansischen Kaufleuten und flandrischen Tuchproduzenten, in: HENN, V., NEDKVITNE (Hg.): Norwegen und die Hanse, (KWSt/A; 11), Frankfurt/M. 1992, S. 73-94.
HOLLIHN, G., Die Stapel- und Gästepolitik Rigas in der Ordenszeit (1201-1562). Ein Beitrag zur Wirtschaftsgeschichte Rigas in der Hanse-Zeit, in: HGbll 60 (1935), S. 91-207.
HOOCK, J., JEANNIN, P., Ars Mercatoria. Eine analytische Bibliographie. Band 1: 1470-1600, Paderborn u.a. 1991.
HUNT, E. S., The medieval Super-companies. A study of the Peruzzi Company of Florence, Cambrigde (USA) 1994.
IRSIGLER, F., Soziale Wandlungen in der Kölner Kaufmannschaft im 14. und 15. Jahrhundert, in: HGbll 92 (1974), S. 59-78.
IRSIGLER, F., Die wirtschaftliche Stellung der Stadt Köln im 14. und 15. Jahrhundert. Strukturanalyse einer spätmittelalterlichen Exportgewerbe- und Fernhandelsstadt, (VSWG, Beihefte; 65), Wiesbaden 1979.
IRSIGLER, F., Der Alltag einer hansischen Kaufmannsfamilie im Spiegel der Veckinchusen-Briefe, in: HGbll 103 (1985), S. 75-99.
ISENMANN, E., Die deutsche Stadt im Spätmittelalter, 1250-1500, Stuttgart 1988.

JAMEES, A. (Hg.), Brugse Poorters. Opgetekend uit de stadsrekeningen. Bd. 1: 1281-1417, Handzame 1974.
JANSMA, T.S., Waarden en makelaars te Dordrecht in de zestiende eeuw, in: Bijdragen voor de Geschiedenis der Nederlanden 4 (1949), S. 213-225.
JANSZ, U., Vrouwengeschiedenis. Een voorbeeld van emancipatorische historiografie, in: BELIËN, H./ VAN SETTEN, G.J. (Hg.), Geschiedschrijving in de twintigste eeuw. Discussie zonder eind, Amsterdam 1991, S. 279-299.
JAPPE ALBERTS, W., Bremer Beziehungen zu den Niederlanden im Mittelalter, in: Bremisches Jahrbuch 51 (1969), S. 51-66.
JEANNIN, P., Das Handbuch in der Berufsausbildung des Hansischen Kaufmanns, in: HGbll 103 (1985), S. 101-120.
JEANNIN, P., Der Livre des Métiers: Das älteste vielsprachige Kaufmannslexikon, in: Friedland, K. (Hg.), Brügge-Colloquium, (QDHG; NF; 36), Köln, Wien 1990, S. 121-130.
JENKS, ST., War die Hanse kreditfeindlich?, in: VSWG 69 (1982), S. 305-338.
JENKS, ST., Die 'Carta Mercatoria'. Ein "hansisches" Privileg, in: HGbll 108 (1990), S. 45-60
JENKS, ST., Kredit im Londoner Aussenhandel um die Mitte des 15. Jahrhunderts, in: NORTH, M. (Hg.), Kredit im spätmittelalterlichen und frühneuzeitlichen Europa, Köln, Wien 1991, S. 71-182.
JENKS, ST., England, Die Hanse und Preußen: Handel und Diplomatie; 1377-1474, (QDHG; NF, Bd. 38, Tle. 1-3), Köln, Wien 1992.
JÖRN, N., "With money and bloode". Der Londoner Stalhof im Spannungsfeld der englisch-hansischen Beziehungen im 15. und 16. Jahrhundert (= QDHG, NF, Bd. 50), Köln / Weimar / Wien 2000.
KATTINGER, D., Die "Gotländische Genossenschaft". Ihr Platz im nordeuropäischen Handelssystem, in: Communitas et dominium, Festschrift zum 75. Geburtstag von Johannes Schildhauer, hrsg. v. M. LÖWENER, Großbarkau 1994, S. 13-35.
KATTINGER, D., Johann von Douai - ein hansischer Diplomat des 13. Jahrhunderts, in: KATTINGER, D. / WERNICKE, H. (Hg.), Akteure und Gegner der Hanse: Zur Prosopographie der Hansezeit, (Konrad-Fritze-Gedächtnisschrift), (Hansische Studien; 9, Abhandlungen zur Handels-und Sozialgeschichte; Bd. 30), Weimar 1998, S. 25-36.
KATTINGER, D., Die Gotländische Genossenschaft. Der frühhansisch-gotländische Handel in Nord- und Westeuropa, (QuDhG, NF; 47), Köln, Weimar, Wien 1999.
KERNTKE, W., Taverne und Markt: ein Beitrag zur Stadtgeschichtsforschung, (Europäische Hochschulschriften, III; 326), Frankfurt/M. 1987.
KERVYN DE LETTENHOVE, J., Histoire de Flandre, 6 Bde., Brüssel 1847-50.
KEUTGEN, F., Die Beziehungen der Hanse zu England im letzten Drittel des vierzehnten Jahrhunderts, Giessen 1890.
KIRSHNER, J. (Hg.), Business, Banking and Economic Thought in Late Medieval and Early Modern Europe, Chicago 1974.
KITTEL, E. E., From ad hoc to routine: a case study in medieval bureaucracy, Philadelphia 1991.
KLEP, P. M. M., Long-Term Developments in the Urban Sector of the Netherlands (1350-1870), in: Le reseau urbain en Belgique dans une perspective historique (1350-1870), S. 201-242.
KNOKE, D., Political networks: the structual perspective, (Structual analysis in the social sciences; Bd. 4), Cambridge 1990.
KÖRNER, M., Kawärschen, Lombarden und die Anfänge des Kreditwesens in Luzern, in: Festschrift Wolfgang v. Stromer, Bd. I, Trier 1987, S. 245-268.
KOPPMANN, K., Vom Kontor zu Brügge, in: HGbll 1 (1872), S. 78-89.

KRÜGER, K., Flämische Grabplatten im Ostseeraum. Kunstdenkmäler als historische Quelle, in: MENKE, H. (Hg.), Die Niederlande und der europäische Nordosten. Ein Jahrtausend weiträumiger Beziehungen (700-1700), Neumünster 1992, S. 167-208.

KUSKE, B., Die Handelsgeschäfte der Brüder Veckinghusen, in: HGbll 27 (1922), S. 187-195.

LA CIRCULATION DES NOUVELLES AU MOYEN ÂGE, XXIVe Congrès de la S.H.M.E.S. (Avignon, Juni 1993), (Collection de l'École Française de Rome, 190), Paris 1994.

LANE, F.C., Double Entry Bookkeeping and Resident Merchants, in: JEEH, 6, 1977, S. 177-191.

LE GOFF, J., Marchands et Banquiers du Moyen Age, Paris 1966.

LE GOFF, J., La bourse et la vie, Économie et religion au Moyen Age, Paris 1986.

LELOUX, H.J., Zur Sprache in der ausgehenden Korrespondenz des hansischen Kaufmanns zu Brügge, 2 Bde., unveröff. Diss. phil., Universität Gent 1971-72.

LELOUX, H.J., De Oosterlingen en andere vreemde kooplieden te Brugge en kerkelijke en sociaal-caritatieve instellingen, in: ASEB 110 (1973), S. 21-39.

LELOUX, H.J., Kirche und Caritas im Leben der Genossenschaft des Deutschen Kaufmanns zu Brügge, in: HGbll 91 (1973), S. 34-45.

LELOUX, H.J., Kulturelles, insbesondere literarisches Interesse der Brügger Osterlinge und niederdeutsche Literatur, in: Niederdeutsches Jahrbuch 96 (1973), S. 18-33.

LELOUX, H.J., Een Deventer kanunik secretaris van de Oosterlingen te Brugge in Vlaanderen, in: Verslagen en Mededelingen 88 (1973), S. 3-23.

LESNIKOW, M.P., Die Handelsbücher des hansischen Kaufmannes Veckinchusen. (Forschungen zur mittelalterlichen Geschichte; 19), Berlin 1973.

LESNIKOW, M.P., Die livländische Kaufmannschaft und ihre Handelsbeziehungen zu Flandern am Anfang des 15. Jahrhunderts, in: Zeitschrift für Geschichtswissenschaft 6 (1958), S.285-303.

LLOYD, T. H., England and the German Hanse, 1157-1611, Cambridge 1991.

LÖMKER-SCHLÖGELL, A., Prostituierte - Aumb vermeyding willen merers übels in der cristenhait, in: HERGEMÖLLER, B.-U. (Hg.), Randgruppen der spätmittelalterlichen Gesellschaft. Ein Hand- und Studienbuch, Warendorf 1990, S. 52-85.

LOWIJCK, A., Schepenenlijsten van de stad Brugge, in: Ons Heem 16 (1962), S. 213-216; a.a.O. 17 (1962-63), S. 26-28; a.a.O. 18 (1963), S. 43-48.

LUCAS, H.St., The Low Countries and the Hundred Years' War, 1326-1347, Ann Arbor 1929.

LUCAS, H. ST., Mediaeval economic relations between Flanders and Greenland, in: Spaeculum 12 (1937), S. 167-181.

LUNTOWSKI, G., Dortmunder Kaufleute in England im 13. und 14. Jahrhundert. Ein Quellennachweis, (Veröffentlichungen des Stadtarchivs Dortmund, H. 4), Dortmund 1970.

LUNTOWSKI, G./ REIMANN, N. (Hg.), Dortmund. 1100 Jahre Stadtgeschichte, Festschrift, Dortmund 1982.

LUNTOWSKI, G., Dortmund und die Hanse, in: LUNTOWSKI, G./REIMANN, N. (Hg.), Dortmund. 1100 Jahre Stadtgeschchte, Festschrift, Dortmund 1982, S. 131-149.

LUNTOWSKI, G./ HÖGL, G./ SCHILP, TH./ REIMANN, N., Geschichte der Stadt Dortmund, Dortmund 1994.

LUYKX, TH., Het grafelijk geslacht Dampierre en zijn strijd tegen Filips de Schone, Löwen 1952.

LUYKX, TH., De grafelijke financiële bestuursinstellingen en het grafelijk patrimonium in Vlaanderen tijdens de regering van Margareta van Constantinopel (1244-1278), (VKVAWLSKB; KL, Bd. 39), Brüssel 1961.

MÄRTINS, R., Wertorientierungen und wirtschaftliches Erfolgsstreben mittelalterlicher Großkaufleute, Das Beispiel Gent im 13. Jahrhundert, Köln, Wien 1976.

MARÉCHAL, G., De sociale en politieke gebondenheid van het Brugse hospitaalwezen in de Middeleeuwen, (Standen en Landen, Bd. 73), Kortrijk/Heule 1978.
MARECHAL, J., Geschiedenis van de Brugse Beurs, Brügge 1949.
MARECHAL, J., Le départ des marchands étrangers, XVe et XVIE siècles, in: ASEB, 88, 1951, S. 26-74.
MARECHAL, J., La colonie espagnole de Bruges du XIVe au XVIe siècle, in: RN, 35, 1953, Nr. 137, S. 5-40.
MARECHAL, J., De houding van de deken van de Christenheid tegenover een woekeraar en verkoper te Brugge 1344, in: ASEB, 91, 1955, S. 73-81.
MARECHAL, J., Bijdrage tot de Geschiedenis van het Bankwezen te Brugge, Brügge 1955.
MARECHAL, J., De betrekkingen tussen Karmelieten en Hanzeaten te Brugge van 1347 tot 1523, in: ASEB, 100, 1963, S. 206-227.
MARECHAL, J., Duizend jaar Britse aanwezigheid te Brugge, in: MARECHAL, J., Europese aanwezigheid te Brugge: de vreemde kolonies (XIVde-XIXde eeuw), Brügge 1985, S. 13-39.
Martens, M. P. J. (Hg.), Lodewijc van Gruuthuse. Mecenas en Europees diplomaat ca. 1427-1492.
MASCHKE, E., Die Schäffer und Lieger des Deutschen Ordens in Preußen, in: Hamburger Mittel- undOstdeutsche Forschungen II, 1960, S. 97-145, wiederabgedruckt in: Domus Hospitalis Theutonicorum, gesammelte Aufsätze aus den Jahren 1931-1963, Bonn 1970, S. 69-103.
MASCHKE, E., Der Ordensstaat Preussen in seinen deutschen und europäischen Beziehungen, in: Ostdeutsche Wissenschaft VIII, 1961, Festgabe für Max Hildebert Boehm, S. 187-204, wiederabgedruckt in: Domus Hospitalis Theutonicorum, gesammelte Aufsätze aus den Jahren 1931-1963, Bonn 1970, S. 1-14.
MERLEVEDE, J., Stad, vorst en schatkist. Het Brugse en Ieperse Financiewezen tussen de Middeleeuwen en Nieuwe Tijden (1405-1555), (Diss, Masch.), Brüssel 1985.
MERTENS, J., De verdeling van de Brugse schepenzetels op sociaal gebied (XIVde eeuw), in: Wetenschappelijke Tijdingen van de Vereniging voor Wetenschap, 21, H. 10, 1961, S. 451-466.
MERTENS, J., Het Hanzeatische koopmanshuis Veckinchusen en Antwerpen in de eerste decennia van de vijftiende eeuw, in: Een kompas met vele Naaken. Studies over Antwerpen, scheepvart en archivistiek aangeboden aan Dr. Gustaaf Asaert ter gelegenheid van zijn 65ste verjaardag, (Archiefkunde, Bd. 5), Antwerpen 1994, S. 137-142.
MERTENS, J., Bestuursinstellingen van de stad Brugge, in: PREVENIER, W./ AUGUSTYN, B. (Hg.), De gewestelijke en lokale overheidsinstellingen in Vlaanderen tot 1795, (Algemeen Rijksarchief en Rijksarchief in de Provinciën; Studia, 72), Brüssel 1997, S. 323-331.
MEYER, B., Die Sudermanns von Dortmund, Marburg 1930.
MILITZER, K., Führungsschicht und Gemeinde in Köln im 14. Jahrhundert, in: EHBRECHT, W. (Hg.), Städtische Führungsgruppen und Gemeinde in der werdenden Neuzeit, (Städteforschung: Reihe A, Darstellungen, 9), Köln,Wien 1980, S. 1-24.
MILITZER, K., Die vermögenden Kölner 1417-1418. Namenlisten einer Kopfsteuer von 1417 und einer städtischen Kreditaufnahme von 1418, (Mitteilungen aus dem Stadtarchiv Köln; 69), Köln, Wien 1981.
MILLET, H., Les chanoînes du chapitre cathédral de Laon (1272-1412), (Collection de l'École Française de Rome; 56), Rom 1982.

MILLET, H., Notice biographique et enquête prosopographique, in: Mélanges de l'École Française de Rome, Moyen Age et Temps Modernes, 100, 1988, S. 87-111.
MORAW, P., Über Patrone und Klienten im Heiligen Römischen Reich des späten Mittelalters und der frühen Neuzeit, in: MACZAK, A. (Hg.), Klientelsysteme im Europa der Frühen Neuzeit, (Schriften des Historischen Kollegs; 9), München 1988, S. 1-18.
MURRAY, J. M., Exchange and the Making of a Commercial Capital: Bruges in the Fourteenth Century, Mass., (Masch).
MURRAY, J. M., Family, marriage and moneychanging in medieval Bruges, in: JMH, 14, 1988, S. 115-125.
MURRAY, J. M., Cloth, Banking, and Finance in Medieval Bruges, in: AERTS, E./ MUNRO, J.H. (Hg.), Textiles of the Low Countries in European Economic History, Löwen 1990, S. 24-31.
MURRAY, J. M., The Liturgy of the Count's Advent in Bruges, from Galbert to Van Eyck, in: HANAWALT, B.A., REYERSON, K.L. (Hg.), City and Spectacle in Medieval Europe, Minneapolis, London 1994, S. 137-152.
MURRAY, J. M., Notarial Instruments in Flanders between 1280 and 1452, (KABKCG), Brüssel 1995.
MURRAY, J. M., Of Nodes and Networks: Bruges and the infrastructure of Trade in Fourteenth-century Europe, in: BLONDÉ, B., GREVE, A., STABEL, P. (Hg.), International Trade in the Low Countries (14th -16th centuries). Merchants, Organisations, Infratsructure, Löwen / Apeldoorn, 2000, S.1-14.
MUS, O., De verhouding van de waard tot de drapier in de Kortrijkse draperie op het einde van de 15e eeuw, in: ASEB, 98, 1961, S. 156-218.
MUS, O., Wouter Ameyde, een Brugse waard-makelaar op het einde van de 15de eeuw, in: Album Albert Schouteet, Brügge 1973, S. 117-132.
MUS, O., Rijkdom en armoede. Zeven eeuwen leven en werken te Ieper, in: MUS, O./ VAN HOUTTE, J.A. (Hg.), Prisma van de geschiedenis van Ieper, Een bundel historische opstellen, Ypern 1974, S. 1-27.
MUS, O., Het aandeel van de Ieperlingen in de engelse wolexport, 1280-1330, in: MUS, O./ VAN HOUTTE, J. A. (Hg.), Prisma van de geschiedenis van Ieper, Een bundel historische opstellen, Ypern, 1974, S. 332-355.
MUS, O./ VAN HOUTTE, J.A. (Hg.), Prisma van de geschiedenis van Ieper, Een bundel historische opstellen, Ypern, 1974.
NATHORST-BÖÖS, E., The Town of Stockholm, its Council and the Hanseatic Hierachy: 1350-1534, in: GUARDUCCI, A. (Hg.), Gerarchie economiche e gerarchie sociali secoli XII-XVIII, (Instituto Internazionale die Storia Economica "F.Datini" Prato, Serie II, 12) Prato 1990, S.259-273.
NICHOLAS, D., The Metamorphosis of a medieval City. Ghent in the Age of the Arteveldes, 1302 - 1390, Leiden 1987.
NICHOLAS, D., Medieval Flanders, Harlow, New York 1992.
NIERMEYER, J. F., Dordrecht als handelsstad in de tweede helft van de veertiende eeuw, in: Bijdragen voor vaderlandsche Geschiedenis en Oudheidkunde, 8 reeks, III, 1942, S. 1-36 u. S. 177-222.
NIJSTEN, G., Toneel in de stad. Op zoek naar culturele uitingsvormen van stedelijk bewustzijn in de Noordelijke Nederlanden, in: CARLIER, M., U.A. (Hg.), Hart en marge in de laatmiddeleeuwse stedelijke maatschappij, Handelingen van het colloquium te Gent, (22-23 augustus 1996), Löwen, Apeldoorn 1997, S. 105-129.
NOONAN, J.T., The Scholastic Analysis of Usury, Cambridge (Mass.) 1957.

NORDMANN, C., Die Veckinchusenschen Handlungsbücher, in: HGbll, 65/66, 1940/41, S. 79-144.
NORTH, M., Geldumlauf, Währungssysteme und Zahlungsverkehr in Nordwesteuropa 1300-1800. Beiträge zur Geldgeschichte der späten Hansezeit, (QDHG, NF, Bd. 35), Köln, Wien 1989.
OEXLE, O.G., Die funktionale Dreiteilung der Gesellschaft bei Adalbero von Laon, in: Frühmittelalterliche Studien 12, hrsg. v. K. HAUCK, Berlin/New York, 1978, S. 1-54.
OHLER, N., Reisen im Mittelalter, München, 1986, hier zitiert nach der engl. Übersetzung von C. Hillier, The medieval Traveller, Woodbridge 1989.
OSTEN, G.V.D., Die Handels- und Verkehrssperre des deutschen Kaufmanns gegen Flandern. 1358-60, (phil. Diss), Kiel 1889.
PARAVICINI, W., Die Preußenreisen des europäischen Adels, in: HZ, 232, 1981, S. 25-38.
PARAVICINI, W., Edelleute, Hansen, Brügger Bürger: Die Finanzierung der Westeuropäischen Preußenreisen im 14. Jahrhundert, in: HGbll, 104, 1986, S. 5-20.
PARAVICINI, W., Die Preussenreisen des europäischen Adels, 2 Bde., (Beihefte der Francia, 17, 1, 2), Sigmaringen, 1989, 1995. (Bd. 3 in Vorbereitung).
PARAVICINI, W., Lübeck und Brügge. Bedeutung und erste Ergebnisse eines Kieler Forschungsprojektes, in: MENKE, H. (Hg.), Die Niederlande und der europäische Nordosten. Ein Jahrtausend weiträumiger Beziehungen (700 - 1700), Symposion Kiel, 8.-11. Oktober 1989, Neumünster, 1992, S. 91-166.
PARAVICINI, W., Brugge en Duitsland, in: VERMEERSCH, V. (Hg.), Brugge en Europa, Antwerpen, 1992, S. 98-127.
PARAVICINI, W., Hansische Personenforschung, (Vortrag Pfingsttagung HGV, Stralsund, 1994), (Masch.).
PARAVICINI, W., Solingen, Hamburg, Brügge und Paris. Drei hansische Dokumente aus der Bibliothèque nationale de France, in: Milieux naturels, espaces sociaux. Études offertes à Robert Delort. Travaux réunis par É. MORNET et F. MORENZONI avec la coll. de D. MILLIOUD, Paris 1997, S. 565-580.
PARAVICINI, W., Gruppe und Person. Repräsentation durch Wappen im späteren Mittelalter, in: OEXLE, O.G./V.HÜLSEN-ESCH, A. (Hg.), Die Repräsentation der Gruppen. Texte - Bilder - Objekte, Göttingen, 1998, S. 327-389.
PARAVICINI, W., Schuld und Sühne. Der Hansenmord zu Sluis in Flandern anno 1436, in: Wirtschaft – Gesellschaft – Mentalitäten im Mittelalter. FS Rolf Sprandel, hrsg. v. H.-P. Baum, R. Leng, J. Schneider (Beiträge zur Wirtschafts- und Sozialgeschichte, Bd. 107), Stuttgart 2006, S. 401-451.
PAVIOT, J., Les Protugais à Bruges au XVe siècle, in: Archivos do Centro Cultural Calouste Gulbenkian, XXXVIII, 1999, S. 1-122.
PELC, O., PICKHAN, G. (Hg.), Zwischen Lübeck und Novgorod. Wirtschaft, Politik und Kultur im Ostseeraum vom frühen Mittelalter bis ins 20. Jahrhundert, Norbert Angermann zum 60. Geburtstag, Lüneburg 1996.
PELUS-KAPLAN, Marie-Louise: Comptabilité et entreprise commerciale hanséatique: XVIe-XVIIe siècle In: Impresa, Industrie, Commercia, Banca, Secc. XIII-XVIII: Istituto Internazionale di Storia Economica “F. Datini”, Ser. II, Atti delle “Settimnae die Studi”, 22. Prato, 1991, S: 509-518.
PELUS-KAPLAN, M.-L., Zu einer Geschichte der Buchhaltung im hansischen Bereich: die Handelsbücher der Lübecker Kaufleute vom Anfang des 16. bis zum Ende des 17. Jahrhunderts, in: ZVLGA, 74, 1994, S. 31-45.
PEREMANS, W., Over het belang van prosopographische opzoekingen, in: Miscellanea Historica in honorem Leonis van der Essen, Brüssel, Paris 1947, S. 57-64.

PETERS, E., Das große Sterben des Jahres 1350 in Lübeck und seine Auswirkungen auf die wirtschaftliche und soziale Struktur der Stadt, in: ZVLGA, 30, 1940, S. 15-148.

PETERS [-WÜLFING], I.-M., Hansekaufleute als Gläubiger der englischen Krone (1294-1350), (QDHG, NF, Bd. 24), Köln, Wien 1978.

PETERSOHN, J., Personenforschung im Spätmittelalter, in: ZHF, 2, 1975, S. 1-5.

PEYER, H.C., Gastfreundschaft und kommerzielle Gastlichkeit im Mittelalter, in: HZ, 235, 1982, S. 265-288.

PEYER, H.C. (Hg), Gastfreundschaft, Taverne und Gasthaus im Mittelalter, (Schriften des Historischen Kollegs, Kolloquien 3), München, Wien 1983.

PEYER, H.C., Von der Gastfreundschaft zum Gasthaus, Studien zur Gastlichkeit im Mittelalter, (MGH, Schriften, 31), Hannover 1987.

PIRENNE, H., Histoire de Belgique, 7 Bde., Brüssel 1923-1932.

PIRENNE, H., Draps d'Ypres à Novgorod du XIIe siècle, in: RBPH, 9, 1930, S. 563-567; wiederabgedruckt in: MUS, O./ VAN HOUTTE, J.A. (Hg.), Prisma van de geschiedenis van Ieper, Een bundel historische opstellen, Ypern 1974, S. 356-358.

PISANI, L., De weg der geheimen. Communictaie van geheime informatie in de Bourgondische periode, Mass. (unveröfftl. Licentiaatsarbeit], Gent 1995-96.

POECK, D.W., Prosopographie der Ratssendboten, in: HAMMEL-KIESOW, R. (Hg), Stand und Aufgaben der hansischen Geschichtsforschung, Lübeck 24.-27. Oktober 1993, (im Druck).

POECK, D.W., Die Kontorverlegung als Mittel der hansischen Diplomatie, in: PARAVICINI, W./ WERNICKE, H. (Hg.), Hansekaufleute in Brügge, Brügge-Kolloquium 25.-28. April 1996, [im Druck].

PREVENIER, W., Het Brugse Vrije en de Leden van Vlaanderen, in: ASEB, 56, 1959, S. 5-63.

PREVENIER, W., De Leden en de Staten van Vlaanderen (1384 - 1405), (VKVAWLSKB; KL, Bd. 43), Brüssel 1961.

PREVENIER, W., Les pertubations dans les relations commerciales anglo-flammandes entre 1379 et 1407. Causes de désaccord et raisons d'une réconciliation, wiederabgedruckt in: Studia Historica Gandensia, 182, Gent 1973.

PREVENIER, W., Bevolkingscijfers en professionele strukturen der bevolking van Gent en Brugge in de 14de eeuw, in: Album Charles Verlinden, Gent 1975, S. 269-303.

PREVENIER, W., Motieven voor leliaardsgezindheid in Vlaanderen in de periode 1297-1305, in: De Leiegouw, 19, 1977, S. 273-288.

PREVENIER, W., La Bourgeoisie en Flandre au XIIIe siècle, in: Revue de l'Université de Bruxelles, 4, 1978, S. 407-428.

PREVENIER, W., La démographie des villes du comté de Flandre au XIVe et XVe siècles. Etat de la question. Essai d'interpretation, in: RN, 65, S. 255-275.

PREVENIER, W/BLOCKMANS,W., De Bourgondische Nederlanden, Antwerpen, 1983.

PREVENIER, W., Inzicht van kritische tijdgenoten in de sociale facetten der fiscaliteit en in sociaal-politiek onrecht in Vlaanderen (13de - 15 de eeuw), in: Arbeid in veelvoud. Een huldeboek voor Jan Craeybeckx en Etienne Scholliers, Brüssel 1988, S. 51-60.

PREVENIER, W., Confiscatie van Gentse leliaards in 1314-16, in: STOCKMAN, L./ VANDERMEERSCH, P. (Hg.), Liber Amicorum Achiel De Vos, Evergem 1989, S. 155-159.

PREVENIER, W., SOSSON, J.-P., BOONE, M., Le réseau urbain en Flandre (XIIIe-XIXe siècle): composantes et dynamique, in: Le reseau urbain en Belgique dans une perspective historique (1350-1850). Une approche statistique et dynamique, actes, 15e Colloque International, Spa, 4.-6. Sept. 1990, (Crédit Communal, Collection Histoire, Nr. 86), Brüssel 1992, S. 157-200.

PREVENIER, W., AUGUSTYN, B. (Hg.), De gewestelijke en lokale overheidsinstellingen in Vlaanderen tot 1795, (Algemeen Rijksarchief en Rijksarchief in de Provinciën; Studia, 72), Brüssel 1997.

PREVENIER, W., Prinsen en poorters in de Bourgondische Nederlanden. Antwerpen 1998.

PROSOPOGRAPHIE ALS SOZIALGESCHICHTE? Methoden personengeschichtlicher Erforschung des Mittelalters. Sektionsbeiträge zum 32. Deutschen Historikertag Hamburg 1978. Mit einem Bericht über das Kommentierte Quellenwerk zur Erforschung der Personen und Personengruppen des Mittelalters "Societas et Fraternitas", München 1978.

PUHLE, M., Die Politik der Stadt Braunschweig innerhalb des Sächsischen Städtebundes und der Hanse im späten Mittelalter, Braunschweig 1985.

PUHLE, M., Der sächsische Städtebund im späten Mittelalter. Regionale 'confoederatio' oder Teil der Hanse?, in: HGbll, 112, 1994, S. 125-138.

RANFT, A., Städtisches Finanzgebaren und -management am Ende des Mittelalters anhand der Rechnungsbücher des Lüneburger Rats, in: BOONE, M./PREVENIER, W. (Hg.), Public and Private Finances in the late Middle Ages, Löwen/Apeldoorn 1996, S. 15-56.

REITEMEIER, A., Das Handelsverbot der Hanse gegen Schottland (1412-1415/18), in: HGbll, 112, 1994, S. 161-236.

RENKEN, F., Der Handel der Königsberger Großschäfferei des Deutschen Ordens mit Flandern um 1400, Weimar 1937.

RENOUARD, Y., Les relations des Papes d'Avignon et des compagnies commerciales et bancaires de 1316 à 1378, Paris 1941.

RESOORT, R., De koopman en de verhalende literatuur, in: PLEIJ, H. (Hg.), Op belofte van profijt. Stadliteratuur en burgermoraal in de Nederlandse letterkunde van de Middeleeuwen, Amsterdam 1991, S. 280-301.

ROGGHÉ, P., Italianen te Gent in de XIVe eeuw. Een merkwaardig Florentijnsch hosteliers- en makelaarsgeslacht: de Gualterotti, in: Bijdragen voor de Geschiedenis der Nederlanden, 1, 1946, S. 197-226.

RÖMER, CH., Die Hanse und die niederländische Städtewelt, in: Hanse in Europa. Brücke zwischen den Märkten, 12. bis 17. Jahrhundert, (Austellungskatalog), Köln 1973, S. 121-136.

RÖRIG, F., Mittelalter und Schriftlichkeit, in: Die Welt als Geschichte, 13, 1953, S. 29-41.

RÖRIG, F., Unternehmerkräfte im flandrisch-hansischen Raum, in: HZ, 159, 1939, S. 265-286.

RÖSSNER, R., Die Hansen in Brügge, in: TRANSIT. Brügge - Novgorod. Eine Straße durch die europäische Geschichte, (Ausstellungskatalog Ruhrlandmuseums Essen), hrsg. v. F. SEIBT U.A., Essen, Bottrop 1997, S. 274-280.

RÜSEN, J., >Schöne< Parteilichkeit. Feminismus und Objektivität in der Geschichtswissenschaft, in: BECHER, U.A.J./RÜSEN, J. (Hg.), Weiblichkeit in geschichtlicher Perspektive. Fallstudien und Reflexionen zu Grundproblemen der historischen Frauenforschung, Franfurt/M. 1988, S. 517-542.

RYCKAERT, M., Brugge. Historische Stedenatlas van België, Brüssel, 1991.

SABBE, J., Vlaanderen in opstand 1323-1328. Nikolaas Zannekien, Zeger Janszone en Willem De Deken, (VHS, Bd. 7), Brügge [1993].

SALMINEN, T., Multilinguality and Written Correspondence in the Late Medieval Northern Baltics. Reflections of Literacy and Language in the Communication between the Council of Reval and the Finnish Baillifs, in: Bosselmann-Cyran, K. (Hg.), Fremdsprachen und Fremdsprachenerwerb (Das Mittelalter, hrsg. v. F. Fürbeth, F., Bd. 2,), Berlin, Heft 1 1997, S. 151-162.

SAMSONOWICZ, H., Remarques sur la comptabilité commerciale dans les villes hanséatiques au XVe siècle, in: Finances et comtabilité urbaines du XIIIe au XVIe siècle, Colloque

International, Blankenberge, 6.-9.IX.1962, Actes, (Pro Civitate, Collection Histoire, 7), o.O., 1964.
SARNOWSKY, J., Die preußischen Städte in der Hanse, in: HGbll, 112, 1994, S. 97-124.
SAUNIER, A., L'Ecluse. Une autre ville jetée à la mer?, in: Villes et Sociétés urbaines au Moyen Age. Hommage à Jacques Heers, (Cultures et Civilisation Médiévales, 11), Paris 1994, S. 97-103.
SCHILDHAUER, J., Hansestädtischer Alltag: Untersuchungen auf der Grundlage der Stralsunder Bürgertestamente vom Anfang des 14. bis zum Ausgang des 16. Jahrhunderts, Weimar 1992.
SCHMALE, F.-J., Die soziale Führungsschicht des älteren Dortmund. Beobachtungen und Überlegungen zur hochmittelalterlichen Stadtgeschichte, in: LUNTOWSKI, G. (Hg.), Dortmund. 1100 Jahre Stadtgeschichte, Festschrift, Dortmund 1982, S. 53-78.
SCHMIDT, U.C., Wohin mit "unserer gemeinsamen Betroffenheit" im Blick auf die Geschichte? Eine kritische Auseinandersetzung mit methodischen Postulaten der feministischen Wissenschaftsperspektive, in: BECHER, U.A.J., RÜSEN, J. (Hg.), Weib-lichkeit in geschichtlicher Perspektive. Fallstudien und Reflexionen zu Grund-problemen der historischen Frauenforschung, Franfurt/M. 1988, S. 502-516.
SCHNERB, B., L'État bourguignon, 1363-1477, [Paris] 1999.
SCHOPPMEYER, H., Hansische Organisationsformen in Westfalen, Entwicklung und Struktur, in: HGbll, 100, 1982, S. 69-86.
SCHOUTEET, A., De straatnamen van Brugge. Oorsprong en betekenis, Brügge 1977.
SCHUBERT, B., Die Bedeutung des Hansehandels für die wirtschaftliche Entwicklung der Rus, in: HENN, V./ NEDKVITNE, A. (Hg.): Norwegen und die Hanse, (KWSt/A: Beiträge zur schleswig-holsteinischen Geschichte; Bd. 11), Frankfurt/M. 1992, S. 177-189.
SCHUBERT, B., Die russische Kaufmannsschaft und ihre Beziehung zur Hanse, in: JENKS, ST./NORTH, M. (Hg.), Der Hansische Sonderweg? Beiträge zur Sozial- und Wirtschaftsgeschichte der Hanse, (QDHG, NF, Bd. 39), Köln, Weimar, Wien 1993, S. 13-22.
SCHUBERT, B., Der Lübecker Bürgermeister Johann Niebur (+ 1399), in: KATTINGER, D./ WERNICKE, H. (Hg.), Akteure und Gegner der Hanse: Zur Prosopographie der Hansezeit. Konrad-Fritze-Gedächtnisschrift, (Hansische Studien, IX, Abh. zur Handels-und Sozialgeschichte 30), Weimar 1998, S. 53-65.
SCHWARZWÄLDER, H., Bremen als Hansestadt im Mittelalter, in: HGbll, 112, 1994, S. 1-38.
SCHWINGES, R.C., Wilhelm vonTyros: Vom Umgang mit Feindbildern im 12. Jahrhundert, in: BURGHARTZ, S., U.A. (Hg.), Spannungen und Widersprüche, Festschrift für Frantisek Graus, Sigmaringen 1992, S. 155-169.
SEIFERT, D., Der Hollandhandel und seine Träger im 14. und 15. Jahrhundert, in: HGbll, 113, 1995, S. 71-91.
SEIFERT, D., Kompagnons und Konkurrenten. Holland und die Hanse im späten Mittelalter, (QDHG, NF, 43), Köln, Weimar, Wien 1997.
SEIFERT, D., Hildebrand Veckinchusen : A Typical Hanseatic Merchant in the Low Countries ?, in: International Trade in the Low Countries (14th - 16th Centuries), hrsg. v. P. Stabel, B. Blondé, A. Greve, Löwen, Apeldoorn 2000, S. 45-53.
SEMRAU, A., Katalog der Geschlechter der Schöffenbank und des Ratsstuhls in der Altstadt Thorn 1233-1602, in: Mitteilungen des Copernikus-Vereins für Wissenschaft und Kunst zu Thorn, 46, 1938, S. 1-115.
SOSSON, J.-P., La structure sociale de la corporation médiévale. L'Exemple des tonnliers des Bruges de 1350 à 1500, in: RBPH, 44, 1966, S. 457-478.

SPRANDEL, R., Flandrisch-Lübeckischer Fernhandel und die deutsche Ostsiedlung, in: Deutsche Ostsiedlung im Mittelalter und Neuzeit, (Studien zum Deutschtum im Osten, 8), Köln, Wien 1971, S. 130-143.
SPRANDEL, R., Das mittelalterliche Zahlungssystem nach hansisch-nordischen Quellen des 13. - 15. Jahrhunderts, (Monographien zur Geschichte des Mittelalters, hrsg. v. K. Bosl; 10), Stuttgart 1975.
SPRANDEL, R., Die Konkurrenzfähigkeit der Hanse im Spätmittelalter, in: HGbll 102 (1984), S. 21-38.
SPRANDEL, R., Die strukturellen Merkmale der hansischen Handelsstellung in Brügge, in: Brügge-Colloquium, hrsg. v. K.FRIEDLAND, (QDHG; NF, 36), Köln, Wien 1990, S. 69-81.
SPUFFORD, P., Money and its Use in Medieval Europe, Cambridge 1988.
SPUFFORD, P., Spätmittelalterliche Kaufmannsnotizbücher als Quelle zur Bankengeschichte. Ein Projektbericht, in: M. NORTH (Hg.), Kredit im spätmittelalterlichen Europa, (QDHG; NF, 37), Köln, Wien 1991, S. 103-120.
STABEL, P., De kleine stad in Vlaanderen (14de - 16de eeuw), (VKAWLSKB, KL, 57, Nr. 156), Brüssel 1995.
STABEL, P., Dwarfs among Giants. The Flemish Urban Network in the Late Middle Ages, Löwen/Apeldoorn, 1997.
STABEL, P., Economic development, urbanisation and political organisation in the late medieval southern Low Countries, in: BERNHOLZ, P./STREIT, M.E., VAUBEL, R. (Hg.), Political competition, Innovation and Growth: A Historical Analysis, Heidelberg 1998, S. 183-204.
STARKE, W., *Ein nye Rekensboeck up aller Koepmanshandelinge* - kommerzielles Wissen in den niederdeutschen Arithmetiken des 16. und 17. Jahrhunderts, in: JENKS, ST./ NORTH, M. (Hg.), Der Hansische Sonderweg? Beiträge zur Sozial- und Wirtschaftsgeschichte der Hanse, (QDHG, NF, 39), Köln, Weimar, Wien 1993, S. 235-254.
STEIN, W., Die Burgunderherzöge und die Hanse, in: HGbll, 10, 1901, S. 8-26.
STEIN, W., Über die ältesten Privilegien der Deutschen Hanse in Flandern und die ältere Handelspolitik Lübecks, in: HGbll, 30, 1902, S. 50-133.
STEIN, W., Beiträge zur Geschichte der deutschen Hanse bis um die Mitte des fünfzehnten Jahrhunderts, Giessen 1900.
STEIN, W., Die Genossenschaft der deutschen Kaufleute zu Brügge in Flandern, Berlin, 1890.
STIEDA, W. (Hg.), Hildebrand Veckinchusen. Briefwechsel eines deutschen Kaufmanns im 15. Jahrhundert, Leipzig 1921.
STIEDA, W., Hansische Vereinbarungen über städtisches Gewerbe im 14. und 15. Jahrhundert, in: HGbll, 15, 1886, S. 99-155.
STOOB, H., Hansische Westpolitik im frühen 14. Jahrhundert, in: HGbll, 94, S. 1-16.
STOOB, H., Dortmund, Köln und die Frage der Vorortschaft in der Hanse, in: HGbll, 100, 56-68.
STOOB, H., Rat und Bürgerschaft in Hamburg am Ausgang des Mittelalters, in: EHBRECHT, W. (Hg.), Städtische Führungsgruppen und Gemeinde in der werdenden Neuzeit, (Städteforschung: Reihe A, Darstellungen, 9) Köln, Wien 1980, S. 357-368.
STOOB, H., Lübeck als "Caput Omnium" in der Hanse, in: Blätter für deutsche Landesgeschichte, 121, 1985, S. 157-168.
STOOB, H., Die Hanse, Graz, Wien, Köln 1995.
STROMER, W. V., Oberdeutsche Hochfinanz. 1350-1450, 3 Bde., (VSWG, Beihefte 55-57), Wiesbaden 1970.

STROMER, W. V., Konkurrenten der Hanse: Die Oberdeutschen, in: Hanse in Europa. Brücke zwischen den Märkten, 12. bis 17. Jahrhundert, (Austellungskatalog), Köln 1973, S. 329-340.
STROMER, W.V., Funktionen und Rechtsnatur der Wechselstuben als Banken im internationalen Vergleich, in: Credito, Banche e investimenti, secoli XIII-XX, 14-21 aprile 1972 (Istituto internazionale di storia economica "F. Datini", serie II, 4), Florenz 1985, S. 229-254.
STUARD, S. MOSHER (Hg.), Women in Medieval History & Historiography, Philadelphia ²1991.
STÜRMER, M. (Hg), Herbst des alten Handwerks, München 1979..
STÜTZEL, P., Die Privilegien des deutschen Kaufmanns in Brügge, (unveröffentlichte Magisterarbeit, SS 1994), Erlangen 1994.
THIER, D., Melius Hereditati: Untersuchungen zur Dortmunder Führungsgeschichte im 13. und 14. Jahrhundert. (Bochumer Historische Studien: Mittelalterliche Geschichte; Nr. 8) Bochum 1987.
THIERFELDER, H., Köln und die Hanse, (Kölner Voträge zur Sozial-und Wirtschaftsgeschichte, Heft 7, hrsg. v. H. KELLENBENZ), Köln 1970.
THOEN, E., Oorlogen en platteland. Sociale en ekonomische aspekten van militaire destruktie in Vlaanderen tijdens de late middeleeuwen en de vroege moderne tijden, in: TG, 91, 1978, S. 363-376.
THOEN, E./ DEVOS, I., Pest in de Zuidelijke Nederlanden tijdens de Middeleeuwen en de Moderne Tijden. Een status quaestionis over de ziekte in haar sociaal-economische context, in: De Pest in de Nederlanden: Medisch historische beschouwingen 650 jaar na de Zwarte Dood, Vierde symposium Geschiedenis der Geeneeskundige Wetenschappen, (Academica Regia Belgica Medicinae - Dissertationes - Series Historica, Nr. 7), Brüssel 1999, S. 19-43.
THOMAS, H., Beiträge zur Geschichte der Champagne-Messen im 14. Jahrhundert, in: VSWG, 64, 1977, S. 433-467.
TITS-DIEUAIDE, M.-J., La formation des prix céréaliers en Brabant et en Flandre au XVe siècle, Brüssel, 1975.
TITS-DIEUAIDE, M.-J., Le grain et le pain dans l'administration des villes de Brabant et de Flandres au Moyen Age, in: L'initiative publique des communes en Belgique, fondements historiques (Ancien Régime), 11e Colloque International, Spa, 1.- 4. Sept. 1982, [Brüssel] 1984, S. 453-491.
TOURAINE, A., Pourrons-nous vivre ensemble? Égaux et différents, [Paris] 1997.
TRANSIT. Brügge - Novgorod. Eine Straße durch die europäische Geschichte, (Ausstellungskatalog Ruhrlandmuseum Essen), hrsg. v. F. SEIBT U.A., Essen/Bottrop 1997.
TRIO, P., Bestuursinstellingen van de stad Ieper, in: PREVENIER, W./AUGUSTYN, B. (Hg.), De gewestelijke en lokale overheidsinstellingen in Vlaanderen tot 1795, (Algemeen Rijksarchief en Rijksarchief in de Provinciën; Studia, 72), Brüssel 1997, S. 333-360.
UNGER, R.W., Integration of Baltic and Low Countries Grain Markets, 1400-1800, in: The interactions of Amsterdam and Antwerp with the Baltic region, 1400-1800, (Werken uitgegeven door de vereeniging Het Nederlandsch-Economisch-Historisch Archief, Bd. 16), Leiden 1983, S. 1-11.
VAN CAENEGEM, R., Nota over de terechtstelling van Willem de Deken te Parijs in 1328, in: ASEB, 90, 1953, S. 140-142.
VAN CAENEGEM, R./ MILIS, L. Kritische uitgave van de "Grote Keure" van Filips van de Elzas, graaf van Vlaanderen, voor Gent en Brugge (1165-1177), in: HKCG, 143, 1977, S. 207-257.

VAN DEN ABEELE, A., CATRY, M., Makelaars en handelaars. Van nering der makelaars naar Kamer van Koophandel in het XVIIde-eeuwse Brugge, Brügge 1992.
VAN DEN AUWEELE, D.: De Brugse gijzelaarslijsten van 1301, 1305 en 1328. Een komparatieve analyse, in: ASEB, 110, 1973, S. 105-167.
VAN DEN AUWEELE, D., Schepenbank en Schepenen te Brugge (1127 - 1384). Bijdrage tot de studie van een gewone stedelijke rechts- en bestuursinstelling, (unveröfft. Diss.), Löwen 1977.
VAN DEN NESTE, É., Tournois, joutes, pas d'armes dans les villes de Flandre à la fin du Moyen Age (1300-1486), (Mémoires et Documents de l'École des Chartes, 47), Paris 1996.
VAN DER WEE, H., Money and Economic Interdependence between the Northern and Southern Netherlands and the Baltic (15th-17th Centuries), in: The interactions of Amsterdam and Antwerp with the Baltic region, 1400-1800, (Werken uitgegeven door de vereeniging Het Nederlandsch-Economisch-Historisch Archief, 16), Leiden 1983, S. 11-18.
VANDEWALLE, A., Willem De Deken (+1328): Volksleider en makelaar, in: ASEB, 115, 1978, S. 207-211.
VANDEWALLE, A., De stadsofficiën van Brugge: openbaar ambt of commercie? (15e-18e eeuw) in: G. MARCOURS (Hg.), Cornua Legum, Antwerpen, 1987, S. 217-225.
VAN HOUTTE, J. A., Les courtiers au Moyen Age. Origine et caractéritiques d'une institution commerciale en Europe occidentale, in: Revue historique du droit français et étranger, serie 4, 15, 1936, S. 105-141.
VAN HOUTTE, J. A., Makelaars en waarden te Brugge van de 13e tot de 16e eeuw, in: Bijdragen voor de geschiedenis der Nederlanden, 5, 1950, S. 1-30 u. S. 177-197.
VAN HOUTTE, J. A., Les foires dans la Belgique ancienne, in: Recueils de la société Jean Bodin, Bd. V, La Foire, Brüssel 1953, S. 175-207.
VAN HOUTTE, J. A., The Rise and Decline of the Market of Bruges, in: EconHR, series 2, 19, 1966, S. 29-47.
VAN HOUTTE, J. A., Ambernijverheid en paternostermakers te Brugge gedurende de XIVe en XVe eeuw, in: DERS., Essays on medieval and early modern economy and society, Löwen 1977, S. 49-80, (erstmals ASEB, 82, 1939, S. 149-184).
VAN HOUTTE, J.A., Von der Herberge "Zur Börse" zur Brügger Börse, in: Wirtschaftskräfte und Wirtschaftswege V, Festschrift für Hermann Kellenbenz, hrsg. v. J. SCHNEIDER, U.A., Stuttgart 1981, S. 237-250.
VAN HOUTTE, J. A., Geschiedenis van Brugge, Bussum, Tielt 1981.
VAN NIEUWENHUYSEN, A., Les finances du duc de Bourgogne Philippe le Hardi (1384-1404). Économie et Politique, Brüssel 1984.
VAN OOST, A., Sociale stratifikatie van de Brugse opstandigen en van de opstandige ingezetenen van de kleinere kasselrijsteden in Vlaanderen van 1379-1385, kritische benadering van konfiskatiedokumenten, in: BTFG, 56, 1978, S. 830-877.
VAN ROMPAEY, J., Het compositierecht in Vlaanderen van de veertiende tot de achttiende eeuw, in: Tijdschrift voor Rechtsgeschiedenis, 29, 1961, S. 43-79.
VAN ROMPAEY, J., De Brugse Keure van 1329 en de aanvullende privilegien, in: Handelingen van de Koninklijke Commissie voor de uitgave der oude wetten en verordeningen van België, 21, 1965, S. 35-105.
VAN ROMPAEY, J., De Grote Raad van de hertogen van Boergondië en het Parlement van Mechelen, (KAWLSKB, KL, 35, Nr. 73) Brüssel 1973.
VAN 'T DACK, E., Wat is prosopografie ?, in: Academiae Analecta, (MKAWLSKB, KL, 53, 1991, NR. 1], Brüssel 1991, S. 21-54.

VAN TIELHOF, M., De Hollandse graanhandel, 1470-1570: koren op de Amsterdamse molen, (Hollandse historische reeks; 23), 's-Gravenhage 1995.
VAN UYTVEN, R., Plutokratie in de oude demokratien der Nederlanden, in: Handelingen Koninklijke Zuidnederlandse Maatschappij voor Taal- en Letterkunde en Geschiedenis, 16, 1962, S. 373-409.
VAN UYTVEN, R., Politiek en ekonomie: de crisis der late XVe eeuw in de Nederlanden, in: BTFG, 53, 1975, 1097-1149.
VAN UYTVEN, R., De datering van het Brugse "Livre des Mestiers", in: Archief- en Bibliotheekwezen, 48, 1977, S. 642-653.
VAN UYTVEN, R., Scènes de la vie sociale dans les villes des Pays-Bas du XIVe au XVIe siècles, in: Mémoires de la Société d'Agriculture, Science et Arts de Douai, 5e s. 8 (1980-82), (Actes du Colloque "La Sociabilité Urbaine en Europe du Nord.Ouest du XIVe au XVIII siècle, 5 Feb. 1983), Douai 1983, S. 11-31.
VAN UYTVEN, R., Classes économiques, hiérachies sociales et influence politique aux Pays-Bas du sud du XIVe au XVIIe siècle, in: Guarducci, A. (Hg.), Gerarchie economiche e gerarchie sociali secoli XII-XVIII, (Instituto Internazionale die Storia Economica "F. Datini" Prato, Serie II, 12), Prato 1990, S. 365-368.
VAN WERVEKE, H., Brugge en Antwerpen. Achte eeuwen Vlaamse Handel. Gent 1941.VAN WERVEKE, H., Essor et declin de la Flandre, in: GIUFFRÈ, A. (Hg.), Studi in onore di Gino Luzzatto, Mailand 1949, S. 152-160.
VAN WERVEKE H., "Hansa" in Vlaanderen en aangrenzende gebieden, in: ASEB, 90, 1953, S. 5-42.
VAN WERVEKE, H., Les villes belges. Histoire des institutions économiques et sociales, (Receuils de la Société Jean Bodin, VII), Brüssel 1955, S. 551-576.
VAN WERVEKE, H., Die Beziehungen Flanderns zu Osteuropa in der Hansezeit, in: BRANDT, L. (Hg.), Arbeitsgemeinschaft für Forschung des Landes Nordrhein-Westfalen, Abh. 27, Köln, Opladen 1963, S. 59-77.
VAN WERVEKE, H., Die Stellung des hansischen Kaufmanns dem flandrischen Tuchproduzenten gegenüber, in: AUBIN, H. u.a. (Hg.): Beiträge zur Wirtschafts- und Stadtgeschichte. Festschrift für Hektor Amman, Wiesbaden 1965, S. 296-304.
VAN WERVEKE, H., Der flandrische Eigenhandel, in: Miscellanea Mediaevalia, Verspreide opstellen over economische en sociale geschiedenis van de middeleeuwen, Gent 1968, S. 45-59.
VAUGHAN, R., Philip the Good. Apogee of the Burgundian State, London 1970.
VAUGHAN, R., Philip the Bold. The Formation of the Burgundian State, London 1979.
VERBRUGGEN, J.F., De Brugse effectieven in de slag bij Kortrijk (11 juli 1302). Kritische Nota, in Bijdragen voor de geschiedenis der Nederlanden, 2, 1948, S. 241-247.
VERBRUGGEN, J.F., De organisatie van de militie te Brugge in de XIVe eeuw, in: ASEB, 87, 1950, S. 163-170.
VERBRUGGEN, J.F., De slag der Gulden Sporen. Bijdrage tot de geschiedenis van Vlaanderens vrijheidsoorlog 1297-1305, Antwerpen, Amsterdam 1952.
VERBRUGGEN, J.F., Beschouwingen over 1302, in: ASEB, 93, 1956, S. 38-53.
VERBRUGGEN, J.F., Het gemeenteleger van Brugge van 1338 tot 1340 en de namen van de weerbare mannen, Brüssel 1962.
VERHULST, A., Les origines et l'histoire ancienne de la ville de Bruges (IXe-XIIe siècles), in: Le Moyen Age, 66, 1960, S. 37-63.
VERHULST, A., Initiative comtale et développement économique en Flandre au XIIe siècle: le rôle de Thierry et de Philippe d'Alsace (1128-1191), in: Miscellanea Mediaevalia in Memoriam Jan Frederik Niermeyer, Groningen 1967, S. 227-240.

VERHULST, A., Neue Ansichten über die Entstehung der flämischen Städte am Beispiel von Gent und Antwerpen, in: Festschrift Franz Petri, Köln, Wien, 1983, S. 1-17.
VERHULST, A., The Origins of Towns in the Low Countries and the Pirenne Thesis, in: Past and Present, 122, 1987, S. 3-35.
VERKERK, C.L., Coulissen van de macht, Een sociaal-institutionele studie betreffende de samenstelling van het bestuur van Arnhem in de middeleeuwen en een bijdrage tot de studie van stedelijke elitevorming, (Werken uitgegeven door GELRE, Vereeniging tot Beoeffening van Geldersche Geschiedenis, Oudheidkunde en Recht, 42), Hilversum 1992.
VERLINDEN, C., Dokumenten voor de geschiedenis van prijzen en lonen in Vlaanderen en Brabant, 4 Bde, Brügge 1959-1973.
VERMASEREN, B., De Carmel van Brugge en de buitenlandse kooplieden, in: Carmel, (Tijdschrift voor Carmelitaanse geschiedenis en geestelijk leven), 3, 1950, S. 19-31.
VERRIEST, L., Le Registre de la "loi" de Tournai, de 1302 et listes des otages de Bruges (1301) et de Courtrai, in: Bulletin de la Commission Royale d'Histoire, 80, 1911, S. 369-500.
VOLLBEHR, F., Die Holländer und die deutsche Hanse, (Pfbll. HGV, 21), Lübeck 1930.
WARLOP. E., De baljuws van Brugge tot 1300, in: Album Albert Schouteet, Brügge 1973, S. 221-234.
WARNKÖNIG, L.A., Flandrische Staats-und Rechtsgeschichte bis zum Jahr 1305, 4 Bde., Tübingen 1835-1842.
WARNKOENIG, L.A., GHELDOLF, A.E., Histoire de la Flandre, 4 Bde., Brüssel 1835 -1851.
WENSKY, M., Die Stellung der Frau in der stadtkölnischen Wirtschaft, (QDHG, NF, 26), Köln, Wien 1981.
WERNICKE, H., Die Städtehanse, 1280-1418, Genesis - Strukturen - Funktionen, (Abhandlungen zur Handels- und Sozialgeschichte, 22), Weimar 1983.
WINTERFELD, L.V., Kapital und Patriziat in Köln bis 1400, (Pfbll. HGV, 16), Lübeck 1925.
WINTERFELD, L.V., Hildebrand Veckinghusen. Ein hansischer Kaufmann vor 500 Jahren, in: Hansische Volkshefte, 18, 1929.
WINTERFELD, L. V., Dortmunds Stellung in der Hanse, (Pfbll. HGV, 23), Lübeck 1932.
WRIEDT, K., Amtsträger in norddeutschen Städten des Spätmittelalters, in: BULST, N./ GENET, J.PH. (Hg.), Medieval Lives and the Historian, Studies in Medieval Prosopography, Proceedings of the First International Interdisciplinary Conference on Medieval Prosopography, Universität Bielefeld, 3.-5. December 1982, (Medieval Institute Publications), Kalamazoo 1986, S. 227-234.
WÜLFING, I.-M., Finanzpolitik der Hansestädte im 13. Jahrhundert, in: DIESTELKAMP, B. (Hg.), Beiträge zum spätmittelalterlichen Städtewesen, (Städteforschung: Reihe A, Darst., 12), Köln, Wien 1982, S. 34-71.
WYFFELS, C., Les corporations flamandes et l'origine des communautés de métiers, in: RN, 32, 1950, S. 193-205.
WYFFELS, C., De oorsprong der ambachten in Vlaanderen en Brabant, (VKAWLSKB, KL, 13), Brüssel 1951.
WYFFELS, C., Een "opstand" te Brugge en de vlucht van leliaarts naar Sint-Omaars tussen 17 augustus en 18 september 1297, in: ASEB, 90, 1953, S. 63-72.
WYFFELS, C., Een XIIIe eeuwse gerechtszaak (1290 - 1296). De erfenis van Jan Van der Beurse, poorter van Brugge (+ 1270), (Handelingen van de Koninklijke Commissie voor de Uitgave der Oude Wetten en Verordeningen van België, XIX, 3), Brüssel 1958.

WYFFELS, C., De Vlaamse Hanze in Londen op het einde van de XIIIe eeuw, in: ASEB, 97, 1960, S. 5-30.
WYFFELS, C., Rezension: J.F. Verbruggen, Het gemeenteleger van Brugge van 1338 tot 1340, in: TG, 76, 1963, S. 231-233.
WYFFELS, C., Peiling naar de sociale stand van een aantal Brugse groothandelaars, inzonderheid op de Britse eilanden (1270-1292), in: Album Archivaris Jos. De Smet, (Westvlaams Verbond van Kringen voor Heemkunde), Brügge 1964, S. 365-379.
WYFFELS, C., Nieuwe gegevens betreffende een XIIIde eeuwse "democratische" stedelijke opstand: de Brugse "Moerlemaye" (1280-1281), in: HKCG, 132, 1966, S. 37-142.
WYFFELS, C., Kanttekening bij de Brugse "Moerlemaye" 1280-1281, in: Album Albert Schouteet, Brügge 1973, S. 253-258.
WYFFELS, C., De Vlaamse Hanzen opnieuw belicht, in: Academiae Analecta, (MKAWLSKB, KL, 53, 1991, Nr. 1), Brüssel 1991, S. 3-17.

Abkürzungen:

Archive:

Belgien:

ARA:	Algemeen Rijksarchief Brussel.
BAB:	Bischoppelijk Archief Brugge.
RAB:	Rijksarchief Brugge.
SAB:	Stadsarchief Brugge.
SBB:	Stadsbibliotheek, Biekorf, Brugge.

Deutschland:

AHL:	Archiv der Hansestadt Lübeck.
HAStK:	Historisches Archiv der Stadt Köln.
AStSt:	Archiv der Stadt Stralsund.

Estland:

TLA:	Tallinna Linnaarhiiv (Archiv Tallin)

Frankreich:

ADN:	Archives départmentales du Nord, Lille.

Quelleneditionen:

DUB:	Dortmunder Urkundenbuch.
HR:	Hanserezesse I: 1. Abteilung, HR II: 2 Abteilung.
HUB:	Hansisches Urkundenbuch.
LübUB:	Urkundenbuch der Stadt Lübeck.
MUB:	Mecklenburgisches Urkundenbuch.
PrUB:	Preußisches Urkundenbuch.

Zeitschriften/Reihen:

ASEB:	Annales de la Société d'Emulation de Bruges.
BCRH:	Bulletin de la Commission Royale d'Histoire (siehe auch HKCG).
BIHBR:	Bulletin de l'Institut Historique Belge de Rome.
BTFG:	Belgisch Tijdschrift voor Filosofie en Geschiedenis.
DA:	Deutsches Archiv.
EconHR:	Economic History Review.
HGbll:	Hansische Geschichtsblätter.
HKCG:	Handelingen van de Koninklijke Commissie voor Geschiedenis (siehe auch BCRH).
HMGOG:	Handelingen van de Maatschappij voor Geschiedenis en Oudheidkunde te Gent.
HZ:	Historische Zeitschrift.
JEEH:	Journal of European Reconomic History.
JMH:	Journal of Medieval History.
KWSt:	Kieler Werkstücke.
MKAWLSKB:	Mededelingen van de Koninklijke Academie voor Wetenschappen, Letteren en Schone Kunsten van Belgie.
PFbll HGV:	Pfingstblätter des Hansischen Geschichtsvereins.
QDHG:	Quellen und Darstellungen der hansischen Geschichte.

RBPH:	Revue Belge de Philologie et d'Histoire.
RN:	Revue du Nord.
TG:	Tijdschrift voor Geschiedenis.
TSG:	Tijdschrift voor Sociale Geschiedenis.
VKAWLSKB:	Verhandelingen van de Koninklijke Vlaamse Academie voor Wetenschappen, Letteren en Schone Kunsten van Belgie.
VSWG:	Vierteljahrschrift für Sozial- und Wirtschaftsgeschichte.
ZHF:	Zeitschrift für Historische Forschung.
ZVLGA:	Zeitschrift des Vereins für Lübeckische Geschichte und Altertumskunde.

andere:

AGN:	Algemene Geschiedenis der Nederlanden.
NAGN:	Nieuwe Algemene Geschiedenis der Nederlanden.
NF:	Neue Folge.
LMA:	Lexikon des Mittelaters.

a.a.O.:	am angegebenen Ort.
Ders.:	Derselbe (idem).
Dies.:	Dieselbe (idem).
m.E.:	meines Erachtens.
u.:	und.
u.a.:	unter anderem.
vtl.:	vermutlich.

KIELER WERKSTÜCKE

Reihe A: Beiträge zur schleswig-holsteinischen und skandinavischen Geschichte
Hrsg. von Oliver Auge und Thomas Riis

Band 1 Kai Fuhrmann: Die Auseinandersetzung zwischen königlicher und gottorfischer Linie in den Herzogtümern Schleswig und Holstein in der zweiten Hälfte des 17. Jahrhunderts. 1990.

Band 2 Ralph Uhlig (Hrsg.): Vertriebene Wissenschaftler der Christian-Albrechts-Universität zu Kiel (CAU) nach 1933. Zur Geschichte der CAU im Nationalsozialismus. Eine Dokumentation, bearbeitet von Uta Cornelia Schmatzler und Matthias Wieben. 1991.

Band 3 Carsten Obst: Der demokratische Neubeginn in Neumünster 1947 bis 1950 anhand der Arbeit und Entwicklung des Neumünsteraner Rates. 1992.

Band 4 Thomas Hill: Könige, Fürsten und Klöster. Studien zu den dänischen Klostergründungen des 12. Jahrhunderts. 1992.

Band 5 Rüdiger Wurr / Udo Gerigk / Uwe Törper / Alfred Sielken: Türkische Kolonie im Wandel. Ausländersozialarbeit und Ausländerpädagogik in Schleswig-Holstein (Bandhrsg.: Kai Fuhrmann und Ralph Uhlig). 1992.

Band 6 Torsten Mußdorf: Die Verdrängung jüdischen Lebens in Bad Segeberg im Zuge der Gleichschaltung 1933–1939 (Bandhrsg.: Kai Fuhrmann und Ralph Uhlig).1992.

Band 7 Thorsten Afflerbach: Der berufliche Alltag eines spätmittelalterlichen Hansekaufmanns. Betrachtungen zur Abwicklung von Handelsgeschäften. 1993.

Band 8 Ralph Uhlig: *Confidential Reports* des Britischen Verbindungsstabes zum Zonenbeirat der britischen Besatzungszone in Hamburg (1946–1948). Demokratisierung aus britischer Sicht. 1993.

Band 9 Broder Schwensen: Der Schleswig-Holsteiner-Bund 1919–1933. Ein Beitrag zur Geschichte der nationalpolitischen Verbände im deutsch-dänischen Grenzland. 1993.

Band 10 Matthias Wieben: Studenten der Christian-Albrechts-Universität im Dritten Reich. Zum Verhaltensmuster der Studenten in den ersten Herrschaftsjahren des Nationalsozialismus. 1994.

Band 11 Volker Henn / Arnved Nedkvitne (Hrsg.): Norwegen und die Hanse. Wirtschaftliche und kulturelle Aspekte im europäischen Vergleich. 1994.

Band 12 Jürgen Hartwig Ibs: Die Pest in Schleswig-Holstein von 1350 bis 1547/48. Eine sozialgeschichtliche Studie über eine wiederkehrende Katastrophe. 1994.

Band 13 Martin Höffken: Die "Kieler Erklärung" vom 26. September 1949 und die "Bonn-Kopenhagener Erklärungen" vom 29. März 1955 im Spiegel deutscher und dänischer Zeitungen. Regierungserklärungen zur rechtlichen Stellung der dänischen Minderheit in Schleswig- Holstein in der öffentlichen Diskussion. 1994.

Band 14 Erich Hoffmann / Frank Lubowitz (Hrsg.): Die Stadt im westlichen Ostseeraum. Vorträge zur Stadtgründung und Stadterweiterung im Hohen Mittelalter. Teil 1 und 2. 1995.

Band 15 Claus Ove Struck: Die Politik der Landesregierung Friedrich Wilhelm Lübke in Schleswig-Holstein (1951–1954). 1997.

Band 16 Hannes Harding: Displaced Persons (DPs) in Schleswig-Holstein 1945–1953. 1997.

Band 17 Olav Vollstedt: Maschinen für das Land. Agrartechnik und produzierendes Gewerbe Schleswig-Holsteins im Umbruch (um 1800–1867). 1997.

Band 18 Jörg Philipp Lengeler: Das Ringen um die Ruhe des Nordens. Großbritanniens Nordeuropa-Politik und Dänemark zu Beginn des 18. Jahrhunderts. 1998.

Band 19 Thomas Riis (Hrsg.): Tisch und Bett. Die Hochzeit im Ostseeraum seit dem 13. Jahrhundert. 1998.

Band 20 Alf R. Bjercke: Norwegische Kätnersöhne als königliche Dragoner. Eine Abhandlung über den Dragonerdienst in Norwegen und die Grenzwache in Schleswig-Holstein 1758–1762. 1999.

Band 21 Niels Bracke: Die Regierung Waldemars IV. Eine Untersuchung zum Wandel von Herrschaftsstrukturen im spätmittelalterlichen Dänemark. 1999.

Band 22 Lutz Sellmer: Albrecht VII. von Mecklenburg und die Grafenfehde (1534–1536). 1999.

Band 23 Ernst-Erich Marhencke: Hans Reimer Claussen (1804–1894). Kämpfer für Freiheit und Recht in zwei Welten. Ein Beitrag zu Herkunft und Wirken der "Achtundvierziger". 1999.

Band 24 Hans-Otto Gaethke: Herzog Heinrich der Löwe und die Slawen nordöstlich der unteren Elbe. 1999.

Band 25 Henning Unverhau: Gesang, Feste und Politik. Deutsche Liedertafeln, Sängerfeste, Volksfeste und Festmähler und ihre Bedeutung für das Entstehen eines nationalen und politischen Bewußtseins in Schleswig-Holstein 1840–1848. 2000.

Band 26 Joseph Ben Brith: Die Odyssee der Henrique-Familie (Bandhrsg.: Björn Marnau und Ralph Uhlig). 2001.

Band 27 Karl-Otto Hagelstein: Die Erbansprüche auf die Herzogtümer Schleswig und Holstein 1863/64. 2003.

Band 28 Annegret Wittram: Fragmenta. Felix Jacoby und Kiel. Ein Beitrag zur Geschichte der Kieler Christian-Albrechts-Universität. 2004.

Band 29 Sönke Loebert: Die dänische Vergangenheit Schleswigs und Holsteins in preußischen Geschichtsbüchern. 2008.

Band 30 Hans Gerhard Risch: Der holsteinische Adel im Hochmittelalter. Eine quantitative Untersuchung. 2010.

Band 31 Silke Hinz: Hochzeit in Kiel. Wandel im Hochzeitsgeschehen von 1965 bis 2005. 2011.

Reihe B: Beiträge zur nordischen und baltischen Geschichte
Hrsg. von Hain Rebas

Band 1 Rainer Plappert: Zwischen Zwangsclearing und Entschädigung. Die politischen Beziehungen zwischen der Bundesrepublik Deutschland und Schweden im Schatten der Kriegsfolgefragen 1949–1956. 1996.

Band 2 Volker Seresse: Des Königs "arme weit abgelegenne Vntterthanen". Oesel unter dänischer Herrschaft 1559/84–1613. 1996.

Band 3 Ingrid Bohn: Zwischen Anpassung und Verweigerung. Die deutsche St. Gertruds Gemeinde in Stockholm zur Zeit des Nationalsozialismus. 1997.

Band 4 Saskia Pagell: Souveränität oder Integration? Die Europapolitik Dänemarks und Norwegens von 1945 bis 1995. 2000.

Band 5 Ulrike Hanssen-Decker: Von Madrid nach Göteborg. Schweden und der EU-Beitritt Estlands, Lettlands und Litauens, 1995–2001. 2008.

Reihe C: Beiträge zur europäischen Geschichte des frühen und hohen Mittelalters
Hrsg. von Hans Eberhard Mayer

Band 1 Martin Rheinheimer: Das Kreuzfahrerfürstentum Galiläa. 1990.

Band 2 Oliver Berggötz: Der Bericht des Marsilio Zorzi. Codex Querini-Stampalia IV 3 (1064). 1990.

Band 3 Thomas Eck: Die Kreuzfahrerbistümer Beirut und Sidon im 12. und 13. Jahrhundert auf prosopographischer Grundlage. 2000.

Reihe D: Beiträge zur europäischen Geschichte des späten Mittelalters
Hrsg. von Werner Paravicini

Band 1 Holger Kruse, Werner Paravicini, Andreas Ranft (Hrsg.): Ritterorden und Adelsgesellschaften im spätmittelalterlichen Deutschland. Ein systematisches Verzeichnis. 1991.

Band 2 Werner Paravicini (Hrsg.): Hansekaufleute in Brügge. Teil 1: Die Brügger Steuerlisten 1360–1390, hrsg. von Klaus Krüger. 1992.

Band 3 Les Chevaliers de l'Ordre de la Toison d'or au XVe siècle. Notices bio-bibliographiques publiées sous la direction de Raphaël de Smedt. 1994. 2. Auflage 2000.

Band 4 Werner Paravicini (Hrsg.): Der Briefwechsel Karls des Kühnen (1433–1477). Inventar. Redigiert von Sonja Dünnebeil und Holger Kruse. Bearbeitet von Susanne Baus u.a. Teil 1 und 2. 1995.

Band 5 Werner Paravicini (Hrsg.): Europäische Reiseberichte des späten Mittelalters. Eine analytische Bibliographie. Teil 1: Deutsche Reiseberichte, bearb. von Christian Halm. 1994. 2., durchgesehene und um einen Nachtrag ergänzte Auflage 2001.

Band 6 Rainer Demski: Adel und Lübeck. Studien zum Verhältnis zwischen adliger und bürgerlicher Kultur im 13. und 14. Jahrhundert. 1996.

Band 7 Anne Chevalier-de Gottal: Les Fêtes et les Arts à la Cour de Brabant à l'aube du XVe siècle. 1996.

Band 8 Stephan Selzer: Artushöfe im Ostseeraum. Ritterlich-höfische Kultur in den Städten des Preußenlandes im 14. und 15. Jahrhundert. 1996.

Band 9 Werner Paravicini (Hrsg.): Hansekaufleute in Brügge. Teil 2. Georg Asmussen: Die Lübecker Flandernfahrer in der zweiten Hälfte des 14. Jahrhunderts (1358–1408). 1999.

Band 10 Jean Marie Maillefer: Chevaliers et princes allemands en Suède et en Finlande à l'époque des Folkungar (1250–1363). Le premier établissement d'une noblesse allemande sur la rive septentrionale de la Baltique. 1999.

Band 11 Werner Paravicini, Horst Wernicke (Hrsg.): Hansekaufleute in Brügge. Teil 3. Prosopographischer Katalog zu den Brügger Steuerlisten 1360–1390. Bearbeitet von Ingo Dierck, Sonja Dünnebeil und Renée Rößner. 1999.

Band 12 Werner Paravicini (Hrsg.): Europäische Reiseberichte des späten Mittelalters. Eine analytische Bibliographie. Teil 2: Französische Reiseberichte, bearbeitet von Jörg Wettlaufer in Zusammenarbeit mit Jacques Paviot. 1999.

Band 13 Nils Jörn, Werner Paravicini, Horst Wernicke (Hrsg.): Hansekaufleute in Brügge. Teil 4. Beiträge der Internationalen Tagung in Brügge April 1996. 2000.

Band 14 Werner Paravicini (Hrsg.): Europäische Reiseberichte des späten Mittelalters. Eine analytische Bibliographie. Teil 3. Niederländische Reiseberichte. Nach Vorarbeiten von Detlev Kraack bearbeitet von Jan Hirschbiegel. 2000.

Band 15 Werner Paravicini (Hrsg.): Hansekaufleute in Brügge. Teil 5. Renée Rößner: Hansische Memoria in Flandern. Alltagsleben und Totengedenken der Osterlinge in Brügge und Antwerpen (13. bis 16. Jahrhundert). 2001.

Band 16 Werner Paravicini (Hrsg.): Hansekaufleute in Brügge. Teil 6. Anke Greve: Hansische Kaufleute, Hosteliers und Herbergen im Brügge des 14. und 15. Jahrhunderts. 2011.

Reihe E: Beiträge zur Sozial- und Wirtschaftsgeschichte
Hrsg. von Gerhard Fouquet

Band 1 Thomas Hill / Dietrich W. Poeck (Hrsg.): Gemeinschaft und Geschichtsbilder im Hanseraum. 2000.

Band 2 Gabriel Zeilinger: Die Uracher Hochzeit 1474. Form und Funktion eines höfischen Festes im 15. Jahrhundert. 2002.

Band 3 Sascha Taetz: Richtung Mitternacht. Wahrnehmung und Darstellung Skandinaviens in Reiseberichten städtischer Bürger des 16. und 17. Jahrhunderts. 2004.

Band 4 Harm von Seggern / Gerhard Fouquet / Hans-Jörg Gilomen (Hrsg.): Städtische Finanzwirtschaft am Übergang vom Mittelalter zur Frühen Neuzeit. 2007.

Band 5 Gerhard Fouquet (Hrsg.): Die Reise eines niederadeligen Anonymus ins Heilige Land im Jahre 1494. 2007.

Band 6 Sven Rabeler: Das Familienbuch Michels von Ehenheim (um 1462/63–1518). Ein niederadliges Selbstzeugnis des späten Mittelalters. Edition, Kommentar, Untersuchung. 2007.

Band 7 Gerhard Fouquet / Gabriel Zeilinger (Hrsg.): Die Urbanisierung Europas von der Antike bis in die Moderne. 2009.

Band 8 Dietrich W. Poeck: Die Herren der Hanse. Delegierte und Netzwerke. 2010.

Band 9 Carsten Stühring: Der Seuche begegnen. Deutung und Bewältigung von Rinderseuchen im Kurfürstentum Bayern des 18. Jahrhunderts. 2011.

Reihe F: Beiträge zur osteuropäischen Geschichte
Hrsg. von Rudolf Jaworski und Ludwig Steindorff

Band 1 Peter Nitsche (Hrsg.), unter Mitarbeit von Ekkehard Klug: Preußen in der Provinz. Beiträge zum 1. deutsch-polnischen Historikerkolloquium im Rahmen des Kooperationsvertrages zwischen der Adam-Mickiewicz-Universität Poznań und der Christian-Albrechts-Universität zu Kiel. 1991.

Band 2 Rudolf Jaworski (Hrsg.): Nationale und internationale Aspekte der polnischen Verfassung vom 3. Mai 1791. Beiträge zum 3. deutsch-polnischen Historikerkolloquium im Rahmen des Kooperationsvertrages zwischen der Adam-Mickiewicz-Universität Poznań und der Christian-Albrechts-Universität zu Kiel, unter Mitarbeit von Eckhard Hübner. 1993.

Band 3 Peter Nitsche (Hrsg.): Die Nachfolgestaaten der Sowjetunion. Beiträge zur Geschichte, Wirtschaft und Politik. Herausgegeben unter Mitarbeit von Jan Kusber. 1994.

Band 4 Stephan Conermann / Jan Kusber (Hrsg.): Die Mongolen in Asien und Europa. 1997.

Band 5 Randolf Oberschmidt: Rußland und die schleswig-holsteinische Frage 1839–1853. 1997.

Band 6 Rudolf Jaworski / Jan Kusber / Ludwig Steindorff (Hrsg.): Gedächtnisorte in Osteuropa. Vergangenheiten auf dem Prüfstand. 2003.

Band 7 Ulrich Kaiser: Realpolitik oder antibolschewistischer Kreuzzug? Zum Zusammenhang von Rußlandbild und Rußlandpolitik der deutschen Zentrumspartei 1917–1933. 2005.

Band 8 Annelore Engel-Braunschmidt / Eckhard Hübner (Hrsg.): Jüdische Welten in Osteuropa. 2005.

Band 9 Martin Aust / Ludwig Steindorff (Hrsg.): Russland 1905. Perspektiven auf die erste Russische Revolution. 2007.

Reihe G: Beiträge zur Frühen Neuzeit
Hrsg. von Olaf Mörke

Band 1 Rolf Schulte: Hexenmeister. Die Verfolgung von Männern im Rahmen der Hexenverfolgung von 1530–1730 im Alten Reich. 2000. 2., ergänzte Auflage 2001.

Band 2 Jan Klußmann: Lebenswelten und Identitäten adliger Gutsuntertanen. Das Beispiel des östlichen Schleswig-Holsteins im 18. Jahrhundert. 2002.

Band 3 Daniel Höffker / Gabriel Zeilinger (Hrsg.): Fremde Herrscher. Elitentransfer und politische Integration im Ostseeraum (15.–18. Jahrhundert). 2006.

Band 4 Volker Seresse (Hrsg.): Schlüsselbegriffe der politischen Kommunikation in Mitteleuropa während der frühen Neuzeit. 2009.

Band 5 Björn Aewerdieck: Register zu den Wunderzeichenbüchern Job Fincels. 2010.

Reihe H: Beiträge zur Neueren und Neuesten Geschichte
Hrsg. von Christoph Cornelißen

Band 1 Lena Cordes: Regionalgeschichte im Zeichen politischen Wandels. Die Gesellschaft für Schleswig-Holsteinische Geschichte zwischen 1918 und 1945. 2011.

www.peterlang.de

www.ingramcontent.com/pod-product-compliance
Ingram Content Group UK Ltd.
Pitfield, Milton Keynes, MK11 3LW, UK
UKHW021857290926
8980IPUK00005B/885

9 783631 609514